# 《國學》集刊學術委員會

**顧　問**
　　　　　李向成　汪明義　蔡　競　何天谷

**主　任**
　　　　　王　川

**委　員**
　　　　　向　熹　吳　光　吳達德　林慶彰　高令印
　　　　　孫以昭　張邦煒　萬光治　舒大剛　曾棗莊
　　　　　湯　君　楊晉龍　趙飛鵬　蔣　寅　熊良智
　　　　　劉　敏　劉復生　龍達瑞　鍾仕倫


**主　　　編**　　王　川

**審　　　定**　　謝桃坊

**編輯部主任**　　陳佑松

**執 行 編 輯**　　彭東煥

**編　　　輯**
　　　　　　　　　張芷萱

**目 錄 英 譯**

**編　　　務**　　胡　靜

# 國學

## 第九集

四川師範大學中華傳統文化學院　主辦
四川省人民政府文史研究館

巴蜀書社

從事實而探索義理
由明辨以尋求真知

辛丑七月 謝桃坊

四川省社會科學院研究員、四川省人民政府文史研究館館員謝桃坊先生題詞

# 目　錄

研究國學　保存國粹
　　——論《國粹學報》在國學運動中的意義 …………………… 謝桃坊（ 1 ）
明代經學注釋專著中的鄭玄考論
　　——以《四庫全書》編録書籍爲對象的考察 ………………… 楊晉龍（ 17 ）
"理一分殊"是朱子學的"一貫之道" ……………………………… 高令印（ 37 ）
王叔岷的避諱論 ………………………………………………………… 范志新（ 61 ）
《尚書》舜及二妃傳説與"南方朱鳥" ……………………………… 尹榮方（ 77 ）
周公攝政未稱王申論
　　——兼論周公二次東征與營新邑 ………………………………… 龔　偉（ 97 ）
"十三經"質疑 …………………………………………………………… 張浩然（115）
揚雄蜀中遺迹考釋 ……………………………………………………… 謝元魯（128）
中古文學劄叢之二（五題） …………………………………………… 顧　農（146）
魏晉南北朝宗族體制與家庭文化建設 ………………………………… 張文浩（171）
論唐代《詩經》研究對詩學理論的影響 ……………………………… 唐　婷（191）
徐鉉筆下的弘冀 ………………………………………………………… 楊偉立（202）
《全宋文》補遺四十五篇 ……………………………………………… 滑紅彬（211）
張南軒著作整理研究五題 ……………………………………………… 楊世文（234）
張栻籍屬補考 …………………………………………………………… 寧志奇（251）

《唐多令》詞調首見宋先生考 …………………………… 禹精超　田玉琪（255）
《竇娥冤》雜劇現存版本敘錄 ……………………………………… 孫慧敏（258）
《潛夫論》版本考述及其序跋題識輯錄 ………………… 尤婷婷　張　覺（265）
《四庫全書總目》子部天文演算法、術數類提要獻疑 ……………… 孫利政（290）
張之洞與同光體 ……………………………………………………… 胡迎建（301）
論張維屏的詩學觀與創作 …………………………………………… 施志詠（318）
黃裳與明孤本《曹子玉詩集》 ……………………………………… 張偉麗（328）
略論劉光第《衷聖齋文集》鈔本的文獻價值 ……………………… 張玉亮（334）
民國巴蜀舊體詩話知見錄 …………………………………………… 且志宇（344）
熊十力與勉仁書院 …………………………………………………… 文天行（357）
中國早期鼠文化考索 ……………………………………… 黃交軍　李國英（373）
中國村莊名稱與自然崇拜 …………………………………………… 安希孟（412）
美國中文資料書目管理的現狀與前景 ……………………………… 吳文津（419）
我與瑞士漢學家傅漢思博士二十年的學術交遊 …………………… 張學君（427）
謝桃坊先生學術成就概論 …………………………………………… 湯　君（455）

稿　約

# CONTENTS

Study Guoxue, Preserve National Essence: *Guo Cui Xue Bao's* Significance in
　　Traditional Sinology Movement ·················· *Xie Taofang* ( 1 )
Discussions on Zheng Xuan in the Confusican Classics Study Annotations in the
　　Ming Dynasty: Taking Books Included in *Si Ku Quan Shu* as the Object of
　　Investigation ·················· *Yang Jinlong* ( 17 )
The Division Between the "Principle and Desire" is the "One All – pervading
　　Principle" of Zhu Xi's Thoughts ·················· *Gao Lingyin* ( 37 )
Wang Shumin's Theory on Taboo ·················· *Fan Zhixin* ( 61 )
Two Imperial Concubines of Emperor Shun Legend and Southern Scarlet Bird in
　　*Shang Shu* ·················· *Yin Rongfang* ( 77 )
Comment on Zhou Gong's Regency but not Lording: also Comment on Zhou Gong's
　　Second Eastern Expedition and Yingxin Town ·················· *Gong Wei* ( 97 )
Questioning the "Thirteen Classics" ·················· *Zhang Haoran* (115)
Textual Research and Explanation on Yang Xiong's Ruins in Shu area ········ *Xie Yuanlu* (128)
The Second Part of Chinese Medieval Literature's Note (Five Themes) ········ *Gu Nong* (146)
The Wei Jin Southern and Northern Dynasties' Clan System and Family Culture
　　Construction ·················· *Zhang Wenhao* (171)
The Influence of *Book of Songs*' Study in the Tang Dynasty on the Poem Study
　　Theory ·················· *Tang Ting* (191)
Xu Xuan's Description of Li Hongji ·················· *Yang Weili* (202)
Addendum of 45 articles to *Quan Song Wen* ·················· *Hua Hongbin* (211)

Five Questions on Zhang Nanxuan Books' Compilation and Research ········ *Yang Shiwen* (234)

Supplement and Correction on Zhang Shi's Hometown ················· *Ning Zhiqi* (251)

Research on the fact that the Ci Diao *Tang Duo Ling* was First Appeared in
Song Xiansheng's Creation ······························· *Yu Jingchao & Tian Yuqi* (255)

Version Copy and Marked Catalog on Zaju *Dou E Yuan* ················ *Sun Huimin* (258)

A Study on Edition of *Qian Fu Lun* and Compilation of its Preface Epilogue
and Inscriptions ··············································· *You Tingting & Zhang Jue* (265)

Questions about Astronomical Calculate and Shushu's Synopsis in *Si Ku Quan
Shu Zong Mu*'s Zibu ····················································· *Sun Lizheng* (290)

Zhang Zhidong and Tongguang School ···································· *Hu Yingjian* (301)

Comment on Zhang Weiping's poetics and creation ······················ *Shi Zhiyong* (318)

Huang Shang and the Ming Dynasty's Unique Copy of *Cao Ziyu Poetry
Anthology* ···························································· *Zhang Weili* (328)

The Documentary Value of the transcript of Liu Guangdi's *Zhong Sheng Zhai
Wen JI* ······························································ *Zhang Yuliang* (334)

Description of Old-Style Discourse on poetry in Ba-Shu area in the Republic
of China ···························································· *Qie Zhiyu* (344)

Xiong Shili and Mianren Academy ······································ *Wen Tianxing* (357)

Study on Rat Culture in Early China ···················· *Huang Jiaojun & Li Guoying* (373)

Chinese Village Name and Nature Worship ································· *An Ximeng* (412)

The Current Situation and Prospects of the Management of Chinese Books in
America ····························································· *Wu Wenjin* (419)

My Academic Contacts with Swiss Sinologists Hans Hermannt Frankel in the
Past 20 Years ···················································· *Zhang Xuejun* (427)

A Brief Introduction to Xie Taofang's Academic Achievements ············· *Tang Jun* (455)

**Notice to Contributors**

# 研究國學 保存國粹
## ——論《國粹學報》在國學運動中的意義

謝桃坊

  20 世紀之初在中國興起的國學思潮，逐步演變成歷時約半箇世紀的國學運動。當我們回顧這一運動對中國現代學術界所產生的影響時，則不能不追溯到國學保存會主辦的《國粹學報》。它的衆多撰稿人屬於文化保守主義者，且結成了一箇強大的國粹學派。自 1919 年胡適發表《新思潮的意義》，此後北京大學研究所創辦《國學季刊》，東南大學成立國學院，清華大學成立國學研究院，新文化的學者們以新的文化觀和科學方法研究國學，於 1925 年形成國學新傾向派，并成為國學運動的主流。當我們重新評價國學運動時，很有必要重新探討《國粹學報》在國學運動中的意義。

一

  "國學"與"國粹"是 20 世紀初新出現的學術概念。1902 年，梁啓超在日本準備創辦《國學報》。他在與友人黃遵憲商議此計劃時說："養成國民，當以保國粹為主義，取舊學磨洗而光大之。"① 這兩箇新概念很快在中國學術界掀起一股思潮。1904 年在上海，鄧實、黃節、劉師培、章太炎、陸紹明、潘博、田北湖、陳去病、羅振玉、孫詒讓、王國維等學者發起成立國學保存會。此會的宗旨是"研究國學，保存國粹"。據主辦者鄧實記述：

---

  ① 丁文江、趙豐田：《梁啓超年譜長編》，上海：上海人民出版社，1983 年，第 292 頁。

粵以甲辰季冬之月，同人設國學保存會於黃浦江上，綢繆宗國，商量舊學。攄懷舊之蓄念，發潛德之幽光，當滄海之橫流，媲前修而獨立。蓋學之不講，本尼父之所憂；《小雅》盡廢，豈詩人之不懼。爰日以學，讀書保國，匹夫之賤，有責焉矣。①

晚清時期，中華民族陷於危難之中。西學東漸的加劇，使許多文化保守主義者深為惶恐。他們志同道合，致力於復興中華傳統文化，探討舊學，而且暗示對儒學的提倡，目的是"讀書保國"。這箇"保國"并非保護清王朝，而是要推翻清王朝以復興中華民族。他們具有愛國主義的神聖使命感。國學保存會自成立之日即發布了簡章，表明宗旨，并決定創辦《國粹學報》，每月出版一册。此外還計劃開設藏書樓，刊刻古籍，彙為國學叢書，編輯國學教科書，開辦國粹學堂。這五項計劃均逐步施行，切實起到了"讀書保國"的積極作用。國學保存會最大的成就和學術影響就是《國粹學報》的創辦。"學報"不同於中國古代的邸報，是國學保存會主辦者吸收日本與西方所辦學術刊物的經驗而創立的新概念，是為中國現代學報之發軔。《國粹學報》於國學保存會成立之次年——1905年創辦。此年清王朝宣布將於次年廢除科舉考試制度，中國革命同盟會成立，并進行改革工作。國學保存會之同人大都為同盟會會員，他們為辛亥革命作了理論宣傳，從學術方面鼓吹了革命的意義。儘管如此，《國粹學報》仍未改變其學術宗旨和學術性質。《國粹學報發刊辭》云：

學術所以觀會通也。前哲有言，執古之道，以御今之有，睹往轍知來轍。……近世以末，學鮮實用。自考據之風熾，學者祖述許（慎）鄭（玄），以漢學相高，就其善者，確能推闡遺經，抉發閫奧；及陋者為之，則捃摭細微，勦襲陳說，叢脞無用。而一二為宋儒學者，又復空言心性，禪寂清談，孤陋寡聞，閉聰塞明。學術湮没，誰之咎歟！海通以來，泰西學術，輸入中邦，震旦文明，不絶一綫。無識陋儒，或揚西抑中，視舊集如苴土。夫天下之理，窮則必通，士生今日，不能藉西學證明中學，而徒炫皙種之長。……舊籍未淪，風徽未沬，舊國舊邦，望之暢然。雖百世而下，猶得感發興起，況生於其邦，可不知尚論其人乎？夫前賢學派各有師承，懿行嘉言，在在可法。至若陽明授徒，獨稱心得；習齋講學，重在實行；東原治經，力崇新理。椎輪葦路，用能別闢途徑，啓發後人。承學之士，正可師三賢之意、綜百家之長以觀學術

---

① 鄧實：《國學保存會小集敍》，《國粹學報》總第1期，載王雲五主編：《景印國粹學報舊刊全集》，臺北：商務印書館，1974年。《國粹學報》之出版年月及期數頗繁，本文引用此刊僅標明總期數，以便於查核。又范明禮以為1903年冬國學保存會倡議於上海（見《辛亥革命時期期刊介紹》第二集，北京：人民出版社，1982年，第316頁），然鄧實所述為光緒三十年甲辰，則應為1904年，作1903年乃誤。

會通。①

　　這是國粹學派的宣言。他們立志於復興舊學，以保種愛國為使命。他們強調彙萃百家之學，以求融會貫通，對社會現實發生作用。自清代以來學者可分為兩派：崇尚名物訓詁者宗漢代古文學，被稱為漢學派；崇尚義理，闡發儒家微言大義者宗宋代理學，被稱為宋學派。國粹派學者看到此兩派學者的缺陷，既不專主漢學，亦不贊成宋學。他們對晚清西學東漸加劇後出現的崇尚西方新學而否定中國舊學的傾向極力反對，試圖以西學來證明中學之優長。因此他們在學術上主張發揚明代理學家王陽明提倡的治學貴在自有心得，推崇清初學者顏元治學強調的社會實踐，贊賞乾嘉學者戴震治經能闡發新理。治學的心得、實踐、新理，它們成為國粹學派的學術原則，這在中國學術史上應是新的學術理念，并在當時是具有進步意義的。

　　《國粹學報》的欄目有社說、政篇、史篇、學篇、文篇、叢談和撰錄。前四箇欄目主要發表學術論文，後三箇欄目則發表詩文作品及筆記雜說，輯錄重要文獻。此刊自清代光緒三十一年（1905）創刊，迄於宣統三年（1911）辛亥革命停刊，歷時七年，每月出版一期，共出版八十二期。其撰稿人皆為當時著名學者，有鄧實、黃節、章太炎、劉師培、陳去病、馬敘倫、田北湖、陸紹明、羅振玉、王國維、王闓運、廖平、李詳、孫詒讓、況周頤、徐守微、鄭文焯、胡蘊玉、黃侃、陳銳、張采田、馬其昶、鄭孝胥等五十餘人。這一新的高級的學術刊物，因其內容豐富，宗旨明確，編輯水準很高，作者衆多，發行渠道暢通，因而是國學運動的第一箇影響最大的期刊，由之掀起了規模宏大的國學思潮。王雲五認為國粹學者是在清末具有新思想的，他們標榜不存門户主見，對中國學術源流疏通證明，大體提倡民族與民權主義。王雲五最推崇《國粹學報》的宗旨，在充分肯定編者們蒐求珍貴的歷史文獻的功績後，高度評價此刊的意義說："當此文化復興之際，保存國粹，實有必要，且該報撰文人多具新思想，輒以新法，分析舊學，居今而研究國學者，賴此所獲尤多。"② 此評價是較為公允的。

## 二

　　國學特指中華傳統學術，這是晚清以來學者的共識。國學保存會的成立恰好適應了新

---

① 《國粹學報發刊辭》，《國粹學報》總第 1 期。
② 王雲五：《景印國粹學報舊刊全集緣志》，《國粹學報》總第 1 期卷首。

的國學思想興起之初的學術界的需要。關於國學思潮興起的具體歷史事實已甚為模糊。1935年王緇塵追述道："國學之稱，始於清末。首定此名之人，今已無從確知。其原由於五口通商以後，西洋勢力侵入中國。當時有識之士，欲研究其故，於是翻譯西方書籍。其時如上海製造局翻譯化學、工業、兵事等書，西教士之在中國者，亦翻譯格致、歷史等書，概稱曰'西學'，因是而稱中國舊有之學術曰'中學'，以與之對待。至庚子義和團役以後，西洋勢力益膨脹於中國。士人之研究西學者甚衆，翻譯西書者亦日益多，而哲學、倫理、政治諸説，皆異於舊有之學術。於是概稱此種書籍曰'新學'，而稱固有之學術曰'舊學'矣。另一方面，不屑於以舊學之名稱我國固有之學術，於是有發行雜志，名之曰《國粹學報》，以與西來之學術相抗。'國粹'之名，隨之而起。"① 這裏説明了國學的興起與《國粹學報》創辦的歷史文化背景。國粹派學者為了與西學相對抗或應對西學的挑戰，特創辦《國粹學報》。黄節曾談到晚清學術界對待西學的兩種態度：一是以為西方的政制、法律、文藝、學術，皆不同於中國古代先王之道，遂排斥和反對；一是以為西學是中國所没有的東西，而盲目地學習和襲取。這樣的結果是學者深感中學不能取勝或取代西學，尤其對於中學遠遜於西學的原因深感困惑不解。他感嘆説："微泰西之國之學，果足以裨吾與否，而此懵然莫能言之故，則足以自亡其國而有餘，是故一國之人之心死也。"② 怎樣認識西學，怎樣對待西學，這在晚清確為學術界面臨的非常重要的問題。在國粹派學者中大多數人是接觸過或頗為瞭解西學的，他們不同於傳統的舊式學者。他們知道西方近代政治、科學、文藝皆源自歐洲的文藝復興，但誤以為文藝復興意味着古希臘古學的復興，而當20世紀來臨之時中國也將出現一箇古學復興的偉大時代。鄧實説：

  15世紀為歐洲古學復興之世，而20世紀則為亞洲古學復興之世。夫周秦諸子則猶之希臘七賢也。……今日對祖國之責任，惟當研究古學，刷垢磨光，鈎玄提要，以發現種種之新事理，而大增吾神州古代文學之聲價，是則吾學者之光也。③

  國粹派學者對歐洲文藝復興的基礎、性質和内容并無確切的認識，誤以為衹要復興中國古學便可以改變中國的政治、文化與學術的命運，故努力從古學中去尋求具有現實社會意義的學理。

  國粹派學者對國學的理解亦大致以為是中華傳統學術，但他們尤其注重中華學術之精粹，即國粹，這是他們有異於其他國學運動流派之處。關於"國學是什麽"，鄧實發表了系

---

① 王緇塵：《國學講話》，上海：世界書局，1935年，第1頁。
② 黄節：《國粹學報敘》，《國粹學報》總第1期。
③ 鄧實：《古學復興論》，《國粹學報》總第9期。

列論文予以闡釋。國學既然為中華固有之學術，則它是源遠流長的。鄧實以為國學即是神州之學術，但自秦漢以來往往將它與"君學"相混淆，故應嚴格區別。在中國學術史上的很長一段時期裏，學者們祇知有君主，而不知有國家，似乎朝廷即是國家，以為事君即是愛國，故其學僅為現實的功名利祿之學；這樣的學者是"偽儒"。國學則應是從中華民族長遠的國家利益考慮之學，這樣的學者乃是"真儒"。鄧實說："知有國，則其所學者，上下千載，洞流索源，考郡國之利病，哀民生之憔悴，發憤著書以救萬世；其言不為一時，其學不為一人，是謂真儒之學。"① 國學是治國之學，它的內容包括經學、史學、子學、理學、掌故學和文學。鄧實說："君子生是國，則通是學，知愛其國，無不知愛其學也者。讀書以明理，明理以治事。學其一國之學以為國用，而自治其一國者也。自一心之微，以至國家之大，皆學也。"② 他將國學理解為"真儒之學"，其治學範圍比傳統的漢唐經師和宋明理學家等諸儒之學廣博得多，超越了狹隘的儒學範圍；他同時認為，儒學是國學的核心，也即國粹。自西漢時儒學取得獨尊的地位，諸家之學皆統率於儒學，故神州之學便是儒學，綿延兩千餘年。鄧實認為，神州兩千年之學術，"大抵以儒家為質幹，以六經為範圍。捨儒以外無所謂學問，捨六經以外無所謂詩書。人人手注疏而口性理，家家冠章甫而衣縫掖。天下百慮而一旨，殊途而同歸"③。國學被歸結為儒學，學者治學的目的仍是傳統儒者的通經致用的宏大理想。國粹派學者通經致用的理想在晚清的歷史文化條件下突出表現為"愛國保神，存學救世"的信念。鄧實為《國粹學報》的主辦者，他的國學觀念在國粹派學者中是最具代表性的。國學即中華國魂之所在，這是許之衡的觀念。他所謂"國魂"即是國家和民族的文化精神，因此是其構架的立國之本。追溯中華民族的文化精神離不開中國的歷史，中國的歷史始於黃帝，中國之學術始於孔子。這兩位聖人自然而然居於至尊的地位，是中國整個歷史的關鍵人物，因而是國魂。國魂依附於國學而存在，國學不存，國魂則不存。國學源於孔子，一切學術匯源和沿流於此，因此孔子是集國學之大成者。許之衡說："倡國魂而保國學者，又曷能忘孔子哉！夫國學即國魂所在，保全國學誠為最重要起步矣。然尤當亟思改良，不為守舊，俾於今日之情勢，而使必不可磨滅，斯真善言國學者也。國學首當經史。"④ 他實際上仍以儒學為國粹，但強調了中華悠久歷史在傳統文化精神中的意義。徐守微以一國之學術為國學，認為它與國家興亡有密切關係，若無國學，國亡而學亡，永不可復。他將原始的儒家孔學視為國粹，認為國粹是一國精神之寄託，也是立國之根本，所以國粹存則國存。他主張在新的歷史條件下發揚國粹："夫今日之言國粹，非謂株守一漢

---

① 鄧實：《國學真論》，《國粹學報》總第 27 期。
② 鄧實：《國學講習記》，《國粹學報》總第 19 期。
③ 鄧實：《國學通論》，《國粹學報》總第 3 期。
④ 許之衡：《讀國粹學報感言》，《國粹學報》總第 6 期。

宋之家法以自小也，固收集各學之大成，補儒術之偏蔽，蔚然成一完粹之國學。"① 可見國粹派學者皆將國學與國家和民族的命運相聯繫，以為國學即中華固有之學術，其核心的精粹是儒學（國粹）。他們研究國學的目的是保存國粹，期望舊學可以使中華民族復興。這是國粹派的主流見解。

然而劉師培的解讀頗為相異，他是從純學術的觀點來理解國學的，以國學為中國傳統的學術思想。他認為，《漢書·藝文志》的辨析學術源流是集先秦學術之大成，此後《文心雕龍》論文章流別，《史通》追溯史學淵源，《通志》薈萃諸家學術，從它們可見中國學術發展的歷程。他最推崇的是章太炎的國學論著，因此撰長文《國學發微》論述中華學術發展的歷史。中國古代學者立說往往依據遠古聖人，對於這種現象，劉師培說："老子托言黃帝，許行托言神農，以及兵家溯源於黃帝，醫家托始於神農，與儒家托言堯舜者正相符合。此雖重視古人之念使然，亦由中國人民喜言皇古，非是則其說不行。"② 他用真正的學術觀點清除了古代學說的依托之謎誤。關於儒家的六經，劉師培僅以為是孔門的教科書而已，因此他沒有國粹的觀念。他的這種見解僅是國粹派中的少數，由此而導致《國粹學報》中有許多純學術性質的論文存在。真正的國粹學者們儘管以儒學為國粹，主張通經致用，然而他們并無明確的政治主張，也未有系統的改革現存政治制度的計劃。他們畢竟不是政治家而是學者，在"保種愛國"的信念驅動下，除了研究舊學，僅做到了弘揚中華漢民族的愛國主義精神，而這種精神則是由國粹中引發出的一種現實的進步的思想。

《國粹學報》每期都於扉頁上刊登中國古代聖賢及學者的圖像，并附贊語或遺墨手跡。這些資料皆是辛苦訪求而得的，十分珍貴。中國古代的眾多聖賢及學者是國粹派學者們崇敬的對象，如神農、黃帝、堯舜、倉頡、大禹、湯王、周文王、周公、周武王、老子、孔子、墨子、孟子、伏生、董仲舒、許慎、鄭玄、范仲淹、王安石、周敦頤、張載、陸游、陸九淵、朱熹、鄭思肖、陳白沙、王陽明、王夫之、黃宗羲、顧炎武、傅山、陳子龍、黃道周、劉宗周、朱彝尊、顏元等，他們的精神是中華國魂之體現。國粹派學者為了"保種愛國"，特別宣揚漢民族的歷史傳統，這意味着對滿族建立的清王朝的否定與排斥。例如，黃節撰著的《明史》意在恢復漢民族的光榮，追溯漢民族在歷史上曾稱夏、諸夏、中夏、華夏、華土、中華，而以中國為通稱。他認為中華民族在晚清時期已面臨嚴重的種族危機："若夫塞外雜種，盜竊神器，面臨中夏，變亂道德，而殄絕吾族。雖有堯舜之聖，不與其字，仇之、敵之，誅逐之可也。昊天不弔，降此鞠訩。泰西民族主義，洶洶東侵。彼竊據吾土者，乃日舉吾族血食，拱手授人，作投贈交游之物，若桃李焉，若縞紵焉。哀哀吾群，

---

① 徐守微：《論國粹無阻於歐化》，《國粹學報》總第7期。
② 劉師培：《國學微論》，《國粹學報》總第1期。

幾何而不胥為美洲之紅種，澳洲之黑種矣。"① 這裏指出了清政府的腐敗無能，對外屈辱，喪權割地，必將導致中華民族的滅亡，認為推翻中國最後一箇封建專制王朝是漢民族的歷史使命。鄧實還編輯南宋愛國志士岳飛、文天祥、陸秀夫、謝枋得、王炎午、汪元量、林德暘、鄭思肖等人的詩文集於《國粹學報》連續刊出，定總名為《正氣集》以宣揚中華民族之浩然正氣。他談及編輯之意云：

  《正氣集》何為而作也？所以表彰神州之國粹，而存正氣於天壤也。夫神州舊學，其至粹者曰道德；道德之粹，其至適用於今者曰正氣。正氣者天地之精，日星之靈，而神州五千年所以立國之魂也。自古以來，夷狄亂華，中原塗炭，國破家亡，何代蔑有？而忠臣義士，節婦烈夫，殺身成仁，至死不悔，為風雨之雞聲，歲寒之松柏，卒以留正朔於空山，起神州之陸沉者，何莫非一息之正氣有以維繫之哉！②

  南宋愛國志士的浩然正氣是國魂、是國粹，故而是中華民族效法的榜樣。黃節又為明季的許多愛國志士立傳，以弘揚漢民族的愛國主義精神。他在為明代志士左懋第重新立傳之後說："嗚呼！船山夫子（王夫之）有言：'今族類之不能自固，而何他仁義之云云也哉。'自南宋以來，仗節死國、殺身成仁之士，遠軼前古，斯非族類之大戰，而吾同系之懋邪！文文山（文天祥）不屈於胡元，北死殉國，閱四百年，復丁其時，而以死節著最者惟左夢石（懋第）。《宋史》之傳文山也，誣以黃冠歸里之請。吾痛其於文山勁節多未能傳，曰是（元）脫脫之所為也。吾何怪？《明史》成於張廷玉諸人之手，乃於夢石爭朝見、爭薙髮諸端，凡其言論可以愧厲風動天下者，不著一言；使百世以下，讀夢石傳者，并其苦節而忘之。"③《宋史》和《明史》的編纂者為前朝的忠義愛國之士作傳時，去掉了他們忠義的言論，并歪曲了苦難死節的事實。為此，黃節重新為他們立傳，以表彰漢民族的正氣。

  當我們縱觀國粹派學者的國學觀念和國粹思想時，不難發現他們在與西學相抗衡的意識支配下，力圖復興中華傳統學術。他們雖然以儒學為國粹，卻不囿於狹隘的儒家觀念，而是在儒學的基礎上吸收中華學術之優長，提倡心得、實行和新理；他們弘揚漢民族的民族氣節和浩然正氣，表現出推翻清王朝的決心和意志，超越了維新主義者君主立憲的主張；他們也不同於此後的國粹主義者倡導用封建的政治倫理以改變現實的世道民風，或完全捨棄學術而為政治服務。因此他們辦的《國粹學報》具有現實意義和學術意義，掀起了國學思潮，推動了國學運動的發展。

---

① 黃節：《黃史》卷一，《國粹學報》總第 1 期。
② 鄧實：《正氣集敘》，《國粹學報》總第 13 期。
③ 黃節：《〈左懋第傳〉書後》，《國粹學報》總第 2 期。

## 三

《國粹學報》的創辦吸收了西方學術期刊的辦刊經驗，以發表學術論文為主。國粹派學者以復興中國古學為己任，力圖從中華傳統學術中探求新的事理，因而致力於對中國學術的疏通證明，發表了許多很有學術價值的論文。

章太炎的《諸子學略說》，全文近三萬字，是極有學術新見的論文。關於什麼是諸子學，他說："所謂諸子學者，非專限於周秦，後代諸家亦得列入，而必以周秦為主。蓋中國學說，其病多在汗漫。春秋以上，學說未興。漢武以後，定一尊於孔子。雖欲放言高論，猶必以無礙孔氏為宗。強相援引，妄為皮傅，愈調和者愈失其本真，愈傅會者愈違其解故。故中國之學，其失不在支離，而在汗漫。自宋以後，理學肇興，明世推崇朱（熹）氏過於素王（孔子）；（王）陽明起而相抗，其言致良知也，猶云朱子晚年定論；孫奇逢輩遂以調和朱（熹）陸（九淵）為能，此皆汗漫之失也。惟周秦諸子，推迹古初，承受師法，各為獨立，無援引攀附之事，雖同在一家者，猶且矜己自貴，不相通融。"① 這裏不僅對諸子學作了比較確切的定義，尤其指出了中國學術思想的普遍弊端。其論文對諸子各家的源流利弊皆作了探討和批評。關於儒家學說，章太炎指出，儒家在入世的進取態度下，掩藏着"以富貴利禄為心"。他指責儒家的中庸思想說："君子時中，時伸時絀，故道德不必求其是，理想亦不必求其是，惟期便於行事則可矣。用儒家之道德，故艱苦卓厲者絕無，而冒没奔競者皆是……用儒家之理想，故宗旨多在可否之間，議論止於函胡之地……儒術之害則在淆亂人之思想。"② 這無疑揭露了歷史上許多為封建王朝服務的儒者的真實面目，體現出一種激進的思想。我們由此可見章太炎早期國學思想的進步意義，這與其後期的國學思想存在很大的差異。

馬敘倫的《論性》，共兩萬餘字，是一篇具有深刻理論意義的長文。"性"為中國古代的哲學範疇之一，指人的本性，即人、物的天生之質。《論語·陽貨》曰："性相近也，習相遠也。"《荀子·正名》曰："生之所以然者謂之性。"自孔子以後，先秦諸子及賈誼、董仲舒、王充、揚雄、韓愈、李翱、歐陽修、司馬光、周敦頤、程頤、張載、朱熹、王陽明、戴震等衆多學者皆探討過人的本性是什麼，人的本性是善還是惡，性與情和命有什麼關係。宋代，理學家以探討性命之學作為修身進德的重要的理論問題。馬敘倫以為在先秦時期關

---

① 章太炎：《諸子學略說》，《國粹學報》總第 20 期。
② 章太炎：《諸子學略說》，《國粹學報》總第 20 期。

於人性之説已齊備:"性學之明,吾不推宋而頌周季,蓋自宓子賤、漆雕開、公孫尼子、世碩之徒,皆言性有善有惡,而孟子作性善之篇,荀子有性惡之説,公都子、告子之倫又倡為可善可以為不善之説,然則論性蓋備於此矣。"① 諸子之論在後世引起過很大爭論,馬敍倫在檢討各家之説後,特別推崇清代學者戴震的見解,進而批評了宋代理學家。程頤認為,孔子的"性相近也,習相遠也"是"此言氣質之性,非言性之本也。若言其本,則性即是理,理無不善,孟子之言性善是也。何相近之有哉"。② 馬敍倫批評云:"吾意以為,宋儒論性,固主告子、公都子説,而又竊本揚子'氣也者,所以適善惡之馬也'之意,倡為氣質之性,顧言氣質,則性又惡,倍於孟子。孟子古聖人也,不敢倍,於是乎倡本然之性。於乎,此真所謂大惑者矣。夫荀也,揚也,韓也,皆生於孟子之後,而各自立一説,以異於孟子,各尊所聞,不言其為儒宗也。抑宋儒謂揚子之學本於黃老,而氣質之性之説乃竊本揚子,而附會離析之。宋儒之學可知矣。"③ 他辨析了程頤之説與揚雄之説的關係,揭露了宋代理學家的虛偽,其辨析達到了極高的學理水平,對我們現在理解宋代理學家的論性説仍具有指導意義。

劉師培的《論孔子無改制之事》乃近四萬字之長文,批評了康有為的孔子改制之説。清末康有為的《孔子改制考》二十一卷,從經今文學的角度以為孔子作六經體現了其托古改制的思想,這在當時確有進步意義,但在學理上實難成立。孔子改制之説源於西漢儒者董仲舒,晚清時為蜀中學者廖平重新闡發。康有為受廖平的影響,以之為維新變法的歷史理論依據。劉師培的長文從理論和事實兩方面辨析了康有為之誤。他首先從政治角度否定孔子有改制之説:"中國自古迄今,制度不同,朝名不同。朝名即改,則制度亦更。然改革制度之權,均操於君主,未有以庶民而操改制之柄者。以庶民而操改制之柄,始於漢儒言孔子改制。然孔子改制之説,自漢以來,未有奉為定論者。奉漢儒之言為定論,則始於近人。夫以庶民而改制,事非不美,特考之其時,度之於勢,稽之於書,覺孔子改制之説,實有未可從者。"④ 孔子改制之説涉及中國古代的禮制和法制等問題,又與漢代的讖緯諸書有密切關係,還涉及廖平關於孔子早年從周而晚年改制之説,故而是一箇非常複雜的問題,且康有為的闡發是有嚴密的邏輯系統的。對此,劉師培均作了細緻的辨析,并在最後指出康有為之説的實質:"變法之説盛行,主斯説者乃取公羊家改制之説,以古況今,又欲實行其保教(孔教)之説,乃以儒教為孔子所創,六經為孔子所作。其有不言創教改制者,則視為偽經。夫六經皆先王舊典,欲考古代之史事,以致中國典制之起源,觀人群進化之次

---

① 馬敍倫:《論性》,《國粹學報》總第 39 期。
② [宋] 朱熹:《論語集注》引程頤語,[宋] 朱熹:《四書章句集注》,北京:中華書局,1983 年。
③ 馬敍倫:《論性》,《國粹學報》總第 39 期。
④ 劉師培:《論孔子無改制之事》,《國粹學報》總第 23 期。

第，不得不資取於經。今以六經所言，均孔子所偽托，則古代之史失傳；且既奉孔子為教主，崇尚孔子所定之制，則政治與孔學不合者，均將不論其利弊得失，悉屏而不行，則革新之機轉塞。"① 康有為之説出於經今文學家之偏見，曲解了六經的性質，以之作為維新變法的理論更顯出在學理上的謬誤；而且假如改制之説存在，它也不可能預料維新變法的必然。劉師培從康有為立説的理論與事實兩方面進行考析，確證其為偽説。

從以上三篇文章我們可以看出，國粹學者并沒有固守傳統儒學的政治倫理觀點，而是在認真地從中國傳統學術中探求新理，在方法上已初具邏輯系統。這類論文還有《論古學出於史官》（劉師培）、《論文章源流》（田北湖）、《南北學不同論》（劉師培）、《政學通義》（馬敘倫）、《論古政備於周官》（陸紹明）、《論史學之變遷》（陸紹明）、《駁中國用萬國新語説》（章太炎）、《論古政歸原於地利》（陸紹明）、《孔子政治學拾微》（馬敘倫）、《韻書源流略説》（殷晉齡）、《論桐城派》（李詳），等等。這些論文涉及哲學、政治、經濟、歷史、語言、文學等學科，它們在當時的學術界是具有現代性的。近代史學家賀昌群説：

> 19世紀以來，由"劄記"一類的文字而變為"論文"，到現在體裁愈演進，組織愈謹嚴、愈深刻。著書難免雜湊，論文便不必雜湊、不當雜湊了。……學術的新領地的開拓，是要有這些前驅者纔能擴大的。總之，在學術的陣地上，論文是最前鋒的，一種或一國的學術進步，單看那些論文的內容所達到的深淺，便可知道。我國學術文字最初具有論文形式的，似以光緒三十一年（1905）創立的《國粹學報》中所載的為早。②

國粹派學者開創了中國現代的學術論文形式，僅憑這一點，《國粹學報》便在中國學術史上開拓了一箇新時代而具有重大的意義。賀昌群認定其所刊載的是中國"最初具有論文形式的"文章，此判斷是確切的，即表示它們尚非現代的典型的學術論文。我們將之與國學運動新傾向的代表胡適、顧頡剛和傅斯年等人的國學論文相比較，則可見國粹派學者的論文是用傳統文言表述的，雖然文字有斷句，卻未采用新式標點符號，體裁尚不嚴整，邏輯不夠嚴密，論點尚未高度集中，故僅具現代學術論文的最初形式。

《國粹學報》在刊發學術論文的同時，還保存有許多舊式的劄記式文章，例如《荀子補釋》（劉師培）、《莊子解故》（章太炎）、《楚辭香草補箋》（鄭文焯）、《韓詩證選》（李詳）、《小學叢殘》（汪黎慶）、《三國志考證校語》（周星詒）、《爾雅古義》（胡承琪）、

---

① 劉師培：《論孔子無改制之事》，《國粹學報》總第23期。
② 賀昌群：《一箇對比》（1943），吳澤主編：《賀昌群史學論著選》，北京：中國社會科學出版社，1985年，第534頁。

《春秋穀梁傳條指》（江慎中）、《離騷補釋》（胡薀玉）等。這又表現出國粹派學者固守傳統學術形式的一面，因而《國粹學報》明顯存在學術新舊并存的狀況。

## 四

當我們談到國粹派學者們的學術論文時，還應包括衆多的考證文章，表明其與清代乾嘉學派又存在密不可分的聯繫。清代學術明顯地分爲漢學與宋學兩派：從清初至乾嘉時期以崇尚古文經學而注重訓詁考證的漢學爲盛，從乾嘉之後迄於晚清則以崇尚今文經學而注重義理闡釋的宋學爲盛。在國粹派學者中既有主張通經致用的今文經學家，亦有專致實證求知的古文經學家，而且以後者居多，例如章太炎、劉師培、羅振玉、王國維、孫詒讓、黃侃、張采田等。鄧實主張通經致用，他批評乾嘉學派道："自乾嘉以來，士大夫爭言漢學，而餖飣破碎，瓜剖觚析。獵勤文，蠹大誼（義），執一而罕通；推之一經而通，推之衆經而未必通。且於傳注與一經，亦有不必通者；至其不必通，而附會穿鑿以求其通，則天下之亂言已。"① 然而他在學報創辦到第六年時，又開始注意搜集和發表乾嘉樸學大師的論著。他説："神州古國，學術肇興，繩繩千年，不絶一綫。東周失官，學乃在野；漢崇利禄，史公（司馬遷）所悲。亦越雍乾，文網愈密。英耆材士，知能莫騁，托於經説，志晦微顯，是曰樸學。世運一變，遂成學風。大師宿儒，專一精種，歸於故雅，著述等身，遍在江海。道咸以後，學風少衰，簡帙零落，日漸湮没，不有搜集，罕睹微文。網遺拾殘，當與同志，庶幾復古。"② 他開始將重新刊發樸學大師的論著作爲復興古學的內容之一。劉師培是清代乾嘉考據學的傳承者，他爲樸學大師崔述立傳，并於傳後云：

近世考證學超越前代，其所以成立學派者，則以標例及徵實二端。標例則取捨極嚴，而語無龐雜；徵實則實事求是，而力矯虛誣。大抵漢代以後，爲學之弊有二：一曰逞博，二曰篤信。逞博則不循規律，篤信則不求真知：此學術所由不進也。……惟江（永）、戴（震）、程（晉芳）、凌（廷堪）起於徽歙，所著之書，均具條理界説，博徵其材，約守其例。而所標主義、所析之詞，必融會貫通，以求其審，縝密以栗，略與哲種之科學相同。近儒考證之精，特有此耳。③

---

① 鄧實：《論治經當通大義乃爲有用之學》，《國粹學報》總第10期。
② 鄧實：《第六年〈國粹學報〉更定例目》，《國粹學報》總第63期。
③ 劉師培：《〈崔述傳〉書後》，《國粹學報》總第34期。

劉師培是提倡乾嘉之學的，他特別推崇徽學諸位樸學大師，并對樸學的優長作了理論的概括。國粹派中因有許多學者承傳了乾嘉學派的傳統，在《國粹學報》上發表了頗具現代學術論文性質的考證文章，例如《春秋名字解詁補誼》（黃侃）、《石炭考》（田北湖）、《版籍考》（黃節）、《古律書篇目源流考》（張采田）、《永樂大典考》（繆荃孫）、《宋大曲考》（王國維）、《說文引申義考》（陳仲）、《理學字義通釋》（劉師培）、《春秋時代地方行政考》（劉師培）、《漢碑用字正義》（黃節）、《書體考始》（馬敘倫）、《遼史地理考》（劉師培）、《騶虞考》（沈維鍾）、《高麗好大王碑釋文》（羅振玉）、《元太祖征西域年歲考》（劉師培）、《鳴沙山石室秘録》（羅振玉）等。兹簡略評述以下三文的學術意義。

　　黃節《版籍考》共一萬三千餘字。版籍指書籍、版本。在古代以雕版印刷之書為版，以手鈔之書為本，雕版印刷之書漸多以後，版本的含義有所擴大。黃節此文實為對中國典籍刊印起源的考察。他將版籍的發展分為三箇時期：第一箇時期為刊石，第二箇時期為鏤版，第三箇時期為活字版。關於刊石，始於漢代熹平四年（175）刊刻儒家經典的石經。在考述漢石經之具體情況及後來各種石經之後，黃節認為：“夫尋其源流，版籍至於石刻，可謂繁重，而異同錯出，偽竄乘之，後乃極於偽托。士生千載以後，讀鏤版書，其變換字詁、竄改章節，庸知得免。蓋不俟活版行用，而文字固已多事矣。”① 此文的重點是考述雕版印刷的起源。隋代初年用雕版印佛像和佛經為雕版印書之始。五代後唐長興三年（932），馮道奏請依石經文字刻《九經》印版廣頒天下，為雕版印行儒家經典之始。北宋以來開始用雕版印行經傳注疏及各種史籍。南宋以來私家鏤版印書興盛，并在民間普及。黃節還具體考述了宋代至清代的雕版印書情況。關於石經、雕版及活字版書籍的情況，自宋代以來的筆記中每有記述，關於石經更有清代學者的考證。黃節則是對這三種版籍做系統的考察，尤其重在探討它們的起源，其引用史料極為翔實，為中國古典文獻學關於版本的研究提供了極為重要的歷史依據，因而是很有學術價值的論文。

　　沈維鍾的《服物考》共兩萬餘字，系統考察了中國古代製衣服所使用之絲、麻和木棉等各種材料的起源及使用的情況。這是中國傳統學術研究中所忽略的問題。沈維鍾說：“予感夫有史以來四千餘年，而木棉時代幾及弱半。近且五洲競脧棉布之利，寖駕乎絲枲，用是積世相沿。而該書解經之士，亦遂見布稱布，不復知古布與今布之別；田舍村氓，告以古人并無木棉，障身惟賴麻葛，則咄咄稱怪，以為是豈足以禦冬者。嗚呼！此吾國麻利所以不再興也。……於是作《服物考》，將使麻枲之物，并著於蠶絲木棉之間，其功用可不表自彰云。”② 他引用大量文獻，詳考了綃、縑、練、紬、綺、繐、純、縠、縂、紵、木棉等的起源及以之製作衣服的情況。關於木棉之傳入中國的歷史，沈維鍾作了極為詳細的考證。

---

① 黃節：《版籍考》，《國粹學報》總第47期。
② 沈維鍾：《服物考》，《國粹學報》總第33期。

其緒論云:"木棉為熱帶地方之植物,其始蓋出於印度。彼土有劫波羅等名稱,中國則譯之為吉貝。印度所產,高大如樹,厥後沿海則自西而東,遵陸則自南而北,輾轉遂入於中土。因氣候之寒温不同,故形態之大小漸別。乃或以為有南來西來之兩種,或以為有木本草本之兩種,則皆未之深考也。既入中國以後,不稱之曰吉貝,曰白疊,而別稱之曰木棉。木棉之名與絲棉為對待。既以絲相比擬,則輕暖之利,中國蓋久知之矣。惟閩廣地處南陲,種植最先亦最多,然既知種植之利,必知紡績之法。壤地相接者,民間自必依法仿效。及説者謂蘇松各處,至近代而始得其法,此則一隅之見,非博考通稽之説也。"① 著者在考證時不僅引用史籍,而且旁涉筆記、雜説及詩文,徵引極為廣博,尤其引用了大量印度佛經以説明木棉之來源。其知識面包含自然科學與社會科學的多種學科,其論證之邏輯極為謹嚴,誠為卓越的考證文章,為研究中華文明史提供了非常可靠的事實依據。

王國維《戲曲考原》共一萬四千字,意在考證中國戲劇的起源。他稱"戲曲"而不稱"戲劇",當是因戲劇在宋代有"南戲",無人稱雜劇為"元曲",故以"戲曲"較符合中國之習慣。戲曲屬於宋代以來的都市通俗文藝形式之一,向來不甚為正統的學者所關注,因而系統地研究其理論與歷史者較少。王國維是第一位從嚴格學術意義上對中國戲曲史作系統研究的學者。此文是其專著《宋元戲曲史》的理論基礎。什麽是戲曲?他認為中國古代的長篇敘事詩雜詠故事而不被之歌舞,唐代的大曲合歌舞而不演故事,唐宋俳優的表演故作戲弄而無歌舞,這些皆非"戲曲"。因而他論定:"戲曲者,謂以歌舞演故事也。"因而在宋金元時代,"雜劇傳奇之創作前,中國尚未有真正戲曲也"。② 此"戲曲"概念已實同於戲劇了。王國維還特意考察了宋代舞隊表演的雜劇、大曲,以探求歌舞之變而為劇與大曲之詞而變為曲的過程,從而證實其戲曲起源於宋代的結論。四年之後,王國維於1912年完成《宋元戲曲史》時對此論作了更為具體的考證,從而使"戲曲起源於宋代"成為中國戲劇史研究的定論,解決了中國戲劇起源這一困難的學術問題。

我們以上述三文為例,雖然它們所探討的是中國文獻與歷史當中存在的小的學術問題,但若要解決這些問題,必須具有極專門的知識和廣博的學問。其所採用的考證方法是對清代乾嘉樸學的繼承。梁啓超歸納乾嘉學者的治學方法為:凡立一義,必憑證據,證據以原始者為當,孤證不為定説;羅列同類事項比較研究,辯詰以本問題為範圍;專治一業,做窄而深的研究。③ 國粹派學者的考證發展了乾嘉之學,顯得更為細密了。他們的成果至今猶有學術意義,可以代表《國粹學報》所達到的學術高度,并對之後國學運動的新傾向派產生了重大影響。

---

① 沈維鍾:《服物考》,《國粹學報》總第34期。
② 王國維:《戲曲考原》,《國粹學報》總第48期。
③ 梁啓超:《清代學術概論》,上海:商務印書館,1944年,第29頁。

## 五

《國粹學報》自1905年1月創刊，至1911年8月，歷時七年，共出版八十二期，後因國學保存會的大多數成員皆從事實際的革命工作而停刊。辛亥革命的勝利，標志着國粹派學者所鼓吹的革命的完成，國粹思潮從此式微。與之相對，國學運動的新思潮已開始發展：1923年北京大學創辦《國學季刊》，1926年《古史辨》由樸社出版，1928年國立中央研究院《歷史語言研究所集刊》問世。它們表明，國學運動新傾向派繼國粹學派而起，已逐漸成為國學運動的主流，并成為支配學術界的勢力。國學新傾向派的代表人物是胡適、顧頡剛和傅斯年，他們的共同學術傾向是以科學考證的方法對中國文獻與歷史上存在的若干狹小的學術問題做純學術的研究。[①] 20世紀的國學運動，從1905年起，迄於1949年，主要就是國粹派和新傾向派在努力。現在我們若要探討《國粹學報》及國粹派在國學運動中的意義，很有必要將這兩派的學術思想和方法加以比較，從而可見它們在學術上的成就。

（一）國學保存會的成立適應了晚清的國學思潮。此會的同仁創辦學報，搜集國學文獻，舉辦國學講習班，編訂國學教科書，建設藏書樓，切實地掀起了國學運動并形成國粹學派。《國粹學報》的創辦，標志着國學運動的興起，它的撰稿人們志在保存中華固有的學術而與西學相對抗，致力於弘揚國粹，表明他們是堅定的文化保守主義者。國粹派學者以新的觀念和方法研究國學，發表了衆多真正意義上的學術論文，是中國現代學術論文的最初形態，體現了對中國傳統學術的深入研究，嘗試解決了一系列學術問題，推動了國學運動的發展，在中國國學運動和中國學術史上都具有創新的意義和重大的功績。然而他們提倡舊學，發揚國粹的精神和反對西學的態度，致使在辛亥革命之後，由於國學運動新傾向的發展而失去了進步的意義。

（二）中國古代的文人學者由於受儒家政治理想的影響，追求學術的實用價值，致力於通經致用。尤其因自漢代以來統治階級實行選舉和科舉考試制度，為文人學者開闢了入仕之路，亦為儒者的政治理想提供了實現的可能，遂造成中國缺乏以求真知為治學目的的真正學者。國粹派學者，基本上屬於中國傳統的文人學者，同樣抱着通經致用的主張。他們治學和研究國學不是為了求得學理的真知，而是為了保存國粹、弘揚國粹，在求知與致用方面處於兩難的境地。因此當新文化學者們對中國傳統文化采取批判的態度，以新文化思

---

① 參見謝桃坊《國學論集》（北京：社會科學文獻出版社，2011年）、《國學史研究》（新北：臺灣花木蘭文化出版社，2017年）關於國學運動新傾向的論述及胡適、顧頡剛、傅斯年的論述。

想視"國粹"為"國渣",而提倡以"為求真理而求真理"的純學術的方法來研究國學時,國粹派的治學態度與方法便缺乏現代學術的光輝了,必然為新傾向派所取代。

(三) 新文化運動以來,中國傳統學術面臨着與現代新學科的碰撞而必然要向現代學術轉化。在這種新的文化背景下,國學家在研究國學時,仍然對怎樣確定國學的界域甚感困惑。國學保存會舉辦的國學講習會和編改的國學教科書,將國學的對象分割為哲學、文學、歷史、倫理、政治等現代新學科,以之與新的學制相適應。在此觀念的引導下,國粹派學者發表了關於現代新學科的各種學術論文。這實際上意味着對國學的消解,同時表現為對國學性質理解的模糊。因此,隨着新傾向派的發展與對國學觀念的新界定,國粹派的國學觀念因其寬泛模糊而在適應現代新學科的過程中被消解了。我們從新傾向派的最主要和最有影響的出版物——《國學季刊》《古史辨》和《歷史語言研究所集刊》中可以看到,他們是以中國文獻與歷史上存在的狹小的學術問題為研究對象的,而不主張理論和觀念的探討;他們疏通關注的不是義理,而是具體的事實的學術問題,并對它們做窄而深的繁複細密的研究。這樣就使國學的對象非常明確,它不再是空泛的研究中國傳統的學術和文化,而是僅關注其中的狹小的學術問題,由此形成中國學術中的一箇特殊的學科,而與現代各學科相別,其成果又可能成為現代學科的某些事實的依據。因此新傾向派繼國粹派之後成了國學運動的主流。

(四) 國粹學派的治學宗旨,既反對清代的漢學,也反對宋學,主張采各學派之長,甚至提倡參證西學,使學者獨創的心得和學理相結合而成為新的學術風尚。我們縱觀國粹派學者的論文,他們是以探討義理和強調致用為主,其中有不少的學者顯然屬於經古文學派(漢學),故《國粹學報》發表了許多考證性論文。這些考證性論文在學理的探討和方法的使用方面均大大超越了乾嘉學者,體現了國粹派所達到的最高學術水平。新傾向派學者非常尊重這部分國粹派學者,并發揚了他們的治學方法。新傾向派學者提倡的科學考證方法是對乾嘉考據學的繼承和發展,同時吸收了西方現代實證主義的科學方法。他們在研究中國文獻與歷史中存在的若干狹小的學術問題時,正是使用了新的科學考據方法,纔在中國傳統學術研究領域取得了輝煌而巨大的成就,超越了乾嘉學派和國粹學派,為現代中國學術的發展作出了前所未有的重大貢獻,將國學研究推向了崇高的學術境界。在20世紀40年代,新傾向派成為國學運動的主流已成定勢,以科學方法整理國故成為潮流,考證的學風成為支配學術界的一時風尚,將國學運動推向了高潮。

(五) 國粹派的大多數學者是具有民族主義和愛國主義思想的。他們宣揚漢民族仁人志士的愛國精神,支持同盟會反對清王朝的革命,在晚清時期是進步的,而且特具現實的社會意義。他們理解的國學是中國固有的傳統學術,以儒學為國學中的精華(國粹)。然而我們不難發現,他們并不固執地提倡儒學,尤其并未固執地宣揚儒家的政治倫理觀念,有時甚至對儒家學說進行批判。這與此後國學運動中殘存的國粹勢力是完全相異的。在新傾向派成為國學運動的主流之後，國粹思潮仍然存在，并且在國學運動終結之後，仍存在於新的國學熱潮之內——它是根深蒂固的。在《國粹學報》停刊之後，早期的國粹派完成了其學術使命。國粹思潮的殘餘將儒學視為國粹，大力提倡儒家的政治倫理，或者試圖改變世道民心，恢復封建道德秩序；或者欲使舊的倫理道德與新的社會觀念相協調，更有以政治觀念取代國學的趨勢。這些均偏離了國學運動的主流，導致了對國學性質認識的障礙和迷誤。我們若將早期國粹學派、國粹思潮的殘餘和國學新傾向派進行比較，就可較為客觀地評價《國粹學報》及國粹派的意義了。

　　《國粹學報》的創辦、其學術成就及學術影響在國學運動中具有重要的積極的意義。它促進了新傾向派的誕生，使新文化學者們重新衡量中國傳統學術的價值，探索國學研究的新途徑和新方法，從而使國學運動的發展走上了正確而寬廣的道路。現在國學熱潮再度興起時，我們不應忘記《國粹學報》和作為探路人的國粹派學者們。

作者單位：四川省社會科學院文學所　四川省人民政府文史研究館

# 明代經學注釋專著中的鄭玄考論
## ——以《四庫全書》編錄書籍為對象的考察

楊晉龍

## 一、前　言

　　中國傳統經學史上，針對儒家《五經》進行注解的相關著作相當多，注解成果表現的內容也非常多元，《四庫全書總目》曾經總結漢代到清初二千年來的注經之說，論其表現的優點與缺失曰：

　　　　自漢京以後，垂二千年，儒者沿波，學凡六變：其初專門授受，遞稟師承，非惟詁訓相傳，莫敢同異，即篇章字句，亦恪守所聞，其學篤實謹嚴，及其弊也拘。王弼、王肅稍持異議，流風所扇，或信或疑，越孔、賈、啖、趙，以及北宋孫復、劉敞等，各自論說，不相統攝，及其弊也雜。洛、閩繼起，道學大昌，擺落漢唐，獨研義理，凡經師舊說，俱排斥以為不足信，其學務別是非，及其弊也悍。學脈旁分，攀緣日衆，驅除異己，務定一尊。自宋末以逮明初，其學見異不遷，及其弊也黨。主持太過，勢有所偏，才辨聰明，激而橫決。自明正德、嘉靖以後，其學各抒心得，及其弊也肆。空談臆斷，考證必疏，於是博雅之儒，引古義以抵其隙。國初諸家，其學徵實不誣，及其弊也瑣。要其歸宿，則不過漢學、宋學兩家，互為勝負。①

---

①　[清] 永瑢等編，王伯祥斷句：《欽定四庫全書總目》卷一《經部總敘》，北京：中華書局，1992年，第1頁。

傳統經學的注解，漢代至清初雖有"六變"之分，但求其根本，則不過是"漢學、宋學兩家，互為勝負"而已。且從《四庫全書總目》行文的內容觀之，可知所謂"漢學"即指"漢唐"之學，"宋學"即指"宋明"之學。"宋學"旨在"擺落漢唐，獨研義理"，可知就《四庫全書總目》的認知而言，"漢學"與"宋學"乃是相互"對立"的存在。此說雖不免有過度誇張之嫌，但從清朝出現江藩（1761—1831）的《漢學師承記》與《宋學淵源記》，① 劉師培（1884—1919）也有《漢宋學術異同論》，② 其他論及"漢宋之爭"者亦復不少，③ 可知"漢學"與"宋學"雖不盡然壁壘分明，但確實存在差異分野。而就經學研究者的一般性認知而論，"漢學"代表人物，自以漢末鄭玄（127—200）為是；"宋學"代表人物，當非南宋朱熹（1130—1200）莫屬。

　　朱熹被後世學者尊為"宋學"的代表人物，但其學術受到學界與社會的認同，并非一帆風順，生前還曾遭受所謂"偽學"的指控。④ 朱熹的學術能夠受到世人的重視，最應歸功於宋理宗趙昀（1205—1264，1225—1264 在位）。趙昀大好朱熹之學，不僅將朱熹送入孔廟，還表彰朱熹的《四書》，於是朱熹的《四書章句集注》與《儀禮經傳通解》乃得以列於學官，成為士子必讀之書。⑤ 這也就是元代延祐元年（1314）頒布的科舉考試程式，以朱熹《四書章句集注》為"經問"考題依據、以《詩經集傳》和《周易本義》為"經義"答案的參考書之故。⑥ 元代的這箇決定，也影響了明太祖朱元璋（1328—1398，1368—1398 在位），故洪武時期的科舉考試，大致依循元代的科考規定，到明成祖朱棣（1360—1424，1402—1424 在位）奪得帝位後，則更進一步專以朱熹的學術為尊。當永樂十三年（1415）頒布獨尊朱熹之學的《四書大全》和《五經大全》給全國學宮（包括現在的越南），成為所有學子和科考參與者必須遵循的經說之後，朱熹為首的"宋學"從此遂成為明代"唯一"的官方學術，⑦ "宋學"的地位至此達到巔峰，"漢學"至此幾乎全受排斥。官方這種遵崇"宋學"的態度，以及士子必讀"宋學"書籍的規定，必然影響整箇明代的

---

　　① ［清］江藩著，漆永祥箋釋：《漢學師承記箋釋》，上海：上海古籍出版社，2006 年；［清］江藩：《宋學淵源記》，臺北：廣文書局，1967 年。
　　② ［清］劉師培：《漢宋學術異同論》，南京：江蘇古籍出版社，1997 年。
　　③ 例如：張錫飛有《清代漢宋之爭的主要問題及其檢討》（臺中：東海大學中文系碩士論文，1995 年）、田富美有《乾嘉經學史論：以漢宋之爭為核心之研究》（臺北：文史哲出版社，2013 年）等。
　　④ ［元］脫脫等：《宋史》卷四二九《道學三·朱熹》，臺北：商務印書館，1983 年影印文淵閣《四庫全書》本，第 23b—24a 頁。
　　⑤ ［元］脫脫等：《宋史》卷四二九《道學三·朱熹》，第 25b 頁；卷四十一《理宗本紀一》，第 8a 頁；卷四十二《理宗本紀二》，第 19a 頁；卷四十五《理宗本紀贊》，第 24a 頁。
　　⑥ ［明］宋濂等：《元史》卷八十一《選舉志》（《四庫全書》本），第 5b—6a 頁。
　　⑦ 相關討論請參考楊晉龍：《論〈詩傳大全〉與〈詩傳通釋〉的差異》，《中國文哲研究集刊》1996 年第 8 期，第 105—146 頁；楊晉龍：《〈詩傳大全〉與〈詩傳通釋〉關係再探——試析元代〈詩經〉學之延續》，見楊晉龍編：《元代經學國際研討會論文集》，臺北："中央"研究院中國文哲研究籌備處，2000 年，第 489—538 頁。

學術風氣。然則在官方尊崇"宋學"及士子必讀"宋學"書籍的明代學術風氣中,明代經學研究者是如何面對作為"宋學"對立面的"漢學"代表人物鄭玄的呢?這問題,無論在一般經學史、明代經學史還是鄭玄研究中,應當都具有學術價值,然而觀察前賢的相關研究成果,并未見到有比較專門的研究,是以設計此文,針對此一問題進行分析探索,期望可以獲得某些有效的可信成果,以供相關研究者參考。

本文研究的範圍選擇"經部",乃是因為"漢學"與"宋學"對立的主戰場在"經學"。"經學"可以是研究單一經書或經學家的"經學",也可以是從類的概念定義的"經部之學",本文使用的後者。本文以《四庫全書》編錄書籍為對象的理由,在客觀上是因為《四庫全書》編錄的書籍,乃是清代盛世時期許多頂尖學者集體篩選的結果,[①] 因此具有學術代表性;在主觀上則是一篇小論文自然無法探討整個明代的經學論著,因此必須有所抉擇,在實際操作的層面上,則是《四庫全書》已經數位化,[②] 如果搜尋的方式得當,就可以比較容易獲得實際且可信的數據,方便統計說明。本文主要是以實際獲得的數據為根據,透過徵引分析說明其所代表的學術意義,這也就是筆者強調的所謂"外部研究"方法的實質運用。本文研究進行的步驟,首先說明研究的意圖、研究的目的、使用的文獻、研究的方法與程式等基本內容;其次實際閱讀統計《四庫全書·經部》編錄的明代學者的專著,然後設計搜尋關鍵詞彙,以獲得實際徵引的數據;再次分析前述搜尋所得數據的學術意義與價值;最後統合本文研究所得的結果得出結論。

## 二、《四庫全書》編錄的明代經學專著

考《四庫全書總目·凡例》編錄書籍之標準云:"今詔求古籍,特創新規,一一辨厥妍媸,嚴為去取。其上者悉登編錄,罔致遺珠。"[③] 無論後世是否同意乾隆帝(1711—1799,1736—1795 在位)編纂《四庫全書》以"有關世道人心"為書籍內容判斷的標準以及"立臣節而正人心"的倫理目的,恐怕都得承認《四庫全書》的編纂,確實在主觀上有着"嘉惠藝林,啟牖後學,公天下之好""欲以流傳廣播,霑溉藝林"的基本意圖,以及

---

[①] 乾隆四十七年七月十九日《奉旨開列辦理四庫全書在事諸臣職名》中,除一般熟悉的紀昀等之外,還列有莊存與、程晉芳、任大椿、邵晉涵、戴震、姚鼐、翁方綱、朱筠、金榜、孫希旦、汪師曾、王念孫等學者。見〔清〕永瑢等編,王伯祥斷句:《欽定四庫全書總目》卷首,新北:藝文出版社,1969年,第12—15頁。

[②] 本文使用的《四庫全書》網絡資料庫,係香港迪志文化出版公司2007年製作的《文淵閣四庫全書電子版》3.0版。該資料庫以臺灣商務印書館1983年起所影印的臺北故宮博物院收藏的文淵閣《四庫全書》為基礎建置完成。

[③] 〔清〕永瑢等編,王伯祥斷句:《欽定四庫全書總目》卷首《凡例》,第17頁。

"用以昭垂久遠，公之天下萬世"的雄心與自信。① 在此前提下，其所選書目皆是"辨厥妍媸，嚴為去取"的結果。故而相對於清末以來受西洋學術觀影響的現代學者，《四庫全書》當然具有更高程度的學術代表性，這也就是本文選擇其所編錄書籍的主要理由。

歸納《四庫全書·經部》編錄的明代經學專著，總計有107部，若依内容分類，則為《易》類24部、《書》類9部、《詩》類10部、《三禮》類11部、《春秋》類21部、《孝經》類2部、《五經》總義類5部、《四書》類10部、《樂》類3部、小學類12部。其中以下依作者或編者生存時代的先後製成表格，以方便觀察。

《四庫全書》編錄的明代經部專著107部

| 作者 | 籍貫 | 生存年代② | 書 名 | 學類別 |
| --- | --- | --- | --- | --- |
| 樂韶鳳等 | 安徽全椒 | ？—1380 | 洪武正韻 | 小學類 |
| 張以寧 | 福建古田 | 1301—1370 | 春秋春王正月考 | 春秋類 |
| 劉三吾等 | 湖南茶陵 | 1313—1400 | 書傳會選 | 書類 |
| 朱善 | 江西豐城 | 1340—1413 | 詩解頤 | 詩類 |
| 項霦 | 浙江臨海 | 1368年前後 | 孝經述注 | 孝經類 |
| 蔣悌生 | 福建福寧 | 1350—1370年前後 | 五經蠡測 | 五經總義類 |
| 趙撝謙 | 浙江紹興 | 1351—1395 | 六書本義 | 小學類 |
| 石光霽 | 江蘇泰州 | 1380年舉人 | 春秋鉤玄 | 春秋類 |
| 胡廣等 | 江西吉安 | 1369—1418 | 周易傳義大全 | 易類 |
| | | | 書傳大全 | 書類 |
| | | | 詩傳大全 | 詩類 |
| | | | 禮記大全 | 禮類 |
| | | | 春秋大全 | 春秋類 |

---

① 以上諸觀點可參閱乾隆四十一年六月一日、十一月十七日，四十二年八月十九日，四十三年五月二十六日，四十六年二月十五日、十一月六日，五十五年六月一日等乾隆皇帝的"聖諭"。見［清］永瑢等編，王伯祥斷句：《欽定四庫全書總目》卷首，第2—7頁。

② 作者與編者的生存時段，主要是搜尋Google和百度，以及"中央"研究院：《漢籍電子文獻瀚典全文檢索系統》（臺北："中央"研究院，1984—2016年）；若三處均無法查得，再進入劉俊文總策劃：《中國方志庫》（北京：愛如生數字化技術研究中心，2011—2013年）查詢；若均無法查得，則根據序跋推測。

续表

|  |  |  |  | 四书大全 | 四书类 |
|---|---|---|---|---|---|
| 胡居仁 | 江西余干 | 1434—1484 |  | 易象钞 | 易类 |
| 蔡清 | 福建晋江 | 1453—1508 |  | 易经蒙引 | 易类 |
|  |  |  |  | 四书蒙引 | 四书类 |
| 邵宝 | 江苏无锡 | 1460—1527 |  | 简端录 | 五经总义类 |
| 刘绩 | 湖北江夏 | 1490年进士 |  | 三礼图 | 礼类 |
| 湛若水 | 广东增城 | 1466—1560 |  | 春秋正传 | 春秋类 |
| 童品 | 浙江兰溪 | 1496年进士 |  | 春秋经传辨疑 | 春秋类 |
| 崔铣 | 河南安阳 | 1478—1541 |  | 读易余言 | 易类 |
| 袁仁 | 江苏苏州 | 1479—1546 |  | 尚书砭蔡编 | 书类 |
|  |  |  |  | 春秋胡传考误 | 春秋类 |
| 韩邦奇 | 陕西朝邑 | 1479—1556 |  | 易学启蒙意见 | 易类 |
|  |  |  |  | 苑洛志乐 | 乐类 |
| 吕柟 | 陕西高陵 | 1479—1542 |  | 四书因问 | 四书类 |
| 倪复 | 浙江鄞县 | 1580—1540年前后 |  | 钟律通考 | 乐类 |
| 林希元 | 福建同安 | 1481—1567 |  | 易经存疑 | 易类 |
| 梅鷟 | 安徽旌德 | 约1483—1553 |  | 尚书考异 | 书类 |
| 季本 | 浙江绍兴 | 1485—1563 |  | 诗说解颐 | 诗类 |
| 马明衡 | 福建莆田 | 1514年进士 |  | 尚书疑义 | 书类 |
| 杨慎 | 四川新都 | 1488—1559 |  | 奇字韵 | 小学类 |
|  |  |  |  | 古音骈字 | 小学类 |
|  |  |  |  | 古音丛目 | 小学类 |
|  |  |  |  | 古音略例 | 小学类 |
|  |  |  |  | 转注古音略 | 小学类 |

續表

| 黃佐 | 廣東香山 | 1490—1566 | 泰泉鄉禮 | 禮類 |
|---|---|---|---|---|
| 楊爵 | 陝西富平 | 1493—1549 | 周易辨錄 | 易類 |
| 陸粲 | 江蘇長洲 | 1494—1551 | 左傳附注 | 春秋類 |
| | | | 春秋胡氏傳辨疑 | 春秋類 |
| 柯尚遷 | 福建長樂 | 1500—1582 | 周禮全經釋原 | 禮類 |
| 葉山 | 不明 | 1504—? | 八白易傳 | 易類 |
| 熊過 | 四川富順 | 1506—1565 | 周易象旨決錄 | 易類 |
| | | | 春秋明志錄 | 春秋類 |
| 王應電 | 江蘇崑山 | 1530年前後 | 周禮傳 | 禮類 |
| 李先芳 | 湖北監利 | 1510—1594 | 讀詩私記 | 詩類 |
| 高拱 | 河南新鄭 | 1512—1578 | 春秋正旨 | 春秋類 |
| | | | （四書）問辨錄 | 四書類 |
| 姜寶 | 江蘇丹陽 | 1513—1593? | 春秋事義全考 | 春秋類 |
| 陳士元 | 湖北應城 | 1516—1597 | 易象鈎解 | 易類 |
| | | | 論語類考 | 四書類 |
| | | | 孟子雜記 | 四書類 |
| 朱睦㮮 | 安徽休寧 | 1518—1587 | 五經稽疑 | 五經總義類 |
| 王樵 | 江蘇金壇 | 1521—1599 | 尚書日記 | 書類 |
| | | | 春秋輯傳 | 春秋類 |
| 徐學謨 | 上海嘉定 | 1521—1593 | 春秋億 | 春秋類 |
| 陳耀文 | 河南確山 | 約1524—1605 | 經典稽疑 | 五經總義類 |
| 來知德 | 四川梁山 | 1525—1604 | 周易集注 | 易類 |
| 張獻翼 | 江蘇崑山 | 1534—1604 | 讀易紀聞 | 易類 |
| 朱載堉 | 河南沁陽 | 1635—1610 | 樂律全書 | 樂類 |

續表

| 錢一本 | 江蘇武進 | 1539—1610 | 像象管見 | 易類 |
| --- | --- | --- | --- | --- |
| 焦竑 | 江蘇南京 | 1540—1520 | 俗書刊誤 | 小學類 |
| 陳第 | 福建連江 | 1541—1617 | 尚書疏衍 | 書類 |
| | | | 毛詩古音考 | 小學類 |
| | | | 屈宋古音義 | 小學類 |
| 馮時可 | 上海華亭 | 約1541—1621 | 左氏釋 | 春秋類 |
| 姚舜牧 | 浙江湖州 | 1543—1627 | 詩經疑問 | 詩類 |
| 趙南星 | 河北高邑 | 1550—1627 | 學庸正説 | 四書類 |
| 楊于庭 | 安徽全椒 | 1580年進士 | 春秋質疑 | 春秋類 |
| 魏濬 | 福建松溪 | 1553—1626 | 易義古象通 | 易類 |
| 傅遜 | 江蘇太倉 | 1583年前後 | 左傳屬事 | 春秋類 |
| 潘士藻 | 江西婺源 | 1583年進士 | 讀易述 | 易類 |
| 高攀龍 | 江蘇無錫 | 1562—1626 | 周易易簡説 | 易類 |
| | | | 春秋孔義 | 春秋類 |
| 葉秉敬 | 浙江衢州 | 1562—1627 | 字孿 | 小學類 |
| 朱謀㙔 | 江西南昌 | 1564—1624 | 詩故 | 詩類 |
| | | | 駢雅 | 小學類 |
| 逯中立 | 山東聊城 | 1589年進士 | 周易劄記 | 易類 |
| 卓爾康 | 浙江仁和 | 1570—1644 | 春秋辨義 | 春秋類 |
| 馮復京 | 江蘇常熟 | 1573—1623 | 六家詩名物疏 | 詩類 |
| 章世純 | 江西臨川 | 1575—1644 | 四書留書 | 四書類 |
| 劉宗周 | 浙江山陰 | 1578—1645 | 論語學案 | 四書類 |
| 王志長 | 江蘇崑山 | 1580—1640年前後 | 周禮注疏刪翼 | 禮類 |
| 周宗建 | 江蘇吳江 | 1582—1625 | 論語商 | 四書類 |

續表

| | | | | |
|---|---|---|---|---|
| 孫毅 | 湖南華容 | 1585—1643 | 古微書 | 五經總義類 |
| 黃道周 | 福建漳浦 | 1585—1646 | 易象正 | 易類 |
| | | | 洪範明義 | 書類 |
| | | | 月令明義 | 禮類 |
| | | | 坊記集傳 | 禮類 |
| | | | 表記集傳 | 禮類 |
| | | | 緇衣集傳 | 禮類 |
| | | | 儒行集傳 | 禮類 |
| | | | 孝經集傳 | 孝經類 |
| 張次仲 | 浙江海寧 | 1589—1676 | 周易玩辭困學記 | 易類 |
| | | | 待軒詩記 | 詩類 |
| 倪元璐 | 浙江上虞 | 1593—1644 | 兒易內儀以 | 易類 |
| 何楷 | 福建晉江 | 約1594—1645 | 古周易訂詁 | 易類 |
| | | | 詩經世本古義 | 詩類 |
| 董守諭 | 浙江鄞縣 | 1596—1664 | 卦變考略 | 易類 |
| 吳桂森 | 江蘇無錫 | ?—1632 | 周易像象述 | 易類 |
| 王道焜 | 浙江杭州 | ?—1645 | 左傳杜林合注 | 春秋類 |
| 趙如源 | 浙江杭州 | 1630年前後 | | |
| 陳祖念 | 福建連江 | 1623年貢生 | 易用 | 易類 |
| 陳泰交 | 浙江嘉興 | 1624年前後 | 尚書注考 | 書類 |
| 朱朝瑛 | 浙江海寧 | 1605—1670 | 讀詩略記 | 詩類 |
| | | | 讀春秋略記 | 春秋類 |
| 王介之 | 湖南衡陽 | 1606—1686 | 春秋四傳質 | 春秋類 |

考察此 107 部專著，總共來自 76 位著者或編者，① 編著者的年代，由元末明初的樂韶鳳到明末清初的王介之，時間橫跨 300 年；編著者的籍貫，除一位不明者外，再排除代表官書的編者樂韶鳳、劉三吾和胡廣，則其他 72 位私人作者，來自現代的 13 箇省：江蘇（18 人）、浙江（16 人）、福建（11 人）、江西（5 人）、河南（4 人）、安徽（3 人）、四川（3 人）、陝西（3 人）、湖北（3 人）、湖南（2 人）、廣東（2 人）、河北（1 人）、山東（1 人）等。再考《四庫》館篩選編錄書籍之前，不可能像科舉考試的錄取人數那樣，每一省區都有名額限制，則《四庫全書》編錄書籍作者較多的省份，合理的推測，當也就是明代經學研究較為發達的地區，因此遂有較多符合《四庫全書》編錄標準的書籍。

就編著者所收錄的書籍來看，其中明代朝廷編輯之書祇是為保存前朝文獻之故，并非合乎《四庫全書》編錄的標準。《四庫》館臣的説法是：

> 其書本不足錄，以其為有明一代同文之治，削而不載，則韻學之沿革不備。尤之記前典制者，雖其法極為不善，亦必錄諸史冊，固不能泯滅其迹，使後世無考耳。②

> 其書本不足存，惟是恭逢聖代，考定藝文，既括千古之全書，則當備歷朝之沿革，而後是非得失，釐然具明。此書為前明取士之制，故仍錄而存之，猶小學類中存《洪武正韻》之例云爾。③

> 惟胡廣《大全》既為前代之功令，又為經義明晦、學術升降之大關，亦特存之，以著明二百餘年士習文風之所以弊。蓋示戒，非示法也。④

基於此前提，可以把樂韶鳳、劉三吾、胡廣等領銜編輯的官書排除在外，僅就私人專著加以觀察。剩餘的 73 位著者中，以黃道周收錄 8 部專著最多，但《四庫》館臣又説所以收錄黃道周《意象正》和倪元璐《兒易内儀以》的理由，乃是因人而存書，并非其書全然符合收錄標準。《四庫》館臣之言云："此及倪元璐《易内外儀》有轇轕於《易》外者，猶有據經起義、發揮於《易》中者。且皆忠節之士，當因人以重其書。故此二編仍附錄於經部焉，非通例也。"⑤

若黃道周暫時存而不論，當以楊慎的 5 部為多，且《四庫全書》編錄的楊慎書籍，全屬"小學類"，所以然者，可由《四庫》館臣之言瞭解：

---

① 官方編輯的書籍，大致係集體完成，當然無法一一細數參與者。為討論方便，故以領銜官員為編者，并加一"等"字；統計之際或許有某些誤差，但當在允許的範圍之内。
② [清]永瑢等編，王伯祥斷句：《欽定四庫全書總目》卷四十二《洪武正韻提要》，第 362 頁。
③ [清]永瑢等編，王伯祥斷句：《欽定四庫全書總目》卷十六《詩經大全提要》，第 128 頁。
④ [清]永瑢等編，王伯祥斷句：《欽定四庫全書總目》卷三十六《四書類案語》，第 307 頁。
⑤ [清]永瑢等編，王伯祥斷句：《欽定四庫全書總目》卷五《易象正提要・案語》，第 32 頁。

> 自昔論古音者不一家，惟宋吳棫，明楊慎、陳第，國朝顧炎武、柴紹炳、毛奇齡之書最行於世。其學各有所得……①
>
> 自鄭元（玄）淹貫六藝，參互鉤稽，旁及緯書，亦多采摭，言考證之學者自是始。宋代諸儒，惟朱子窮究典籍。其餘研求經義者，大抵斷之以理，不甚觀書。故其時博學之徒，多從而探索舊文，網羅遺佚，舉古義以補其闕。於是漢儒考證之學遂散見雜家筆記之內，宋洪邁、王應麟諸人，明楊慎、焦竑諸人，國朝顧炎武、閻若璩諸人，其尤著者也。②

可見《四庫全書》收錄楊慎經學專著特多，乃因楊慎在古音學與考證學上的表現，確實符合編錄標準。再者陳士元與陳第亦各有3部，陳第有2部屬於"小學類"探討古音學的專著，自是陳第在古音學上的表現優於前人之故。陳士元收錄"易類"1部、"四書類"2部，主要理由是其《易象鉤解》所論"深有合於作《易》之本旨"。③《論語類考》則是宗法金履祥（1232—1303）《論語孟子集注考證》"考究典故，以發明經義"，以及面對朱子"《集注》之承用舊文偶失駁正者，必一一辨析"之例，"於《集注》不為苟同，每條必先列舊說，而搜討諸書，互相參訂，皆以'元案'二字列之。凡一切杜撰浮談……悉為糾正，較明代諸家之書，殊有根柢"之故。④ 至於收錄2部者有蔡清、袁仁、韓邦奇、陸粲、熊過、高拱、王樵、高攀龍、朱謀㙔、張次仲、何楷、朱朝瑛等12人，以及其他收錄1部者，除倪元璐之外，莫不是因其書符合編錄標準，因此纔被《四庫》館臣篩選入庫。以上即是《四庫全書·經部》收錄明代經學專著以及編錄入庫理由的實際情況。

## 三、《四庫全書》編錄明代經學專著徵引鄭玄考實

《四庫全書》編錄入庫的107部明代經學專著，無論基於學術標準、政治需要還是歷史遺迹的理由而被篩選入庫，均表示該書確實有收錄留存的價值，因此合乎本文的研究標準，故而都是本文考察的對象。同時為了確實有效地考知此107部經學專著徵引鄭玄學術成果為說的實際表現，因此設定鄭玄、鄭康成、鄭氏玄、鄭氏康成、康成鄭氏、鄭注、鄭箋、

---

① ［清］永瑢等編，王伯祥斷句：《欽定四庫全書總目》卷四十二《古韻標準提要》，第369頁。
② ［清］永瑢等編，王伯祥斷句：《欽定四庫全書總目》卷三十三《經稗提要》，第278頁。
③ ［清］永瑢等編，王伯祥斷句：《欽定四庫全書總目》卷五《易象鉤解提要》，第30頁。
④ ［清］永瑢等編，王伯祥斷句：《欽定四庫全書總目》卷三十六《論語類考提要》，第302頁。

鄭氏注、鄭氏箋、北海鄭君、北海鄭元、北海鄭氏、鄭元、漢鄭氏、鄭北海、鄭君、鄭疏等 17 箇搜尋關鍵詞，進入網路版文淵閣《四庫全書》，進行實際的搜尋歸納。其所得結果如下表所示：

**明代經部 107 部專著徵引與批判鄭玄次數表**

| 作者 | 書名 | 小類 | 徵引次數 | 批判次數 |
|---|---|---|---|---|
| 樂韶鳳等 | 洪武正韻 | 小學類 | 104① | 2② |
| 張以寧 | 春秋春王正月考 | 春秋類 | 9③ | 0 |
| 劉三吾等 | 書傳會選 | 書類 | 12④ | 0 |
| 朱善 | 詩解頤 | 詩類 | 0 | 0 |
| 項霦 | 孝經述注 | 孝經類 | 0 | 0 |
| 蔣悌生 | 五經蠡測 | 五經總義類 | 0 | 0 |
| 趙撝謙 | 六書本義 | 小學類 | 3⑤ | 0 |
| 石光霽 | 春秋書法鉤玄 | 春秋類 | 1⑥ | 0 |
| 胡廣等 | 周易傳義大全 | 易類 | 9⑦ | 0 |
|  | 書傳大全 | 書類 | 19⑧ | 1⑨ |
|  | 詩傳大全 | 詩類 | 5⑩ | 0 |
|  | 禮記大全 | 禮類 | 25⑪ | 1⑫ |

---

① 鄭玄 1 筆、鄭康成 75 筆、鄭箋 19 筆、鄭注 6 筆、鄭氏注 3 筆。
② "鄭氏《注》云：'章讀為獐'，非也。"（卷五，第 9a 頁）"鄭氏注《周禮》，遂以譌為禱，誤。"（卷八，第 11a 頁）
③ 鄭箋 3 筆、鄭注 6 筆。
④ 鄭康成 2 筆、鄭注 8 筆、鄭氏注 2 筆。
⑤ 鄭玄 1 筆、鄭氏箋 1 筆、鄭氏注 1 筆。
⑥ 鄭注 1 筆。
⑦ 鄭玄 2 筆、鄭康成 3 筆、鄭氏康成 1 筆、鄭氏注 2 筆、鄭元 1 筆。
⑧ 鄭玄 9 筆、鄭氏箋 1 筆、鄭康成 2 筆、鄭注 4 筆、鄭氏注 3 筆。
⑨ "鄭玄之徒皆不見真古文，而誤以此為古文之書。"（《原序》，第 14a 頁）
⑩ 鄭康成 1 筆、鄭箋 1 筆、鄭注 1 筆、鄭氏注 2 筆。
⑪ 鄭康成 1 筆、鄭箋 1 筆、鄭注 23 筆。
⑫ "鄭《注》皆非記者本意。"（卷十二，第 1b 頁）

續表

| | | | | |
|---|---|---|---|---|
| | 春秋大全 | 春秋類 | 13① | 2② |
| | 四書大全 | 四書類 | 12③ | 0 |
| 胡居仁 | 易象鈔 | 易類 | 2④ | 0 |
| 蔡清 | 易經蒙引 | 易類 | 6⑤ | 0 |
| | 四書蒙引 | 四書類 | 7⑥ | 0 |
| 邵寶 | 簡端録 | 五經總義類 | 1⑦ | 0 |
| 劉績 | 三禮圖 | 禮類 | 11⑧ | 0 |
| 湛若水 | 春秋正傳 | 春秋類 | 0 | 0 |
| 童品 | 春秋經傳辨疑 | 春秋類 | 0 | 0 |
| 崔銑 | 讀易餘言 | 易類 | 0 | 0 |
| 袁仁 | 尚書砭蔡編 | 書類 | 5⑨ | 0 |
| | 春秋胡傳考誤 | 春秋類 | 0 | 0 |
| 韓邦奇 | 易學啓蒙意見 | 易類 | 0 | 0 |
| | 苑洛志業 | 樂類 | 21⑩ | 0 |
| 吕柟 | 四書因問 | 四書類 | 0 | 0 |
| 倪復 | 鐘律通考 | 樂類 | 8⑪ | 0 |
| 林希元 | 易經存疑 | 易類 | 3⑫ | 0 |

---

① 鄭玄5筆、鄭康成5筆、鄭注2筆、鄭君1筆。
② "鄭康成乃云'夏時制度,避其號',不亦妄説乎。"(卷四,第46a頁)"鄭玄不達其意,故主異説。"(卷十一,第15a頁)
③ 鄭玄2筆、鄭箋1筆、鄭注8筆、鄭氏注1筆。
④ 鄭玄1筆、鄭康成1筆。
⑤ 鄭玄2筆、鄭康成1筆、鄭注2筆、鄭元1筆。
⑥ 鄭玄1筆、鄭康成2筆、鄭箋1筆、鄭注3筆。
⑦ 鄭玄1筆。
⑧ 鄭玄9筆、鄭康成1筆、鄭注1筆。
⑨ 鄭玄4筆、鄭康成1筆。
⑩ 鄭玄9筆、鄭康成9筆、鄭注1筆、鄭氏注2筆。
⑪ 鄭玄1筆、鄭康成5筆、鄭氏注2筆。
⑫ 鄭注3筆。

續表

| 梅鷟 | 尚書考異 | 書類 | 38① | 2② |
|---|---|---|---|---|
| 季本 | 詩說解頤 | 詩類 | 27③ | 4④ |
| 馬明衡 | 尚書疑義 | 書類 | 2⑤ | 0 |
| 楊慎 | 奇字韻 | 小學類 | 3⑥ | 0 |
| | 古音駢字 | 小學類 | 1⑦ | 0 |
| | 古音叢目 | 小學類 | 30⑧ | 0 |
| | 古音略例 | 小學類 | 0 | 0 |
| | 轉注古音略 | 小學類 | 34⑨ | 2⑩ |
| 黃佐 | 泰泉鄉禮 | 禮類 | 0 | 0 |
| 楊爵 | 周易辨錄 | 易類 | 0 | 0 |
| 陸粲 | 左傳附注 | 春秋類 | 40⑪ | 3⑫ |
| | 春秋胡氏傳辨疑 | 春秋類 | 0 | 0 |

---

① 鄭玄32筆、鄭康成2筆、鄭注4筆。
② "鄭本作'松',曰:'松'當為'淞'。馬融作'均',《史記》同。《古文尚書》作'淞',亦因鄭玄讀而即改之也。雖似,吾甚以為不可也。"(卷五,第8a頁)"鄭玄云:'成王所言成道之王。'三家云:'王年長,骨節成。'皆為妄也。"(卷五,第21a頁)
③ 鄭玄12筆、鄭箋2筆、鄭氏箋3筆、鄭注1筆、鄭氏注6筆、鄭元3筆。
④ "按鄭氏《箋》舊解云:'三百十一篇詩,并是作者自為名。'但《小序》多失作者之意。"(《正釋》卷一,第5b頁)"本在河北,鄭玄誤謂清為高克所帥衆之邑。"(《正釋》卷七,第9b頁)"蓋本鄭元《詩譜》之說,則失之矣。"(《字義》卷五,第31a頁)"鄭元以為社是五土之神而配以勾龍;稷是原隰之神而配以后稷。王肅則謂社祭勾龍,稷祭后稷,皆人鬼也,而不以為土穀之神。鄭說蓋略近之,而亦未盡是也。"(《字義》卷六,第16a頁)
⑤ 鄭玄1筆、鄭康成1筆。
⑥ 鄭玄3筆。
⑦ 鄭玄1筆。
⑧ 鄭玄20筆、鄭康成1筆、鄭箋2筆、鄭注7筆。
⑨ 鄭玄26筆、鄭康成3筆、鄭注4筆、鄭氏注1筆。
⑩ "鄭玄《注》以為魯之汶水,謬也。"(卷一,第13a頁)"鄭玄注《月令》以王為草薂,誤。王乃蔓也。"(卷五,第9a頁)
⑪ 鄭玄23筆、鄭康成1筆、鄭箋8筆、鄭注8筆。
⑫ "文十八年傳《注》:'庭堅,即皋陶字。'孔《疏》謂本於鄭玄《論語注》,今不知鄭得之何書?"(卷一,第20b頁)"自鄭康成以起訓祧,後世皆承其誤。"(卷三,第1a頁)"鄭玄說云《國語》非丘明所作,凡共說一事而二文不同,必《國語》虛而《左傳》實,至此乃復強為牽合,無乃自相戾乎!"(卷四,第11b頁)

續表

| 柯尚遷 | 周禮全經釋原 | 禮類 | 15① | 2② |
|---|---|---|---|---|
| 葉山 | 葉八白易傳 | 易類 | 3③ | 0 |
| 熊過 | 周易象旨決錄 | 易類 | 45④ | 4⑤ |
| | 春秋明志錄 | 春秋類 | 8⑥ | 0 |
| 王應電 | 周禮傳 | 禮類 | 11⑦ | 0 |
| 李先芳 | 讀詩私記 | 詩類 | 4⑧ | 0 |
| 高拱 | 春秋正旨 | 春秋類 | 0 | 0 |
| | （四書）問辨錄 | 四書類 | 0 | 0 |
| 姜寶 | 春秋事義全考 | 春秋類 | 0 | 0 |
| 陳士元 | 易象鈎解 | 易類 | 3⑨ | 0 |
| | 論語類考 | 四書類 | 112⑩ | 5⑪ |
| | 孟子雜記 | 四書類 | 7⑫ | 0 |
| 朱睦㮮 | 五經稽疑 | 五經總義類 | 5⑬ | 0 |

---

① 鄭玄10筆、鄭康成5筆。
② "鄭玄乃謂王畿皆為貢，侯國皆用助，實不然矣！"（卷五，第39b頁）"鄭康成遽因穆叔之言以為詩篇，誤矣！"（卷八，第23a頁）
③ 鄭注3筆。
④ 鄭玄29筆、鄭氏玄1筆、鄭康成12筆、鄭注1筆、鄭元2筆。
⑤ "吳幼清依鄭元本作情性，非是。"（卷一，第15b頁）"朱先生《注》曰：'一陰而遇五陽，則女德不貞。'其說本鄭玄一女當五男之意，而實不然也。"（卷三，第55a頁）"鄭玄'怨耦曰讐。'虞翻以讐為三不見其哭。鄭氏誤矣！"（卷四，第12b頁）"鄭玄有才智之稱，亦非也。"（卷四，第29b頁）
⑥ 鄭玄3筆、鄭康成4筆、鄭注1筆。
⑦ 鄭玄4筆、鄭注6筆、鄭氏注1筆。
⑧ 鄭玄1筆、鄭箋1筆、鄭注2筆。
⑨ 鄭玄2筆、鄭康成1筆。
⑩ 鄭玄99筆、鄭康成1筆、鄭注11筆、鄭元1筆。
⑪ "鄭玄引之謬矣！"（卷八，第20b頁）"鄭玄氏云：'棘子成，衛大夫。'舊説也，此自漢以來相傳之言，其事實無考。"（卷九，第20a頁）"鄭注《論語》，伏、杜注《左傳》，皆謂夏瑚殷璉，蓋相沿而誤也。"（卷十二，第1b頁）"鄭玄則謂日月星辰之章乃魯禮也。豈周制止九章，而魯反有十二章乎？鄭《注》之難據如此。"（卷十七，第4b頁）"鄭玄、包咸皆云出蔡地，因以為名，不知何據？"（卷二十，第11b頁）
⑫ 鄭玄6筆、鄭注1筆。
⑬ 鄭康成3筆、鄭箋1筆、鄭注1筆。

续表

| 王樵 | 尚書日記 | 書類 | 58① | 5② |
|---|---|---|---|---|
| | 春秋輯傳 | 春秋類 | 12③ | 0 |
| | （四書）問辨錄 | 四書類 | 0 | 0 |
| 徐學謨 | 春秋億 | 春秋類 | 0 | 0 |
| 陳耀文 | 經典稽疑 | 五經總義類 | 24④ | 0 |
| 來知德 | 周易集注 | 易類 | 3⑤ | 1⑥ |
| 張獻翼 | 讀易紀聞 | 易類 | 1⑦ | 0 |
| 朱載堉 | 樂律全書 | 樂類 | 45⑧ | 2⑨ |
| 錢一本 | 像象管見 | 易類 | 2⑩ | 0 |
| 焦竑 | 俗書刊誤 | 小學類 | 0 | 0 |
| 陳第 | 尚書疏衍 | 書類 | 10⑪ | 0 |
| | 毛詩古音考 | 小學類 | 11⑫ | 0 |
| | 屈宋古音義 | 小學類 | 2⑬ | 0 |
| 馮時可 | 左氏釋 | 春秋類 | 3⑭ | 0 |

---

① 鄭玄52筆、鄭康成3筆、鄭注3筆。
② "鄭玄以長沙有澧陵縣，指為陵名，非是。"（卷五，第99b頁）"鄭玄以文王生稱王，亦繆也。"（卷七，第2b頁）"鄭玄謂西人亦有騷動者，妄也。"（卷十，第26b頁）"孔穎達以鄭玄為妄造。"（卷十三，第9a頁）"鄭玄曰：'東成皋，南轘轅，西降谷也。'蓋元為一地，而今分為三，如云三秦、三晉、三楚之類。湯舊都在偃師，與蒙穀熟相去太遠，殊非其地。"（卷十四，第24b頁）
③ 鄭玄3筆、鄭康成1筆、鄭注2筆、鄭氏注3筆、鄭君3筆。
④ 鄭玄7筆、鄭康成1筆、鄭箋8筆、鄭氏箋1筆、鄭注5筆、鄭氏注1筆、漢鄭氏1筆。
⑤ 鄭玄1筆、鄭康成1筆、鄭元1筆。
⑥ "其説始於鄭元，不成其説。"（卷十一，第39a頁）
⑦ 鄭康成1筆。
⑧ 鄭玄3筆、鄭康成17筆、鄭箋1筆、鄭注8筆、鄭氏注11筆、漢鄭氏5筆。
⑨ "鄭注和為錞于，固與經文不合。"（卷九，第32a頁）"鄭注《周禮》，以一秭二米者為秬，誤矣！"（卷二十二，第27a頁）
⑩ 鄭玄1筆、鄭康成1筆。
⑪ 鄭玄10筆。
⑫ 鄭玄2筆、鄭康成5筆、鄭注4筆。
⑬ 鄭玄2筆。
⑭ 鄭玄3筆。

續表

| | | | | |
|---|---|---|---|---|
| 姚舜牧 | 詩經疑問 | 詩類 | 0 | 0 |
| 趙南星 | 學庸正説 | 四書類 | 0 | 0 |
| 楊於庭 | 春秋質疑 | 春秋類 | 0 | 0 |
| 魏濬 | 易義古象通 | 易類 | 8① | 1② |
| 傅遜 | 春秋左傳屬事 | 春秋類 | 1③ | 0 |
| 潘士藻 | 讀易述 | 易類 | 30④ | 1⑤ |
| 高攀龍 | 周易易簡説 | 易類 | 0 | 0 |
| | 春秋孔義 | 春秋類 | | |
| 葉秉敬 | 字孿 | 小學類 | 0 | 0 |
| 朱謀㙔 | 詩故 | 詩類 | 6⑥ | 1⑦ |
| | 駢雅 | 小學類 | 0 | 0 |
| 逯中立 | 周易劄記 | 易類 | 1⑧ | 0 |
| 卓爾康 | 春秋辨義 | 春秋類 | 14⑨ | 0 |
| 馮復京 | 六家詩名物疏 | 詩類 | 122⑩ | 1⑪ |
| 章世純 | 四書留書 | 四書類 | 0 | 0 |
| 劉宗周 | 論語學案 | 四書類 | 1⑫ | 0 |
| 王志長 | 周禮注疏刪翼 | 禮類 | 84⑬ | 3⑭ |

① 鄭康成8筆。
② "鄭康成謂是周改殷正之兆，尤為附會。"（卷三，第31a頁）
③ 鄭玄1筆。
④ 鄭玄27筆、鄭康成3筆。
⑤ "鄭玄有才智之稱，亦非也。"（卷九，第40a頁）
⑥ 鄭康成1筆、鄭箋5筆。
⑦ "鄭《箋》援緯以説經，妄繆!"（卷一，第14b頁）
⑧ 鄭康成1筆。
⑨ 鄭玄3筆、鄭康成7筆、鄭注1筆、鄭君3筆。
⑩ 鄭玄38筆、鄭康成11筆、鄭箋16筆、鄭注53筆、鄭氏注2筆、鄭君2筆。
⑪ "鄭康成以樊為鑿帶之鑿，又以龍為竜、條為條、前為剪，非也。"（卷三十五，第3a頁）
⑫ 鄭玄1筆。
⑬ 鄭玄4筆、鄭康成16筆、鄭箋1筆、鄭注51筆、鄭氏注9筆、鄭君3筆、鄭疏1筆。
⑭ "鄭氏《注》'灌以緌之'，義亦未明。"（卷三，第80b頁）"鄭氏《注》謂以共吉凶二服及喪器，誤矣!"（卷九，第6b頁）"鄭氏注獻酌太鑿，此漢儒之陋。"（卷十二，第115a頁）

續表

| 周宗建 | 論語商 | 四書類 | 0 | 0 |
|---|---|---|---|---|
| 孫瑴 | 古微書 | 五經總義類 | 17① | 0 |
| 黄道周 | 易象正 | 易類 | 1② | 0 |
| | 洪範明義 | 書類 | 2③ | 0 |
| | 月令明義 | 禮類 | 21④ | 2⑤ |
| | 坊記集傳 | 禮類 | 0 | 0 |
| | 表記集傳 | 禮類 | 1⑥ | 0 |
| | 緇衣集傳 | 禮類 | 9⑦ | 0 |
| | 儒行集傳 | 禮類 | 3⑧ | 0 |
| | 孝經集傳 | 孝經類 | 0 | 0 |
| 張次仲 | 周易玩辭困學記 | 易類 | 14⑨ | 0 |
| | 待軒詩記 | 詩類 | 47⑩ | 0 |
| 倪元璐 | 兒易內儀以 | 易類 | 0 | 0 |
| 何楷 | 古周易訂詁 | 易類 | 50⑪ | 5⑫ |
| | 詩經世本古義 | 詩類 | 503⑬ | 9⑭ |

① 鄭康成1筆、鄭注16筆。
② 鄭注1筆。
③ 鄭玄2筆。
④ 鄭元21筆。
⑤ "鄭元疑誤也！"（卷二，第13b頁）"鄭元曰：'淺毛之屬，如虎豹者'，非是。"（卷二，第16b頁）
⑥ 鄭注1筆。
⑦ 鄭注9筆。
⑧ 鄭玄3筆。
⑨ 鄭玄2筆、鄭康成12筆。
⑩ 鄭玄3筆、鄭康成7筆、鄭箋36筆、鄭注1筆。
⑪ 鄭康成48筆、鄭氏注1筆、鄭元1筆。
⑫ "褚氏、張氏同鄭康成之説，皆以為九二利見九五之大人，非也！"（卷一，第23a頁）"鄭康成云：'蒙，幼小之貌，齊人謂蒙為萌。'愚按：物以穉故蒙，非正訓蒙為穉也。"（卷一，第66b頁）"鄭康成云：'苞當作彪，彪，文也。'難通！"（卷一，第70a頁）"鄭康成讀而曰能，能猶安也，不通！"（卷七，第2a頁）"鄭康成謂當作遜者，非！"（卷九，第3a頁）
⑬ 鄭玄340筆、鄭氏玄1筆、鄭康成21筆、鄭箋98筆、鄭氏箋2筆、鄭注31筆、鄭氏注4筆、鄭元5筆、漢鄭氏1筆。
⑭ "鄭《箋》訓方為房，謂'孚甲始生而未合時也'，殆屬臆說。"（卷一，第53b頁）"鄭《箋》訓為安貌，殊不可解！"（卷九，第2b頁）"鄭玄以當為刺厲王之詩，要皆無所據。"（卷九，第115b頁）"鄭玄不察，疑情更大於郊，於是以祭法之禘為祀天圜丘，以嚳配之。"（卷十之上，第102b頁）"鄭《箋》乃更過信偽《泰誓》之言，謂武王渡孟津，白魚躍入舟，出涘以燎，後五日火流為烏，五至，以穀俱來，且引《詩》說，謂烏以穀俱來者，所以紀后稷之德。其荒唐不經甚矣。"（卷十之上，第105b頁）"鄭玄《注》云：'般，樂也。'固甚謬。"（卷十之下，第26b頁）"鄭康成亦從之，誤矣！"（卷十二，第15b頁）"鄭玄強為之說。"（卷二十一，第10b頁）"鄭玄誤謂清為高克所帥衆之邑。"（卷二十三之下，第8a頁）

续表

| 董守諭 | 卦變考略 | 易類 | 1① | 0 |
|---|---|---|---|---|
| 吳桂森 | 周易像象述 | 易類 | 0 | 0 |
| 王道焜 | 左傳杜林合注 | 春秋類 | 4② | 0 |
| 趙如源 | | | | |
| 陳祖念 | 易用 | 易類 | 7③ | 0 |
| 陳泰交 | 尚書注考 | 書類 | 0 | 0 |
| 朱朝瑛 | 讀詩略記 | 詩類 | 57④ | 3⑤ |
| | 讀春秋略記 | 春秋類 | 0 | 0 |
| 王介之 | 春秋四傳質 | 春秋類 | 1⑥ | 0 |
| 總計 | 74 部 | | 1840 | 62 |

　　透過上表的觀察，若就徵引書籍的數量而論，107 部中有 33 部未曾徵引鄭玄之說，占 30.84%；徵引鄭玄之論為說者 74 部，占 69.16%；徵引者為未徵引者的兩倍多。就徵引作者的情況而論，76 位編著者中，完全未曾徵引者 24 位，占 31.58%；曾有實際徵引行為者 52 位，占 68.42%，徵引者為未徵引者的兩倍多。就 74 部徵引書籍的表現觀之，沒有批判反對意見者 51 部，提出批判反對意見者 23 部，完全接受者為不完全接受者的兩倍多。就 52 位徵引作者的觀點而論，沒有出現反對批判意見者 32 位，既徵引又批判者 20 位，完全接受者為不完全接受者的 1.6 倍。統計 74 部書籍徵引鄭玄之說總共 1840 筆，其中反對批判者有 62 筆，占全部徵引數量的 3.37%，接受者為批判者的 29.7 倍。以上即是考察《四庫全書·經部》編錄的明代經學專著徵引鄭玄著作成果為說的實際情況。

---

① 鄭玄 1 筆。
② 鄭玄 2 筆、鄭注 2 筆。
③ 鄭玄 2 筆、鄭康成 5 筆。
④ 鄭康成 10 筆、鄭箋 42 筆、鄭注 2 筆、鄭氏注 3 筆。
⑤ "鄭康成云：'衛之先君兼邶、鄘、衛而有之，故馬數過禮制'，此謬說也。"（卷一，第 54b 頁）"鄭《箋》以為刺厲王者，謬矣。"（卷三，第 55b 頁）"《箋》訓為安，義無所據。"（卷四，第 6b、12a 頁）
⑥ 鄭注 1 筆。

## 四、結　論

　　明代是箇非常尊崇"宋學"的朝代，這應該是經學研究者的基本認識。然則《四庫全書》對"漢學"代表人物鄭玄之論的徵引，到底呈現或表達了何種學術訊息呢？《四庫》館臣曾在《禮記正義提要》中說："自明永樂中敕修《禮記大全》，始廢鄭《注》，改用陳澔《集說》，禮學遂荒。然研思古義之士，好之者終不絕也。"① 意即永樂年間頒布《禮記大全》之後，雖然官方不再重視鄭玄之《禮》說，但"好之者終不絕"。《四庫》館臣同時也提到："朱子於《詩》攻康成，於《禮》不攻康成，此足知朱子之得於《禮》者深。"② 即"宋學"代表人物朱熹僅在《詩》學上攻擊鄭玄之論，但在《禮》學方面則不然，《四庫》館臣認為這是因為朱熹"得於《禮》者深"的緣故。可見，《四庫》館臣顯然認定"宋學"在《詩經》方面與"漢學"有較多的差異，在《禮》學上則沒有特殊的差異。如果以《四庫》館臣的認定為前提，觀察《四庫全書》編錄的這107部經學專著在《禮》和《詩》方面徵引鄭玄之論的情況，可以發現在74部徵引鄭玄之論為說的經學專著中，以《易》類18部的徵引數量最多，而《孝經》類沒有徵引。從整體來看，《禮》類的徵引和《詩》類的徵引相近。再就23部出現批判鄭玄之說的書籍觀之，其中《易》類5部，占徵引書籍的27.78%；《書》類6部，占75%；《詩》類6部，占75%；《禮》類5部，占55.56%；《春秋》類2部，占18.18%；《四書》類1部，占20%；《樂》類1部，占50%；小學類2部，占25%。批判反對鄭玄比例最高者為《書》類和《詩》類，這一結果相當符合《四庫》館臣的觀察認定。至於33部未曾徵引鄭玄之論的書籍，以《春秋》類為多，而《禮》類不徵引的數量頗低，也相當符合《四庫》館臣的標準。

　　就74部徵引鄭玄之論的作者生存活動的時間而論，若以明正德元年（1506）為界綫，出生於正德元年之前者為明代前期人物，出生於正德以後者為明代後期人物，則葉山以前的明代前期人物有30位，徵引者有21位；熊過以後的明代後期人物有46位，徵引者32位，前後期徵引人數的比例相當。但若就徵引數量的多寡而論，徵引最多的前五名（何楷《詩經世本古義》居首，馮復京《六家詩名物疏》居次，陳士元《論語類考》居三，樂韶鳳等《洪武正韻》居四，王志長《周禮注疏刪翼》居五），除樂韶鳳的時代為元末明初外，

---

① ［清］永瑢等編，王伯祥斷句：《欽定四庫全書總目》卷二十一《禮記正義提要》，第169頁。
② ［清］永瑢等編，王伯祥斷句：《欽定四庫全書總目》卷十九《禮經會元提要》，第151頁。

其他四人均是活動於嘉靖以後的明代後期人物①。此或者可見明代後期的某些學者對鄭玄學術的肯定。如何楷503處徵引中僅有9處批判反對，馮復京122處徵引中僅有1處反對，可見二者對鄭玄《詩經》學的肯定。這顯然與《四庫》館臣的認知大相逕庭，可以作為《詩經》"漢學"興起的輔助資料。

整體來看，説《四庫》館臣批判鄭玄《詩經》説與推崇《禮》説的判斷，在這107部專著中的表現并不特別明顯。從前述的數據和分析，可以發現即使在"宋學"達到巔峰的明代，同樣有比例甚高的學者選擇徵引鄭玄之論為説，且贊同鄭玄意見者占了絕對多數。這表明，即使在明代的學術環境下，鄭玄的學術成果依然是探討經學問題的重要參考書。雖然鄭玄的論著在明代中期以前流傳的情況并不理想，因此徵引者可能并不是直接取自原典，然而即使是轉引二手資料，同樣也表明了鄭玄在明代固然并沒有受到特殊的看中，但也沒有被完全遺忘，依舊是許多經學研究者矚目的重要學者。

本文以《四庫全書·經部》編錄的明代經學專著為對象，采用"外部研究"的方式，借助電腦搜尋系統的檢索功能，以獲得的數據為依據，探討鄭玄的學説在明代經學專著當中傳播的實際情況。經由前述歸納、統計、分析、推論，應該可以獲得較為實際的認知。本研究所取得的成果，對於研究鄭玄學術傳播、明代經學發展等相關問題，應該可以提供部分有效的答案或資訊，因而有助於相關研究的進行，此或即本文的價值所在。

作者單位：臺灣"中研院"中國文哲研究所

---

① 這箇轉變當然與《十三經注疏》的出版相關。有關《十三經注疏》的形成與出版的相關訊息，請參閱楊晉龍：《明代學術視野下的"十三經"論述研究》，《文與哲》第29期（2016年12月），第73—124頁。

# "理一分殊"是朱子學的"一貫之道"

高令印

## 一、"理一分殊"與"一貫之道"

理學家們認為，理是世界萬事萬物的基本原理，是"一"；萬事萬物是"多"，是分殊。多由一而生，一因多而成，就是"理一分殊"。理是同一的，而萬事萬物分別的責任與表現則是殊異的。《朱子語類》曰："問：'萬物粲然，還同不同？'曰：'理只這是一箇。道理則同，其分不同。君臣有君臣之理，父子有父子之理。'理者，有條理，仁義禮智皆有之。……理只是一箇理。理舉著，全無欠闕。且如言著仁，則都在仁上；言著誠，則都在誠上；言著忠恕，則都在忠恕上；言著忠信，則都在忠信上。只為只是這箇道理，自然血貫通。"[①] 萬事萬物由氣演變而生，其理為一，成形之後其分則殊。分殊是自然之理，理在分殊之中。推其生生之序，是一本（理）散萬殊。理一祇能呈於分殊裏。最確切最形象的表述即是"月印萬川"：月亮投影於水中，顯現出千變萬化的形相，仍然祇是一箇月亮。

"理一分殊"論，是程頤回答楊時的問題時提出來的。楊時懷疑張載《西銘》中的提法有似墨家的兼愛說。程頤在《答楊時論〈西銘〉書》中曰：

> 前所寄《史論》十篇，其意甚正，纔一觀，便為人借去，俟更子細看。《西銘》之論，則未然。橫渠立言，誠有過者，乃在《正蒙》。《西銘》之為書，推理以存義，擴前聖所未發，與孟子性善養氣之論同功，（原注：二者亦前聖所未發。）豈墨氏之比

---

① [宋] 黎靖德編：《朱子語類》卷六《性理三》，北京：中華書局，1986年，第99—100頁。

哉!《西銘》明理一而分殊,墨氏則二本而無分。(原注:老幼及人,理一也。愛無差等,本二也。)分殊之蔽,私勝而失仁;無分之罪,兼愛而無義。分立而推理一,以止私勝之流,仁之方也。無別而迷兼愛,至於無父之極,義之賊也。子比而同之,過矣。且謂"言體而不及用"。彼欲使人推而行之,本為用也,反謂"不及",不亦異乎!①

張載的《西銘》沒有明確提出"理一分殊"概念,是程頤體會出來的。楊時認為,張載《西銘》"民胞物與"是墨家兼愛之旨。程頤指出,墨家是"二本而無分",因其在理論上未分途人與父母,在實行上則施由親始,不勉二本。吾儒則是"老吾老以及人之老,幼吾幼以及人之幼"。道理是同一的,箇別人分位不同,責任也就各箇殊異。程頤的"理一分殊"論是箇倫理範疇,他強調的是愛有等差,雖然對一切人都應該仁愛,但是在具體實施時,則又各有所分別。前者是"理一",後者則為"分殊"。程頤的這一思想雖然強調《西銘》的萬物一體,并不排斥箇人對不同物件承擔的義務不同。這就是說,一般的道德原理可以表現為不同的具體規範,不同的具體規範中含有共同的道德原理。

張載的《西銘》,全文僅234字,是張載的代表作品。其重要內容在其前面部分:

> 乾稱父,坤稱母。予茲藐焉,乃混然中處。故天地之塞,吾其體;天地之帥,吾其性。民,吾同胞;物,吾與也。大君者,吾父母宗子;其大臣,宗子之家相也。尊高年,所以長其長;慈孤弱,所以幼吾幼。聖其合德,賢其秀也。凡天下疲癃殘疾、惸獨鰥寡,皆吾兄弟之顛連而無告者也。于時保之,子之翼也;樂且不憂,純乎孝者也。……②

據《朱子語類》記載:"龜山有論《西銘》二書,皆非,終不識'理一'。至於'稱物平施',亦說不著。(原注:《易傳》說是。)大抵《西銘》前三句便是綱要,了得,即句句上自有'理一分殊'。(原注:後來已有一篇說了。)方云:'指其名者分之殊,推其同者理之一。'"③楊時論《西銘》曰:

> 河南先生言"理一而分殊",知其"理一",所以為仁;知其"分殊",所以為義。所謂分殊,猶孟子言"親親而仁民,仁民而愛物"。其分不同,故所施不能無差等。……用未嘗離體也。且以一身觀之,四體百骸皆具,所謂體也。至其用處,則履

---

① [宋]程頤、程顥著,王孝魚點校:《二程集》,北京:中華書局,1981年,第609頁。
② [宋]張載:《正蒙·乾坤篇》。
③ [宋]黎靖德編:《朱子語類》卷九十八《張子之書一》,第2527頁。

不可加之於首，冠不可納之於足。則即體而言，分在其中矣。①

這是楊時得到程頤教導後的見解，是確切的觀點。

朱子十分贊同程頤的"理一分殊"論。朱子曰：

>《西銘》大綱是理一而分自爾殊。然有二説：自天地言之，其中固有分別；自萬殊觀之，其中亦自有分別。不可認是一理了，只滾做一看，這裏各自有等級差別。且如人之一家，自有等級之別。所以乾則稱父，坤則稱母，不可棄了自家父母，却把乾坤做自家父母看。且如"民吾同胞"，與自家兄弟同胞，又自別。龜山疑其兼愛，想亦未深曉《西銘》之意。《西銘》一篇，正在"天地之塞吾其體，天地之帥吾其性"兩句上。……民物固是分殊，須是就民物中又知得分殊。不是伊川説破，也難理會。然看久，自覺裏面有分別。②
>
>天地之間，理一而已。然乾道成男，坤道成女，二氣交感，化生萬物，則其大小之分、親疏之等，至於十百千萬而不能齊也。……程子以為"明理一而分殊"，可謂一言以蔽之矣。③

在朱子看來，程頤以《西銘》為明"理一分殊"，是很確切的。以乾為父、坤為母，有生之類，無物不然，即是"理一"；而人物之生，血脈之屬，各親其親，各子其子，就是"分殊"。

《論語·里仁》曰："子曰：'參乎！吾道一以貫之。'曾子曰：'唯。'子出。門人問曰：'何謂也？'曾子曰：'夫子之道，忠恕而已矣。'"④ 就是説，孔子的"一貫之道"是"忠恕"，貫串於孔子整箇思想體系之中。朱子在《論語集注·里仁》中説：

>盡己之謂忠，推己之謂恕。而已矣者，竭盡而無餘之辭也。夫子之一理渾然而泛應曲當，譬則天地之至誠無息，而萬物各得其所也。自此之外，固無餘法，而亦無待於推矣。曾子有見於此而難言之，故借學者盡己、推己之目以著明之，欲人之易曉也。蓋至誠無息者，道之體也，萬殊之所以一本也；萬物各得其所者，道之用也，一本之所以萬殊也。以此觀之，一以貫之之實可見矣。⑤

---

① [宋]楊時：《龜山集》卷十一《龜山語録·西銘》，福州：福建人民出版社，1993年，第269—270頁。
② [宋]黎靖德編：《朱子語類》卷九十八《張子之書一》，第2524頁。
③ [宋]張載：《張載集》附《朱熹西銘論》。
④ 《論語集注·里仁》，宋元人注：《四書五經》上册，北京：中國書店，1985年，第15頁。
⑤ 《論語集注·里仁》，宋元人注：《四書五經》上册，第15頁。

朱子以"一理渾然而泛應曲當"解"一以貫之"。"一理渾然"即一,"泛應曲當"即貫。這就是說,孔子能以心中一理(一仁,一仁心)對應萬事萬物,皆得其當。此喻孔子之心猶天道之化育萬物。"忠恕"是孔子思想體系的"一以貫之"的道,即其核心架構。對孔子思想的"一以貫之"的道,朱子用"理一分殊"來概括。朱子以"理一分殊"言道之體用,以理一為道之體,萬殊為道之用。萬殊皆理一之所為,是一理貫萬殊。朱子曰:

  "忠恕"一貫。聖人與天地為一,渾然只有道理,自然應去,不待盡己方為忠,不待推己方為恕,不待安排,不待忖度,不待覷當。如水源滔滔流出,分而為支派,任其自然,不待布置入那溝,入這瀆。故云:"曾子怕人曉不得一貫,故借忠恕而言。某初年看不破,後得侯氏所收程先生語,方曉得。"又云:"自孔子告曾子,曾子說下在此,千五百年無人曉得。待得二程先生出,方得明白。前前後後許多人說,今看來都一似說夢。"①

在朱子看來,"一以貫之"與"理一分殊"是一致的。朱子曰:"'一以貫之',猶言以一心應萬事。'忠恕'是一貫底注脚,一是忠,貫是恕底事。一是一心,貫是萬事。看有甚事來,聖人只是這箇心。"② 一心之理,盡貫衆理。一是心,朱子在"心統性情"等說中作了充分的論述。朱子認為,人之動靜云為,皆一身所為。一心應萬事,即是一以貫之,即是理一而分殊。

"理一分殊"論是朱子思想理論體系的核心架構,它貫串于朱子學的整箇思想體系之中。在朱子思想的整箇邏輯結構中,當氣開始不斷地演變,於動靜之中,理搭氣而行,即發育流行。這箇世界萬事萬物變化的過程,是"理一分殊"的過程,是"月印萬川"的過程。

朱子的"理一分殊"論有顯著特點。他遵照業師李侗的教導,特別強調"分殊"。朱子曰:"蓋延平之言曰:'吾儒之學,所以異於異端者,理一分殊也。理不患其不一,所難者分殊耳。此其要也。'"③ 萬物一理,而理同出於一箇源頭,但由於所處的位置不同,其作用也就不一樣。萬事萬物的具體規律、性質各有不同,却都是理的具體表現。朱子特別強調的是"分殊","理一分殊"主要落在分殊上。這顯然與佛、老專注"理一"是根本不同的,佛、老重視理一,不重視分殊,能於分殊上理會得其當然,然後方知理本一貫。朱子"分殊"的"分",是"分享""份額"或"等級";而其"殊",是"多"或"差異"。

---

① [宋] 黎靖德編:《朱子語類》卷二十七《里仁下》,第698頁。
② [宋] 黎靖德編:《朱子語類》卷二十七《里仁下》,第669頁。
③ [宋] 朱熹編:《延平答問·趙師夏跋》。

朱子曰："聖人未嘗言'理一'，多只言'分殊'。蓋能於分殊中事事物物、頭頭項項，理會得其當然，然後方知理本一貫。不知萬殊各有一理，而徒言理一，不知理一在何處。聖人千言萬語教人，學者終身從事，只是理會這箇。要得事事物物、頭頭件件，各知其所當然，而得其所當然，只此便是'理一'矣。如顏子穎悟，'聞一知十'，固不甚費力。曾子之魯，逐件逐事一一根究著落到底。孔子見他用功如此，故告以'吾道一以貫之'。"①

朱子很強調"分殊"，認為分殊之理明，則理一之理亦明。朱子曰：

  為學纖毫絲忽，不可不察。若小者分明，大者越分明。如《中庸》說："發育萬物，峻極于天"，大也；"禮儀三百，威儀三千"，細也。"尊德性，致廣大，極高明，溫故，敦厚"，此是大者五事；"道問學，盡精微，道中庸，知新，崇禮"，此是小者五事。然不先立得大者，不能盡得小者。此理愈說愈無窮，言不可盡，如"小德川流，大德敦化"，亦此理。千蹊萬壑，所流不同，各是一川，須是知得，然其理則一。……蓋能尊德性，便能道問學，所謂本得而末自順也。其餘四者皆然。本即所謂"禮儀三百"，末即所謂"威儀三千"。"三百"即"大德敦化"也，"三千"即"小德川流"也。②

大者是理一，小者是分殊。周敦頤的《太極圖說》《通書》、張載的《西銘》是朱子"理一分殊"論的三大源頭。"理一分殊"論起於程頤，繼於楊時、李侗，成於朱子。朱子對"理一分殊"論有進一步的創造性詮釋。趙師夏在朱子所編《延平答問》跋語中認為，朱子的"理一分殊"論，最初是接受李侗的教導。朱子承二程、李侗的旨意，進一步用"理一分殊"論架構自己的思想理論範疇體系，并作為其思想理論體系的核心和基礎，貫串於其經學、哲學、道德倫理學、政治學、經濟學、文學、教育學、宗教學、歷史學等所有學說之中，是其學說的一貫之道。

## 二、太極生生之"理一分殊"

周敦頤據《易經·繫辭上傳》"易有太極，是生兩儀"之說著《太極圖說》，謂："無極而太極。太極動而生陽，動極而靜；靜而生陰，靜極復動。一動一靜，互為其根。分陰

---

① [宋] 黎靖德編：《朱子語類》卷二十七《里仁下》，第677—678頁。
② [宋] 黎靖德編：《朱子語類》卷六十四《中庸三》，第1588—1589頁。

分陽，兩儀立焉。"此說當時學者并不太注意。二程不言太極。張載《正蒙·參兩》《大易》僅提到太極。邵雍謂"道為太極""心為太極"，未深入論述。①

對於太極之意，朱子曰：

> 極者，至極之義，標準之名。常在物之中央，而四外望之，以取正焉者也。故以極為在中之準的則可，而便訓極為"中"則不可。若北辰之為天極，脊棟之為屋極，其義皆然。②

此所謂"中"，非事物形體之中，乃是其品性適中，其質地無過與不及，乃其體性之內在。朱子曰：

> "中"不可解做極。極無"中"意，只是在中，乃至極之所，為四向所標準，故因以為中。如屋極，亦只是在中，為四向所準。如建邦設都以為民極，亦只是中天下而立，為四方所標準。……如北極，如宸極，皆然。若只說"中"，則殊不見"極"之義矣。③

朱子釋"極"為至、盡、窮、樞極。在朱子看來，太極祇是一箇理，此理為天地之理之總名："太極只是天地萬物之理。在天地言，則天地中有太極；在萬物言，則萬物中各有太極。未有天地之先，畢竟是先有此理。動而生陽，亦只是理；靜而生陰，亦只是理。"④"太極之義，正謂理之極致耳。有是理即有是物，無先後次序之可言。故曰易有太極。則是太極乃在陰陽之中，非在陰陽之外也。今以大、中訓之，又以乾坤未判、大衍未分之時論之，恐未安也。"⑤ 太極之理為生生不窮之理。太極不僅是二氣五行之理，而且是天地萬物之理，是造化之根源和樞紐。朱子門人陳淳訓太極至為經典，其曰："'太'之為言，甚也。太極是極之甚，無可得而形容，故以'太'名之。此只是說理雖無形狀方體，而萬化無不依之為根底樞紐。以其渾淪極至之甚，故謂之太極。"⑥ 他認為，極為至極，因而太極為事事物物之極至。太極是理之極至，太極即理。

太極是理學家世界觀的出發點。朱子曰：

---

① ［宋］邵雍：《皇極經世書》卷七下。
② 陳俊民校編：《朱子文集》卷七十二《皇極辨》，臺北：德富文教基金會，2000年，第3587頁。
③ ［宋］黎靖德編：《朱子語類》卷七十九《洪範》，第2046頁。
④ ［宋］黎靖德編：《朱子語類》卷一《理氣上》，第1頁。
⑤ 陳俊民校編：《朱子文集》卷三十七《答程可久第三書》，第1521頁。
⑥ ［宋］陳淳：《北溪字義》卷下。

> 蓋天地之間，只有動靜兩端，循環不已，更無餘事。此之謂易。而其動其靜，則必有所以動靜之理焉，是則所謂太極者也。聖人既指其實而名之，周子又為之《圖》以象之。其所以發明表著，可謂無餘蘊矣。原極之所以得名，蓋取樞極之義，聖人謂之"太極"者，所以指夫天地萬物之根也。①

朱子特別強調太極之生生之意蘊為理一而分殊。朱子曰：

> 太極如一木生上，分而為枝榦，又分而生花生葉，生生不窮。到得成果子，裏面又有生生不窮之理。生將出去，又是無限箇太極，更無停息。只是到成果實時，又却少歇不是止。到這裏，自合少止，正所謂"終始萬物莫盛乎艮。艮止，是生息之意"。②

太極是生生不窮之理，即理一而分殊。太極是理一，生生不窮之理是分殊。

朱子在《太極圖說解》中解釋"五行一陰陽也，陰陽一太極也。太極本無極也。五行之生也，各一其情"時說："五行之生，隨其氣質而所禀不同，所謂各一其性也。各一其性，則渾然太極之全體，無不各具於一物之中，而性之無所不在，又可見矣。"③ "各一其性"，是分殊；"渾然太極之全體"，是理一。亦即理一之理皆各具於一物之中，成為各物的共同之理。此即分殊之理與理一之理是一，一即是同一箇理。

朱子在《太極圖說解》中解釋"無極之真，二五之精，妙合而凝。乾道成男，坤道成女，二氣交感，化生萬物。萬物生生，而變化無窮焉"時說："自男女而觀之，則男女各一其性，而男女一太極也；自萬物而觀之，則萬物各一其性，而萬物一太極也。蓋合而言之，萬物統體一太極也；分而言之，一物各具一太極也。"④ "男女各一其性"，是分殊；"男女一太極"，是理一。"萬物各一其性"，是分殊；"萬物一太極"，是理一。"萬物統體一太極"，是理一；"一物各具一太極"，是分殊。就"理一分殊"論，理一是體，分殊是用。體一用多，萬物各因其形體等份之不同，而顯其各具之理，此即萬物各具一太極，各具是用不同。萬物各具一太極是萬物萬分，萬分各正性命，各正其理之用，萬分則萬不同，故言分則殊。其體本一是理一，其分各不同是萬分，是分殊。

---

① 陳俊民校編：《朱子文集》卷四十五《答楊子直書》，第2009頁。
② [宋] 黎靖德編：《朱子語類》卷七十五《易十一》，第1931頁。
③ [明] 胡廣等：《性理大全》卷一，京都：中文出版社，1981年，第31頁。
④ [明] 胡廣等：《性理大全》卷一，第33頁。

《通書·性理章》之"二氣五行，化生萬物。五殊二實，二本則一。是萬為一，一實萬分。萬一各正，小大有定"，朱子在《通書解》中釋之曰："二氣五行，天之所以賦受萬物而生之也。自其末以緣本，則五行之異，本二氣之實，又本一理之極，是合萬物而言之為一太極而已矣。自其本而之末，則一理之實，而萬物分之以為體，故萬物之中各有一太極，而小大之物莫不各有一定之分也。"① 一是理一，萬是萬殊。理一之理，是萬物之本體。本是理一，末是分殊。這是講萬物統體一太極，而萬物又各有一太極，它們是統一的。

在朱子看來，動靜本身并非太極，太極在陰陽之中："不是兼動靜，太極有動靜。喜怒哀樂未發，也有箇太極；喜怒哀樂已發，也有箇太極。只是一箇太極，流行於已發之際，歛藏於未發之時。"② 這裏的"理一分殊"，是說理始終在分殊之中，分殊之中理始終存在，貫串於其中。朱子曰：

> 太極自是涵動靜之理，却不可以動靜分體用。蓋靜即太極之體也，動即太極之用也。譬如扇子只是一箇扇子，動搖便是用，放下便是體。才放下時，便只是這一箇道理。及搖動時，亦只是這一箇道理。③

這裏朱子用體用說明"理一分殊"。

朱子在討論周敦頤《通書·理性篇》之"萬一各正""一實萬分"諸語時亦以統體一太極、萬物各具一太極等"理一分殊"解之。朱子在《朱子語類》中曰："'萬一各正，小大有定。'言萬物是一箇，一箇是萬箇。蓋統體是一太極，然又一物各具一太極。所謂'萬一各正'，猶言'各正性命'也。"④ 一箇是理一，是統體；萬箇是分殊，是各具。所以朱子說"萬箇是一箇，一箇是萬箇"。如此，分殊是理一；理一是分殊，理一與分殊是一。又統體是一太極，一物又各具一太極。如此，統體與各具是一。又理一是體，分殊是用，則體即是用，用即是體，體用是一。如此纔能萬一各正，小大有定。定指各正性命。

據《朱子語類》記載："問：《理性章》注云：'自其本而之末，則一理之實，而萬物分之以為體，故萬物各有一太極。'如此，則是太極有分裂乎？曰：'本只是一太極，而萬物各有稟受，又自各全具一太極爾。如月在天，只一而已；及散在江湖，則隨處而見，不可謂月已分矣。'"⑤ 理一與分殊是一。朱子以月在天是天理，"散在江湖，則隨處而見"為分殊。江湖上的月，即是天上的月。分殊即是理一。

---

① ［明］胡廣等：《性理大全》卷三，第2頁。
② ［宋］黎靖德編：《朱子語類》卷九十四《周子之書》，第2372頁。
③ ［宋］黎靖德編：《朱子語類》卷九十四《周子之書》，第2372頁。
④ ［宋］黎靖德編：《朱子語類》卷九十四《周子之書》，第2409頁。
⑤ ［宋］黎靖德編：《朱子語類》卷九十四《周子之書》，第2409頁。

《朱子語類》有"五殊二實"之謂：

> 問"五殊二實"一段。先生說了，又云："《中庸》'如天之無不覆幬，地之無不持載'，止是一箇大的包在中間；又有'四時錯行，日月代明'，自有細小去處。'道并行而不相悖，萬物并育而不相害'，并行并育，便是那天地覆載；不相悖不相害，便是那錯行代明底。'小德川流'是說小細的，'大德敦化'是那大的。大的包小的，小的分大的。千五百年間，不知人如何讀這箇，都似不理會得這道理。"又云："'一實萬分，萬一各正'，便是'理一分殊'處。"①

此謂"大的"是理一，"小的"是分殊，不論"大的""小的"，它們都是一理，是理一而分殊。

朱子之太極生生之"理一分殊"論，於理學的生生觀念有創造性的貢獻。朱子的理之觀念被認為是理學的最終詮釋，得到了理學家們的認同。

## 三、理氣之"理一分殊"

理氣論是朱子思想體系的本體論，是朱子學的核心、基礎和最高哲學原則。理氣論始於二程。程顥、程頤發明理之大旨，而不重視氣。朱熹汲取張載的氣論，運用"理一分殊"論，全面論述了理氣，提出理氣不離雜等諸種學說，完成了理學史上理氣論的創建和完善。朱子的心性論、價值論、認識論、修養論，包括居敬、窮理、力行等諸領域都是以理氣論為基礎進行論說的。《朱子語類》曰：

> 問理與氣。曰："伊川說得好，曰'理一分殊'。合天地萬物而言，只是一箇理；及在人，則又各自有一箇理。……有是理便有是氣。但理是本，而今且從理上說氣。如云：'太極動而生陽，動極而靜，靜而生陰。'不成動已前便無靜。程子曰：'動靜無端。'蓋此亦是且自那動處說起。……如一海水，或取得一杓，或取得一擔，或取得一碗，都是這海水。但是他為主，我為客；他較長久，我得之不久耳。②

---

① ［宋］黎靖德編：《朱子語類》卷九十四《周子之書》，第2409頁。
② ［宋］黎靖德編：《朱子語類》卷一《理氣上》，第2—3頁。

合天地萬事萬物祗是一理，一理即理一；及在人物之中又各自有一理，此一理是分殊。此意與周子的"統體一太極""萬物各具一太極"之義相同。朱子在《答黃道夫書》中曰："天地之間，有理有氣。理也者，形上之道也，生物之本也；氣也者，形而下之器也，生物之具也。是以人物之生，必禀此理，然後有性；必禀於此氣，然後有形。其性其形，雖不外乎一身，然其道器之間，分際甚明，不可亂也。"① 合天地萬事萬物祗是一箇理，此理是理一之理，是總體一太極之理；必禀此理然後有性，此指人物已生之後具於各事物之性，此性是分殊之理。未生萬物之前是理一，已生萬物之後而內具於物之中之理是分殊之理。天地未生成萬物之前，天理又下降於各物之中，而成為該物之性，此性是該物所得於天所以生之理，此性此理，便是分殊之理。

朱子在《孟子集注·告子上》中解釋"告子曰生之謂性章"時說：

性者，人之所得於天之理也；生者，人之所得於天之氣也。性，形而上者也；氣，形而下者也。人、物之生，莫不有是性，亦莫不有是氣。然以氣言之，則知覺運動，人與物若不異也；以理言之，則仁、義、禮、智之禀，豈物之所得而全哉？此人之性所以無不善，而為萬物之靈也。告子不知性之為理，而以所謂氣者當之。……徒知知覺運動之蠢然者，人與物同；而不知仁、義、禮、智之粹然者，人與物異也。②

在這裏，理與性即理一而分殊。人、物之性，如仁、義、禮、智之禀，是理一之分殊。朱子解《中庸》，解周敦頤的《太極圖説》，解張載的《西銘》，解人物之性、事物之理等諸多問題，都運用"理一分殊"論。由此，朱子由古代的尊天上升到講理。西漢董仲舒提出天人感應論，斷定天是有意志的。朱子認為，天不外是蒼蒼之形體，而天意是理。這就擯棄了對天認識的宗教神秘主義色彩。天即理是朱子哲學的本色。朱子運用"理一分殊"論，把人們對天的認識上升到了哲學本體論的高度。

朱子每每理氣聯用。朱子認為，人、物皆禀天地之理以為性，皆受天地之氣以為形，皆是理氣合。因此，人、物之生，必得是理，然後有以為健順仁、義、禮、智之性；必得是氣，然後有以為魂魄、五藏、百骸之身。有理，便有氣，流行發育萬物。"伊川説得好，曰'理一分殊'。合天地萬物而言，只是一箇理；及在人，則又各自有一箇理。"③ 有是理，便有是氣流行；但理是本，理與氣是理一而分殊。

對於理氣之"理一分殊"而形成其不同的特點，朱子有反覆説明。朱子認為，人的生

---

① 陳俊民校編：《朱子文集》卷五十八《答黃道夫一》，第2798頁。
② 《孟子集注·告子上》，宋元人注：《四書五經》上册，第84—85頁。
③ ［宋］黎靖德編：《朱子語類》卷一《理氣上》，第2頁。

死，是氣聚而生，散而死。故聚則有，散則無。"理一"亘古常存，不復有聚散消長；而氣則有聚而生，散而死，是"分殊"。朱子曰：

> 天地之間，有理有氣。理也者，形而上之道也，生物之本也；氣也者，形而下之器也，生物之具也。是以人物之生，必禀此理，然後有性；必禀此氣，然後有形。其性其形，雖不外乎一身，然其道器之間，分際甚明，不可亂也。……"天地之帥"，則天地之心，而理在其間也。五行，謂水、火、木、金、土耳。各一其性，則為仁、義、禮、智、信之理。而五行各專其一，人則兼備此性而無不善。及其感動，則中節者為善，不中節者為不善也。①

> 所謂理與氣，此決是二物。但在物上看，則二物渾淪，不可分開各在一處，然不害二物之各為一物也。若在理上看，則雖未有物，而已有物之理。然亦但有其理而已，未嘗實有是物也。大凡看此等處，須認得分明，又兼始終，方是不錯。……豈有理自有氣，又與氣合之理乎？其間瑣細，不暇一一辯論，但更看《太極圖解》第一段初兩三行，便見理之氣，各有去着，不待如此紛紜矣。②

朱子的理氣論闡明了萬事萬物生成的過程，其理論基礎是其"理一分殊"論。理是氣的主宰者，氣的變化形成世間的萬事萬物，理是其所以然。理一是本體，萬事萬物皆是由此理一主宰而成的，故此理一亦稱為生生之理，此氣亦是生生之氣。氣是生成事物的物體、物質、材料的本身。事物生成之後，此理又下降到該事物之中，成為該事物之性，此事物之性即來自理一之理。這就是"理一分殊"。但是，萬事萬物的形體皆由氣之顯與不顯和清濁來決定。人得氣之清，物得氣之濁，故人有可通之理，而物則蔽塞不通。因之導致人與物有偏全之異，即人得其全，物得其偏。此偏全之所以異在於氣禀，故朱子常言"理同氣異"，就是理一而分殊。因此，在物之性（理），稱為分殊之理，物指萬事萬物，萬事萬物所具之理，皆是分殊之理。朱子之物亦指事言，即常說的事物。物有理，事亦有理，每一事物所具之理，亦是分殊之理。故朱子的"理一分殊"論可應用在各種不同的人物或事物上論說，成為朱子理學思想體系中的最高原則。

分殊的原因在於氣禀。如朱子在《大學或問》中解"明德"條時說：

> 然以其理而言之，則萬物一原，固無人物貴賤之殊；以其氣而言之，則得其正且通者為人，得其偏且塞者為物。是以或貴或賤而不能齊也。彼賤而為物者，既梏形氣

---

① 陳俊民校編：《朱子文集》卷五十八《答黃道夫一、二》，第2798、2799頁。
② 陳俊民校編：《朱子文集》卷四十六《答劉叔文一、二》，第2095、2096頁。

之偏塞而無以充其本體之全矣。①

"萬物一原"的一原,是理一。以氣言,人得氣之正且通達,并得理之本體之全;物得氣之偏且塞,而不得理之本體之全。這樣,人與物所具之理便有全與偏之別,也是人、物之分殊。朱熹《大學或問》的特色即在於朱子以人、物所具理之全與不全區分貴賤:以具理全者為貴,以具理不全者為賤。

門人問朱子:"先生《答黃商伯書》有云:'論萬物之一原,則理同而氣異;觀萬物之異體,則氣猶相近,而理絶不同。'問'理同而氣異',此一句,是説方付與萬物之初,以其天命流行,只是一般,故理同;以其二五之氣,有清濁純駁,故氣異。下句是就萬物已得之後説。以其雖有清濁之不同,而同此二五之氣,故氣相近;以其昏明開塞之甚遠,故理絶不同。"朱子答曰:

> 氣相近,如知寒煖,識饑飽,好生惡死,趨利避害,人與物都一般。理不同,如蜂蟻之君臣,只是他義上有一點子明;虎狼之父子,只是他仁上有一點子明。其他更推不去。恰似鏡子,其他處都暗了,中間只有一兩點子光。大凡物事稟得一邊重,便占了其他底。如慈愛底人少斷制,斷制之人多殘忍。蓋仁多,便遮了義;義多,便遮了那仁。②

朱子認為,在事物之先,理已具足。"理未嘗離乎氣。然理形而上者,氣形而下者。自形而上下言,豈無先後?理無形,氣便粗,有渣滓。""此本無先後之可言。然必欲推其所從來,則須説先有是理。然理非别為一物,即存於是氣之中,無是氣,則是理亦無掛搭處。""如陰陽五行,錯綜不失條緒,便是理。若氣不結聚時,理亦無所附着。"這便是理一而分殊。有問先有理後有氣,朱子曰:

> 不消如此説。而今知得他合下是先有理後有氣邪,後有理先有氣邪?皆不可得而推究。然以意度之,則疑此氣是依傍這理行。及此氣之聚,則理亦在焉。蓋氣則能凝結造作,理却無情意,無計度,無造作。只此氣凝聚處,理便在其中。且如天地間人物、草木、禽獸,其生也,莫不有種,定不會無種子白地生出一箇物事,這箇都是氣。若理,則只是箇净潔空闊底世界,無形迹,他却不會造作,氣則能醖釀凝聚生物也。

---

① [宋]朱熹:《儀禮經傳通解補》卷五《大學或問》,轉引自蔡茂松:《朱子學》,臺南:大千世界出版社,2007年,第63頁。
② 以上[宋]黎靖德編:《朱子語類》卷四《性理一》,第57頁。

但有此氣，則理便在其中。……要之，也先有理。只不可説是今日有是理，明日却有是氣，也須有先後。且如萬一山河大地都陷了，畢竟理却只在這裏。①

朱子的這些論説，深刻地闡明了其理氣不離不雜之理論是建立在其"理一分殊"論基礎之上的。

朱子論太極動静，以太極比人，動静比馬。理之乘氣，猶人之乘馬。馬之一出一入，而人亦與之一出一入。曹端評之曰："謂'理之乘氣，猶人之乘馬。馬之一出一入，而人亦與之一出一入'。以喻氣之一動一静，而理亦與之一動一静。若然，則人爲死人，而不足以爲萬物之靈；理爲死理，而不足以爲萬物之原。理何足尚，而人何足貴哉？今使活人騎馬，則其出入行止疾徐，一由乎人馭之如何爾。活理亦然。不之察者，信此則疑彼矣，信彼則疑此矣，經年累月，無所折衷，故爲《辯戾》，以告夫同志君子。"黄宗羲駁之曰："抑知理氣之名，由人而造。自其浮沉升降者而言，則謂之氣；自其浮沉升降不失其則者而言，則謂之理。蓋一物而兩名，非兩物而一體也。薛文清有日光飛鳥之喻。一時之言理氣者，大略相同耳。"② 黄宗羲維護了朱子的"理一分殊"論。

朱熹進一步指出，理離不開氣，理氣不離不雜。理屬形而上，氣屬形而下，這箇界限不能混淆；而理寓於氣中，理離開了氣就無掛搭處。朱子曰：

> 天地之間有理有氣。理也者，形而上之道也，生物之本也；氣也者，形而下之器也，生物之具也。是以人、物之生，必稟此理，然後有性；必稟此氣，然後有形。其性其形，雖不外乎一身，然其道器之間，分際甚明，不可亂也。③

在朱熹看來，理無情意、無計度、無造作，是形而上的實有，只存有不活動，不能妙運氣化生生；氣則能依理而行，凝結造作。一般認爲，朱熹主理氣不雜，是理氣二元論者。其實，分理氣爲二，不一定就是二元論。所謂二元論，是指理氣二者平行，各自爲主。朱熹之理氣二分，祇是形而上、形而下之分判，不涉及理爲主還是氣爲主的問題，理與氣仍然是主從關係。有主有從，顯然不是二元論。朱熹强調理本無形，又無獨發之理。天下無無理之氣、無無氣之理。理是本體，看起來是無爲，實際上是無不爲的，其作用隨寓而發，妙用顯行，它們是理一而分殊的關係。

---

① [宋] 黎靖德編：《朱子語類》卷一《理氣上》，第3—4頁。
② [清] 黄宗羲：《明儒學案》（修訂本）卷四十四《諸儒學案上二》，北京：中華書局，2018年，第2册第1061頁。[明] 曹端《太極圖説辯戾》中此言亦在此處。
③ 陳俊民校編：《朱子文集》卷五十八《答黄道夫一》，第2798頁。

## 四、心統性情之"理一分殊"

朱子基於自己的理氣論，通過理一而分殊，闡明心、性、情三分，建立了自己的心統性情學説。

朱子認爲，心是氣之靈。"心者，氣之精爽。""所覺者，心之理也；能覺者，氣之靈也。"據《朱子語類》記載："問：'靈處是心，抑是性？'曰：'靈處只是心，不是性。性只是理。'"① 這就是説，心是氣之靈，能知覺，有動静；而其所以知覺、所以動静的所以然之理，則是性。因此，心既不是性，也不是理。

在朱熹看來，性纔是理，性即理。朱子曰："性只是理。氣質之性，亦只是這裏出。若不從這裏出，有甚歸著。"② "性者，人之所得於天之理也；生者，人之所得於天之氣也。性，形而上者也；氣，形而下者也。"③ 朱子認爲：性不是心，也不是情，心與情皆屬氣；衹有性纔是理，性是純善的理。朱子認爲心衹有一箇，那就是合理氣而成的心。人之生，同得天地之氣以爲體，同得天地之理以爲性，理氣合而爲心。天即理，其四德是元、亨、利、貞。元、亨、利、貞之理以爲性，即五常（仁、義、禮、智、信）。四德五常上下一理，未嘗有間於天人之分。然其所以有聖愚人物之不同，是氣的作用，不是元、亨、利、貞之所致。

朱子把情看做是氣之變，即氣之發。心是氣之靈，性是理，而情則是氣之發或氣之變，此便是"心性情三分"。《朱子語類》曰：

> 問心性情之辨，曰："程子（頤）云：'心譬如穀種，其中具生之理是性，陽氣發生處是情。'"推而論之，物物皆然。……性者，即天理也，萬物稟而受之，無一理之不具；心者，一身之主宰；意者，心之所發；情者，心之所動；志者，心之所之，比於情、意尤重；氣者，即吾之血氣而充乎體者也，比於他，則有形器而較粗者也。④

仁衹是性，衹是理，惻隱之心與愛之情則屬於氣。朱子曰："仁者，愛之理，心之德

---

① ［宋］黎靖德編：《朱子語類》卷五《性理二》，第82—86頁。
② ［宋］黎靖德編：《朱子語類》卷四《性理一》，第67頁。
③ 《孟子集注·告子上》，宋元人注：《四書五經》上册，第84頁。
④ ［宋］黎靖德編：《朱子語類》卷五《性理二》，第95、96頁。

也。為仁，猶曰行仁。"① 表示仁不是心，不是愛，祇是愛之所以然之理，而為心所當具之德。這樣，仁祇是一箇形而上的抽象的理，在這裏不再是具體的活潑潑的"生生"之仁。仁這箇"理"，必須通過心知之明的靜涵後方能為心所具；仁這箇"德"，亦須通過心氣之攝具此理，方能成為心自身之德。這就是說，德由理而轉成，理不寓於心則不能成德。

朱子認為心統性情，性、情皆因心見。據《朱子語類》記載：

  問"心統性情"。曰："性者，理也。性是體，情是用。性情皆出於心，故心能統之。統，如統兵之統，言有以主之也。且如仁、義、禮、智，是性也。孟子曰：'仁、義、禮、智根於心。'惻隱、羞惡、辭遜、是非，本是情也。孟子曰：'惻隱之心，羞惡之心，辭遜之心，是非之心。'以此言之，則見得心可以統性情。一心之中自有動靜，靜者性也，動者情也。"②

"心統性情"之"統"為統攝、統貫義，非統帥、統屬義。心統性，是認知地、關聯地統攝性而彰顯之，這是心統貫於"未發"之性；心統情，是行動地統攝情而敷施發用，這是心發出情，心統貫於"已發"之情。朱子認為，性以理言，情乃發用處，心則管攝性情，心統攝性情。性是未動，情是已動，心包情之已動、未動。心之未動則是性，已動則為情，所以心統性情。性是未動（未發），情是已動（已發），心則統攝未發之性和已發之情。心性情雖然三分，但是無論靜時未發之性還是動時已發之情，都為心所統攝。

上面講的是心統性情的基本概念。下面闡明心統性情之"理一分殊"論。

朱子對理一為仁、分殊為義有詳細的論述，很有創見。《朱子語類》曰：

  林子武問："《龜山語錄》曰：'《西銘》理一而分殊。'知其理一，所以為仁；知其分殊，所以為義。"先生曰："仁，只是流出來底便是仁，各自成一箇物事底便是義。仁只是那流行處，義是合當做處。仁只是發出來底，及至發出來有截然不可亂處，便是義。且如愛其親、愛兄弟、愛親戚、愛鄉里、愛宗族，推而大之，以至於天下國家，只是這一箇愛流出來，而愛之中便有許多等差。且如敬，只是這一箇敬，便有許多合當敬底，如尊長、敬賢，便有許多分別。……知得親之當愛、子之當慈，這便是仁；至於各愛其親、各慈其子，這便是義。這一箇物事分不得。流出來底便是仁，仁打一動，便是義、禮、智、信當來。不是要仁使時，仁來用；要義使時，義來用。只是這一箇道理，流出去自然有許多分別。且如心、性、情，而今只略略動著，便有三箇物

---

① 《論語集注·學而》，宋元人注：《四書五經》上冊，第1頁。
② ［宋］黎靖德編：《朱子語類》卷九十八《張子之書一》，第2513頁。

事在那裏，其實只是一箇物。虛明而能應物者，便是心；應物有這箇道理，便是性；會做出來底，便是情。這只是一箇物。"①

在朱子看來，心是仁心，仁是體，義是用。不但義是用，禮、智、信都是用。仁是本體，仁、義、禮、智都是仁之用。就如心統性與情，性是心之體，情是心之用。性祗一性，情則多情。體一用多，便是理一而分殊。多情是因分殊（所遇外界分際之不同）而有各種不同的表現。

在道德修養上，朱子強調涵養、察識。涵養於"未發"，即把心涵養得鏡明水止，就可以達到心靜理明。心靜，就能復其虛靈，復其虛靈知覺則可以明理，而性（理）方因心知之攝具而彰顯出來。情是從心上發出來的，情因事（如好惡喜怒哀樂）而發，所以朱熹稱察識於"已發"，通過察識使情之發用中節合理，達到崇高的道德境界。

朱子認為，情之惻隱、羞惡、辭讓、是非是發於仁、義、禮、智之性。喜、怒、哀、懼、愛、惡、欲是接觸外物，其形動於中，緣境而出現的。四端都是善的，無四端之心非人；七情善惡未定，故一有之而不能察識，則心不得其正；必發而中節，然後纔謂之和。二者雖皆是理氣所致，理一而分殊，而因其所從來，各指其所主與所重，纔能說某為理，某為氣。

理氣合而為心，自然有虛靈知覺之妙。靜而具眾理，是性；而盛貯該載此性者，則是心。動而應萬事，是情；而敷施發用此情的，是心。故曰心統性情。此即理一（心）之分殊（性、情）論。

朱熹的理氣為心說強調：四端、理之發，純善；七情、氣之發，有善有惡。這就言簡意賅地說明了心是統性情的，是理一而分殊的。

人性中有人心和道心：道心包含仁、義、禮、智；人心包含喜、怒、哀、懼、愛、惡、欲。前者是本然之性，是純粹的精神作用；後者是氣質的，出自身體的欲求作用。人性易於跟隨人的欲望，而人可以藉着自身的涵養、察識，避免因欲望走入歧途。朱子曰：

> 本然之性，固渾然至善，不與惡對，此天之賦於我者然也。然行之在人，則有善有惡。做得是者為善，做得不是者為惡，豈可謂善者非本然之性？只是行於人有二者之異，然行得善者，便是那本然之性也。②

總之，性是理，心是氣之靈，情是心氣之發或之變，此便是"心性情三分"。仁祗是

---

① ［宋］黎靖德編：《朱子語類》卷九十八《張子之書一》，第2527頁。
② ［宋］黎靖德編：《朱子語類》卷一〇一《程子門人》，第2556頁。

性，祇是理，惻隱之心與愛之情則屬於氣。謂"仁者，心之德，愛之理"，表示仁不是心，不是愛，祇是"愛之所以然的理，而為心所當具之德"。這樣，仁祇是一箇形而上的抽象的理，而不再是具體的活潑潑的"生生"之仁。仁這箇"理"，必須通過心知之明的靜涵後方能為心所具；仁這箇"德"，亦須通過心氣之攝具此理，方能成為心自身之德。這就是說，德由理而轉成，理不寓於心則不能成德。

對於人物之性的來源，依照朱子"理一分殊"的理論，天地之間之理是"理一"，人物之生所禀之性是"分殊"。朱子在《中庸章句》中將"天命之謂性"釋之曰："命猶令也，性即理也。天以陰陽五行化生萬物，氣以成形，而理亦賦焉，猶命也。於是人物之生，因各得其所賦之理以為健順五常之德，所謂性也。"這就是說，人物之生，各得天地之理以為五常之德。此是人物之性之相同。天地之理是"理一"，人物之性（五常之德）是"分殊"，人物之性的分殊之理與理一之理相同。

朱子在《孟子集注·告子上》中釋"告子曰生之謂性"章時說："以氣言之，則知覺、運動，人與物若不異也；以理言之，則仁、義、禮、智之禀，豈物之所得而全哉。"此即所禀之性人全物偏，人、物之性不同，是分殊之理不同。朱子在《大學或問》中謂"萬物各具一理，萬物同出一原"，這是朱子"理一分殊"論的重要觀點。《朱子語類》卷十八中有三條論此。其一曰：

> 德元問："萬物各具一理，而萬物同出一原。"曰："萬物皆有此理，理皆同出一原。但所居之位不同，則其理之用不一。如為君須仁，為臣須敬，為子須孝，為父須慈。物物各具此理，而物物各異其用，然莫非一理之流行也。聖人所以'窮理盡性而至於命'，凡世間所有之物，莫不窮極其理，所以處置得物物各得其所，無一事一物不得其宜。除是無此物，方無此理。既有此理，聖人無有不盡其理者。所謂'惟至誠贊天地之化育，則可與天地參者'也。"①

"一原"是理一之理。"理之用不一"之理，本亦是理一之理，而其藉以表現者則轉為分殊之理。這種體用是"體一用多"。萬物各具之理，是分殊之理，其用各自不同，而其理來自一原，一原即理一之理。分殊之理乃理一之理之流行於各物之中，故言"莫非一理之流行"，如上文之表現為仁、孝、慈等，便是一理之流行。此因各物所居之位不同（君臣父子之位），故其位亦不同。朱子重窮理，窮理在窮萬物各具之理，即分殊之理。

這樣看來，萬物所具之理是分殊之理。此分殊之理，成為該物當然之則，而其源頭處

---

① ［宋］黎靖德編：《朱子語類》卷十八《大學五》，第398頁。

則是理一。所以,朱子曰:"天下萬物當然之則,便是理;所以然底,便是源頭處。今所說,固是如此。但聖人平日也不曾先説箇天理在那裏,方教人做去凑;只是説眼前事,教人平平憑地做工夫去,自然到那有見處。"① 當然之則是分殊,所以然或源頭處是理一。分殊之理,即是理一之理;分殊之理,是理一之理之流行於不同的事物之上。若就體用言,則理一是體,分殊是用;所以然是體,所當然是用。不過,朱子未明白直説。

朱子在《答余方叔書》中説:

> 天之生物,有有血氣知覺者,人獸是也;有無血氣知覺,而但有生氣者,草木是也;有生氣已絶,而但有形質臭味者,枯槁是也。是雖其分之殊,而其理則未嘗不同。但以其分之殊,則其理之在是者,不能不異。故人為最靈而備有五常之性,禽獸則昏而不能備,草木枯槁則又并與其知覺者而亡焉。但其所以為是物之理,則未嘗不具耳。若如所謂"纔無生氣,便無此理",則是天下乃有無性之物,而理之在天下乃有空闕不滿之處也,而可乎?②

朱子以"理一分殊"論述人之性情,并與人類之外的事物進行比較。他把分殊之理分為四類:一是人,有血氣知覺,得五行之秀氣,備有五常之性;二是禽獸,雖亦有血氣和知覺,但氣昏而不能備五常之性;三是草木,無血氣知覺,祇有生氣,有生氣就有生理;四是枯槁,生氣知覺俱無,無生理,但亦是氣,亦有其所以為枯槁之理。此四類其分雖殊,其理未嘗不同,其理同是由理一而來,亦是理一分殊形成的。

## 五、格物致知之"理一分殊"

中國古代的認識論是圍繞《大學》提出的"格物"而展開的。朱子曰:"自十五六時,知讀是書(按《大學》),而不曉格物之義,往來於心,餘三十年。近歲就實用功處求之,而參以他經傳記,内外本末,反復證驗,乃知此説之的當。"③ 可見,朱子一直着力於格物致知之上。"格",意為至、極,也可以理解為接近;"物"即事物,包括自然界和社會中的各種現象,當然也有心理現象和道德規範。

《大學》提出"格物"概念,卻無具體内容。朱熹認為《大學》之格物内容已遺失,

---

① [宋] 黎靖德編:《朱子語類》卷一一七《朱子十四》,第2825頁。
② 陳俊民校編:《朱子文集》卷五十九《答余方叔》,第2912—2913頁。
③ 陳俊民校編:《朱子文集》卷四十四《答江德功二》,第1968頁。

并為之補《傳》。朱子強調，合天地萬物而言祇是一箇理，格物而窮理。朱子曰：

> 蓋人心之靈莫不有知，而天下之物莫不有理。惟於理有未窮，故其知有不盡也。是以《大學》始教，必使學者即凡天下之物，莫不因其已知之理而益窮之，以求至乎其極。至於用力之久，而一旦豁然貫通焉，則衆物之表裏、精粗無不到，而吾心之全體大用無不明矣。此謂格物。①

朱子十分明確地把主客觀置於認識與被認識的關係之中，是中國哲學史上認識論的里程碑，具有近代認識論的意識。

朱子在《白鹿洞書院揭示（學規）》中提出博學、審問、慎思、明辨為格物之事。其在《朱子語類》中隨時解答門人問題，大都運用"理一分殊"論講格物致知。如其謂："且就事物上格去。如讀書，便就文字上格；聽人説話，便就説話上格；接物，便就接物上格。精粗大小，都要格它。久後會通，粗底便是精，小底便是大，這便是理之一本處。……今且大著心胸，大開著門，端身正坐，以觀事物之來，便格它。"② 所格之事物是分殊，其目的是求"理之一本"，即理一。身之内與身之外之物都要格，四面八方都得理會通曉。譬如吃果子，先去其皮殼，然後食其肉。更將那中間核子都咬破，始得。格物之目的是窮理致知。所謂窮理，即事事物物各有箇理，窮之需要周盡，纔能致知。朱子及門人問答，每每以"格物窮理"連用，因為物内有理，通過格物而窮其理。在格物窮理中，讀書是重要方法。

格物就能致知。"致"，推極、推出之意。格物是就箇性説，致知是就共性（全體）説，此即理一而分殊。格物是逐物而格，以箇性知共性，即理一；致知是觸類旁通，以共性知箇性，即分殊。格物是在事物上窮其至理，致知是吾心無所不知，是理與心之聯接。致知在格物之中，非格物之外另有致知，二者是同時的、不能分開的。

格物致知是與知行聯繫在一起的。朱子曰：

> 天下之理，至虛之中，有至實者存；至無之中，有至有者存。夫理者，寓於至有之中，而不可以目擊而指數也。然而舉天下之事，莫不有理。且臣之事君，便有忠之理；子之事父，便有孝之理；目之視，便有明之理；耳之聽，便有聰之理；貌之動，便有恭之理；言之發，便有忠之理。只是常常恁地省察，則理不難知也。③

---

① 《大學章句·格物補》，宋元人注：《四書五經》上冊，第3頁。
② ［宋］黎靖德編：《朱子語類》卷十五《大學二》，第286頁。
③ ［宋］黎靖德編：《朱子語類》卷十三《力行》，第232頁。

這是講格致知要下實功夫,纔能做到理一與分殊一致。理一(至虛)存在於分殊(至實)之中,衹有通過"恁地省察",即格物(分殊),"理不難知也"。這就是通過分殊認識理一,理一在分殊之中。這裏有共性與箇性的意義。朱子曰:

> 格物致知為用力之始,然非謂初不涵養踐履,而直從事於此也;又非謂物未格、知未至,則意可以不誠、心可以不正、身可以不修、家可以不齊也。但以為必知之至然後所以治己治人者,始有以盡其道耳。……至於廓然貫通,則內外精粗,自無二致。①

格物致知是知,涵養踐履是行。"知與行,功夫須著并到。知之愈明則行之愈篤,行之愈篤則知之益明,二者皆不可偏廢。""善在那裏,自家却去行他。行之久,則與自家為一;為一,則得之在我。未能行,善自善,我自我。"② 由此,朱子深刻論述了知行的問題。

朱子在《大學或問》中曰:

> 蓋有以必窮萬物之理同出乎一為格物,知萬物同出乎一理為知至。如合內外之道,則天人物我為一;通晝夜之道,則死生幽明為一;達哀樂好惡之情,則人與鳥獸魚鼈為一;求曲伸消長之變,則天地山川草木為一者,似矣。③

格物的目的在求萬物之理同出於一原。朱子論格物,在求事物之所當然與其所以然:所當然是"分殊"事物,所以然則是"理一"之理。所以然與所當然是理之體用:所以然是理之體,所當然是理之用。因此,就體言,所以然之理即是"天地生物之心"的理一之理,萬物之理之所當然雖各不同,而其所以然之理則皆是理一之理。朱子以"知萬物之理同出於一理為知至"。一是一之一,即萬物一原之理。其下五句都是説彙集分殊為一:"合內外之道"是合外物之理與我內心之理於一,亦即合分殊之理於理一之理;"通晝夜之道"是通乎陰陽之道,則"死生幽明"亦衹是一理;"達哀樂好惡之情"是喜怒哀樂之發皆中節,人對一草一木之處理亦皆中節,故"人與鳥獸魚鼈"皆合於"生生"之理(理一);瞭解一氣之陰陽、動靜、屈伸、消長變化之理,則天地位,萬物育,草木等各遂其生,各得其所,皆合於天地"生生"之理。此是盡分殊之理達於理一之理,分殊與理一是一致的。

---

① 陳俊民校編:《朱子文集》卷四十二《答吳晦叔九》,第1826頁。
② [宋]黎靖德編:《朱子語類》卷十三《力行》,第222頁。
③ [宋]朱熹:《儀禮經傳通解補》卷五《大學或問》,轉引自蔡茂松:《朱子學》,第27頁。另見[宋]朱熹:《朱子全書》六,上海:上海古籍出版社,合肥:安徽教育出版社,2002年,第530頁。

## "理一分殊"是朱子學的"一貫之道"

據《朱子語類》記載：

> 叔文問："格物莫須用合內外否？"曰："不須恁地說。物格後，他內外自然合。蓋天下之事，皆謂之物，而物之所在，莫不有理。且如草木禽獸，雖是至微至賤，亦皆有理。如所謂'仲夏斬陽木，仲冬斬陰木'，自家知得這箇道理，處之而各得其當便是。且如鳥獸之情，莫不好生而惡殺，自家知得是恁地，便須'見其生不忍見其死，聞其聲不忍食其肉'方是。要之，且自近以及遠，由粗以至精。"①

"格物後，他內外自然合。"朱子之理是天理。內指人心中之理，外指外物之理，物格後是物之理與我心之理合一。一即是合，故云無內外。"仲夏斬陽木，仲冬斬陰木"，是說此木到仲夏時或仲冬時長成堅實，取之可以製成某物，此亦合乎"生生"之理。朱子稱此為"處之而各得其當"。又如鳥獸好生惡死，以其有"生生"之理。"見其生不忍見其死"，此是人之常情，此人情乃發乎人內心之"生生"之理；"聞其聲不忍食其肉"，亦是人心內在天理之好生之德。"聞其聲"是知其為一有生命之體，"不忍食其肉"是知其生命已死、生理已斷，而不忍食其肉。這就是好生之德。"仲夏斬陽木，仲冬斬陰木"，語出《周禮·地官》。山虞掌山林之政，謂"仲冬斬陽木，仲夏斬陰木"。朱子此處冬與夏對調，與原文不符，可能是筆誤。文中未明言是何種木，可能是多年生松柏之類的堅硬木材，可製造器具。木生成器具，即生之理，因此朱子謂"處之而各得其當"。以此類推，動物亦然，"見其生不忍見其死"，發乎人內心之"生生"之理。又據《朱子語類》記載：

> 問："格物須合內外始得？"曰："他內外未嘗不合。自家知得物之理如此，則因其理之自然而應之，便見合內外之理。目前事事物物，皆有至理，如一草一木、一禽一獸，皆有理。草木春生秋殺，好生惡死。"仲夏斬陽木，仲冬斬陰木"，皆是順陰陽道理。（原注：砥錄作'皆是自然底道理'。）自家知得萬物均氣同體，'見生不忍見死，聞聲不忍食肉'，非其時不伐一木，不殺一獸，'不殺胎，不殀夭，不覆巢'，此便是合內外之理。"②

"自家知得物之理如此，則因其理之自然而應之，便見合內外之理。"此謂天理是生理，是"生生"之理。就理一而分殊上說，天理就是理一之理。我心所具之理是天理，就我一心與天理而言，我心之理是分殊之理。但是，如果我能存心養性，使我心之理純是天理，

---

① [宋] 黎靖德編：《朱子語類》卷十五《大學二》，第295頁。
② [宋] 黎靖德編：《朱子語類》卷十五《大學二》，第296頁。

則我心之理亦即是理一之理。格物是格該物之分殊之理。分殊之理來自理一之理，物格之後我心即因該物之理而應之。此時我心之理與該物之理合一：我心之理是理一之理，是"理一"之體；該物之理是"分殊"之理。因為該物之理而應之，我心理一之理接着該物分殊之理，使理一之理與分殊之理合一，體與用一源。此即是朱子所説的"心與理一"，無內外。所以朱子謂"便是合內外之理"。萬物皆由理氣所構成，故稱"均氣同體"。"同體"是説同一"理一之理"之體，此理即"生生"之理；也可以理解為皆由氣所生成之形體之體，有氣就有理，理是"生生"之理，生理與氣同體。"不伐一木，不殺一獸"，語出《禮記·祭義》，謂："曾子曰：'樹木以時伐焉，禽獸以時殺焉。'夫子曰：'斷一木，殺一獸，不以其時，非孝也。'"這是説其生理，使該物不失其生理，就是孝之行為。"不殺胎，不殀夭，不覆巢"，語出《禮記·王制》。殺胎、殀夭、覆巢，皆是殺生、斷生的行為，不顧後果，違背了"生生"之理。此即是《孟子·梁惠王上》所説的："數罟不入洿池，魚鼈不可勝食也；斧斤以時入山林，材木不可勝用也。"人之不殺胎、不殀夭等行為，是符合天地"生生"之理的，故謂合內外之理。此理無內外之分，天地生生之理與吾心之理是同一之理。

## 六、"理一分殊"論的現代價值意義

基於上述，朱子給傳統的新儒學思想賦以"理一分殊"的新意，找到了天（自然界）如何衍化出人、物的理論依據，使人們的世界觀更加嚴密完整。朱子曰："熹所謂'仁者，天生物之心，而人物所得之為心'，此雖出於一時之臆見，然竊自謂正發明得天人無間斷處。稍似精密，若看得破，則見'仁'字與'心'字渾然一體之中，自有分別，毫釐有變之際，卻不破碎，恐非如來教所疑也。"[①] 這是説此觀點是自己的一大創見。此是朱子講到天地生物之心"仁"（理一）與人物之心（分殊）時説的。天（自然界）與人物之關係，即今天常講的客觀與主觀、存在與思維的關係，也就是中國古代哲人講的"天人合一"思想，是中國人今古最基礎的、最根本的世界觀。朱子曰：

> 仁無不統，故惻隱無不通，此正是體用不相離之妙。若仁無不統，而惻隱有不通，則體大用小、體圓用偏矣。……（孟子）但言"不忍之心"，因引"孺子入井"之事以驗之，而其後即云："由是觀之，無惻隱、羞惡、辭遜、是非之心，則非人也。"此

---

[①] 陳俊民校編：《朱子文集》卷四十《答何叔京十八》，第1731頁。

亦可見矣。①

由此可見，"仁"（理一）與人物之惻隱、羞惡、辭遜、是非之心（分殊）是緊密地聯繫在一起的，仁（理一）即寓於人物之惻隱、羞惡、辭遜、是非之心（分殊）之中，它們是理一而分殊的。

"理一分殊"論是朱子學的核心思想，貫串於整箇朱子學之中，是其由微觀到宏觀、由宏觀到微觀的框架，概括出其基本的世界觀和人生觀。它有一段深刻的綜合的論述，闡明了宇宙本體與萬事萬物的同一性，含有一般與箇別、共性與箇性的關係。一理攝萬理，萬理歸一理。理祇有一箇，萬事萬物分享此一理而成為自身。朱子在《朱子語類》中曰：

> 萬物皆有此理，理皆同出一原。但所居之位不同，則其理之用不一。如為君須仁，為臣須敬，為子須孝，為父須慈。物物各具此理，而物物各異其用，然莫非一理之流行也。……凡世間所有之物，莫不窮極其理，所以處置得物物各得其所，無一事一物不得其宜。除是無此物，方無此理；既有此物，聖人無有不盡其理者。……近而一身之中，遠而八荒之外，微而一草一木之眾，莫不各具此理。如此四人在坐，各有這箇道理，某不用假借於公，公不用求於某，仲思與廷秀亦不用自相假借。然雖各自有一箇理，又卻同出於一箇理爾。……此所以可推而無不通也。所以謂格得多後自能貫通者，只為是一理。釋氏云：一月普現一切水，一切水月一月攝。"這是那釋氏也窺見得這些道理。濂溪《通書》只是説這一事。②

這段話很有現代價值意義。"理一分殊"論具有普遍性的品格，其運用非常廣泛。例如，朱子在講到《大學》時，認為此書是專講治國平天下的，其格局可分為三段。朱子曰："致知、格物，是窮此理；誠意、正心、修身，是體此理；齊家、治國、平天下，只是推此理。要做三節看。……《大學》一篇却是有兩箇大節目：物格、知致是一箇，誠意、脩身是一箇。才過此二關了，則便可直行將去。"③ 人世間所有的一切都可以是理的發用和推廣，即分殊出去的。在人倫秩序上，朱子尤其強調理一之分殊或在"用"中的那種差序之愛，以及每箇人對不同物件所承擔義務的差別。朱子曰："天地間，人物之衆，其理本一，而分未嘗不殊也。以其理一，故推己可以及人；以其分殊，故立愛必自親始。"④

---

① 陳俊民校編：《朱子文集》卷四十《答何叔京十八》，第 1731 頁。
② [宋] 黎靖德編：《朱子語類》卷十八《大學五》，第 398—399 頁。
③ [宋] 黎靖德編：《朱子語類》卷十五《大學二》，第 312 頁。
④ [宋] 朱熹：《朱子遺書》之《孟子或問》卷一，臺北：藝文印書館，1969 年。

"理一分殊"展示出朱子學的多方面的文化價值意義：箇人身心的修養整合，箇人與社會、國家、自然界的合理互動——從親親到仁民、愛物、愛國。這是一條由近及遠、由親到疏、由低級到高級的自覺、自然的過程。這些方面的綜合就能呈現出"大和諧"。這是朱子學的核心價值，并體現於實際、實踐之中。如能給予新的詮釋，則可具有貫通古今中外的新義。例如，教師教好學生是"教師"之理，父母養育和培養好子女是"父母"之理，等等，以此類推。而其上還有箇總理，即"天理"，亦即人之所以為人的基本道德倫理原則。人、物之理都是由"天理"分殊出來的。

現在常常講的"和""同""求同存異"，用"理一分殊"去理解，就會有新的意義、價值。"和"的對立面是"同"，相同的東西整合是"同"；而"和"的前提是"異"，有差異纔能使"和"的内容豐富多彩。絕對不能把"和"看成是"同"。"同則不繼"，就不能前進，更說不上創造力。必須通過"不同"來展現"和"的價值。

我們也可以用"理一分殊"對應一與多、普遍性與多樣性的關係。如全球一體化與民族文化的多元化、一國兩制等都可以用其進行詮釋。在全球化的今天，還可以倒過來使用，既強調全球一體化的理一，也要保持各民族文化的自身特點，求同存異，和而不同。此外，用"理一分殊"分析今天常說的"宏觀調控"，也會有新的意義。

朱子的"理一分殊"論，指向其人生的最高和最終的目標和境界，并據此建立起完整的思想文化體系：天道（理氣）—人道（心性）—天人（理心）合一（知行）。這就是朱子的宇宙理氣論、道德心性論、踐履知行論。知行是認識"理一分殊"和實現天人合一的途徑和方法。"理一分殊"具有共性與箇性、一般與箇別的意義，也不完全相同。

作者單位：廈門大學人文學院哲學系

# 王叔岷的避諱論

范志新

兩周諱制、禮俗較殷商咸有發展，已有專門官吏執掌避先王名諱之事，然學者著錄諱事，遲至晚唐李匡乂《資瑕集》始有。兩宋風熾，學者如洪邁、王楙等著作咸有對避諱之研究運用，張世南《游宦紀聞》探求其起源，有"殷人以諱事神，而後有字"之説。① 至清儒治史，如顧炎武《日知錄》、錢大昕《養新錄》《廿二史考異》、趙翼《廿二史劄記》多以之為考古、校勘解疑之利器。如兩《唐書·志》著錄有"《崇寧起居注》十卷"，然晉代無此年號，讀者疑之。錢氏《考異》梳櫛云："崇寧，當為崇安，即隆安也，唐人避明皇諱，往往改隆為崇。"② 趙氏《劄記》卷八嘗總結唐人修史避諱有三法。③ 清人治避諱，以周廣業《經史避名彙考》為巨擘，不僅集避諱史料之大成，且饒考證辨疑，可謂避諱成學之胚胎。④ 但使避諱擺脫歷史學之輔助工具，真正成為現代專門學科的奠基人，則是對避諱史"作一總結束"的近人陳援庵垣（1880—1971）及其《史諱舉例》。《舉例》兼賅理論功用，注重實用，陳義精審，例證富贍，諱史簡略得體，於避諱學構建發展，洵為典要。當然，亦不無可議，如僅見周氏《彙考·敘錄》，未窺全豹；拘於題目，論諱祇及史部，且經亦罕論，遑論子、集；亦因泥於題目，釋諱事四大原則，祇言"嫌名"，不講"詩書""臨文不諱"，并失於偏枯。《舉例》問世以來，筆者聞見不廣，搜其足為匡補《舉例》者，僅得二家：楊樹達（1885—1956）《與陳援庵論史諱舉例書》一通、臺灣校勘名家王叔岷

---

① ［宋］張世南：《游宦紀聞》卷三，北京：中華書局，1981年，第21頁。
② ［清］錢大昕：《廿二史考異》卷四十，見王雲五主編：《叢書集成初編》，上海：商務印書館，1935年，第743頁。
③ ［清］趙翼：《廿二史劄記》，見王雲五主編：《叢書集成初編》，第157頁。
④ 直至1986年，始由臺北明文書局據《適園藏書》鈔本影印行世。

（1914—2008）《古書中的避諱問題》① 一文而已。當年，楊《書》第五章進言："既特設避嫌名一例，似應補設二名偏諱一例。"② 其"因避諱二人誤為一人例"條，已見直接援楊樹達以柳宗元弟兄姓名為例證；③ 楊《書》建議當去"惡意避諱"一條，則未被采納，當於陳全域部署有影響，故未納耳。王氏《問題·範圍》篇論避諱原則亦有"二名偏諱"條，與楊同調，且同時補入"詩書""臨文不諱"兩條，俱見二家所識深中《舉例》之失。王之《問題》，則陳固未得讀，學界不免以此遺憾，況且《問題》固不以匡陳、補陳為唯一宗旨，自有其獨立存在於避諱學史上之價值，亦為論避諱者不可或缺。以此兩層考慮，故筆者覺得亟有撰本文之必要。

## 一、《問題》本針對《舉例》而發

論諱之作，以例證體為載體者，孤陋所見唯陳《舉例》及王《問題》。何以稱"例證"為體，則是受王氏的啓發，不無越俎之嫌。世上事，實體往往在名號之先。例證之體，學人率以昉於晚近俞樾（1821—1906）《古書疑義舉例》。竊疑最早似可追溯至清乾隆間仁和杭世駿（1695—1772）的《訂譌類編》。該書旨在嘉惠後學，以定譌正謬為綱，將古代文化、古人處世行事之疵謬，分"書譌""人譌"等十七類，類下有目，目各冠名，綱粗略而目詳細。目下具例證。初成六卷，壬申（1752）歲，與老友俞正之楷再事考訂續補，成上下二卷。家貧無力付梓，而"學者時寓目焉"，④且有鈔本流傳。迄民國七年，為吳興劉氏以葉敦夙好齋鈔本，收入《嘉業堂叢書》，始獲版行世。俞氏《疑義》成書遲而版行卻在光緒間，早於《類編》，以致學界誤會。才分高下，運有蹇達，誠令人不免嘆息者。然俞氏《疑義》於"例證體"之影響、之確立，大於杭氏《類編》，亦是事實。自俞作出，史學、語言文字、校勘訓詁、文獻諸領域，咸有續補回應之作，其明確嗣響《疑義》者，如近人孫德謙（1869—1935）《古書讀法略例》、陳垣《舉例》、楊樹達《古書疑義舉例續補》（即今《漢文文言修辭學》之前身），則其中之佼佼者焉。凡例與提要本是二物，一體相容凡例與提要，王氏復祖陳，唯陳借序而王則出以提要而已。提要者，摘錄要點也，或可由

---

① 王叔岷：《斠讎學 斠讎別錄》附錄六《古書中的避諱問題》，北京：中華書局，2007 年，第 459—493 頁。
② 楊樹達《與陳援庵論史諱舉例書》云："《禮》'不諱嫌名''二名不偏諱'二語，尤為古人預防濫諱流弊，所定之二大原則。後世避諱日繁，此二原則全然破壞。既諱嫌名，二名又偏諱。大著於第五章，既特設避嫌名一例，似應補設二名偏諱一例，始為賅備。"見楊樹達《增訂積微居小學金石論叢》卷五。又，據陳序，《舉例》初版在 1928 年 2 月，楊書則作於同年 7 月 12 日。而至 1956 年 2 月《舉例》重印，"卷五"已補入"二名偏諱例"。
③ 筆者所據為上海書店出版社 1997 年本，第 48 頁。
④ [清] 杭世駿：《訂譌類編》，上海：上海書店，1986 年影印，第 389 頁。

他人（如編纂、目録、藏書家）纂寫。《説文·二部》："凡，最括也。"段注："聚括之謂，舉其凡，則若網在綱。"《人部》："例，比也。"① 桂馥《義證》："比也者，《玉篇》：'例，類例也。'"② "凡"與"例"共存則最早見於杜預《春秋經傳集解序》"其發凡以言例"云云。③ 然則，凡例係書首總撮一書之大旨，及以類相屬，豹窺編撰體例之有關文字。亦稱例言，大抵由作者自纂。王氏《問題》分《提要》《起源》《種類》《範圍》（楊樹達稱"原則"較合理，今從之）、《唐人避諱字無定》五大綱目。《提要》篇幅止百七十餘字，卻值得注意。《提要》針對"舊本"而言，云"避諱問題，昔賢近彥頗有論述"。今觀其"昔賢近彥"而不及他人、"頗有論述"而不及他書，獨舉陳垣及其《舉例》，可見其下文四次出現"舊説"，都有極强之針對性，蓋悉指陳氏或《舉例》而言。復考下文，所謂"舊説都未涉及""舊説所未明瞭"，咸有《舉例》與《問題》兩家材料可相互印證，故王氏補正對象，其重點要非《舉例》莫屬焉。如：論司馬遷家諱。遷父名談，人盡知史公例改"同"或"同子"，知改"譚（通談）"者已罕；復知何以改"同子"者，益鮮矣。而《問題》引《漢書·遷傳》載《報任安書》"同子參乘"，并蘇林注"趙談也。與遷父同諱，故曰同子"，復下注："王先謙《補注》引王啓原曰：'趙同而曰同子，猶田盼稱盼子，匡章稱章子也。'"蓋諱"談子"為"同子"也，原原本本。檢《舉例·文人避家諱例》正作同，④ 可謂"舊説多未涉及"之例證。陳氏復論史遷家諱，又留下陳氏"所未明瞭者"之例證。《舉例》云："然《史記·李斯傳》'與宦者韓談'、《滑稽傳》'談言微中'、《司馬相如傳》'因斯以談'，不避談字。"⑤ 陳未解釋同出一人，何以或諱或不諱。《問題》"代以同字"條則有詮釋："竊疑史公於與父同名之人則諱，而行文則不諱。"祇是王氏隱去陳名及其《舉例》，而借明人徐孚遠《史記測義》發難而已。由此可證：王氏所謂"舊説"，依邏輯推理，本可包括或不包括陳氏說，僅指陳以前他家説，然今既證實《舉例》咸在"未涉及""未明瞭"兩者中，斯則可斷言，王正就《舉例》而發，誠非筆者向壁杜撰者也。

## 二、避諱理論之發覆

論《問題》於避諱理論之發覆，容自避諱起源説起。大陸當代學者大多援東西方人類

---

① ［清］段玉裁：《説文解字注》，上海：上海古籍出版社，1981年，第681、381頁。
② ［清］桂馥：《説文解字義證》，北京：中華書局，1987年，第707頁。
③ ［南朝梁］蕭統編，［唐］李善注：《文選》，北京：中華書局，1977年影印，第939頁。
④ 陳垣：《史諱舉例》，上海：上海書店出版社，1997年，第20頁。
⑤ 陳垣：《史諱舉例》，第21頁。

學者之説，以為源於原始人類的珍名心理和名字禁忌的習俗，此説於拓展學者的思維空間、加深對避諱本質的理性認知、促進避諱學研究的深化，是有益的。但是，應該看到，國人歷來所説的避諱，一般是指在言語、文字上，避君父、尊者之名，乃是中國古代一種獨特的文化現象。它與人類學者所説的原始人類的名字禁忌在本質上還是有區別的。中國古代避諱之起源，王氏《問題》提及主避諱起源於周人的，古代有孔穎達《左傳》及《尚書》疏，近代唯陳垣及王氏本人；主起於秦的，則有郭沫若；主周人者，陳、王外，筆者所見有代表性的，還有孫德謙可補入。無論主周或秦，無疑都讀過《春秋左傳注疏·桓六年》："周人以諱事神，名終將諱之。杜預注：'君父之名，固非臣子所斥。'孔穎達疏：'自殷以往未有諱法，諱始於周……古人諱者，臨時言語有所辟耳。'"① 郭説且置後論。陳氏《舉例》唯云"其俗起於周，成於秦"，② 未見一字考論，且稱（諱）俗，不稱法。此亦當王氏所謂"舊説所未明暸"之例。孫氏説可議。其《略例·避諱例》云："《傳》有之：'周人以諱事神，名終將諱之。'非至周而有避諱之舉乎？若其為法，則有二焉。"③ 援《左傳》，且稱法不稱俗，為諱法始於周證，此兩點并與後來王氏説同，衹可惜忽略了孔疏。而王氏則慧眼獨具，抓住孔疏"諱者，臨時言語有所辟"，為發覆道："'言語所避'，正是口諱也。"進而因着陳的兼論周秦、郭的諱始秦論，憑藉着自身淵博的文獻校勘學養，因勢利導，分避諱起源為口、筆兩域，以口諱歸周，筆諱屬秦，深刻、圓滿地解決了避諱起源的紛爭。以人所習見，言人所未言，即此一點，便是對避諱學的大發覆。當然證成口諱其説，還須有例證和嚴密的考論。據例證體著作之慣例，證成二字有諱代關係，通常有兩種途徑：從注和文的關係，或從他書同一事件的著録異同，作出推斷。王氏首擇《尚書·周書·金縢》内史祝辭及孔穎達疏有關武王名諱之異同為證。今按於此事，孔《左傳》與《尚書》并有其疏。王氏上文既已引《左傳》孔疏，何必此處改弦取《尚書·金縢》？此乃王氏之慎擇，且關鍵字"元孫某"孔疏唯《金縢》作"發"焉。王氏《問題》曰：

　　《周書·金縢》："史乃册祝曰：'惟爾元孫某，遘厲虐疾。'孔疏：'元孫發。'臣諱君，故曰某也。'"

謹案：確定二字為諱代關係，須排除一字異體、假借等因素。今某與發，既非音近義同，亦非異體，又業經孔氏揭明某與發為諱代關係——"臣諱君"，乃是從注、文關係一途確定二字的諱代關係。王氏復據他書一途，引《史記》記録此事，同作"元孫發"以為佐

---

① ［清］阮元校刻：《十三經注疏》卷五，北京：中華書局，1980年，第1751頁。
② 陳垣：《史諱舉例·序》，上海：上海書店出版社，1997年，第1頁。
③ ［民］孫德謙：《古書讀法略例》，桂林：廣西師範大學出版社，2006年，第232頁。

證。合參二説，終證發為諱字、某為史臣諱代之詞，"口諱"之論，確然可成立矣。《問題》遂道：

> 《史記·魯世家》作"元孫發"，復某為發。內史祝辭，以某代發，正所謂口諱也。冊文所書，蓋仍作發，僅作時口諱為某也。

"復某為發"，循"復乙為甲"之義例，① 乃王氏《問題》言避諱回改現象之程式語，其義為：《史記》之發字，經人回改某而來。發，實為本字。回改，當是唐人傳寫所致，事在孔疏前後。然無論先後，同樣證實某與發為諱代關係。"內史祝辭"三句，除強調口諱外，復有讀冊者（諱者）是內史而非成王；"冊文所書"三句，除強調冊文不諱外，復有作冊（藏冊）者為內史，非周公之義，蓋本針對學界歷來於讀冊者及作冊者咸有二説而發爾。

現在可回應郭説。王氏論"筆諱始於秦"，比較單純。《問題》據高誘注《呂氏春秋》卷六"周昭王親將征荊"云："荊，楚也。秦莊王諱楚，避之曰荊。"以荊代楚，蓋一物異稱，以同義字相代。且全書皆以荊代楚，書成始皇八年，在秦為最早，故斷"筆諱始於秦"也。郭則獨倡異議，因吳、越、楚、許、邾諸古器，皆稱名父祖，以為諱不始於周，而始於秦。王氏以郭"忽於諱始於周，乃謂口諱；始於秦，乃筆諱也"一語以蔽之，未究諱有口筆之分爾，體現了王氏口諱説的理論自信。郭氏"始秦"説，起因除出金文外，或不無陳氏"俗諱"説兼及周秦二代之影響；而王氏"始周"説，亦兼論周秦二代，又是上文"《問題》針對陳而發"説的又一例證矣。②

其次，論《問題》於避諱原則之發明。古諱禮之核心原則是"難犯易避"，"嫌名不諱""二名不偏諱""詩書不諱""臨文不諱"，則是古諱禮應用的基本原則。《問題》所謂"《曲禮》中所稱最廣泛之例"，王氏於此咸有發明。關於"嫌名不諱"，王氏由漢諱、晉諱皆有諱有不諱之例證，"上推至秦亦諱嫌名，唯不嚴耳。唐時諱'嫌名'則甚嚴"。陳氏《舉例》以"嫌名之諱起於漢以後"，"然諱嫌名之俗，實起於三國"，所據衹是衆所周知的《晉書·羊祜傳》諸舊説。王氏雖破陳説，然亦有破而無發明之憾。細究其實，歷數秦以來諱嫌名史，此乃是下文王氏發覆"詩書""臨文不諱""因時代而異"説的鋪墊。此史家慣用，所謂"互見法"耳。王氏發覆"二名不偏諱"，即搜指漢唐二名不偏諱諸例證，結云

---

① 檢《問題》"以開代啓"條，復開為啓；"以譚代談"條，復譚為談；"以主代治"條，復主為治，并是其例證。
② 王論實亦有來歷：口諱始於周，史臣著錄，出《尚書·金縢》漢孔氏傳；史臣依成王，則源於孔穎達疏；王氏從孔傳。孔疏某諱字説，亦取史臣著錄説，而復有成王口諱説，《問題》乃去其"成王口諱"説，而承其"某史臣錄"説。考元儒汪克寬《春秋胡傳附錄纂疏》卷首上"臨文不諱"注，亦以《金縢》"某"為周國史諱名之昉，豈并王與前儒暗合者歟？

"是至中唐猶不避二名也"，徑改"不偏諱"為"不避（二名）"。看似平常，卻亦有講究。此蓋王氏據《曲禮》孔穎達疏推演而得。《疏》云："不偏諱者，謂兩字作名，不一一諱之也。孔子'言徵不言在，言在不言徵'者，案《論語》云'足則吾能徵之矣'，是言徵也；又云'某在斯'，是言在也。"因玩味所謂"不一一諱之"，蓋名為諱，究其實際應用，祇要求上下兩字不得連用，而連用之機率本極小，故庶幾乎君父雙名不避焉。此一改稱，樸素簡潔而醒目，深得古諱禮之精髓。漢明帝改二名為單名，唐太宗堅執二名不兼諱，武德九年詔禁二名兼避之俗，故得終竟此身，未見處罰犯其諱者。漢唐二帝皆得其古禮真諦者。陳氏《舉例》亦據太宗武德詔，以為"唐以前兩字兼避，已為風俗，至太宗時始禁之，然禁者自禁，唐時二名仍偏諱"，① 對王氏或不無啓發，然與王有粗精之高下。陳氏《舉例》唯《秦漢諱例》"至若'臨文不諱''詩書不諱'，《禮》有明訓"云云外，別無論述。於'詩書不諱''臨文不諱'二條，王氏處理則別有會心。《通典》卷一百四"詩書不諱、教學臨文不諱"注引盧植（139—192）曰："（教詩書典籍。教，訓也。）臨文，謂禮文也。"梁何胤宗其説，曰："詩書，謂教學時也；臨文，謂執禮文行事時也。"簡稱"禮文"説。魏晉六朝以降，至唐孔穎達疏《曲禮》仍宗"禮文"説："詩書不諱，乃誦讀時不諱"；"臨文，謂執禮文行事時也"。然即其人，疏《禮記·玉藻》，則曰："臨文，謂簡牒及讀法律之事也。"② 簡牒，當即公文；法律，律令科條也。"臨文"明顯突破"禮文"之藩籬矣。歧出之要害在臨文之"文"內涵之異同。近人羅振玉（1866—1940）云："漢人作文不避國諱。惠帝諱盈，而《魯詩》及《易》殘字，均有盈字。"是羅氏例證既不拘泥於《曲禮》"詩書"之限，改《書》為《易》，且由此推論漢人於"文"為"作文"不諱。王叔岷則正因羅氏此觸發，於諸傳統舊説質疑發難："《詩》《書》，是否非教學時即諱？禮文，是否非行事時即諱？"他接受了羅氏"漢人作文不避國諱"的結論，但以羅因文獻"詩易"與"詩書"之歧，而直接推斷至"作文"不諱，跳躍過渡，為突兀唐突；且僅憑"詩易"一例，欲證成"漢人"不避國諱，材料亦不免單薄。遂深入考索文獻，決定分兩步走。第一步，由詩書不諱推演到經典不諱。蓋《詩》《書》《易》同係儒家經典（"六經"）構件。此一步，已有羅氏説可借用，故於上《問題·範圍》篇引羅氏説後，案道："羅氏乃就漢《熹平石經》殘字而言，可證漢人於經典本不諱也"，再檢其上文已有"所謂'詩書'，乃經典之通稱"，足見王氏經營之用心焉。第二步，則在《問題·方法》篇"代以同字"條完成，由"經典不諱"過渡，推演出"臨文不諱"。太史公父名談，《史記》於談，或避或不諱，王氏審其詳情，頓悟得"史公於與父同名之人則諱，而行文則不諱"。王氏即以史公之作文填補空白，補足羅説之單薄，進而判斷《曲禮》"臨文不諱，似不當專屬於'禮

---

① 陳垣：《史諱舉例》，第56頁。
② ［清］阮元校刻：《十三經注疏》，第1482頁。

文',如釋為'臨為文之時不避諱',則較通達",重申羅氏説"漢人作文,不避國諱,亦此意",合情合理,最終圓滿了從"詩書"至"臨文"不諱之終極目標。王氏對羅氏説之補證,即是對"詩書臨文不諱"説臨文之"文""因時代而異"之疏證發覆。王氏以漢人"作文不諱"最合"難犯易避"古諱禮之精神,且為後世演變之大趨勢,故捨盧植、何胤舊説而從漢人及孔穎達疏《玉藻》,力主凡作文不諱;而其創新則在《問題》變換視角,立足修辭學之"互文"格,考釋"詩書臨文"避諱原則。此則從《範圍》篇處理詩書、臨文與其上文嫌名、二名二原則之異同,已可窺其端倪。於嫌名、二名,王氏各專設標題分別而論之,而於詩書、臨文,獨合二為一,此正是王氏以互文視角考論之明顯的形式證據。其實體證據,即是由詩書推演經典、復從經典推演至臨文之二步法。究其所以可以推演,即在合觀詩書與臨文二句為上下句,詩書與"六經"經典、經典與臨文之間,確實存在内容互補且以互文見義之修辭特徵,祇是王氏未曾點破此一層而已。

　　王氏"詩書臨文不諱"論,在發覆"臨文之文因時代而異"之特徵時,例證唯及先唐,唐以後闕如,姑容筆者從避諱史略花筆墨,聊補王説。臨文之文,東漢至六朝并奉盧、何"禮文"説,可謂單軌發展;迄唐孔疏《禮記·曲論》外,兼疏《玉藻》,為一大轉捩。從此"作文(包括簡牒、律令科條等)説"與"禮文説"同樣權威,雙軌或并或單,互有消長。至憲宗時,陸淳《春秋集傳纂例》:"或問曰:'經傳文字有犯國朝廟諱,悉不改易,何也?'答曰:'夫文所以傳義理也,若改易之,則失其義理矣。《禮》云:'臨文不諱。'蓋謂此也。"① 顯然,"文",是泛言文章。入宋,避諱雖嚴於唐,然於"臨文"仍以泛指作文雙軌發展。吕大臨曰:"《玉藻》云:教學必以詩書,有所諱則學者終有惑也;文字所以示於衆,有所諱則失事之實,必有害也。"吕氏言"教學詩書"既出《玉藻》,則對舉之"文字",亦必承《玉藻》孔疏,而泛指行文。復有胡銓則愈顯白:"'詩書不諱,誦詩讀書時也。臨文不諱,文,謂文章也。舊云禮文,恐非。'故《玉藻》云:'教學臨文不諱。'"②二家則共宗《玉藻》孔疏,否定"禮文"舊説,同載宋衞湜《禮記集説》。清四庫館臣論衞書:"漢以來治《戴記》者百數十家,唯衞湜《集説》徵引極審,頗為學者所推許。"③宋末,東雅堂《韓昌黎集注·重校昌黎集凡例》則云:"皇朝廟諱,諸本多易本字,如貞元作正元之類,非'臨文不諱'之義,徒失古意。今例但空本字點畫,若唐諱,如以丙為景、以民為人之類,卻存古不改。"④《韓集凡例》載處理本朝廟諱與唐諱之原則:本朝當用闕筆,若用諱代易本字,即為失"臨文不諱"古意,而於唐人用諱代則存古不改。審其

---

① [唐]陸淳:《春秋集傳纂例》卷一,上海:上海古籍出版社,文淵閣《四庫全書》。
② 吕大臨、胡銓二家説,同載於衞湜《禮記集説》卷八,見文淵閣《四庫全書》。
③ [清]紀昀等:《陳氏禮記集説提要》,陳澔《禮記集説》卷首,文淵閣《四庫全書》。
④ 無名氏:《重校昌黎集·凡例》,《東雅堂韓昌黎集注》卷首,文淵閣《四庫全書》。

文義，於文，亦取廣義泛指，而非專屬禮文。是證宋儒解"文"，仍循唐雙軌之發展趨勢，直至宋末。清何琇《樵香小記·宋諱》云："宋人避諱至嚴，然核其遺文，似有二例：一曰闕筆，一曰代字。大抵尋常文句，則僅闕筆；若人姓名，則必代字。如殷浩作商浩……匡衡作康衡，蓋'臨文不諱'，故僅作字不成，若人之姓名，則不可使同於祖、考。此其別也。"① 何琇之"尋常文句"，足為宋雙軌説佐證。元初，陳澔《（陳氏）禮記集説·曲禮上》則回歸"禮文"舊説，"詩書不諱、臨文不諱"注："不因避諱而易《詩》《書》之文、改行事之語，蓋恐有惑於學者，有誤於承用也。"② 陳氏《集説》疏於考證，敷衍舊文而已。至正間，有汪克寬則主文為國史，不專禮文。其《春秋胡傳附錄纂疏》卷首"臨文不諱"注云："《周書·武成》稱'周王發'，康王之《誥》稱'一人釗'，《大誥》稱'大歷服'，《洪範》稱'邦其昌'，《冏命》稱'發號施令'，皆國史稱先王之名而不諱。"③ 亦主雙軌，自有考證，非元明諸空談妙悟者可比，惜其未能成主流。明代科舉沿元延祐之制，許參用古注疏。胡廣等奉敕撰《五經大全》，卻因鄭注古奧、孔疏浩博，咸猝不能得其要領。《禮記大全》獨取其淺近易曉者之陳澔《集説》為宗。朱彝尊《經義考》卷一百四十四引陸元輔説"當日諸經《大全》皆攘竊成書，以罔其上。此亦必元人之成書，非諸臣所排纂"云云，④ 四庫館臣斥為"陳澔《集説》略度數而推義理，疏於考證，舛誤相仍"，乃援納蘭性德云"廣等乃據以為主，根柢先失"，復引顧炎武《日知錄》"自八股行而古學棄，《大全》出而經説亡。洪武、永樂之間，亦世道升降之一會"，稱"誠深見其陋也"。⑤ 今按廣等釋"臨文不諱"二句，即因襲陳《集説》，無一字異同，亦是上諸説之明證。諱事至清，又復生大波折。清諱伊始，詮釋"臨文不諱"，即有閻若璩與顧炎武之爭。先是顧氏《日知錄·帝王名號》曰："堯舜禹皆名也，古未有號，故帝王皆以名紀，'臨文不諱'也。考之《尚書》，帝曰'格汝舜、格汝禹'，名其臣也。堯崩之後，舜與其臣言，則曰帝。禹崩之後，《五子》之歌則曰皇祖，《胤征》則曰先王，無言堯舜禹者，不敢名其君也。"⑥ 由其所徵引皆出《尚書》，而稱"臨文不諱"，可推顧氏所主"經典不諱"非是"禮文"舊説。閻氏《尚書古文疏證》卷二論"臨文不諱"援何，⑦ 卷四復徵盧植注及陳氏《集説》，針對顧説，云："'文'字解如此。顧氏頗誤用，要須易為'詩書不諱'耳。"⑧

---

① ［清］何琇：《樵香小記·宋諱》卷下，文淵閣《四庫全書》。
② ［元］陳澔：《禮記集説·曲禮上》卷一，文淵閣《四庫全書》。
③ ［元］汪克寬：《春秋胡傳附錄纂疏》卷首，文淵閣《四庫全書》。
④ ［清］朱彝尊：《經義考》卷一四四，文淵閣《四庫全書》。
⑤ ［清］永瑢：《四庫全書總目·禮記大全》卷二十一，北京：中華書局，1965年，第170頁。
⑥ ［清］顧炎武：《日知錄》卷二，文淵閣《四庫全書》。
⑦ 閻若璩《尚書古文疏證》卷二："臨文不諱。何胤曰：'臨文謂禮執文行事時'，可見古人行禮皆執本於前，按而行之，以防有遺忘及疏忽之處。"文淵閣《四庫全書》。
⑧ ［清］閻若璩：《尚書古文疏證》卷四，文淵閣《四庫全書》。

謹案：閻氏引何、盧、《陳氏集説》三家説，已見閻氏奉禮文説，而斥顧"臨文"為"詩書"之誤用，癥結即在盲從舊説。至其所著《潛邱劄記・補正日知錄》重申前説。館臣論其《劄記》云："蓋其少年隨筆劄記本未成書，後人掇拾於散佚之餘，裒合成帙。"① 是本不易定《劄記》《疏證》先後。然今觀下文，乃改"文字解如此"云云，作"從來解文字皆如此，而從來引此句多誤，豈寧老亦未之免邪？要當用'詩書不諱'耳"，② 補出之跡明顯，故可定本條《疏證》在《劄記》之先。《劄記》於"如此"下補上"而從來引此句多誤"，是由否定顧氏一家，擴大至"從來"否定"禮文"舊説、持"文章"説者諸家矣，荒謬之極。然亦正因有此一句，合觀其《疏證》以陳澔説直接盧、何，充分表明閻斥顧誤用"臨文"之前，原來唯知陳氏《集説》"從來解文字皆如此"之外，別無經意唐宋二代學者有關"臨文"及"文"之諸説。無論孔疏《玉藻》，甚而衛湜《集説》及其所引呂大臨、胡銓二家亦無聞矣，故即此可決"而從來引此句多誤"，是閻氏補漏洞之敗筆耳。今考閻顧爭論之影響，閻説甚微。筆者聞見，清儒除雍正時鄭方坤《經稗》卷九追隨外，罕見附和。相反，如徐乾學、江永、孔希旦、納蘭性德、趙翼等，并不以盧何舊説為然，而持異説。如江永《禮書綱目・曲禮》否定孔疏引何胤而肯定其疏《玉藻》："今按：詩書，謂誦讀；臨文，謂作文。《玉藻》：'教學臨文不諱。'注云：'為惑不知者。'"③ 納蘭性德《陳氏禮記集説補正》否定陳氏《集説》，以為陳取鄭注、孔引何胤説解"臨文不諱"，然"經意實不然，蓋謂為文章時不避君親之諱耳。如箕子為武王陳《洪範》曰'邦其昌'，周公作頌曰'克昌厥後''駿發爾私'，孔子作《春秋》書同盟……書宋公之類，是也。陸菊隱元輔曰：'唐人最嚴於諱。……而昌黎作文獨不諱，凡遇世、治等字皆正言之，深合禮意。'"④ 趙翼《陔餘叢考》"避諱"云："祀文王之詩曰'克昌厥後'，戒農官之詩曰'駿發爾私'，皆直犯文、武之名，雖曰'臨文不諱'，然臨文者，但讀古書，遇應諱之字不必諱耳，非謂自撰文詞亦不必諱也。"⑤ 江、趙二家釋文為"作文""文詞"，是從孔疏《玉藻》之證；而以"誦讀""讀"冠"詩書""古書"；趙亦以"臨文"應"詩"，甚至無引"書"：俱可為"臨文"與"詩書"二句係互文之證據。此是迄清，以"作文""文章"解"臨文"，已成主流之明證。乾隆時甚至官方纂《禮記義疏・曲禮上》"詩書不諱，臨文不諱"，亦取正義及呂大臨説矣。⑥

---

① 《四庫全書總目》卷一一九，第1030頁。
② ［清］閻若璩：《補正日知錄》，見其《潛邱劄記》卷五，文淵閣《四庫全書》。
③ ［清］江永：《禮書綱目・曲禮》卷七十六，文淵閣《四庫全書》。
④ ［清］納蘭性德：《陳氏禮記集説補正》卷一，文淵閣《四庫全書》。
⑤ ［清］趙翼：《陔餘叢考》卷三十一，北京：中華書局，1963年，第667頁。
⑥ ［清］乾隆：《禮記義疏・曲禮上》："正義：鄭氏康成曰：'不諱謂其失事正。'呂氏大臨曰：'教學必以詩書，有所諱，則學者終有惑也。文字，所以示於衆，有所諱，則失事之實，必有害也。'"見文淵閣《四庫全書》卷五。

总而言之，臨文（不諱）詩書不諱，周人立説，漢儒明悟，訓"文"，已相容作文、禮文廣狹二義，家諱已有用廣義如史遷者，是漢雙軌并行，亦步亦趨於古諱禮之難犯易避之本質。自漢末降及六朝，盧、何以之專屬禮文，由雙軌變單軌，寖失古意。至李唐孔疏《禮記》，并釋《玉藻》《曲禮》，回歸周漢古禮。兩宋宗唐，是唐諱之鞏固和發展，是近代解放臨文之"文"的先驅。元明復依盧何舊説，獨從禮文單軌，是諱事倒退回潮。蓋蒙元異族，明學空疏，學術積弱，形格勢禁之必然焉。迄清初，雖有如閻氏蹈襲元明，然曇花一現，終歸於以顧炎武為首之廣義雙軌派成為諱事之主流嗣響。蓋滿清盛世右文，學術昌明，甚至為乾隆官方認可。故有清諱勢雖有險無驚，峰迴路轉，卒迎來近儒羅振玉至王叔岷等振臂"行文""作文""文章"，解放"文"字之大呼籲、大發覆。千年諱事得回歸古禮本真，然并非因封建帝制的謝幕而消歇，而如陳垣所謂"歐洲古代之紋章"，不僅可服務於考古、校讎諸學，而且作為獨立古代文化遺産，存在於學術之林。而亦由此凸顯王叔岷先生以互文説"臨文"的創新發覆，源於篤守古諱禮"難犯易避"之精神及於前儒説之精鑒。

## 三、專論：唐人避諱字無定説

此篇與上《方法》篇之"代字"條，并論避諱所用諱代字法。"代字"條為通論歷代，此為專論有唐一代；二者互為表裏，互相補證。王氏於此用力最多，《提要》自稱其"例證特詳"，復於專論篇末云：

> 綜觀唐人於避諱所用代字，代以音同音近或義同義近之字之外，更隨意代以適合本句上下文義之字，漫無定限。必須明瞭此類情形，庶不致誤以避諱之字為異文或誤字也。

在討論此《無定》之前，須先明其篇題"避諱字無定"之含義。竊以為此處所謂"避諱字"，是專指用代字法產生之避諱代字（諱代字），非泛指由各種方法產生之避諱字。此從專論例證唐初高祖、太宗、高宗三帝凡五十例（附"存疑"二例），無一例外，可為明證。

由上"綜觀"一節文字，不難推論出，王氏因立論所需，將諱代及與正字（合諱字）有關之非諱代字，共分四種類型。第一類是"固定"類（諱）代字。代字與正字構成諱代關係，并且代字有唯一性。如王氏概論提及之聖諱以某代丘，家諱史遷以同代談。第二類是"有定"類代字。此即王氏上文所謂"避諱所用代字，代以音同音近或義同義近之字"

者。因為所用代字,有音或義近、同之限定,故稱之為"有定"。姑舉概論之漢諱為例,如高祖劉邦,諱者以國代之,是其義同邦;以封代之,則是"古二字形聲并相近"也。唐諱如以泉、深代太祖淵;以代、俗、時等代太宗之世,以人、元、百姓代其民;以理、化、安等代高宗治之類,并因義近君諱而用之。上文已述唐人諱嫌名甚嚴,故不取音同或近者為諱代字。此點諒不難理解。有定者,於"無定"為有定,蓋其有音或義之限制;而於"固定"為無定,則是代字不具唯一性。王氏收輯、考辨、例證唐初三帝無定諱代字,而兼收上引泉、深、代、俗諸有定諱代字,道理正緣於此焉。第三類方是無定代字。王氏設有兩大界限:一即上文"隨意代以適合本句上下文義之字,漫無定限"。須注意"隨意""適合本句上下文義"兩元素,即是"漫無定限""無定"之定義(可見無定實亦有定)。另一界限亦是由上文"綜觀唐人於避諱所用代字,代以音同音近或義同義近之字之外",由"之外"二字可推得,所謂"無定代字"是不包括三帝泉、深、代、俗等十數字的,因為他們是"有定"的、與三帝正字有義近同的諱代關係的,且大抵是約定俗成,并非出自官方諱令、諱律。專論所輯的唐三帝五十例證,去除泉、深、代、俗等十數字,剩下三十餘字,便是王氏所稱之無定(諱代)字。其中數高宗最富,本有二十四條,去除理、化、安等約定俗成者四、五條,得無定代字近二十條,足令專論"唐人諱代字無定"說,為堅確不易焉。當然每一條例證是否都能精準無誤,包括例證過程中對諸多學者批評之是非,咸須經驗證,此處從略。第四類字,究其實乃非諱代字,即王氏所謂"避諱之字(正字)"有關之"異文或誤字"。此涉及諱代與非諱代之鑒別,不容忽視者焉。誤字,無須贅論;"異文"何指?王氏此處所謂"異文",蓋謂正字(合諱字)的同義字、通假字、異體字,它們與錯字一樣,都是與正字無諱代關係之非諱代字。避諱學本是史學考古的輔助工具,有很強的實踐性,大匠示範,不僅示以典型,亦度之金針,故王氏談避諱理論,不忘其本色,亦提示來學如何操作。王氏固執兩條:首要防疏忽諱代字。此見前概論"代字"條論漢諱,云"漢諱中有易為人疏忽之避諱字"。舉有兩例證:一是不知"以通代徹"。《漢書·蒯通傳》顏注載通本名徹,避武帝諱,史家追書為通,《史記》亦以通代徹。王氏以為知通之本名者"恐不多",舉《莊子·庚桑篇》"徹志之勃"、《呂氏春秋·有度篇》徹作通例。兩書并在漢武前,一用諱代,一不諱,王氏云:"未知係漢人避武帝諱而以通代徹,抑以徹、通同義可互用邪?"蓋不能決其疑而兩存處之。"互用",即是疏忽,未知徹為蒯本名焉。另一例是不知"以嚴代莊"。後漢蜀人莊君平遵,諱明帝改姓嚴,而所著《老子指歸》,仍自稱"莊子"。明焦竑《筆乘》誤以為莊周,居然從《指歸》輯得所謂"《莊子》佚文"八條,實皆嚴遵之說。閻若璩竟踵焦誤,全祖望《困學紀聞注》已嗤其不知"莊子"乃君平自稱之譏,然閻氏後如沈欽韓,甚至今之學人,尚有如王氏所言"因不知莊之作嚴,乃避漢明帝諱,而誤收《莊子》佚文者",誤亦甚矣。通、嚴二例并是有定諱代字。王氏堅執之另一條，須區別諱代字與非諱代字。所舉例證末條之附錄有"以滯代治"：

> 《史記·扁鵲列傳》："簡子疾，五日不知人。……董安於問扁鵲，扁鵲曰：血脈治也，而何怪？"瀧川資言《考證》："董份曰：'治，即治亂之治。五日不知人，疑其必死，故扁鵲以為血脈治而不死也。'愚（瀧川）按：《御覽》引治作滯，非是。"（叔岷）案："血脈治也"，《趙世家》《論衡·紀妖篇》《風俗通·皇霸篇》皆同。《御覽》七二一引治作滯，或承唐人諱治之舊，惟未明文義，而以滯代治邪？"

謹案："血脈治也"，治、滯之辨，瀧川從董份說，訓治為"治亂之治"，是其與亂義相對，則治，當安寧、和諧之義，故以《御覽》卷七二一《方術部·醫》引《史記·扁鵲列傳》作滯非是，① 判滯為誤字；不以滯與治有諱代關係，且以《御覽》為致誤元兇。王先生據《史記·趙世家》等三家同作治以佐《扁鵲傳》，以《御覽》滯字"或承唐人諱治之舊"，始作俑者為唐人，非始自《御覽》；肯定《御覽》所引字與治有諱代關係，祇是"唯未明文義，而以滯代治"，用滯字失當而已；"未明文義"則承瀧川，然根本上否定其將滯字作誤字，無諱代關係之說。此從上文"綜觀"一節歸結"必須明瞭此類情形（即指唐諱代字無定），庶不致誤以避諱之字為異文或誤字"之告誡，即可悟得。瀧川本是王氏本條批評之矢的。王氏以滯字為不合適之諱代字，容可商榷（竊以為滯是《史記》本字），然對瀧川之否定是正確的。綜論上述三例，前兩例是王氏勉勵治校勘、考古者，不可疏忽諱代現象，否則，非如"徹、通"條之判斷失於偏枯，即如"莊、嚴"條之陷入濫輯之泥淖。末一"治、滯"條，則是告誡：若論避諱，須謹防將諱代之字誤作異文或誤字，當審慎區別諱代字與非諱代字。用心良苦如此，蓋論唐諱代字之無定特色，要在為校勘、考古實踐之用耳。

## 四、王氏避諱論之價值與意義

若論陳氏《舉例》之有諍臣，當首推楊樹達《與陳援庵論史諱舉例書》。楊《書》有正其體例三事、斷定訛謬一例及補充陳說五例。有為陳采納者，如補設"二名偏諱"例、引《漢書·杜鄴傳》補秦漢諱例（諱雉代以野雞）；亦有或因限於體例未便采用者，如楊建議刪"惡意避諱例"等。雖陳有從有不從，然楊氏要不失為《舉例》首席諍臣。王氏

---

① ［漢］司馬遷：《史記·扁鵲列傳》，北京：中華書局，1959年，第3194頁。

《問題》本針對《舉例》而發,其補正內容涉及諸如避諱起源、"嫌名不諱"等四大原則理論問題外,復有方法、種類等,其實證甚而細及素為研究者所疏忽的,如通、徹是諱代抑同義互用之辨等等。相較楊、王二先生之補正,楊氏鮮明而扼要,王氏含蓄而詳贍,蓋緣其體例本有書簡、例證之異同,然并能各依其體例而盡其後出轉精之學問之道,初無二致。如於"嫌名不諱"等四大原則,楊補二名,王則積薪而補"詩書""臨文"。至於擇例精當,考辨審慎,固無論矣,故王、楊後先并無愧為《舉例》之諍臣。《問題》之所可貴者,尚在補正并不拘於陳氏一家。其視野開闊,糾補時代不分古今,空間不域海峽,除近人羅振玉、陳垣、郭沫若外,唯大陸學者開列姓氏者,即澤及龍晦、蔣錫昌、朱謙之、崔文印、湯一介諸人。其中有不見經傳的青年學者,亦有名流聞人。又有反復被補正者,如駁崔文印"殺青"之說,不厭其煩,體現了前輩學人忠於學術傳統,有教無類、誨人不倦的風采。

王氏《問題》於避諱學的價值與貢獻,又表現在對唐代諱事形式(方法)特殊性的研究有所發明,足與前輩陳垣、來雋、虞萬里的成果相媲美,與陳、虞一樣,是避諱斷代史研究不可或缺的重要文獻。如避諱通常參用四法:代字、闕筆、闕字(包括省文、空格、或作□)和易體(包括聲符、義符構件)。陳氏《舉例》以闕筆之法,為"唐時避諱有特可紀者之例",① 虞氏以為"唐所重在形不在音",② 而王氏則以"唐人避諱字無定",作專題研究。為何同論唐諱形式的特殊性,三名家卻有此異同?答曰:三家說并有根據,衹是立足點不同,遂有此歧出。陳氏立足在闕筆法有功於保存古籍經典:"自唐時始。既有此例,則古籍文字,可以少所更易,故開成《石經》闕筆多而改字少,經典原本,賴是保存焉。"③ 虞氏立足在唐諱字對文字流變的影響,從文字義、音、形三要素及與宋諱重音(其實亦與漢諱之重義)之比較區別,以大量例證,總結因唐避諱所致之字形與音義不諧、正俗字混淆、異文孳生種種現象。王氏則以專題結合通論,就代字一法之特性、種類、利弊,極盡能事,得出唐諱字無定之新說。無定說與陳、虞二家,各自有其獨立存在的價值,三足鼎立,不僅確立了唐諱與衆不同的基本構架,而且結合避諱有關歷史文獻,倘能因循王氏諱事(包括方法形式)"因時代而異"之觀念,還可進一步推論其原則與形式遞變之基本軌跡。

私臆唐諱形式遞變有四箇文獻最為重要:太宗武德九年詔、高宗顯慶二年、五年兩詔和玄宗《唐六典》李林甫注。其中高宗兩詔承上啓下,尤為關鍵。顯慶二年(657)十二月詔改昏葉宫,易體改部件民從氏、世從云,④ 已可見否定太宗諱事形式之端倪。至顯慶五

---

① 陳垣:《史諱舉例》,第 108 頁。
② 虞萬里:《唐五代字韻書所反映之唐代避諱與字形》,載其《榆枋齋學術論集》,南京:江蘇古籍出版社,2001年,第 404 頁。
③ 陳垣:《史諱舉例》,第 108 頁。
④ [後晉]劉昫等:《舊唐書·高宗本紀》,北京:中華書局,1975 年,第 77 頁。

年（660）正月詔曰：

> 孔宣設教，正名為首；戴聖貽範，嫌名不諱。比見抄寫古典，至於朕名，或缺其點畫，或隨便改換。恐六籍雅言，會意多爽；九流通義，指事全諱，誠非立書之本。自今以後，繕寫舊典文字，并宜使成，不須隨義改易。①

則明白無疑，否定闕筆與諱代二法。謹案："闕其點畫"，大抵指闕末筆（也可闕多畫，但不包括改部件，後者當屬易體）；②"隨便改換"，即用代字，下文"隨義改易"可證。由高宗顯慶五年詔，可推太宗朝諱事形式，通行的是闕筆與諱代法，高宗朝不用，改行闕字和易體法。闕字法之通行，③多見於唐修八史，於人名字，空闕諱字，而致一人二名。書成於高宗朝的南、北《史》此象尤多見，如：《南齊書》之孔稚珪，在《南史》闕稚字；《宋書·武三王傳》"（王）修字叔治"，在《南史》作"修字叔"，闕治字，并為明證。所謂易體，包括以音、義或形近之字，置換諱字中的某偏旁或構件。高宗五年詔，當然不會否定其墨迹未乾的二年詔，此足以證高宗時期易體法亦通行。闕字、易體二法延至玄宗開元二十七年（739）始遭變革。玄宗時，李林甫注《唐六典》云："若寫經史群書，及撰錄舊事，其文有犯國諱者，皆為字不成。"④為字不成，即是闕筆法。玄宗詔令回歸太宗闕筆法，即是對高宗五年詔否定之否定。嗣後，直至五代，闕筆法一直被沿用不廢。由此唐諱形式遞變軌迹，大略可如此描畫：自武德九年太宗登基（626），詔禁二名兼避之俗，直至高宗顯慶二年（657）詔以前，三十年間，諱事通行闕筆、諱代二法；從高宗顯慶二年詔後，至玄宗開元二十七年（739）前，則通行闕筆、闕字二法；自玄宗開元二十七年以後，又回歸闕筆法。當然，所謂通行某法，并不能禁絕四法中有其餘某法在士大夫或民間使用，也不妨礙民間風尚與朝廷詔令之雜處。三箇階段諱事形式之嬗變，與陳、王、虞三家說分別相應，證實了三家論諱事形式之價值和意義。

王氏《問題》於避諱學的價值與貢獻，復在於開闢避諱研究文獻來源的新領域，由經史子三部擴大到集部。如文學總集《文選》及其注文，陳氏《舉例》論"唐諱例"，已及《文選》及其注，云"唐人注《史記》、兩《漢書》《文選》，撰晉、梁、陳、北齊、周、

---

① [宋] 王欽若等：《册府元龜》卷三，北京：中華書局，1960年，第36頁。
② 周廣業《經史避名彙考》卷十四以為"避諱闕筆，晉已有之"（臺北：明書局，1986年）檢《隸釋·漢陳球後碑》）卷十以為"秉心慈隆"（文淵閣《四庫全書》）。
③ 闕字法或始於春秋。《春秋左傳正義·隱公元年》："公及邾儀父盟于蔑。"惠棟《春秋左傳補注》："蔑，本姑蔑，定十二年傳：'費人北，國人追之，敗諸姑蔑'是也。隱公息姑，而當時史官為之諱。"見《十三經注疏》，北京：中華書局，1980年，第1720頁。
④ [唐] 張九齡：《唐六典》卷四，文淵閣《四庫全書》。

隋、南、北八史，於唐諱多所改易"，① "隆" 字已闕末筆，是闕筆法濫觴於漢也。然於蕭《選》與李善等注并不及具體展開、應用。（近代學者或以為李善注《選》始自唐高宗，皆不確。）至王氏《問題》始於經史子諸部，并無軒輊，一例援用。并且，援引《文選》所及多種本子有刻本、諸敦煌寫本之分；注家又有李善、五臣（包括六臣、六家合注本）、無名氏注之異，遠較常人徵引為深入。《問題》徵引文獻，除《史記》外，即數《文選》為夥，達二十四處，頻率高於史之《漢書》、類書之《太平御覽》等。其中有九條例證諱代關係之確立，全賴李善注證成，如 "以調代治" 條： "《莊子·馬蹄篇》：'我善治馬。'《文選》司馬相如《上諫獵書》注引治作調。" 又如 "以居代治" 條： "《韓詩外傳》七：'死不當治喪正堂。' 陸士衡《演連珠》注引治作居。" 并其證。徵《文選》及其注以確定二字有無諱代關係，其意義價值，本不限於避諱學科本身，源其終極目標，乃在施之於校勘、考古等，服務於文史領域更高層次的學術研究、應用。今於《問題》屢見其例，比較典型的是 "以泉代淵" 條。李白《送韓侍御之廣德》詩： "醉歌一夜送泉明。" 宋葉廷珪《海錄碎事》稱： "（陶）淵明一字泉明，李白詩多用之。" 王楙《野客叢書》以淵作泉，蓋避唐高祖諱。此宋儒一案。《老子·微明》： "魚不可脫於淵"。近人蔣錫昌（1897—1974）校詁因《後漢書·隗囂》《翟酺》二傳注引淵并作泉，遂以 "是古本淵或作泉"，朱謙之（1899—1972）校釋則以為此唐人避高祖諱改。此近人一案。兩案時間不同，性質無異，關鍵在兩案泉與淵諱代關係是否成立。王氏乃從徵引《文選》善注着手考辨：

《莊子·外物篇》： "予自宰路之淵。"《文選》郭景純《江賦》注引淵作泉。《列禦寇篇》： "夫千金之珠，必在九重之淵。"《文選》顏延年《贈王太常》詩注引淵亦作泉。

王氏迭徵《莊子》二例，以成泉為淵之諱代字，然後於二案下斷曰： "王說是" "朱說是"，竟成定讞。此是王將證成之諱代關係應用於校勘的判定爭議是非之例，顯示了《問題》於避諱學及校勘之價值與貢獻。

每讀《問題》，筆者時有身入寶山，觸目皆斷圭散璧，俯身悉碎金滿地之感，深知此是王先生歷年嘔心瀝血治校勘及避諱學心悟獨得之秘，故不辭勞憚，摭拾懷抱，珍若利器，藏諸武庫。如《問題》 "稱字避名" 條引 "鍾嶸《詩品序》：'近任昉、王元長等，辭不貴奇，競須新事。'《四庫提要》謂'鍾嶸《詩品》一百三人中，唯王融稱字，蓋齊梁之間避和帝諱也'"。治《選》者，由此可有兩點啓發：今思《選》文作者署名，何以不少見稱

---

① 陳垣：《史諱舉例》，第107頁。

字，殆因避諱而起；寶融在位，自公元501年三月至502年三月間，此於蕭《選》成書年代考證，當不無參考意義。復如《問題》"代以某字"條，以元孔齊《至正直記》"丘者孔子諱也"發軔，考證、梳理出避聖諱之始末："宋時孔丘僅諱作某，尚未讀為某也。"及元代"子孫讀經史，凡云孔丘者，則讀為某，以朱筆圈之"。直抵現當代，"至今前輩學人，猶讀丘為某，書寫時以某代丘"。乃歷數近儒古直《陶靖節詩箋》引丘作"某"、丁福保《說文解字詁林後編》"墟"字條闕丘而補注"聖諱"、錢穆《莊子纂箋》凡丘字皆闕筆、岷之先君於孔子名諱亦甚嚴，最後現身説法："至於岷輩，書寫時徑書為丘，僅讀為某而已"，凸顯近當代學者與時俱進而又拳拳於儒家文化傳統之風貌。而其於學術之價值，在避諱學正不啻一部聖諱史；若加上本條目首所引《尚書·金縢》，則又可擬之為一部某字諱代史矣。

作者單位：蘇州大學文學院

# 《尚書》舜及二妃傳説與 "南方朱鳥"

尹榮方

　　帝堯將自己的兩箇女兒嫁給舜的傳説，源遠流長，《尚書·堯典》中即已述之。大意説堯年老時尋找接班人，諮詢手下的意見，"四嶽"推薦了虞舜，説舜是瞽瞍之子，父母及弟象皆不能善待他，但舜卻仍能孝敬父母，友愛弟弟，是非常了不起的人。於是堯有意禪位於舜。為慎重起見，堯先對舜進行了一番考驗。怎麽考驗呢？他就把自己的兩箇女兒嫁給他，看他如何對待她倆。今本《尚書·堯典》有云："女於時，觀厥刑於二女。"孔安國的傳云："女，妻；刑，法也。堯於是以二女妻舜，觀其法度，接二女，以治家觀治國。"①而舜"釐降二女於嬀汭，嬪於虞"。孔安國傳曰："降，下；嬪，婦也。舜為匹夫，能以義理下帝女之心於所居嬀水之汭，使行婦道於虞氏。"② 意思是舜能夠以禮法調教堯之二女，使二女謹守婦道，於是贏得堯的贊賞。司馬遷《史記·五帝本紀》的説法大體相同："於是堯妻之二女，觀其德於二女。舜飭下二女於嬀汭，如婦禮。堯善之。"③ 所謂試之夫婦之道，"將使治國，先使治家"，這樣的解釋明顯融入了後世的倫理色彩，迂迴牽强，叫人難以接受。

　　而《孟子·萬章上》云："帝使其子九男二女，百官牛羊倉廪備，以事舜於畎畝之中。"《孟子》這裏的説法，一般認為出自逸《尚書》。趙岐注《孟子》云："帝，堯也。堯使九子事舜以為師，以二女妻舜，百官致牛羊倉廪，致粟米之餼，備具饋禮，以奉事舜於畎畝之中。由是遂賜舜以倉廪牛羊，使得自有之。《堯典》曰'釐降二女'，不見九男。孟

---

① 黄懷信整理：《十三經注疏·尚書正義》，上海：上海古籍出版社，2007年，第58頁。
② 黄懷信整理：《十三經注疏·尚書正義》，第58頁。
③ [漢] 司馬遷：《史記》，北京：中華書局，1959年，第21頁。

子時，《尚書》凡百二十篇，逸《書》有《舜典》之敘，亡失其文。《孟子》諸所言舜事，皆《堯典》及逸《書》所載。"① 趙岐所云舜事，除了《堯典》，還出於逸《尚書》，為古今學者首肯。

孟子猶及見逸《尚書》。逸《尚書》中，除了兩箇女兒，堯還讓他的九箇兒子事舜。《史記·五帝本紀》曰："堯乃以二女妻舜以觀其內，使九男與處以觀其外。"② 而《吕氏春秋·求人篇》則云："堯傳天下於舜，妻以二女，臣以十子。" 同書另一篇《去私》謂："堯有子十人，不與其子而授舜。" 堯讓他的九箇兒子（或十箇兒子）、兩箇女兒服侍舜的傳說，當然更不可能是真實的歷史，雖然後世還出現了舜兩箇妃子的名字，甚至將二女與《楚辭·九歌》中的"湘君""湘夫人"牽連。③ 不僅因為古書記載多有齟齬，"釐降二女於媯汭"的"媯汭"根本無法指實，而古人關於"嬪於虞"的解釋也極其牽強；還有堯舜作為上古之"聖明天子"，其事跡在《山海經》等古籍中，多涉神話傳說，使我們不能不認為，這段關於堯舜及舜二妃的"歷史"記載，是不能作為信史看的。堯舜事跡，大約早就被誤讀誤解了。現代學者或以天體天象說堯舜事，未必無理。如丁山認為："堯之二女"是日神、月神；堯有"九子"，是"東宮尾宿有九星的天象演來"；堯有"十子"，宜即"'羲和生十日'，也即甲乙至壬癸十干的共名"；④ 舜為"繼天立極的南方大神"。⑤ 丁山之說，事出有因，可謂真知灼見，然論證尚嫌疏略，所以似也未引起後來學者的特別重視。

## 一、"南方朱鳥"之"井宿"與"舜"之"刑於二女"

《尚書》所記載之舜之事跡，當源自《山海經》。而《山海經》所談之舜，非人間英雄，而為天上之神人。《山海經》多次談到的"帝俊"，近世學者如王國維、郭沫若、陳夢家、楊寬等都曾論證過與舜實為一人。其實這點古代注家似也早已明白。《大荒東經》："有中容之國，帝俊生中容。" 郭璞注："俊亦舜字，假借音也。"《大荒東經》："有五采之鳥，相鄉棄沙，惟帝俊下友。帝下兩壇，采鳥是司。" 這裏的五采之鳥指鳳鳥，"沙"，郝

---

① ［清］焦循：《孟子正義》下册，北京：中華書局，1987年，第611頁。
② ［漢］司馬遷：《史記》，北京：中華書局，1959年，第33頁。
③ 如《大戴禮記·帝系》："帝舜娶於帝堯之子，謂之女匽氏。" 劉向《列女傳》說得尤為具體："有虞二妃，帝堯之二女也。長曰娥皇，次曰女英。堯舉舜為相，攝行王政，每事常謀於二女。舜既受禪，升為天子，娥皇為后，女英為妃，事瞽叟猶若初焉。天下稱二妃聰明貞仁。舜陟方，死蒼梧，二妃死於江湘之間，謂之湘君。" 這些說法顯是掇拾雜糅先秦舊說而成。
④ 丁山：《中國古代宗教與神話考》，上海：上海文藝出版社1988年影印本，第297—299頁。
⑤ 丁山：《中國古代宗教與神話考》，第310頁。

懿行云:"沙疑與娑同,鳥羽娑娑然也。"① 鳳鳥既然是帝俊的下友,這裏的帝俊自是"天帝"無疑,鳳鳥是帝俊的人間之友。郭璞注:"言山下有舜二壇,五采鳥主之。"

值得注意的是,帝俊與音樂舞蹈關係密切,也一如虞舜。《山海經·海内經》:"帝俊生晏龍,晏龍是為琴瑟。"又云:"帝俊有子八人,是始為歌舞。"《世本·作篇》云:"簫,舜所造。"《左傳·襄公二十九年》(前544)記季札觀樂云:"見舞《韶箾》者。"杜注:"舜樂。"② 鳳與風及樂舞的相通,在於它們時常表現為季節符號,關乎曆法的制定與傳示。而帝俊(舜)與鳳鳥及樂舞的這種密不可分的關係,使一些學者相信所謂的"帝俊"(舜)乃是"鳳鳥"(玄鳥)的人格化。如袁珂先生説:"帝俊之神,本為玄鳥,玄鳥再經神話之誇張,遂為鳳凰、鷖鳥之屬。《楚辭·天問》:'簡狄在臺,嚳何宜?玄鳥致貽,女何嘉(嘉原作喜,據聞一多《楚辭校補》改)?'《離騷》:'望瑶臺之偃蹇兮,見有娀之佚女……鳳鳥既受詒兮,恐高辛之我先。'同一作者記同一神話,或為玄鳥,或為鳳鳥,可見玄鳥即是鳳鳥。此帝俊之所以'下友'於五采鳥也。"③

帝俊與舜是一人,但帝俊與舜似乎也有差別,他們的差別大約在於帝俊是天神,多關乎天事;而舜是帝俊在人間的化身,成了人格化的帝俊,其事迹多關乎人間。

舜作為"鳳鳥"的化身,而且本是天上的"帝俊",那麽我們很自然地會聯想起天上"四象"中的"南方朱鳥"。舜的事迹,會不會和天上的"鳥宿"相關聯呢?舜的事迹往往關乎南方,是不是因為舜原來就是"南方朱鳥"的化身呢?這是完全有可能的。

《堯典》的前面部分講的純是天象的觀測與曆法的制定,如云:"乃命羲和,欽若昊天,曆象日月星辰,敬授人時。"而從《堯典》"日中星鳥,以殷仲春"的記載看,"鳥星"與春天相應,春天是一年之始,曆法重曆元,可以肯定,除了日和月,那時人們還觀測"東方蒼龍"等"四象",用以確定時節等,而"南方朱鳥"在彼時之天象觀測與曆法的制定中發揮了尤為重要的作用。傳統的"刑於二女"的解釋既如此牽強,無法使人相信,則這"刑於二女"之説,原來或許講的是天事,是後來被附會為人間歷史的。

"刑",大約關乎井宿。"南方朱鳥"七宿為井、鬼、柳、星、張、翼、軫,其首宿為井,共八星。井宿又名東陵、天井、東井、天關、天闕、天之南門等。④ 井宿在參宿之東北方,其南則有天狼星和弧矢星。《晉書·天文上》:"南方東井八星,天之南門,黃道所經。"⑤《堯典》所謂"刑於二女"之"刑",金文大抵作"井",是"井""刑"上古通

---

① 袁珂:《山海經校注》,上海:上海古籍出版社,1980年,第356頁。
② [晉]杜預:《春秋左傳集解》,南京:鳳凰出版社,2010年,第554頁。
③ 袁珂:《山海經校注》,第356頁。
④ [印]瞿曇悉達:《開元占經》,北京:九州出版社,2012年,第597頁。井是中道,秦之分野。
⑤ [唐]房玄齡:《晉書》第二册,北京:中華書局,1974年,第303頁。

用，則安知上古非云"井於二女"哉！《開元占經》引石氏曰："日月五星貫。"① 《黃帝占》則謂井是"三光之正道"。② 作為"南方朱鳥"化身的舜在人間的行事開始於井這箇天之南門，那麽作為他的妃子的二女，從這裏開始追隨舜也十分自然。而井宿又是日月星辰三光之"正道"，從這裏開始觀測日月星辰，有利於符合天時的曆法的制定，也就有利於給月令時代的人們提供行事的儀則。《論語·堯曰》載："堯曰：'咨，爾舜！天之曆數在爾躬，允執其中。四海困窮，天祿永終。舜亦以命禹。"③ 上古聖人最看重者乃"天之曆數"，堯所諄諄於舜者，正是"天之曆數"，舜後來也以此告誡禹。《虞夏書》所言乃天事，於天象尋之，方能得其原委。

漢代以來的經師將堯妻舜二女解釋成示天下以夫婦儀則。上古質樸，很多學者認為堯舜時代是所謂部落時代，那箇時代，後世那種夫婦家庭倫理尚未形成。則堯妻舜二女怎麽可能是説用夫婦之倫理禮則來示於天下，為天下立榜樣呢？且舜家庭夫婦之事，又如何傳示天下？可見這是舜及二妃傳説歷史化的結果。這也是為什麼與舜及其二妃相關的地名、事迹永遠講不清楚的一箇原因。

## 二、"瞽叟"害舜與"南方朱鳥"之"翼宿"

《堯典》中舜的行事包括繼堯之後完成人間的曆法，所謂"正月上日（元日）"繼堯即位為天子云云，以及他的"四時巡守"所內含的曆法意義十分清楚。那麼，舜的傳說關乎"南方七宿"其實不難索解。

逸《尚書》有舜父瞽叟及弟象令舜治倉、疏井欲害舜之事。《孟子·萬章上》引萬章云："父母使舜完廩，捐階，瞽叟焚廩；使浚井，出，從而揜之。"④《史記·五帝本紀》的記載更為詳盡。這種傳說恐怕也是對舜關乎"南方七宿"的誤讀訛傳所致。瞽叟等欲謀害舜，使舜修繕糧倉，而撤走階梯，焚燒糧倉。然而舜卻神奇般地躲過危險。《史記》張守節正義云："《通史》云：'瞽叟使滌廩，舜告堯二女。女曰：時其焚汝，鵲汝衣裳，鳥工往。'"⑤《楚辭·天問》洪興祖補注引《列女傳》曰："瞽叟與象某殺舜，使塗（倉）廩，舜告二女。二女曰：'時唯其戕汝，時唯其焚汝，鵲如汝裳衣，鳥工往。'舜既治廩，戕旋

---

① （印）瞿曇悉達：《開元占經》，第597頁。
② （印）瞿曇悉達：《開元占經》，第597頁。
③ [民]程樹德：《論語集釋》第四冊，北京：中華書局，1990年，第1345頁。
④ [清]焦循：《孟子正義》下冊，第619頁。
⑤ [漢]司馬遷：《史記》，第35頁。所謂"鳥工"是指飾有鳥紋的衣服，《說文》工部："工，巧飾也。下面的'龍工'則是指飾有龍紋的衣服了。"

階,瞽叟焚廩,舜往飛。"① 瞽叟等見舜在倉廩,用火燒之,企圖把舜燒死,但舜用二女之計,穿上帶有鳥紋飾的衣服飛去。今本《竹書紀年》注也云:"舜父母憎舜,使塗廩,自下焚之,舜服鳥工衣服飛去。"② 這神奇的鳥工衣服,我們能夠在"南方朱鳥"之一的"翼宿"的星占特點上找到根源。"翼宿"有星七顆,故又名"七星"。《開元占經》引《黃帝占》曰:"七星,赤帝也,一名天庫,一名天御府……主衣裳冠被服繡之屬。"又曰:"七星正主陽,朱雀心也。星主衣裳,鳥之翅也,以覆鳥身,以主衣裳也。"又引石氏贊曰:"七星主衣裳蓋身軀,故置軒轅裁製之。又曰:德歸好性信有成,故以衣裳屬七星。"③ "鳥工"衣由"七星"的星占內涵投射而成,十分明顯。

在使舜修繕倉庫害他不成後,瞽叟他們又生一計,欲讓舜疏浚水井從而殺死他,就是待舜下井後,用土掩埋水井。但舜同樣得到二女的幫助而脫險。《楚辭·天問》洪興祖補注引《列女傳》曰:"(瞽叟)復使浚井。舜告二女。二女曰:'時亦唯其戕汝,時其掩汝,汝去裳衣,龍工往。'"④ 這次舜是穿了有龍的紋飾的衣服躲開的。今本《竹書紀年》注云:"舜父母憎舜,使浚井,自上填之。舜服龍工衣,自旁而出。"⑤《史記·五帝本紀》張守節《正義》云:"《通史》云:'舜穿井,又告二女。二女曰:去汝裳衣,龍工往。'入井,瞽叟與象下土實井,舜從他井出去也。"神奇的"龍工"的原型,我們也不難在"南方朱鳥"之一的"星宿"中找到。"星宿"共有五箇星座:星、天相、天稷、軒轅、内平。其中的"軒轅"共十七星,《史記·天官書》:"軒轅,黃龍體。"裴駰《集解》引孟康曰:"形如騰龍。"軒轅十七星,蜿蜒如龍蛇之狀。《開元占經》卷六十六引石氏曰:"軒轅,一名昏昌宫,而龍蛇形,凡十七星。"⑥ 又引《黃帝占》曰:"軒轅十七星,主后妃黃龍之體,以應主。"又引石氏贊曰:"軒轅龍體主后妃。"⑦《晉書·天文上》云:"軒轅,黃帝之神,黃龍之體也。"蜿蜒似龍蛇體的軒轅星,大約就是所謂"龍工"的原型。

傳說中舜身上的其他很多特點,我們都能在"南方七宿"的星占功能上找到根源。譬如舜與音樂的關係,《山海經·海內經》曰:"帝俊生晏龍,晏龍是為琴瑟。"又云:"帝俊有子八人,是始為歌舞。"戰國時代,傳舜彈五弦琴歌《南風》。⑧《呂氏春秋·察傳》曰:

---

① [宋]洪興祖:《楚辭補注》,北京:中華書局,1983年,第104頁。
② 袁珂:《中國神話傳說詞典》,上海:上海辭書出版社,1985年,第129、117頁。
③ (印)瞿曇悉達:《開元占經》,第600頁。
④ [宋]洪興祖:《楚辭補注》,第104頁。
⑤ 袁珂:《中國神話傳說詞典》,第117頁。
⑥ (印)瞿曇悉達:《開元占經》,第645頁。
⑦ (印)瞿曇悉達:《開元占經》,第646頁。
⑧ 如《禮記·樂記》云:"昔者舜作五弦之琴,以歌《南風》。"清馬驌《繹史》卷十引《尸子》云:"帝舜彈五弦之琴,以歌《南風》。其詩曰:"南風之熏兮,可以解吾民之慍兮;南風之時兮,可以拂吾民之財兮。"皆其例。

"昔者舜欲以樂傳教於天下，乃令重黎舉夔於草莽之中而進之，舜以為樂正。"① 説的都是舜與樂律的密切關係。

而加諸舜的這些不一般的樂器創製與音樂創造能力，與"南方朱鳥"的"翼宿"等的星占功能具有異乎尋常的相似性。《晉書·天文上》："翼二十二星，天之樂府，主俳倡戲樂。"《開元占經》卷六十三引《石氏星經》曰："翼，天樂府也，主輔翼。"又引《南官候》曰："翼主天昌，五樂八佾也。一名化宫，一名天都市，一名天徐，以和五音。"② 所以，舜之擅長音樂之説，不能不認為乃是"南方朱鳥"特別是"翼宿"的星占特點的一種投射而已。而《孟子》及《史記》等古籍所載舜弟象以為舜被燒死，想到要分配舜的財物，據《史記·五帝本紀》，象設想的是牛羊、倉廩等歸父母，而他欲占有的是舜的琴及二位嫂嫂。③ 這裏特別提到舜的琴，顯然也事出有因。

## 三、"嬀汭"為"嬴内"與星宿分野

舜妻堯二女傳說出現的"嬀汭"一地，照孔安國傳的説法，是舜所居住的地方。到底是什麼地方，孔安國注《堯典》"釐降二女於嬀汭"時，祇是模糊地説了句："舜所居嬀水之汭。"這箇所謂的地名，早期的注家大抵語焉不詳。但後來的注家漸漸將"嬀汭"的地理位置具體化了，如《史記集解》引皇甫謐曰："嬀水在河東虞鄉縣厯山西。汭，水涯也。"而《史記正義》引《括地志》云："嬀汭水源出蒲州河東南山。許慎云：'水涯曰汭。'按《地記》云：'河東郡青山東山中有兩泉，下南流者嬀水，北流者汭水。二水異源，合流出谷，西注河。嬀水北曰汭也。'又云：'河東縣二里故蒲阪城，舜所都也。城中有舜廟，城外有舜宅及二妃壇。'"④ 河東郡青山的嬀水、汭水，顯然是附會。嬀汭，不必是兩條水。《尚書》中有"洛汭""渭汭""河汭"等説法，顯然不是指兩條河。汭，有人解為兩水匯合處，有人解為水之南邊，或許就是水邊之意。上述兩説也都是猜測的結果。古人於"嬀汭"，又有"漢中説""西北説""浙東餘姚説"等多種，也沒有什麼根據。⑤

---

① 陳其猷：《吕氏春秋校釋》下册，上海：學林出版社，1984年，第1526頁。
② （印）瞿曇悉達：《開元占經》，第602頁。
③ 《史記·五帝本紀》載象以為舜死，於是曰："舜妻堯二女，與琴，象取之。牛羊倉廩予父母。"與《孟子》所載略同，《孟子·萬章》載象曰："牛羊父母，倉廩父母。干戈朕，琴朕，二嫂使治朕棲。"據此象欲占為己有的尚有干戈、雕弓等，而南方朱鳥有"弧矢"九星，在"狼星"附近，是重要星座。《史記·天官書》張守節《正義》："弧九星，在狼東南，天之弓也。以伐叛懷遠。"則"象"之所欲，源於此歟？干戈用以"伐叛懷遠"也。
④ ［漢］司馬遷：《史記》，第22—23頁。
⑤ ［清］桂馥：《説文解字義證》下册卷三十九，北京：中華書局，1987年，第1078—1079頁。

值得注意的是，"媯汭"《釋文》敦煌本"伯3315"作"嬴內"，且分別音義説："居危反，水名；音汭，如鋭反，水之內也。"① 《尚書》薛氏本亦作"嬴內"。雖説今日治《尚書》者，或以"嬴內"為非，② 然舜二妃故事本來講的是天事，此説或保留了傳説的某種古義也未可知。

從星占及分野角度，"南方朱鳥"之井、鬼兩宿，正與秦地對應。《周禮·春官·保章氏》鄭玄注："鶉首，秦也。"鶉首謂"南方朱鳥"井、鬼二宿。③ 秦為嬴姓，或其所指正在秦地，所以"嬴內"之説不能輕易否定。我以為這是一條很重要的資料，值得細細研究。又考慮到秦之先祖與"鳥"之關聯，作"嬴內"或更接近《尚書》講天事、舜原是"南方朱鳥"化身嬴內的原意。且讓我們看看《史記·秦本紀》有關秦始祖的記載：

秦之先，帝顓頊之苗裔孫，曰女脩。女脩織，玄鳥隕卵，女脩吞之，生子大業。大業取少典之子，曰女華。女華生大費，與禹平水土。已成，帝錫玄圭。禹受曰："非予能成，亦大費為輔。"帝舜曰："咨爾費，贊禹功，其賜爾皂游。爾後嗣將大出。"乃妻之姚姓之玉女。大費拜受，佐舜調馴鳥獸，鳥獸多馴服，是為柏翳。舜賜姓嬴氏。

大費生子二人：一曰大廉，實鳥俗氏；二曰若木，實費氏。其玄孫曰費昌，子孫或在中國，或在夷狄。費昌當夏桀之時，去夏歸商，為湯御，以敗桀於鳴條。大廉玄孫曰孟戲、中衍，中衍鳥身人言。

這段講秦之先世的文字，與《史記·五帝本紀》多有矛盾處，且多涉及神話，如玄鳥隕

---

① 臧克和：《尚書文字校詁》，上海：上海教育出版社，1999年，第46—47頁。
② 如劉起釪説：薛氏本雖作"嬴內"，然其句解云："潙水出解州解縣，至河中河東縣入河。汭，小水入大水也。"明見其本原是"媯汭"二字。其作"嬴內"是偷襲舊資料與此不相干者故意立異。按《國語·周語》伶州鳩謂武王"反及嬴內"。韋昭注："嬴內，地名。"董增齡《疏》引宋公序《補音》："嬴音媯，內音汭。"段氏《撰異》云："本不與《尚書》相涉，而偽作《古文尚書》者（指薛季宣所據宋次道家所出之本）遂比附竄改。正陸氏德明所謂穿鑿之徒務欲立異者也。"然唐寫《釋文》係陸氏據宋齊舊本所撰，知宋齊舊本所傳東晉初隸古定本已作"嬴""嬴"。（見顧頡剛、劉起釪：《尚書校釋譯論》，北京：中華書局，2005年，第96頁。）劉氏雖以作"嬴內"為非，然亦承認"東晉初隸古定本已作'嬴'"，可見"嬴內"云云，必非所謂偽作者之比附竄改，而是古本必有此説也。又《國語·周語下》伶州鳩謂武王"反及嬴內"，注引清人汪遠孫《國語考異》卷一："舊音上音'媯'，下音'汭'。"（見《國語》，上海：上海古籍出版社，1978年，第142頁。）
③ 分野之説，由來已久。《國語·周語下》載伶州鳩言曰："昔武王伐殷，歲在鶉火……歲之所在，則我有周之分野。"韋昭注："鶉火，次名，周分野也。"十二次有分野，二十八宿皆有分野，井、鬼為秦之分野，如《乙巳占》云："井、鬼，秦之分野，自井十六度，至柳八度，於辰在未，為鶉首。南方七宿，其形象鳥，以井為冠，以柳為口。鶉，鳥也，首，頭也，故曰鶉首。"（見［清］孫詒讓：《周禮正義》，北京：中華書局，第8冊，第2117頁。）《史記·天官書》則以二十八宿配十二州，井、鬼二宿配雍州，雍州也當秦地。當然上古分野説不必同於後世分野，《周禮·保章氏》載："以星土辨九州之地，所封封域，皆有分星，以觀妖祥。"鄭玄注即有"其書亡矣"之嘆，而鄭玄云："今其存十二次可言者，十二次之分也。"則他以為《史記·天官書》之説，尚可信也。而所謂"以星土辨九州之地"更近於《山海經》《虞夏書》之"九州"，可惜沒有傳下來。

卵、女脩吞之、生子大業與殷商早期神話類似；又祖先中衍"鳥身人言"等，顯是神話傳説人物。這我們暫且不説，我們想指出的是，秦之始祖與舜、禹關係密切，所謂的"大費"，助禹治水成功後，舜還將姚姓玉女嫁給他，就是"柏翳"。而且舜還賜給大費姓氏，即嬴氏。這段文字是不是舜神話的分化呢？這些神話的背後是不是同樣關乎"南方朱鳥"呢？這是完全有可能的。秦既是"南方朱鳥"之井、鬼二宿分野之所在，則其祖先傳説必多關乎"鳥"；舜是"南方朱鳥"之化身，所以秦人之上古神話也必牽涉舜；而秦是天上井、鬼二宿的分野所在，作為"南方朱鳥"化身的舜接受堯的兩箇女兒，理所當然也應該在秦地了。

## 四、"洞庭""九江"與"南方朱鳥"之"翼宿""軫宿"

《山海經·中山經》曰："洞庭之山……帝之二女居之，是常游於江淵。澧沅之風，交瀟湘之淵，是在九江之間，① 出入必以飄風暴雨。是多怪神，狀如人而載蛇，左右手操蛇。多怪鳥。"郭璞注："天地之二女，而處江為神，即《列仙傳》江妃二女也。《離騷·九歌》所謂湘夫人稱帝子者是也。"而《河圖玉版》曰："湘夫人者，帝堯女也。秦始皇浮江至湘山，逢大風而問博士：湘君何神？博士曰：聞之堯二女，舜妃也，死而葬此。"② 古今盛傳的美麗凄婉的舜二妃故事，源頭大約就是《山海經》的這段話。二女所住的山是洞庭山，後人或以為是湖南巴陵洞庭湖中的君山，但這顯然是後起的附會之説，不足為憑。值得注意的是，二女常出入的瀟湘、澧沅之淵，《山海經》明確指出"是在九江之間（門）"，而古今學者論二妃之居住區域，似少見論及九江者。然九江必是與二妃關係密切的地名。這箇九江，雖然《山海經》少見，但它在《禹貢》中卻經常出現，而《禹貢》所述地名多源自《山海經》，所以《禹貢》之九江與《山海經》之九江必相通無疑。而《禹貢》之"九江"，有用作水名的，如"江漢朝宗於海，九江孔殷"；也有用作山名的，置於"導山"部分，這與《中山經》記二女居"洞庭之山"的説法無異。由於"九江"之有"江"字，容易使人視之為江河之名，如孔安國注《禹貢》就以"導山"的"九江"為水名，③ 然"九江"置於"導山"部分時，必然指山而言。《禹貢》所謂禹"導山"正好是二十八座，其次序為：

---

① 郝懿行曰："《初學記》引此經作'是在九江之門'。九江之門意味深長。"見郝懿行：《山海經箋疏》，北京：中國致公出版社，2016年，第277頁。
② ［清］郝懿行：《山海經箋疏》，第276頁。
③ 《尚書·禹貢》孔安國傳："江於此州界分為九道，甚得地勢之中。"見《十三經注疏·尚書正義》，上海：上海古籍出版社，2007年，第211頁。

導岍及岐，至於荆山，逾於河。壺口、雷首，至於太嶽。砥柱、析城，至於王屋。太行、恒山，至於碣石，入於海。西傾、朱圉、鳥鼠，至於太華。熊耳、外方、桐柏，至於陪尾。導嶓塚，至於荆山。内方，至於大别。岷山之陽，至於衡山，過九江，至於敷淺原。

這裏的二十八座山，其他似乎都耳熟能詳，唯最後兩座山，即"九江"與"敷淺原"，後世絶不習見，令人費解。禹所導之二十八山，唐人李淳風《乙巳占》卷三引緯書《洛書》將此二十八山與天上二十八宿星相對應：

（東方七宿）
角，岍山；亢，岐山；氐，荆山；房，壺口山；心，雷首山；尾，太嶽山；箕，砥柱山。
（北方七宿）
斗，析成山；牛，王屋山；女，太行山；虚，恒山；危，碣石山；室，西傾山；壁，朱圉山。
（西方七宿）
奎，鳥鼠山；婁，太華山；胃，熊耳山；昴，外方山；畢，桐柏山；觜，陪尾山；參，嶓塚山。
（南方七宿）
井，荆山；鬼，内方山；柳，大别山；星，岷山；張，衡山；翼，九江；軫，敷淺原。①

禹之治水本非現實世界中的治理洪水，而是曆象日月星辰，確立分野，敬授民時（還包括占卜吉凶）之舉。這在上古乃是聖人王者的大業。《晉書·天文志上》有"天漢起没"的内容，"天漢"指"銀河"，"天漢起没"，以二十八宿作為天球上的坐標，來明確銀河在天上的起没行徑，亦包括它的長度、闊度等：

天漢起東方，經尾箕之間，謂之漢津。乃分為二道，其南經傅説、魚、天籥、天弁、河鼓，其北經龜，貫箕下，次絡南斗魁、左旗，至天津下而合南道。乃西南行，又分夾瓠瓜、絡人星、杵、造父、騰蛇、王良、傅路、閣道北端、太陵、天船、捲舌

---

① 轉引自江曉原：《歷史上的星占學》，上海：上海科技教育出版社，1995年，第301—302頁。

而南行，絡五車，經北河之南，入東井水位而東南行，絡南河、闕丘、天狗、天紀、天稷，在七星南而沒。①

《禹貢》"導山"次序，與銀河流經二十八宿的次序一致。據《晉書》之"天漢起末"，銀河起於東方七宿，經過尾宿、箕宿之間，然後向東北行，分為南北兩道。南邊的經過傅說星、魚星和天籥、天弁、河鼓；北邊的經過龜星，穿過箕宿，再經過南斗斗魁和左旗星，在天津星處與南道會合。會合前，一路從西南方向斜行而來，中間夾着匏瓜星、人星。兩道會合之後，又經過杵星、造父星、騰蛇星、王良星、傅路星、閣道星，繞過太陵星後，經天船星、捲舌星折而南行。遇五車星，流向北河星，再經過東井、水位星進入參宿。過了水位星後，再次向東南方向流去，最後經過天狗星、天紀星、天稷星，在"星宿"之南，銀河沒於南方地平綫。

根據上面的"導山"之山與二十八宿及銀河流向的對應關係，我們很容易發現：與"九江"所對應者是"南方七宿"的翼宿。翼宿、軫宿是"南方朱鳥"的末宿，舜是"南方朱鳥"的象徵，翼宿、軫宿是他在天上的歸宿；而他在地上的歸宿自然是九江、傅淺原了。這就是所謂的分野。傅淺原在東南方，已會同於東方七宿的"箕尾之間"，則舜之二妃居於九江（與天上"翼宿"對應），其契機自然也在這裏了。

與南方七宿最後之星宿軫宿對應的是傅淺原，也是《禹貢》禹所導的最後一座山。"傅淺原"之名非常奇怪，以致後人對它的地望爭論不已，包括它到底是山還是"原"。我以為古人以"傅淺原"與天上之軫宿對應，蓋有深意。它的意思或為"復潛回原地"。古人的宇宙觀，天地周流相通，天上銀河之水流於地上，潛入地下，又將重回天上，如此周流不息。銀河之初流之處，為天上尾、箕之間。而尾宿，又名"九江口"，又名"天九江"，② 正反映了古人的這種觀念。所以九江是具有"南方朱鳥"身份的舜及追隨他的二妃在地上的歸屬地，絕非偶然。

## 五、舜事畎畝與"南方朱鳥"之"稷"星

上古載籍多謂舜從事農業生產。《墨子·尚賢中》曰："古者舜耕曆山。"《孟子·萬章上》："舜往於田……帝使其子九男二女，百官牛羊倉廩備，以事舜於畎畝之中。"說的都

---

① ［唐］房玄齡：《晉書》，北京：中華書局，1974年，第2冊，第307頁。
② （印）瞿曇悉達：《開元占經》下冊，第581頁。

是舜事畎畝之事。這無疑也是天上星宿人格化、人事化的產物。這種人格化、人事化亦可於"南方朱鳥"之天象見之。天上之天稷星，正位於"南方朱鳥"的翼宿之南。《晉書·天文志上》："稷五星，在七星南。稷，農正也，取乎百穀之長以為號也。"《新唐書·曆志三上》："鶉火直軒轅之虛，以爰稼穡，稷星繫焉。"《山海經·大荒西經》："有西周之國，姬姓，食穀。有人方耕，名曰叔均。帝俊生后稷，稷降以百穀。稷之弟曰臺璽，生叔均。叔均是代其父及稷播百穀，始作耕。有赤國妻氏。有雙山。"① 這段文字説后稷是帝俊所生，似不可解，我以為，這裏的"生"不能作生育之"生"解，否則俊（舜）成了周人始祖稷的父親，周人歷數之先祖，為何就不數舜這箇"聖王"呢！"生"在這裏大約就是"星"的意思，"生"與"星"讀音完全相同，如"狌狌"即"猩猩"也。帝俊所主是"南方朱鳥"，而天稷位於南方朱鳥之星宿之南，它自然屬於帝俊範圍内之星座，説它是帝俊之星（生）十分自然。人們於《山海經》，此類誤讀誤解極多，造成的結果是所謂"世系"的錯亂紛雜，以致不堪卒讀，無法理解。

《大荒西經》所云"西周之國，姬姓"云云，也不必是錯簡或後人增入者。這大約是從分野角度而言的。《開元占經》引石申曰："七星北十三度是中道，周之分野。"②"西周之國"是可以和天上的稷星對應的。

"后稷"又見《海内經》："西南黑水之間，有都廣之野，后稷葬焉。爰有膏菽、膏稻、膏黍、膏稷，百穀自生，冬夏播琴。鸞鳥自歌，鳳鳥自儛，靈壽實華，草木所聚。爰有百獸，相群爰處。此草也，冬夏不死。南海之外，黑水青山之間，有木名曰若木，若水出焉。"③ "后稷"所葬之處，"鸞鳥自歌，鳳鳥自儛"，切合"南方朱鳥"之象。后稷葬處附近，似有若木、若水，若木所處乃西南方位，天上之天稷星在七星南，略近於西南角，此其所以出現若木也。而"都廣之野"，處於"西南黑水之間"，"南方朱鳥"之星宿，是天上銀河所最終流入之處，而在古人的宇宙觀念中，此河尚將潛回天上。

后稷"所葬"之地，既見《海内西經》，又見《海内南經》，是因為它處於西南角的關係，所以既關乎西，又關乎南了。

---

① 這裏出現的"叔均"，是所謂"稷"的弟弟"臺璽"所生，他是"播百穀，始作耕"的重要人物，然而除《山海經》，其他書似未談到過他，所以郝懿行云："《史記·周本紀》云：'后稷卒，子不窋立。'譙周議其世次誤是也。《史記》又不載稷之弟，所未詳。"（郝懿行：《山海經箋疏》，第410頁。）我懷疑"叔均"之"叔"為"菽"，是豆類作物，故在上古話語中得為"親屬"。"均"通"畇"，有種植之意。大約作物"菽"後起於"稷"，所以它衹能作為"稷"的"晚輩"了。

② （印）瞿曇悉達：《開元占經》下册，第600頁。

③ 郝懿行《箋疏》引《魯語》云："稷勤百穀而山死。"韋昭注云："死於黑水之山。"后稷死於"黑水之山"，顯是緣於《山海經》后稷葬"黑水之間"之説。而"黑水"就是這麽一條地下潛流之河。《山海經·海内西經》又云："后稷之葬，山水環之。在氐國西。"《海内南經》云："有木，其狀如牛，引之有皮，若纓、黄蛇。其葉如羅，其實如欒，其木如蓲，其名曰建木。……氐人國在建木西。"《淮南子·墬形訓》云："建木在都廣，衆帝所自上下。日中無影，呼而無響，蓋天地之中也。后稷壟在建木西。"

"后稷"又處所謂"泑澤"。《西山經》:"不周之山……東望泑澤,河水所潛也,其原渾渾泡泡。"又云:"又西北三百七十里,曰崒山……丹水出焉,西流注於稷澤。"郭注:"后稷神所憑,因名云。"

天上的"后稷"星,處於銀河流入處的位置。前面我們已經指出,天上的銀河,最後經過天狗星、天紀星、天稷星,在翼宿(七星)之南,銀河没於南方地平綫。天稷緊靠七星,是銀河没處。地上的河水與銀河相應,河水流入地下後將重新回到天上,如此循環不已。所以,后稷所處之地上也就是黑水、泑澤之類的"河水所潛"之地了。

上古傳説,稷似乎曾跟隨大禹治水。《孟子·離婁下》曰:"禹、稷當平世,三過其門而不入。孔子賢之。"因為禹治水"三過其門而不入"影響的深遠,後來注家以為這裏指的仍是禹,緣於他們不知"治水"非真實之人間治水,乃是以銀河為坐標而"曆象日月星辰",稷星是銀河没於南天的重要星座,則它在"治水"敘事中有其地位,也不奇怪。上古文獻常將禹與稷相提并論,如《論語·憲問》:"南宫适問於孔子:'羿善射,奡盪舟,俱不得其死然。禹、稷躬稼而有天下。'夫子不答。"① 我相信這是因為他們在共同的"治水"中的作用所致。而治水成功,意味着符合天時的曆法的完成,而一部好的曆法對於農業生産具有決定性的意義,古代星家將七星南之大星名為稷星,恐非偶然也。

都廣之地的"后稷"葬處,當是上古祭祀天稷星的祭地,各種各樣的糧食作物大約是祭品。中國是農業國,所以對這位星神一直崇奉有加,奉之為農業甚至國家的保護神;對這位"農神"的祭祀,也一直傳承於後世。但後世所謂"農星",又有農祥、天田之説。《國語·周語上》:"農祥晨正,日月底於天廟,土乃脈發。"韋昭注:"農祥,房星也。辰正,謂立春之日,辰於中午也。農事之候。"② 司馬貞《史記索引》引石氏云:"左角為天田,右角為天門。"③《後漢書·祭祀志下》云:"漢興八年,有言周興而邑立后稷之祀,於是高帝令天下立靈星祠。言祠后稷而謂之靈星者,以后稷又配食星也。舊說星謂天田星也。一曰龍左角為天田官,主穀。"何以天上之農星,本在"南方朱鳥"七星之南,而後來似乎以"東方蒼龍"之房或天田當之?此蓋與天上星辰指示人間種植之時令有關。《齊民要術》卷一《種穀第三》引《尚書考靈曜》曰:"春,鳥星昏中,以種稷。秋,虚星昏中,以收斂。"《淮南子·主術訓》云:"昏張中則務種穀,大火中則種黍菽,昴中則收斂畜積,伐薪木。"高誘注:"三月昏,張星中於南方。張,南方朱鳥之宿也。大火,東方蒼龍之宿,在四月建巳中南方。"④ 鳥星與大火均有時令功能,恰合於種植某種作物的時間,古人或以

---

① [民] 程樹德:《論語集釋》第 3 册,第 953 頁。
② 《國語》,上海:上海古籍出版社,1978 年,第 15 頁。
③ [漢] 司馬遷:《史記》第 4 册,第 1294 頁。
④ 《十三經注疏·尚書正義》,第 111 頁。

稷星昏中之時節種稷，而奉此星為稷星或天稷；後世作物愈多，乃於大火中時種黍菽等其他作物，於是又奉大火之星（或其旁之星）為農祥、天田了。

關於天稷星之星占功能，《開元占經》"稷星占"引《黃帝占》曰："稷星主五穀豐耗。其星溫溫而明，歲大熟，五穀成；其星不明，若亡不見，歲不熟，天下饑荒，人民流亡，去其鄉。"并引石氏曰："稷星不見，歲饑也。"

古代關於炎帝（神農）興農的傳說，大約也與天稷處於南方有關。清馬驌《繹史》卷四引《周書》云："神農之時，天雨粟。神農遂耕而種之，作陶冶斧斤，為耒耜鋤耨，以墾草莽。然後五穀興助，百果藏實。"因為炎帝與南方對應，自然會擁有"神農"的身份了。

## 六、舜"陟方乃死"及"舜葬"與"南方朱鳥"

### 1. 舜"陟方乃死"的本意

《尚書·舜典》說舜五十載"陟方乃死"。孔安國傳："方，道也。舜即位五十年，升道南方巡守，死於蒼梧之野而葬焉。"關於舜的"陟方乃死"，劉起釪舉了七種解釋，即巡狩說、巡行說、治水說、征苗說、考績分北三苗說、升遐說、卒於鳴條說等。① 這些說法，一條也不能成立。由於古人大多相信《虞夏書》之敘事，《舜典》文中有"舜生三十徵庸，三十在位，五十載陟方乃死"，於是有人以為舜活了一百多歲，有的爭論說不止一百歲，是一百一十歲，更多人以為是一百一十二歲。其實堯舜歷史本非史實，堯舜之壽數又有誰搞得清？如真如前人所說舜百餘歲方去世於途中，安有百餘歲老人風塵僕僕於南方蠻荒之地，去"巡守"，去"治水"，去"征伐苗人"者？

我們以為，如從舜以及二妃傳說都關乎"南方朱鳥"，關乎上古時代人們之觀象授曆、探明"天之曆數"這樣的頭等大事的話，或許這一疑問也并不難解決。一部《虞夏書》雖

---

① 關於"巡狩說"等解釋，似乎都能找到文獻的根據。如巡狩說，《史記·五帝本紀》以為舜："南巡狩，死於蒼梧之野。"《論衡·書虛篇》："舜南治水，死於蒼梧。"《淮南子·脩務訓》說舜："南征三苗，道死蒼梧。"《國語·魯語上》："舜勤民事而野死。"韋昭注："野死，謂征有苗死於蒼梧之野也。"正因為舜之所謂設官、巡狩、治水、征苗等非信史，故後人紛紛逞說，沒有定準也。升遐說，為韓愈提出，韓據《竹書紀年》凡帝王之沒皆曰陟，因謂陟者升天也。後人承之駁斥巡行等說，如宋人林之奇《尚書全解》曰："漢儒遂有舜葬蒼梧之說，至今蒼梧之地有舜廟、塚存焉。……揆之以理，有所甚不可者。夫堯老而舜攝，則不復以庶政自關，而舜實行巡狩之事。舜既耄期倦於勤，而使禹攝矣，則巡狩之事禹實行之。蒼梧在舜之時其地在要荒之外，舜已禪位使禹攝矣，豈復巡狩要荒之外而死，死而葬於蒼梧之野，以是禹率天下諸侯以會舜之葬於要荒無人之境，此理之必不然者。司馬溫公詩曰：'虞舜在倦勤，薦禹為天子。豈有復南巡，迢迢渡湘水。'此說為得之。'陟方'者，猶云升遐也。'乃死'謂升遐而死，猶云'帝乃徂落'也。韓退之謂'乃死'者以釋'陟方'為言耳。"（見顧頡剛、劉起釪：《尚書校釋譯論》，北京：中華書局，2005年，第345—346頁。）表面看十分有力，但并未脫以堯舜禹歷史為真實歷史的語境，自然也不能得事實之真。

然已被作歷史化處理，但其字裏行間，仍時時透露出它談"天數"的痕迹。如《堯典》開篇"曰若稽古帝堯"之語，孔安國注："若，順；稽，考也。能順考古道而行之者帝堯。"但鄭玄訓"稽"為"同"，訓"古"為"天"，"言能順天而行之，與之同功"。鄭玄之訓當更符合實際。《詩·商頌·玄鳥》："古帝命武湯。""古帝"，鄭箋："天也。"①"曰若稽古"一詞，漢人解釋已呈極分歧之狀態，如漢代屬於小夏侯學派的秦恭，解説"堯典"兩字至十餘萬字，解釋"曰若稽古"，花了三萬字。可惜秦的解説沒有傳下來。"稽古"一語，後人的確較多作"考古"解者，但以"古"為"天"亦時見載籍，如《逸周書·周祝解》："天為古，地久。"陳逢衡云："虞翻述八卦逸象亦云：'天為古。'蓋本此。"②

又"稽"，敦煌唐寫本《經典釋文》寫作"乩"，《尚書》内野本、薛氏本亦作"乩"。③"乩"之義為"占"，則"稽古"為"占天"之意也。則《堯典》開篇點名言天事之實質也。堯的事迹，一言以蔽之，是"曆象日月星辰"，④即測天明曆，包括占卜吉凶。《堯典》載，在堯命羲和等完成測天治曆的任務後，取得了"允釐百工，庶績咸熙"的成效。大概曆法在使用一段時間後有了誤差等問題，所以堯就向他的手下討教："疇諮若時登庸?"關於這句話歷來主要有兩種解釋，一種是説堯年老，問誰是賢能之人可以接班，"疇"是"誰"的意思。而馬融説："羲和為卿官，堯之末年皆已老死，庶績多闕，故求賢順四時之職，欲用代羲和。"從《虞夏書》敘事的真正内藴看，確實多關乎曆數，故馬融之説，值得重視。

孔安國傳"陟方乃死"："方，道也。舜即位五十年，升道南方巡狩，死於蒼梧之野而葬焉。"⑤"陟方乃死"之"陟方"到底為何意？"方"可以訓"道"。《易·恒》："君子以立不易方。"孔穎達疏："方，猶道也。"而"陟"，是"得"的意思，"得"通"德"。"德"字本義，《説文》"彳"部云："升也。"段玉裁注：

  生當作登。部曰：遷，登也，此當同之。德訓登者，《公羊傳》："公何為遠而觀魚？登來之也。"何曰："登讀言德，得來之者，齊人語。齊人名求得為得來。作登來者，其言大而急，由口授也。"⑥

---

① 李學勤主編：《十三經注疏·毛詩正義》下册，北京：北京大學出版社，1999年，第1445頁。
② 黄懷信等：《逸周書彙校集注》下，上海：上海古籍出版社，2007年，第1070頁。
③ 顧頡剛、劉起釪：《尚書校釋譯論》，第5頁。
④ "曆象"一語，盛百二《尚書釋天》引王安石説："曆者步其數，象者占其象。"金景芳、吕紹綱《尚書·虞夏書新解》以為此説"要言不煩，最為的當。"（見金景芳、吕紹綱：《尚書·虞夏書新解》，瀋陽：遼寧古籍出版社，1996年，第47頁。）彼時觀察日月星辰，除了製曆，還為星占。
⑤ 《十三經注疏·尚書正義》，第111頁。
⑥ [清] 段玉裁：《説文解字注》，南京：鳳凰出版社，2007年，第135頁。

桂馥《説文義證》也説："古升、登、陟、得、德五字義皆同，陟讀為德者，古聲同。"① 然則"陟方"為"得道"，此"道"實際指天道、天時，"陟方乃死"是説從"南方朱鳥"開始的曆法符合天道（天時）。舜最終得"天道""天時"，也與前文堯對他的考驗形成前後呼應之勢。若以為這裏講的是所謂人間天子舜的巡行或治水、征伐等，不免漏洞百出、齟齬難通了。

### 2. 舜葬"蒼梧"與"東方嶽山"

先秦典籍盛傳舜"死葬蒼梧"，這種傳説顯然源自《山海經》。《山海經·海內南經》："蒼梧之山，帝舜葬於陽，帝丹朱葬於陰。"《海內東經》："西胡白玉山在大夏東，蒼梧在白玉山西南，皆在流沙西，昆侖虛東南。昆侖山在西胡西，皆在西北。"《大荒南經》："南海之中，有氾天之山，赤水窮焉。赤水之東，有蒼梧之野，舜與叔均之所葬也。"《海內經》："南方蒼梧之丘，蒼梧之淵，其中有九嶷山，舜之所葬，在長沙零陵界中。"

舜本無其人，而是"南方朱鳥"的化身，則"舜葬"當是古人祭祀"南方朱鳥"之處，這暫且不説。舜葬蒼梧，"蒼梧"究在何處？這是古今學者聚訟不已的問題。從前論者大多以為在南方。《史記·五帝本紀》："（舜）踐帝位三十九年，南巡狩，崩於蒼梧之野。葬於江南九疑，是為零陵。"集解引《皇覽》曰："舜塚在零陵營浦縣。其山九谿皆相似，故曰九疑。"這種説法被多數人所接受。然南方的很多地名，都是漢武帝根據古代圖書，為新開之地命名的結果。九疑、零陵云云，自然與《山海經》之蒼梧毫無關係。② 從"南方朱鳥"遷移方向言之，由西南而東南，根據分野原則，舜所葬之處，亦當在地上之東南方。

劉宗迪以為"蒼梧"之名由《山海圖》圖上之樹而起，他説：

> "蒼者，青也"，《大荒南經》"蒼梧之野"之得名，蓋因圖中此處繪有青色之樹木，也就是説，"蒼梧之野"祇是緣圖以為名，所謂"蒼梧"，即繪於古圖之東南隅的青木。長沙子彈庫帛書的東南隅（春夏之間）即繪有高大的青木，可謂《大荒經》蒼梧之旁證。③

此説甚新奇：將"蒼梧"置於東南隅，當無問題；唯以為"蒼梧"之名源於圖上之青樹，則恐未必。若"蒼梧"源自圖上之青樹，當云"青木"，試問讀圖者何從知圖上之樹

---

① ［清］桂馥：《説文解字義證》，北京：中華書局，1998年，第163頁。
② 《水經注·淮水》：東北海中有大洲，謂之鬱洲，《山海經》所謂鬱山在海中者也。言是山自蒼梧徙此，云山上猶有南方草木。今鬱洲治。初賦言鬱洲者，故蒼梧之山也，心悦而怪之，聞其上有仙士石室也，乃往觀焉。（［北魏］酈道元：《水經注疏》下冊，南京：江蘇古籍出版社，1999年，第2564—2565頁。）此可證蒼梧本在東方，因蒼梧南方説的深入人心，故前人以鬱洲為蒼梧之山為怪也。
③ 劉宗迪：《失落的天書：〈山海經〉與古代華夏世界觀》，北京：商務印書館，2006年，第380—381頁。

其為"梧"也？而《逸周書·王會》作"倉吾"。"吾"通"虞""吳"，如"騶虞"又作"騶吾"。《管子·小匡》"西服流沙、西虞"，《國語·齊語》"西虞"作"西吳"。而蒼梧之"梧"又作"吾"，亦即"吳"也。

"吳"是有名的嶽山。《爾雅·釋山》："河西，嶽。"郭注："吳嶽。""吳"字之本義意味深長。《説文·矢部》曰："姓也，亦郡也。一曰吳，大言也。從矢口。古文如此。"這裏"姓也，亦郡也"，顯然是吳的後起之義，是後人羼入《説文》的。"吳"之本義，就是"大言"。① "大"字，《説文·大部》云："天大、地大、人亦大，故大象人形。"天之與大，實際上是一箇字。② 《山海經》正有舜葬嶽山之説。《大荒東經》："大荒之中，有山名曰天臺高山，海水入焉。"這裏"天臺高山"所對應者，正是"南方朱鳥"七宿中的最末一宿軫宿。而《大荒東經》在這段文字之前所描述的正是舜的葬處"嶽山"："帝堯、帝嚳、帝舜葬於嶽山，爰有文貝、離俞、久、鷹、延維、視肉、熊、羆、虎、豹、朱木，赤枝，青華，玄實。"作為"南方朱鳥"化身的舜巡行於軫宿，葬於與之對應的"天臺高山"旁邊的"嶽山"，此"嶽山"也正處於東南之方位，與所謂的"蒼梧山"密合無間，則"蒼梧"為東方之嶽山十分清楚。然則"大言"，可解為"天"言説之地，或者反過來，是言説天事的地方。"蒼梧"者，是祭祀"南方朱鳥"之象徵"舜"的地方，這箇地方不就是"言天"之聖地嗎？然則"蒼梧"，東方之嶽山也。

上面已指出，赫赫有名的"扶桑樹"即位於東南方，與"蒼梧"完全可以對應。扶桑樹生於"孽搖頵羝山"，而此山又對應天上的心宿，心宿又對應於地上的"雷首山"；心宿、尾宿距離極近，尾宿對應者，正是"太嶽山"，則堯舜等死葬"嶽山"，絶非無根據之言。而死葬"蒼梧"云云，當即舜死葬嶽山的訛傳了。而這座"太嶽山"，實在是應該引起我們注意的"神山"，它大約也就是神話中上古的"世界山"了。

### 3. 舜妃"登比（北）氏"溯源

談到"蒼梧"，上古典籍常常提到舜二妃是否跟隨的問題。《禮記·檀弓上》云："舜葬蒼梧，蓋三妃未之從也。"鄭玄注："舜有三妃。"一般典籍都説舜二妃，這裏説三妃，大概將《山海經·海內西經》中的"登比氏"算入了。《山海經·海內北經》云："舜妻登比氏生宵明、燭光，處河大澤，二女之靈能照此方百里。一曰登北氏。"郭璞注："（宵明、

---

① 段玉裁注曰："大言之上，各本有'姓也，亦郡也。一曰吳'八字。乃妄人所增。今删正。檢《韻會》本正如是。《周頌·絲衣》《魯頌·泮水》皆曰'不吳'。傳箋皆云'吳，譁也'。言部曰：'譁者，讙也。'然則大言即為譁也。……大言，吳字之本義也，引申之為凡大之稱。《方言》曰：'吳，大也'"。見鳳凰出版社《説文解字注》，第863頁。

② 王筠《説文釋例》卷一也説："此謂天地之大無由象之以作字，故象人之形以作大字，非謂大字即是人也。"見[清] 王筠：《説文釋例》，北京：中華書局，1987年影印本，第26頁。

燭光）即二女字也，以能光照，因名云云。"① 《淮南子·地形訓》："宵明、燭光在河洲，所照方千里。"顯是因《山海經》為說。宵明、燭光後人亦一度與娥皇、女英相混，固不足怪。"登比"或以"登北"為是，《舜典》末節有舜"黜陟幽明，庶績咸熙，分北三苗"之語。古代注家都以舜對官吏的考核解"黜陟"，字面上，"陟"即"登"也即"升"、"黜"為"退"為"降"之意。然"黜陟"下置"幽明"，則降升"幽明"實不可解。而宵明、燭光則與"幽明"可以聯屬。"北"為"別"，余意舜妃名"登北氏"，"登"通"得"，"得"可解為"能"，則"登北"意為能別幽為明，所謂"二女之靈能照此方百里"也。

《舜典》前文已曰"竄三苗於三危"。古代文獻最早提到誅伐三苗的就是《舜典》："（堯）流共工於幽州，放驩兜於崇山，竄三苗於三危，殛鯀於羽山。四罪而天下咸服。"《尚書》所傳堯舜禹誅三苗事，向為歷史學家、民族學家、神話學家關注。他們多謂三苗即今苗族之前身，古人叫它為蠻，有時叫它作苗。由於《尚書·舜典》《國語》《墨子》《孟子》等古書的記載，不少學者認為堯舜禹時代華夏族同三苗國或三苗氏族有過激烈持久的衝突，結果是三苗大敗，北方的華夏族就把原來在南方的這箇苗蠻族或苗蠻國遷到西北方的"三危"去了。這種歷史學的誤讀將古人以舜"陟方而死"混淆為征"三苗"而死了。事實上，"三苗"之"苗"音同"毛"，為冥茫不清之意。舜之"分北三苗"，意為舜能夠在冥茫混沌中"分北三苗"，就是茫昧、混沌得以分別之意。其實"三危""羽山"等"四山"乃所謂"四極"，是古人創建天地結構時運用的概念。② 若以為這是"史實"而到神州大地去尋找對應之山，是永遠也不會有結果的。《禹貢》："三危既宅，三苗丕敘。"孔穎達疏："鄭玄引《地記書》云：'三危之山在鳥鼠之西，南當岷山。'則在積石之西南。"這條材料很重要。岷山者，"南方朱鳥"之"七星"所分野之山，為銀河流入之所。它在以銀河為坐標體系標示二十八宿在天空位置的天地結構中，正處於"南極"的位置。③

《尚書》之"三苗國"當源自《山海經》。《山海經》有"三苗國"，此國又作"毛民之國"及"毛民"，而其所處之地為"大澤"，也即舜妃"登北氏"所處之地。《西次三經》云："槐江之山……南望昆侖，其光熊熊，其氣魂魂。西望大澤，后稷所潛也。西南四百里，曰昆侖之丘，是實唯帝之下都。"大澤這箇地方，又與"后稷"有關，上引《西次三經》說是"后稷所潛"，《海內西經》則謂"后稷之葬"："大澤方百里，群鳥所生及所

---

① 袁珂：《山海經校注》，第320頁。
② 可參見尹榮方：《社與中國上古神話》第四章，上海：上海古籍出版社，2012年。
③ 孔穎達不相信《地記》之說，云："《地記》乃妄書，其言未必可信。要知三危之山，必在河之南也。禹治水未已，竄三苗，水災既除，彼得安定，故云：'三危之山已可居，三苗之族大有次敘，此記事以美禹之功也。'"蓋因孔穎達不知《虞夏書》多記天事，《山海經》多言分野，故以《地記》為妄，《地記》以三危山南當岷山，此"岷山"自是南方之山。孔氏以後世所認為的西方之岷山當之，自然覺得不可信了，因為從孔安國以下，皆以"三危"為"西裔"之山。

解。在雁門北……后稷之葬，山水環之，在氐國西。"然則舜妃所處之地，在天象上，與天稷星所處臨近，皆在"南方朱鳥"之翼宿的南邊。

### 4. 舜"葬南己之市"與天紀星座

舜死葬"蒼梧"，《山海經》言之鑿鑿，然戰國時人似視而不見，博學如墨子、孟子等無蒼梧之説，這是什麽原因？《墨子·節葬篇》："舜西教乎七戎，道死，葬南己之市。"墨子這裏講的舜葬"南己"，與葬"蒼梧"之説或相通。蓋"南己"，《吕氏春秋·安死篇》："舜葬於紀市，不變其肆。"畢沅校《吕氏春秋》"葬南己之市"云："《後漢書》注又一引作'葬南巴之中'。"王念孫駁斥畢氏之説云："巴即己之誤。"他引諸書或作"南紀"，或作"紀市"，而云："則己非誤字也。若是巴字，則不得與紀通矣。……至謂九疑為古巴地，以牽合南巴，則顯與上文'西教乎七戎'不合，此無庸辯也。"① 從天象角度，"紀"當指天紀星。天狗星、天紀星與天稷星，銀河經過這些星座後，在七星南畔没入地平綫。可見，天紀、天稷與"七星"一樣都是銀河最後流經之處，則舜之歸葬於此，也即舜之没於此，就是可以理解的了。

舜的傳説，似乎關乎"市肆"。《吕氏春秋·安死篇》："舜葬於紀市，不變其肆。"這裏的"不變其肆"高誘注即謂："市肆如故，言不煩民也。"《墨子》云舜"葬南己之市"云云，可以説明舜與"市肆"的關聯。《史記·五帝本紀》説舜耕歷山"一年而所居成聚，二年成邑，三年成都"，又説舜有經商逐利的能力："陶河濱，作什器於壽丘，就時負夏。"司馬貞《索引》曰："就時猶逐時，若言乘時射利也。《尚書大傳》曰：'販於頓丘，就時負夏。'"舜善於（販賣）經商，善聚人民，所以使所居之地終成都市，大約即由此而來。舜之善聚人民，使所居終成都市的"能力"，也能從天紀星的市肆星占功能得到解釋。古代天文學有所謂"紫微垣""太微垣""天市垣"三垣之説。天紀星是"天市垣"中的主要星座之一。《開元占經》引《詩緯》曰："天市主聚衆。"又引郗萌曰："天市者，天子之市也。"②

又翼宿的星占功能也關乎"都市"。《開元占經》卷六十三"翼宿占六"引《南官候》曰："翼，一名天都市。"又引《百二十占》："翼為天倡，倍海也，天旗天都也。"③ 天紀臨近翼宿，或所占原都包括"都市"也。而從"天紀"之"紀"，可知其必為重要星座。④

---

① ［清］孫詒讓：《墨子閒詁》，北京：中華書局，1986年，第166—167頁。
② （印）瞿曇悉達：《開元占經》下册，第626頁。
③ （印）瞿曇悉達：《開元占經》下册，第602頁。
④ 陳久金先生引《論識》曰："天紀星，以表九州定圖位。天紀星，主曆、音律。"謂"可見天紀星，是定圖位、主律曆的起始點的標志，即計算天體行程的曆元。從天紀星所處的方位看，它大致位於斗宿的北方，而斗宿在上古時曾作為冬至點使用，天紀即星紀也"。見陳久金：《星象解碼——引領進入神秘的星座世界》，北京：群言出版社，2004年，第134頁。

### 5. "舜生於諸馮，遷於負夏，卒於鳴條"與"翼宿"

《孟子·離婁下》："舜生於諸馮，遷於負夏，卒於鳴條，東夷之人也。"這裏的"諸馮""負夏"等所謂地名，也是人們紛紛猜測而難得其解的。孟子關於舜的地望之說，必有來歷。如鳴條，人們耳熟能詳，它又是商湯打敗夏桀之處。《書·湯誓》序："伊尹相湯伐桀，升自陑，遂與桀戰於鳴條之野，作《湯誓》。"《荀子·議兵篇》："故湯之放桀也，非其逐之鳴條之時也。"湯伐桀之所謂歷史，也充滿了神話色彩。鳴條看上去像箇地名，古人之解釋，大抵也從地名着手，然而同樣陷入各講各的、永遠也講不清的困惑境地。

和鳴條聯繫在一起的，還有"巢門""焦門"。《尚書·仲虺之誥》："成湯放桀於南巢。"《呂氏春秋·簡選篇》："殷湯……登自鳴條，乃入巢門，遂有夏，桀既奔走。"同書《論威》："此桀之所以死于南巢也。"《淮南子·主術訓》："湯革車三百乘困之鳴條，擒之焦門。"

上古又有桀敗於"曆山"之說。《淮南子·脩務訓》："（湯）乃整兵鳴條，困夏南巢，譙以其過，放之曆山。"《史記·律書》："成湯有南巢之伐，以殄夏亂。"張守節《正義》引《淮南子》曰："湯伐桀，放之曆山，與末喜同舟浮江，奔南巢之山而死。"《史記·夏本紀》張守節《正義》引《淮南子》曰："湯敗桀於曆山。"而《上海博物館藏戰國楚竹書》（二·容成氏）簡13云："昔舜耕於丘，陶於河濱，孝養父母，以善其親，乃及邦子。"同篇簡40云："桀乃逃之山氏，湯或從而攻之，降自鳴條之遂，以伐高神之門。桀乃逃之南巢氏，湯或從而攻之。"簡41緊接着說："遂逃去，之蒼梧之野。湯於是乎徵九州之師，以（略？）四海之內。"①

舜之死於鳴條、蒼梧與湯放（追逐）桀於鳴條、蒼梧無疑具有內在邏輯上的相似性。《孟子》說的舜"卒於鳴條"之"鳴條"當即"苗"字之合音，"鳴條"急讀就為"苗"也。所以舜的"征苗而死"與"卒於鳴條"其實是一回事。我們今天從天象及分野角度加以解釋，或許能帶來一些新的認識。關於"焦門"與"巢門"，《淮南鴻烈集解》引莊逵吉云："焦與巢古字通。"②這箇"（巢）焦門"，又叫"南巢"，使我們很容易聯想起神奇的"沃焦"，"尾閭"，"閭"就是門的意思。蓋"焦門""南巢"乃"沃焦""尾閭"之訛也。

值得注意的是，《孟子》趙岐注："諸馮、負夏、鳴條，皆地名，負海也。在東方夷服之地，故曰東夷之人也。"趙注非常奇怪，以諸馮、負夏、鳴條統名之"負海"，乃"東方夷服之地"，而清人孫詒讓以為趙注"必有所本"。③

---

① 馬承源主編：《上海博物館藏戰國楚竹書》（二），上海：上海古籍出版社，2002年，圖版第105頁，釋文考釋第259—260頁。
② 劉文典：《淮南鴻烈集解》，北京：中華書局，1989年，第279頁。
③ [清]孫詒讓：《墨子閒詁》上冊，第42頁。

舜本"南方朱鳥"之化身，則這令人費解的"負海"還得到"南方朱鳥"的星象上去尋找。《開元占經》卷六十三"翼宿占"："巫咸曰：'翼，天羽翼，又為負海。'"又引《百二十占》："翼為天倡，倍（負）海也。"又引郗萌曰："將有負海之事，則占於翼也。"①《晉書·天文志上》云："翼二十二星，天之樂府，主俳倡戲樂，又主夷狄遠客、負海之賓。"然則趙注之"負海"，此負海也。《尚書》之類的典籍原為史官所掌，而上古史官例為天官。《周禮·春官·保章氏》云："掌天象，以志星辰日月之變動，以觀天下之遷，辨其吉凶。"《禮記·月令》也説："乃命太史，守典奉法，司天日月星辰之行。"太史所紀之事每關乎天，後人不知，以人間事況天書，於是離事實相差不啻十萬八千里，以致連孟子這樣的博學者也不明底細，徑以舜為"東夷之人"了。

作者單位：上海海關學院

---

① （印）瞿曇悉達：《開元占經》下册，第 626、602 頁。

# 周公攝政未稱王申論
## ——兼論周公二次東征與營新邑

龔 偉

周初周公攝政與稱王問題是經學史上重要的學術公案之一。關於稱王説戰國以前的文獻記載大致有《荀子·儒效》《逸周書·度邑》《逸周書·明堂解》。① 此外，也有時代相近的文獻持相反（攝政未稱王）觀點，如《墨子·貴義》《逸周書·作雒解》《左傳》襄公十一年和定公四年等。② 由此可見，早在戰國以前對這一問題已有爭論。降及西漢，鄭玄注《尚書》博采衆説，提出"周公居攝，命大事，則權稱王"，此是將周公攝政與稱王二説統一起來。司馬遷著《史記》也持近似觀點。宋儒力主周公并未稱王，卻多認爲《康誥》《酒誥》《梓材》三篇中的"王"乃是武王，并非周公。③ 清儒一反宋學，在此問題上多重鄭玄之説。④ 可見古人對於周公稱王的認識大致有兩層含義：其一，從《荀子》等文獻記載出發，認爲周公踐天子位，居王位；其二，周公雖攝政并未稱王，認爲"周公代成王誥"

---

① 相關記載見下，如《荀子·儒效》載："武王崩，成王幼，周公屏成王而及武王，履天子之藉，負扆而坐，諸侯趨走堂下。"《逸周書·度邑》載：王曰："'旦！予克致天之明命，定天保，依天室。……乃今我兄弟相后，我筮、龜其何所即令（命），用建庶建。'叔旦恐，泣涕共手。"《逸周書·明堂解》載："既克殷六年而武王崩，成王幼嗣，未能踐天子之位。周公攝政，君天下，弭亂，六年而天下大治。"
② 彭裕商先生曾列舉五條史料力證周公并未稱王，所引五條史料中除《書序·大誥》"武王崩，三監及淮夷叛，周公相成王，將黜殷命，作大誥"晚至西漢外，其餘四條材料都是先秦史料。參見彭裕商：《西周青銅器年代綜合研究》，成都：巴蜀書社，2003年，第26頁。
③ 宋儒蘇軾《書傳》認爲《康誥》之王指武王，進而認爲《康誥》前四十八字爲《洛誥》脱簡，此説爲朱熹、蔡沈採用，影響頗大。此外，也有極少數人持反對説，如錢時《融堂書解》堅持康叔封衞在成王時，諸誥中王指周公。
④ 清儒惠棟、江聲、邵晉涵、朱駿聲都支持鄭玄"周公代成王誥説"，并贊同諸誥中的"王曰""王若曰"都是指周公，即周公稱王。

或"周公稱成王命"。① 晚近以來,學術界對於周公稱王說有三種意見:其一是周公攝政稱王,如王國維、顧頡剛、童書業、徐中舒、金景芳、楊寬等先生皆持此說;其二是周公攝政未稱王,如楊向奎、朱鳳瀚、楊朝明、張懷通等先生持此說;② 其三,也有學者認為周初周公并未攝政,更遑論稱王。③ 總之,周公攝政與稱王這一問題歷來眾說紛紜。本文擬結合新近出土的楚簡與相關青銅器,嘗試對這一問題再作補論。

## 一、《尚書》諸誥中"王若曰"與周公"稱王"辨析

周公是否"稱王"主要涉及對《尚書》諸誥中"王若曰""王曰"的討論。我們可以先梳理諸家對《大誥》《康誥》《酒誥》《梓材》的討論。

《大誥》云:

> 王若曰:"猷!大誥爾多方,越爾御事。弗弔天降割於我家,不少延。洪惟我幼冲人,嗣無疆大歷服。"

鄭玄云:"王,周公也,周公居攝,命大事,則權稱王。"④ 孫星衍疏曰:"周公既踐天子之位,則稱王作誥。鄭以王為周公,是也。"⑤ 經文所言"幼冲人",孫星衍引《漢書》作"洪惟為幼冲孺子"。顏師古注云:"冲,稚也。"⑥ 則這裏的"幼冲人"諸家多主張是成王年幼的證據。實際上,杜勇徵引諸多文獻中的"予冲人""予小子"認為是當時統治者的自謙之辭,此篇當為周公自謂。⑦ 此外,王慎行舉《左傳·昭公十二年》:"昔我先王熊繹與呂伋、王孫牟、燮父、禽父并事康王。"說明唐叔虞之子燮父與周公之子伯禽都曾臣事

---

① 如鄭玄《尚書》注為代表,主張周公居攝,命大事則權稱王。此外,也有支持偽《孔傳》認為是"周公稱成王命",如清人孫志祖。
② 以上諸家之說可參見呂廟軍:《改革開放以來中國關於周公攝政稱王問題研究述評》,《高校社科動態》2011年第6期。
③ 馬承源、李學勤、王慎行諸先生已有此說,此外彭裕商在《西周青銅器年代綜合研究》中,結合周初青銅器對周公事迹作了重要檢討。彭氏認為周公在武王死後遭到管、蔡流言而出奔於東方,後來管、蔡發動叛亂,成王消除對周公的疑慮,與周公一同東征平叛。彭先生給我們提供了從周初東征史事重新考察周公與周王關係的綫索,十分難得。我們與彭先生不同的地方是雖然認同周公并未稱王,但是不否定周公攝政。
④ 李學勤主編:《十三經注疏·尚書正義》,北京:北京大學出版社,1999年,第406頁。
⑤ [清] 孫星衍:《尚書今古文注疏》,北京:中華書局,2004年,第342頁。
⑥ [清] 孫星衍:《尚書今古文注疏》,第343頁。
⑦ 杜勇:《〈尚書〉周初八誥研究》,北京:中國社會科學出版社,2016年,第30—31頁。

康王，可反推成王即位時其弟唐叔虞早已成年，則成王非年幼。① 由王、杜二家所論，可知成王即位之時并非年幼，故而文獻所載"幼沖子"不必與成王年幼不能當國相聯繫。

《康誥》云：

> 王若曰："孟侯，朕其弟小子封。"

鄭玄依據《略說》（《尚書大傳》）把"孟侯"解釋成太子年滿十八歲時的稱謂，指成王。② 鄭氏此處取今文家說，而古文家則說"孟侯"指康叔。據《史記·衛世家》載："周公旦以成王命興師伐殷，殺武庚禄父，以武庚殷餘民封康叔為衛君，居河、淇間故商墟。"又《漢書·地理志》云："周公封弟康叔，號曰孟侯，以夾輔周室。"可知，"王若曰"指周公，"孟侯"指衛康叔。晚近諸家也作這樣的認識，如徐中舒謂："《康誥》：'王若曰孟侯，朕其弟小子封。'康侯封是周公弟，所以這個王必然是周公。"③ 唐蘭也認為《康誥》全篇誥辭雖也用王的名義，卻是周公自己的口氣，"王若曰……"反映的不是成王的口氣。④ 杜勇也說："《康誥》說'乃寡兄勖，肆汝小子封，在茲東土'，誥辭是周公班師前在'東土'頒布的誥命。"⑤ 這就說明《康誥》篇所作的年代在周公東征之時，周公封康叔是其攝政之舉的反映。

《尚書》小序云："成王既伐管叔、蔡叔，以殷餘民封康叔，作《康誥》《酒誥》《梓材》。"⑥ 這裏的"成王"乃是交待三篇《誥》所作時代背景，孔穎達《疏》云："周公以王命戒之，作《康誥》《酒誥》《梓材》三篇之書也。"⑦ 由以上梳理，可以推知《大誥》《康誥》《酒誥》《梓材》諸篇中的"王若曰"肯定是周公代成王的口氣，屬於周公的口吻。但是否可以以此斷定周公代成王而稱王，依然值得懷疑。

實際上，漢儒已把《尚書》諸《誥》中的"王若曰"看成是周公的口氣，甚至徑直指出這些都是"周公代成王誥"。這種"稱王"的認識與戰國諸子文獻中的周公踐天子位記載相結合，從而發展成為周公"稱王"的兩層含義：一是"周公代成王誥"，二是"周公踐天子位"。實際上經過漢儒糅合之後的周公"稱王"未必符合史實，主要原因在於漢儒把"王若曰"口氣出自周公與周公踐王位稱王混同為一事。事實上，"王若曰"出自周公

---

① 王慎行：《周公攝政稱王質疑》，《河北學刊》1986年第6期。
② [清]阮元校刻：《十三經注疏·尚書正義》，北京：中華書局，2009年，第431頁。
③ 徐中舒：《西周史論述》（上），《四川大學學報》1979年第3期。
④ 唐蘭：《西周青銅器銘文分代史徵》，北京：中華書局，1986年，第16頁。
⑤ 杜勇：《〈尚書〉周初八誥研究》，第53頁。
⑥ [清]阮元校刻：《十三經注疏·尚書正義》，第430頁。
⑦ [清]阮元校刻：《十三經注疏·尚書正義》，第430頁。

之口完全可以視作"周公代成王誥"的事實，但是"周公代成王誥"并非等同於"周公踐天子位"。歷來諸儒對於"王若曰"問題的糾葛不清，導致對周公稱王的認識衆説紛紜。因此，如何理解"王若曰"是一箇關鍵問題。近來張懷通從書面語與口頭語的角度區分了金文與《尚書》中的"王若曰""王曰"內容，認爲"王若曰"內容是周王册命大臣時的現場講話，屬於命官之辭。"王若曰"乃是史官的現場記録，僅具有一般的文本意義。①《漢書·藝文志》將《尚書》劃爲記言體裁，後世諸家雖有疑議，然對於《尚書》記言性質的内容爲君主號令并無分歧。宋儒項安世認爲《尚書》的語言多是"告庶民之辭"，與"作文章"不同。其語言形式多雜糅時語、方言以及官府吏文等。② 程元敏進而認爲"《尚書》誥辭出君上之口，理一用時語，第以受誥者方域不同，民庶語言殊異，史官俯而就職，潤飾成章，以便通曉"，③ 從發生學角度説，《尚書》諸誥的材料來源始於史官對君上口頭講話的記録，然後再經史家進一步加以潤飾成文。可以説，前引張氏觀點對於進一步理解《尚書》諸誥之文本生成過程很有助益。此外，《尚書》諸誥辭中的"王若曰""王曰"内容雖然經過史家潤筆，但很大程度上依然保留了君王口語表達的原貌。也就是説，我們可以把這些"王曰""王若曰"内容看作是君王的口頭表達文本。從這一角度看，《大誥》《康誥》《酒誥》《梓材》諸篇中的"王若曰"僅僅是史官對周公或成王的現場講話的記録、潤筆。雖然從辭氣上説，"王若曰"的内容更多屬於周公的講話，但是誠如漢儒所言，乃是"周公代成王誥"。也就是説，周初諸誥所載的"王若曰"内容，是周公向誥命對象轉達成王的話。易言之，《尚書》諸誥中的"王若曰"内容雖然是周公現場講的話，但并不代表周公踐天子之位，取代了成王。反而，周公之所以能夠代表成王向百官發布誥命，乃是由其攝政身份決定的。

以下，筆者將結合新近出土文獻材料去證明周公非取代成王而稱王，成王時周公僅是輔政大臣而已。首先，清華簡《皇門》記載了周公在庫門前訓誡朝臣要盡心輔佐成王的事。如：

> 惟正月庚午，公格在庫門。公若曰："嗚呼！朕寡邑小邦，蔑有耆耇慮事屏朕位。……是人斯助王恭明祀，敷明刑。王用有監，多憲T政，命用克和有成，王用能成天之魯命。"

今本《逸周書·皇門》篇相近的記載爲：

---

① 張懷通：《"王若曰"新釋》，《歷史研究》2008年第2期。
② ［宋］項安世：《項氏家説》，《叢書集成初編》，北京：中華書局，1985年，第28頁。
③ 程元敏：《尚書學史》，上海：華東師範大學出版社，2013年，第16頁。

> 維正月庚午，周公格左閎門，會群門。曰："嗚呼！下邑小國，克有耇老，據屏位……人斯是助，王恭明祀，敷明刑。王用有監，明憲朕命，用克和有成，用能承天嘏命。"

簡本與今本記載大致不差，二者對比可知簡本中的"公"為"周公"。"公若曰"以下的話都是周公在庫門對群臣的勸誡之語，很顯然也是口頭文本的形式。在周公的語辭裏就直接點明"王"，這裏的王顯然指的是成王。由"公若曰"的話，可以推知周公於庫門向朝臣講話，明確勸告朝臣要輔佐成王。這樣的語境就告訴我們成王自成王，周公自周公，周公在成王時期雖攝政，但未稱王。李學勤也已點出來了，其説："清華大學戰國竹簡的《皇門》篇，是周公攝政的新證據，但文中稱周公為"公"，是他未稱王之證。"①

又清華簡《繫年》載：

> 周成王、周公既遷殷民於洛邑……乃先建衛叔於康丘，以侯殷之餘民。衛人自康丘遷於淇衛。

《繫年》作為戰國時期的史書，在很大程度上保留了古史認識的原貌。此章提到的遷殷餘民、封衛康叔，與《尚書·康誥》相符。需要注意的是，《繫年》把遷殷餘民和封衛視作是"周成王、周公"共同的事迹，這與《書》小序云"成王既伐管叔、蔡叔，以殷餘民封康叔，作《康誥》《酒誥》《梓材》"以及鄭玄注曰"周公代成王誥"相合。也就是説，戰國時期史家依然認為成王是王，周公是臣，周公并未踐天子之位。

另外，支持周公攝政未稱王的史料是還有清華簡《周公之琴舞》篇。為了方便論述，我們將《周公之琴舞》相關內容，逐録如下：

> 元內（納）啓曰："敬之敬之，天佳顯帀，文非易帀。毋曰：高高在上，陟降其事，卑監在兹。"亂曰："訖逋我夙夜，不逸儆之，日就月將，教其光明。弼持其有肩，示告余顯德之行。"

此啓內容與《詩·周頌·敬之》相似，其中簡本"弼持其有肩"整理者認為"有肩，有所承擔、有所負擔。《左傳》襄公二年'鄭成公疾，子駟請息肩於晉。'"② 實際上就是輔

---

① 李學勤：《清華簡九篇綜述》，《文物》2010 年第 9 期。
② 清華大學出土文獻研究與保護中心編，李學勤主編：《清華大學藏戰國竹簡》（叁），上海：中西書局，2014 年，第 133—134 頁。

佐之義。《敬之》作"佛時仔肩，示我顯德行"，鄭玄讀"佛"為"弼"，訓為輔。清儒牟庭認為此句話就是形容周公的。① 張利軍進一步指出周初除了周公之外，無人可以作為王政典範被成王學習。② 又簡文曰：

  周公作多士儆毖，琴舞九遂……四啓曰："文文其有家，保監其有達。孺子王矣，丕寧其有心。尞尞（翼翼）其在位，顯於上下。"亂曰："通其顯思，皇天之功，晝之在視日，夜之在視辰。日入睪睪不寧，是惟宅。"

  李學勤認為《周公之琴舞》整體由周公及群臣口氣和成王本人口氣兩類詩篇合成。③因為四啓內容有"孺子王"，所以可以推斷這一啓的語氣當出自周公。張利軍據此，聯繫到清儒牟庭解《詩·敬之》云："成王出郊迎周公歸使攝位輔政，而成王受學焉"，以此推斷《周公之琴舞》作為成王嗣位之樂詩，且作於周武王的喪禮後、周公攝政之前的周成王嗣位朝廟典禮上。④照此解釋，武王死後成王即已嗣位為王，周公無踐天子位之可能，祇是成王初即位能力不足以應付周初的複雜政局，便遵行武王遺志讓周公攝政輔佐。

  從新近公布的清華簡《皇門》《繫年》《周公之琴舞》等篇內容來看，戰國時人對周公與成王二者之間的君臣關係有明確的認知。成王與周公在《書》類和史類文獻中時常并見，足見周公并沒有踐天子之位。至於漢儒因認為"王若曰"指代周公，而說周公稱王踐天子之位，這樣的認識既昧於對諸《誥》為口頭文本性質的正確理解，也是對周公攝政之舉的過度發揮。

## 二、由周初東征諸器申論周公兩次東征活動

  周初武王過世之後，周室政局處於內外交困的局面。根據《逸周書·度邑》《尚書·金縢》篇記載來看，武王死後有意讓周公攝政，主持內外以維護克殷成果。《逸周書·度邑》篇說武王向周公傳達了"遺志"，其中大致包含兩箇方面內容。一是營建洛邑保持克殷的成果，維護天命所在；二是《逸周書·度邑》所載"今我兄弟相後"，表示的是武王要周公繼承這樣的"遺志"去輔佐成王。武王要營建洛邑，其真實目的是為防範殷人。由

---

① 牟庭：《詩切》，濟南：齊魯書社，1983年。
② 張利軍：《清華簡〈周公之琴舞〉與周公攝政》，《中國史研究》2018年第1期。
③ 李學勤：《再讀清華簡〈周公之琴舞〉》，《紹興文理學院學報》2014年第1期。
④ 張利軍：《清華簡〈周公之琴舞〉與周公攝政》，《中國史研究》2018年第1期。

此看來周初克殷之後殷舊勢力仍然是周王室的頭號敵人。還應注意到的是，周公秉承武王遺志攝政治國之後，確在周室內部引起了一場不小的分離活動。如《尚書·金縢》說："……武王既喪，管叔及其群弟乃流言於國，曰：'公將不利於孺子。'"《尚書大傳》云："武王死，成王幼，管蔡疑周公而流言。"《呂氏春秋·離謂》也記載了周公見疑。除了管、蔡二叔外，召公對周公起始也有懷疑之意。如《尚書·君奭》序云："召公違保，周公為師，相成王為左右。召公不說，周公作《君奭》。"彭裕商據此認為："周、召關係可能并不十分融洽，至少在管蔡流言時召公不是堅決支持周公的。"① 以文獻所載看，似乎武王死後，周公在周人的政局中有被孤立的趨勢，就是"周公見疑"階段。

《尚書·金縢》記："周公居東二年，則罪人斯得。公乃為詩以貽王，名之曰《鴟鴞》，王亦未敢誚公。"彭裕商認為此是成王對周公懷疑的見證。② 又據清華簡《金縢》篇載，"居東二年"或當為"居東三年"之誤寫，所以"王亦未敢誚公"乃是記載"居東三年"或"居東二年"之後周公之事。與管蔡流言之事相比，二者在時間上差距有數年，不可混為一談。根據前文引清華簡《周公之琴舞》的首啓、四啓內容看，周公在武王剛過世時身份是顧命大臣，而成王初即位便作《敬之》來迎周公，以周公為攝政之主，向周公悉心學習王政。③ 由此可見，周公攝政，雖然沒有遭到成王的"見疑"，但確實引起群弟如管叔、蔡叔和召公等人的"見疑"。

對於"周公居東"，學界歷來爭議較多，一種觀點認為周公居東是避居於東，如彭裕商引蔡沈《書集傳》所說："夫三叔流言以公將不利於成王，周公豈容遽興兵以誅之邪？且是時王方疑公，公將請王而誅之邪，將自誅之也？……言我不辟，則於義有所不盡，無以告先王於地下也。"進而認為武王去世後，周公即已遭受流言非議而出走。④ 徐中舒則認為周公居東時曾到楚國，說服楚國不要參與武庚之叛，且認為周公奔楚是春秋時代星象家相傳的故事，當屬信史。⑤ 另一種觀點認為周公居東不是避成王，而是指東征。近來對清華簡《金縢》的"居東三年"，李學勤、廖名春都主張"居東"為東征說。⑥ 杜勇提出"三年"與"二年"可能祇是計算周公東征時間方法不同，本質上并無差異。簡本與傳本互有歧異而各見優長，傳本"二年"應出自初始本。⑦ 我們認為杜勇的看法較為客觀。實際上，唐蘭也提供了另一種看法，即他認為鄭玄所說"居東者出處東國"的看法是正確的，以及王

---

① 彭裕商：《西周青銅器年代綜合研究》，第37頁。
② 彭裕商：《西周青銅器年代綜合研究》，第38頁。
③ 張利軍：《清華簡〈周公之琴舞〉周公攝政》，《中國史研究》2018年第1期。
④ 彭裕商：《西周青銅器年代綜合研究》，第39頁。
⑤ 徐中舒：《西周史論述》（上），《四川大學學報》1979年第3期。
⑥ 李學勤：《清華簡九篇綜述》，《文物》2010年第5期；廖名春：《清華簡與〈尚書〉研究》，《文史哲》2010年第6期。
⑦ 杜勇：《清華簡〈金縢〉有關歷史問題考論》，《古籍整理研究學刊》2012年第2期。

肅注云"管蔡與商奄共叛，故東征撫之。案驗其事，二年之間，罪人皆得"也是近於史實的。其中洛就是東國，也就是《洛誥》中的洛師。在周公居東時，管蔡反周的行迹已經暴露。① 綜合以上諸家所論，周公居東似乎在先，時在管蔡流言之際。等到周公處洛師時，管蔡二叔進而聯絡武庚準備發動叛亂，這纔有周公平叛之活動，周公平叛用時約兩年。平叛結束約在成王二年之秋，時周公返回宗周向成王禀報，也就是《金縢》篇初作之時。

周公居東二年主要是指平叛武庚之亂的史事，相關史事也可證諸周初諸青銅器。試舉如下：

（1）康侯簋銘文云：

> 王來伐商邑，誕命康侯啚（鄙）於衛。沬司徒送眔啚（鄙），作厥考尊彝。𣆟。
>（《集成》4059）

陳夢家認爲此伐商邑是成王領導的，并説"康侯鄙於衛"就是成王封康叔於衛。② 馬承源也持相近觀點，并認爲"商邑"就是武庚的封國。③ 以上二家都把此事看成是《尚書大傳》"四年建侯衛"的事。唐蘭則認爲"四年建侯衛"指的是《逸周書·作雒解》"黜殷"之事，即把殷國滅了，而把微子封到別處，對殷遺民主要由康叔來處理。而此時的康叔身份是康侯，祇是臨時掌管殷國局面，還没有被正式分封爲衛侯。④ 我們認爲，唐説得很有道理。康侯簋之"王來伐商邑"，指的是周公平武庚之叛，王即指成王，表示周公代理成王首次東征平三監之叛。此事當在成王二年。

新近吴鎮烽在《商周青銅器銘文暨圖像集成》中公布卿盤和何簋二器，與此問題密切相關。

（2）卿盤（《銘圖》14432）銘云：

> 周公來伐商，蔑宜卿，錫金，用作寶彝。

此器器形爲敞口深腹高圈足，腹部和圈足都飾有雲雷紋組成的列旗脊獸面紋，腹部前後有獸頭。根據王世民等《西周青銅器分期斷代研究》劃分爲Ⅰ型無耳圈足盤，與1974年北京琉璃河M251西周墓出土的伯矩盤形制相近。⑤ 此類器形上承殷代，僅見西周初期。又

---

① 唐蘭：《西周青銅器銘文分代史徵》，第14頁。
② 陳夢家：《西周銅器斷代》，北京：中華書局，2004年，第11頁。
③ 馬承源：《商周青銅器銘文選》（三），第20頁。
④ 唐蘭：《西周青銅器銘文分代史徵》，第15—16頁。
⑤ 王世民等：《西周青銅器分期斷代研究》，北京：文物出版社，1999年，第151頁。

根據銘文內容,"周公來伐商"可以與臣卿鼎、臣卿簋銘文"公違省自東,在新邑,臣卿錫金"相合對讀。黃錦前認為,卿盤反映的是周公東征得勝還朝之時,時在成王二年。後二器則反映的是周公巡省東國,返回成周,當在成王五年。① 果此,卿盤與康侯簋二器年代相同,所載史實也都是關於周公東征,則康侯簋中的"王來伐商邑"與卿盤的"周公來伐商"是一箇意思。這很好地說明周公於成王二年奉成王之命前去平三監之叛亂,周公并未取代成王。

(3) 何簋(《銘圖》5236)銘云:

> 唯八月公陳殷年,公錫何貝十朋,乃命何司三族,為何室。用茲簋裘公休,用作祖乙尊彝。

張光裕最早對何簋進行研究,他認為這裏的"公"指周公,"陳殷"可與《逸周書·度邑》篇"我圖夷茲殷"對讀,其中陳逢衡與朱右曾都把"夷"釋為"平"。則"夷殷"即表示周公東征平三監之亂。② 此外,器主還有何尊存世,二器年代關係,據李學勤研究認為何簋的"公陳殷年"在成王二年,何尊所載"佳王初䢃宅於成周……唯王五祀"是成王五年,兩器相差三年。③ 由上可知,何自成王二年到成王五年都跟隨周公參與兩次東征。以何的兩件銅器看,"公"指周公,"王"指成王,二者區分甚顯。可見周公雖攝政東征,卻未有踐天子位而稱王。

周公平叛武庚之亂,也見載於《逸周書·作雒解》曰:"殷大震,潰降。辟三叔。"唐蘭認為事在攝政(成王)二年,與前所論相合。隨後,周公為了進一步鞏固對東土的控制,決定再次用兵,就是對商奄、徐、淮夷進行一次清掃。這是二次東征,成王也參與了這一次東征。成王參與周公的二次東征,見於文獻記載。《史記·周本紀》載:

> 成王自奄歸,在宗周,作《多方》。……成王既伐東夷,息慎來賀。

《書序》也載:

> 成王東伐淮夷,遂踐奄,作《成王征》。成王既踐奄,將遷其君於薄姑,周公告召公,作《將薄姑》。

---

① 黃錦前:《卿器繫聯與周公東征》,《東嶽論叢》2018年第7期。
② 張光裕:《何簋銘文與西周史事新證》,《文物》2009年第9期。
③ 李學勤:《何簋與何尊的關係》,見李學勤:《三代文明研究》,北京:商務印書館,2011年,第80—83頁。

唐蘭認為成王東征是周公攝政三年的事。《逸周書·作雒解》云："凡所征熊盈族十又七國"。《尚書大傳》云："三年踐奄。"① 按照唐的説法，成王二次東征的對象主要是奄、徐和淮夷。成王、周公共同主導二次東征也可證之於以下成王時期的銅器：

（4）小臣單觶銘文云：

> 王后黜克商，在成師，周公賜小臣單貝十朋，用作寶尊彝。（《集成》6512）

郭沫若認為此器為武王時器，"王"為武王。② 陳夢家認為"王后黜克商"是成王第二次克商，既克武庚之叛。"王"為成王。③ 馬承源認為是"成王命周公滅武庚"，并没有明説"王"是指成王還是周公。④ 唐蘭則認為這次東征是用成王名義行動，并引《書序》："武王崩，三監及淮夷叛，周公相成王，將黜殷。作《大誥》。"誥中説："唯我幼冲人嗣無疆大曆服"，是成王的口氣。而小臣單觶中的"王"可以證明成王隨周公一道東征。⑤ 杜勇在比較小臣單觶和禽簋二器銘文後，認為此二器銘中的"王"大相異趣，前者記王與周公偕行，行使誅賞大權的是周公。後者記周公與王偕行，行使誅賞大權的卻是王；并進一步指出："《小臣單觶》作於周公攝政期間平定武庚叛亂之時，所以銘中的'王'就是'誅賞制斷，無所顧問'的周公。"⑥ 實際上，以上除郭沫若之外，其餘諸家都把此器年代定為周公攝政二年。而據前文分析，周公攝政二年内主要是居東平叛武庚，那時成王還在宗周没有隨周公東行。對於器銘中出現"王""周公"互見的現象，杜勇解釋道："周公攝政稱王是箇非常特殊的時間，他本非嗣位為王，卻又要踐祚代王執政，這種以塚宰代王的雙重身份在彝銘中反映出來。"⑦ 我們認同周公并未踐祚代成王為王的看法，祇是東征諸銅器銘文中的"王"應俱指成王，而"王"與"周公"并見反映的是成王與周公一同主導二次東征的事迹。所以《小臣單觶》中出現的"王"與"周公"俱載成周賞賜小臣單，反映其年代在成王、周公二次東征結束之時，約在成王三年。

（5）禽簋銘文云：

> 王伐𢆉（奄）侯，周公謀禽祝，禽又殷（肸）祝。王賜金百孚，禽用作寶彝。

---

① 唐蘭：《西周青銅器銘文分代史徵》，第14頁。
② 郭沫若：《兩周金文辭大系圖録考釋》，第23頁。
③ 陳夢家：《西周銅器斷代》，第10頁。
④ 馬承源：《商周青銅器銘文選》（三），第16頁。
⑤ 唐蘭：《西周青銅器銘文分代史徵》，第14頁。
⑥ 杜勇：《〈尚書〉周初八誥研究》，第26頁。
⑦ 杜勇：《〈尚書〉周初八誥研究》，第27頁。

(《集成》4041)

此器銘"㦰"郭沫若釋為"楚",并將此器與令簋相聯繫,且斷為成王時器。① 陳夢家把"㦰"改釋為"葢"即"奄",認為此器所載與諸書所記之周公伐奄相合。② 馬承源從唐釋為"奄",但他認為此銘"王"必是成王而不會是周公。③ 彭裕商也認為"王"指成王,周公是與成王一道東征踐奄的。④

(6) 岡劫尊銘文云:

> 王征埜(葢),易(賜)牆劫(劫)貝朋,用乍(作)朕高祖寶尊彝。(《集成》5977)

陳夢家、馬承源、彭裕商等都認為"王"指的是成王。⑤ 此器與禽簋所載事迹一樣,都是成王踐奄的戰爭。

(7) 塱方鼎銘文云:

> 佳(唯)周公於征伐東屍(夷),豐伯、薄姑咸戈。公歸塱於周廟。戊辰,飲秦飲,公賞塱貝百朋,用乍作尊鼎。(《集成》2739)

陳夢家説此器"東夷、豐伯、薄姑"就是成王周公所伐之東國範圍,可與《尚書·大誥》載"肆朕誕以爾東征"、《詩·破斧》載"周公東征,四國是皇"相互資證。⑥ 馬承源進一步指出此周公、成王征東夷,年代在周公攝政三年。⑦ 唐蘭説此器提到的"豐"和"薄姑"兩國可以補文獻所缺,其事在周公攝政三年,成王與周公東征四國,主要的敵人就是奄、徐和淮夷。⑧

綜合以上,可以看出武王死後,周公攝政二年內平定武庚之叛,二年秋成王迎周公,是時作《金縢》篇。周公歸宗周後,馬上部署了二次東征,此時成王也親自參與主導了二

---

① 郭沫若:《兩周金文辭大系圖録考釋》,第40頁。
② 陳夢家:《西周銅器斷代》,第28頁。
③ 馬承源:《商周青銅器銘文選》(三),第18頁。
④ 彭裕商:《西周青銅器年代綜合研究》,第42頁。
⑤ 陳夢家:《西周銅器斷代》,第29頁;馬承源:《銘文選》(三),第19頁;彭裕商:《西周青銅器年代綜合研究》,第42頁。
⑥ 陳夢家:《西周銅器斷代》,第18頁。
⑦ 馬承源:《商周青銅器銘文選》(三),第17頁。
⑧ 唐蘭:《西周青銅器銘文分代史徵》,第14頁。

次東征。二次東征在成王三年。根據《尚書大傳》載："周公居攝，一年救亂，二年克殷，三年踐奄。"以及《史記·周本紀》云："管蔡叛周，周公討之，三年而畢定。"這些記載都説明二次東征結束的時間在成王三年。

## 三、營新邑：周公結束攝政與返政成王

周公平定東方之亂後，進一步將武王營洛邑的遺志執行下去。據《逸周書·度邑》載："王曰：'嗚呼，旦！我圖夷兹殷，其惟依天，其有憲命，求兹無遠。天有求繹，相我不難。自洛汭延於伊汭，居陽無固，其有夏之居。我南望過於三途，北望過於有嶽，鄙顧瞻過於河宛，瞻於伊洛。無遠天室，其曰兹曰度邑。'"其中"我圖夷兹殷"，莊述祖注云："武王知紂之遺民習惡日久，殷命終黜，必將遷居之，於時依天室亦不可遠求。"① 由此可知，武王初克殷後便在商邑附近營建洛邑，以初遷殷紂之民。

學界原認為武王營成周和周初作新邑是一回事，其實不然。近來彭裕商已經詳證西周稱"新邑"的青銅器如柬鼎、獻侯鼎都晚於成王五年的何尊、德方鼎等稱"成周"的青銅器。結合文獻，彭先生進一步指出："成周營建早在武王時，新邑營建在後（成王五年），兩城邑都在洛地。"② 彭先生的見解不乏啓發性，但是如果一味地將成周與新邑當作二城，於周初史實也不相合。比如以彭先生之觀點，就很難解釋《逸周書·作雒解》："周公敬念於後，曰：'予畏同室克追，俾中天下。'及將致政，乃作大邑成周於中土。城方千七百二十丈，郛方七十里。南繫於洛水，北因於郟山，以為天下之大湊。"我們知道《逸周書·作雒篇》是為數不多的西周文獻，陳夢家、李學勤都有見説。此篇中的"作大邑成周"，潘振雲注云："逮將還政於王，乃作大邑，命曰成周。"很顯然周公所作之新邑，後來也被稱作成周。於此，我們還可以參照宋儒呂祖謙的説法："孔子序《洛誥》曰：'周公往營成周，則成周乃東都總名。河南，成周之王城也；洛陽，成周之下都也。'"③ 呂氏把成周看作是東都的總名還是很具有啓發性。實際上，周初武王所營之成周確實是用於遷武庚之遺民，而周公平叛徐、奄之後，回到成周又營建新邑，這次營建新邑是在武王營成周的基礎上進一步擴充規模，將許多殷王士、遺民遷居到新邑，而後纔改稱為王城。

下面，我們具體分析周公營新邑與返政成王的過程。

---

① 黃懷信、張懋鎔、田旭東：《逸周書彙校集注》，第51頁。
② 彭裕商：《西周青銅器年代綜合研究》，第68—70頁。
③ 呂祖謙撰：《大事記·附通釋解題》，北京：中華書局，1991年。

《尚書·康誥》云:"惟三月哉生魄,周公初基作新大邑於東國洛。"

《尚書·多士》:"惟三月,周公初於新邑洛,用告商王士。今朕作大邑於兹洛。爾厥有幹有年於兹洛。"

《尚書·召誥》:"惟太保先周公相宅,越若來三月,惟丙午朏。越三日戊申,太保朝至於洛,卜宅。……若翼日乙卯,周公朝至於洛,則達觀於新邑營。越三日丁巳,用牲於郊,牛二。越翼日戊午,乃社於新邑,牛一,羊一,豕一。"

以上周書所載"新大邑"或"新邑"實與"洛""東國洛""洛邑"相一致。需要注意的是,"洛"既可以指洛邑,也可以指洛水之地名。"周公初基作新大邑於東國洛"及"今朕作大邑於兹洛"都是説周公在洛地營建新邑,説明新邑就在洛地附近。實際上,武王和成王時期對洛邑有多次的營建、擴建。武王克殷之後就營建了洛邑,所遷武庚之民也在此地。《尚書·多方》載:"王曰:'殷多士……亦則以穆穆在乃位,克閲於乃邑,謀介爾乃自時洛邑,尚永力畋爾田。'"《正義》云:"汝能使我閲具於汝邑……汝乃用是洛邑,庶幾長力畋汝田矣。"由此可知,周公攝政五年時殷多士所聚居之地即洛邑,而他們在武王時就開始遷居此地。周公東征之後,在原來的洛邑基礎上又擴充規模,營建新邑。成王時期的"新邑"見諸以下青銅器:

(8) 臣卿鼎(《集成》2595)載:

公違省自東,在新邑,臣卿賜金,用作父乙寶彝。

陳夢家認為此器是成王初期器,"公"為"周公","違"可訓為"遠","違省自東"就是周公遠省自東,關於器銘"東"陳認為是山東魯地。[①] 最近公布的卿盤銘文載"周公來伐商",可證陳夢家説法正確。唐蘭認為"東"在新邑之東,為東國。[②] 黃錦前認為"違"乃"返"字,則"公違省自東"即周公從東國巡省歸來成周的意思。[③] 則銘辭"新邑"即指周公東征返回到洛邑。

(9) 新邑鼎(《集成》2682)載:

癸卯,王來奠新邑,二旬又四日丁卯,□自新邑於柬,王□貝十朋。用

---

① 陳夢家:《西周銅器斷代》,第66頁。
② 唐蘭:《西周青銅器銘文分代史徵》,第60頁。
③ 黃錦前:《卿器繫聯與周公東征》,《東嶽論叢》2018年第7期。

作寶彝。陳夢家認為"新邑"之名乃是成周的初名，此器年代也在成王初年，茲可作一證。陳先生又認為此器中"柬"是澗上，與《洛誥》所記之"澗水東，瀍水西"的位置相合。① 我們覺得這是極好的銘文與傳世文獻互證的例子，準此而言，周公營新邑可進一步坐實。

（10）獻士尊（《集成》5985）也載：

> 丁巳，王在新邑，初諫，王賜獻士鄉貝朋，用作父戊尊彝。〔子**朵**〕。

關於此器的年代陳夢家、馬承源都斷為成王初年。馬先生還説："新邑即成周，（成王、周公）在武王營建的基礎上，大大擴充了洛邑的營建範圍，成為周的東都。成周之建成，是周初的大事，故周人稱成周為新邑、新大邑、新邑洛或大邑等。"② 如前所論，成周確實是周初洛邑和新邑的總稱，新邑是在洛邑的基礎上進一步擴充規模，但二者始終是一城。成王時期周公擴建新邑的動因，可能與周公返政成王有關。

《尚書·洛誥》載：

> 周公拜手稽首曰："朕復子明辟。王如弗敢及天基命定命，予乃胤保大相東土、其基作民辟。"
>
> 周公曰："王，肇稱殷禮，祀於新邑，咸秩無文。予齊百工，伻從王於周，予惟曰：'庶有事。'今王即命曰：'記功，宗以功作元祀。'惟命曰：'汝受命篤弼，丕視功載，乃汝其悉自教工。'孺子其朋，孺子其朋，其往！無若火始焰焰；厥攸灼敘，弗其絕。厥若彝及撫事如予，惟以在周工往新邑。伻向即有僚，明作有功，惇大成裕，汝永有辭。"
>
> 周公拜手稽首曰："王命予來承保乃文祖受命民，越乃光烈考武王弘朕恭。孺子來相宅，其大惇典殷獻民，亂為四方新辟，作周恭先。曰其自時中乂，萬邦咸休，惟王有成績。"
>
> 戊辰，王在新邑烝，祭歲，文王騂牛一，武王騂牛一。

《正義》曰："周公盡禮知敬，言我復還明君之政於子。子，成王。"又"其基作民辟"，《正義》曰："其始為民明君之治。"③ 觀經文此句便知周公營新邑的政治目的是返政

---

① 陳夢家：《西周銅器斷代》，第65頁。
② 馬承源主編：《商周青銅器銘文選》（三），第88頁。
③ 阮元校刻：《十三經注疏·尚書正義》，第477頁。

於成王。成王即政是周初大事，四方諸侯都要前來會盟，還需舉行隆重的典禮。這些會盟及隆禮之事主要是在新邑舉行。經文言："王，肇稱殷禮，祀於新邑。"《正義》云："言王當始舉殷家祭祀，以禮典於新邑。"① "殷禮"，不是"殷家之禮"，而是四方諸侯朝見天子的"殷見禮"，曾運乾便説："殷禮者，殷見諸侯之禮也。"② 另外"殷禮"多見西周早期青銅器，如作册申卣（《集成》5474）："唯明保殷成周年。"士上盉（《集成》9454）："王令士上眔史寅殷於成周。"小臣傅簋（《集成》4206）："師田父殷成周年。"自郭沫若、陳夢家、伍士謙、馬承源之後，諸家都把"殷"視為諸侯朝見、聘問之義。經文所云"王肇稱殷禮"，表示成王到新邑去，開始治理和安撫此地之民，亦意味着即政之始。需要注意的是，後文"祀於新邑"，當是另有所指，與"稱殷禮"不是一回事。經文言："王在新邑烝，祭歲，文王騂牛一，武王騂牛一。"此處的"歲祭"便是成王在新邑祭祀之禮，曾運乾便説："時當周正歲除，數將幾終，歲且更始，故特書之。示周公攝政於是終，成王親政於是始也。"③ 又經文言："亂為四方新辟。"《正義》云："公留助我（王）……四方之民世世享公之德。"實際上，"四方"於經文中常見，如"凡四方小大邦"（《尚書·多士》）表示四方之諸侯，乃泛指周之天下。文獻所云"四方新辟"就是"天下新君"指成王。綜合以上，可以得知周公於洛邑旁擴築新邑，主要是為了讓成王在此即政，交接政權。

又《洛誥》云：

> 王拜手稽首曰："公不敢不敬天之休，來相宅，其作周匹休！"
> 王命作册逸祝册，惟告周公其後。

經文言"其作周匹休"，《正義》云："來相宅，作周以配天之美"。裘錫圭引楊筠如對"匹"的解釋道："作周匹，謂作周輔也。"④ 曾運乾説："匹、敵也，讀如并子匹敵大都耦國之匹。"⑤ 綜合來看，"其作周匹"顯然是成王對周公攝政能力的肯定之語，這也表明周公返政之後依然是成王的重要輔佐大臣。彭裕商把"周"訓為"成周"，"周匹"即指新建與成周相匹配的新邑，⑥ 這顯然於文義理解上有所扞格。另外，經文言："告周公其後。"《正義》説："尊周公，立其後為魯公。"⑦ 曾運乾説此"後"是先後之義，是成王讓周公其

---

① 阮元校刻：《十三經注疏·尚書正義》，第480頁。
② 曾運乾：《尚書正讀》，第203頁。
③ 曾運乾：《尚書正讀》，第212頁。
④ 裘錫圭：《裘錫圭學術文集》（第四册），第397頁。
⑤ 曾運乾：《尚書正讀》，第202頁。
⑥ 彭裕商：《西周青銅器年代綜合研究》，第73頁。
⑦ 阮元校刻：《十三經注疏·尚書正義》，第494頁。

後，明告祭也。① 又經文言："予小子其退，即辟於周，命公後。"彭裕商即說："乃先後之後，有繼續的意思。命周公留在新邑繼續董理新邑的營建。"前文已說到彭把武王所營之洛邑視作成周，并與周公所營之新邑作了區別的看法很正確，祇是他沒有把成周當作洛邑和新邑的泛稱。拘泥於此，他認為成王即政之成周就是武王營建之洛邑，這無疑對周公營新邑的歷史有所漠視。綜上所論，周公營建新邑的重要政治目的就是為了成王即政大禮。成王即政之時當在周公攝政七年，新邑之營建時間在周公攝政的五年到七年間，《洛誥》所作年代也當與此相近。至於成王在新邑即政之後返回宗周，讓周公繼續留在成周處理善後事務，本就很好理解，無須贅言。

西周早期青銅器何尊的出土，也支持我們把周公營建之城命名為"新邑"的看法。何尊銘文告訴我們成王於周公攝政七年時在新邑即政，隨之改稱此地總名為"成周"。

(11) 何尊銘云：

> 隹王初鄹宅於成周，復禀珷王，禮祼自天，在四月丙戌，王誥宗小子於京室，曰：昔在爾考公氏，克逑文王，（肆）玟王受兹□□（大命），唯珷王既克大邑商，則廷告於天，曰：余其宅兹中國，自之乂民，烏乎，爾有唯小子亡識，視於公氏，有爵於天，徹令敬享哉。叀王恭德裕天，順我不敏，王誥，迥賜貝卅朋，用作□公寶尊彝。唯王五祀。（《集成》6014）

銘辭"鄹"學界主要有三種觀點，一是張政烺釋為"省"通"相"，"王初相宅於成周"即《洛誥》之"相宅"。② 二是馬承源釋為"雍"可通"營"，"雍宅"即"營建成周"。③ 朱鳳瀚對以上兩說都有很好的辨析，認為《洛誥》"相宅"之年與何尊"唯王五祀"年代不合，"營建成周"與成王即政之前無成周說法也不相合。④ 三是唐蘭隸作"鄹"讀為"遷"，⑤ 李民訓為"遷"，⑥ 朱鳳瀚從之，并指出"王初遷宅於成周"意為"成王將往成周以理朝政"。⑦ 最近李守奎根據清華簡《繫年》第四章中出現的"𨗴"字形，分析了它的構形是在"舁"上增加義符"止"，而成了形聲字"𨗴"；此外還分析了《繫年》中"𨗴"字的使用習慣，⑧ 與宜侯夨簋、大盂鼎中"遷"字用法相同，都是表示使之遷，迫使

---

① 曾運乾：《尚書正讀》，第212頁。
② 張政烺：《何尊銘文解釋補遺》，《文物》1976年第1期。
③ 馬承源：《商周青銅器銘文選》（三），第21頁。
④ 朱鳳瀚：《〈召誥〉〈洛誥〉、何尊與成周》，《歷史研究》2006年第1期。
⑤ 唐蘭：《何尊銘文解釋》，見唐蘭：《唐蘭金文論集》，第187—193頁。
⑥ 李民：《何尊銘文與洛邑》，《鄭州大學學報》1991年第6期。
⑦ 朱鳳瀚：《〈召誥〉〈洛誥〉、何尊與成周》，《歷史研究》2006年第1期。
⑧ 清華簡《繫年》簡17："周成王、周公既𨗴殷民於洛邑。"簡91："公會諸侯於溴梁，遂以𨗴許於葉而不果。"

他人遷徙的意思。① 銘辭"遷宅"連讀，就是指離開舊的居所而遷到新的居住地，"遷宅於成周"，實際上就是説成王開始在成周常住，處理朝政事務。學界對於"成周"與"洛邑"（即周公所營之"新邑"）關係的認識大致如朱先生所説："洛邑（新邑）應是在成王之宅建成後，成王遷至洛邑（新邑）治朝政、洛邑（新邑）成為王都始纔改稱為'成周'的，剛開始修洛邑（新邑），未必會有'成周'之稱。"② 需要注意的是，成王遷都之"成周"，應當是一箇範圍較廣的地區，至少還包括武王營建的洛邑。此外，"唯王五祀"朱先生認為是成王親政之後的第五年，而周公攝政七年是成王元年。③ 這是把周公紀年獨立出來，在此點上我們更傾向於將《尚書大傳》所載的周公攝政紀年與成王紀年看成是統一的。④ 即是説，成王五年時周公始建新邑，成王出席典禮，決定遷都於此，始改名為"成周"。但是，成王正式常居成周乃是自周公返政之後。亦是説，自成王五年至七年之内，"新邑"之事還是繼續由周公負責，這也與《洛誥》所云"予小子其退，即辟於周，命公後"記載十分扣合。

## 四、結　語

周初周公輔佐武王克商，在武王死後更是全力輔佐成王，行攝政諸事。歷來諸家根據《尚書》諸誥文本中的"王曰""王若曰"辭氣出自周公而斷定周公有稱王之舉。從文本性質上看，《尚書》諸誥中的"王曰""王若曰"屬於口頭文本。它是史官對成王或周公轉達成王講話的記録，在高度保持原話本義的基礎上經過史官潤飾成文。雖然漢儒提倡"周公代成王誥"的觀點接近事實，但是周公代替成王發言并不等同於踐天子之位。從近出清華簡《皇門》《周公之琴舞》内容看，周公勸導群臣輔佐成王，以及周公徑稱成王為"孺子王"，都可證成王時期周公并未真正踐天子之位以稱王。此外，清華簡《繫年》作為戰國時期的史書，提到"周公、成王"共同東征封衛的活動，這與周初東征青銅器中的"王""周公"并現情況相符。周公攝政後的主要活動是主導兩次東征和配合成王進行大分封國，

---

① 李守奎：《出土文獻中"遷"字的使用習慣與何尊"遷宅"補説》，見李守奎：《古文字與古史考》，上海：中西書局，2015年，第190—191頁。
② 朱鳳瀚：《〈召誥〉〈洛誥〉、何尊與成周》，《歷史研究》2006年第1期。
③ 除了朱鳳瀚之外，劉啓益《西周武成時期銅器的初步清理》也主張周公攝政第七年的下一年，即《洛誥》所載"以功作元祀"是成王元年。
④ 《尚書·洛誥》"唯周公誕保文武受命唯七年"之七年，經王國維解釋乃是從周公輔佐武王克商算起到營建洛邑這段時間，共七年。（參見王國維《洛誥解》，載《觀堂集林》，第40頁。）因此，周公攝政并無獨立紀年，而衹有成王紀年，《尚書大傳》所述周公攝政的七年事迹，乃是對周公在成王時期事迹的概述。

攝政僅是權宜之舉，成王五年周公便開始謀劃返政成王。《尚書·洛誥》所記載的營洛邑與青銅器所載周公營新邑相一致，是周公於成王五年在原洛邑基礎上擴建新邑，以供成王在此即政。以上周初史事都能證明周公雖然攝政以輔佐成王，但并未踐天子之位而稱王。

作者單位：四川師範大學歷史文化與旅遊學院

# "十三經" 質疑

張浩然

孔子刪訂"六經",使中國古代典籍得以保存。所謂"經學"特指研究以"六經"(進而延伸成為"十三經")為代表的儒家經典之學問。蓋儒家文化自漢武帝獨尊儒術以來一直在封建社會居於思想主導地位,作為儒家文化的經典、儒家思想的源頭與主幹的"十三經",其地位之尊崇,影響之深廣,是其他任何典籍所無法比擬的。而"十三經"的形成則是在經學的流傳過程中,由後世學者不斷在"六經"基礎上延伸而完成的,其中多以傳為經、以記為經、以子書為經。此皆七十子後學所為,而非聖人親製,雖名之為"經",而實則為"傳""記",故今就其成書而辨焉。

一

孔子與"六經"的關係,在文化史上是一箇重要的問題。因為在孔子之前,《詩》《書》《禮》《樂》皆已存在。據《禮記·王制》:"樂正崇四術,立四教,順先王,詩、書、禮、樂以造士,春秋教以禮、樂,冬夏教以詩、書。"可知當時的周人,實則已將詩、書、禮、樂用於教學,以培養當時的官員,祇是此時的詩、書、禮、樂是當時流行的文獻,是未經孔子刪訂之書,非我們現在所見的模樣。另《春秋》之書,據《孟子·離婁》所說:"《詩》亡然後《春秋》作。晉之《乘》,楚之《檮杌》,魯之《春秋》,一也。"同時《墨子》一書中也提到了有周之《春秋》、燕之《春秋》、宋之《春秋》、齊之《春秋》,這可以說明,當時各國皆以"春秋"作為自己國家史書之名,而當時的《春秋》其實是各國的史書。孔子是魯國人,據魯史而作《春秋》,故知《春秋》實為魯史。

據司馬遷《史記·孔子世家》所載,當孔子之世,禮樂廢,詩書缺,於是孔子整理三代文獻,序《易》編《書》刪《詩》,修正《禮》《樂》以求合韶武雅頌之音,據魯史而作《春秋》,以備王道,成六藝。① 據司馬遷所説,則"六經"實為孔子據三代典籍所刪訂而成。蓋孔子之前的三代文化書籍,各自散亂而不成章。孔子晚年回到魯國,當時身邊有一大批弟子。以周時的詩、書、禮、樂來造士,顯然不能夠達到孔子的要求,於是他將原有的文獻搜集起來加以整理刪訂,用以教授學生。

自孔子刪訂"六經"之後,最初這部分古籍并不言"六經",有時直接稱各經之名,有時稱之曰"儒書"。《左傳·哀公二十一年》載:"魯人與齊人戰,齊人嘲魯人:唯其'儒書',以為二國憂。"② "六經"之名,始見於《莊子·天運》:"孔子謂老聃曰:'丘治《詩》《書》《禮》《樂》《易》《春秋》六經,自以為久矣。"③ 這是最早將這六本書合在一起而稱"六經"的記載,可知在莊子時纔將其稱為"六經",而孔子之前并無"六經"之稱。也就是説,"六經"是經過孔子刪訂之後,纔將其稱之為"六經"。

"六經"經過孔子的刪訂而大興於世,成了儒家學派的經典,影響着後世學者。我們已然不能夠得知孔子是如何進行刪訂的,但據後世所保留的文獻來看,"六經"在未經刪定之前,雖亦為教學所用,但并未有出奇之處,且卷帙繁多,未必篇篇皆有義可法;孔子刪訂修纂之後,藏深意於其間,有大義焉,有微言焉,為世人之楷模,垂教萬世,這時候的"六經"纔是孔子之"六經",是儒家傳誦的"六經"。是以孔子雖言"述而不作",實則是以述代作,故"六經"實則是孔子的著作,同時也是孔子的教科書。孔子之教,即在所作"六經"之內。

## 二

孔子雖然刪定"六經",然而傳下來的卻衹有五經,司馬遷作《史記·儒林傳》已不見《樂》經之名,武帝時置五經博士,也無《樂》博士,説明漢時已無《樂》經傳下。據《漢書·禮樂志》:"遭秦滅學,遂以亂亡。"由於始皇焚書之禍,先秦之書大多靠民間口耳相傳得以保存。直到漢初,當時學者將其口述而出,五經皆有傳者,唯有《樂》沒有能傳授者,是以"六經"缺一。

---

① [漢]司馬遷:《史記》卷四十七《孔子世家》。
② [春秋]左丘明:《左傳·哀公二十一年》。
③ [戰國楚]莊周:《莊子》卷十四《天運》。

因《樂經》已失，漢初唯存《易》《書》《詩》《禮》《春秋》五經，西漢時設立五經博士，專任教授。到東漢時期，原有的五經之學已經不能够滿足統治者的需要，故於五經的基礎上再加二經，稱七經。然七經之説始於蜀中，蓋此時中原學士熟讀群經，而稱"五經兼通"；唯蜀中人士熟習群經，卻多以"七經"譽之。如《後漢書·趙典列傳》注引《謝承書》："典學孔子七經。"《華陽國志》卷十下記載梓潼人楊充"精究七經"。蓋因景帝時文翁為蜀守，見蜀地僻陋，有蠻夷風，於是選張叔等十餘人詣京師，受業博士。東漢末秦宓述其事説："蜀本無學士，文翁遣相如東受七經，還教吏民，於是蜀學比於齊魯。"①故知七經實際上是由蜀中學者所提出，然後由天下學者響應之，於是東漢時纔正式稱七經。然對七經之名目歷來説法不一，文翁遣相如東受的七經也并没有説明具體是哪七經，故多有紛爭：東漢《一字石經》作《易》《詩》《書》《儀禮》《春秋》《公羊》《論語》；②《後漢書》唐李賢注作《詩》《書》《禮》《樂》《易》《春秋》《論語》；宋劉敞《七經小傳》作《書》《詩》《周禮》《儀禮》《禮記》《公羊》《論語》。然而引據諸書，七經應當是加入了《論語》《孝經》。據《漢書·平帝紀》載："徵天下通知逸經、古記、天文、曆算、鐘律、小學、史篇、方術、本草及以《五經》《論語》《孝經》《爾雅》教授者，在所為駕一封軺傳，遣詣京師。"③可見《漢書》中已將《論語》《孝經》與五經并列。晉傅咸作《七經詩》，其中也有《論語詩》《孝經詩》。漢室君臣引用《論語》《孝經》，祗稱"傳"而不稱"經"。自從將《論語》《孝經》并五經引入蜀中後，受到當時學者尊崇，并將之上升為經。後蔡邕書刻的《熹平石經》中就有《論語》，鄭玄、王肅諸人號稱遍注群經，其中也包括了《論語注》和《孝經注》，可見五經加《論語》《孝經》為七經之説比較可信。

　　漢人尊孔子，自漢高祖祭孔、漢武帝獨尊儒術以來，後世帝王沿襲了尊孔之舉，如予以祭祀、加封號、封孔子後人等等，甚至用"至聖先師"來神化孔子。作為孔子語録的《論語》，是對聖人教誨的直接記録，作為聖人親傳之書，受到漢人的崇敬是必然的。又因漢時統治者提倡以孝治天下，并將孝道與忠君結合起來，皇帝的謚號裏也加了孝字，如孝文帝、孝武帝、孝惠帝等，故而僞托《孝經》是孔子所作，稱其代表孔子的孝道思想，將之納入經學，定為士人必須學習的經書，也就順理成章了。

　　至唐時又加以三《禮》三《傳》立於學官，以"九經"取士。值得注意的是，唐初置九經，是將原來進入經學的《論語》《孝經》從經部中下降，而將釋春秋之三《傳》，并加三《禮》而成"九經"。蓋因唐時太宗皇帝李世民奉太上老君李耳為玄元皇帝，為李氏始祖，并崇道教，使得孔子的地位下降，遠不如漢朝時崇高，故將《論語》置於九經之外。

---

① 舒大剛：《"十三經"：儒家經典體系形成的歷史考察》，《社會科學研究》2011年第4期。
② 即東漢《熹平石經》。
③ ［漢］班固：《漢書》卷十二《平帝紀》。

而將《孝經》置出,則是有政治原因。據《唐會要》載,當時官員因國學及官名不正,并請改之,從而上疏:"今請以《禮記》《左傳春秋》為大經,《周禮》《儀禮》《毛詩》為中經,《尚書》《周易》為小經。各置博士一員。其《公羊》《穀梁》,文疏既少,請共准一中經。通置博士一員。"① 故而在此時便已經將三《傳》、三《禮》納入經學,可謂當時之九經也。

唐玄宗李隆基時發生了"唐隆政變",使得玄宗皇帝意識到"以孝治天下"和"孔子思想"對於穩定天下的重要性,故而他不惜親入太學宣講《孝經》并為之作注,傳行天下,使得唐人再次將《孝經》重視起來。他又封孔子為"文宣王"以提高孔子的地位,故《論語》的地位也相應地得到提高。另外,由於唐時文字訓詁大興,當時學者想要讀懂經學,必然要常讀《爾雅》,故而《爾雅》受到重視,後來被納入經的行列。據《唐會要》載:"若《論語》《爾雅》《孝經》等,編簡既少,不可特立學官。便請依舊附入中經。敕旨:依奏。"② 這時便是在九經的基礎上加入《論語》《爾雅》《孝經》以成十二經。太和七年,唐文宗命鄭覃等人校刊群經入石,至開成二年(837)乃成,是為《開成石經》。據《唐會要》載:"其年十二月,敕於國子監講堂兩廊,創立《石壁九經》,并《孝經》《論語》《爾雅》共一百五十九卷,《字樣》四十九卷。"③《開成石經》的刊刻標志着十二經的正式形成。

五代時,蜀主孟昶將《孝經》《爾雅》排除,而收入《孟子》,立十一經。蔣伯潛《十三經概論》說:"五代時,蜀主孟昶刻石刻'十一經',去《孝經》《爾雅》而入《孟子》,此《孟子》入經部之始。"④ 然而據《唐會要》載,最早上疏請置《孟子》為經的是唐懿宗李漼時的進士皮日休:"咸通四年二月,進士皮日休上疏,請以《孟子》為學科。曰:'臣聞聖人之道,不過乎經;經之降者,不過乎史;史之降者,不過乎子。子不異乎道者,《孟子》也。今國家有業《莊》《列》之書者亦登於科,其誘善也雖深,而懸科也未正。伏望命有司去《莊》《列》之書,以《孟子》為主。有能精通其義者,其科選視明經同。'"⑤ 然而這一次上書并沒有得到批准。據《唐會要》載:"疏奏,不答。"⑥

因為皮日休的上奏并沒有得到回復,故而這次《孟子》的置經以失敗告稱。直到五代

---

① [宋]王溥:《唐會要》卷六十六。
② [宋]王溥:《唐會要》卷六十六。
③ [宋]王溥:《唐會要》卷六十六。
④ 蔣伯潛:《十三經概論》,上海:上海古籍出版社,1983年,第7—8頁。
⑤ [宋]王溥:《唐會要》卷七十七。
⑥ [宋]王溥:《唐會要》卷七十七。

孟蜀宰相毋昭裔，發起了將儒家經典鎸刻於石碑的浩大工程。他主持刊刻"蜀石經"① 立於當時蜀郡最高學府文翁石室，由於石經内容浩大，加之戰亂頻發，故而斷斷續續綿延了二百三十餘年，貫穿四箇朝代，直至宋徽宗宣和五年席貢補刻《孟子》入石，最終形成"十三經"，方纔正式竣工刻成，稱《石室十三經》。晁公武《石經考異序》（見范成大《石經始末記》引）載："至宣和間，席升獻又刻孟軻書參焉。"② 這一次又是蜀中學者率先將本應為子部的《孟子》納入經部，對於經學有開創意義。

北宋繼承了唐代的九經定制，但是由於五代時置《孟子》為經，終於在熙寧四年二月由王安石下令將《孟子》升格為儒家經典，并作為科舉和教育的重要内容，完成了《孟子》的升格之路。將《孟子》升格為"經"，與唐之十二經合稱，遂定為"十三經"。至此，儒家的經典纔算集結完畢，以後再無增加，歷元明清至今而未有易焉。馬培棠《國故概要》曰："考孟子升經運動，實始於唐，而完成於宋。"③ 朱劍芒《經書提要》曰："自宋列《孟子》於經部，'十三經'之名亦因以成立。"④ 夏傳才《十三經概論》也説："到宋代，原來'十二經'再加上《孟子》，便成為流傳至今的《十三經》。"⑤

從此之後，"十三經"便取代五經、九經成為儒家經典的固定形態，也成了儒家經典的總稱。南宋時"十三經"這箇名稱已經被廣泛使用，趙希弁《讀書附志》、王應麟《玉海》都襲用了"《石室十三經》"一詞，明清人更是如此。另外北宋在校刻唐人《九經正義》基礎上，又補撰《孝經正義》《論語正義》《爾雅正義》，南宋在朱熹之前已有人撰成《孟子正義》，據稱光宗紹熙時兩浙東路茶鹽司提舉李沐及其繼任者三山黄唐合刊《十三經注疏》，故《十三經注疏》已經於南宋形成，蓋無疑議。

## 三

在"十三經"中，并不是所有的經都是嚴格意義上的經，多以傳記為經，實非真經。

---

① 蜀石經：從後蜀廣政初年（938）始刻，至宋宣和五年（1123）完成，前後經歷二百三十餘年。經注文數達1414585字，"其石千數"，是中國歷代石經中字數最多、刊刻時間長、體例完備、資料價值高的一種，也是規模較大的一種。學人譽之為"冠天下而垂無窮"之壯舉，可惜今皆失傳了。石經除立體展示外，還廣為拓印流行，晁公武《郡齋讀書志》、曾宏甫《石刻鋪敘》、趙希弁《郡齋讀書附志》都有著録；晁公武還對蜀石經進行校勘，撰有《蜀石經考異》一書，亦刻置石室之中。
② ［明］楊慎著，劉琳、王曉波校點：《全蜀藝文志》卷三十六，北京：綫裝書局，2005年，第1001頁。
③ 馬培棠：《國故概要》，北京：中華書局，1959年，第67頁。
④ 朱劍芒：《經書提要》，長沙：嶽麓書社，1990年，第179頁。
⑤ 夏傳才：《十三經概論》，天津：天津人民出版社，1998年，第16頁。

據晉代張華《博物志》稱："聖人製作曰經，賢者著述曰傳。"①《禮記·曲禮》："傳謂傳述經義，或親承聖旨，或師儒相傳，故謂之傳。"《左傳》："經者，常也，言事有典法，可常遵用也。傳者，傳也，博釋經志，傳示後人。"②《説文解字注》："引伸傳遽之義。則凡輾轉引伸之偁皆曰傳。"故"經"與"傳"之分別在於，"傳"原是解釋"經文"的，蓋孔子當時之經，微言大義。自仲尼没而微言絶，七十子喪而大義乖，後儒皆不能明辨，而依己意解經，以致雜説紛起，以是為之傳，以釋經也。然而傳世的"十三經"中除了《詩》《書》《易》為聖人刪定，顯然其中一些篇目的真偽問題尚值得深究（如《易》之經文有戰國人補充，《書》二十八篇中的一部分寫定於戰國，《儀禮》第十七篇是後加的），故我們看到的五經，已經不是孔子當時修定的原樣。

《春秋》經也，《公羊》《穀梁》《左氏》實則為傳，除此三傳外，尚有鄒氏、夾氏之傳，惜其失傳，故唯三傳留世。由於三傳通行於世，而《春秋》的經文現載於《左氏傳》《公羊傳》《穀梁傳》的各傳之前，已没有單行本。所以三部傳前面都附有經文，就是所謂的《春秋經》。祇是在《公羊》《穀梁》前面附的經文止於魯哀公十四年，但是《左傳》所附經文，要到魯哀公十六年，所以三傳所附的《春秋經》是有一定的差别。《公羊傳》與《穀梁傳》主要是以義理疏正《春秋》，即引發《春秋》的微言大義，而《左氏傳》則是敘述《春秋》經文的重要史事的過程。雖然其釋經的方法不同，然皆為釋經而作，若蔣伯潛先生言："三傳皆《春秋》之傳，皆所以釋經者也。"

《左氏傳》者，春秋末年魯史左丘明所著，他年齡或稍長於孔子，曾任魯國史官，曾經與孔子一起"乘如周，觀書於周史"，從中可知他的學識與對魯史的研究，孔子曾稱他為君子。《漢書》曰："及孔子因魯史記而作《春秋》，而左丘明論輯其本事以為之傳。"③ 杜預講道："分《經》之年與《傳》之年相附，比其義類，各隨而解之。"④ 故知左丘明是依《春秋》輯其本事而成《春秋左氏傳》，等於把《春秋經》逐年拆開，跟相應的《左傳》每年的情況放在一起，現在的《左傳》就是這樣的形式，等於是補充了孔子《春秋》的歷史細節，詳細了魯史。《左傳》起止的時間和《春秋》不一樣，其止於魯哀公二十七年，比《公羊傳》《穀梁傳》的《春秋經》多出十三年。司馬遷曾言："魯君子左丘明懼弟子人人異端，各安其意，失其真，故因孔子史記具論其語，成《左氏春秋》。"⑤ 王國維《經學概論》稱："昔人謂孔子將作《春秋》，與左丘明觀其史記，為有所褒諱貶損，不可書見，口授弟子。弟子退而異言，丘明恐弟子各安其意以失其真，故論本事而作傳，故春書以史事

---

① ［晉］張華：《博物志》卷四。
② ［春秋］左丘明：《左傳·隱公元年》。
③ ［漢］班固：《漢書·司馬遷傳贊》。
④ ［晉］杜預：《春秋經傳集解·序》。
⑤ ［漢］司馬遷：《史記》卷十四《十二諸侯年表》。

為詳。後世知春秋時事迹者，全賴此書。"① 從中可知左丘明作傳的原因，同時也可見後人對此書的評價。東漢桓譚亦認為："《左氏》經之與傳，猶衣之表裏，相持而成，經而無傳，使聖人閉門思之十年不能知也。"② 換句話說，如果沒有《左傳》，大家祇看《春秋經》，即使聖人花費十年來研究，也不能把內容瞭解清楚；但有了《左傳》，即便不是聖人也可以很快瞭解。這是桓譚的一個看法，其他如司馬遷、杜預，包括現代的學者徐中舒、楊伯峻都是這樣的看法，故後世治《春秋》者皆宗《左傳》。楊伯峻先生進一步對《左傳》和《春秋》的内容傳承方式進行了總結，有四點：第一，《左傳》說明了《春秋》一般不是講微言大義；第二，《左傳》補充了很多細節的東西，就是說這些東西是《春秋》裏没有的；第三，訂正了《春秋》的一些錯誤；第四，增加了無經的傳文。有此四點也知《左氏傳》對於《春秋經》的重要。

《公羊》者，由子夏之弟子、齊人公羊高所傳，蓋為子夏親授，故得夫子真意，其世代口授，傳至玄孫公羊壽，始與齊人胡毋生一起，將世傳之真意書之竹帛，始成《春秋公羊傳》。據東漢何休《春秋公羊傳·序》唐徐彦疏所引戴弘序說："子夏傳與公羊高，高傳與其子平，平傳與其子地，地傳與其子敢，敢傳與其子壽。至漢景帝時，壽乃共弟子齊人胡毋子都著於竹帛。"

《穀梁》者，由子夏之弟子穀梁赤所傳，唐楊士勛《春秋穀梁傳序·疏》云："穀梁子名淑，字元始，魯人。一名赤。"世代口授，至西漢而成書，因為穀梁赤所傳故稱《春秋穀梁傳》。顏師古《漢書藝文志注》載："受經於子夏，為經作傳，故曰《穀梁傳》。傳孫卿，孫卿傳魯人申公，申公傳博士江翁。其後魯人榮廣大善《穀梁》，又傳蔡千秋。漢宣帝好《穀梁》，擢千秋為郎，由是《穀梁》之傳大行於世。"

《公羊》《穀梁》皆以解釋《春秋》經文為主，敘史事絕少，采取自問自答的方式來解說《春秋》用以闡明孔子之微言大義。《公羊》著重闡釋《春秋》的微言大義，強調尊王攘夷、大一統的思想，與現實政治配合較密切；《穀梁》則主要以文義闡發《春秋》經文，較為謹慎，認為應該信以傳信，疑以傳疑，主張貴義而不貴惠，通道而不信邪，成人之美而不成人之惡。

因此宋代王應麟曾說："其事莫備於《左氏》，例莫明於《公羊》，義莫精於《穀梁》。"③ 晉范甯評《春秋》三傳的特色說："《左氏》豔而富，其失也巫；《穀梁》清而婉，其失也短；《公羊》辯而裁，其失也俗。"范甯在《春秋穀梁傳序》中稱："凡傳以通經為主，經以必當為理。夫至當無二，而三傳殊說，庸得不棄其所滯，擇善而從乎？既不俱當，

---

① 王國維：《王國維論學集》，昆明：雲南人民出版社，2008年，第190—191頁。
② ［漢］桓譚：《新論·正經》第九卷。
③ ［宋］王應麟：《困學紀聞》卷六《左氏傳》。

則固容有失。若至言幽絕，擇善靡從，庸得不并捨以求宗，據理以通經乎？雖我之所是，理未全當，安可以得當之難，而自絕於希通哉！而漢興以來，瑰望碩儒，各信所習，是非紛錯，準裁靡定。故有父子異同之論，石渠分爭之說。廢興由於好惡，盛衰繼之辯訥。斯蓋非通方之至理，誠君子之所嘆息也。《左氏》豔而富，其失也巫。《穀梁》清而婉，其失也短。《公羊》辯而裁，其失也俗。若能富而不巫，清而不短，裁而不俗，則深於其道者也。故君子之於《春秋》，沒身而已矣。"①

就其體例三傳皆為《春秋》之傳，而唐時將其升為經部，實則是因為其於《春秋》之學獨有所長，故而置經。但嚴格意義上來說，唯有三傳之前所載之《春秋》纔是真正的經，而三傳不得稱經，雖後人稱"經"但也要跟原經分開，治《春秋》者不得不知也。

而三禮中《儀禮》者經也，《周禮》傳也，而《禮記》又當為記也。蓋秦火之後，《禮經》失傳，漢興有魯高堂生傳《士禮》十七篇。《漢書·藝文志》載："漢興，魯高堂生傳《士禮》十七篇。訖孝宣世，后倉最明，戴德、戴聖、慶普皆其弟子，三家立於學官。"其後孔壁得書，有《禮經》出現，且有經有記，《漢志》稱魯恭王從孔壁"得古文尚書，及《禮記》《論語》《孝經》凡數十篇"。又稱："《禮》古經者，出於魯淹中及孔氏，與七十篇文相似，多三十九篇。"漢志所謂七十篇就是十七之誤，而言多了三十九篇，則所得古文《禮經》實則有五十六篇，其中十七篇與高堂生所傳相同，雖文字多有異處，然實則一書。

後人將所得之古文《禮經》五十六篇除此十七篇外，餘下的三十九篇統稱"逸禮"，由於當時鄭玄未曾作注，所以并未流傳下來，連篇目都不得而知。今文學家甚至否認有三十九篇"逸禮"的存在，對古《禮經》是否有五十六篇，今古文家也各執一詞，莫能辨之，姑且存疑。但我們今天所現存的《儀禮》即高堂生所傳的十七篇。清皮錫瑞《經學通論·三禮》曰："漢所謂《禮》，即今十七篇之《儀禮》，而漢不名《儀禮》。專主經言，則曰《禮經》；合記而言，則曰《禮記》。許慎、盧植所稱《禮記》，皆即《儀禮》與篇中之記，非今四十九篇之《禮記》也。其後《禮記》之名為四十九篇之記所奪，乃以十七篇之《禮經》別稱《儀禮》。"② 亦可據此而知高堂生所傳之《士禮》，即孔子之《禮經》也，晉代改稱《儀禮》斯無可疑。

《周禮》者，又稱《周官》。唐賈公彥《周禮義疏》曰："以設位言之，謂之《周官》；以製作言之，謂之《周禮》。"其書蓋於王莽時被推崇備至，視如建國大綱，後置博士；而王莽滅亡，《周禮》之稱亦成忌諱而不用，遂改稱《周官》，直到唐代以後纔被改回《周禮》之稱謂。先秦著作沒有提到《周禮》一書，可知其非先秦之書，究竟為何人所作，最為眾說紛紜。漢成帝時，劉向、劉歆父子校理秘府所藏文獻，發現是書，認為出自周公手

---

① 傳世藏書經庫委員會：《十三經注疏》卷五，海口：海南國際新聞出版中心，1996年，第3—8頁。
② ［清］皮錫瑞：《經學通論》，北京：中華書局，2017年，第246頁。

作，於是加以著録。鄭玄、孫詒讓等皆以為是書乃周公所作。南宋胡宏《五峰集》載劉歆"其所列序之書，假托《周官》之名，剿入私説，希合賊莽之所為耳"。近代康有為等也認為其為劉歆偽作。關於其成書年代爭論甚大，概有西周説、春秋説、戰國説、秦漢之際説、漢初説、王莽偽作説等，不可細考。《四庫全書總目提要》稱："《周禮》於諸經之中，其出最晚，其真偽亦紛如聚訟，不可縷舉。"① 方苞曾著《周官辨》十篇，始舉《漢書·王莽傳》事迹為證，指此書為劉歆偽造，用以諂媚王莽。然而此書之成書雖有問題，但其考見古制，條貫固不可謂不詳，規模亦不可謂不大，此書之可貴，正在於此，故不必托稱周公舊典。日本人織田萬曾説："各國法律，最初皆唯有刑法，其後乃逐漸分析。行政法典，成立尤晚。唯中國則早有之，《周禮》是也。《周禮》固未必周公所制，然亦必有此理想者所成，則中國當戰國時，已有編纂行政法典之思想矣。"② 歷史上每逢重大變革之際，多有把《周禮》作為重要思想資源，從中尋找變法或改革的思想武器者，如西漢的王莽改制、六朝的宇文周革典、北宋的王安石變法，無不以《周禮》為圭臬。朝鮮時代後期的著名學者丁若鏞（號茶山）曾撰作三十萬言的《經世遺表》，主張用《周禮》改革朝鮮的政治制度。明清時候更依周禮之六官而設六部，可見其影響之深遠。

雖然《周禮》的價值不可估量，但其成書有疑，且并非孔子親為，雖然後人將其置入經中，但也要分辨清楚，其非孔子之經也。因東漢時賈逵、馬融、鄭興、興子衆皆治之，漢末鄭玄又為之作注，學者皆崇之，使是書一躍而成為"三禮"之首，而後置為經。若要嚴格來講，禮祗有兩種：一為《禮古經》，也就是《儀禮》，其為孔子親為，當為"禮經"；二為《禮記》，其為七十子及其後學所著，就孔子之經有所發揮，故其為"記"。而《周官》則應該從中撤開，因為其根本上為行政法，是政府的固定制度；是書也非依"經"作"傳"，所以《周官》當非傳記。而《儀禮》則是記載周代禮制的著作。周代以禮治國，《儀禮》是禮學之書，故可以將之視為《禮經》之下的一支，將其歸入"傳"，若"三傳"之於《春秋》是也。

《禮記》者，七十子及其後學之所記也，故按其體例當稱為記。朱熹曾言："《儀禮》，禮之根本，而《禮記》乃其枝葉。《禮記》乃秦漢上下諸儒闡釋《儀禮》之書。"這種記并不是一箇人完成的，而是由戰國到秦漢時的學者共同完成，它是七十子及其後學對《禮經》的補充發揮，是對聖人本旨的闡釋。它原來并沒有單獨成書，而是附在《儀禮》後面，與之共同流傳。《漢書·藝文志》稱其有"百三十一篇"。《隋書·經籍志》載："漢初，河間獻王又得仲尼弟子及後學者所記一百三十一篇獻之，時亦無傳之者。至劉向考校經籍，檢得一百三十篇，向因第而敘之。而又得《明堂陰陽記》三十三篇、《孔子三朝記》七篇、

---

① ［清］紀昀：《四庫全書總目提要》，北京：中華書局，1965年，第339頁。
② （日）織田萬：《清國行政法》。

《王史氏記》二十一篇、《樂記》二十三篇，凡五種，合二百十四篇。"孔穎達《禮記正義序》引鄭玄《六藝論》云："戴德傳《記》八十五篇，則《大戴禮》是也；戴聖傳《禮》四十九篇，則此《禮記》是也。"《隋書·經籍志》稱"戴德刪其煩重，合而記之，為八十五篇，謂之《大戴記》；而戴聖又刪大戴之書，為四十六篇，謂之《小戴記》。漢末馬融遂傳小戴之學。融又定《月令》一篇、《明堂位》一篇、《樂記》一篇，合四十九篇。"按《經籍志》所載，記共二百十四篇，但由於是七十子所作，精粗不一，故而東漢戴德從中選擇八十五篇成《大戴禮記》，其侄子戴聖選四十六篇成《小戴禮記》，後馬融又增加三篇，共四十九篇，也就是我們今天看到的《禮記》。然鄭玄《六藝論》稱："戴聖傳《記》四十九篇。"《後漢書·喬玄傳》載："七世祖仁，著《禮記章句》四十九篇。"喬仁是戴聖的弟子，可知戴聖所選實四十九篇也，而《經籍志》所言四十六篇實非。且《經籍志》所稱"小戴刪大戴"之說也靠不住。戴震云："《隋志》言：戴聖刪大戴之書為四十六，謂之《小戴記》，殆因所亡篇數傅合為是言歟？其存者，《哀公問》《投壺》，《小戴記》亦列此二篇，則不在刪之數矣。他如《曾子大孝》篇見於《祭義》，《諸侯釁廟》篇見於《雜記》，《朝事》篇自'聘禮'至'侯務焉'見於《聘義》，《本命》篇自'有恩有義'至'聖人因殺以制節'見於《喪服四制》。凡大小戴兩見者，文字多異。《隋志》以前，未有謂小戴刪大戴之書者，則《隋志》不足據也。"①戴震論據確實，可破戴聖刪戴德書之說。對於這類考證姑且不顧，唯二戴之《記》皆出於二百十四篇，皆七十子後學，或有秦漢人之所作，皆《禮經》之支流，斯無可疑。

惜《大戴禮》到唐代時已亡佚大半，到清朝僅存三十九篇，今存之。而《小戴禮》因馬融宗而傳之，又為其增三篇以成四十九篇；後鄭玄為之作注，學者宗之，而暢行於世。唐孔穎達等定《五經正義》中之《禮》取的是《小戴禮》，而不取《大戴禮》《儀禮》《周禮》。宋儒取《小戴禮》之《大學》《中庸》二篇，合《論語》《孟子》而稱"四書"，由於"四書"的重要性與特殊性，而使《小戴禮》也一躍而成為"三禮"之首，自此之後穩居首位而傳習至今。然而正是由於西漢尊《儀禮》而王莽尊《周官》，宋後又尊《禮記》，使得三禮之首不斷變更，以至於後世學者"經傳"不分，而使真正的《禮經》受到冷落。不管是《大戴禮》還是《小戴禮》都屬於"記"，即便其地位是三禮之首，也不應混淆經傳。

《論語》者，七十子親聞於孔子，自相集結而成之。從戰國起，《論語》一直是儒家教學時的教材。即便是在漢初，《論語》之地位也遠超當時的傳記之書，故漢朝設七經時便將之列入經學。西漢劉向《別錄》曰："《魯論語》二十篇，皆孔子弟子記諸善言也。"東漢

---

① ［清］阮元編：《皇清經解》卷五六五《東原集》。

班固《漢書·藝文志》稱："《論語》者，孔子應答弟子、時人，及弟子相與言而接聞於夫子之語也。當時弟子各有所記。夫子既卒，門人相與輯而論纂，故謂之《論語》。"劉熙《釋名·釋典藝》曰："《論語》，記孔子與弟子所語之言也。論，倫也，有倫理也；語，敘也，敘己所欲說也。"諸書有載，想無可疑，然亦非孔子所親製也，實諸弟子各有所記，待夫子終，弟子恐聖言永絕，故相聚而集之。其有《齊》《魯》《古論》三種，今本即《魯論》，比《齊論》少兩篇；而《古論》則將《魯論》之《堯曰篇》一分為二，故有二十一篇，文字也與《齊》《魯》之書有差異。其書自東漢時即被列為經學，然其體例實則為傳。如《論衡》稱："夫《論語》者，弟子共紀孔子之言行。敕記之時甚多，數十百篇，以八寸為尺，紀之約省，懷持之便也。以其遺非經，傳文紀識恐忘，故以但八寸尺，不二尺四寸也。漢興失亡，至武帝發取孔子壁中古文，得二十一篇，齊、魯、二河間九篇，三十篇。至昭帝女讀二十一篇，宣帝下太常博士。時尚稱書難曉，名之曰傳，後更隸寫以傳誦。"①

《孝經》是"十三經"當中最短的一部經，在漢代時即被尊為經書。是書分古今文兩種版本：今文注出鄭玄，傳自晉荀昶；古文出於劉炫，多《閨門章》四百餘字。唐《開元御注》用今文，元行沖為之作疏，宋邢昺疏即以元疏為藍本。此書文簡義淺，人人可通，但對於其作者歷來說法不一，舊傳為孔子所作，見於漢代緯書《鉤命訣》："孔子曰：吾志在《春秋》，行在《孝經》。"故學者皆稱其為孔子所作，實則非也。其書開篇《開宗明義章第一》中稱："仲尼居，曾子侍。"若書為孔子所作，為何稱自己為仲尼，稱其學生為曾子？故是書絕非孔子親作。《四庫全書總目提要》稱："今觀其文，去二戴所錄為近，要為七十子徒之遺書。使河間獻王采入一百三十一篇中，則亦《禮記》之一篇，與《儒行》《緇衣》轉從其類。"雖不能知《孝經》是否為《禮記》之中的一篇，但非孔子親作絕無可疑者，故就其體例而言，應當為記。

《爾雅》是"十三經"裏的一部比較特殊的典籍。六朝人稱其為"詩書之襟帶"，② 宋朝人稱之為"六籍之户牖，學者之要津"，③ 清朝人稱其為"訓故之淵海，五經之梯航"，④ 可見它對於經學有多麼重要，古時學者對其有多重視。但它是古代治經學的工具，而不是說它本身就是一部經。

《爾雅》舊說為周公所作，仲尼所增。據張揖《進廣雅表》稱："周公著《爾雅》一篇。今俗所傳三篇，或言仲尼所增，或言子夏所益，或言叔孫通所補，或言沛郡梁文所考。皆解家所說，疑莫能明也。"紀昀在《四庫全書總目提要》中稱："則其書在毛亨以後。大

---

① ［漢］王充：《論衡》卷二十八《正說篇》。
② ［南朝梁］劉勰：《文心雕龍》卷三十九《練字》。
③ ［清］林光甫：《艾軒詩說》。
④ ［清］宋翔鳳：《爾雅郭注義疏·序》。

抵小學家綴緝舊文，遞相增益，周公、孔子皆依托之詞。"① 故知其為秦漢時人所作。歐陽修《詩本義》説："考其文理，乃是秦漢之間學《詩》者纂集説詩博士解詁。"② 經過代代相傳，各有增益，《爾雅》成書於西漢之世，文帝時置傳記博士。東漢趙岐《孟子題辭》説："孝文皇帝欲廣遊學之路，《論語》《孝經》《孟子》《爾雅》皆置博士。"《太平御覽》引《漢舊儀》説："武帝初置博士，取學有通修，博識多藝，曉古文《爾雅》，能屬文章者為之。" 這説明在漢文帝時雖然祇立五經博士，但《爾雅》仍為五經博士必先精通的重要科目。

從戰國到唐代，文字字體先後經歷了金文、大篆、小篆、隸書、楷書幾箇階段，詞義與發音也發生了巨大的變化。且先秦古籍中有大量假借字，蓋因當時的文字不足，據容庚《金文編》記載金文共計3722箇，其中可以識別的字有2420箇。《爾雅》成書於戰國或兩漢之間，全書收詞語4300多箇；到東漢許慎作《説文解字》時收字9353箇，另有"重文"（即異體字）1163箇，共10516字。可知當時字詞很少，祇能通過假借來書寫，故而出現了大量的一字多意的現象，使得儒者對於經文字句不通，古意難明。故而從漢朝開始，訓詁之學興起；至唐時，儒者越來越重視《爾雅》一書，使得《爾雅》與經學的關係也就越來越密切，達到經學無之不能彰明的地步。為了疏通文義，理清聖旨，故而唐人將《爾雅》置入經學。林光甫《艾軒詩説》中説："古人之學，必先通《爾雅》，則六籍百家之言皆可以類求矣。"③《四庫全書總目提要》稱："今觀其文，大抵采諸書訓詁名物之同異以廣見聞，實自為一書，不附經義。""蓋亦《方言》《急就》之流，特説經之家多資以證古義，故從其所重，列之經部耳。"④ 因此，《爾雅》是秦漢歷代學者解經的一種資料彙編，實則是解經的鑰匙，而并非真正的經文，可稱其為治經的工具。就其體例而言，其非聖人手定之書，亦非傳記之屬，更非諸子之學，實則為釋經之字書。它雖不是經文，但其内容對於經學十分重要。如張揖《上廣雅表》中稱："夫《爾雅》之為書也，文約而義固；其敷道也，精研而無誤。真七經之檢度，學問之階路，儒林之楷素也。"

《孟子》是"十三經"當中最後收入的書。在升經之前，它是一本子部著作。其書舊傳為孟子自作。《漢書・藝文志》稱《孟子》有十一篇，然現存七篇，與書中所記之篇幅不符。《風俗通・窮通》稱："又絶糧於鄒、薛，困殆甚，退與萬章之徒序《詩》《書》、仲尼之意，作書中、外十一篇。" 這裏的"中、外十一篇"即指《孟子》七篇與外書四篇，二者相加正好十一篇。先秦著作中如《莊子》亦分内外篇，可見當時著書有分内外篇的習

---

① ［清］紀昀：《四庫全書總目提要》卷四十，北京：中華書局，1965年，第339頁。
② ［宋］歐陽修：《詩本義文王》卷十"文王"條。
③ 轉引自［清］謝啓坤：《小學考》，上海：漢語大字典出版社，1997年，第30頁。
④ ［清］紀昀：《四庫全書總目提要》卷四十，北京：中華書局，1965年，第339頁。

慣。而《史記·孟荀列傳》稱："孟軻所如不合，退與萬章之徒序《詩》《書》，述仲尼之意，作《孟子》七篇。"趙岐《孟子題辭》亦稱："於是退而論集，所與高弟弟子公孫丑、萬章之徒難疑答問；又自撰其法度之言，著書七篇，二百六十一章，三萬四千六百八十五字。"① 以上皆稱《孟子》唯有七篇，蓋當時趙岐著《孟子章句》僅注内篇七篇，後世傳《孟子》皆以趙氏章句為本，故學者漸不知外四篇，以至失傳。對於外四篇，趙岐認為："《性善》《辯文》《説孝經》《為政》，其文不能宏深，不與内篇相似，似非孟子本真，後世依放而托之者也。"② 據趙岐的看法，《孟子》七篇與外書四篇的最大不同是，前者是孟子所著，而後者并非出於孟子之手，乃後人的假托，因而他作章句時祇注内篇而不注外篇。

上述諸書皆稱《孟子》為孟子自撰。又元何異孫《十一經問對》稱："《論語》是諸弟子記諸善言而編成集，故曰《論語》，而不號《孔子》；《孟子》是孟軻所自作之書，如《荀子》，故謂之《孟子》。"③ 閻若璩《孟子生卒年月考》説："《論語》成於門人之手，故記聖人容貌甚悉；七篇成於己手，故但記言語或出處耳。"④ 然而這些説法并不可靠。蓋《孟子》當中記載，孟子所見的當時君王，如梁惠王、梁襄王、齊宣王、鄒穆公、滕文公、魯平公等皆是謚號，而這些君王都沒有先孟子而死，何來謚號一説；又《孟子》中稱其弟子皆以"子"稱，如樂正子、公都子、屋盧子，哪有在自己書中稱自己的學生為"子"的？故是書當如《論語》，乃孟子之弟子及其再傳弟子所作，非孟子親為也。

是書，漢文帝時置傳記博士，至宋時列為經學，於"十三經"中最後錄入。朱熹將之列入"四書"，使其地位得以提高；而孟子的地位也相應地得到提高，得以時常孔孟并稱。雖然《孟子》是儒家思想的重要組成部分，在儒家經典中的地位僅在《論語》之下，但并非孟子所著。故《孟子》雖名為經，若按體例來分，則實當為子也。

"其尊之為經者，以孔子手定之故也。儒家謂孔子删《詩》《書》，定《禮》《樂》，贊《周易》，修《春秋》，以經聖人手定，故謂之經。古所謂經者，皆不出此六者。"⑤ 然而"十三經"之置，是對"六經"的闡釋和對經學的豐富。經學的範圍由最初的五經擴充到"十三經"，是經學在流傳過程中，由於後學師法不同、各據己説且自成一家之言，故而將傳記立之於經，可稱為廣泛的經；然而真經則獨指五經，即《詩經》《尚書》《周易》《儀禮》《春秋》。

作者單位：蒲江傳統文化促進會

---

① 《孟子正義》，見《諸子集成》第1册，上海：上海書店出版社，1986年影印版，第6—7頁。
② 《孟子正義》，見《諸子集成》第1册，第9頁。
③ [元] 何異孫：《新編十一經問對》北京：北京圖書館出版社，2006年影印版，第2頁。
④ [清] 閻若璩：《孟子生卒年月考》，見《皇清經解》卷二十四。
⑤ 王國維：《王國維論學集》，昆明：雲南人民出版社，2008年，第185頁。

# 揚雄蜀中遺迹考釋

謝元魯

揚雄（前53—18）字子雲，西漢蜀郡成都郫邑（今四川成都郫都區）人，是漢代著名的哲學家、文學家與語言學家，天鳳五年（18）七十一歲時在長安去世。揚雄的前半生都是在蜀地度過的，在他四十餘歲離開成都後，就未再回過蜀地。迄今史籍所載，多為其在長安任職事，在蜀地之遺迹不彰，後世傳聞多有謬誤之處，故為文以考焉。

## 一、揚雄居所

揚雄家族故居，按《漢書》本傳所載，在成都西北郊的郫邑。《漢書》卷八十七上《揚雄傳》説：

> 揚雄字子雲，蜀郡成都人也。其先出自有周伯僑者，以支庶初食采於晉之揚，因氏焉，不知伯僑周何別也。揚在河、汾之間，周衰而揚氏或稱侯，號曰揚侯。會晉六卿爭權，韓、魏、趙興而范、中行、知伯弊。當是時，逼揚侯，揚侯逃於楚巫山，因家焉。楚漢之興也，揚氏溯江上，處巴江州。而揚季官至廬江太守。漢元鼎間避仇復溯江上，處岷山之陽曰郫，有田一廛，有宅一區，世世以農桑為業。自季至雄，五世而傳一子，故雄亡（無）它揚於蜀。①

---

① ［漢］班固：《漢書》卷八十七上《揚雄傳》，北京：中華書局，1962年。

揚氏有田一廛，秦漢時期指有一百畝耕地。《周禮·地官·遂人》："上地，夫一廛，田百畮，萊百畮。"孫詒讓《正義》："古制田百畮而中有廛，因謂百畮之地為一廛。"其時自耕農五口之家，擁有土地百畝是十分普遍的情況。漢文帝時晁錯《論貴粟疏》説：

> 今農夫五口之家，其服役者不下二人，其能耕者不過百畝，百畝之收不過百石。春耕，夏耘，秋獲，冬藏，伐薪樵，治官府，給徭役；春不得避風塵，夏不得避暑熱，秋不得避陰雨，冬不得避寒凍，四時之間，亡日休息。又私自送往迎來，吊死問疾，養孤長幼在其中。勤苦如此，尚復被水旱之災，急政暴虐，賦斂不時，朝令而暮改。當具有者半賈而賣，無者取倍稱之息；於是有賣田宅、鬻子孫以償債者矣。①

按晁錯所説，户有百畝耕地，是漢代普通自耕農的標準。成都平原由於都江堰的灌溉，土地肥沃，少有水旱災害，所以晁錯所説當時自耕農窮迫的遭遇，揚雄家族應是少有遇到。但種百畝之田，僅能維持溫飽，應是事實。揚雄居於郫的情況，有他自撰的《逐貧賦》為證：

> 揚子遁居，離俗獨處。左鄰崇山，右接曠野，鄰垣乞兒，終貧且窶。禮薄義弊，相與群聚，惆悵失志，呼貧與語。……人皆文繡，余褐不完；人皆稻粱，我獨藜飧。貧無寶玩，何以接歡？宗室之燕，為樂不盤。徒行負笈，出處易衣。身服百役，手足胼胝。或耘或耔，霑體露肌。②

由《逐貧賦》的描寫，可知揚雄鄰舍的日常生活是吃野菜，着敝衣，服百役，力耕田，完全是一箇漢代自耕農民的典型生活。成都平原富饒之地農民的生活尚且如此，其他地區可想而知，證實了晁錯《論貴粟疏》中對漢代農民生活的描述。

1966年於郫縣犀浦出土的東漢簿書石碑，碑文記載了東漢郫邑二十多户人家擁有的田產、牲畜、奴婢、房舍以及這些財產的價格。如：

> 田八畝，賈四千。上君遷王岑鞠田……
> 舍六區，直四十四萬三千。屬叔長……
> 田三十畝，賈六萬。下君遷故……
> 田頃五十畝，直三十萬。何廣周田八十畝，賈……

---

① [漢]班固：《漢書》卷二十四上《食貨志》。
② [漢]揚雄：《揚子雲集》卷五《逐貧賦》，《四庫全書》本。

> 元始田八□□，貧八萬。故王汶田，頃九十畝，賈三十一萬。……
> 奴立、奴□、□鼠，并五人，直二十萬；牛一頭，萬五千；田二項六十……
> 田項三十畝，□□□萬；中亭後樓，賈四萬；蘇伯翔謁舍，賈一十七萬……①

在碑文所記二十多户中，擁有田產最多者達二百六十多畝，最少者八畝；上等田價每畝在1600錢至2000錢之間，下等田每畝僅值500錢。可能是都江堰灌區人口密集，土地肥沃，灌溉便利，價值較高之故，各户擁有田產大多在百畝以下，以三五十畝居多，兩漢相繼，這一情況應是變化不大。揚雄自序"家產不過十金，乏無儋石之儲"，因此其家族在郫邑以田產而論應是中等偏上的人家，但仍應屬於自耕農行列。如果漢代一金約值一萬錢，則揚雄在郫邑的家產也就是十萬錢左右。按郫縣犀浦東漢簿書碑所載，其在郫邑又祇能算中下户人家，與《逐貧賦》中鄰垣乞兒的生活狀況相比，也不會高出很多。

但據史籍載，揚雄在蜀中的生活又是另一番景況。《漢書·揚雄傳》說：

> 雄少而好學，不為章句，訓詁通而已，博覽無所不見。為人簡易佚蕩，口吃不能劇談，默而好深湛之思，清靜亡為，少耆（嗜）欲，不汲汲于富貴，不戚戚於貧賤，不修廉隅以徼名當世。家產不過十金，乏無儋石之儲，晏如也。自有大度，非聖哲之書不好也；非其意，雖富貴不事也。雄嘗好辭賦。……乃作書，往往摭《離騷》文而反之，自岷山投諸江流以弔屈原，名曰《反離騷》；又旁（傍）《離騷》作重一篇，名曰《廣騷》，又旁（傍）《惜誦》以下至《懷沙》一卷，名曰《畔牢愁》。②

揚雄家庭資產在郫邑僅是較好的自耕農水準，卻能閉門博覽群書，好寫辭賦，自比屈原、司馬相如。撰《反離騷》後，還能專門到岷山去把自己的賦作投入江中悼念屈原。這種士大夫的生活水準和情調，與農民的生活相距甚遠。可見《逐貧賦》中的描寫，并非揚雄的實際生活情況，祇是為強調自己窮困的文學誇張。

揚雄在《逐貧賦》中描寫自己的居處是：

> 左鄰崇山，右接曠野，鄰垣乞兒，終貧且窶。

這一地理形勢與今天的郫縣相同。如揚雄宅第在成都城內，是不可能看到"左鄰崇山，右接曠野"的景象的。

---

① 謝雁翔：《四川郫縣犀浦出土的東漢殘碑》，《文物》1974年第4期。
② ［漢］班固：《漢書》卷八十七下《揚雄傳》。

但揚雄在成都城內亦有住宅。揚雄宅在成都少城內的記載始於西晉，晉代文人張載和左思均有詩歌涉及。張載西晉初年到過成都，其《登成都白菟樓》詩是對其在成都親見親聞之描述。左思未到過成都，但其關於揚雄宅的記載是訪問張載所得，可見揚雄後來由郫邑遷到成都少城內居住。晉張載《登成都白菟樓》詩說：

鬱鬱少城中，岌岌百族居。
街術紛綺錯，高甍夾長衢。
借問揚子宅，想見長卿廬。①

左思《詠史詩》說：

寂寂揚子宅，門無卿相輿。
寥寥空宇中，所講在玄虛。
言論準宣尼，辭賦擬相如。
悠悠百世後，英名擅八區。②

在張載和左思之後，文人對揚雄的興趣大減，詩文中幾乎沒有對他的描寫。進入唐代，揚雄重新進入文人的視野，又開始為文人所詠頌。到唐代中期，李白、杜甫、岑參、高適諸人均把揚雄宅居作為古迹或典故寫入詩中。但大多數詩人所描寫的揚雄居所位置，城鄉背景比較模糊：

岑參《揚雄草玄臺》詩說：

吾悲子雲居，寂寞人已去。
娟娟西江月，猶照草玄處。
精怪喜無人，睢盱藏老樹。③

李白《淮南臥病書懷寄蜀中趙徵君蕤》詩說：

國門遙天外，鄉路遠山隔。

---

① ［明］楊慎：《全蜀藝文志》卷六《張載·登成都白菟樓》，北京：綫裝書局，2003年。
② ［南朝梁］蕭統：《昭明文選》卷二十一《左思·詠史詩》，北京：中華書局，1977年。
③ 《全唐詩》卷一九八《岑參·揚雄草玄臺》，上海：上海古籍出版社，1986年。

　　　　朝憶相如臺，夜夢子雲宅。①

高適《哭單父梁九少府》詩説：

　　　　開篋淚霑臆，見君前日書。
　　　　夜臺今寂寞，猶是子雲居。②

鄭谷《蜀中》詩説：

　　　　夜無多雨曉生塵，草色嵐光日日新。
　　　　蒙頂茶畦千點露，浣花箋紙一溪春。
　　　　揚雄宅在唯喬木，杜甫臺荒絶舊鄰。
　　　　卻共海棠花有約，數年留滯不歸人。③

祇有部分詩人較明確地把揚雄宅的背景放在郊外的鄉村林盤之中，如王勃、王績和杜甫：

王勃《贈李十四》詩説：

　　　　亂竹開三徑，飛花滿四鄰。
　　　　從來揚子宅，别有尚玄人。④

王績《田家三首》詩説：

　　　　阮籍生涯懶，嵇康意氣疏。相逢一醉飽，獨坐數行書。小池聊養鶴，閑田且牧豬。草生元亮徑，花暗子雲居。倚床看婦織，登壟課兒鋤。回頭尋仙事，并是一空虚。⑤

杜甫《堂成》詩説：

---

① 《全唐詩》卷一七二《李白·淮南卧病書懷寄蜀中趙徵君蕤》。
② 《全唐詩》卷二一二《高適·哭單父梁九少府》。
③ 《全唐詩》卷六七六《鄭谷·蜀中》。
④ 《全唐詩》卷五十六《王勃·贈李十四》。
⑤ 《全唐詩》卷三十七《王績·田家三首》。

> 背郭堂成蔭白茅，緣江路熟俯青郊。
> 檟林礙日吟風葉，籠竹和煙滴露梢。
> 暫止飛烏將數子，頻來語燕定新巢。
> 旁人錯比揚雄宅，懶惰無心作解嘲。①

到唐代後期，揚雄在成都有宅第，并在此著《太玄經》的說法，已為當時普遍認同。宋代《太平御覽》載：

> 《成都記》曰：成都縣南百步，有嚴君平、司馬相如、揚雄宅。今草玄亭餘迹尚存。②

《太平御覽》所引《成都記》內容，應為唐末宣宗時盧求所編著，但此書後來散佚。唐末還有文人以揚雄成都故居遺址為居所。吳任臣《十國春秋》載：

> 馮涓字信之，先世為婺州東陽人，登唐大中四年宏辭科進士。……昭宗時官祠部郎中，擢眉州刺史。時田、陳拒朝命，不令之任。涓於成都墨池灌園自給。③

宋代開始，揚雄宅在成都城內的說法在史籍和文章中更加明確。宋樂史《太平寰宇記》載：

> 子雲宅在少城西南角，一名草玄堂。④

關於揚雄宅的位置究竟是在郫邑還是在少城，宋人高惟幾甚至認為揚雄在郫邑根本沒有住宅，《漢書·揚雄傳》中的相關記載有錯誤。高惟幾《揚子雲宅辨碑記》說：

> 李膺《益州記》曰：岷山去成都五百里，有岷山縣，江源所起也，故其西之八十里，江之南，石紐禹所生處。而班氏謂岷山之陽曰郫，采摭之誤耳。且岷去蜀郡五百里，郫去成都四十里，則郫不在岷山之陽明矣。蜀郡故關內中興寺，即西漢末揚雄宅。

---

① 《全唐詩》卷二二六《杜甫·堂成》。
② [宋] 李昉等：《太平御覽》卷一八〇《居處部·宅》，北京：中華書局，1960年。
③ [清] 吳任臣：《十國春秋》卷四十《前蜀六·馮涓傳》，北京：中華書局，2010年。
④ [宋] 樂史：《太平寰宇記》卷七十二《劍南西道·益州》，北京：中華書局，2007年。

南齊時有僧建草玄院,以雄於此草《太玄》也。《蜀記》曰:草玄亭,即揚雄草《太玄》所也,宅在州城西北二里二百八十步。……今州子城乃秦城也,亦張儀所築縣。《圖經》曰:縣在子城西北二里一百步,今草玄亭廢址乃其宅,去縣僅二百步,與二説符矣。《益州圖經》有揚雄坊而郫無揚雄宅,郫亦不載揚氏遺事,是知季五世傳一子,世世為成都人也,宅豈郫乎。……予因辯其誤,意泥古者止以班史岷陽之郫有宅為然。①

根據高惟幾的看法,《漢書》載揚雄宅在岷山之陽,岷山距成都五百里,而郫邑距成都僅四十里,所以揚雄宅不可能在郫邑。但高惟幾這一説法是錯誤的,源於宋代以後人把岷山的位置定位在四川北部。而唐代以前人對岷山橫亘於郫縣西部并無疑義,1966 年郫縣犀浦鎮出土東漢王孝淵碑,上面即有"建宅處業,汶山之陽"的碑文。②《元和郡縣志》"郫縣"條説:"本郫邑,蜀望帝理汶山下邑曰郫,是也。"又"汶山"縣條説:"汶山即岷山也。"③ 可見班固認為郫邑在"岷山之陽"是完全有依據的,揚雄之祖宅也應在郫邑。

揚雄在成都作《太玄經》,因此其宅又稱為草玄堂的傳説,在南朝時也開始出現。高惟幾説揚雄宅東漢後改為中興寺,南齊時又建草玄院,因揚雄曾在此草擬《太玄經》。但揚雄作《太玄》應是他在長安為官時。《漢書·揚雄傳》説:"當成、哀、平間,莽、賢皆為三公,權傾人主,所薦莫不拔擢,而雄三世不徙官。及莽篡位,談説之士用符命稱功德獲封爵者甚衆,雄復不侯,以耆老久次轉為大夫,恬於勢利乃如是。實好古而樂道,其意欲求文章成名於後世,以為經莫大於《易》,故作《太玄》。"④ 因此認為揚雄在成都撰《太玄經》,并把成都的揚雄宅命名為草玄堂或草玄院,實為唐宋時人的誤讀和附會。

從唐代後期開始,又出現揚雄在成都宅有"洗墨池"的説法,并有名人官宦為之題字。明《天中記》載:

《成都記》:草玄揚雄宅,後置寶園寺,今為官亭,有墨池在焉。⑤

《(雍正)四川通志》載:

洗墨池在縣治前,漢揚雄草《太玄經》處。宋米芾書"洗墨池"三字,知府耿定

---

① [明] 楊慎:《全蜀藝文志》卷三十九《高惟幾·揚子雲宅辨碑記》。
② 謝雁翔:《四川郫縣犀浦出土的東漢殘碑》,《文物》1974 年第 4 期。
③ [唐] 李吉甫:《元和郡縣志》卷三十二《成都府》、卷三十三《茂州》,北京:中華書局,1983 年。
④ [漢] 班固:《漢書》卷八十七下《揚雄傳》。
⑤ [明] 陳耀文:《天中記》卷十四,《四庫全書》本。

力勒之石。萬曆十六年，左布政程正誼浚廣地基，甃石為岸，建大廳五楹，南向，今俱廢。康熙二年，知府冀應熊建草亭、木橋，亦書"洗墨池"三字，勒石以紀其事。①

《大明一統志》載：

> 洗墨池在府城內，成都縣治南，即揚雄草玄洗硯之池。②

由於草玄堂和洗墨池的説法從唐代開始出現，唐代以後的各種史籍和文人的記載，都把揚雄讀書和著作的事迹，歸於在成都城內完成。由此，揚雄和其祖居郫邑的關係逐漸淡化。

何涉《墨池准易堂記》中説："揚雄有宅一區，在錦官西郭隘巷，著書墨池在焉。"成都西郭秦漢時期稱為少城，是著名的商業繁華區域，漢代是寸土寸金，世家大族聚居之地。"鬱鬱少城中，岌岌百族居。"③在這樣一箇區域擁有住宅，即使是隘巷居所，較之郫邑鄉間仍然需要相當多的資財。揚雄能從"家產不過十金，乏無儋石之儲"的郫邑農户之家，遷居到成都少城定居，財力從何而來？我認為與他的老師嚴君平和林閭翁孺關係甚大。《漢書‧王貢兩龔鮑傳》説：

> 君平卜筮於成都市，以為卜筮者賤業，而可以惠衆人。……裁日閲數人，得百錢足自養，則閉肆下簾，而授《老子》，博覽亡不通。依老子嚴周之指，著書十萬餘言。雄少時從遊學，已而仕京師、顯名數，為朝廷在位賢者稱君平德。杜陵李彊素善雄，久之為益州牧，喜謂雄曰："吾真得嚴君平矣。"雄曰："君備禮以待之，彼人可見，而不可得詘也。"彊心以為不然，及至蜀，致禮與相見，卒不敢言以為從事。乃嘆曰："揚子雲誠知人。"君平年九十餘，遂以其業終，蜀人愛敬，至今稱焉。④

君平既在成都肆賣卜、授徒、閉門著書，且能與益州牧抗禮交往，受到蜀人的愛敬，社會地位很高。君平對錢財不甚看重，應是有相當資財作為後盾。

揚雄的另一位老師是臨邛的林閭翁孺。揚雄《答劉歆書》説：

---

① 《(雍正)四川通志》卷二十三《成都府》，《四庫全書》本。
② 《大明一統志》卷六十七《成都府》，成都：巴蜀書社，2018年。
③ [明]楊慎：《全蜀藝文志》卷六《張載‧登成都白菟樓》。
④ [漢]班固：《漢書》卷七十二《王貢兩龔鮑傳》。

嘗聞先代輶軒之使，奏籍之書，皆藏於周秦之室。及其破也，遺棄無見之者。獨蜀人有嚴君平、臨邛林閭翁孺者，深好訓詁，猶見輶軒之使所奏言。翁孺與雄外家牽連之親，又君平過誤有以私遇，少而與雄也。君平財有千言耳，翁孺梗概之法略有。翁孺往數歲死，婦蜀郡掌氏子，無子而去。而雄始能草文。先作《縣邸銘》《王佴頌》《階闥銘》及《成都城四隅銘》。蜀人有楊莊者為郎，誦之於成帝，成帝好之，以為似相如，雄遂以此得外見。①

唐林寶《元和姓纂》載：

漢蜀郡林閭翁孺，博學善著書。②

宋魏了翁《邛州新創南樓記》說：

臨邛習尚儒雅，蓋自胡安先生、林閭翁孺嘗為漢卿，子雲從之受業，卒以名世。③

林閭翁孺是臨邛名士，曾任卿大夫，家境富裕，通曉訓詁文字之學，所以授與揚雄風俗方言之學，又與揚雄有親屬關係。揚雄年輕時既為嚴君平和林閭翁孺的學生，作為弟子常追隨君平和翁孺左右，應有其師之大力資助，方能脫離農耕，全力求學，且能居於成都少城之內。《太平寰宇記》卷七十二《劍南西道·益州》說：

嚴君平宅在州西一里。《耆舊傳》曰："卜肆之井猶存，今為普賢祠。子雲宅在少城西南角，一名草玄堂。"

可見嚴君平宅與子雲宅相距很近，應與揚雄求學於君平有關。同時揚雄在成都時已有文名，曾作《縣邸銘》《王佴頌》《階闥銘》及《成都城四隅銘》，就連漢成帝都很欣賞。這些主要頌揚成都官府的文章，應也有相當報酬，此亦可能為揚雄少城宅之資財來源。

揚雄宅在漢代以後屢廢屢興。宋何涉在《墨池准易堂記》中，歷述揚雄成都宅第變遷，及宋仁宗時由高惟幾重建的過程：

---

① ［漢］揚雄：《揚子雲集》卷四《答劉歆書》，《四庫全書》本。
② ［唐］林寶：《元和姓纂》卷五，北京：中華書局，1994年。
③ ［宋］魏了翁：《鶴山集》卷三十九《邛州新創南樓記》，《四庫全書》本。

（揚雄）有宅一區，在錦官西郭陋巷，著書墨池存焉。後代追思其賢而不得見，立亭池端，歲時來遊，明所以景行響慕。入魏晉李唐……子雲之宅巋然下據，不被廢徹。……王建進攘蜀土，僭立稱號……因不暇識所謂揚子雲果何人也，宅與墨池，垣入官界為倉廡地。至知祥、昶世及皇朝，仍而弗革。淳化甲午紀，順寇始亂，放兵燒掠，隆隆積廩，化作灰皁。……慶曆丁亥，今相國集賢文公適為是都尹，有中興寺僧懷信詣庭言狀。公嘆惋累日，命吏尋遺址，畫疆以還其舊，然屋已名龍女堂，池復湮塞。……提刑司田郎高侯惟幾，乘間獨至，睹荒圮渺莽，諮嗟久之……命取良材，凡助其用。……直北而堂曰准易，繪子雲遺像正位南向，諸公儀觀，列東西序。池心築置亭其上曰解嘲。前距午際，軒楹對起，以須晏會曰吐鳳。奇葩雜樹，移植交帶，垂苕森列，氣象藹藹。三月晦，凡土木黝堊之事畢成。①

宋京《蜀事補亡詩》曰：

君不見子雲草玄西郭門，一逕秋草閑朝昏。何須筆塚高百尺，池墨黯黯今猶存。童烏侯芭竟零落，玄學無人終寂寞。漢家執戟知幾年，垂老身投天祿閣。俗兒紛紛重劉向，思苦言艱動嘲謗。漢已中天雄亦亡，不較空文從覆醬。如今卻作給孤園，吐鳳亭前池水寒。安得斯人尚可作，會有奇字令君看。②

由宋人記載可見，揚雄故居在五代前後蜀時到北宋初曾為倉庫，北宋初年王小波、李順起義時被毀，後又成為龍女堂，墨池也已埋塞。直到慶曆年間方在遺址上建准易堂、解嘲亭以紀念揚雄。

成都城內的揚雄宅直到明清時期其位置仍很明確。明代曹學佺《蜀中廣記》載：

北門之勝，武擔山、子雲宅、金馬祠、太玄城、玉局觀、升仙橋、萬歲池、學射山其最著者。（子雲宅）按今在藩司西南隅，屬城之北，與郡縣俱移來者。墨池二字，舊是米顛書扁，刻於石矣。③

《天啓成都府志》卷三《古迹》載："揚雄宅，府治西南，內有草玄堂。今成都縣治即其地也。"《同治重修成都縣志》卷二《古迹》亦云："揚雄宅，即今縣治。"明清兩代的成

---

① ［宋］袁說友等編：《成都文類》卷四十二《何涉·墨池准易堂記》，北京：中華書局，2011年。
② ［明］楊慎：《全蜀藝文志》卷十五《宋京·蜀事補亡詩》。
③ ［明］曹學佺：《蜀中廣記》卷三《川西道成都府三》，《四庫全書》本。

都縣治均在今成都正府街一帶，這應是對揚雄宅比較準確的定位。

## 二、子雲亭

在蜀中的揚雄遺迹中，子雲亭知名度最高，其源來自唐劉禹錫的《陋室銘》：

  山不在高，有仙則名。水不在深，有龍則靈。斯是陋室，唯吾德馨。苔痕上階綠，草色入簾青。談笑有鴻儒，往來無白丁。可以調素琴，閱金經。無絲竹之亂耳，無案牘之勞形。南陽諸葛廬，西蜀子雲亭，孔子云：何陋之有？

劉禹錫的《陋室銘》傳播甚廣，尤其把"西蜀子雲亭"與"南陽諸葛廬"相提并論，使子雲亭的名氣越來越大，後世幾乎成為揚雄宅第的代稱。但子雲亭之名，應為唐人的附會傳説，漢代并不存在私人建亭的可能，更不存在子雲亭這樣的建築。

宋李誡《營造法式》中將亭定義為："亭，停也，人所停集也。"① 亭的歷史十分悠久，可以上溯到商周以前。漢代之"亭"為交通要道、市場、驛站標志建築之名稱，如都亭、郵亭、市亭、驛亭、街亭等，也是鄉以下基層治安機構的名稱。《營造法式》説："《風俗通義》謹案，《春秋》《國語》有寓望，謂今亭也。漢家因秦，大率十里一亭。亭，留也，蓋行旅宿食之所館也。亭亦平也，民有訟諍，吏留辨處，勿失其正也。"② 戰國時始在鄰接他國處設亭，設置亭長，任防禦之責。

亭長是縣屬吏，亭是基層治安機構。《後漢書·百官志五》説："亭有亭長，以禁盜賊。本注曰：亭長主求捕盜賊。"③ 地方上的"亭"，不但是最基層的治安單位，并且有接待過往官吏的責任。隨着時間的推移，亭的功能發生了很大變化。魏晉南北朝時，亭作為景觀建築，開始在園林中出現。由於亭建築精巧，通透空敞，視野良好，具有休息、賞景、點景等功能，所以在隋唐時期，園苑之中築亭已很普遍。按宋敏求《長安志》所載，唐代長安宮城中有望雲亭、毬場亭；長安宮城北的禁苑中有宮亭二十四所，如望春亭、柳園亭、桃園亭、凝思亭、韶芳亭、流杯亭等；大明宮中有太液亭，興慶宮中有沉香亭。這些亭既是園苑中的景觀建築，也是君王休閑娛樂之處。

由此可見，在漢代作為休閑娛樂的亭這種建築還未出現，其普及是在唐代。因此劉禹

---

① ［宋］李誡：《營造法式》卷一《總釋上·亭》，北京：人民出版社，2006年。
② ［宋］李誡：《營造法式》卷一《總釋上·亭》。
③ ［南朝宋］范曄：《後漢書》卷三十八《百官志五》，北京：中華書局，1973年。

錫所説"子雲亭",其實是把唐代的建築特點移置到西漢時代。自劉禹錫首先創造了"子雲亭"的説法後,後世文人把其當成了揚雄的典故。劉禹錫因參與永貞革新失敗,遭貶謫到和州而寫作《陋室銘》,而諸葛亮曾躬耕隴畝,揚雄祖上亦世世以農桑為業,與自己的處境相似,所以把"諸葛廬"和"子雲亭"作為陋室的典範。

劉禹錫在《陋室銘》中運用的"子雲亭"這一典故,後世文人以此為題材的甚衆。

元王惲詩:

> 秀井岷峨萬仞青,憶初載酒子雲亭。
> 幾年江渚悲鴻雁,一日沙隄詠鶺鴒。①

元謝應芳詩:

> 神仙中人鐵笛老,愛爾玉山雙眼青。
> 玉山高處拄手杖,鐵笛醉時圍內屏。
> 天生丹穴鳳為石,東望黑洋鯤出溟。
> 人傑地靈風物美,絕勝西蜀子雲亭。②

明李夢陽詩:

> 徐子南遊涉洞庭,楚江風浪眼冥冥。
> 曷來振玉朝天子,忽漫傳書與客星。
> 訪戴難移剡溪棹,問奇曾過子雲亭。
> 煙沙水國催春發,楊柳愁邊卻盡青。③

明李攀龍詩:

> 床頭一卷太玄經,湖上千山閉戶青。
> 儻憶故園能載酒,貧家不讓子雲亭。④

---

① [元] 王惲:《秋澗集》卷十八《杜季明表兄史千載南還荆門索同賦為餞以贈》,長春:吉林出版社,2005 年。
② [元] 謝應芳:《龜巢稿》卷三《崑山陳伯康築亭山巔楊邊梅過之題曰玉山高處且為賦詩命郭義仲劉景儀及予和之》,《四庫全書》本。
③ [明] 李夢陽:《空同集》卷三十《寄徐子》,《四庫全書》本。
④ [明] 李攀龍:《滄溟集》卷十三《謝中丞枉駕見過兼惠營草堂》,《四庫全書》本。

由此可見，"子雲亭"之稱，不可能出現於漢代，為唐人劉禹錫首先創造。但值得注意的是，"子雲亭"這一稱謂除劉禹錫外，在唐宋時期并無人使用，直到元代方為文人所沿襲，遂成典故。可見唐宋時期的人對於"子雲亭"這一説法并不認同。

到明清時期，根據地方志的記載，"子雲亭"作為紀念建築，成為揚雄衣冠塚的另一别稱。明代曹學佺《蜀中廣記》説：

《方輿勝覽》云：郫縣有子雲讀書堂。本志云：縣南二十里外子雲亭，即葬所也。亭北半里有拜臺，相傳為拜子雲墓而築。①

《天啓成都府志》卷三《宫室》載：

子雲亭，在郫縣治西二十里，即其墓也。

《天啓成都府志》卷三《陵墓》曰：

揚雄墓，郫縣西二十里，土人呼為子雲亭。提學郭子章為題"漢法玄先生揚子雲墓"，知府耿定力書。今存。

由《蜀中廣記》和《天啓成都府志》所説，子雲亭是郫縣揚雄衣冠塚的另一箇稱呼，明代還有拜臺存在。

## 三、揚雄墓

揚雄在蜀中的遺迹，還有今郫縣友愛鄉子雲村的揚雄墓。郫縣的揚雄墓位於成都市郫縣友愛鎮子雲村南一千米處，又名子雲墳。墓呈圓形，高數米，直徑10米，封土若小丘。該墓葬早期曾被擾亂破壞，歷代多次維修。據清同治本《郫縣志》載："揚雄墓，在縣西二十里。"墓地原存古柏，墓周圍原有石欄、石凳、石碑等。石欄上鐫聯"文高西漢唯玄草，學繼東山是法言。"後均被毀，現已不存。

但據史籍記載，揚雄的墓應在長安，并非在蜀地。郫縣的揚雄墓實際為紀念性的衣冠

---

① [明]曹學佺：《蜀中廣記》卷五《成都府五》，《四庫全書》本。

塚。《漢書·揚雄傳》載：

  雄以病免，復召為大夫。家素貧，嗜酒，人希至其門。時有好事者載酒肴從遊學，而巨鹿侯芭常從雄居，受其《太玄》《法言》焉。劉歆亦嘗觀之，謂雄曰："空自苦！今學者有禄利，然尚不能明《易》，又如《玄》何？吾恐後人用覆醬瓿也。"雄笑而不應。年七十一，天鳳五年卒，侯芭為起墳，喪之三年。①

桓譚《新論》説：

  揚子雲為郎，居長安，素貧。比歲亡其兩男，哀痛之，皆持歸，葬於蜀，以此困乏。子雲察達聖道，明於死生，不下季札，然而慕戀死子，不能以義割恩，自令多費而致困貧。②

《漢書·揚雄傳》説揚雄晚年"家素貧，嗜酒，人稀至其門，時有好事者載酒肴從遊學"。可見揚雄家道貧困，晚年猶甚，門庭冷落，嗜酒無錢，祇有靠向人傳授古文字來换取酒肴。尤其是揚雄的兩箇兒子先他而逝，"皆歸葬於蜀"。由於長安到成都路途遥遠且艱難，歸葬的費用巨大，致使揚雄家境雪上加霜，耗盡財力。揚雄之子歸葬於蜀，應葬在郫邑，不可能葬在成都城内。可見郫縣應有揚氏家族墓地，不過由於時代變遷而歸於湮滅。而揚雄家境貧困，兩箇兒子又先後在稚齡去世，揚雄家族没有後人，所以揚雄之墓為後人遷到蜀中的可能性也不存在。王羲之在《與周益州書》中曾詢問道：

  嚴君平、司馬相如、揚子雲皆有後不？③

周益州指周撫，東晉永和三年任益州刺史。也就是説，揚雄逝世三百多年後，東晉時人對揚雄有無後人已經不大清楚，揚氏家族應是完全衰敗，郫邑和成都的揚氏墓地也無人問津，以至於王羲之遠在江南，還對益州刺史有此一問。

揚雄墓地應在關中長安附近的安陵阪，揚雄去世後，由他的弟子侯芭葬於長安郊外的安陵阪，并未歸葬郫邑。郫縣之揚雄墓應為衣冠塚。因此今郫縣之揚雄墓，亦僅為紀念性墓葬，并非真實的揚雄墓。

---

① [漢] 班固：《漢書》卷八十七《揚雄傳》。
② [宋] 李昉：《太平御覽》卷五五六《禮儀部三十五·葬送》引。
③ [明] 楊慎：《全蜀藝文志》卷六十《尺牘》。

《（雍正）陝西通志·陵墓》載：

> 揚大夫雄墓在咸陽縣。子雲天鳳五年卒，葬安陵陂上。所厚沛郡桓君山，平陵如子禮，弟子巨鹿侯子芭共為治喪。諸公遣世子朝郎更行事者會送。桓君山為斂賻，起祠堂。侯芭負土作墳，號曰玄塚。

按《四川通志》："揚雄墓在郫縣西二十里，土人呼為子雲亭。明郭子章題其墓曰'漢法玄先生墓'，似為有據。然證以桓譚之說，則在長安者為篤矣。"①

由上述史籍所載可見，揚雄去世後，他的學生侯芭為他治喪，葬揚雄於長安的安陵陂上，未曾歸葬於蜀地。

以郫縣與揚雄齊名的西漢名人何武而論，何武曾官至大司空，去世後初葬於洛陽北邙山，後來兒子何況將他歸葬於家鄉。何武墓為大型磚石墓，位於郫縣一中校內，雖墓前石人、石馬及碑刻已毀，但仍是郫縣重要文物。何武墓歷代變遷記載翔實，且有文物遺存，與郫縣揚雄衣冠塚來源不明有很大差異。

## 四、其他遺迹

揚雄在蜀中的遺迹，還有郫縣的子雲讀書堂。《方輿勝覽·成都府》載：

> 《圖經》云：即今中興寺有載酒亭及墨池，郫縣有子雲讀書堂，趙清獻為記。②

趙清獻即趙抃，為北宋名臣，曾在宋仁宗和神宗時兩次知成都府，但今天留存的文集《清獻集》中，并沒有為子雲讀書堂寫的記。子雲讀書堂明代以後未見記載，應是被毀損了。

成都之外還有川南犍為縣的"子雲城"和"子雲亭"，以及川北綿陽市的"揚雄別墅""子雲亭"等。民國《樂山縣志》引《蜀中名勝志》《屏山縣志》《方輿考略》《蜀水經》說："子雲，江原人。初遷沐川，繼遷犍為，居子雲山，在犍為東南十五里，揚雄故宅在焉；再遷成都金花寺。"并按："當云：再遷樂山，四遷成都。"似乎揚雄蹤迹幾遍川西各

---

① 《（雍正）陝西通志》卷七十《陵墓一》，《四庫全書》本。
② ［宋］祝穆：《方輿勝覽》卷五十一《成都府》，北京：中華書局，2003年。

地。但這些地方志的記載把揚氏家族的遷徙和揚雄本人的行蹤混為一談,難以采信。其次,明清地方志的記載也缺乏揚雄其他史料的支持。

這裏要特別注意揚氏在巴蜀境内遷居的原因。《漢書·揚雄傳》説:

> 楚漢之興也,揚氏溯江上,處巴江州。而揚季官至廬江太守。漢元鼎間避仇復溯江上,處岷山之陽曰郫。①

可見揚氏從西漢初到漢武帝時,曾兩次由楚地遷居到巴蜀。其中第二次遷居的原因為避仇,遷徙的路綫是溯江而上,也就是從巴州沿長江、岷江一綫向成都遷居。仇家既在楚地,那麼距離楚地自然越遠越好,所以沿長江和岷江一綫,從今重慶、沐川、犍為、樂山到成都,都有揚氏家族留下痕迹。但是否揚雄本人在那裏住過,恐怕就很難説了。宋高惟幾《揚子雲宅辨碑記》就已經認為:

> 楚漢之興也,揚氏溯江上,處巴之江州。即犍為郡,漢建。元末領江陽。今《圖經》有揚雄宅并洞。洞前刻揚雄像,此即揚侯爾,以雄名最顯,後人慕之第,稱曰揚雄宅。與像迨此存焉,今為道官。②

可見後人因揚氏家族中以揚雄名聲最著,所以把揚氏家族在巴蜀留下的遺迹都歸於揚雄。

明代曹學佺《蜀中廣記》引《綿州志》説:

> 《綿州志》:州西七里鳳嶺下仙雲觀,蓋揚雄別墅也。壁刻子雲真像,乃宋王助筆。③

揚雄曾居於綿州,以及在綿州有別墅的説法,最早見於明清時的地方志,缺乏更早的史料支持。揚雄曾作《綿竹頌》,有可能是到過綿竹。但漢代的綿陽稱為涪縣,而綿竹曾設置都尉,其行政地位高於涪縣。因此《綿竹頌》主要是贊頌綿竹的,并不涉及綿州。從漢代的記載來看,揚雄在蜀中的活動範圍,主要在成都周邊。揚雄在蜀中雖然得到老師資助,在成都少城陋巷有居宅,但家資終不富裕,在綿州擁有別墅,與他當時的生活狀況不符。

---

① [漢] 班固:《漢書》卷八十七上《揚雄傳》。
② [明] 楊慎:《全蜀藝文志》卷三十九高惟幾《揚子雲宅辨碑記》。
③ [明] 曹學佺:《蜀中廣記》卷十五《畫苑記第一》,《四庫全書》本。

今綿陽市西山景區中建有"子雲亭",其來源解說為:"揚雄在四十多歲離家往京時,曾經滯留涪縣。現在,在綿陽市西山和涪城區永興境內的古鐘陽鎮遺址,兩處有'揚子雲讀書臺'和'洗墨池'遺跡。"但揚雄離開成都到長安是應漢成帝之徵召,不可能在途中長期滯留,衹有暫住纔是正常的。唐宋時期是揚雄遺跡為文人附會最多的時代,宋人在綿州岩壁刻畫揚雄像,完全是當時的風氣所致。

曹學佺《蜀中廣記》"嘉定州·犍為縣"條說:

> 本志云:子雲城在縣南三十里,昔揚子雲避亂於此,後人增築為城。今水月寺是其故址,俗訛為紫雲城。
>
> 子雲城在縣東南十五里,相傳揚子雲曾居此。宋寶祐中築城、置戍於此,又名紫雲城。德祐初,昝萬壽以紫雲城降元是也,今其地為水月寺。①

《(雍正)四川通志》"嘉定州·犍為縣"條說:

> 子雲亭在縣南三十里。舊志:在治南二十里子雲山上,漢揚雄隱居構亭於此。②

揚雄曾在犍為避難的說法,最早亦見於明清地方志。揚雄在蜀中生活的時代,巴蜀政局穩定,成都并未出現動亂,不存在去川南避亂的必要。所謂揚雄在犍為避亂,應是把揚氏先輩的避仇遷居附會到揚雄身上。因此蜀中的"子雲別墅""子雲城"和郫縣之外的"子雲亭",應均屬唐代及以後世的附會與紀念。

揚雄在蜀中的行蹤所到範圍,應以他撰寫的《蜀都賦》為重要依據。《蜀都賦》中關於以成都為中心的周邊地理情況的記載說:

> 蜀都之地,古曰梁州。禹治其江,渟皋彌望,鬱乎青蔥,沃野千里。……東有巴賨,綿亘百濮。銅梁金堂,火井龍湫。……南則有犍牂潛夷,昆明峨眉。……靈山揭其右,離碓被其東。……西有鹽泉鐵冶,橘林銅陵。邛連盧池,澹漫波淪……北則有岷山,外羌白馬。……於是乎則左沈犁,右羌庭,漆水淳其匈,都江漂其涇。……其竹則夾江緣山,尋卒而起。結根才業,填衍迴野,若此者方乎數十百里。于汜則汪汪漾漾,積土崇堤。其淺濕則生蒼葭蔣蒲,藿芋青蘋,草葉蓮藕,茱華菱根。其中則有

---

① [明]曹學佺:《蜀中廣記》卷十一《嘉定州·犍為縣》,《四庫全書》本。
② 《(雍正)四川通志》卷二十七《古迹·嘉定州·犍為縣》,《四庫全書》本。

翡翠駕鵞，䍄鸘鵁鷺，䨴鵽鸐鴂。其深則有猵獺沈鱓，水豹蛟蛇，黿鱣鼈龜，眾鱗鰡鱗。①

賦中以成都為中心，記載四方與成都周邊的情况。根據後人的注釋與解説，賦中所説銅梁山在今重慶銅梁縣，金堂山在今成都金堂縣，火井鎮在今成都邛崍市，隋唐設火井縣。南方的犍為郡在今四川南部，牂柯郡在今貴州北部，昆明泛指雲南地區，峨眉山所指與今地相同。靈山指今雅安的靈關山，離碓指今樂山烏尤山。西方的鐵冶在臨邛，即今邛崍市境，銅陵指雲南北部的昭通地區，漢代為朱提郡產銅。邛連盧池指今四川西南部的邛海和瀘沽湖。北方的岷山和白馬，均在今川西北地方。沈黎指漢代在今四川漢源縣一帶設立的沈黎郡，漆水為沫水之誤，即今大渡河，都江即指岷江上游。如果後人的解説没有大的偏差，我們可以説這就是揚雄對今四川西部南到雲南貴州的地理大致的認識。但以賦中提到的地名而言，距離成都越遠，地名包含範圍就越大，并且難以確定具體位置；距離成都越近，賦中地名範圍就越小，而且位置與記述更為準確。如揚雄筆下對成都平原河流、濕地景觀與動植物的描寫十分具體細緻和生動，有强烈的現實感，與賦中對遠方情况的泛泛敘述形成强烈對比，可見這纔是他日常生活和行蹤的範圍。

如果我們以賦中所提到的覆蓋範圍小，而且地理位置較為準確的具體地名而論，以成都為中心，東北有今成都金堂山，東南有重慶銅梁山，西有今邛崍市火井鎮，西南有雅安的靈關山，南有今樂山市的峨眉山和烏尤山離堆。這箇範圍之外涉及的賦中地名，主要是郡級行政區、較大的山脈和江河湖泊，以及一些邊疆民族的名稱，地名覆蓋範圍大，地理位置指向較為空泛，賦中對它們的描寫也多有虛誇想象之處，可能應是揚雄從書本或他人的敘述中獲得的資料，他本人未必親自去過。由此我們可以大致推斷出，揚雄本人行蹤所至的蜀地範圍，其實就是川西平原和部分川中地區。在這箇範圍之内的揚雄遺迹，大體上應該是真實的。

作者單位：四川師範大學歷史與旅遊學院

---

① [漢] 揚雄：《揚子雲集》卷五《蜀都賦》，《四庫全書》本。

# 中古文學劄叢之二（五題）

顧 農

## 陸機的擬古詩

鍾嶸《詩品·上》關於古詩寫道：

> 其體源出於《國風》。陸機所擬十四首，文溫以麗，意悲而遠，驚心動魄，可謂幾乎一字千金。其外"去者日以疏"四十五首，雖多哀怨，頗為總雜，舊疑是建安中曹、王所制。"客從遠方來""橘柚垂華實"，亦為驚絕矣。人代冥滅，而清音獨遠，悲夫！

由此可知，到鍾嶸活動的齊梁時代，無主名的古詩可以看到五十九首（14＋45）。稍後蕭統編撰《文選》，從中選錄了《古詩十九首》（卷二十九）。十九這箇數量，大約沒有什麼特別的含義。從一批詩中遴選若干首，無非是他就看好這麼多。蕭統選左思的《詠史》是八首，選郭璞的《遊仙》是七首，而選阮籍的《詠懷》則是十七首，要一一追尋這些數目的深意好像是不大可能的。《古詩》何以十九首？這箇難題似乎無從回答，其實不去追問這種問題也罷。求之過深，自貽憂戚。

蕭統在《文選》中又選錄了陸機的《擬古詩十二首》（卷三十），它們是：

一、《擬行行重行行》（原詩後來列為《古詩十九首》之一，以下仿此）
二、《擬今日良宴會》（四）
三、《擬迢迢牽牛星》（十）

四、《擬涉江采芙蓉》（六）
五、《擬青青河畔草》（二）
六、《擬明月何皎皎》（十九）
七、《擬蘭若生朝陽》
八、《擬青青陵上柏》（三）
九、《擬東城一何高（即東城高且長）》（十二）
十、《擬西北有高樓》（五）
十一、《擬庭中有奇樹》（九）
十二、《擬明月皎夜光》（七）

審視陸機這些擬作，可以很清楚地看到其原作祇有一篇《擬蘭若生朝陽》不在《文選》所選的十九首之內。蕭統在選錄古詩時，很可能參考過陸機這些擬作的選目，而他們的眼光也真所謂"英雄所見略同"。

《文選》中陸機擬古詩十二首與《古詩十九首》的順序很不一致。到徐陵編撰《玉臺新詠》時，選入陸機的擬古詩八首，它們是：《擬行行重行行》《擬迢迢牽牛星》《擬明月何皎皎》《擬蘭若生朝陽》《擬東城高且長》《擬庭中有奇樹》《擬青青河畔草》《擬涉江采芙蓉》——選目沒有越出《文選》所錄之十二首的範圍，而順序又發生了一些變化。古詩之原作與後人擬作的順序都是隨機安排的，沒有什麼特別的意思，此即所謂"排名不分先後"。

陸機擬古之作而未進入《文選》的，很可能一是《駕言出北闕行》，此詩《藝文類聚》卷四十一題作《驅車上東門》；而《驅車上東門》乃是《古詩十九首》的第十三首。《樂府詩集》卷六十一"雜曲歌辭"先錄古辭《驅車上東門行》，後錄陸機此詩，當是認為題作《駕言出北闕行》者是模擬《驅車上東門》的，而又認定這兩首都是樂府詩。似此，則陸機的《駕言出北闕行》也可以題作《擬驅車上東門》。古詩中多有歌者的口吻，應當是可以唱的，祇是未必配樂。古詩與樂府詩之間沒有絕對的界限，而擬作的情形就更加如此了。

陸機擬古的另一首應當是題為《遨遊出西城》的那首詩（《藝文類聚》卷四十一）：

遨遊出西城，按轡循都邑。逝物隨節改，時風肅且熠。遷化有常然，盛衰自相襲。靡靡年時改，冉冉老已及。行矣勉良圖，使爾脩名立。

這首詩類比的很可能是《古詩十九首》其十一的《回車駕言邁》：

回車駕言邁，悠悠涉長道。四顧何茫茫，東風搖百草。所遇無故物，焉得不速老。盛衰各有時，立身苦不早。人生非金石，豈能長壽考？奄忽隨物化，榮名以為寶。

　《遨遊出西城》較之《回車駕言邁》少了兩句，一種可能是《藝文類聚》引用前人作品，往往有所刪節；另一種可能則是陸機故意減少了兩句。
　　陸機所擬之古詩十四首，其原作有十三首進入了稍後由蕭統選定的《古詩十九首》，比例之高可以說是驚人的。青年陸機的眼光實在是高啊。
　　陸機模擬古詩，有些是嚴格地按照原作的路子走，祇是相應地改換詞語或另用了一些說法而已。試舉古詩原作與陸機擬作各二首為例來看：

　　涉江采芙蓉，蘭澤多芳草。采之欲遺誰，所思在遠道。還顧望舊鄉，長路漫浩浩。同心而離居，憂傷以終老。
　　　　　——《古詩十九首》其六

　　上山采瓊蕊，穹谷饒芳蘭。采采不盈掬，悠悠懷所歡。故鄉一何曠，山川阻且難。沉思鍾萬里，躑躅獨吟嘆。
　　　　　——陸機《擬古詩十二首》其四

　　東城高且長，逶迤自相屬。回風動地起，秋草萋已綠。四時更變化，歲暮一何速！晨風懷苦心，蟋蟀傷局促。蕩滌放情志，何為自結束？燕趙多佳人，美者顏如玉。被服羅裳衣，當戶理清曲。音響一何悲，弦急知柱促。馳情整巾帶，沉吟聊躑躅。思為雙飛燕，銜泥巢君屋。
　　　　　——《古詩十九首》其十二

　　西山何其峻，層曲鬱崔嵬。零露彌天墜，蕙葉憑林衰。寒暑相因襲，時逝忽如頹！三閭結飛轡，大耋嗟落暉。曷為牽世務，中心若有違？京洛多妖麗，玉顏侔瓊蕤。閑夜撫鳴琴，惠音清且悲。長歌赴促節，哀響逐高徽。一唱萬夫嘆，再唱梁塵飛。思為河曲鳥，雙游豐水湄。
　　　　　——陸機《擬古詩十二首》其九

　　詩句的數目、對應各句之結構、全詩的章法，以至於主題要旨，幾乎完全相同。《古詩十九首》其十二的結構是頗有特色的，詩的後一半有重大的轉進，抒情主人公在感傷了一番之後決定放縱自己（"蕩滌放情志，何為自結束"）；下文即改而從大城市裏的美女着筆，似乎是要另起爐灶，讀下去纔知道詩人正由此生出纏綿的幻想來，準備同她結為"雙飛燕"。這箇美夢把他内心的彷徨痛苦發露無餘。陸機的擬作也相應地在第十一句上提出"京洛多妖麗"來，并就此大做其白日夢。所以前人往往批評陸機喪失自我，毫無創新，新作與所擬之原作"步趨如一"（王夫之《古詩評選》卷四），"病其呆板"（李重華《貞一齋詩話》）。

其實，做擬古詩正如描紅臨帖或臨摹名畫，本來就是要講究"步趨如一"的。"山寨版"的東西最好無限接近原版，纔能亂真。而創造性思維、隨意揮灑，那要另找地方。

朱自清先生為了學寫舊體詩，從事過一段擬古，他後來在《猶賢博弈齋詩鈔》自序中說："余以老泉發憤之年，僭大學說詩之席，語諸生以巧拙，陳作者之神思，而聲律對偶，劣得皮毛；甘苦疾徐，悉憑胸臆。搔癢有隔靴之嘆，舉鼎殷絕臏之憂。於是努力桑榆，課詩昕夕，學士衡（按即陸機）之擬古，亦步亦趨，諷惜抱所鈔詩，惟兢惟業……"① 他的擬古諸作後來編為《敝帚集》。朱自清把自己的擬古作業送請老詩人黃節（晦聞）先生請益，黃先生予以充分肯定，在他課詩的本子上批道："逐句換字，自是擬古正格。"②

"逐句換字"，正是當年陸機採用的辦法。他那批《擬古詩》中有一部分大約是他早年即跑到洛陽去尋求出路之前，在老家時做的一些練習題。把亦步亦趨的擬古作業也做成了經典，其水準之高，實在是驚人的。

值得注意的是，陸機的擬古詩除了與原作"步趨如一"、不越雷池的以外，也有一些是致力於變化，寓創新於擬古之中的。

試舉一箇例子來看，《古詩十九首》其三云：

青青陵上柏，磊磊澗中石。人生天地間，忽如遠行客。斗酒相娱樂，聊厚不為薄。驅車策駑馬，遊戲宛與洛。洛中何鬱鬱，冠帶自相索。長衢羅夾巷，王侯多第宅。兩宮遥相望，雙闕百餘尺。極宴娱心意，戚戚何所迫？

而陸機的《擬青青陵上柏》（《擬古詩十二首》其八）詩云：

苒苒高陵蘋，習習隨風翰。人生當幾時，譬彼濁水瀾。戚戚多滯念，置酒宴所歡。方駕振飛轡，遠遊入長安。名都一何綺，城闕鬱盤桓。飛閣纓虹帶，層臺冒雲冠。高門羅北闕，甲第椒與蘭。俠客控絕景，都人驂玉軒。遨遊放情願，慷慨為誰嘆？

---

① 朱喬森編：《朱自清散文全集》第5卷，南京：江蘇教育出版社，1996年，第241頁。
② 《敝帚集》卷首，朱喬森編：《朱自清全集》第5卷，南京：江蘇教育出版社，1996年，第138頁。

陸機的擬作把大城市的特色形容得更加充分，他不僅寫到這裏建築物之高檔講究，還特別注意到闊人們代步的工具也異常高級（"俠客控絕景，都人驂玉軒"——馬是千里馬，車的規格、裝飾也極為豪華），令外地來的觀光客仰慕不已，不禁慷慨長嘆首都（詩中的長安代指首都，實際應是洛陽）的氣派就是不同。

原作的抒情主人公看來屬於窮小子，他和他的同伴祇能在低端小酒店裏喝小酒，發牢騷，説大人物外面看氣勢不凡，其實他們忙於勾心鬥角，日子并不好過（"冠帶自相索""戚戚何所迫"），還不如我們窮小子快活——這是"憤青"們的精神勝利法了。① 陸機的詩情緒相對平靜，他不會像下層士人那樣言辭過激，更不會有什麼犯上作亂的思想苗頭。

擬作比原作多了兩句（18—16＝2），這應當出於陸機的別出心裁。鮑照也寫過一首《擬青青陵上柏》，就老老實實的還是十六句：

　　涓涓亂江泉，綿綿橫海煙。浮生旅昭世，空事嘆華年。書翰幸閒暇，我酌子縈弦。飛轙出荆路，鶩服指秦川。渭濱富皇居，鱗館匝河山。輿童唱秉椒，櫂女歌采蓮。乎愉鴛閣上，窈窕鳳楹前。娛生信非謬，安用求多賢。

鮑照也是竭力表達下層知識分子的牢騷不平和由此而來的及時行樂情緒。他的創造性在於并不模仿原作的字句，而祇是認同其基本的情感傾向。

陸機作為基礎很好水準很高的詩人，即使在寫擬古之作時，也不會完全亦步亦趨，他的創造性總是有所流露和表現。

陸機擬古諸作中以《擬蘭若生朝陽》一首為另類，《古詩十九首》中沒有題為《蘭若生朝陽》的，但陸機此詩確為擬作。其詩如下：

　　嘉樹生朝陽，凝霜封其條。執心守時信，歲寒終不凋。美人何其曠，灼灼在雲霄。隆想彌年月，長嘯入風飆。引領望天末，譬彼向陽翹。

它模擬的對象應當是《玉臺新詠》卷一所載之枚乘《雜詩九首》其六，原詩如下：

　　蘭若生春陽，涉冬猶盛滋。願言追昔愛，情款感四時。美人在雲端，天路隔無期。夜光照玄陰，長嘆戀所思。誰謂我無憂，積念發狂癡。

---

① 關於此詩的解説，參見顧農《讀〈古詩〉劄記二則》，原載《書品》2002 年第 5 期，後收入《文選論叢》一書，廣陵書社 2007 年版。

原詩和擬作的主題都是抒發戀愛中求之不得的哀傷。詩中說，她現在離自己已經無比遙遠，好像是在天上，自己祇能無助地遙望。這大約也是遊子在遠離故鄉以後的一種大痛苦。

所謂枚乘的《雜詩九首》原來應當是漢末的無主名之作，其中有八首進入了《古詩十九首》，唯一落選的就是這首《蘭若生春陽》。它落選的原因，我曾有過一箇推測："這一首感情比較外露，而《文選》選詩大抵以含蓄蘊藉者為主。前人之詩本來是直露與內斂兩種風格都有，而自從魏晉清談風行以後，士人大抵以簡儁為高，此風影響到詩壇，餘味曲包便高於大聲疾呼了。蕭統貴族氣很濃，他的高雅趣味是不喜歡什麼'積念發狂癡'的。"① 陸機乃是南方貴族，他早年一直生活在南方，沒有受到中原玄學清談之風的影響，在模擬古詩時并不迴避這種熱情外露的作品，但他對於詩歌藝術有着深刻的理解，在擬作中注意講究抒情的尺度，寫得含蓄有致，水準更高於大聲疾呼的原作。清朝詩論家吳淇說："原詩末句續念發狂，已是魯矢之末。此詩'引領'云云從高曠生來，猶自餘勁矯矯。此《選》之所以獨存擬詩也。"（《六朝選詩定論》卷十）其說深刻有味。

陸機在《文賦》裏提出"詩緣情以綺靡"：一要充滿感情，一要講究文采。他的擬古詩做到這兩條，大大高於流俗，遂能得到蕭統的重視，成批地進入《文選》。

## 陸雲與"征東大將軍京陵王公"

黃葵先生點校本《陸雲集》（中華書局1988年版，以宋慶元六年華亭縣學刻本《陸士龍文集》為底本）卷二有《征東大將軍京陵王公會射堂皇太子見命作此詩》，單憑這一標題，就可以獲得很多資訊，再依據該詩正文，更可以增加對詩人陸雲的瞭解。

具有"京陵公"這一頭銜而又姓王的人，祇能是王渾（字玄冲，223—297）。檢《晉書·王渾傳》，其人為魏司空王昶之子，"襲父爵京陵侯"，歷任曹魏和西晉多種要職，在西晉平吳之役中建有大功，因此他的爵位由侯升公，稍後更進一步高升。本傳載：

> 遷安東將軍、都督揚州諸軍事，鎮壽春……及大舉伐吳，渾率師出橫江……吳丞相張悌、大將軍孫震等率衆數萬指城陽，渾遣司馬孫疇、揚州刺史周浚擊破之，臨陣斬二將，及首虜七千八百級，吳人大震。
> 
> 孫皓司徒何植、建威將軍孫晏送印節詣渾降……

---

① 顧農：《留在大城市還是回老家去？——從漢末古詩分析遊子的奮鬥、苦悶與抒情》，《文匯報》2019年3月22日《文匯學人》第8—10版。

(晉武)帝下詔書曰："使持節、都督揚州諸軍事、安東將軍、京陵侯王渾，督率所統，遂逼秣陵，令賊孫皓救死自衛，不得分兵上赴，以成西軍之功。又摧大敵，獲張悌，使（孫）皓塗窮勢盡，面縛乞降。遂平定秣陵，功勳茂著。其增封八千户，進爵為公。封子澄為亭侯，弟湛為關内侯，賜絹八千匹。"

轉征東大將軍，復鎮壽陽。渾不尚刑名，處斷明允。時吴人新附，頗懷畏懼，渾撫巡羈旅，虛懷綏納，座無空席，門不停賓，於是江東之士莫不悦附。

徵拜尚書左僕射，加散騎常侍。會朝臣立議齊王攸當之藩，渾上書諫曰……

由此可知王渾的"征東大將軍"這一頭銜，也來自平吴之役中的功勞。① "征東大將軍"為"四征"之一，官居二品。② 他在壽陽的舉措很合時宜，很得人心。王渾不僅是戰功卓著的軍事統帥，也是很有遠見的政治家。

陸雲此詩的寫作時間，也正可以由王渾的經歷和頭銜來推知。據本詩標題，此詩當作於王渾升遷為尚書左僕射之前。尚書左僕射是尚書省的高官，相當於副宰相，《晉書·職官志》云：

録尚書事……自魏晉以後，亦公卿權重者為之。

尚書令，秩千石，假銅印墨綬……

僕射，服秩印綬與令同……置二，則為左右僕射，或不兩置，但曰尚書僕射。令闕，則左為省主；若左右并闕，則置尚書僕射以主左事。

散騎常侍級别也非常之高，一般作為加官賞給中樞的高官。由征東大將軍到尚書左僕射是向上走。古代稱官僚的頭銜一般總是舉最高職務，所以稱王渾為"征東大將軍京陵王公"，肯定是在他榮升尚書左僕射之前，不可能在業已升遷之後而仍以舊頭銜稱呼之。

《晉書》本傳未載王渾升任尚書左僕射的時間，幸而《資治通鑑》卷八十一《晉紀三》在太康六年（285）有如下的記載：

春，正月，尚書左僕射劉毅致仕，尋卒。戊辰，以王渾為尚書左僕射，渾子濟為侍中。

---

① 黄葵先生點校本將此詩標題中的"東"字改作"西"，校記云："'西'，原作'東'，據叢刊本、汪本、葉本、張本改。《晉書·惠帝紀》：'（元康五年夏）徵倫為車騎將軍，以梁王彤為征西大將軍。'《晉書》五十九《趙王倫傳》：'元康初，（倫）遷征西將軍。'征西大將軍即趙王司馬倫。"按此改似頗不妥，"征西大將軍"固然可以指趙王司馬倫，而此詩内容與司馬倫完全不相干，且"京陵王公"完全無法安頓。慶元本"東"字不誤。

② 《晉書·職官志》："四征、鎮、安、平加大將軍不開府，持節都督者，品秩第二。"

由此可知陸雲的《征東大將軍京陵王公會射堂皇太子見命作此詩》當作於太康六年（285）正月之前，而這時的太子自然是晉武帝司馬炎之子、後來當了皇帝（晉惠帝）的司馬衷。要求陸雲當場作詩的就是這位太子司馬衷了。近賢或將此詩繫於元康元年（291）三月之後，太子則指司馬遹。這樣的繫年同本詩的標題完全不合拍，何況其時王渾又不止尚書左僕射了，他已於"太熙初，遷司徒"，位列三公，後又"錄尚書事"（《晉書》本傳），成為地位與權勢最高的高官——到這箇時候，怎麼還會拿老早的官銜"征東大將軍"來稱呼他呢。按之史料和情理，太康六年（285）正月乃是《征東大將軍京陵王公會射堂皇太子見命作此詩》寫作時間的下限，而具體時間還應當適當提前，提到"會朝臣立議齊王攸當之藩，渾上書諫曰"之前。

齊王司馬攸是否應當離開首都洛陽到他的封地去，曾經是一箇很嚴重的有爭議的問題。司馬攸是晉武帝司馬炎的弟弟，早年出嗣於司馬師為後。先前司馬昭曾經説過，自己百年之後，大業宜歸攸。這是因為他本人的地位是從哥哥司馬師那裏繼承來的。但是司馬昭去世後繼承他的地位并且當了皇帝的還是長子司馬炎，於是皇太弟司馬攸就成了一箇身份很敏感的人。此人各方面素質都比較高，加上司馬昭先前有過交代，這樣一來，他對司馬炎之子、太子司馬衷就構成了威脅，司馬衷是有點弱智的，則更加強了威脅的嚴重性。

由誰來繼位乃是武帝司馬炎的一大心病，他要想辦法排斥親弟弟司馬攸，確保將大位傳給兒子。雖然他曾裝腔作勢地就此事徵詢過大臣們的意見，其實主意是早就打定了，所以凡是主張留齊王攸在首都擔任要職的，他實際上都很反感。到太康三年（282）冬十二月，"以司空齊王攸為大司馬，督青州諸軍事，鎮東大將軍"（《晉書·武帝紀》），這一意味深長的調動實際上取消了齊王攸繼承皇位的可能。

王渾是主張將齊王攸留在中樞的，明確反對讓司馬攸歸藩，建議留他在首都擔任太子太保，"與太尉汝南王亮、衛將軍楊珧共為保傅，干理朝事"。他的建議遭到武帝的斷然絕。讓王渾同皇太子司馬衷歡聚一堂大約是晉武帝司馬炎深謀遠慮的一種安排，意思是要他支持太子。此事應在太康三年（282）冬十二月之前，等到司馬攸被打發到青州去"就國"以後，大局已定，就無須再動這樣的腦筋了。

如果這樣的推測不誤，則《征東大將軍京陵王公會射堂皇太子見命作此詩》當作於太康三年（282）冬十二月之前不久。聚會時太子司馬衷命陸雲作詩歌頌王渾，自然是拉攏這位大將軍的意思，但王渾似乎并不吃這一套。

太子司馬衷命令陸雲作詩，自當是因為陸雲此時正在東宮裏擔任太子舍人。《晉書·陸雲傳》載：

> 雲字士龍，六歲能屬文，性清正，有才理。少與兄機齊名，雖文章不及機，而持

論過之，號曰"二陸"。幼時吳尚書廣陵閔鴻見而奇之，曰："此兒若非龍駒，當是鳳雛。"後舉雲賢良，時年十六。吳平，入洛……刺史周浚招為從事，謂人曰："陸士龍，當今之顏子也。"俄以公府掾為太子舍人，出補浚儀令……郡守害其能，屢譴責之，雲乃去官。百姓追思之，圖畫形象，配食縣社。尋拜吳王晏郎中令……

這裏的敘述未免過簡，但"刺史周浚招為從事"與"俄以公府掾為太子舍人"這兩點至為緊要，乃是考察陸雲生平的重要支點。周浚是王渾屬下的揚州刺史，當時晉之揚州下轄四郡，治所在壽陽（即壽春，① 今安徽壽縣）。晉軍平吳之後，於太康元年（280）五月下詔決定將"孫氏大將戰亡之家徙於壽陽"（《晉書‧武帝紀》），意在嚴防這一幫"亡國之餘"在其故地死灰復燃，鞏固大晉王朝新取得的勝利。這種在許多新占領區實行的移民政策②取得了相當的成效，也引起不少被移之民的反感，原孫吳將領頗有舉兵造反者，但全被鎮壓下去了。③

平吳後，晉王朝將原來吳之揚州與原來晉之揚州合并，新的大揚州治所遷至秣陵（今南京），下轄十八箇郡。④ 刺史仍由周浚擔任，他的地位也因此而大為提高。周刺史對原吳人采取軟硬兩手，凡不肯臣服者堅決鎮壓之，願意合作的上層人物及其子弟則給予適當安排，穩定了新區的秩序。陸雲就是得到周浚安排的一箇典型。被徙於壽陽的陸雲，得到了周浚的賞識，開始進入晉王朝的仕途。《世說新語‧賞譽》"有問秀才吳舊姓何如"條注引《陸雲別傳》載：

> 雲字士龍，吳大司馬抗之第五子，機同母之弟也。儒雅有俊才，容貌瓌偉，口敏能談，博聞強記，善著述，六歲便能賦詩，時人以為項托、楊烏之疇也。年十八，刺史周浚命為主簿。浚常嘆曰："陸士龍當今之顏淵也！"累遷太子舍人、清河內史，為成都王所害。

而《晉書‧周浚傳》在敘述周浚參與平吳之役的戰功以後則寫道：

---

① 《通典》卷一八一《州郡十一》："壽春，漢舊縣。東晉以鄭皇后諱，改為壽陽。宜春曰宜陽，富春曰富陽。凡名'春'者，悉改之。"在一段時間裏，壽春、壽陽兩箇地名交混使用，其實為同一地。
② 例如原孫吳揚武將軍陶丹之子陶侃本鄱陽人，被遷至廬江之尋陽（詳見《世說新語‧言語》"陶公疾篤"條注引《陶氏敘》《晉書‧陶侃傳》）。更有許多被移之民本人及其後代從此湮滅無聞。
③ 例如《晉書‧武帝紀》載太康三年（282）"吳故將莞恭、帛奉舉兵反"，太康八年（287）"吳興人蔣迪聚黨反"，如此等等。
④ 《晉書‧地理志下》："（孫吳方面）揚州統丹陽、吳、會稽、吳興、新都、東陽、臨海、建安、豫章、鄱陽、臨川、安成、廬陵、南部十四郡，江西廬江、九江之地，自合肥之北至壽春悉屬魏。及晉平吳……揚州合統郡十八，縣一百七十三，戶三十一萬一千四百。"

> 浚既濟江，與（王）渾共行吳城壘，綏撫新附，以功進封成武侯，食邑六千户。明年，移鎮秣陵。時吳初平，屢有逃亡者，頻討平之。賓禮故老，搜求俊乂，甚有威德，吳人悦服。

所謂"移鎮秣陵"正是指他作為行政區劃變更之後的揚州刺史，於太康二年（281）將辦事機構從壽春遷移到秣陵。此時的揚州刺史周浚管理著廣大的新區，"徙於壽陽"的前"孫氏大將戰亡之家"完全在他的管理監控之下。陸雲初為從事，大約是州治還在壽春的時候，後來跟到秣陵，職務則由從事升遷為主簿。① 前孫吳最高將領的兒子現在由被監控的對象一變而成為新政權的支持者和參與者，這對西晉來說太有利了，對於穩定揚州地方的局勢關係尤為重大。陸雲也真心合作，不僅做好自己的本職工作，還熱心推薦人才，② 態度相當配合而且積極。

地方官周浚在西晉中樞還沒有來得及對前孫吳的代表人物和青年人才作出適當安排之前，已經先行一步，而且首先安排像陸雲這樣有著特殊家族背景的年輕人——此人大有政治家的頭腦，所以他很快就被調入中央，先後任侍中、少府并領將作大匠，最後替代王渾"為使持節、都督揚州諸軍事、安東將軍，卒於位"（《晉書·周浚傳》）。地位更高的地方軍政長官王渾對於新附的吳人更是非常注意大力籠絡，陸雲被周浚起用，背後正有王渾的指導思想在起作用。所以陸雲對王渾大將軍是很感激的，在《征東大將軍京陵王公會射堂皇太子見命作此詩》中大加歌頌王渾，其中特別強調指出他對南方人士采取的政策極其英明："南海既賓，爰戢干戈。桃林釋駕，天馬婆娑。象齒南金，來格皇家。絶音協徽，宇宙告和。"（其四）稍後陸雲能進入洛陽充當太子舍人，應當就出於王渾、周浚的推薦、栽培。可惜史料喪失，其間他是怎麽離開秣陵到洛陽的，又如何"以公府掾為太子舍人"都難以詳悉。按一般情理推測，這"公府掾"的"公府"很可能就是王渾的"京陵公"公府，但今已難知其詳。所可確知者，太康三年（282）年底之前陸雲已在洛陽任太子舍人，并且寫過這麽一首《征東大將軍京陵王公會射堂皇太子見命作此詩》。陸雲進入西晉官場比其兄陸機要早得多。

---

① 《通典》卷三十二《職官十四》論州郡僚佐說："主簿一人，錄門下衆事，省署文書，漢制也。歷代至隋皆有。"其職務略近於今之秘書長。從事即祭酒從事或曰諸曹從事，分曹理事（參見《晉書·職官志》），地位自在主簿之下。

② 《晉書·盛彥傳》載："彥仕吳，至中書侍郎。吳平，陸雲薦之刺史周浚，本邑大宗正劉頌又舉彥為小宗正。太康中卒。"

## "宮體"運動與《玉臺新詠》

著名文學總集《玉臺新詠》(或稱《玉臺集》)是繼《詩經》《楚辭》之後最早的大型詩歌選本,其編者是當時著名的文學家徐陵(字孝穆,507—583),他的背後推手則是宮體詩的旗手、蕭梁太子蕭綱(503—551)。蕭梁中後期以太子蕭綱為領軍人物的一批詩人大力推行後來被稱為"宮體"的新詩,一時聲勢很盛,形成了一箇運動。《玉臺新詠》就是這一運動的產物。蕭綱的兩位啓蒙老師——徐摛(字士秀,471—551)和庾肩吾(字子慎,487—551)都是講究詩歌創作"新變"的著名人物,也是宮體詩的先驅。徐陵乃是徐摛的兒子,庾肩吾的兒子庾信則把宮體詩帶到北方去,進一步擴大了宮體的影響。

徐摛寫詩講究三條:一是把南齊永明以來對於詩歌聲律之美的追求推向極致,其作品的對仗平仄,同後來唐代的近體詩已經相當接近;二是用詞華麗,五彩繽紛,并試用種種新的技巧;三是多作詠物之詩,纖細入微,大有宮廷氣息。年紀較輕的庾肩吾追求聲律之和諧與辭藻之麗靡略同於徐摛,而更注意描寫景物,詠嘆美女。徐摛和庾肩吾的新詩,以及他們的駢體文和辭賦,當時被稱為"徐庾體"。在徐摛和庾肩吾薰陶下成長起來的蕭綱不但地位高,水準也高,他把詩歌創作的新變進一步推向高潮。於是就出現了一箇新詞:"宮體"——所謂"宮"就是太子的東宮。"宮體"這箇提法比"徐庾體"更簡明,更響亮,後來也更流行。

蕭綱思想比較解放,他有一箇重要的觀點:"立身之道,與文章異。立身先須謹重,文章且須放蕩。"(《誡當陽公大心書》)"放蕩"是擺脫拘束、解放思想的意思。蕭綱認為,做人要講傳統道德,而為文可以不受傳統禮法的約束,在題材、寫法、措辭等方面都可以膽子大一些,自由一些。以蕭綱為領軍人物的宮體詩人大抵都是佛教的信徒,他們態度相當虔誠,生活作風比較嚴肅,心中洋溢着對宗教的信仰,對自己的定力也信心滿滿。他們覺得大寫那些美女和風花雪月都完全無損於自己的高潔,也不至於淪為玩物喪志。

宮體詩涵蓋了宮廷以及貴族生活的各箇方面,其有兩大重點:一是美女和豔情,二是花花草草和優美的風景。前者寫人言情,後者寫景詠物。蕭綱在這兩方面都有大量的作品。試分別舉出一首為例:

可憐稱二八,逐節似飛鴻。懸勝河陽伎,闇與淮南同。入行看履進,轉面望鬟空。腕動苕華玉,衫隨如意風。上客何須起,啼烏曲未終。

——《詠舞二首》其二

年還樂應滿，春歸思復生。
桃含可憐紫，柳發斷腸青。
落花隨燕入，遊絲帶蝶驚。
邯鄲歌管地，見許欲留情。
——《春日詩》

　　這兩首都沒有任何社會政治方面的内容。"宫體"總是謝絶通常意義上的重大題材，祇寫上流社會的富貴生活和閑情雅興。這一派的創作對於業已僵化的儒家詩教實在是一個有力的衝擊。有這樣一種另類的聲音，對於詩歌的繁榮應當說益多於害。用正統的眼光看去，這一派詩人的作品幾乎没有多少社會意義。而按蕭綱的意見，詩歌本來就可以不管什麽社會意義，這樣就勢必會創造出一些雖美而不甚重要的作品來，并且很容易引來正人君子的嚴厲批評。

　　宫體詩在蕭綱當太子期間顯得非常繁榮，侯景之亂一度打斷了它的發展；梁陳易代以後，天下重歸於太平，"宫體"之風未泯，到後主陳叔寶的時代更形成高潮，以至於泛濫成災。有一種意見認爲《玉臺新詠》由徐陵編成於陳朝，又有學者認爲該書是陳朝別的人編撰的，都各有其理據。從該書與宫體運動的密切關係這一角度看去，此書由誰動手關係較小，認清其背景與審美旨趣則關係更加重大。

　　陳家王朝問題甚多，内部軍閥割據的局面没有得到根本改變，國土面積是南朝最小的。北方周隋禪代以後，隋文帝楊堅對陳一時没有采取什麽行動，外交姿態甚至顯得很客氣，末代風雅皇帝陳叔寶便覺得天下太平無事，放手享樂。史稱："後主愈驕，不虞外難，荒於酒色，不恤政事。左右嬖佞珥貂者五十人，婦人美貌麗服巧態以從者千餘人。常使張貴妃、孔貴人等八人夾坐，江總、孔範等十人預宴，號曰'狎客'。先令八婦人襞采箋，製五言詩，十客一時繼和，遲則罰酒，君臣酣飲，從夕達旦，以此爲常。而盛修宫室，無時休止。税江税市，徵取百端。刑罰酷濫，牢獄常滿。"（《南史·陳本紀下》）後主陳叔寶率領他手下那一幫垮掉的一代尋歡作樂，他本人"耽荒於酒，視朝之外，多在宴筵，尤重聲樂"（《隋書·音樂志下》）。史稱陳叔寶"每引賓客對貴妃等遊宴，則使諸貴人及女學士同狎客共賦新詩，互相贈答，采其尤豔麗者，以爲曲詞，被以新聲，選宫女有容色者以千百數，令習而歌之，分部迭進，持以相樂。其曲有《玉樹後庭花》《臨春樂》等，大旨所歸，皆美張貴妃、孔貴嬪之容色也"。當時江總、孔範以及陳暄、陳叔達、袁樞、王瑳、陳褒、沈瓘、王儀等一批"狎客"整天圍繞着張麗華等美女大唱贊歌，他們的領軍人物就是陳叔寶。

　　陳王朝覆滅以後，南北重新歸於統一，政治格局變化很大，而宫體仍然風行，隋煬帝就是一位重要而有成就的宮體詩人。① 唐太宗那樣的一代英主，寫起詩來也還大有宮體的流風餘韻。

在初唐詩壇上最能代表"宮體"餘脈的是高官詩人上官儀（608？—664）。美國著名漢學家宇文所安（Stepfen Owen）就這位詩人的創作寫道：

> 上官儀的作品是這一時期宮廷詩的代表。根據現存的二十首詩，上官儀完全屬於宮廷傳統，但是他的精妙雅致使得他獲得了以其名字命名的風格稱號——"上官體"，成為第一箇獲得此類稱號的唐代詩人。……上官儀的才能最明顯地表現在處理對聯上，傳統上他確實被認為提出了對聯的六種和八種分類。……上官儀的詩有時顯示出對自然小景及直觀景象各種要素間的微妙聯繫的敏感。這位詩歌巧匠能夠觀察和描寫它們，但他無法如同盛唐最偉大的詩人那樣在全詩的渾融境界中深化它們。②

《舊唐書》本傳說，上官儀"工五言，好以綺錯婉媚為本，儀既顯貴，故當時頗有學其體者，時人謂之上官體"。"上官體"無非就是初唐時代的"宮體"。上官儀對聲律和諧的不懈追求，也是繼承了老一代"宮體"詩人的事業，其直接的後繼者就是新一代詩壇領軍、近體詩的奠基人物沈佺期與宋之問。

"徐庾體"—"宮體"—"上官體"一脈相承，風靡文壇一百五十年之久。直到陳子昂出來大聲疾呼加以反對，纔漸漸歸於衰歇。可以劃入宮體詩派的這一批處在社會頂層的詩人，在藝術上對美的追求和探索，為此後盛唐詩歌的大繁榮作了重要的準備。明朝人胡應麟早就說過："梁陳諸子，有大造於唐者也。唐之首創也，以梁陳啓其端也。"（《詩藪》外編卷二）所謂"梁陳諸子"，主要是指宮體詩派中的人物。

當宮體詩運動高調掀起之初，為了給自己的主張尋求歷史依據，擴大新詩影響，蕭綱安排徐陵特別編了一本以女性和豔情為主要內容的詩歌選本《玉臺新詠》，此事約在中大通六年（534），或其前後即中大通四年（532）至大同元年（535）之間，也就是蕭綱進入東宮，主持風雅的時候。此書所選，皆為"豔歌"（徐陵《玉臺新詠序》）。唐人劉肅在《大唐新語》卷三《公直第五》中稱："先是梁簡文帝為太子，好作豔詩，境內化之，寖以成俗，謂之'宮體'。晚年改作，追之不及，乃令徐陵撰《玉臺集》以大其體。"此說大約事出有因，而查有出入，編這本書的時間當不在蕭綱的晚年，而且蕭綱晚年也未見得就有什麼覺今是而昨非的意思。所謂"以大其體"似乎應當理解成為他所宣導的宮體詩運動進一步做宣傳造輿論。

---

① 參見顧農：《詩人隋煬帝》，《書屋》2011年第5期。
② （美）宇文所安著，賈晉華譯：《初唐詩》，北京：生活・讀書・新知三聯書店，2004年，第57—59頁。

徐陵編這樣一部書肯定得到過蕭綱的默認，或簡直出於這位太子的授意。此書中所選蕭綱的詩作甚多，完全是所謂宮體。徐陵本人對女性題材并不怎麼熱衷，如果沒有太子的授意，作為一位文學侍從是不大可能別出心裁地來編這樣一本詩歌選本的。

徐陵在《玉臺新詠序》中寫道："弟兄協律，生小學歌；少長河陽，由來能舞；琵琶新曲，無待石崇；箜篌雜引，非關曹植。傳鼓瑟於楊家，得吹簫于秦女。至若寵聞長樂，陳後知而不平；畫出天仙，閼氏覽而遙妒。至如東鄰巧笑，來侍寢於更衣；西子微顰，得橫陳於甲帳。陪遊馺娑，騁纖腰於《結風》；長樂鴛鴦，奏新聲於度曲……但往世名篇，當今巧制，分諸麟閣，散在鴻都。不藉篇章，無由披覽。於是燃脂暝寫，弄筆晨書，撰錄豔歌，凡為十卷。曾無參於雅頌，亦靡濫於風人。"選錄"當今巧制"是為了展示宮體運動的成果，而輯錄"往世名篇"則所謂"大其體"，表明當下的藝術創新是大有歷史依據的，并非無源之水，實乃源遠流長。

徐陵按太子的旨意編撰《玉臺新詠》這部集子，大而言之是為了給宮體詩做文獻總彙，小而言之，也足供宮女度曲演唱，同時也便於她們觀覽。所以後來唐朝人李康成繼承徐陵的事業，新編《玉臺後集》時，就在序言中更明確地寫道："昔陵在梁世，父子俱事東朝，特見優遇。時承平好文，雅尚宮體，故采西漢以來所著樂府豔詩，以備諷覽。"正是由於這前後兩部詩選都近於歌辭總集，所以在晁公武的目錄專著《郡齋讀書志》中，《玉臺新詠》與《樂府詩集》《古樂府》等并列，收入樂類之中，又在著錄《玉臺後集》時說："唐李康成采梁蕭子範迄唐張赴二百九人所著樂府歌詩六百七十首，以續陵編。"

既然內容是豔詩，又要能唱，所以徐陵在為宮體張大其體的時候，便選取了若干過去的歌謠和樂府詩中涉及婦女、愛情、婚姻、家庭的作品，其中頗有現在看上去并不能算"豔"而相當優秀的篇什，例如卷一的《漢時童謠歌一首》、卷九的《漢成帝時童謠歌二首》《漢恒帝時童謠歌二首》和《晉惠帝時童謠歌一首》等歌謠，又如卷一古樂府詩六首中的《相逢狹路間》《隴西行》《豔歌行》等樂府歌辭以及後世文人的擬作；更大的貢獻是首先錄入了偉大的樂府名篇《孔雀東南飛》（卷一）。此外不能入樂的文人豔詩也輯錄了不少。《玉臺新詠》在保存前代文學文獻方面的貢獻是毋庸置疑的，但就其編選的初衷而言，它乃是宮體詩運動的一箇組成部分，它所保存的文獻最主要的還是梁代的大量宮體詩，人們從中可以看到這一派詩人的審美趣味和他們在詩藝上的探索追求。

《玉臺新詠》產生過很大的影響，其中最引人注目的就是晚唐五代的曲子詞選本《花間集》明確表明繼承了玉臺的傳統，《花間集》中的五百首詞同宮體詩有許多相似之處，它們都大寫女性的情態，抒情婉轉多姿，對此後的詞壇產生了巨大而深遠的影響。

《玉臺新詠》的版本相當複雜，簡而言之，有兩大系統，一是以嘉靖十九年（1540）鄭玄撫刻本為代表的明代流行諸本，其底本來歷未見說明；一是據說由南宋陳玉父刻本衍生而來的諸本，如五雲溪館銅活字本、崇禎六年（1633）趙均小宛堂覆宋本、民國年間徐乃昌翻趙氏小宛堂本，等等。兩種本子出入相當大，哪一箇更近於原本之真，學者們分歧很大。判定其是非優劣涉及大量複雜的文獻問題，尚待從容研究。

今天來讀《玉臺新詠》，有兩箇本子可以優先考慮，一是穆克宏先生點校的《玉臺新詠箋注》（清人吳兆宜注，程琰刪補，中華書局 1985 年版），一是吳冠文等先生編撰的《玉臺新詠彙校》（上海古籍出版社 2014 年版）。

## 庾信《詠懷》詩

在通行的《庾子山集注》（清人倪璠注，許逸民點校本，中華書局 1980 年版）裏有《擬詠懷》二十七首（卷三）。倪璠説："昔阮步兵《詠懷詩》十七首，顏延年以為在晉文代慮禍而發。子山擬此而作二十七篇。皆在周鄉關之思，其詞旨與《哀江南賦》同矣。"這些詩在先前明人所編《詩紀》裏，也題作《擬詠懷》。可是更早的《藝文類聚》（唐歐陽詢撰）選録庾信這一組詩中的五首，卻逕題《詠懷》（卷二十六），并無"擬"字。清代著名詩論家沈德潛説，庾信這些詩"無窮孤憤，傾吐而出，工拙都忘，不專擬阮"（《古詩源》卷十四），這話很對。所以無論從文獻的角度看，還是從文學的角度看，庾信這些詩的標題應作《詠懷》，不必視為擬古之作。

庾信在北周當官時寫的詩大體可分為兩類，一類仍然保持着他先前在南方時非常熟悉的宮體詩的格調，例如《和趙王看妓》："緑珠歌扇薄，飛燕舞衫長。琴曲隨流水，簫聲逐鳳凰。細縷纏鐘格，園花釘鼓床。懸知曲不誤，無事畏周郎。"欣賞園花美女、歌扇舞衫，同他先前在蕭梁太子蕭綱手下充當學士時的那些宮體之作可以説没有絲毫不同。像這樣表現其看家本領的詩作還有相當一批，如《和宇文京兆游田》《奉和趙王美人春日》《奉和趙王春日》《和宇文内史入重陽閣》《北園新齋成應趙王教》《同會河陽公新造山池聊得寓目》，等等。一位已經成熟的詩人，總會有他相對穩定不變的東西。

趙王宇文招是北周皇帝的弟弟，地位甚高，他寫起詩賦來，"學庾信體，詞多輕豔"（《周書·趙王招傳》）。他對庾信多有饋贈賞賜，為此庾信寫過許多感謝信，到現在還能看到九封。身邊既有宇文招這樣身份很高熱情也很高的粉絲，庾信的宮體詩寫作自然就繼續下來了。趙王宇文招正是一箇北周版的蕭綱。

但是大環境到底已經發生了巨大的變化，長安不是建康，宇文招也不盡同於蕭綱；庾信自己在這裏寫這些新的應命奉和之詩，祇不過是在新的環境裏安身立命的需要。事實上庾信并没有能夠完全徹底地融入北方的新環境，他不免總是戴着一副假面具生活。祇不過戴的時間一長，這面具也可能竟長成他自己的皮肉。

他還寫了另外一些比較肯説心裏話的詩，内多深沉的呻吟和内在的血淚。這方面的作品以《詠懷》為代表。詩凡二十七首，大約不是一時之作，排列也很隨意，而皆有很深的感慨，流連哀思。試略舉幾首來看：

> 榆關斷音信，漢使絶經過。胡笳落淚曲，羌笛斷腸歌。纖腰減束素，别淚損横波。恨心終不歇，紅顔無復多。枯木期填海，青山望斷河。（其七）

> 搖落秋為氣，淒涼多怨情。啼枯湘水竹，哭壞杞梁城。天亡遭憤戰，日蹙值愁兵。直虹朝映壘，長星夜落營。楚歌饒恨曲，南風多死聲。眼前一杯酒，誰論身後名。（其十一）

> 尋思萬户侯，中夜忽然愁。琴聲遍屋裏，書卷滿床頭。雖言夢蝴蝶，定自非莊周。殘月如初月，新秋似舊秋。露泣連珠下，螢飄碎火流。樂天乃知命，何時能不憂？（其十八）

> 在死猶可忍，為辱豈不寬。古人持此性，遂有不能安。其面雖可熱，其心長自寒。匣中取明鏡，披圖自照看。幸無侵餓理，差有犯兵欄。擁節時驅傳，乘亭不據鞍。代郡蓬初轉，遼陽桑欲乾。秋雲粉絮結，白露水銀團。一思探禹穴，無用鏖皋蘭。（其二十）

> 倏忽市朝變，蒼茫人事非。
> 避讒應采葛，忘情遂食薇。
> 懷愁正搖落，中心愴有違。
> 獨憐生意盡，空驚槐樹衰。（其二十一）

其落筆歌哭無端，蒼勁老辣，所寫女性完全不同於宫體詩中輕歌曼舞風流驚豔的美女，而是流落異鄉的佳人，多有遲暮的悲涼，"枯木期填海，青山望斷河"二句尤為沉痛。這也是庾信的心聲。其十一含蓄地寫到先前江陵的陷落，無限哀傷。這樣的作品，在他先前的詩作裏固然看不到，就是在整箇《玉臺新詠》裏也是看不到的。痛苦産生的詩情，自有其動人的力量。庾信説，他現在是戴着一副假面在過日子，内心其實很痛苦（"其面雖可熱，其心長自寒"），而且充滿了矛盾（"中心愴有違"），都不欲明言，不如喝酒，管什麽身後之名（"眼前一杯酒，誰論身後名"）！但要完全忘記初衷，一味死心塌地，也是做不到的（"恨心終不歇"），最後祇有讓死亡來了結這一切（"獨憐生意盡，空驚槐樹衰"）。陳沆評庾信後期諸詩云："蟠然斷梗，終老關西，於是湘累之吟，包胥之哭，鍾儀土風，文姬悲憤，蒼然萬感，并入孤衷。回首前修，始若隔世，固當六季寡儔，奚惟少穆（徐陵）卻步。斯則境地之曲成，未為塞翁之不幸者也。"（《詩比興箋》卷二）其評價是很有見地的。

庾信寫這些詩，大約是為了緩解内心的痛苦；而在實際生活中，他祇能繼續在北周的上流社會廝混下去，而且看上去混得像模像樣，甚至有滋有味。他在有些詩裏表示有隱居之志，也祇不過説説而已。這種為文與為人的矛盾，在南北朝時期頗為多見，這時政權更迭頻繁，士人往往仕於兩朝甚至多朝，而文章中總有若干念念不忘舊朝的表示，言行兩歧，人格分裂。先前的謝靈運就是如此，庾信也不免如此——這就會引起後人評價上的歧異，其情形如錢鍾書先生曾經概括過的那樣："好其文乃及其人者，論心而略迹；惡其人以及其文者，據事而廢言。"① 如果我們認清這種為人與為文的某種矛盾乃是當時的常態，是僵硬的政治倫理與變化多端的政治格局之間的一種無奈，種種紛爭也許可以大為淡化了。

後期庾信拋開熟悉的宫體老套，來寫魏晉風格的詠懷詩，思想價值固然比較高，而藝術上卻不能説非常成功。錢鍾書先生曾經直言不諱地説過："竊謂子山所擅，正在早年積習詠物寫景之篇，鬥巧出奇，調諧對切，為五古之後勁，開五律之先路。至於慨身世而痛國家，如陳氏（按指《詩比興箋》的作者陳沆）所稱《詠懷》二十七首，雖有骯髒不平之氣，而筆舌木強，其心可嘉，其詞則何稱焉。"② 當然他也没有一概而論，仍然肯定了這裏仍有高妙的篇章和詩句，例如："步兵未飲酒，中散未彈琴。索索無真氣，昏昏有俗心"（其一）；"摇落秋為氣，南風多死聲"（其十一）；"陣雲平不動，秋蓬捲欲飛"（其十七）；"殘月如初月，新秋似舊秋"（其十八）；"無悶無不悶，有待何可待。昏昏如坐霧，漫漫疑行海"；"壯冰初開地，盲風正折膠"；"其面雖可熱，其心長自寒。匣中取明鏡，披圖自照看。幸無侵餓理，差有犯兵欄"（其二十），如此等等。一組詩中有這些佳句已經很可觀了。成名已久的大作家庾信在早已習慣的筆墨之外另闢蹊徑、與時俱進地創作新的作品，取得這些成績，非常難能可貴。新手上路，要求不能太高。應當承認《詠懷》的成就與他早年的宫體諸作足以并駕齊驅。先前同庾信齊名的徐陵就没有機會創作《詠懷》這樣的新作品。

古今文學史上有很多作家中年以後一味守其故轍，這樣做雖然可以不丢功架，也還能繼續推出重複自己的新作，就其創作精神而言，比起庾信來應該説就差得比較遠了。

---

① 錢鍾書：《管錐編》第 4 册，北京：中華書局，1979 年，第 1520 頁。
② 錢鍾書：《談藝錄》，北京：中華書局，1984 年，第 299 頁。

## 中古時代的口頭文學批評

中古時代是中國文學批評的重要時段，兩部重量級的著作——《文心雕龍》和《詩品》都出現於此時，早已引起人們的注意；而當時口頭文學批評的繁榮，也同樣或者説更值得注意，因為這實在是空前絶後的。

鍾嶸在《詩品·中》謝朓條下説："謝朓極與余論詩，感激頓挫過其文。"可惜他没有把謝朓的有關言論記録在案，祇是在《詩品·下》虞羲（字子陽，一説字士光）條下説："子陽詩奇句清拔，謝朓常嗟頌之。"虞羲早年在太學讀書時與鍾嶸同學，加上與謝朓是熟人，所以評論的意見皆在口頭發表，完全没有寫下來的意思。虞羲寫過一首著名的《詠霍將軍北伐》詩，稍後被蕭統選入《文選》詩的詠史部分，其詩云：

> 擁旄為漢將，汗馬出長城。長城地勢險，萬里與雲平。凉秋八九月，虜騎入幽并。飛狐白日晚，瀚海愁雲生。羽書時斷絶，刁斗晝夜驚。乘墉揮寶劍，蔽日引高旍。雲屯七萃士，魚麗六郡兵。胡笳關下思，羌笛隴頭鳴。骨都先自讋，日逐次亡精。玉門罷斥候，甲第始修營。位登萬庾積，功立百行成。天長地自久，人道有虧盈。未窮激楚樂，已見高臺傾。當令麟閣上，千載有雄名！

西漢名將霍去病（前140—前117）曾多次北伐匈奴，封狼居胥山，立下赫赫戰功。虞羲以很高的熱情寫詠史詩來歌頌他，大約同齊梁時代一再打算并實行過北伐有關。例如齊武帝嘗欲北伐，多次親臨首都附近的琅邪城講武；虞詩有可能作於此時，但亦無可確考。

虞羲詩中確有奇句，如描寫當時邊事緊急道："飛狐（一處邊塞之名）白日晚，瀚海愁雲生。羽書時斷絶，刁斗晝夜驚。"霍去病在這種危急的情況下身先士卒，率部出征，建立了不朽的功勳。這位軍事奇才英年早逝（年僅二十三四歲）而名垂千載，萬人敬仰。在詩風比較柔弱的齊梁時代，像這樣剛健挺拔的邊塞詩頗不多見，清代詩論家評為"高壯開唐人之先"（《采菽堂古詩選》卷二十八）、"不為纖靡之習所困，居然傑作"（《古詩源》卷十三），而謝朓早就指出虞羲風格的獨特。中古文學批評不講究所謂"細讀"，而以一針見血、簡要明快取勝，口頭上的批評尤其如此。諸如此類的文學批評意見比較集中地被記録在《世説新語·文學》之中，又散見於史書和其他著作，從中不難看出其時文學批評的特色與價值。

《世説新語》第四篇為《文學》，凡一百零四條，其中前面三分之二的內容是講學術文化，尤其是那時最為流行而且看重的清談；到第六十六條以下則講文學藝術，包括創作與批評。茲摘取其中部分關於文學批評者，略加分疏解析如次。

第六十八條：

> 左太冲作《三都賦》初成，時人互有譏訾，思意不愜。後示張公，張曰："此《二京》可三，然君文未重於世，宜以經高名之士。"思乃詢求於皇甫謐，謐見之嗟嘆，遂為作《敘》。於是先相非貳者，莫不斂衽贊述焉。

左思的《三都賦》面世之初有不同的評價，張華很看好這一組三篇的大作，建議作者請"高名之士"來予以論定。後來左思求皇甫謐作序，於是先前的異議退出，洛陽為之紙貴。幫助《三都賦》引起轟動效應的還有張華本人以及陸機這兩位批評家。《文選》卷四《三都賦·序》李善注引臧榮緒《晉書》載：

> 左思字太冲，齊國人。少博覽文史，欲作《三都賦》，乃詣著作郎張載，訪岷、邛之事。遂構思十稔，門庭藩溷，皆著紙筆，遇得一句，即便疏之。徵為秘書。賦成，張華見而咨嗟，都邑豪貴，競相傳寫。

《太平御覽》卷五八七引《世說》云：

> 陸機入洛，欲為此賦。聞思作之，撫掌而笑，與弟雲書："此間有傖父，欲作《三都賦》。須其成，當以覆酒甕耳。"及思賦出，機絕歎服，以為不能加也。

張華與陸機的評價也都在口頭進行。文學批評有助於作品的經典化有如此者。作者請名家來批評鼓吹自己的作品，此風於今為烈，而古已有之。這裏需要批評家確有見解，出以公心，而不能隨意褒貶，失去原則。

第七十二條：

> 孫子荊除婦服，作詩以示王武子，王曰："未知文生於情，情生於文。覽之悽然，增伉儷之重。"

孫楚（子荊）為紀念夫人去世一周年而作的詩十分動人。他的朋友王濟（武子）就此發表評論，講了兩點看法：一是文情相生，即創作主體與作品的情感互動；二是讀者的情感反應，也就是孔子説過的"詩可以興"(《論語·陽貨》)。王濟的文學批評已經上升到了理論的層面。後來劉勰在《文心雕龍·情采》中寫道："夫情者文之經，辭者理之緯，經正而後緯成，理定而後辭暢。此文之本源也。"這是講"文生於情"，而他對"情生於文"似不甚措意。事實上創作不僅能引起讀者情感上的變化，也能夠調節作者自身的情緒。

第七十五條：

  庾子嵩作《意賦》成，從子文康見，問曰："若有意邪，非賦之所盡；若無意邪，復何所賦？"答曰："正在有意無意之間。"

庾敳（字子嵩，262—311）的《意賦》作於西晉末年，是比較早也比較重要的玄言文學作品。玄學的一箇重要命題是"言不盡意"，於是他的侄子庾亮（字元規，謚文康，289—340）向他提出一組所謂"兩刀"問題，無論他回答"有意"或"無意"，都要"挨刀"，對此他用"正在有意無意之間"來應付過去，這正是莊子用"材與不材之間"來回答弟子的故技。① 玄學家大抵熟於《老》《莊》《易》這三玄，能够活學活用，化解難題。

第七十六條：

  郭景純詩云："林無靜樹，川無停流。"阮孚云："泓峥蕭瑟，實不可言。每讀此文，輒覺神超形越。"

阮孚的評語是欣賞佳句的一箇著名例證。一首好詩也不可能句句精彩，但其中往往有那麽一兩句特別高明，令人歷久難忘。"林無靜樹，川無停流"二句出於郭璞的《幽思篇》，道出了自然界一種常見的現象，而又帶某種哲理：一切都在流動之中，世界上没有絶對的静止。阮孚對此有深刻的領悟，指出讀這樣的詩句能讓人的思想境界有所提高。

第七十七條：

  庾闡始作《揚都賦》，道温、庾云："温挺義之標，庾作民之望。方響則金聲，比德則玉亮。"庾公聞賦成，求看，兼贈貺之。闡更改"望"為"儁"，以"亮"為"潤"云。

這裏説的庾公指庾亮，《揚都賦》的作者庾闡（字仲初）是他的本家晚輩。庾闡把自

---

① 《莊子·山木》記大木以不材得以終其天年，雁因不材（不能鳴）而被宰殺；弟子問莊子"先生將何處"，莊子笑曰："周將處乎材與不材之間。"

己這篇賦呈上去的時候做了兩處修改：把"亮"改為"潤"是為了避庾亮的名諱，把"望"改為"儶"則是為了遷就下句之末新改成的"潤"字，這樣纔押韻。中古文人的手稿現在看不到了，欲瞭解他們如何修改自己的文章，這樣的記載很可珍貴。"揚都"指當時的首都建康（今江蘇南京，當年此地同時也是揚州的治所；六朝詩文中的揚州皆指今南京，而非今江蘇揚州），"溫"指溫嶠，此公與庾亮同為當時政壇上重量級的人物。

第七十九條：

> 庾仲初作《揚都賦》成，以呈庾亮。亮以親族之懷，大為其名價云："可三《二京》，四《三都》。"于此人人競寫，都下紙為之貴。謝太傅云："不得爾。此是屋下架屋耳。事事擬學，而不免儉狹。"

庾亮高度評價庾闡的《揚都賦》，說其可以同張衡《二京賦》、左思《三都賦》這些歷史上的名篇并駕齊驅，固然是因為其中歌頌了自己，同時也因為作者是本家族的後進英才。這樣的文學批評是有私心的。但他的評論產生了強烈的社會影響，使得人人傳抄，以致造成首都紙價上漲，很像是西晉時左思《三都賦》面世後引起洛陽紙貴一樣。後來謝安就此提出批評，指出庾闡《揚都賦》同班固《二京賦》、左思《三都賦》根本不能相提并論，庾闡一味模仿前人，而規模氣象遠遠不及。《二京賦》《三都賦》全文入選《文選》，《揚都賦》後已亡佚，《藝文類聚》卷六十一中録有部分文字。謝安的意見強調文學作品應當注重創新，又不點名地批評了包含關係學思考的文學評論，都非常有道理。

第八十一條：

> 孫興公云："《三都》《二京》，五經鼓吹。"

孫綽高度評價張衡、左思之賦，認為可以充當儒家經典的羽翼。以儒家的五部經典作為文學批評的標準，此論在中國文學批評史上長期占據着主導地位。

第八十四條：

> 孫興公云："潘文爛若披錦，無處不善；陸文若排沙簡金，往往見寶。"

潘岳、陸機的比較論是中古文學批評的一箇熱門話題。後文第八十九條又道：

> 孫興公云："潘文淺而净，陸文深而蕪。"

祇看《世説新語·文學》第八十四條，似乎是潘大大高於陸，再看第八十九條，纔知道孫綽認為潘岳、陸機二人各有千秋，互有短長。這一意見更加全面、中肯。

第九十八條：

> 或問顧長康："君《箏賦》何如嵇康《琴賦》？"顧曰："不賞者作後出相遺，深識者亦以高奇見貴。"

顧愷之字長康（345？—406），主要是畫家，也擅長文學。他不去直接回答對方的問題，專作自評，提出兩種可能出現的看法，不卑不亢，頗有自知之明。

第一百〇一條：

> 王孝伯在京行散，至其弟王睹戶前，問古詩中何句為最。睹思未答，孝伯詠"所遇無故物，焉得不速老"，"此句為佳"。

王恭（字孝伯，？—398）在服藥行散之際思考回味古詩，他向弟弟王爽（字季明，小字睹，？—398）提出問題時已有答案在胸，不必等待回答。他的這一番自問自答其實是在進行古代文學的鑒賞型批評，沉醉而深刻，見出名士風流。

在有關中古的十部史書即《三國志》《晉書》和所謂八書二史（它們是《宋書》《南齊書》《梁書》《陳書》《魏書》《北齊書》《北周書》《隋書》和《南史》《北史》）之中，大抵都有些關於口頭文學批評的零星記載，其他著作如《顏氏家訓》中也略有這方面的內容。茲從史籍中略舉若干例子，以見一時的風氣，并可欣賞這些業餘批評家的風采。

《三國志》不設文苑傳，北方作家的傳記材料大抵在《魏書·王粲傳》裏，裴松之注則提供了更為豐富的資訊，其中即含有口頭文學批評特別是作家品評方面的記載，如下列兩則：

> （邯鄲淳）對其所知嘆（曹）植之才，謂之"天人"。（裴注引《典略》）

> （韋）仲將曰："仲宣（王粲）傷於肥戇，休伯（繁欽）都無格檢，元瑜（阮瑀）病於體弱，孔璋（陳琳）實自粗疏，文蔚（路粹）性頗忿鷙，如是彼為，非徒以脂燭自煎糜也。其不高蹈，蓋有由矣。然君子不責備於一人，譬之朱漆，雖無楨幹，其為光澤亦壯觀也。"（裴注引魚豢曰）

當時的品評往往同後人得之於書本的印象不盡相同，而自有其重要的價值。

晉朝重要的作家如果還有重要的歷史地位，往往單獨立傳，或入其他類傳（如陶淵明入隱逸傳）；而列入《晉書·文苑傳》的，則是以作家身份為主的人，如應貞、成公綏、左思、趙至、鄒湛（子捷）、棗據、褚陶、王沈、張翰、庾闡、曹毗、李充、袁宏、伏滔、羅含、顧愷之、郭澄之等。有一條作品現場討論會的記載非常有趣，見於《晉書·文苑傳·袁宏》：

> 從桓溫北征，作《北征賦》，皆其文之高者。嘗與王珣、伏滔同在溫坐，溫令滔讀其《北征賦》，至"聞所傳於相傳，云獲麟於此野。誕靈物以瑞德，奚授體於虞者。疚尼父之洞泣，似實慟而非假。豈一性之足傷，乃致傷於天下"，其本至此便改韻。珣云："此賦方傳千載，無容率爾。今於'天下'之後，移韻徙事，然於寫送之致，似為未盡。"滔云："得益寫韻一句，或為小勝。"溫曰："卿思益之。"宏應聲答曰："感不絕於余心，愬流風而獨寫。"珣誦味久之，謂滔曰："當今文章之美，故當共推此生。"

這一段記載的史源在《世說新語·文學》之第九十二條及其劉孝標注，《晉書》整合得相當好，更便於作為討論的基礎。袁宏隨桓溫北伐燕在太和四年（369），撰成《北征賦》并根據同僚的意見有所增補，當在稍後不久。當時還很年輕的王珣（349—400）覺得袁宏的原作寫到"乃致傷於天下"便換韻另寫一事，顯得比較匆忙，須再補一句纔好；另一位資深幕僚、文學家伏滔更具體建議新加的一句以"寫"字結束。根據這兩位元老級讀者的意見，袁宏立即補出了"感不絕於余心，愬流風而獨寫"，文意具足。袁宏從善如流，文思敏捷，大可佩服。在桓溫的幕府裏有這麼一次討論改稿的集會，十分難得。靠船下篙的文學鑒賞與批評，作者與讀者直截了當親切平和的互動，此種晉人風流，非常有利於提高創作水準。

在大人物的幕府裏總是會聚集相當一批優秀的人才，在完成他們的主要任務之餘，往往會涉及文學創作。這裏的文學批評一般都在口頭進行，衹是得以記錄下來的甚少，例如後來唐代文人入幕，有關文本一般衹記錄他們如何寫詩，如果把他們如何切磋詩藝也記錄在案，那將是極有意思的批評史材料。

八書中有些有《文苑傳》，另外一些則不設《文苑傳》，而凡是重要的人物則皆有單獨的傳。《南史》《北史》的內容有一多半來自八書，比較簡明，此外也增加了不少資訊。讀這一段的史書，似乎可以從這二史入手。口頭上的文學批評，二史中的記載也比較多。例如所謂元嘉三大家：謝靈運、顏延之和鮑照，地位最高的自然是謝靈運，他的成就最高，身份也最高（曾經是公爵），顏、鮑兩家則互相不大服氣。《南史·顏延之傳》載："延之嘗問鮑照，己與靈運優劣，照曰：'謝五言如初發芙蓉，自然可愛；君詩若鋪錦列繡，亦雕繢滿眼。'"而鍾嶸《詩品·中》顏延之條下引湯惠休云："謝（靈運）詩如出水芙蓉，顏如錯彩鏤金。"鮑照、湯惠休這種顏、謝比較的結論是顏延之不愛聽的，他也曾予以反擊，說湯惠休的所謂詩作不過是些"委巷中歌謠"（《南史·顏延之傳》），淺俗可笑。這種互相批評雖然帶有藐視對方的情緒，但并非沒有根據的誹謗攻擊，倒是很有意思的。

《南史·文學傳》中涉及從丘靈鞠（丘遲的父親）、檀超到張正見、阮卓等五十多位作家，因為古今觀念的差異以及作品流傳的多寡，其中有些人現在已經很難進入新近撰寫的文學史了；至於成就很高的人物也往往很重視口頭上的評論，并能產生較大的影響。茲略舉二例以見之：

《南史·文學傳·崔慰祖》：國子祭酒沈約、吏部郎謝朓嘗於吏部省中賓友俱集，各問慰祖地理中所不悉十餘事，慰祖口吃無華辭，而酬據精悉，一座稱服之。朓嘆曰："假使班、馬復生，無以過此。"

按，由此可見謝朓其人頗長於評論，不單是詩寫得好。

《南史·文學傳·劉勰》：初，勰撰《文心雕龍》五十篇……既成，未為時流所稱。勰欲取定于沈約，無由自達，乃負書候約於車前，狀若貨鬻者。約取讀，大重之，謂"深得文理"，常陳諸几案。

按，沈約口頭上的一句評論簡明中肯，《文心雕龍》從此身價飆升，劉勰的處境也為之一變。口頭評論的分量，由此可見一斑。

《北史·文苑傳》整合《魏書》《北齊書》《北周書》《隋書》之有關傳記而變化之，具體涉及下列作家：溫子升、荀濟、祖鴻勳、李廣、樊遜（附茹皎）、荀士遜、王褒、庾信、顏之推（附弟之儀）、虞世基（附子熙）、柳䛒、許善心、李文博（附侯白）、明克讓（附叔少遐）、劉臻、諸葛穎、王貞、虞綽（附辛大德）、王冑（附兄胄）、庾自直、潘徽（附常德志、尹式、劉善經、祖君彥、孔德紹、劉斌）。其中亦有引用口頭文學批評之處，如：

《北史·文苑傳·溫子升》：梁使張皋寫子升文筆傳于江外，梁武稱之曰："曹植、陸機復生於北土，恨我辭人，數窮百六。"陽夏守傅摽使吐谷渾，見其國主床頭有書數卷，乃是子升文也。濟陰王暉業嘗云：'江左文人，宋有顏延之、謝靈運，梁有沈約、任昉，我子升足以陵顏轢謝，含任吐沈。'"

按，南北高人一致高度評價溫子升的文筆，此人的水準和地位業已論定，至今亦始終保持文學史上的高位。

《北史·文苑傳·王胄》：帝嘗自東都還京師，賜天下大酺四日。為五言詩，詔群官詩成者奏之。帝覽胄詩而善之，因謂侍臣曰："氣高致遠，歸之於胄；詞清體潤，其在世基；意密理新，惟庾自直。過此者未可以言詩也。"

按，隋煬帝楊廣論臣下之詩，認為王胄、虞世基、庾自直三人的作品比較好，而各有所長。他區分"氣致""詞體""意理"三箇不同的層面來發表意見，自是內行的見解，不能因為這是皇帝對御用文學作品的評判而棄置不顧。他的三分法對人們理解當時以及稍後的詩歌理論批評觀念也頗有幫助。

作者單位：揚州大學文學院

# 魏晉南北朝宗族體制與家庭文化建設

張文浩

　　漢末皇權控制力喪失殆盡，形成了建安三國時代的混亂政局。西晉代曹魏後獲得幾十年的統一，旋即八王內亂發生，北方少數民族紛紛獨立，中原又陷亂局。社會經濟文化在此過程中曲折前進，大致經歷了四箇階段：漢末群雄割據混戰—曹操統一北方—西晉太康年間；八王之亂—永嘉之亂—前秦統一北方；淝水之戰—北魏統一北方—魏孝文帝改革；六鎮起義北魏分裂—北齊北周對立—隋統一南北。儘管民生多艱、民情多哀，百姓依然要生存，社會生活也仍在繼續。在這麼一箇時代，社會各階層為尋求自存之道不得不組成性質各異的共同體，政權、階層、宗族、鄉里、家庭等組織結構及風土習俗都發生了變化。這段時期社會的主要結構，參照朱大渭的歸納，大致分為六大階層：皇室和高門士族；寒門庶族，內含地方豪强、寺院地主、富商世賈；少數民族酋帥；編戶箇體農民、手工業者、金戶、銀戶、鹽戶；屯田戶、佃客、部曲、僧祇戶、軍戶、吏家、百工戶、雜戶等；佛圖戶和奴婢僕役。[①] 皇室和高門士族是控制朝政的統治者，決定王朝興衰命運；庶族豪强、富商世賈是維護地方政權組織的主幹力量，屬於統治者的底部輔翼階層；其餘都是被統治階層，是社會發展的主體力量。應該注意的是，雖然存在士庶階層的固化觀念，但事實上各階層之間的上下流動在此一時期更為普遍更為複雜，並無恒定不變的結構。

---

① 朱大渭：《魏晉南北朝社會生活史》，北京：中國社會科學出版社，1998年，第42頁。

## 一、宗族體制的形成、類型、結構和功能

　　魏晉南北朝的宗族組織整體可分皇室宗族、士族宗族和寒門宗族三種類型。皇室宗族擁有各方面最大的特權，但受政局劇變和王朝頻繁更替的影響，其特權經常受到限制以至分化下滑。寒門宗族結構較為鬆散，經濟力量相對較弱，但在基層社會組織中掌握了一定的文化知識和土地財富，故又稱豪族、豪門、寒族、寒宗等。士族宗族是統治階層中的主體力量，擁有極強的政治、軍事、經濟實力和極高的社會影響，又稱高姓、盛祖、強宗、名族、大族、冠冕之族，世代相沿則成世族。東晉以後的貴族階層基本由士家大族構成，各級政權往往掌控在少數名門士族宗族手中，皇權微弱時尤其如此。有無共同的經濟職能是家庭和宗族的分界綫，家庭發揮着經濟職能，而宗族依賴父系血緣紐帶發揮着凝聚協調、群居教育、自治防禦功能以及輔助發揮國家職能。宗族的社會功能在魏晉南北朝時期很强大，無論大小宗族，它對家庭及其成員的干預頻繁，家庭成員也經常因服務宗族整體利益而改變箇體志趣，如東晉謝安為維持宗族威望不得不東山再起。宗族社會頗具時代特色，它的結構和功能的演變，影響近四百年的魏晉六朝史。漢末以來的宗族擁有土地權，生產活動則由公選出的"任田者"安排，關於農事活動的專書《四民月令》描述了宗族農業經濟運作情況。宗族以家庭為基本單位，貧富親疏不同的家庭單位支配自己的財富，宗主往往是最富有最有權勢的世家。八王之亂後，中原動蕩，各宗族為求自保，築塢堡防禦外敵。一箇宗族一箇塢，塢內屯墾生產，且耕且守。永嘉之亂時，"屬劉元海攻平陽，百姓奔走"，修武縣侯李矩"素為鄉人所愛，乃推為塢主，東屯滎陽，後移新鄭"（《晉書·李矩傳》）。① 此時的宗族結構較漢魏時鬆散，家庭耕種漸漸代替屯聚。南北朝時期，南方大宗族不再以集體經濟的生產活動為紐帶，慢慢地走向解體，宗族聯繫更賴精神紐帶，箇體家庭成了社會的基本單位。比如世家大族琅琊王氏："甲族由來多不居憲臺，王氏以分枝居烏衣者，位官微減。僧虔為此官，乃曰：'此是烏衣諸郎坐處，我亦可試為耳。'"（《南齊書·王僧虔傳》）② 王氏分枝漸多，各有貧富升沉。陳郡謝氏情況也差不多，謝思為武昌太守，家素貧儉，而其子謝弘微過繼給其弟謝混，所繼豐泰，資財巨萬，園宅也有十餘所。可見宗族的功能消失殆盡，箇體家庭的獨立性越來越明顯。其中原因多種多樣——戰亂離散、南北流動、經濟形式改變、宗族成員的獨立意識和地位成就差異等，都可能導致箇體家庭作用的

---

① ［唐］房玄齡：《晉書》，北京：中華書局，1974年，第1706頁。
② ［南朝梁］蕭子顯：《南齊書》，北京：中華書局，1972年，第592頁。

凸顯。原先宗族同居共財的經濟生活，在南北朝後期也離析了，宗族内部"危亡不相知，饑寒不相恤"的現象越來越普遍。

　　作為宗族之一種的士族，其特徵和發展趨勢大體亦如此。但是，因其屬於上層統治者而享有諸多特權，與一般宗族自是不同。魏晉士族的社會基礎是漢末各箇割據政權的大姓新老名士，政治保證是魏明帝推行的九品中正制。九品中正制綜合家世和才德來定品級，但才德標準越來越無關緊要，而家世決定着士族子弟的政治前途。九品中正制如果按其原先設計的初衷運行下去，應以賢德和才能決定官員的品級，從而形成賢能型等級社會，而非貴族門閥社會。其中原因是，"中正制度的運用是基於現實的力量對比關係上，易言之，在於這箇制度不得不如此運行的各種現實條件上，與制度本身的原理是性質不同的兩箇問題"。① 於是，士族制度愈鞏固，其門閥勢力愈强，有時還能決定皇權去留。西晉代魏之功，以平陽賈充、河東裴秀、太原王沉等世家大族的支持為最重要。所謂"賈裴王，亂紀綱；裴王賈，濟天下"（《晉書・賈充傳》），實際反映出世家大族在政治方面的控制作用。士族經濟特權的攫取主要依靠皇權賜予土地和勞動力以及自己的政治軍事暴力掠奪，從而形成自給自足的宗族經濟集團。曹魏後期和西晉太康時期，士族獲得占田蔭客蔭户特權，蔭客和蔭親都得以免除租賦和服役義務而變為依附士族的佃客，意味着士族制度正式形成。在這箇經濟集團裏面，士族之下有門生故吏、宗族成員、家兵部曲、佃客蔭户和奴婢妓妾等，由此形成宗族小社會。士族利用經濟特權，謀取政治和文化特權，并且竭力與其他階層劃清界限以保持其貴族地位的純粹性。庶族要流升到士族行列需要費盡好幾代人的巨大努力，庶族出身的皇帝甚至都要巴結拉攏士族階層，比如劉裕受禪立宋以不得謝混奉璽紱為憾，且劉裕本人也漸染士族習俗，以風雅為高，周旋於被門閥士族長期壟斷的文化領域之中。西晉時諸王内鬥厲害，皇權祇好承認士族的政治地位，并讓渡部分統治權力，故此時負責選官的大中正一職完全被世家大族把持，九品中正制變為世家大族控制朝政的工具，重要官職皆由大放强宗子弟充任并變相世襲。這就更把其餘各階層的上升通道給封堵了，像陶侃之類的庶族人才，即使功勳卓越官位也高，但始終被排斥在朝政核心之外，所謂"上品無寒門，下品無士族"的現象大概在那時形成。士族任官則為上品、清官，經濟是可以蔭客蔭族和免除賦役，文化上經學名教或玄學技藝都歷世傳承；庶族任官多為地方政權官吏的掾屬、佐吏，是中下品濁官；經濟上没有特權，自身經營生產，兼營工商業，某些富豪直接管理生產而經濟勢力較活躍，苦心提升文化教養，改革念頭和奮鬥精神較强，努力打破士族在各方面的壟斷局面。東晉時候，士族勢力達到頂峰，"王與馬，共天下"的說法是其寫照。這時的九品中正制和門閥制度結合，形成東晉門閥政治，南北大族共掌朝政。士

---

① （日）川勝義雄：《六朝貴族社會研究》，上海：上海古籍出版社，2008年，第73頁。

族重視婚姻、宦品、郡望，以保持其貴族地位。因而鄙薄武事，以文雅自傲，不願屈志戎旅，也不願任升遷機會小的官職。這就給庶族子弟留出席位和機會，通過軍功躋身政壇以獲取更大的政治空間是庶族子弟奮鬥的通常途徑。南北朝時期大批庶族寒士以此途徑抵達執掌兵權的將帥位置，成為皇權所倚重的"禦侮戡亂"之砥柱，最成功得莫如南朝各箇開國帝王。

## 二、階層壁壘與士族諸種特權保障

世家大族由於長期養尊處優而走向墮落，經綸世務能力日萎。顏之推批評當時士族子弟素質和能力，説："江南朝士，因晉中興南渡江，卒為羈旅。至今八九世，未有力田，悉資俸禄而食耳。假令有者，皆信僮僕為之，未嘗目觀起一墢土，耘一株苗；不知幾月當下，幾月當收，安識世間餘務乎？故治官則不了，營家則不辦，皆優閒之過也。"（《涉務篇》）① 既恥涉農商又羞務工伎，祗能公私宴集、談古賦詩而已。"梁世士大夫，皆尚褒衣博帶，大冠高履，出則車輿，入則扶持，郊郭之內，無乘馬者。周弘正為宣城王所愛，給一果下馬，常服御之，舉朝以為放達。至乃尚書郎乘馬，則糾核之。及侯景之亂，膚脆骨柔，不堪行步，體羸氣弱，不耐寒暑，坐死倉猝者，往往而然。"（《涉務篇》）② 從身體素質到經世能力，士族階層整體腐化墮落至不堪境地。劉宋以來的開國帝王均庶族或末流士族出身，在門閥政治環境中都曾受到世家大族的掣肘和排抑，他們聯合掌握實際政務的庶族階層，共同削弱和打擊士族勢力，或者大量躋入和改造士族階層。表面上看，劉宋時代的士庶區別最嚴格，所謂"士庶之際實自天隔"，其實出現這樣的情況乃是士族面臨崩潰時的最後掙扎而已，"昨日卑微，今日仕伍"，庶族日益打破士族構造的階層壁壘，成為政治、經濟和文化的新興主導力量。

在日常生活方面，士族追求"士當身名俱泰"的人生理念。西晉滅吳統一全國後，武帝司馬炎開始沉溺淫樂奢靡生活，專事遊宴，怠於政事，"掖庭殆將萬人。而并寵者甚衆，帝莫知所適，常乘羊車，恣其所之，至便宴寢。宮人乃取竹葉插户，以鹽汁灑地，而引帝車"。③ 帝王開頭，士族競豪奢之風甚烈，太尉何曾務在華侈，帷帳車服，窮極綺麗，廚膳滋味甚至超過皇室，"不食太官所設，帝輒命取其食；蒸餅上不坼作十字不食；日食萬錢，

---

① 王利器：《顏氏家訓集解》，北京：中華書局，1993 年，第 324 頁。
② 王利器：《顏氏家訓集解》，第 322 頁。
③ ［唐］房玄齡：《晉書》，第 962 頁。

猶曰無下箸處"(《晉書·何曾傳》)。① 翻檢《晉書》《世説新語》等史書,士族階層豪闊生活記載不絶如縷,諸如石崇宴客殺美人勸酒,武帝舅舅王濟用人奶飼養供廚的乳豬,石崇和王愷鬥富比闊,都是窮奢極欲的典型事迹。北朝也差不多,楊衒之《洛陽伽藍記·城西》記載:"帝族王侯,外戚公主,擅山海之富,居川林之饒,争修園宅。"② 奢華往往伴隨着淫靡,貴族官僚聚妾蓄妓達數十人甚至數百人者很普遍,不僅愛好女色聲樂,癡迷於對弄婢妾的生活,咸寧、太康之後,"男寵大興,甚于女色,士大夫莫不尚之,天下皆相仿效,或有至夫婦離絶,怨曠妒忌者。故男女氣亂,而妖形作也。"③ 淫靡之風客觀上塑造了士族階層的一種獨特的精神氣質,即後人所謂魏晉風度。服妖、服藥、飲酒、裸袒、傅粉、施朱、熏衣、剃面着帢、麈尾、清談、技藝、怪癖等,南北朝時候還普遍流行男女修容,都是體現士族階層精神風貌的道具或方式。晉惠、懷之世,京、洛有兼男女體,亦能兩用人道,而性尤淫。案此亂氣之所生也。

在各種特權保障下,士族宗族是大莊園的經濟實體。他們圈占土地,封山占澤,構造大莊園。著名的金谷園是石崇奢靡生活的主要場所,因循山形水勢,方圓幾十里布滿湖塘園館和樓榭亭閣;石崇還用絹綢子針、銅鐵器等派人去南海群島换回珍珠、瑪瑙、琥珀、犀角、象牙等貴重物品,把園内的屋宇裝飾得金碧輝煌,豪華不亞於宫殿。潘岳的莊園則位於洛陽南郊的洛水之濱,《晉書·潘岳傳》載其《閒居賦》:"爰定我居,築室穿池,長楊映沼,芳枳樹橘,游鱗瀺灂,菡萏敷披,竹木蓊藹,靈果參差。張公大谷之梨,溧侯烏椑之柿,周文弱枝之棗,房陵朱仲之李,靡不畢植。三桃表櫻胡之别,二柰耀丹白之色,石榴蒲桃之珍,磊落蔓延乎其側。梅杏鬱棣之屬,繁榮藻麗之飾,華實照爛,言所不能極也。"④ 永嘉南渡之後,北方士族依靠原有的政治優勢,帶來大量佃客、部曲奴僕進行占山固澤活動,根本無視朝廷禁令,以致迫使朝廷改立新規,即依當朝官員品階占領山澤,等於確認占山固澤活動的合法性。所以,士族在江南占山固澤的圈地運動頗爲壯觀,於是"名山大川,往往占固",士族宗族的莊園制度在南方普遍發展。莊園的宗族成員在莊園主的管理下從事日常勞作,主要從事農業和日用品手工業生産。物品交换大多在莊園内完成,閉門成市,自給自足。謝靈運萬言《山居賦》描述其祖父謝玄所開拓的"始寧墅"山居莊園,移步换景,寄物抒情,順題發揮,包括山川形勢、樓閣園林、莊稼竹木、菜蔬藥材、飛禽走獸、仙佛人物,人文歷史和地理方術兼備,把優遊自在的莊園生活描繪得令人心馳神往。

---

① [唐] 房玄齡:《晉書》,第998頁。
② 周祖謨:《洛陽伽藍記校釋》,北京:中華書局,2010年,第148頁。
③ [南朝梁] 沈約:《宋書》,北京:中華書局,1974年,第1006頁。
④ [唐] 房玄齡:《晉書》,第1505—1506頁。

北方士族到江南是帶着大量佃客和部曲的。佃客與土地聯繫緊密,而部曲未必與土地有聯繫,他們主要職能是私屬家兵,可以轉化成私人軍隊供朝廷調用;主人也偶爾分配農業勞役。東南的孫吳實行世襲領兵制度,使將領與士兵建立世代的隸屬關係。十六國時,成漢的李雄命令范長生的部曲不由國家調租,租稅都直接交給范家。朝廷承認部曲可以私屬大族,但也可以收歸朝廷,故部曲人身依附關係還不確定。在南北朝前期,主人視部曲為賤口,但并未得到法律承認。隨後,士族宗族對部曲的控制力越來越小,朝廷加強了對部曲的控制,換言之,部曲已不再是莊園主的家兵,作為軍隊主力越來越國家化,將帥招募來的部曲不得私用,否則就是犯法,也不得世襲領兵。"將軍既下世,部曲亦罕存"(鮑照《東武吟》),説的就是這麼回事。當然,莊園主或將帥也不用負擔部曲生活資料,比如蕭梁時"大半之人并為部曲,不耕而食,不蠶而衣",完全是朝廷負擔。"家兵的國家化,是歷史發展的必然趨勢。這種趨勢,在南朝比北朝來得要早,轉捩點便是南主宗族部曲組織,隨着大家族制度的消亡,宗族所有制的解體而解散。客户不再充當部曲,是社會的又一箇變動。它不僅意味着客户的義務和人身束縛減輕,而且意味着皇權的加强。"① 皇權加强,則士族勢力在減弱,門閥貴族制社會也走向解體。

## 三、以門户利益為先的宗族觀念和發展策略

除西晉短期統一之外,中原地區基本處於戰亂割裂狀態。在此情況下,有些大宗族避亂流徙南方或邊遠地區,這就漸漸形成了以宗族為核心的流民集團。范陽人祖逖就曾率親黨數百家避地淮泗",充當"行主"的角色。永嘉之亂時,東莞人徐邈與鄉人臧琨等率宗族子弟并閭里士庶千餘家南渡至京口安定下來。兩晉之際遷往南方的中原士族達百家之多。流民集團聚族遷移到新的地區,族居聚處,有的還變成流民武裝集團。謝玄創立的北府軍主要收編的是流民武裝,那麼流民帥在謝玄的領導下繼續指揮流民群體。流民武裝有效地防範北方少數民族政權南進而構築南方安全屏障,為東晉苟安江南創造了軍事條件;但也成為推翻東晉政權的潛在力量,劉裕攻滅桓玄恢復晉室,最後代晉立宋,依靠的骨幹力量是流民為主的北府兵。在亂世中,士族舉宗流徙能夠發揮集體的凝聚力,渡過艱難困苦到達目的地,宗族的巨大作用在此時體現出來了。從漢末到魏晉六朝,是中國聚落史的大變化時期,其中"村"的出現就是一箇大變化。有的"村"係由三國屯田制形成的聚落組織發展,有的"村"則是由漢末動亂中的自衛性集團"塢"形成的,北方村落的來源多為

---

① 萬繩楠:《魏晉南北朝文化史》,合肥:黄山書社,1989年,第102頁。

坞。"坞"又称"坞壁""坞堡""堡壁""壘壁"等，是战乱时期由族长控制的宗族组织和武装集团。两晋之际，"百姓流亡，所在屯聚"，淝水之战后，关中大乱，有"堡壁三千余所"（《晋书·苻坚载记下》）。坞堡内部组织严密，坞主由族众推选士族地主担任。高平郗鉴因分散家产体恤宗族孤老而被推选为坞主，举千余家俱避难于鲁之峄山。宗族坞堡有一套完整的管理制度，如西晋颍川庾氏宗族的庾衮率其同族士庶建立禹山坞堡，与族众立誓且共同制定族令："无恃险，无怙乱，无暴邻，无抽屋，无樵采人所植，无谋非德，无犯非义，戮力一心，同恤危难。""於是峻险阸，杜蹊径，修壁坞，树藩障，考功庸，计丈尺，均劳逸，通有无，缮完器备，量力任能，物应其宜，使邑推其长，里推其贤，而身率之。分数既明，号令不二，上下有礼，少长有仪，将顺其美，匡救其恶。及贼至，衮乃勒部曲，整行伍，皆持满而勿发。贼挑战，晏然不动，且辞焉。贼服其慎而畏其整，是以皆退，如是者三。"① 庾衮被推选为领袖，以身作则，管理族众把坞堡经营成防卫固守、经济自足的生活共同体，这种耕战结合方式，使坞堡领袖拥有武装力量，既为本宗族守土安民，又可资依恃参与军事和政治投机。东晋王敦叛乱时，会稽余姚人虞潭"招合宗人及郡中大姓，共起义军，众以万数"，自保及驰援朝廷军队。这些宗族坞堡武装集团若自保则成一方霸主，如北魏冀州人张孟都、张洪建、马潘、崔醜、崔思哲、崔獨憐、张叔绪、张天宜等八家皆屯堡林野，号称八王而雄视朝廷；若政治投机则成朝廷重臣，郗鉴、苏峻都凭此使光宗耀族。

五胡十六国时期，战乱纷纷，北方原有的地方行政系统遭到破坏，各地士族豪强纠合宗族乡里，结坞筑壘，一时间坞壁林立，在新的统治秩序尚未建立时，代行原有的地方行政系统的功能而成为最基层的社会组织。北魏王朝建立后，维持其统治秩序并征收赋税的办法，是依靠宗族坞堡组织，让其充当地方基层政权职责，既督责赋税又保护族众。坞堡选址很有讲究，总原则就是要利於耕作、自守、自然环境好。郦道元《水经注》卷十五描述洛水流向及沿流坞堡建筑情况："洛水又东逕檀山南，其山四绝孤峙，山上有坞聚，俗谓之檀山坞。""又东北过蠡城邑之南，城西有坞水，出北四里山上，原高二十五丈，故邑池县治，南对金门坞，水南五里，旧宜阳县治也。洛水右会金门溪水，水南出金门山，北径金门坞，西北流入於洛。""洛水又东合杜阳涧水，水出西北杜阳溪，东南逕一合坞，东与槃谷水合，乱流东南入洛。洛水又东，渠谷水出宜阳县南女几山，东北流径云中坞，左上迢遰层峻，流烟半垂，缨带山阜，故坞受其名。""洛水又东，合水南出半石之山，北径合水坞，而东北流注於公路涧。""洛水又东逕百谷坞北。戴延之《西征记》曰：坞在川南，因高为坞，高十余丈，刘武王西入长安，舟师所保也。""其水东北流入白桐涧，又北径袁

---

① ［唐］房玄龄：《晋书》，第2283页。

公塢東，蓋公路始固有此也，故有袁公之名矣。北流注于羅水。羅水又西北徑袁公塢北，又西北徑潘岳父子墓前。""伊水歷崖口，山峽也。翼崖深高，壁立若闕。崖上有塢，伊水徑其下，歷峽北流，即古三塗山也。""西北流逕楊亮壘南，西北合康水，水亦出狼皋山，東北流逕范塢北與明水合，又西南流入于伊。"① 這一種沿着洛東流綫路，至少流經檀山塢、金門塢、雲中塢、百谷塢、袁公塢、范塢等名稱可知的塢堡，一般建在高山天險流水環繞的山水間，且有足够空間儲備武器和糧食等，以便於宗族因循天然屏障而安然生存下去，還可以利用山間土地在適當的時候耕作自給。但這種險隘若通道被斷或水路被阻，其生存就困難重重了；再若遇上天災糧食歉收之年，塢主就很可能要率族衆從事抄掠勾當，呈現塢堡的武裝集團性質了。另一方面，"像這種塢的生活，當然具有另闢一種新天地的傾向。在遠離村落的深山裏，過着與外界隔離的集團生活，所以從外面人的角度，往往會將其想象爲一種理想鄉"。② 桃花源就一直被人想象成理想家園，但桃花源也是有其原型的，比如陳寅恪認爲《桃花源記》是陶淵明根據當時塢堡原型進行藝術加工而成的。③ 宗族塢堡的建立旨在聚居自守圖存，除像庾袞、郗鑒等名門大族經營較久外，大多數宗族難以長期維繫塢堡組織。故十六國百餘年裏，戰爭頻繁，中原凋敝，户口離散，是常有之現象。隨着統一趨勢日漸明朗，塢堡也日漸解散消亡，僅留宗族鄉里組織痕迹了。

　　北魏時期的鮮卑貴族吸收漢族士人參與政權建設，加速自身的士族化，如孝文帝依照魏晉門閥制度"分定姓族"，規定士族階層相應的經濟政治特權，確定鮮卑大族穆、陸、賀、劉、樓、于、嵇、尉等八姓地位最高，大致相當於漢族大姓之崔、盧、鄭、王等四姓。鮮卑八姓與漢族四姓之間建立政治聯姻集團關係，從而確立了新的門閥秩序和體制。從積極作用來看，分定姓族等措施促進了民族文化交融；從消極方面來看，這種努力顯然加劇社會不平等，使鮮卑下層民衆的上升通道被切斷而引發内亂。太和改制後，民族交融進程加快，北朝宗族内部矛盾衝突也增多，導致士族大宗失去凝聚力，族衆各事不同的統治集團。北魏士族亦如南方士族實施嚴格的門閥等級界綫，"士庶貴賤之隔"涇渭分明，這與北魏草原民族文化本色及其政權體制中的宗法制色彩有很大關聯。不過，其士庶界綫主要在宗族内部嚴格區分，而在宗族之間則較爲寬鬆，因爲真正的世家大族數量并不多，而且有一些新興權貴祇是世仕後趙和前後燕者，係冒名僞傳某箇公認的士族大宗，如"馬渚諸楊"號稱是源自"弘農楊氏"，其實其郡望家世譜系根本無迹可尋，祇是自稱而已。更要注意的是，"在新的歷史條件下所確立下來的北朝高門大族，已隱約具備了某些官僚化傾向"；"他們中'家族'的色彩已逐漸衰弱，而'官僚'的色彩逐漸濃厚"；"隋唐以降，中古官

---

① 陳橋驛：《水經注校證》，北京：中華書局，2007年，第365—376頁。
② （日）谷川道雄：《中國中世社會與共同體》，北京：中華書局，2004年，第87頁。
③ 陳寅恪：《桃花源記旁證》，《清華學報》1936年第1期。

僚制帝國的重構，正是在這一基礎上完成的"。① 官僚制度的形成趨勢，意味着士族憑血統、家世、郡望獲取特權的機會越來越小了，士族社會體制走向解體。

　　士族階層為保持其特權地位，形成一整套嚴密的觀念結構。由於主持定品的大中正一職多是高門望族擔任，九品中正制原先以家世結合才德的標準變成以家世為決定因素，士庶之間壁壘森嚴，幾無互相流動。在這個背景下，世家大族重門第輕才德、重宗族輕箇人、重孝悌尚復仇，頗有原始氏族社會遺風。每箇社會成員由其家族門第決定身份貴賤和人生前途，故門閥等級婚姻高度凝固化，"士庶不婚"成為堅定信念。琅琊王氏、陳郡謝氏和袁氏家族在東晉南朝最為顯赫高貴，基本門當户對，因而通婚最頻繁；但内婚制使選擇面無形中減縮，加上早婚早育，導致高門異輩婚姻相當普遍，造成家庭倫理秩序的混亂，這為門閥士族埋下没落的種子。南朝時期，"士庶不婚"的觀念稍有動搖，東海士族王源嫁女于富陽寒人滿璋之子，又以所得五萬聘禮的剩餘部分為自己納妾。這表明，士族賣婚納資可補門第差别，則門第觀念隨之消淡。北朝後期，士族之間已盛行買賣婚姻，如婁太后為博陵王納妃曾吩咐下屬"好作法用，勿使崔家笑人"。經過侯景之亂和江陵之變，士族遭受重創，寒族勢力興起，雖然門第觀念還起一定的影響作用，但事實上士庶通婚者已越來越普遍，而且所謂門第的標準增加了財富、權勢等新的内涵。在箇體命運方面，士族成員的人生沉浮均與其所在的宗族休戚相關，箇體價值歸屬於宗族整體利益。"箇人與鄉里與宗族不可分割，仕宦之始在鄉里，進身之途在操行。"② 東晉范汪少時孤貧，名士王澄見而奇之説："興范族者，必是子也。"（《晉書·范汪傳》）這些興宗者在掌握了若干特權後大都會庇蔭全宗。當然，若宗族成員犯罪遭難，則株連宗族也不可避免，曹魏末年衆多與司馬氏政治集團作對失敗者，皆宗族塗地或者受到歧視。再者，在政權禪代頻繁的歷史時期，"孝"的觀念優越於"忠"的觀念。"如果説西晉自武帝以來，士族名士是司馬氏皇權（包括強王權力）的裝飾品，那麼東晉司馬氏皇權則是六閥政治的裝飾品；西晉尚屬皇權政治，東晉則已演變為門閥政治。東晉皇權既然從屬於門閥政治，皇帝也就祇是士族利用的工具，而非士族效忠的物件，'貞臣'自然少而又少了。"③ 也就是説，追求宗族和家庭利益最大化，自然而然成為人們參與政治角逐的最高理想和核心宗旨。因此，為保全宗族整體利益，有挺身而出撑起宗族命運大廈者，如謝安在叔伯兄弟連連受的情況下東山再起，以淝水之戰重新確定謝氏家族在最高權力機構中的核心位置；也有犧牲箇人來保存宗族命運者，如王景文服飲宋明帝所賜毒藥以周全門户。宗族門户利益為先的觀念深入士人階層的内心世界。

---

① 曹文柱主編：《中國社會通史·秦漢魏晉南北朝卷》，太原：山西教育出版社，1996 年，第 129—130 頁。
② 唐長孺：《魏晉南北朝史論拾遺》，北京：中華書局，1983 年，第 235 頁。
③ 田餘慶：《東晉門閥政治》，北京：北京大學出版社，2012 年，第 24—25 頁。

## 四、宗族家庭結構及其倫理觀念

宗族是由一箇箇具有血緣聯繫的小家庭構成的，魏晉南北朝時期的家庭結構多種多樣。士族、官僚和地方豪族較多"百口"家庭。《北史·節義傳》記載博陵安平人李幾"七世共居同財。家有二十二房，一百九十八口，長幼濟濟，風禮著聞。至於作役，卑幼競集。鄉里嗟美，標其門閭。"①《魏書·盧玄傳》記載盧度世家庭情況："及淵、昶等，并循父風，遠親疏屬，敍為尊行，長者莫不畢拜致敬。閨門之禮，為世所推。謙退簡約，不與世競。父母亡，然後同居共財，自祖至孫，家内百口。在洛時，有饑年，無以自贍，然尊卑怡穆，豐儉同之。親從昆弟，常旦省謁諸父，出坐別室，至暮乃入。朝府之外，不妄交遊。其相勗以禮如此。"②這些百口之家大多為士族官宦家庭，但普通百姓家庭以小型居多，且以父母子女組成的箇體小家庭是主要形式，尤其是庶族以下的家庭。西晉、北魏、北齊、北周歷代王朝的占田制或均田制都是按照丁男、丁女或"一床"標準來授田。經濟愈發達，聚族而居的大家庭分解成小家庭的可能性愈大。《宋書·周朗傳》說："今士大夫以下，父母在而兄弟異計，十家而七矣。庶人父子殊產，亦八家而五矣。凡甚者，乃危亡不相知，飢寒不相恤，又嫉謗讒害，其間不可稱數。"③雖然宗族的溫情似乎趨淡，可是小家庭的經濟活力也是較明顯的，大家庭崩潰而小家庭成為主流結構形式。從婚配結構來講，一夫一妻多妾制家庭流行於統治階層及部分豪族階層，這需要優厚的經濟基礎方能支撐得起，非皇族、士族或富裕家庭所能承擔。由於妻妾成群，嫡庶子女眾多，統治階層家庭内部關係複雜化，家庭成員之間的矛盾容易產生，導致政治局面混亂失控。烝報婚類家庭在此一時期廣泛存在於社會發展程度較低的少數民族生活區，比如北齊遵鮮卑舊俗，烝報婚無所禁忌。高歡死後，其子高澄娶高歡妻蠕蠕公主，并產一女，又復娶高歡之鄭妃；高氏兄弟報嫂之事更是普遍。那時也有一妻多夫家庭，主要由於戰亂動盪的社會環境造成的喪偶、離異、喪子、無子女、孤兒等家庭。史書記載："元規八歲而孤。兄弟三人，隨母依舅氏住臨海郡。"④在戰亂年代，這類異態家庭大量存在不足為奇。二妻或多妻重娶并嫡型家庭雖然違背傳統婚姻禮制，但是在魏晉南北朝這麼一箇離多合少的時期竟然也有不少記載。如"魏征東長史吳綱亡入吳，妻子留在中國，于吳更娶。吳亡，綱與後妻并子俱還，二婦并

---

① ［唐］李延壽：《北史》，北京：中華書局，1974 年，第 2848 頁。
② ［唐］李延壽：《北史》，第 1087 頁。
③ ［南朝梁］沈約：《宋書》，第 2079 頁。
④ ［唐］李延壽：《南史》，北京：中華書局，1975 年，第 1755 頁。

存。時人以為，依典禮不宜有二嫡妻。"① 引發朝廷大臣發起一場"二嫡妻"的禮制大討論。溫嶠前後娶過三妻，在他死後，朝廷曾問臣下三人可否同為嫡妻。賈充則因其妻李氏之父獲罪被誅，禍連李氏被流徙，賈充衹好又聚郭配之女；待李氏遇赦回家後，晉武帝特下詔令賈充并置左右夫人，賈充母親也鼓動再迎李氏。在家庭觀念上，此一時期都是父親家長制。父親家長掌握家庭所有財産，掌握管理和監督生產的權力，其本人也是主要的勞動力，家庭財富的主要創造者。士族家庭的家長雖然不親自參加勞動，但仍行使管理和監督權力。父親家長制延續了傳統的家庭倫理體系，夫婦之道、孝道和悌道仍為基本內容。《顔氏家訓·兄弟篇》説："有夫婦而後有父子，有父子而後有兄弟：一家之親，此三而已矣。自兹以往，至於九族，皆本於三親焉，故於人倫為重者也，不可不篤。"② 此三道是三種基本家庭關係的規範準則。

魏晉相承，以孝道治天下，其中原因，魯迅《魏晉風度及文章與藥及酒之關係》指出："因為天位從禪讓，即巧取豪奪而來，若主張以忠治天下，他們的立腳點便不穩，辦事便棘手，立論也難了，所以一定要以孝治天下。"③ 儒家原先設計孝悌倫理學説，根本目標是指向一種社會政治秩序；司馬氏鑒於篡魏實際情況，從家庭倫理觀念入掉，由家庭内部的父母、夫婦、子女、兄弟之間的自然親親之情的倫理功能推向社會政治，巧妙地化解執政法統的尷尬，并對家庭、社會和政權之間的潛在矛盾進行自圓其説，故而晉室竭力提倡這一家庭倫理。《世説新語·德行》記和嶠、王戎兩位名士同時遭遇大喪，和嶠哭泣備禮，王戎雞骨支床；晉武帝司馬炎擔憂和嶠哀苦過禮，但劉仲雄表示不同看法："和嶠雖備禮，神氣不損；王戎雖不備禮，而哀毁骨立。臣以和嶠生孝，王戎死孝。陛下不應憂嶠，而應憂戎。"④ 生孝指恪守喪禮禮制，衹能盡哀之形的做法；死孝指居喪盡哀之實，幾近於死的孝行。正因如此區分，越名任心的阮籍也屬死孝型，《世説新語·任誕》記司隸何曾向晉文王司馬昭狀告阮籍不守母喪禮制，説："明公方以孝治天下，而阮籍以重喪顯於公坐，飲酒食肉，宜流之海外，以正風教。"司馬昭説："嗣宗毁頓如此，君不能共憂之，何謂？且有疾而飲酒食肉，固喪禮也！"⑤ 司馬昭看到了阮籍居喪盡哀之實質，而忽略其形式。無論哪一種孝道，都彰顯晉室對於儒家傳統的家庭倫理觀念的重視。

晉室回避朝政之忠而高度重視家庭倫理，涵養了人們頭腦中堅實的家庭利益至上的觀念，這種觀念延及整箇篡位禪代頻繁的南北朝時期。無論士庶都不以投靠新政權為恥，反而出於保護家庭和宗族利益目的都樂於投靠新政權。若偶有忠義節烈之士出現，必驚訝世

---

① ［唐］杜佑：《通典》，北京：中華書局，1988年，第1894—1895頁。
② 王利器：《顔氏家訓集解》，第23頁。
③ 魯迅：《魯迅全集》，北京：人民文學出版社，1973年，第3册，第501頁。
④ 余嘉錫：《世説新語箋疏》，北京：中華書局，2007年，第24頁。
⑤ 余嘉錫：《世説新語箋疏》，第854—855頁。

人。梁武帝受齊禪，顏見遠絕食發憤數日而卒，梁武帝聽聞後覺得不可理喻："我自應天從人，何預天下士大夫事？而顏見遠乃至於此。"① 可見朝野對於家庭的重視遠超漢前時代。清代趙翼《廿二王劄記》指出六朝士族階層的私心所在，說："所謂高門大族者，不過雍容令僕，裙屐相高，求如王導、謝安，柱石國家者，不一二數也。次則如王弘、王曇首、褚淵、王儉等，與時推遷，為興朝佐命，以自保其家世，雖朝市革易，而我之門第如故，以是為世家大族，迥異於庶姓而已。"② 此一看法是很準確的，但是否迥異於庶姓呢？本為統治階層的士族尚且如此，庶族階層應當是更以家庭利益為重。

## 五、宗族門風建設和家庭教育思想

在這種風氣下，魏晉南北朝人們對於家庭的經營苦心遠甚于朝政大事，其中涵養和繼承家風家學傳統是重要的家庭生活內容，或者說，家庭教育和門風建設是家庭生活的重要組成部分。在社會動蕩而生計維艱情況下，士族家庭毫無疑問是最重視家學不衰和禮法門風不墮，因為他們最有經濟條件和政治需要。不過，寒門庶族出人頭地躋身上流社會的觀念也很強烈，故但凡條件初具都會以士族階層為榜樣，支持子弟求師問學和標立風操。"由於特殊歷史環境的影響，魏晉南北朝時期，家庭培養教育子弟的方式，無論在道德規範和處世之道的訓誡方面，抑或在儒家經術或雜類技藝的傳授方面，家庭教育都凸顯出比兩漢時代更玉米麵的地位。"③ 特殊的歷史環境，造成特殊的教育環境，官學存廢無常，學術和宗教都移至家庭和家族，地域色彩較濃厚。這就是陳寅恪所言"公立學校之淪廢，學術之中心移於家庭，太學博士之傳授變為家人父子之世業，所謂南北朝之家學者也"。④ 此時家庭教育的內容很廣泛，舉凡經籍學術、謀生技藝、文化通識、治家經驗、道德處世、養生醫術等，都涵括其中，實際代行官學職能。長輩言傳身教，後代勤勉修學，是家學門風傳承的通常模式。傳承延續家學門風往往有源自兩漢的《家誡》《家訓》《誡子書》之類的條令家規供子弟們具體學習和遵行。漢末以降，較著名的家誡書，有諸葛亮《誡子書》和《誡外生書》、羊祜《誡子書》、嵇康《家誡》、王肅《家誡》、王修《誡子書》、王褒《幼訓》、王昶《家誡》、荀爽《女誡》、程曉《女典篇》、李充《起居誡》、陶淵明《誡子書》和《命子》、王僧虔《誡子書》、徐勉《誡子崧書》、顏延之《庭誥》、魏收《枕中篇》和

---

① ［唐］姚思廉：《梁書》，北京：中華書局，1973年，第727頁。
② 王樹民：《廿二史劄記校證》，北京：中華書局，1984年，第254頁。
③ 王利華：《中國家庭史·先秦至南北朝時期》，廣州：廣東人民出版社，2007年，第474頁。
④ 陳寅恪：《隋唐制度淵源略論稿》，北京：中華書局，1963年，第19頁。

《誡子侄》、張烈《家誡》、王祥《誡子孫遺令》、夏侯湛《昆弟誥》、甄深《家誨》等，大概有數十種。這些教育後輩的文籍內容，從勉學立志、修身處世、持家理財、團結互助、避災遠禍、戒除惡習、修身養性等方面寄寓長輩的厚望與祝願，總的期待就是保證家庭和睦興旺，保持門第的社會影響力。衆多家誡書裏，北齊顏之推的《顏氏家訓》無疑是最有代表性的。《顏氏家訓》是一部綜合性家庭教育著作，記述顏之推箇人經歷、思想和學識經驗用以告誡子孫後代，分序致、教子、兄弟、後娶、治家、風操、慕賢、勉學、文章、名實、涉務、省事、止足、誡兵、養心、歸心、書證、音辭、雜世和終制等二十篇，内容相當廣泛，生活技能、文化知識和藝術修養等範圍都涉及，成爲後世傳統的家庭教育典範教材。宋代陳振孫《直齋書録題解》贊譽説"古今家訓，以此爲祖"是頗有道理的。清代王鉞《讀書蕞殘》也聲稱："篇篇藥石，言言高抬貴手。凡爲人子弟者，可家置一册，奉爲明訓，不獨顏氏。"① 《顏氏家訓》除勉學、修身、立志等教育内容，還有語詞訓詁、名物考據、聲韻辨析，更有人情世態的描録、歷史風貌的記載、思想信仰的介紹，諸如"玄風之復扇、佛教之流行、鮮卑之傳播、俗文字之盛興"等述録，頗具歷史文獻價值；顏之推的文學思想和藝術理論也體現在作品各箇部分，作品本身的文學性和審美性價值亦形成獨特風格。其《序致》開篇即說："夫聖賢之書，教人誠孝，慎言檢迹，立身揚名，亦已備矣。魏晉已來，所著諸子，理重事複，遞相模學，猶屋下架屋、床上施床耳。吾今所以復爲此者，非敢軌物範世也，業已整齊門内，提撕子孫。"② 體現一位浸潤儒家傳統思想的家庭長者之風，兼納佛教和道教思想，其宗旨和目標都很有現實意義和理想價值。

顏之推依據家傳而提倡早教思想，認爲兒童五歲左右即可開始誦習詩書典籍。當時社會一般家庭也認可和實踐早教啓蒙，早學聰慧且成功人物也不少，顏之推本人自然是。清代林之望《養蒙金鑒》據史録舉例，顏之儀三歲讀《孝經》（《北史》）；蕭大圜"幼而聰敏，神情俊悟，年四歲能誦《三都賦》及《孝經》《論語》"（《周書》）；王僧孺"年五歲讀《孝經》"（《梁書》）；謝瞻"年六歲能屬文，爲《紫石英贊》《果然詩》，當時才士莫不嘆異"（《宋書》）；王貞"少聰敏，七歲好學，善《毛詩》《禮記》《左氏傳》《周易》，諸史百家無不畢覽"（《北史》）；盛彦"少有異才，八歲詣吳太尉戴昌，昌贈詩以觀之，彦於座答之辭，甚慷慨"（《晉書》）；陸雲公"九歲讀《漢書》略能記憶，從祖倕，沛國劉顯質問十事，雲公對無所失"（《梁書》）；邢邵"十歲便能屬文，雅有才思，聰明强記，日誦萬餘言"（《北齊書》）。《養蒙金鑒》采摘古代名賢幼小刻苦研學終成名家的事迹，按歷史序列彙集而成，是培養學童啓蒙的一面寶鏡，其中魏晉南北朝時期的人物甚多，這裏祇是隨機略舉而已。家教内容以儒家經典爲主，擴而廣之，文學、史學、佛學、玄學、書法、醫

---

① 王利器：《顏氏家訓集解》敘録。
② 王利器：《顏氏家訓集解》，第1頁。

學、術數、刑律、天文、武學、雜藝等，依據子弟天賦愛好和家學傳統因材施教，循序漸進。

　　承擔家庭教育職責者一般是宗族中學問較深的長輩，而母親也經常充任斯職，因為上層社會家庭婦女本身接受過較好的家學教育，魏晉南北朝婦女地位相對其他歷史時期要高許多，也較自由開放。《世說新語》對"賢媛"的理解不限於"德、容、工、言"儒家四教，還包括才情和風致。故嵇康、阮籍與山濤夜談時，山濤妻韓氏可以"夜穿墉以視之，達旦忘反"，且評論說："君才致殊不如，正當以識度相友耳。"説明當時婦女與男人有共同的審美愛好；謝安妻劉夫人公然表達不欣賞孫綽兄弟的做法，不避嫌疑，也是婦女相當自由的社會風氣的反映。至於干寶《晉紀總論》指責婦女，正可以作反面理解："先時而婚，任情而動，故皆不恥淫泆之過，不拘妒忌之惡，父兄不之罪也，天下莫之非也。又況責之聞四教于古，修貞順於今，以輔佐君子者哉！"① 説明社會承認婦女的諸種自由和地位。婦女地位不獨表現為審美自由或任情而動，更表現為才華教養之高。徐陵《玉臺新詠》收有甄皇后、劉勳妻王氏、周夫人、鮑令輝、范靖婦、徐悱妻劉令嫻、王叔英妻、賈充妻、范靜婦等女詩人的作品，可見此時才女之多甚於其他歷史時期。至於北朝婦女地位，"鄴下風俗，專以婦持門户，爭訟曲直，造情逢迎，車乘填街衢，綺羅盈府寺，代子求官，為夫訴屈，此乃恒代之遺風乎？南間貧素，皆事外飾，車乘衣服，必貴整齊，家人妻子，不免飢寒。河北人事，多由内政，綺羅金翠，不可廢闕，羸馬悴奴，僅充而已，倡和之禮，或爾汝之"。② 北朝婦女，織任組訓之事與黼黻錦繡羅綺之工，都勝於江南婦女，足見地位和才幹之高。由此，母親擔當教子重任便成常有之事，即使不能親自教授，也能起到勸誡督導或者言傳身教作用。陶侃母親湛氏對陶家的創業發展起了一箇至關重要的作用，《晉書·列女傳》記録："侃少為尋陽縣吏，嘗監魚梁，以蚶鮓遺母。湛氏封鮓及書，責侃曰：'爾為吏，以官物遺我，非唯不能益吾，乃以增吾憂矣。'鄱陽孝廉范逵寓宿于侃，時大雪，湛氏乃徹所卧新薦，自剉給其馬，又密截髮賣與鄰人，供肴饌。逵聞之嘆息曰：非此母不生此子！侃竟以功名顯。"③ 陶侃原是庶族出身，在母親的教育和影響下始得成就一番功名，創立陶氏家族的社會地位。其母親那種苦心和細心，再加上遠見卓識和道德風節，是當時庶族婦女中才德不凡者的一箇代表。士族家庭的婦女有才德者就更多了，像謝道韞即為其中一例。

---

① ［南朝梁］蕭統：《文選》，上海：上海古籍出版社，1986年，第2188頁。
② 王利器：《顏氏家訓集解》，第48—49頁。
③ ［唐］房玄齡：《晉書》，第2512頁。

## 六、貴族氣質的涵養維繫與高貴門第的文化表徵

魏晉南北朝士族家庭的家學內容通常是儒家經典，但此時各種思想彙聚交流，老莊道學、玄學、佛學、道術、算術、刑律、史學、小學、天文、曆法、卜筮、醫術、繪畫、書法、音樂、雜藝等學術思想或藝術技能成為研習內容，都是士族子弟涵養貴族氣質的文化資源。社會上有些名士宿儒也會采取私學方式教育生徒，梁代太史叔明"善《莊》《老》，兼治《孝經》《禮記》，其三玄尤精解，當世冠絶，每講説，聽者常五百餘人。歷官國子助教。邵陵王綸好其學，及出為江州，攜叔明之鎮。王遷郢州，又隨府，所至輒講授，江外人士皆傳其學焉。"① 此時的私學無論是講授的知識範疇還是方式方法，都與凝滯的漢代私學不同了，實際上是把私學、家學和遊學結合在一起，其靈活性和包容性都超過此前。大家庭中由幾代人積澱而成的"世傳家學"也遠非儒家章句之學所能涵括，之所以包羅萬象，主要是因為此時作為標榜門户或干利禄求仕進的途徑、手段和資本都多樣化，不必萬家紛擠儒學獨木橋。

當然，一般的"世傳家學"都會主攻一種學問或技藝而兼研其他，儘量做到獨擅與普及相結合。趙郡李子雄"家世并以學業自通"，獨有他練習騎射，所以其兄子旦不滿地説："棄文尚武，非士大夫素業。"子雄辯解道："自古誠臣貴仕，文武不備而能濟功業者鮮矣。既文且武，兄何病焉。"② 世傳家學是士族子弟不可或缺的素養，是高貴優雅門風的底藴，恰如陳寅恪指出："士族之特點既在其門風之優美，不同於凡庶，而優美之門風實基二學業之因襲。"③ 維繫優美門風經久不隳，世傳家學起着重要作用，它是士族子弟通向社會統治層的人格素養來源，自然也是士族階層得以存在的依據。《世說新語·賞譽》記載名士謝萬語録："王修載樂托之性，出自門風。"④《梁書·王志傳》説王志："家世居建康禁中里馬蕃巷，父僧虔以來，門風多寬恕，志尤惇厚……兄弟子侄皆篤實謙和，時人號馬蕃諸王皆為長者。"⑤《北史·崔光傳》説崔劼："少清虛寡欲，好學有家風。"⑥《周書·李昶傳》説："昶性峻急，不雜交遊。幼年已解屬文，有聲洛下。時洛陽創置明堂，昶年十數歲，為

---

① [唐] 姚思廉：《梁書》，北京：中華書局，1973年，第679頁。
② [唐] 李延壽：《北史》，第1237頁。
③ 陳寅恪：《唐代政治史述論稿》，上海：上海古籍出版社，1982年，第72頁。
④ 余嘉錫：《世説新語箋疏》，第573頁。
⑤ [唐] 姚思廉：《梁書》，第320頁。
⑥ 李延壽：《北史》，第1623頁。

《明堂賦》。雖優洽未足，而才制可觀。見者咸曰：有家風矣。"① 史籍當中關於士族門風或家風的敘述很多，就江東士族而言，門風紛呈炳蔚。如吳郡陸氏家族自東漢興起歷經魏晉南北朝，成為江東第一盛門；從陸績、陸康到陸遜、陸抗、陸凱到陸機、陸雲，再到陸納、陸徽等，陸氏家族積澱起"忠義""博學善政"文化風尚，兼及文學藝術和玄佛之學，僅《隋書·經籍志》就存錄了陸凱、陸景、陸沖、陸機、陸雲、陸沈、陸展、陸厥、陸雲公、陸玠等陸氏子弟的文集，不愧文學世家。吳郡顧氏也世有高位，《世說新語·賞譽》引述舊說："張文、朱武、陸忠、顧厚。"則可知顧氏家風主要表現出德義仁厚的儒學文化傳統。孫吳時的顧雍在外為政謹言慎行、善養德望，在內"家門雍穆"，形成了禮法孝義傳統；顧氏在學術上玄儒雙修，重視實用，善於接受新鮮事物；在文學藝術方面，顧氏以繪畫貢獻最大，特別是顧愷之"才絕、畫絕、癡絕"，歷代畫史奉顧愷之作品為神品，"自古論畫者，以顧生之迹天然絕倫，評者不敢一二"（張彥遠《敘師資傳授南北時代》）；②《顏氏家訓·雜藝篇》記述顧士端"父子并有琴書之藝，尤妙丹青，常被元帝所使，每懷羞恨"，③大概是覺得服務於帝王是件有辱家門之事，從中也可見顧氏家學的特殊地位。吳郡張氏的文采風流在江東士族中獨樹一幟，從漢末孫吳時期"才藻俊茂"的張溫開始，其箇人氣質折射家族風貌。張敦則"德量淵懿，清虛淡泊，又善文辭"，以儒學為底蘊，以玄遠精神境界為氣質，以文辭為文化載體，所以直至張翰、張勃在事功方面皆無出色建樹；但張氏家族尚文特色在劉宋時期得到光大機會，張永、張率甚受梁武帝、昭明太子贊譽；南齊時的張融更是"文辭詭激，獨與衆異"，不賴家聲，且因此獲得與顧陸等量齊觀的政治地位；張氏家風的玄理思致較為顯著，并與程式化的玄風相抗，"融玄義無師法，而神解過人，白黑談論，鮮能抗拒"（《南齊書·張融傳》）④ 頗有魏晉玄學精神風采，也使其文采更加飛揚；總之，張氏家族博通多能，以雅道相傳，獨擅江東士族群體之中。吳興沈氏家族支系繁多，文武并舉，德文并著，輝映先後。沈氏先祖沈戎是位漢光武帝時期的循吏式人物，孫吳時期的沈友"弱冠博學，多所貫綜，善屬文辭。兼好武事，注《孫子兵法》"（《三國志·孫權傳》裴松之注引《吳錄》），⑤ 後因清議峻厲而被孫權所誅。沈氏還世奉天師道，與其宗族尚武有一定的內在聯繫。東晉的沈充作為江東土豪支持王敦叛亂，欲使沈氏家族崛起，終因失敗而幾遭覆家之禍，幸其子沈勁在鮮卑慕容氏進攻中原時自募壯士千餘人，堅守洛陽而被俘遇害，朝廷聞而嘉之，沈勁以非常之舉擺脫了家族發展的困境，此後的沈氏子弟獲得機會顯名於南朝。沈氏尚武人物大多投靠劉裕，助其建宋有功而顯揚政壇。但憑軍功

---

① ［唐］令狐德棻：《周書》，北京：中華書局，1971年，第686頁。
② 張彥遠：《歷代名畫記》，杭州：浙江人民美術出版社，2011年，第22頁。
③ 王利器：《顏氏家訓集解》，第578頁。
④ ［南朝梁］蕭子顯：《南齊書》，第729頁。
⑤ ［晉］陳壽：《三國志》，北京：中華書局，1959年，第1117頁。

顯貴的命運結局都不太妙，沈氏家族屢次遭遇覆滅之災皆因尚武所致，故沈氏精英開始建設經術與才藝的文化傳統，沈道虔、沈驎士、沈峻、沈洙、沈文阿、沈重等皆為崇文代表。沈氏經略學術和文藝，經過晉末以來幾代人的實踐積澱，在齊梁間達到新境界；沈約是最傑出者，對於永明文學及文學聲律理論的貢獻甚著，史學成就也非凡。

此外，會稽虞氏家族的經學成就和忠直家風在江東也卓有名氣，梁陳以降，虞氏家學以文辭創作為正途，虞荔及其子虞世基、虞世南皆以文學藝術名世，延伸了虞氏家風的文化傳統。會稽孔氏家風在政治場域秉正不撓諳練故實，學術上則以經術和孝義為基本，兼染玄趣和天師道信仰，以孔稚珪代表，其世傳家風成為南朝時期江東士族家庭信仰與學風的象徵。從這幾箇家族的世傳家風來看，門第教育以儒學為根基，畢竟儒學是用世之學，各箇家族若要獲得社會名望，必宗儒學以進入社會思想主流。如同王褒《幼訓》所說："吾始乎幼學，及於知命，既崇周、孔之教，兼循老、釋之談，江左以來，斯業不墜，汝能修之，吾之志也。"① 以儒學禮法傳家對於家族的社會名望有多大的作用和意義，由此可見一斑。除學術外，文學藝術、琴棋雜藝等高雅情趣也是每箇大家族必修的文化內容，衛氏和王氏書法、顧氏繪畫、謝氏詩賦和圍棋、阮氏和戴氏琴術等，高雅審美趣味是高貴門第的重要表徵。因此，為了弘揚家世門風，魏晉南北朝譜學發達，諸如《百家譜》《百家集譜》《京兆韋氏譜》《謝氏譜》《冀州姓族譜》《揚州譜鈔》等，世家大族的這些家譜或譜牒，是其家庭成員引以為豪互相標榜的資本證據。

## 七、家庭生活中的精神信仰系統

以儒學為根基，以禮法傳家，是世家大族門風的共同點，"六朝人禮學極精"（沈堯落《飆樓文集·與張淵甫書》），這是門第社會的歷史實況。然而，現實理性的奮鬥并不能完全保證家族經久興盛，人們需要宗教神秘力量的支撐，需要超越現實的精神寄寓。道教、佛教及各種方術由此滲透到魏晉南北朝的家庭生活之中。無論佛教還是道教，在其弘教過程中都着眼於人們的俗世精神需求，絕不反對儒家思想，而是積極與儒學溝通，努力援引儒學思想來闡釋宗教教旨，特別是走上層路綫，配合儒術治國理念，以期得到統治階層的認同和利用。

因此，佛教僧侶主動接觸上層社會，争取士族階層支援；上層社會也希冀通過佛教加強政權統治，坐致太平。梁武帝蕭衍是佞佛帝王的典型，在他宣導下，南朝佛教相當於國

---

① ［唐］姚思廉：《梁書》，第584頁。

教而臻於鼎盛。江南士族階層佞佛者也衆多,琅琊顏氏、陳郡謝氏、廬江何氏、汝南周氏、吳郡張氏等都崇奉佛法。北方世家大族如清河崔氏、范陽盧氏、滎陽鄭氏、隴西李氏,河間邢氏、河樂柳氏等,均如同後趙石虎所言:"佛是戎神,正應所奉。"(《晉書·佛圖澄傳》)北方少數民族政權也大力弘揚佛教,佛圖澄、釋道安都曾受到最高統治者禮遇;北魏更是建立了一整套佛教組織系統,北齊、北周的帝王幾乎都是佛教的忠實信徒。其間雖有北魏太武帝、北周武帝的滅佛事件,但未能阻止佛教的興盛。佛教積極宣揚孝義倫理,解說出家修佛宗旨在於幫助父母、兄弟和親人在內衆生消除業障,脫離苦海;也允許居士在家修行佛法而不必削髮為僧尼,故能得到社會各階層的普遍接受,使廣大佛教信衆的家庭生活裏容納了禮佛、誦經、齋戒、供奉、施捨、寫經、造像、法會等宗教活動內容。佛教廣泛傳播致使出家為僧尼者也越來越多,"時人多絕户為沙門"(《北史·李孝伯傳附李瑒傳》),為了解決與儒家"承宗繼嗣"觀念的衝突,顏之推提倡兼顧二者,"汝曹若觀俗計,樹立門户,不棄妻子,未能出家;但當兼修戒行,留心誦讀,以為來世津梁。人生難得,無虛過也",① 就是心歸佛門,身兼俗世人倫。

中國本土的道教形成于東漢太平道和五斗米道,三國以後,原始道教分化為符水派道教與丹鼎派道教,前者主要在民間傳播發展,後者主要在士族階層流行弘揚。兩晉時期,四川是民間道教活動中心,陳瑞、范長生等是領袖,具有廣泛群衆基礎;天師道首領孫恩組織道衆反亂朝廷,極大地動搖了東晉政權的穩定性。此後,道教被統治階層打擊和改造,丹鼎派道教應運而生,葛洪著《抱樸子》一書,提出神仙實有、長生能致、仙人可學的核心觀點,道士修煉方式分為煉形與養神,構造了一箇比較完整的理論體系,投合了統治階層的趣味和利益。南北朝時期,寇謙之、陸修靜、陶弘景清理道教,將之提升為一種具有完整神靈譜系、教義和儀軌的宗教,與現實政治或政權建立密切關係。"朝士受道者衆,三吳及邊海之際,信之愈甚"(《隋書·經籍志四》)南方出現大量道教世家,有的世代相傳習道,還互相聯姻,極大地擴展了道教影響力。據陳寅恪《天師道與濱海地區之關係》統計,琅琊王氏和孫氏、高平郗氏、吳郡杜氏、會稽孔氏、陳郡殷氏、丹陽葛氏、許氏、陶氏、東海鮑氏、吳興沈氏等皆是道教世家,有的家族成員還削髮為僧。② 北魏太武帝拓跋燾尊寇謙之為師,受其法籙,改年號為太平真君(440—450),還確立了諸帝即位到道壇受符籙的常規制度。道教與政治結合,正如佛教與政治結合,自上而下,傳播速度快和範圍大。道教宣揚長生不老,發展出服食養生、采藥煉丹之術,上層社會既向往神仙生活又貪圖現實享樂,這雙重願望由此得以滿足。

中國古人一向持一種"萬物有靈"的信仰傾向,因而有山神、水神、動植物神、人神、

---

① 王利器:《顏氏家訓集解》,第396頁。
② 陳寅恪:《金明館叢稿初編》,上海:上海古籍出版社,2001年,第1—46頁。

人鬼崇拜。在魏晉南北朝時期，昆侖山、恒山、會稽山、茅山等都被賦予山神性質；江神、河神、渭水神、蔣公湖神、河伯、雨瀨、石井等大量水神也出現了；草妖、桃符、櫨木、麒麟、雀、龍、白虎、白狼、九尾狐等動植物神在這箇時期明顯劇增。自然現象與社會現象聯繫起來，產生更強烈的神性氣息和色彩，使傳統巫術一直有較高的社會影響。從事巫術的男覡女巫極多信衆，還經常參與政治生活和社會生活。巫術方式主要有祠祀和厭詛。祠祀給巫覡們創造斂財機會，敗壞社會風氣，故常被官方禁止。《南史》記述太原人王神念"性剛正，所更州郡必禁止淫祠。時青州東北有石鹿山臨海，先有神廟袄巫，欺惑百姓，遠近祈禱，糜費極多。及神念至，便令毀撤，風俗遂改。"① 厭詛之術則以咒語達到某種目的，《宋書》稱言廬江人王禕"每覘天察宿，懷協左道，咒詛禱請，謹事邪巫，常被髮跣足，稽首北極，泛圖畫朕躬，勒以名字；或加之矢刃，或烹之鼎鑊"。② 巫風盛行，則鬼神信仰成災，淫祠遂得氾濫，魏晉南北朝禁止淫祠的詔書不知凡幾；但屢禁不止，甚至政府也搞起淫祠，如六朝政府給蔣神加官晉爵，奉其為保護神，而實際原委，干寶《搜神記》卷五已揭示，"蔣子文者，廣陵人也。嗜酒好色，挑達無度。常自謂己骨清，死當為神"，"自是災厲止息，百姓遂大事之"，③ 是經歷一番人為的造神過程的。道士經常利用方術來吸納信衆，佛教徒亦借助方術來招誘信徒，故佛教、道教均與巫覡秘術糾纏在一起共生互存。高級宗教信仰與低級神秘方術彼此共生互存的社會文化現象，正是在魏晉南北朝時期形成的。④ 民間祠祀之神有惡有善者，祠祀惡神是祈求它不再造惡人間，祠祀善神是祈求它帶來幸福。無論哪種神，都是基於俗世功利目的。此外，人們解決現實人事問題經常求助天意來決斷，這就是占星、望氣、風角、讖緯、卜卦、相術、占夢、巫蠱、禳鎮、禁忌等迷信形式，這些迷信形式對家庭生活的影響無處不在，下層民間和上層官方社會都存在，舉凡日常生活的方方面面和諸種細節，都能見到它們介入并且產生實際影響作用。曹魏時期的管輅（209—256）從小便喜歡仰觀天象，成人後精通《周易》，擅長卜筮相術，還熟習鳥語至出神入化；撰有《周易通靈訣》《周易通靈要訣》《破躁經》《占箕》，被後世奉為卜卦觀相的祖師。正始名士大多與他有密切交往。裴徽召任管輅為文學從事，特別器重，後來府部遷至鉅鹿，管輅升任治中別駕。何晏、鄧颺也曾請管輅預測人事命運，問："連夢見青蠅數十頭，來在鼻上，驅之不肯去，有何意故？"管輅講了一番"物極必反，盛極必衰"的道理，并指明化解危機的辦法，可惜何晏、鄧颺不以為然。其舅責怪管輅說話太切至，管輅說："與死人語，何所畏邪？""舅大怒，謂輅狂悖。歲朝，西北大風，塵埃蔽天，十

---

① ［唐］李延壽：《南史》，第 1535 頁。
② ［南朝梁］沈約：《宋書》，第 2040 頁。
③ 汪紹楹：《搜神記校注》，北京：中華書局，1979 年，第 57 頁。
④ 王利華：《中國家庭史·先秦至南北朝時期》，廣州：廣東人民出版社，2007 年，第 494 頁。

餘日，聞晏、颺皆誅，然後舅氏乃服。"① 魏郡太守鍾毓曾與管輅共同討論《周易》義理，請問政治走向。平原太守劉邠請教如何順應天意以安撫轄區百姓。其弟管辰説："夫術數有百數十家，其書有數千卷，書不少也。然而世鮮名人，皆由無才，不由無書也。裴冀州、何、鄧二尚書及鄉里劉太常、潁川兄弟，以輅禀受天才，明陰陽之道、吉凶之情，一得其源，遂涉其流，亦不爲難，常歸服之。"（《三國志》裴松之注引《輅別傳》）② 卜筮、相術、占夢等迷信形式，是當時人們預測朝政興亡、社會逆順和人生窮通的工具手段，作爲一種精神文化現象，它的興盛與魏晉南北朝時期的天意崇拜發展爲社會性的崇拜意識緊密相關。這一時期的天意崇拜，"是人們從現實生存環境出發的一種理想追求"，"對外來佛教具有改造作用"，"作爲一種社會崇拜意識，它反映了當時人們迫切需要取得現實利益的文化心態"。③ 後來南北朝僧人如佛圖澄等都利用這些方術形式測言俗世吉凶貴賤，以便佛教曲綫式融入社會現實生活之中。

作者單位：長江師範學院

---

① ［晉］陳壽：《三國志》，第 820 頁。
② ［晉］陳壽：《三國志》，第 827 頁。
③ 朱大渭：《魏晉南北朝社會生活史》，北京：中國社會科學出版社，1998 年，第 330 頁。

# 論唐代《詩經》研究對詩學理論的影響

唐 婷

　　縱觀《詩經》研究雖然經歷了"文學"與"經學"的更迭轉換，但終究離不開《詩經》既是"詩"也是"經"的本質。《詩經》是我國最早的詩歌總集。作為"詩"，古典詩歌的題材體裁、詞彙句式、表達技巧等都可以在《詩經》中找到最早範本；作為"經"，《詩經》可用於"正得失，動天地，感鬼神"，通過美刺比興的獨特運用使"言之者無罪，聞之者足以戒"，溫柔敦厚的詩教是傳承禮樂文化的重要路徑。在《詩經》的各類影響中，"風雅比興"的詩學精神是其亦"詩"亦"經"的綜合體現，并成為後世詩學用以反對詩風綺靡輕豔的權威依據。"風雅比興"強調意在言外、含蓄深遠，這與比、興的表意方式緊密相關。所謂"比"乃"見今之失，取比類以言之"，"興"乃"見今之美，取善事以勸之"，實則表達諷刺或褒贊都可用比興手法。比、興的委婉深致在於不直言，取他物代言。唐代孔穎達主持編纂《毛詩正義》時，將此規律總結為"興必取象"，以此來疏解《詩經》關涉人倫道德的教化意義。在此之後，盛唐詩學發展過程中出現了"興象"論。"興必取象"與"興象"之間究竟有無關係？若有，又是什麼樣的關係？這值得我們多加思索。"興象"是唐代詩學的重要概念，在我國古典詩學史上有着深遠影響。前人對"興象"的研究多集中於三箇方面：興象的含義；興象與意象的關係；興象對明清詩論的影響。這些論題都涉及分析"興象"產生的理論基礎，學者們對此有所闡發，但因各有側重并未做專門論述。而"興象"的產生、演變及其所憑藉的理論，關乎"興象"的內涵界定，也是探討其詩學意義的基礎，故特揭櫫於下。

## 一、"興必取象"的提出

"興"出現在解構《詩經》的過程中。《詩序》云:"故詩有六義焉,一曰風,二曰賦,三曰比,四曰興,五曰雅,六曰頌。"風、雅、頌是"詩篇之異體",賦、比、興是"詩文之異辭","賦、比、興是詩之所用,風、雅、頌是詩之成形"①,也就是説,賦、比、興是詩的三種表達方式。而"毛公作《傳》,獨標興體"②,在三百篇中,毛公標興的篇目多達116篇,孔穎達謂:"詩文諸舉草木鳥獸以見意者,皆興辭也。""興"意爲"托事於物",指借客觀物象來表達主觀情志。毛公標興,是爲了闡發草木鳥獸關乎人倫道德的意義,此意義也就是詩人感時傷事而抒發的情志。毛公之後,東漢經學家鄭玄以"興者,喻"作闡釋,更直接地説明了"興"重在情志的本質特徵。其後談論《詩》者,大都圍繞"興"與之"喻義"展開,唐以前對《詩經》的闡釋都衹談"興",不談"象"。直到唐初孔穎達編纂《毛詩正義》提出"興必取象",《詩經》學史上纔首次出現"興""象"并提。此觀點已有學者談到,鄧國光先生即説:"將詩興和易象縮合,不啻是孔穎達在詩學上的重大創見。"③ 誠然,孔穎達將"興""象"并提是創見,但孔穎達提出"興必取象"的初衷,并不是將此作爲一箇詩學概念,也并不衹是爲表達"詩情";而是作爲一種特意發明的解經方式,以闡發《詩經》關涉禮樂興衰的政教意義。

"象"與表意相聯繫則源於《易》。《繫辭》云:"聖人設卦觀象。"太古時伏羲氏"仰則觀象於天,俯則觀法於地,觀鳥獸之文,與地之宜,近取諸身,遠取諸物,於是始作八卦",八卦因物象而成,故謂"易者,象也"。孔子云:"八卦成列,象在其中","爻象動乎內,吉凶見乎外",又"聖人立象以盡意,設卦以盡情僞"等,這些都説明"象"是《周易》的核心。研究《易》者多論及"象"。孔子作《十翼》,其中有《象》;馬融、鄭玄解《易》"多參天象";王弼"主名理",作《周易注》也專設《明象》一節,云:"夫象者,出意者也;言者,明象者也。盡意莫若象,盡象莫若言。言生於象,故可尋言以觀象;象生於意,故可尋象以觀意。意以象盡,象以言著,故言者所以明象,得象而忘言;象者所以存意,得意而忘象。"④ 王弼雖主張得意忘象,但也明確指出"意以象盡"這一關

---

① [唐]孔穎達:《毛詩正義》,《十三經注疏(校勘本)》,北京:中華書局,1979年,第271頁。(下文《詩經》正文、《毛傳》《鄭箋》《孔疏》皆出自此書,不再另注)
② [南朝梁]劉勰著,范文瀾注:《文心雕龍注》,北京:人民文學出版社,2008年,第601頁。
③ 鄧國光:《唐代詩論抉原:孔穎達詩學》,《唐代文學研究》(第七輯),廣西:廣西師範大學出版社,1996年,第860頁。
④ [三國魏]王弼:《周易注》,影印文淵閣《四庫全書》,臺北:臺灣商務印書館,1986年,第7冊,第278頁。

鍵。所謂"聖人有以見天下之賾，而擬諸其形容，象其物宜，是故謂之象"，即為了將抽象難明的道理表達得通俗易懂，聖人就憑藉"象"來比擬説明。"君子居則觀其象而玩其辭"，研究《易》象者皆注重闡發客觀物象喻示的道理。在唐以前，研究《周易》的著作，也祇談"象"，不談"興"。因此，無論從《詩經》研究來看，還是從《周易》研究來看，孔穎達在《毛詩正義》中并提"興""象"無疑是具有開創意義的。他用《周易》"立象以盡意"的思維模式，來理解漢代學者闡釋《詩經》所用到的"興者，喻"，那麽，鳥獸草木蟲魚都具有合理的喻示性，在此基礎上建構的"詩教説"便具有不可撼動的權威。"興必取象"的提出，貫通了《詩經》《周易》兩部儒家經典内在的詮釋理路，為毛、鄭以"興喻"解經、闡發"詩教"確立了有迹可循的學理依據。

我們逐一考察孔穎達提出的"興必取象"，會發現"興必取象"的"象"是由詩旨來確定，與後世所謂的"意象"不同。《詩經・樛木》篇《正義》云：

　　諸言南山者，皆據其國内，故《傳》云"周南山""曹南山"也。今此《樛木》言南，不必己國，何者？以興必取象，以興后妃上下之盛，宜取木之盛者。木盛莫如南土，故言南土也。①

《樛木》旨在説明后妃"能逮下而無嫉妒之心"，以樛木下曲、葛藤攀附為喻，后妃有和諧衆妾之盛德，故樛木宜取南山木盛者為喻。《正義》所提到的"南山"不必坐實為哪國的南山，取其木盛之意而已。"興必取象"的"象"與《易》象一樣强調言語之外的喻示性。陳伯海先生談文學的"審美意象"區别於傳統意義的"象"，説："審美意象所表之意，既非玄妙的天意、天道，亦非宗法社會的禮教、人倫，而是創作者簡人的情意，是他從自己的生命活動中感發出來的生命體驗和審美體驗。這樣的'意'不屬於精深的義理，也不屬帶有普遍性的規範，而是具體的、活生生的感性經驗。"②"興必取象"的"象"即屬於傳統意義範疇，取象正是為了闡釋"精深的義理"和"帶有普遍性的規範"。從本質上來説，"興必取象"揭示了用"興者，喻"來闡釋詩教的實現路徑。

孔穎達提出"興必取象"，打通了主觀情志與客觀物象之間的壁壘，"象"的寓示性為挖掘詩意提供了無限空間，如此便讓那些看似"牽强附會"的闡釋都變得順理成章。而在新的意識形態系統下，宋及之後的學者試圖解構漢唐學者所構建的《詩》學大廈，對於傳統《詩》説的懷疑至宋代達到高潮，其中"興喻"就是攻訐的焦點之一。如歐陽修《詩本義》專設"論曰"以駁斥毛、鄭，其中大部分是對毛、鄭標"興"及其喻義的質疑；朱熹

---

① [唐] 孔穎達：《毛詩正義》，第 278 頁。
② 陳伯海：《釋意象（上）——中國詩學的生命形態論》，《社會科學》2005 年第 9 期，第 167 頁。

説《詩》多憑己意斷之，認為"興者，先言他物以引起所詠之辭也"，"他物"與下文内容并不一定直接相關。在毛、鄭的闡釋中，草木鳥獸是傳達人倫道德的載體，宋代學者以"情理"質疑這部分傳統《詩》說，給毛、鄭扣上穿鑿不經的帽子。如歐陽修談及《鴟鴞》，云：

> 毛、鄭於鴟鴞失其大義者二，由是一篇之旨皆失。《詩》三百五篇皆據《序》以為義，唯《鴟鴞》一篇見於《書》之《金縢》，其作詩之本意最可據而易明，而康成之《箋》與《金縢》之書特異，此失其大義一也；但據詩義，鳥之愛其巢者呼鴟鴞而告之，曰：'寧取我子，勿毀我室。'毛、鄭不然，反謂鴟鴞自呼其名，此失其大義者二。①

歐陽修認為"鴟鴞鴟鴞！既取我子，無毀我室"乃他鳥呼鴟鴞而言，非毛、鄭以為鴟鴞自言。此篇，《毛傳》認為周公誅管、蔡後，以鴟鴞代言，云"寧亡二子，不可以毀我周室"；《鄭箋》認為乃成王罪周公屬黨，鴟鴞喻世臣，云"寧亡我之子孫，無絕我之官位、土地"。從字面和語言邏輯上來解讀，歐陽修的闡釋自然更合情理。此詩毛、鄭標興，《正義》云"以興為取象鴟鴞之子，宜喻屬臣之身，故以室喻官位、土地也"，此用意何在？《鄭箋》據《金縢》"周公居東二年，則罪人斯得。於後，公乃為詩以貽王，名之曰《鴟鴞》"②，認為《鴟鴞》"我子"即《金縢》"罪人"，周公作詩是為了勸阻成王罪殺無辜屬臣，以"救止成王之亂"。孔穎達云："公以王怒猶盛，未敢正言，假以官位、土地為辭，實欲冀存其人，非是緩大急細，棄人求土。"故詩中取象"鴟鴞之子"，是為了説明"周公有攝政成周道之志"。這層深意，是釋為"鳥之愛其巢者呼鴟鴞而告之"所不能體現的。再者，關於鴟鴞，陸璣云："鴟鴞似黄雀而小，其喙尖如錐，取茅莠為窠，以麻紩之，如刺韈然，懸着樹枝，或一房，或二房。幽州人或謂之鸋鴂，或曰巧婦，或曰女匠。關東謂之工雀，或謂之過蠃。關西謂之桑飛，或謂之韈雀，或曰巧女。"③ 鴟鴞善築巢，并没有强占他鳥之巢的習性，歐陽修釋為"鳥之愛其巢者呼鴟鴞而告之"實欠妥當。

孔穎達通過將"興"重在情志、"象"重在喻示的特徵相結合，可圓融地解釋草木鳥獸傳達的詩教。如《狼跋》："狼跋其胡，載疐其尾"，《毛傳》云："興也。跋，躐。疐，跲也。老狼有胡，進則躐其胡，退則跲其尾。進退有難，然而不失其猛。"《箋》云："興

---

① [宋] 歐陽修：《詩本義》卷五，見影印文淵閣《四庫全書》，臺北：臺灣商務印書館，1986年，第70册，第214頁。
② [唐] 孔穎達：《尚書正義》，見《十三經注疏（校勘本）》，北京：中華書局，1980年，第197頁。
③ [三國吳] 陸璣：《毛詩草木鳥獸蟲魚疏》卷下，見影印文淵閣《四庫全書》，臺北：臺灣商務印書館，1986年，第70册，第14頁。

者，喻周公進則躓其胡，猶始欲攝政，四國流言，辟之而居東都也。退則跲其尾，謂後復成王之位，而老，成王又留之。其如是，聖德無玷缺。"毛、鄭之説各異，據《正義》，毛以為"喻周公攝政之時，遠則四國流言，近則王不知其志，進退有難，然不失其聖，能成就周道"；鄭以為"喻周公將欲攝政，遭四國流言，歸政成王。王復留為大師，進退有難，能不失其聖"。《鄭箋》以攝政前後作解，《正義》云："周公，人臣，以居攝為進，致政為退，取象為安，故易《傳》也。"所謂"取象為安"，這首詩毛、鄭皆以狼進則躓胡、退則跲尾為象，而毛重在進退有難，鄭重在進退自若，故云"取象為安"。程子云："周公之處己也，夔夔然存恭畏之心；其存誠也，蕩蕩然無顧慮之意。"① 朱熹云："公遭流言之變，而其安肆自得乃如此，蓋其道隆德盛，而安土樂天有不足言者，所以遭大變而不失其常也。"② 此詩，《詩序》《毛傳》祇籠統言周公"不失其聖"，然聖德何謂，不知所云。待《鄭箋》以攝政前後作解，孔穎達點明"取象為安"，後世纔瞭然於心，"聖德"蓋正心誠意、安土樂天云云。可見，"取象"十分關鍵，不僅決定了詩旨的闡釋方向，也是表露詩人意圖的途徑。

"興必取象"的提出對確立《詩經》漢學的權威地位有很重要的作用。《詩經》漢學陣營裏的學者多遵從"興必取象"，陳啟源云："詩是托興，非據一時所見為言"，"托興非於假象中，又客主相形也"③，所謂"托興""假象"正是"興必取象"之義；陳奐云："凡言興體有寓意於喻"④，實則也是"興必取象"的另一種説法，此寓意即"象"所喻示的興義。深諳漢學者皆明瞭毛、鄭標興解《詩》必得力於"象"，通過"取象"深入簡出地説明經義，纔能使詩教深入人心。所以，孔穎達所提出的"興必取象"是一種獨特的解經方式，并非專門的詩學概念。

## 二、"興象"的生成及内涵

在孔穎達提出"興必取象"後，唐代詩學理論出現了"興象"這一新概念。盛唐時期，"丹陽進士"殷璠著《河嶽英靈集》，選錄開元、天寶年間的詩作，并藉此表達了自己對詩歌創作、詩歌藝術的觀點。"興象"在《河嶽英靈集》中祇出現了三次，卻是殷璠及

---

① 轉引自［宋］朱熹《詩集傳》，南京：鳳凰出版社，2007年，第114頁。
② ［宋］朱熹：《詩集傳》，南京：鳳凰出版社，2007年，第113頁。
③ ［清］陳啟源：《毛詩稽古編》卷二，影印文淵閣《四庫全書》，臺北：臺灣商務印書館，1986年，第85冊，第354頁。
④ ［清］陳奐：《詩毛氏傳疏》卷二，《續修四庫全書》，上海：上海古籍出版社，2002年，第70冊，第24頁。

盛唐時期詩學理論的核心概念之一。目前學界對"興象"的內涵已有多種界定,如"情興有餘之象"、①"具有審美感興特徵而意餘言外的藝術形象"、②"詩歌中具有雅正高遠的情興特徵的物象"③ 等,定義分歧集中在對"興"的理解上。如果用目前文學理論中既定的"興"義來分析,得到的便是後世認為的"興象",并不是最初殷璠所謂的"興象"。因此,"興象"的內涵還需進一步探討。

決定"興象"內涵的關鍵因素是"興"。孔穎達提出"興必取象"距離殷璠提出"興象"歷史時間最近,二者在命名上又如此類似,兩箇概念之間應有某種緊密聯繫。"興必取象"之"興"指托事於物,借客觀物象表達主觀情志,此情志與詩教相關。那麼,"興象"之"興"與此是否相同？殷璠評論魏晉詩歌云:"然挈瓶庸受之流,責古人不辯宮商徵羽,詞句質素,耻相師範。於是攻異端、妄穿鑿,理則不足,言常有餘。都無興象,但貴輕豔,雖滿篋笥,將何用之也。"④ 他批判片面追求格律、辭藻等外在形式,強調詩歌要有"興象",突出詩歌之"用"。殷璠將"興象"與"輕豔"相對,本指詩人起興所選取的物象,通過物象表達關乎情理性命等話題的深遠思考,進而引申為在此基礎上所形成的幽遠含蓄的格調。殷璠評陶翰詩"既多興象,複備風骨",又將"興象"與"風骨"并舉;評孟浩然詩"文彩豐茸,經緯綿密,半遵雅調,全削凡體。至如'衆山遥對酒,孤嶼共題詩',無論興象,復兼故實"。"興象"與文彩、格調、用典等共同構成詩歌的藝術審美。"興象"并不凝滯在表意,而應該最終指向藝術審美,這纔是殷璠提出"興象"的初衷。

我們再從殷璠用"興"評價詩歌的具體情況來觀察。其評常建詩云:"建詩似初發通莊,卻尋野徑百里之外,方歸大道,所以其旨遠,其興僻,佳句輒來",通過"尋野徑百里之外"比擬常建創作詩歌時不直接道來,而是迂回曲折、通過看似與主旨關係不大的表達來實現,達到詩旨深遠的效果。"興僻"指起興用象孤僻罕見,也指因此而形成的冷僻生澀的風格趣味。殷璠評劉眘虛詩云:"情幽興遠,思苦語奇,忽有所得,便驚衆聽",又評儲光羲詩云:"格高調逸,趣遠情深,削盡常言,挾風雅之迹、浩然之氣","興遠"與"趣遠"同義,嚴羽説"盛唐諸人惟在興趣",興、趣內涵相近,皆指一種幽遠的、耐人尋味的藝術境界。

概言之,"興必取象"之"興"是"興者,喻"(《鄭箋》),是連接物象與喻義之間的橋梁;而"興象"之"興"是"興者,起也",更重在"引譬連類,起發己心"(《毛詩正義》孔穎達語),通過客觀物象表達情思,形成一種含蓄深遠的趣味。前者是闡釋詩教的途

---

① 陳伯海:《釋意象(上)——中國詩學的生命形態論》,第112頁。
② 諶兆麟:《論"興象"》,《湖南師範大學社會科學學報》2001年第4期,第119頁。
③ 王明輝:《興象在中國詩學中的發展流變》,《學術研究》2018年第12期,第153頁。
④ [唐] 殷璠:《河嶽英靈集》,見《唐人選唐詩(十種)》,上海:上海古籍出版社,1989年,第40頁。(下文殷璠評論各家詩,皆出自此書,不再另注)

徑，而後者是詩學批評的命題。再者，"興必取象"之"象"由詩旨來確定，"興象"之"象"也受詩歌風格影響，從"興"義到取"象"標準，都表明"興象"脫胎於"興必取象"，但又與"興必取象"不同。

後世或將"興象"與"意象""興寄"相混，其實並不相同。首先，"興象"不同於"意象"。"意象"最早由劉勰提出，《神思》篇云："玄解之宰，尋聲律而定墨；獨照之匠，窺意象而運斤。此蓋馭文之首術，謀篇之大端。"① 陳伯海先生認為，此"意象"乃"意中之象"，② 即作家構思中的內心圖像。而"興象"是即興的、寄託情思的客觀物象，並沒有預先存在於詩人的構思中。"意象"，即如聲律、形式、辭藻等是構思要素；而"興象"，即如格調、韻味、意境等屬於詩學批評。祇是在之後詩歌評論的發展過程中，因"興象"與"意象"在"立象以盡意"上的共同特徵，而逐漸模糊了兩箇概念的界綫，多認為"興象"是"意象"之一，其實並非如此。

再者，"興象"與"興寄"也不同。初唐時，陳子昂提出"興寄"，云："文章道弊五百年矣。漢魏風骨，晉宋莫傳，然而文獻有可徵者。僕嘗暇時觀齊、梁間詩，彩麗競繁，而興寄都絕，每以永嘆。思古人，常恐逶迤頹靡，風雅不作，以耿耿也。"（《與東方左史虬修竹篇序》）陳子昂批判齊梁間詩歌"不出月露之形""唯是風雲之狀"，特意標榜"風雅""興寄"來糾正浮靡詩風，此"興寄"指關乎社會政治、有益於教化的內容。這與"興象"側重於表達情思、追求格調高遠不同。"興象"不再刻意關照詩歌與時事政治的聯繫，不再排擠詩歌中自然存在的私人情感，不再反對詩歌對藝術美感的追求，但這並不意味着它肯定浮華的形式與豔俗的情欲。殷璠的"興象"追求的是象外之象、味外之味，它總是與風骨、格調等相輔相成，更強調至情至性、至真至善，反對"輕豔"。

"興象"重在情性，重在興會感受，直接影響了明清時期詩學理論發展過程中"興趣說""神韻說""性靈說"等理論的產生。嚴羽云：

> 詩者，吟詠情性也。盛唐諸人惟在興趣，羚羊掛角，無迹可求。故其妙處透徹玲瓏，不可湊泊，如空中之音，相中之色，水中之月，鏡中之象，言有盡而意無窮。③

"興趣"的妙處即是"興象"之"興"的妙處，而不同在於"興象"仍強調"象"。郭紹虞先生談"興比言詩"與"興趣言詩"的根本分別時說："從興比言詩，而有所悟入，所以孔子稱商、賜可與言詩；從興比評詩而體會入微，所以議論道理全是活句，指陳發露

---

① [南朝梁]劉勰著，范文瀾注：《文心雕龍注》，第493頁。
② 陳伯海：《釋意象（上）——中國詩學的生命形態論》，第167頁。
③ [宋]嚴羽著，郭紹虞校釋：《滄浪詩話校釋》，第26頁。

仍合詩教。……若從興趣言詩，則羚羊掛角無迹可求，儘管說得頭頭是道，總不免英雄欺人，因為這種講法，是教人不可捉摸，無從下手的。"① 其實 "興象" 與 "興趣" "神韻" 等概念的區別也是如此，"興象" 的 "象" 是領悟詩義的切入點（即 "有所悟入"），同樣也是孔穎達提出 "興必取象" 時 "必" 字的深刻意義。

## 三、"興象" 與盛唐氣象

唐代詩學評論中 "興象" 并不多見，之後則較為頻繁。值得特別關注的是，提及 "興象" 處往往都關聯着盛唐詩。如楊維楨的《衛子剛詩録序》，云：

> 其絶句如《消寒圖》一首，音節興象皆造盛唐有餘地，非詩門之顓主者不能至也。②

楊維楨談及 "興象" 即以盛唐為模範。又如胡應麟的《再報歐楨伯》，云：

> 諸集高華秀朗，世所共欽。乃使事之工，聯類之富，綺而不繁，大而能化，則自老杜外，惟弇州伯仲。洎歐先生三耳仲默於鱗，名高一代，要以風格興象抵掌開元，至綜貫百家、下上千古，非其所務，亦非其所長，良工苦心，同調闊疏，知我罪我，斯言不易。③

胡應麟盛贊歐大任的詩文，說他 "要以風格興象抵掌開元"，即表明 "興象" 是開元時詩歌的主要成就之一。李攀龍談及歐楨伯，也説："諸詩有格，微辭兼到……蓋恥為輕便，專求興象，正盛唐諸公擅美當年，而足下所緜以羽翼二三兄弟者。"④ 表明盛唐是以追求 "興象" 為能事。再如王士禎《池北偶談》載 "樂天論詩" 云：

> 樂天作《劉白倡和集解》，獨舉夢得 "雪裏高山頭白早，海中仙果子生遲"，"沉

---

① ［宋］嚴羽著，郭紹虞校釋：《滄浪詩話校釋》，第44頁。
② ［元］楊維楨：《東維子集》卷七，見影印文淵閣《四庫全書》，臺北：臺灣商務印書館，1986年，第1221冊，第439頁。
③ ［明］胡應麟：《少室山房集》卷八十一，見影印文淵閣《四庫全書》，臺北：臺灣商務印書館，1986年，第1290冊，第583頁。
④ ［明］李攀龍：《滄溟集》卷二十八，見影印文淵閣《四庫全書》，臺北：臺灣商務印書館，1986年，第1278冊，第540頁。

舟側畔千帆過,病樹前頭萬木春",以為神妙。且云此等語,在在處處應有靈物護之,殊不可曉。宜元白於盛唐諸家興象超詣之妙,全夢見。①

其餘且不論,就"宜元白於盛唐諸家興象超詣之妙"而言,表明王士禎也認為盛唐人作詩普遍具有"興象"。之後翁方綱云:"唐人之詩但取興象超詣。"② 可見,唐以後的詩學評論一致認為"興象"是盛唐詩最主要的特徵之一。

盛唐是唐詩發展的高潮階段。學者們言及盛唐,或云:"景雲中,頗通遠調。開元十五年後,聲律風骨始備矣。"③ 或云:"盛唐諸公之詩,如顏魯公書,既筆力雄壯,又氣象渾厚。"④ 或云:"盛唐之於詩也,其氣完,其聲鏗以平,其色麗以雅,其力沉而雄,其意融而無迹。"⑤ 各種表述雖不盡相同,但盛唐詩那昂揚雄渾的精神氣質卻是詩學研究的共識。我們認為,"興象"繼承"興必取象"追求意在言外的經學精神,對於唐詩格調氣韻的形成有深遠意義。

一是,"興象"蘊含着幽遠的理趣。嚴羽云:"唐人尚意興而理在其中。"⑥ 詩歌創作往往不喜平鋪直敘,借物象傳情表意是追求含蓄蘊藉的一貫做法。"意興"之"興",也就是"興象"之"興",通過物象隱晦地表達興會道理,追求象外之象、味外之味,即姜夔所說的"句中有餘味,篇中有餘意,善之善者也"。⑦ "興象"雙重表意的效果,決定了詩歌含蓄深遠的格調。題名白居易的《金針詩格》云:"詩有內外意。一曰內意,欲盡其理,理謂義理之理,美、刺、箴、誨之類是也。二曰外意,欲盡其象,象謂物象之象,日月、山河、蟲魚、草木之類是也。內外含蓄,方入詩格。"⑧ "興象"兼具"內外意",因此詩歌格調自然深厚高遠。在唐代詩學的表述中,或以意言,或以興論,都談到了"興象"對詩歌格調的作用。如王昌齡云:"意是格,聲是律。意高則格高,聲辨則律清。"⑨ 皎然云:"語與興驅,勢逐情起,不由作意,氣格自高。"⑩ 此"意"與"興"都關乎"興象","興象"言此意彼的特徵,使得詩歌形成"格高而詞溫,語近而意遠"⑪的藝術審美。

---

① [清] 王士禎:《池北偶談》,北京:中華書局,1982年,第342頁。
② [清] 翁方綱:《石洲詩話》卷一,見《續修四庫全書》,上海:上海古籍出版社,2002年,第1704冊,第145頁。
③ [唐] 殷璠:《河嶽英靈集》,第40頁。
④ [宋] 嚴羽著,郭紹虞校釋:《滄浪詩話校釋》,第252頁。
⑤ [明] 王世貞:《弇州四部稿》卷六十五,見影印文淵閣《四庫全書》,臺北:臺灣商務印書館,1986年,第1280冊,第135頁。
⑥ [宋] 嚴羽著,郭紹虞校釋:《滄浪詩話校釋》,第148頁。
⑦ 何文煥:《歷代詩話》,北京:中華書局,2004年,第681頁。
⑧ 張伯偉:《全唐五代詩格彙考》,南京:江蘇古籍出版社,2002年,第351頁。
⑨ 張伯偉:《全唐五代詩格彙考》,第160頁。
⑩ [唐] 皎然著,李壯鷹校注:《詩式校注》,北京:人民文學出版社,2010年,第110頁。
⑪ 張伯偉:《全唐五代詩格彙考》,第203頁。

盛唐之後，唐代詩歌理論普遍關注"象"的興義，如賈島在《二南密旨》中大談"物象"的作用，并梳理羅列常用"物象"的喻義："天地、日月、夫婦，君臣也；明暗以體判用。……木落，比君子道清也。竹杖，藜杖，比賢人籌策也。猿吟，比君子失志也。"①同此，僧人虛中的《流類手鑒》有"物象流類"一節，也專門列舉物象的喻義。唐詩中"興象"表意的範疇，不再祇是漢代經學家們闡釋《詩經》時所關注的政治人倫，而是涉及人生遭際、感時傷事、離別聚合、閑適抒懷等多箇方面。殷璠評王維詩云："維詩詞秀調雅，意新理愜。在泉為珠，著壁成繪，一字一句，皆出常境。"今觀其詩，如"行到水窮出，坐看雲起時""天寒遠山净，日暮長河急""澗芳襲人衣，山月映石壁"等，皆取象清新，有物外之趣，行雲、流水、遠山、長河寄托了詩人在紛繁的世務之外，於山水之中所領悟到的情趣及超脱的禪意。司馬温公評杜詩云："近世詩人，惟杜子美最得詩人之體，如'國破山河在，城春草木深。感時花濺淚，恨别鳥驚心。'山河在，明無餘物矣；草木深，明無人矣；花鳥，平時可娱之物，見之而泣，聞之而悲，則時可知矣。"② 這首詩杜甫用"興象"表意，詩義需在涵詠之間細加品味。整首詩含蓄深沉，不能不説是"興象"之功。

正因"興象"承載着詩人的情義理趣，因而成為盛唐詩的典型特徵。真德秀説："《三百五篇》之詩，其正言義理者蓋無幾，而諷詠之間，悠然得其性情之正，即所謂義理也。"③ "興象"於盛唐詩也是如此，雖不明言性命義理，但草木山河都在傳達着詩人的興會感受，所謂"不涉理路，不落言筌"，便是"興象"於唐詩格調的意義。

二是，興象構建了高古的境界。"興象"對於詩歌境界的營造，也是導致"格高"的因素之一。皎然談到"詩有七德"，一為"識理"，二為"高古"，其實這兩點密切相關，"識理"指向"興象"言説的"意"，"高古"指向"興象"所造的"境"，二者同是影響詩歌格調的關鍵因素。所謂"高古"，楊廷芝云："高則俯視一切，古則抗懷千載。"其實，這種説法并不妥當，孫連奎所説"高對卑言，古對俗言"纔應是確論。

詩歌因"興象"表意含蓄，隨之即營造出一種雋永高古的境界。劉禹錫云："境生於象外。"④ 詩歌中"象"所營造的境界與其所傳達的詩義相輔相成。以兩首同寫女性的詩做一比較，上官儀作《八詠應制》，云：

> 羅薦已擘鴛鴦被，綺衣復有葡萄帶。
> 殘紅豔粉映簾中，戲蝶流鶯聚窗外。⑤

---

① 張伯偉：《全唐五代詩格彙考》，第379—381頁。
② 何文焕：《歷代詩話》，第277頁。
③ [宋] 真德秀：《文章正宗》卷首，見影印文淵閣《四庫全書》，臺北：臺灣商務印書館，1986年，第1355册，第7頁。
④ [唐] 劉禹錫著，瞿蜕園箋證：《劉禹錫集箋證》，上海：上海古籍出版社，2005年，第517頁。
⑤ [清] 彭定求：《全唐詩》，北京：中華書局，1979年，第506頁。

元稹作《離思》，云：

> 曾經滄海難為水，除卻巫山不是雲。
> 取次花叢懶回顧，半緣修道半緣君。①

聞一多先生談到上官儀的這首詩時說："我們真要疑心，那時作詩，還是在一種偽裝下的無恥中求滿足。"② 詩中，上官儀以展被解帶、香膚玉肌寫男女雲雨之歡，此詩自不必談"境界"二字，祇是"沒筋骨、沒心肝的宮體詩"罷了。而《離思》是元稹為悼亡妻子韋氏而作，開頭一句"曾經滄海難為水，除卻巫山不是雲"已成為千古吟誦的名句，或用於有情人，或用於得賢士，或用於遇知音，因句中皆為"興象"，故凡需表達"珍惜曾經"這層意義即可通用。元稹一心懷念亡妻，無意旁顧，正如《詩》云："出其東門，有女如雲。雖則如雲，匪我思存。"這份情終以"半緣修道半緣君"戛然而止，整首詩讀來有不盡的餘味，此可謂境界雋永高古。比較兩首詩，興象、詩義及境界三者之間唇亡齒寒的關係昭然若揭。皎然云："夫詩人之思初發，取境偏高，則一首舉體便高；取境偏逸，則一首舉體便逸。"這便說明了詩義影響意境，意境決定格調的緊密關係。

嚴羽認為"唐人好詩，多是征戍、遷謫、行旅、離別之作，往往能感動激發人意"，③ 葉嘉瑩先生也談到詩歌最重要的品質是要有感發的力量，④ 唐詩的崇高地位在一定程度上就是因這種"感發的力量"而確立，這又與"諸家興象超詣"相關。"興象"所傳達的情志，需用心涵詠，方可得之；"興象"所營造的詩歌境界，需澄心體會，方能感受。總而言之，"興象"的理論基礎直接源於孔穎達提出的"興必取象"。"興必取象"追求意在言外的教化意義，是一種特定的解經方式，并非專門的詩學概念。"興象"強調含蓄幽遠的興味，是追求深遠理趣、高古境界的詩歌美學。"興象"成為盛唐詩的主要特徵之一，促成了盛唐氣象的形成。從"興象"的產生及其對詩歌創作的意義作以上考察，可發現儒家經典對文學創作、文學理論的深刻影響。由此，從"經學與文學"這個角度來審視思考，或許文學研究中的相關論題還可以得到更深刻、更近於歷史真實的詮釋。

作者單位：成都大學文學與新聞傳播學院

---

① ［唐］元稹著，冀勤校注：《元稹集》，北京：中華書局，1982年，第640頁。
② 聞一多：《唐詩雜論》，北京：生活·讀書·新知三聯書店，2012年，第17頁。
③ ［宋］嚴羽著，郭紹虞校釋：《滄浪詩話校釋》，第198頁。
④ 葉嘉瑩：《葉嘉瑩說初盛唐詩》，北京：中華書局，2012年，第159頁。

# 徐鉉筆下的弘冀

楊偉立

弘冀，姓李，南唐元宗李璟的長子，按照中國歷朝實行的主要帝位傳承制度——嫡長子繼承，弘冀便是當然的太子。由於李璟着意推行"兄終弟及"傳承制，致使弘冀長期不得正儲副之位，做外任官長達十一年之久，直到交泰元年（958年，後周世宗顯德五年）三月，元宗纔正式立弘冀為太子，讓他"參決庶政"（《通鑑》卷二九四）。

弘冀作為太子祇有一年半時間（他卒於顯德六年九月），正值南唐被後周打敗，淪為後周附庸的時候。他在短短的一年半時間裏參決庶政，表現如何呢？鄭文寶說"文憲（憲當作獻，文獻為弘冀諡號）太子冀既正儲闈，頗專國事，而又率多不法。"（《江表志》）陳彭年說："冀為太子，性嚴忌。"（《江南別錄》）司馬光也說："弘冀為人猜忌嚴刻，景遂左右有未出宮者，立斥逐之。其弟安定公從嘉畏之，不敢預事，專以經籍自娛。"（《通鑑》卷二九四）所謂"率多不法"，不見具體事例；"猜忌嚴刻"，僅斥逐太弟景遂左右遲遲不離開東宮一事，不能以偏概全；所謂"頗專國"，也不知云何。

相反，從現存的有關資料看來，弘冀有許多優點，無論在學習、作風、政事、文學方面都有值得稱道之處，是南唐小朝廷中不可多得的人才。在對弘冀的眾多譴責聲中，徐鉉又是另一種評議。

## 一、虞庠齒冑，騰聲於就傅之年

南唐建立，烈祖李昪重視宗室，封子孫為王公。年方幾歲的娃娃弘冀就被封為東平郡公,"昔在中興,爰當就傅,申畫宛水,錫茲茅土。"(《徐公文集》卷一四《支獻子哀册文》,以下凡引《徐公文集》均簡稱《集》),弘冀當是在升元二年(938)三月,李昪歸宗、"諸孫皆郡公"(馬令《南唐書》卷一《烈祖書》)時所封。出生在帝王之家的娃娃,得天獨厚,有接受完善教育的條件。乃祖為他選擇了一位良師方訥。方訥"砥節礪行,好學能文,時然後言,非禮勿動"(《集》卷十五《唐故金紫光禄大夫檢校司徒行少府監河南方公墓志銘》)。楊氏吳國時期,他在桑梓便享有聲譽,做過郡吏,勤於所事。李昪得權,建立南唐,方訥做他的親吏,是李昪信得過的人。"皇孫就傅,命公侍讀,講道贊德,勵禆益之誠;端己直躬,盡表微之節。"(同上)弘冀在學校秉承師教,認真學習,贏得了美好的聲譽。徐鉉稱贊道:"虞庠齒冑,騰聲於就傅之年。"(《集》卷十八《文獻太子詩集序》)

## 二、義以果斷,仁以發生

隨着弘冀年齡的增長,李璟便派他擔任一些職務。保大元年(943)三月,李璟襲位,改封弘冀為南昌王。七月,李璟又任命他為江都尹、東都留守。這時弘冀纔十三歲。① 東都是與西都相對而稱的。李昪在吳帝楊溥天祚三年(937)十月"受吳禪",即位於金陵,以金陵為西都,江都為東都,仿唐代舊制,置留臺百司於江都,稱東都江都府,旋即任命他的第三子吉王景遂為侍中、東都留守、江都尹。儘管東都江都府祇統轄四箇縣(江都、廣陵、永貞、高郵),但是它的地位重要,為淮南通向江南的要衝,是於陵的屏障。從歷史上看,"昔西周之分陝服,則曰風聲所存;南朝之治揚州,則曰本根攸寄"。所以,"非親賢碩望,不足以表東夏;非輔相重位,不足以副具瞻"(《集》卷六《南昌王制》)。南唐朝廷對東都江都府的重視是一貫的。正因如此,一箇十多歲的王子——弘冀分司東都,如何能堪此重荷,李璟又必得選派明德的人作為輔佐,"佩觿之齒,唯訓導是務,故慎選明德以從行"(《集》卷八《水部郎中方訥可交客郎中東都留守判官制》),遂任命方訥為東都留守判官,"參贊政務"(《集》卷十五《方訥墓志》);用能吏艾筠為江都少尹,"茲用安民而政舉也"(《集》卷八《浙西判官艾筠可江都少尹制》);以有才有行的田霖為東都留守巡官,"管記之任,樽俎之間","副茲托乘之求"(《集》卷八《秘書郎田霖可東都留守巡官制》)。

---

① 弘冀的生卒年,諸書都不載,他活了多少歲就無從知道。由於弘冀早逝,他的政治活動都在青少年時代,為了敘述方便和他的行為合理,不妨對他的年齡作一推測。弘冀是長子,弘茂排行第二。弘茂卒於保大九年(951)七月(馬令《南唐書·嗣主書》),年十九歲(馬令《南唐書·宗室·慶王傳》)。冀、茂不同母,他們是兄弟,歲數之差最大不過三歲,最小不及一歲,取中數1.5歲。則保大九年時弘冀為20.5歲。弘冀卒于顯德六年(959)九月,則為28.5歲,取整數為二十九歲。

弘冀為東都留守共七年（保大元年七月—八年二月），他本人表現也不錯：

> 在昔冲讓，高追太伯。乃剖麟符，保釐東宅。受道師傅，稽疑典策。化自誠心，風行邦國。（《集》卷一《頌德賦》）

> 東平錫壤，南昌啓藩。耇老咨訪，丘墳討論。文以行理，時然後言。敬愛表於天性，信厚由於自然。（《集》卷十四《文獻太子哀册文》）

保大八年（950）二月，李璟改任弘冀為潤、宣二州大都督，鎮京口（治今江蘇鎮江市），直到交泰元年（958）三月的八年時間，弘冀都在大都督任上。

大都督是大都督府的長官。在唐代，"貞觀二年，去大字。……大者領州十餘，小者二三州"。都督的職掌，"督諸州兵馬、甲械、城隍、鎮戍、糧廩，總判府事"（《新唐書·百官志四·下》）。南唐大都督的職掌、編制可能與唐代仿佛，故宣潤大都督是箇有實際任務的官職。宣州地接吳越，故徐鉉說："敬亭南屏，浙水東馳。是惟關輔，以衛京師。乃移節鉞，建此藩維。"（《文獻太子哀册文》）

弘冀任潤州大都督時已是二十歲的成年人。他走馬上任，勤於政事，以禮待人，與民實惠。徐鉉在《宣州開元觀重建中三門記》中說：

> 其為政也，質以先政，咨於耇老，義以果斷，仁以發生，民力不偷，闕政咸舉。

《頌德賦》說：

> 乃擁干旄，南徐之城。左撫句吳，前對敬亭。京師河潤，盛德日新。其畏如夏，其惠如春。

弘冀在大都督任上，對工作十分認真，作出了成績，贏得了人民愛戴："俗頌《甘棠》之賦，人歌《樂只》之詩。"

弘冀在宣潤任上時當然也有一些輔佐官員，他們做了很多事情。其中有兩人尤為重要。第一箇是方訥：

> 王移任宣潤二州大都督，復以公為浙西營田副使，通判軍府。六載匪懈，庶職交修……（《集》卷十五《唐故金紫光禄大夫檢校司徒行少府監河南方公墓志銘》）

第二箇是苗延禄:

> 會侍中燕王以帝子之重,兼鎮兩藩,詳求命卿。以事大國,俾公提步卒,屯宣城,凡甲兵壁壘之事,皆聽於公。(《集》卷十六《唐故檢校司徒行右千牛衛將軍苗公墓志銘》)

方訥、苗延禄,一文一武,為弘冀的左膀右臂。弘冀的政績,自然有他們的辛勞在内。

## 三、平戎之績,為國長城

保大十三年(955)十一月,後周世宗柴榮向南唐發出討伐詔,舉兵南下,南唐君臣絲毫没有思想上、軍事上的準備,倉卒應戰,屢屢失利。柴榮在舉兵之初,又詔諭吴越王錢弘俶,命令他出兵攻擊南唐。錢弘俶聞令而動。保大十四年(956)二月,"王命丞相吴程、前衢州刺史鮑修讓等攻毗陵,命指揮使路延銖等伐宣城,命都指揮使羅晟等督水師,次於江陰,應王師也"①(《吴越備史》卷四《大元帥吴越國王》)。南唐已經無力抵抗後周的進攻,再加上吴越的襲擊,更是難上加難。徐鉉描寫了當時南唐和元宗的緊張樣子:

> 丙辰歲,金革爰興,師徒四出。師屯細柳,火照甘泉。蠢兹越人,伺隙稱亂。焚我郊保,軼我封陲。宵災御亭,晨圍武進。天子為之旰食,東郊於是弗開。(《集》卷十《武烈帝碑銘》)

吴越軍隊於三月開始進攻常州,破外城,俘團練使趙仁澤。這時,弘冀以潤宣二州大都督的名義鎮京口(治今江蘇鎮江)。常州在京口的南面,相去152里的距離。② 李璟念弘冀年輕,不習軍事,擔心吴越軍直指京口,危及弘冀的安全,便調他回於陵。這可是關鍵時刻,弘冀該怎麽辦? 弘冀會諸將吏問之,裨將趙鐸説:"大王為元帥之重,衆心所恃,一卻足,則部下摇矣。"(馬令《南唐書》卷七《宗室·太子冀傳》)弘冀認為趙鐸的話很對,辭不就徵,部署將士,作守戰準備,同時向元宗上書説:"多壘之秋,義無就逸,乞效用,以死報國。"(同上)元宗也及時派遣名將柴再用之子柴克宏和袁州刺史陸孟俊率兵增援常州。

---

① 《新唐書·地理志五》:"常州晉陵郡,望。本毗陵郡,天寶元年更名。"治晉陵(今江蘇常州)。
② 《九域志》卷五《兩浙路·潤州·地里》:"東南至州界一百二十里,自界首至常州五十里。"

這時，南唐的精兵全部在長江以北與後周軍隊下作戰，樞密使李徵古撥給柴克宏的衹有數千羸老的人，所配備的武器全是朽蠹的傢伙。柴克宏到京口，李徵古又遣使召柴回會陵。弘冀則不顧李徵古的阻撓，堅決任用柴克宏，并對柴克宏說："君但前戰，吾當論奏。"上表稱："克宏才略可以成功，常州危在旦夕，不宜中易主將。"（《通鑑》卷二九三"顯德三年三月"）柴克宏率兵徑直開往常州前綫，大敗吳越兵。《通鑑》敘述其作戰經過說：

> 初，鮑修讓、羅晟在福州，與吳程有隙，至是，程抑挫之，二人皆怨。先是，唐主遣中書舍人喬匡舜使於吳越，壬子，柴克宏至常州，蒙其船以幕，匿甲士於其中，聲言迎匡舜。吳越邏者以告，程曰：'兵交，使在其間，不可妄以為疑。'唐兵登岸，徑薄吳越營，羅晟不力戰，縱之使趣（趨）程帳，程僅以身免。克宏大破吳越兵，斬首萬級。①

通過常州之役，首先，人們清楚地看到弘冀以國家利益為重，不避艱難，迎着困難上，臨戰決策，有勇有謀。其次，弘冀善於認人。柴克宏是名將之子，以父親蔭為郎將，累遷龍武軍都虞候，"常與賓客博弈，以聲酒為務，雖職當偏將，而未嘗言兵，時皆以為非才，故久不遷，亦不屑意"（馬令《南唐書》卷十一《柴克巨集傳》）克巨集一到京口，（可能克宏。向弘冀提出應戰方略）。弘冀便認識到他有才略，是堅決大膽使用。第三，弘冀敢開頂風船。柴克宏、陸孟俊率兵援常州，是出自元宗的命令，而樞密使李徵古多方刁難阻撓。李徵古是以宋齊丘為首的宋黨骨幹分子，惡名昭彰的五鬼之一，力可回天。弘冀繞過李徵古，直接向乃父元宗保奏，"臣請以身保其成功"（陸游《南唐書·柴克宏傳》），使柴克宏能完成克敵制勝大業。第四，常州之役勝利的意義。自周師南征，不到半年時間，就攻下滁、東都、泰、舒、蘄、和等六州，南唐處於全綫失利的局面。李璟接連不斷求和，使臣卑辭厚幣，願為附庸，而世宗必得長江以北諸州為條件，李璟又不甘心。正在這箇時候，常州方面大敗吳越軍，取得重大勝利，"時李璟乘常州之捷，遣陸孟俊領兵迫泰州，王師不守，韓令坤欲棄揚州而回"（《舊五代史》卷一一六《周書·世宗紀三》）常州大捷，南唐乘勝反攻，使韓令坤喪膽，在兩軍中產生了不同的反響。徐鉉在《頌德賦》中說："謝傅圍棊，靜一方之沴氣；條侯高臥，息萬里之驚塵。"

---

① 《江南別錄》："淮上方用兵，錢唐乘虛圍我常州，命將軍柴克宏往救。常州有隋將陳仁杲祠，克宏將戰，夜夢仁杲曰：'吾遣陰兵助爾。'及戰，有黑牛二頭衝錢唐之陣，我師繼之，乃大破之，斬首萬餘，遂解常州之圍。"馬令《南唐書·柴克宏傳》同，參見《徐公文集》卷十《武烈帝廟碑銘》。

## 四、奮藻摛華，緣情致意

弘冀是一箇喜歡讀書的人，"間館暇遊，手不釋卷"（《集》卷十八《文獻太子詩集序》）。他的閲讀範圍寬廣，成就很高："道冠三才，學兼百氏。"（同上）弘冀是箇詩人，詩作很好，思想性與藝術性相結合。徐鉉評論説：

> 至鍾山樓月，登臨牽望闕之懷；北固江春，眺聽極朝宗之思。賞物華而頌王澤，覽穡事而勸農功。樂清夜而宴嘉賓，感邊城而憫行役。沉吟命筆，顧盼成章。理必造於玄微，詞必歸乎教化。或寓言而取適，終持正於攸歸。（同上）

弘冀的詩集就是在他正式做太子的一年半時間内編輯的。他請徐鉉為詩集作序，徐鉉對弘冀的詩歌評價很高，稱他為"曠代之宗英，一時之師匠"，不免溢美。可惜《文獻太子詩集》散亡，竟無一首詩流傳下來。

## 五、元宗仁厚，弘冀剛毅

徐鉉對弘冀的評論是在觀察之後，比較客觀的論斷。根據徐鉉的觀察，弘冀有很多優點，并且很有人望，"朝廷之所寄者重，蒼生之所望者深。"（《頌德賦》）如像弘冀這樣的人才，為什麼他的父親元宗總不滿意呢？關於這方面的記載并不多。如常州之役所俘吳越將佐數十人，送至京口，弘冀命令把他們全部殺掉。元宗對弘冀的做法"不悦"。陸游對這件事的看法是：

> （常州之役）大破吳越兵，斬首萬級，獲其將佐數十人，俘於潤州。弘冀以時方艱危，悉驅出轅門斬之。人壯其決。然元宗以其專誅殺，不悦者久之。

弘冀殺俘虜是不對的。據陸游的意見：1. 當時處在時局艱危的當頭；2. "人壯其決"。弘冀此舉與元宗的態度，反映出父子倆性格的極大差異。徐鉉為弘冀的剛毅性格而歡呼。他説：

惟我儲後，昭明俊德，黃裳元吉，沉潛剛克。（《頌德賦》）

陸游説：

元宗仁厚，群下多縱馳，至是弘冀以剛毅斷之，紀綱頗振起。（陸游《南唐書·弘冀傳》）

陸游一方面批評了元宗的"仁厚"的結果——不能控制臣下，另一方面贊揚弘冀剛毅，紀綱振起，可以糾正元宗的"縱弛"。至於元宗的"仁厚"，所指的是什麽呢？當時人們怎麼看待呢？《通鑑》説：

唐主（此指元宗）為人謙謹，初即位，不名大臣，數延公卿論政體，李建勳謂人曰：主上寬仁大度，優於先帝，但習性未定，苟旁無正人，但恐不能守先帝之業耳！

鄭文寶對此作了補充，説：

元宗少躋大位，天性謙謹，每接臣下，恭慎威儀，動循禮法，雖布素僚友無以加也。夏日御小殿，欲道服見諸學士，必先遣中使數使宣諭，或訴以小苦，巾裹不及冠褐，可乎？常目宋齊丘為子嵩，李建勳為史館，皆不之名也。君臣之間，待遇之禮率類如此。（《南唐近事》）

這兩條材料説的是一件事——元宗謙謹。元宗在這方面可以説是一位謙謙君子。這僅僅是一箇側面，并非全面。李建勳不衹是看到他的謙謙君子的一面，還特別指出了他的政治品質的一面。李建勳參與過李昇禪代謀議，南唐建立後又做宰相數年，與李璟有很多接觸，可以從多方面觀察，所以李建勳對李璟的認識是深刻的。李建勳的擔心居然成了事實。元宗的"仁厚""大度"，表面上是褒獎，實際上成為庸懦的同義詞，與弘冀的剛毅形成鮮明的反差。

元宗與弘冀父子在性格上有如此的差異，因而處理政事出現分歧就在所難免了。如元宗長期對外用兵，弘冀就有自己的看法。《釣磯立談》第十三條説：

是時（李璟襲位之時），承烈祖勤儉之後，國家富給，群臣操觚管之小技，侍從左右，承間納欵，多自謂國勢崇盛，（此下疑有脱文——筆者）如舉太山壓朽壤，蕩定之期，指日可俟。會閩、荆兄弟争國，有釁可乘，上亦昧於幾先，營惑利口，於是連兵十許年，國削民乏，渺然視太平之象，更若捕風繫影。初，惠昭太子少有遠見，力諫上不知息兵養民，不蒙聽納，怱怱自失，以至暴亡。至是，上痛自懲艾，復思太子語，往往涕下交頤。

李璟有統一的意願，襲位之後很快就開始行動，雖然也取得一定勝利，但沒能鞏固勝利，結果弄得"國削民乏"，乃是有目共覩的。而元宗與陳覺之輩執迷不悟，剛毅的弘冀指責"上不知息兵養民"，元宗當然不能接受。他們父子在處理重大國事上的分歧，顯然是元宗對弘冀不滿的根本原因。

## 六、楚客來相疑

弘冀不永年，祇活了二十九歲，正式立為太子祇有一年半的時間。對他為何英年早逝諸書很少記載，唯有《釣磯立談》說是由於諫元宗的休兵政策。在楚戰之後，元宗開始反思，"乃議休兵息民"，表示"終身不用兵"（《通鑑》卷二九〇"後周廣順二年"）。這時，弘冀在潤宣大都督任上，距他被立為太子還有六年。若在此之前弘冀便諫元宗休兵息民，憂愁憂思，怱怱有失，至顯德六年（959）九月，何得說"暴亡"？故史叟此說未允。那麼，弘冀的死因是什麼呢？徐鉉在《弘冀太子挽歌辭》五首之五有句云："楚客來相疑，緱山去莫追。"① 這一句透露了一點消息：弘冀之死是一場政治鬥爭的結果。"楚客"是關鍵字，它有多種意思：1. 楚國人的泛稱；② 2. 貶謫者的代稱；③ 3. 屈原；4. 楚國的使者。④ 在這裏，"楚客"是楚國的使者。《左傳·襄公二十六年》："初，宋芮司徒（芮司徒，宋國的大夫）生女子，赤而毛，棄諸堤下。共姬（宋共公之姬）之妾取之入，名之曰棄，長而美。平公（共姬之子）入夕（問候晚安），共姬與之食。公（平公）見棄也，而視之，尤。姬納諸御（共姬把棄送給平公作侍妾），嬖，生佐（後來的宋元公），惡而婉（佐面貌醜陋而心地婉順）。太子痤（平公的太子）美而很（痤外美好而心地狠毒），合左師（宋大夫向戌）畏而惡之。寺人惠牆伊戾為太子內師而無寵。秋，楚客聘于晉，過宋。太子（痤）知

---

① 《徐公文集》卷四《弘冀太子挽歌辭》之五作"楚客來何補，緱山去莫追"。四庫本《騎省集》作"楚客來何相，疑山去莫追"。兩者文意都欠通順，竊意以為當是"楚客來相疑，緱山去莫追"。否則，楚客在此就不能解釋。
② 李白《贈范金卿》："遼東慙白豕，楚客羞山雞。"（《全唐詩》卷一六四）
③ 柳宗元《酬韶州裴曹長使君寄道州呂八大使因以見示二十韻》："長捐楚客佩，未賜大夫環。"（《全唐詩》卷三五一）
④ 李商隱《九日》："不學漢臣栽苜蓿，空教楚客詠江蘺。"（《全唐詩》卷三五一）

之，請野享之。公使往，伊戾（寺人惠墻伊戾）請從之。……至則欿（欿，挖坑）用牲，加書徵之。（杜注："詐作盟處，為太子反徵驗也。"）而騁告公曰：'大子將為亂，既與楚客盟矣。'公曰：'為我子，又何求？'對曰：'欲速。'公使視之，則信有焉。問諸大夫與左師，則皆曰'固聞之。'公囚大子。大子曰：'唯佐也能免我。'召而使請，曰：'日中不來，吾知死矣。'左師聞之，聒而與之（佐）語。過期，（太子）乃縊而死。"這位楚客是宋平公的太子的朋友。徐鉉用這箇典故與弘冀身份契合。因楚客之來，而引起平公對太子的猜疑，導致太子之自殺。據此，弘冀之死，是南唐統治集團上層政治鬥爭所造成，或者是景遂一夥的報復行動。①

這樣解徐詩，是否合適，我也沒有把握，祇是把想法提出來罷了。

作者單位：四川省社會科學院歷史所

---

① 鄭文寶《江表志》卷中："文憲（獻）太子冀既正儲闈，頗專國，而又率多不法。元宗一日甚怒撻之以毬杖，且曰：'當命太弟景遂代之。'冀有慚色。他日，密使人持鴆付昭慶宮使元從範。……從範子承乾為景遂嬖臣宋何九讒構，遂實之法。從範懼而且怨。會景遂擊鞠，暑渴，從範進漿，遇鴆。""太子冀既病，數見太弟景，遂為祟於昭慶宮中。"這兩條材料透露弘冀之死與他和景遂的矛盾有關。

# 《全宋文》補遺四十五篇

滑紅彬

《全宋文》彙集宋代文獻，收錄甚富，為功甚鉅，然而尚有遺珠之憾。筆者在整理九江歷史文獻的過程中，自《永樂大典》中輯錄《全宋文》佚文四十五篇。這些佚文主要集中於《永樂大典》卷六六九七至卷六七〇〇所引南宋《江州志》；此外，卷八〇九二所引南宋《江州志》也保留了三篇佚文。

《永樂大典》卷六六九八至卷六七〇〇收錄的是《江州志·祠祀》，分為宮觀、寺院、庵岩、神廟、祠堂等五類。每一類先列祠祀場所的名稱，次述其沿革及主要建築，最後抄錄相關碑記及詩歌。其所錄碑記就是本次《全宋文》補遺的重點。然"祠祀"部分雖然抄錄大量碑記，卻很少保留碑記的題名，幸而《永樂大典》卷六六九七所引《江州志·碑碣》著錄了絕大多數碑記的題名、作者及寫作時代，箇別碑記還著錄有書丹及篆額者的信息。

本文對《全宋文》失載的四十五篇佚文予以全文揭示。先列《全宋文》已收作者，後列未收作者；各部分依照碑記的寫作年代先後排列。《全宋文》已收作者，標明其所在卷數；《全宋文》未收作者，對其生平略作考證。

所錄諸文，依照《永樂大典》卷六六九七所引《江州志·碑碣》著錄題名及寫作年代。《江州志·碑碣》所載的部分碑記，或資訊太過簡略，或記載偶有舛誤，則依照碑文內容進行補充或訂正。《江州志·碑碣》失載的碑記或其他佚文，則根據文章內容擬題。

# 一、《全宋文》已收作者佚文十六篇

## （一）吴育《無相院塔記》（慶曆四年）

《禹貢》：九江之南，曰敷淺原。山川邃以秀，風俗慧以敦，至於世族不析，累口數千者。講士學為俊民，登有司之版；沐道風為善利，奉真如之教。是地之邑，實曰德安。北走尋陽，南面廬阜。名山大澤，而城郭韜映其表裏；茂林修竹，而水石縈帶其前後。天聖間，家君為宰，予就養者三載，日與境會。邑之西南佛舍曰無相，有主僧德明，能詩，工篆隸，年八十餘，精明不衰。家君公餘，延坐與語真空，視人根機，為陳頓漸，皆曲得所入。今踰二紀，明順化，上有足曰夢僧，於佛事猶力，得邑人石承祚施緡錢五百萬，構浮圖五級，中以嚴覺相，外以歸信心，氣象神明，邑居聳觀。遣其徒謁文以紀。噫！予侍親宦遊有日矣，是不可不志。云云。

按，此文載於《永樂大典》卷六六九九，又《永樂大典》卷六六九七引《江州志·碑碣》載："《無相院塔記》，慶曆甲申，吳育撰。"

《全宋文》卷六一五收錄吴育文二十四篇，未見此篇，當據補。

## （二）曾孝基《棲靈觀記》（嘉祐三年）

棲靈觀者，晉靖節先生書堂也。先生見其山水幽奇，林巒蕭爽，云云，遂施為道宮。至梁大同中，刺史王茂始椎輪而立之。數百年間，或經兵火，或因燒劫，或得人而興，或失人而廢，物不終否，泰之在人。景德中，真皇有宥，道教勃興，道士張用明方謀營構。祥符中，諶載思欲遂師志，爰構堂殿，翼之兩廊，華以丹臒。王日宣繼之，思廣其居，於是市豫章之材，擇方中之候，般輸銜功，離婁督繩。若正堂、橫堂，若三門、兩廊，若鐘閣、道堂、獻殿、石階、石壇、石橋，費緡七十餘萬，經始於慶曆八年秋，底績於至和二年冬。睟宇深沉，星壇虛敞，彩楣盡栱，金碧相鮮，誠可為一方植福之地。日宣丐文，以志始末。

按，此文載於《永樂大典》卷六六九八，又《永樂大典》卷六六九七引《江州志·碑碣》載："《棲靈觀記》，嘉祐三年。"

《全宋文》卷四八〇收錄曾孝基文一篇，未見此篇，當據補。

## （三）呂誨《奏修江州城壘》（嘉祐中）

川廣州軍，近年皆修城壘，實居安之遠慮。竊見東南，唯江寧府近日修城。臣到任經營，將為首務。蓋江州據三江之口，東北去江寧千餘里，水陸數十路，舟車所聚，實為衝會，其險隘過江寧遠甚。復在上流，巴蜀正當其衝，真用武控守之地，不可不為遠計。蓋朝廷自來祇為閑慢州軍，多以罪廢之人處之，以是城壘因循不葺，大非經久之事，欲乞漸次修完。本州自有窰務，兵匠燒磚，山林至近，柴薪易得，不率民力，即無勞費，伏望指揮。

（四）呂誨《又奏修江州城壘》（嘉祐中）

伏覩東南郡，全無武備，蓋治平日久，因循玩弊。如江州據江湖之口，二巴二廣，沿江上下，及其津渡驛置，可謂舟車衝要之地。臣自到任，首觀地形險固，久來頓兵，城池不完，恐非安便。

按，上兩篇均載於《永樂大典》卷八〇九二，曰："嘉祐中，呂誨奏修城池。"原文無篇名，茲據文意，擬題曰《奏修江州城壘》《又奏修江州城壘》。

《全宋文》卷四八〇收錄呂誨文八十八篇，未見此二篇，當據補。

（五）王古《文殊瑞相記》（元祐元年）

始予見文殊瑞相圖，願往瞻禮。元豐八年，被命使湖外，道出九江，八月二十六日至天池。初夜焚香臺上，見谷西有燈而白，僧神鑒曰："此銀燈也。"須臾，有如炬者，如星者，如金者，分一為多、合多為一者。高或踰山，低或住壑，遠或在江之外，不可遽數也。夜半嵐霧大起，洪洞一白，咫尺不辨人物，而燈終不可掩。又有氣起於深谷，色若水墨，其長參天，兩旁白光映之，宛若塔影，踰時乃隱。翌日雨，聞鐘聲隱隱在崖谷間，又聞振鈴尤清越。問此何寺也，鑒曰："近此無鐘，在遠者不可聞也。且今非鐘時，山谷間寧有法事耶！此有羅漢峰，相傳下有聖寺，或聞歌唄鐃磬，聲殆是歟！"是夜雨甚，有二燈甚遠而明。二十九日開霽，將下山，有雲西來，闊如大江，輕明瑩白。積雪疊玉，不足言其潔；晨霞籠月，不足狀其光。鑒曰："此夔羅錦雲也。"中有五色炳煥者，祥雲也。雲界之間，如物如人，勝異百變，而其西竟天，光色如金，極久乃散。元祐元年，蒙恩移節淮南，三月二十一日，復攜家登天池。申酉間，有二圓光現山西，照耀久之，有金船度空中，復有金閣現山坡，移時乃隱。夜有燈出水上，少頃即變，其狀如塔。次夜大晦霧，燈益明，其多不可勝數。凡余再至，而所見如此。云云。若四方求者，所見固多。江淮之人，不遠千里而至，有久祈而終無所見者，有眾所共見獨不覩者，有至即見者，與夫見之多寡同異，類非凡情所能測知，此皆鑒言也。夫以聖境不可誣，而賢士大夫與四方之人不可欺，稍自愛者語不妄，余為此記，豈恤世俗疑謗，將以告夫聞而未詳，信而未見者耳。

按，此文載於《永樂大典》卷六六九九，又《永樂大典》卷六六九七引《江州志·碑碣》載："《文殊瑞相記》，元祐元年，王古記。"

《全宋文》卷二二一三收錄王古文八篇，未見此篇，當據補。

（六）郭祥正《承天院佛像贊》（元祐七年）

予嘗為《承天禪院三門記》。十四年，僧正言訪予，復以重塑佛像之績，求文於予，予為次序其事云：承天之殿，始建於江南李氏有國之日，雖兵火，不為之焚滅，逮今百三十餘年,完弗隮妃,惟像塑卑陋弗稱。言有志新之,募郡大姓張延福,出錢緍塑二十有九軀。方拆舊塑,得姓名於腹中,乃郡人張知顯所施。衆曰:"豈延福之祖裔耶?"贊曰:一切建立具諸相,相好端嚴唯我佛。三十二好既圓滿,恒河沙數悉周遍。菩薩羅漢并從衛,隨佛威光咸自見。寶蓮花座竟法界,師子象王各哮吼。不可思議大信者,知顯延福同名體。布施無盡報無盡,夙劫今生成妙果。惟彼上人號正言,往在佛會承佛記。我今恭敬陳贊嘆,如是決定皆作佛。

按,此文見載於《永樂大典》卷六六九八,又《永樂大典》卷六六九七引《江州志·碑碣》載:"《承天院佛像贊》,郭祥正撰,元祐七年。"

《全宋文》卷一七三九收錄郭祥正文二十七篇,未見此篇,當據補。

(七)劉羲仲《孚亨泉銘》

孚亨泉在惠濟院東,廬山之絶頂,壁立萬仞,隱然如在天外。江南劉羲仲往遊焉,坐磻石,漱清流,裴迴終日,超然非人間所有也。作銘曰:

    坊之則塞,澄之則清。不失其信,維心之亨。
    不塞不流,不滿不傾。習坎之險,流而不盈。

按,此文載於《永樂大典》卷六六九九。

《全宋文》卷二八七〇收錄劉羲仲文兩篇,未見此篇,當據補。

(八)賈善翔《靖明真人傳》

先生姓避太祖廟諱,名續,字子孝。生楚越間,師柱史老聃,洞希夷之妙。周武王時,結茅南障山竇,練清修,寡交遊。有一少年,衣縫掖,冠章甫,風貌異常,每訪談神仙事。先生異之,延遇益厚。一日,詰之曰:"熟於風猷有日矣,願聞姓氏及所居。"少年曰:"姓劉名越,居前山之左。先生苟不棄僻陋,幸希垂訪。如見一石高三尺許,扣之當奉迎。"未幾,先生至前山,果見石,如其言扣之,石忽開若雙扉,一丫鬟迎先生入見。丹霞繚繞,彩鳳翱翔。復有二青衣,執絳節前導。臺榭參差,金碧掩映,珍禽奇獸,名花異木,不可名狀。劉君頂黑玉冠,朱紱劍珮,迎先生,升堂而坐,曰:"太上命越居此,保護學仙之子,而潛贊其不逮。先生陰功幾滿,他日將居此,期不晚矣。"飲以玉酒三酌,啜延齡湯一杯。先生告別去,反顧其所,唯一石而已。周定王問柱史:"在世神仙,可得知乎?"對曰:"東嶽有展禽,南嶽有匡續,西嶽有尹喜,北嶽有皇人,中嶽有古先生,即余是也。"由是累有命召,皆辭不就。至威烈王復召,時先生已被上帝詔,白日登仙。聘使詣所隱,空覩靖廬,因奏請以南障山為靖廬山,復以先生姓呼為康山。先生登真之後,帝命司吳楚水旱,授以降魔印,俾統攝瘟部,遇訾毀神天、不忠孝君親者罰之,乃請印行疾。今人呼為和瘟先生，疫者禱之即愈。漢武帝元封五年，南巡祠名山至此，問何神主之，劉歆奏匡續得道於此。帝因謚為南極大明公，而立祠虎溪上。晉末，鴈門僧惠遠至祠下，愛其勝絕，謁太守桓伊，寓言曰："昨夢先生捨祠創寺。"伊以為然。遂遷祠山口，而創東林寺，且塑先生像為土地神。惠遠死，其徒復以像侍遠側。而葛洪《仙傳》，遺而不傳，廷評張景詩云："惠遠強梁憑偽夢，葛洪疏略失真仙。"正謂此也。天寶初，明皇命使致齋，尊為仙廟。土民水旱，禱之皆應。南唐保大中，相國周宗再加興建，奏撥劉建莊以充齋贍。本朝孫邁知江州，謁祠，賦二詩，遂遷像出遠堂。

按，此文載於《永樂大典》卷六六九八，又《永樂大典》卷六六九七引《江州志·碑碣》載："《靖明真人傳》，賈善翔述，楊諷書。"

《全宋文》卷二三五六收錄賈善翔文二篇，未見此篇，當據補。

（九）張昌《城隍廟記》（宣和四年）

高城深池，所以設險阻而辨封守，官府有攸處，兵甲器械、倉廩帑藏於此乎保固，而軍旅之出也必有告，水旱之不時也必有禱。城隍常職，盡在於是。是能禦災捍患，有功於民者，秩文廟像，與社稷先聖皆得遍祀於天下，不為過矣。江州，古之盆口城，漢潁陰侯所築也。背臨大川，襟帶江淮，面直廬阜，秀出南斗，斷厓踞地而佳木茂，修隄堰虹而平湖遠。云云。東南漕運，與夫蠻琛夷珍入貢於京師者，取道無虛日，是誠吳楚之要津，山川之□處也。廟食茲土，而庇覗斯民，其威靈氣焰，宜如何哉。先是，廟在府治東北隅，湫隘不蔽風雨，而城闉管鑰之嚴，邦人祈請不得朝暮至。廼者浙寇跳梁，驚連旁郡，邦人禱祠曰：儻城障復完，則當徙而新之。既而一方安堵，群心祇響，即相其址，得爽塏焉。據高崗，俯闤闠，鳩工度材，弗俟勤率。郡聞之，順其欲而徙焉。殿宇門廡，翬翼有序，威儀貌像，黼藻一新。落成，太守鄧公紹密躬致薦羞，以慰幽明悅懌之意。昌聞之《傳》曰：神者，聰明正直而壹者也，依人而行。眾之所欲，神之所與也。是廟既得其所依，邦人又賴之以安，宜乎神人胥保，協慶邦家，百世無斁。

按，此文載於《永樂大典》卷六七〇〇，又《永樂大典》卷六六九七引《江州志·碑碣》載："《城隍廟記》，宣和四年，張昌記。"

《全宋文》卷三〇八三收錄張昌文三篇，未見此篇，當據補。

（十）唐文若《題太平興國宮》（乾道元年）

乾道改元十月，被旨躬致御香，禱於九天采訪真祠，祈疆事也。是歲，鄰敵通和，三邊靖謐，明靈之應如響，顧執事其敢不敬。

按，此文載於《永樂大典》卷六六九八"太平興國宮"條目下，僅作"唐文若題：（筆者注：即上所錄文，略。下同）"，故擬題曰《題太平興國宮》。

《全宋文》卷四三九五錄唐文若文十二篇，未見此篇，當據補。

**（十一）洪邁《能仁寺塔記》（紹熙三年）**

佛書言昔鐵輪王，當佛滅度後，召役鬼神，用一晝夜間，造八萬四千塔。世所指明州阿育山者，其一也。一切有為之法，莫大於此。萬靈群仙，空飛遊行，隱隱下祝，必肅然瞻避作禮。云云。厥今通都大邑，名山勝地，錯落競為之，暮燃華燈，梵唄徹曉。尋陽郡能仁寺，故有木塔，其傳八百年，勢且就仆。淳熙戊申歲，一野僧從天台來，布袍菲屨，倀倀如狂，笑歌語嘿，涉歷廛市，童兒伺且至，拍手遮侮，莫知其食息所屆。能仁之衆，以為異人，潛相賀曰："曩夢吾塔當興，其在斯人歟？"迎之以歸。乃定計撤塔，掊地得石函，中藏水精窣堵波，貯如來舍利。函上鎸十大字，云某年造塔，僧法隆記。比上人者，實名道隆，由是共證為後身不疑。隆慧智裝懷，銳為己任，遠近赴者，肩摩袂接，珍材金錢，縑粟瓦甓，不假募句，踵門如雲，皆若陰靈異物，盼蠻勸倡，未五年而僝功。隆飛錫鄱陽，一見予即乞文以記。隆居身無町畦，貌若蕩黨不覊，故處處目為風和尚，風之為言狂也。予曰："此其人不狂。呼我牛而謂之牛，正亦歡然不屑。"顧吾有問焉！阿育王以一晝夜頃，幻八萬四千區，今捫捫五年，僅就其一，神通彰施，一何不相逮也。云云。抑聞上善勝緣，魔黨睥睨，昔佉吒與僧悟宿金陵之長干，夜取寺刹，捧之入雲。藏山於澤，有力者夜半負之而走，敢問隆何以善後。

按，此文載於《永樂大典》卷六六九八，又《永樂大典》卷六六九七引《江州志·碑碣》載："《能仁寺塔記》，紹定三年，洪適記，洪梓書。"據記文，淳熙十五年戊申（1188）始建塔，"未五年而僝功"，則當為紹熙三年（1192），因此《永樂大典》卷六六九七引《江州志·碑碣》載"紹興三年"者顯係"紹熙三年"之誤。又《永樂大典》卷六六九八載"洪邁《塔記》"，而《永樂大典》卷六六九七引《江州志·碑碣》載"洪適記"，查洪適卒於淳熙十一年（1184），而洪邁則卒於嘉泰二年（1202），據此可知"洪適"係"洪邁"之誤。則此文由洪邁作於紹熙三年。

《全宋文》卷四九一一至卷四九二○載洪邁文篇二百二十篇，未見此篇，當據補。

**（十二）薛紱《續靈驗記》（開禧二年）**

吳曦遣偽將祿禧扼夔門，本路帥張介解□付之。二月二十四日泊萬州，客有趙潭者善降神，為介卜去就，忽大書云："吳曦世受國恩，敢謀僭叛，陷蜀左袒。九天使者奏其事，上帝震怒，敕滅其族，事不出三月。"介懼而緘之。三月初十至忠州，逢露布，曦果以二月二十九日誅。介聚客拆觀驚嘆。萬去興州二百餘里，神之降先曦死五日，異哉。

按，此文載於《永樂大典》卷六六九八，又《永樂大典》卷六六九七引《江州志·碑碣》載："《續靈驗記》，開禧二年，薛紱識。"

《全宋文》卷六五九七收錄薛紱文三篇，未見此篇，當據補。

(十三) 李埴《重建譙樓記》(嘉定六年)

尋陽始治蘄春之蘭城，在江北。晉元康初，合豫章十郡置江州。永興，又置尋陽郡。咸和末，溫嶠自江北徙盆城之南。梁太清中，蕭大心又徙盆城是也。或曰盆口城，漢高帝六年灌嬰所築。尋陽在昔為江表要衝，宜英豪加意經理也。自南北分裂，歷晉至陳，號為重鎮，與荆陽比。唐以州隸江西觀察，尋廢。本朝建炎升定江軍節度，威體如大諸侯，城闉門閎，必貴其稱。先是，州被詔修城，捄度築削，役更數歲。及是告功，列雉嶌峙，隱然江濱。惟譙門獨故弊，與新城不稱，甚非所以崇藩屏而揭等威。趙侯以吏部郎來守，振弊恤隱，邦條具舉，載營載度，撤而新之。材取於宜春，工募於豫章。為屋七椽，東西翼各三，基之崇，視舊有加，費悉出少府撙約之餘。作於壬申仲冬，成於癸酉季春。於以嚴詔書之布宣，謹政令之出入，觀雲祲以占妖祥，建挈壺以定昕夜，觀示吏民，延納客使，甫於體為愜。方將大合樂集賓僚而落之，屬余被命造朝，道出郡下，得與燕席。嘗試與侯憑欄騁望，則康廬雲山之鬱盤，長江波濤之飛薄，與夫城邑之隱鄰，川原之決荞，日星蔽虧，煙霞吐吞，豈特為一方環峙之觀，而增面勢之偉傑，補風氣之虧疏，此尤州之人士所共誇詡而談說也。酒酣，侯屬余記，余不敢辭。竊嘗考諸古，天子門五：皋、庫、雉、應、路也；諸侯門三：庫、雉、路也。經傳之說，班班可考，大較諸侯不得有皋、應。詩云："迺立皋門，皋門有伉。迺立應門，應門將將。"釋者謂詩人美太王之有作，文王之興而大之，周有天下，遂定天子之制。其實太王之所作者，國之郭門與正門耳。伉，高也。將將，嚴正也。太王避狄居岐，建國之初，其立門之制不嫌於高且嚴，豈非事繫政體，雖力役之殷，不為厲民與？鄭康成獨以為諸侯有皋、應，而天子加庫、雉，與諸家之說抵牾，不足據也。夫諸侯臺門，以高為貴，門各有臺，所以尊臨於一邦，習民於上下之分。庫、路者，府庫、路寢所在也。雉，猶治也，治朝所在也。名立制存，禮不可廢。然雉門兩觀，未免見譏於春秋。蓋雉門，諸侯守立，所以譏者，非兩觀歟？本朝詔邦國立門，許設鴟極，制亞魏闕，使守臣司之，所以祇天子之詔令，非徒為二千石尊重設也。古今異制，不可以一律言。今侯所建立，在古為雉，於今為譙，舉適其宜，因為訂此州建置之繇者，古今門制暨侯政之善以記。

按，此文載於《永樂大典》卷八〇九二，又《永樂大典》卷六六九七引《江州志‧碑碣》："《重建譙樓記》，嘉定六年，李埴記，宣繒書。"

《全宋文》卷六七〇八至六七〇九收錄李埴文二十一篇，未見此篇，當據補。

(十四) 林時英《永豐道院藏記》(嘉定十一年)

大江而西，名山靈秘多萃，獨匡廬間為盛。蓋自九天采訪真君宮於山北，名於天下，走集寅奉，重足錯轂，垂靈敷祐，江人尤敬向之。敬向之深，又未有瑞昌若者。縣北望仙橋舊有亭，邑人望而禱焉，然無高棟巨梁，夷庭宏宇，以肅威儀，觀者陋之。紹興辛酉，邑大夫劉伯英諮訪耆老，距亭百步得施真君舊隱，常現靈光，民莫敢屋，勉以營建道院，咸慶躍唯唯。遂披荊斸疏，討求木石，充大厥宇，取故里永豐道院名之。夫不驚遠，不陵危，而遠挹山光，曠延野綠，雖接闤闠，闃然林壑，蓋天鍾秀於是，正以宣昭明靈也。特經藏歲久猶闕。淳熙乙巳，長是觀者與其徒叶謀，即采訪殿右，卜基告吉，人勇趨之。已則有屹其崇，有翼其嚴，琅函秘典，充軔儲藏，天宮先從，粲穆布列，幢蓋鐘鼓具焉，有禱輒答。云云。嘉泰壬戌，告命褒封白龍湫神，邑令洪偲登奎軸於藏，以侈榮賜。禱雨之司，永豐專隸焉。或曰：道滿大洲，磅礴周流，運而為藏，殆以迹求。予告之曰：天運元氣，浩無端倪，而日月星辰之耀顯然，循行不停也。道本無名，以道名藏，道即非藏，以藏觀道，藏無非道。昔人假以誘掖向善者，亦轉動人心之一機也。謂藏非道，猶指日月星辰之運而曰非元氣，得乎？

按，此文載於《永樂大典》卷六六九八，又《永樂大典》卷六六九七引《江州志·碑碣》載："《永豐道院藏記》，嘉定戊寅，林時英記。"

《全宋文》卷七二一一收錄林時英文一篇，未見此篇，當據補。

（十五）林時英《玉華洞通泉觀記》

康廬名甲天下，凡尋陽之山，多脈聯支附，以發奇勝，唯瑞昌之玉華特異焉。唐咸通間，有緇流幽尋，見清流湍駛，如雷斯轟，紅光晶瑩，如火斯燁，因獲石磬一，及五銖錢七百，皆漢物也。九江守李璋圖其勝，以獻於朝。玉華闡靈，實昉於此。歲久弗飭，蔚其蕪歿。建炎中，黃冠程世超始刳柲剔翳，以廬其側。其徒許師妙，有志丕廣。會丞相京公鏜宰是邑，登探窺臨，面勢辨方，命卜基於中峰之麓。鳩工飭材，夷高增卑，建九天采訪之殿，面金闕、寥陽之閣，橋兩翼而渡焉，夾以兩廊，殖殖其堂，噲噲其軒。有靜默懶庵，頤吾真也；有霞隱雲窩，來朋儔也。曰清瑤蒼瓊者，寘篔其清；曰玄圃棲鶴，群仙其遊。若此類者十餘所。功緒既載，金碧絢爛，山羞水忸，澡為精容。史君王溉嘉之曰："距玉華十里，有通泉舊額，宜移此，以耀無穹。且洞水溉田，雖旱不竭，通泉正為洞設也。"洞有石門，行數十武始及，則宿然而深，呀然而豁，綿岡包澗，邈無垠涯。嵌岩怪石，隆者案臺，端者橫楣，圓者臥鼓，跨者飛橋，或虬螭怒鬪，或鸞鶴翔舞，或雕斲華蓋，或剪縷幡幢。嘗有燃炬而入者，見石鐘石鼎，錯布互列，玉田的皪，沙磧夷延。間遇旱暵，禱雨輒應。蓋宮真仙而宅神龍，非人境也。云云。望鶴之仙迹，煉丹之靈井，宛然如舊。云云。許志行高潔，嘗詣洞遇仙，啗以石果，由是不煙火食者二十年，驅魔攻疫，靈應響答。方役之興，人皆樂輪，劬躬苦骨，閱六十寒暑而後迄事。王洞微親得師傳，用能裨舊益新，悉整而備，謁記於余。余慨然思之，昔朱丞相倬未遇，夢至玉華宮，二青衣童肅之入。問真人安在，對曰："真人朱姓，出應世矣。"覺而自負，後果位弼衡，遂即里第創玉華道院。然則京公之眷眷於此，得非亦真人之後身乎。云云。冠霞弁之岌業，班玉珮之陸離，排煙拂霧，往來燕娛於蒼崖翠壁間，豈無出而濟時，如二相之用心者？余何足以見之。

按，此文載於《永樂大典》卷六六九八，又《永樂大典》卷六六九七引《江州志‧碑碣》載："《玉華洞通泉觀記》，林時英記。"

《全宋文》卷七二一一收錄林時英文一篇，未見此篇，當據補。

### （十六）趙汝馭《紫陽觀記》（寶慶二年）

觀，本邑人奉采訪真君之所。紹興間，增嶽祠，仍號永豐道院。旱澇祈禱，答焉如響。殿宇門廡，經藏鐘閣，靡不備具。其闕典者，惟賜額耳。羽士恐人之議其後也。邑之南有蒼城山，昔唐紫陽真人飛昇之地，本朝賜額紫陽，廢於兵火，繼為元次山祠堂，而故額猶在。乃列告於縣，縣達之州，州申於部，得請，即紫陽觀易永豐額。新額舊名，互存通稱，道流合辭，強汝馭記。噫！上古聖人，扶世立教，未嘗不本諸天。後世樸散而民不淳，上天福善禍淫之理，嘗顯示以警頑癡。凡清净精格，歸心至道，功行周足，白日昇晨，天之誘人亦昭昭矣。名山靈洞，在在有之，是將垂勸將來，因名索實，紫陽之迹可使之終泯沒耶？今移其名以名觀，其觀常住，其名常存，此亦天之意歟？

按，此文載於《永樂大典》卷六六九八，又《永樂大典》卷六六九七引《江州志‧碑碣》載："《紫陽觀記》，寶慶丙戌，趙汝馭記。"

《全宋文》卷七〇四四收錄趙汝馭文一篇，未見此篇，當據補。

## 二、《全宋文》未收作者佚文二十九篇

### （一）康戩《元寂觀記》（淳化中）

夫道在二儀先故尊，人居萬物首故貴。天生者動而有終，地生者植而有返，惟人體道，先後天地者矣。冲陽觀者，梁邵陵王綸所建也。普通中，綸以內舉親賢，觀風斯邑。地枕九江，峰橫五老，登王喬駕羽之山，履赤松食芝之壤，必欲輕舉可希、長生可圖故，乃選柴桑石地，赤烏舊墟。雲蒸其山，練净其水，絕俗隔塵，真仙之窟宅也。爰命良工，遂興大廈，竭豫章之杞梓，窮崑崙之瓊琳，虹梁橫虛，鴛瓦連漢，樓閣飛鷺，若閬苑移人間，道侶棲息，群心仰止。茲山有禽，朱頂雪毛，背坎翔離，故目觀曰冲陽也。熾哉猛焰燎原，延災宮室，梁棟巨材，作漢池之灰；玄都雜部，成秦坑之燼。廟貌失止，玄侶無依，空山寂兮長榛蕪，白日輪兮銷歲月。自垂拱至開元，有道士蘇慕道者，糞壤金珠，桎梏榮祿，愛此泉石，罄己囊橐，命匠不日，觀宇如初。嗚呼！唐祚已穷，中原幅裂，民不聊生，何遑崇道。簷楹蠹朽，壇墠荒凉。我皇宋不讓開元之盛，今監觀宋得真，高齊慕道之肩，修復基址，告厥成功，托以好辭，刊示來者，故予不多讓。

按，此文載於《永樂大典》卷六六九八，又《永樂大典》卷六六九七引《江州志·碑碣》載："《元寂觀記》，淳化中，康戩記。"

康戩（？—1006），字休祐，高麗國人。以賓貢附國子監就讀，太平興國五年（980）登進士第。授大理評事、知湘鄉縣。遷著作佐郎，歷知江陰軍、江州。改太常博士。至道二年（996），任嶺南東路轉運使。官終京西轉運使。景德三年（1006）卒。傳見《宋史》卷四八七《外國》三《高麗》。

（二）釋茂特《甘露寺記》（大中祥符六年）

甘露寺，創置於唐天祐元年，重修於聖宋之世。開廣舊基，安布梵宇，左連廬嶽，右接澄江。住持聰公，蓋有宿緣，力期建造，歸立紺殿，特建虹梁，重簷翼飛，疊拱罿立，碧霧凝於鴛瓦，綺霞接於璿題。乃塑迦文等像，龕帷克備，丹漆仍周。所謂慶偶昌期，皇上登封泰嶽，禮畢汾陰，符瑞日臻，休祥時見，直茲泰和之代，實增慶遇之心。云云。

按，此文載於《永樂大典》卷六六九九，曰："法雨寺，在縣東北，本唐甘露寺，大中祥符六年重修，治平二年改今額。僧茂特記：（略）"。《永樂大典》卷六六九七引《江州志·碑碣》載："《法雨院記》，祥符六年，僧茂達記。"據上面的引文知，甘露寺至治平二年方改稱法雨寺，因此應稱《甘露寺記》。釋茂特，《永樂大典》卷六六九七"碑碣"作"茂達"，未知孰是，待考。茲據《永樂大典》卷六六九九所載。

釋茂特，北宋真宗時僧人。

（三）錢宗櫸《法安院記》（明道二年）

唐咸通二年，有佛者於瑞昌良田社建寺，始有僧智懷、善修主之。事或污隆，時多遷變。至宋天禧四年，守通為寺主，年代寖久，廊宇漸隳，雖云萬法皆空，安可一日不葺，遂遍拓檀越，重議興修。明道二年，新佛殿、法堂、兩廊、廚庫。專來求文，欲傳不朽。辭曰：薨連古郡，屋瑞仙鄉。表刹南畝，首基皇唐。多歷歲月，將隳棟梁。孰能興葺，通號法王。檀越輻湊，布施山藏。顯敞殿宇，掩映脩廊。三時薰燭，六入清涼。銘於韞玉，以永百祥。

按，此文載於《永樂大典》卷六六九九，又《永樂大典》卷六六九七引《江州志·碑碣》載："《法安院記》，錢宗櫸撰書，明道二年立。"

錢宗櫸，北宋仁宗時人。

（四）樊毓《政福院記》（慶曆七年）

瑞昌政福寺，直縣西百步。原其興建，即後唐景福中，廬山僧曰善宗，肩錫而來，謂此真福地也。前瞰青盆山，後枕玉華洞，誅茅築土以棲之，棟宇草創而未具。子璿紹持院事，得衆歸仰，知大事之可圖，於是建三門，為之外固，時則大中祥符二禩也。繼璿者子平，遂建法堂方丈。平之嗣即今智初上人也，曰："釋迦正殿，歲久弗支，儻不鼎革，必隳墜。"乃與其徒抽囊資，導信緣，得錢三十餘萬，重構之。始謀於康定元年，成功於慶曆三載。棟梁一新，金碧相照，廊廡四合，欄楯周匝，為間五十有五，為象六十有九，誠由初、懷二公勤力營置而然也。云云。初請予記其事，予非學佛者，不可談空，乃直書歲月。

按，此文載於《永樂大典》卷六六九九，又《永樂大典》卷六六九七引《江州志‧碑碣》載："《政福院記》，慶曆七年，樊毓。"

樊毓，北宋仁宗時人。

（五）章申之《承天院佛殿記》（皇祐五年）

尋陽郡有寺曰承天，當李氏守江南，軍帥何氏捐財以成。後王師拔城，民廬殘壞，而寺之棟宇獨完。嗟乎！同眾人之樂，而不同眾人之憂，宜釋子優遊於四民之間，竭良材以崇塔廟，丹飾一晦，群工畢來。承天之殿，當始構之時，甚極華麗。歲月積久，風雨剝其綵繢。僧守楷謂不葺於今，則摧圮可待，迺集眾財而新之。以皇祐辛卯歲萃工，明年八月告成。像貌嚴肅，金碧煥然，回欄峻堦，咸固以石。以廬阜之梵剎相倚，而殿宇無能比其壯者。今禪律所聚，必曰焚修為己事，其間或以了悟之旨受其徒，或以經營之工力其教，是皆佛學之所歸信者。若守楷之為，可謂力其教矣。云云。

按，此文載於《永樂大典》卷六六九八，又《永樂大典》卷六六九七引《江州志‧碑碣》載："《承天院佛殿記》，皇祐五年，章申之撰。"

章申之，北宋仁宗時人。

（六）毛抗《重建城隍廟記》（至和二年）

城隍神，經不書也，近世治郡者廟而祭之。迹其原，豈始城之神歟？太守既上之，三日必謁，春秋有常祀，歲水旱癘疫則禱，有志於民者必取焉。吾侯沈公純受署之始，因謁神祠，嘆其棟宇圮壞，謂不足以稱明靈。且江南自古民巫俗鬼，淫祀相望。祀有益於民者，苟不能修舉，民其謂我何？乃鳩工治材，作新廟於北埔之隅，顯敞與疇昔倍。又塑其神，正以禮胙。既卒工，侯親執祭堂下，落始成也。切原侯意所奉，必以民為憂，廣而充之，於為政乎孰加焉。

按，此文載於《永樂大典》卷六七〇〇，又《永樂大典》卷六六九七引《江州志‧碑碣》載："《重建城隍廟記》，至和二年，毛抗。"

毛抗，衢州江山縣人，皇祐元年（1049）進士，曾任祠部郎中。傳見雍正《浙江通志》卷一二三。

（七）張隨《思賢堂記》（元祐五年）

瑞昌縣地，橫帶瀼溪之源，盆水之出也。唐元次山，乾元中避亂於此，自稱浪士，不鄙夷其民，與父老日相往來。後守九江，復有論瀼民之詩。民到於今思之。舊有祠在溪南蒼城之上，蓁蕪翳沒，牛羊踐履，不足以盡崇敬之道。縣令朱公楚材，因民之弗忍，撤舊材,移置雙溪通道之旁,遂以思賢名之。次山文章忠義,有聞於前世,非特出處之迹見於此而已,名堂之意,亦所以同民之欲也。

按,此文載於《永樂大典》卷六七〇〇,曰:"瑞昌縣。元次山祠二,祠唐元結。……一在雙溪,曰思賢堂。官道旁,元祐中朱楚材移蒼城舊祠之材建,有張隨記。……張隨《記》:(略)。"《永樂大典》卷六六九七引《江州志·碑碣》載:"瑞昌縣。元禮部祠:《思賢堂記》,元祐五年,張祐撰。"此"張祐"當為"張隨"之誤,錄此待考。

張隨,仁宗朝登科第,仕至太子中舍人。見《宋代登科總錄》所考。或即此人。

(八)鄭觀《棲真院記》(崇寧五年)

棲真院去湖口四十里。太平興國中,有僧慧倫以其地湫隘,踰一十二里而徙焉,今院是也。舊名棲隱,治平乙巳改棲真。其地前山後林,峭峻蓊鬱,高人逸士,遊者繼踵。紹聖乙亥,僧智㾋勤儉為務,積微至著。不十年,自廊廡,及方丈、法堂、佛殿、三門,一鼎新之。至於樓賓房舍,庚序庖庫,誦經軒几,飯僧堂榻,莫不有法。其徒規行矩步,精進勤修,皆㾋之表率也。㾋謂其徒曰:"寺宇本為國焚脩,安穩僧衆,蔽風雨而已。豈必崇堂奧宇,妄興天堂地獄,矯枉世俗,奪民財以誇殊麗,非歡喜布施,智㾋不為也。"㾋恐泯沒無聞,後人顛墜厥址,慨然屬予記。嘻!㾋之欲記,豈徒然哉!

按,此文載於《永樂大典》卷六六九九,又《永樂大典》卷六六九七引《江州志·碑碣》載:"《棲真院記》,崇寧五年,鄭觀撰,錢白題。"

鄭觀,北宋徽宗時人。

(九)釋伯奎《重修惠濟寺記》(大觀四年)

廬山之東,有龍泉焉,氣像不雜塵境。江南楊氏天祚元年,即其間為寺,以泉名之。本朝治平二年改惠濟。舊在溪東,地不勝宇,元祐中,惟諒師患其隘,□遷溪西,未就而逝。待制孔公常甫壯其用心,而為預記,實未盡如所載。建中靖國改元,余四望雲山,有歸休之志,適兹而至,殆若夙契。惟時一殿新成,餘皆蠹宇,而溪山隘奪,難立門廡。嗣者循之,欲以智勝。未幾,人與數窮,境隨事變,猿鳥悲吟,風煙荒凉,過者莫不為嘆也。余追感孔公之記,有"相踵得人,則斯地不復寂寥"之語,內訟愧悔,義非苟免,乃請於有司,以嗣其事。嗚呼!是寺今幾二百年,或以人絕,或以事廢,中雖易地,無異前日。三十年間,慶吊相繼,何為然哉,殆有來之者耶?切嘗以為地之興廢,時之泰否,與夫人事之聚散,莫不相符,然擇地最為先務。《詩》曰:"既景乃岡,相其陰陽。"世推郭璞地理之說,有足考者,大抵所安貴平曠,所向貴虛豁,山不欲強臨,水不欲暴犯。若夫所謂洞天福地,在乎名山大川險怪之處。或高摩煙霄,環視千里;或下據淵壑,壁立萬仞,乃神靈所都,龍鬼所衛,人斯居之,蓋有恃焉,又非世智常理可得而議。是寺故基,與今所處形勢之陋,相去無幾。所謂山之強臨,水之暴犯,二者既備,宜致居人速於衰替。直前有平原,高明可愛。所主之岡,自坤而丙止,卓起於雲溪之際;所道之水,自丁而艮出,會同於陵谷之口。峰崿列奇,湍流激清,春陰曉晴,秋色晚霽,四顧靄然,有秀麗吉祥之氣。質之璞説,無可疑者。余來之初,目擊大概,已計於胸中矣。於是內出己用,外資衆力,涓吉即遷,面壬設門,土木之功雖未壯麗,姑遂己願。它日山川靈氣,感召人物,道德高風,久而益振,然後知吾言不妄也。云云。

按,此文載於《永樂大典》卷六六九九,又《永樂大典》卷六六九七引《江州志·碑碣》載:"惠濟寺:《重修寺記》,大觀庚寅,僧伯奎撰。"據此,擬題曰《重修惠濟寺記》。

釋伯奎,建中靖國初住廬山惠濟寺,勤力興復。

(十)釋守端《重修禪智寺記》(政和中)

循東城源而入,荊扉竹溪,杉松羅植,蓋張幢列,含颷吐靄,彌屬崗巒,於中砥平,現一鴉刹,則禪智寺焉。唐天復甲子歲,撤民居為之,本名净居。我宋治平初賜今號。嗚呼!不籍寸產,取鉢諸檀,視代如弈棋,假室若懸磬,剪焉傾覆,名實殆喪。紹聖甲戌,有慶昭乘虛來董,輿人難之,昭笑曰:"不廢何以興,其天贊神助,實以授我歟?"西林齊訥撤金錢百萬遺之,昭歡然如獲伏藏。首建大殿,塑佛像;次為門廊,為庖庫,為堂寢。僧有寮,賓有次,棟宇相承,窗闥互映。山噴雲錦,高覆其上,峯狀石榴,供之目前,驅雙澗以左旋,促千岩而右繞。云云。遠公曰:"三業之興,必禪智為宗。禪非智無以窮其寂,智非禪無以深其照。然則禪智之要,寂照之謂,洗心净亂者以之研慮,徹悟入微者以之窮神。功在言外,經所不闡。"曩吾佛祖,密傳到今,如綫不絕,孰不説是禪智為心宗。即昭公荷法無難,立事有斷,能不隳家聲者歟。云云。

按,此文載於《永樂大典》卷六六九九,又《永樂大典》卷六六九七引《江州志·碑碣》載:"《重修禪智寺記》,政和中,僧守端記。"

《全宋文》卷一五二七收錄釋守端(即白雲守端)文兩篇,然《全宋文》所載釋守端逝於熙寧五年(1072),而《重修禪智寺記》則作於政和年間(1111—1118),可知此守端別是一人。查《雲臥紀譚》卷下載:"南海僧守端,字介然。為人高簡,持律嚴甚,於書史無不博究,商榷古今,動有典據,叢林目為端故事。亦喜工詩,務以雅實。……嘗棲養於佛手岩。洪諫議是時監太平觀,施以米。"洪諫議即洪芻,於政和六年(1116)監江州太平觀,可知介然守端禪師於政和年間住廬山佛手岩,則《重修禪智院記》的作者當即此僧。

(十一)陳彥文《醮謝太平興國宮應元保運真君》(建炎元年)

近以淮寇倡狂,兇徒暴橫。水陸并進,欲竊據於江城;矢石交攻,將盡屠於生齒。望琳宮而請命,罄丹悃以祈哀。威現旌幢,氣成龍馬。祥雲四合,知神騎之護持;大雪連朝,覺寇鋒之潛挫。

按,此文載於《永樂大典》卷六六九八"太平興國宮"條目下。又該卷載"建炎元年冬，賊張遇圍江州，州人望山呼號，忽睹旌旗騎從現雲表，圓光中有真相，如乘龍馬，萬目齊睹。須臾大雪，賊不能露處，殺獲甚眾，賊遁去。守陳彥文醮謝，詞云（略）"。據此，知此文作於建炎元年，為醮謝廬山太平興國宮應元保運真君顯靈，攘除賊寇，保民平安而作，故擬題曰《醮謝太平興國宮應元保運真君》。陳彥文守城事，參見《建炎以來繫年要錄》卷十一。

陳彥文，興化軍莆田縣人。崇寧三年（1104）賜進士出身，為尚書屯田員外郎（《宋會要輯稿·選舉》九之一四《賜出身》）。歷知慶州、洪州、楚州（《莆陽文獻傳》卷一三）。建炎元年（1127）冬，以承議郎知江州（《建炎以來繫年要錄》卷十一）。建炎二年（1128），以守城功，復龍圖閣待制（《建炎以來繫年要錄》卷十四）。建炎三年（1129）二月，以龍圖閣待制、知江州為沿江措置使；五月，遷徽猷閣直學士、提領水軍沿江措置使，召赴行在；閏八月，引疾，罷為龍圖閣直學士；九月，被劾落職。尋卒（《建炎以來繫年要錄》卷二十、卷二十三、卷二十四、卷二十七、卷二十八）。

（十二）趙不抽《景德寺修造記》（乾道元年）

佛法自近年衰，其徒棄本逐末，奔走士大夫門，乘時射利，甘心為隸不自愧。方在稠人中，即謀出世。既得志，不復辦道，汲汲然營已私，視囊中可為巨刹地，則神焉尻輿，已坐馳於四方萬里之外矣。故寓公寄客，分占其中，椎牛賣漿，喧雜城市。主之者，利杯酌口腹，因循度日，棟宇頹毀，井滅竈夷，鞠為茂草。雲遊衲子，過門笑唾不忍顧，是可嘆也。九江景德禪寺，古為律居，罹建炎灰燼。紹興庚申，僧宗尚始編茅數椽，不能蔽風雨，經界益賦，田疇荒萊。僧童一二人，糊口不給，日斂飯盂於市，饑羸憔悴，見者悲之。基址四至，不可稽考，半為營寨，有力者攘據，人謂廢不起矣。丁丑年，闢為十方。又二年，太守王公秬謂景德古名刹，思得佳士住持，聞東林第一座法演有道眼，招之。演曰："吾與王史君無舊，緣法純熟，不可不成其志。"自入院，窮日夜究蠹敝之源，取田於冒占，貸種以開耕。不五年，建三門、佛屋、寢廬、方丈、御書閣，塑佛、菩薩、羅漢像，極莊嚴之妙，日用魚螺、鐃鼓、鐘磬之編皆具，然後訓其徒以無生法忍。大江以南，禪林之秀，皆歸之。云云。非特以其能興造為可喜也，於是為記。

按，此文載於《永樂大典》卷六六九八，又《永樂大典》卷六六九七引《江州志·碑碣》載："《景德寺修造記》，乾道乙酉，趙不抽記。"

趙不抽，字若拙，宋宗室，舉進士。隆興二年（1164）為江州倅，乾道元年（1165）知果州，乾道三年（1167），移漕成都。陸游《渭南文集》卷十四有《趙秘閣文集序》。生平參孔凡禮《陸游交遊考》。[①]

---

[①] 見中華書局編輯部編：《文史》（第21輯），北京：中華書局，1983年，第245頁。

（十三）釋光舒《寶覺廣福院記》（乾道四年）

江城南有梵刹曰寶覺，故梁百花亭基，摹刻尚存。至本朝治平初，名壽聖。中經兵火，僧法真弊形勞思，躬拾殘棄，而整齊之。迨至寶從，竭誠修復，惟懼弗及。今寺之殿，巍峨相重，赤白炫耀，皆前日之頹垣斷壍也；今寺之堂甍參差，栱桷橫亘，皆前日之荒蕪野蔓也。修廊周遍，長廡接連，寮室廚庫，無不如意，晨鐘夕梵，禪律整嚴。云云。吾嘗遊焉，升高矚遠，見康廬岌嶪，林木森鬱，平湖浩漫，千頃一碧。寺後修竹挺立，叢錯交互。至者莫不神爽清澈，覺與日月相映。蕩乎太空，俯世界如毫髮，而吾心未始駭，信佛之功大矣，而從乃今知之。從老矣，優退養默，返照内想，心運目動，無所凝滯，吾將有請於從。

按，此文載於《永樂大典》卷六六九八，又《永樂大典》卷六六九七引《江州志·碑碣》載："《寶覺廣福院記》，乾道戊子，僧光舒撰。"

釋光舒，南宋孝宗時僧人。

（十四）趙伯巘《報恩寺藏記》（淳熙元年）

凡天下人為善，志立者事成，心剛者天相。云云。雖辦道亦可，況世諦事哉。比丘普欽主九江報恩禪席，周視佛堂，喟然嘆曰："是刹所以嚴崇薦，今弊如此，則吾徒散，梵諷寂，香火冷。吾將起之。"乃興長廊，乃治僧居，乃葺三門，乃營香積，百廢具舉。天宮寶藏，莊嚴佛土，不謀於衆，慨然有志，期必創成。飭材鳩工，度地為制。上浮諸天，下現大海，中貯秘文，孝列天樂，鎮以金仙，助以威神，衛以神龍。工役方半，群魔競起，欽挫愈甚，辦愈堅，竟至圓成，若有陰相。余獨斷于一言曰："剛。"役始於淳熙元年八月，成於次年四月。噫！可哲速遠也矣。

按，此文載於《永樂大典》卷六六九八，又《永樂大典》卷六六九七引《江州志·碑碣》載："《報恩寺藏記》，淳熙元年，趙伯巘記。"

趙伯巘，宋宗室，南宋孝宗時人。

（十五）陳天麟《清虛庵記》（淳熙三年）[①]

天麟嘗謂高士遯世，何世無之，大略無意於榮辱聲利，故退而不復顧，惟恐入山之不深，而其胸中所存可以應世者，亦未免因時而出。先生遊吳，仰體天子事親之意，不自靳其姓名，達於九重而小試於吹噓，瞻視之際，所以上承聖孝之忠，豈往而不知返者哉，宜其膺兩宮眷遇之厚如此。云云。

按，此文見載於《永樂大典》卷六七〇〇，又《永樂大典》卷六六九七引《江州志·碑碣》載："《清虛庵記》，淳熙三年，陳天麟記。"

---

[①] 胡曉《〈全宋文〉補目四十二篇》（載《重慶第二師範學院學報》2018年第2期）業已揭及陳天麟《清虛庵記》為《全宋文》失載之文。該文限於體例，僅予以補目，未錄全文，故本文不避重複揭示，并移錄全文。

陳天麟（1116—1177），字季陵，宣城人。紹興十八年（1148）進士，調廣德縣主簿。歷任國子正、太府寺丞、大理少卿、吏部侍郎等職。先後知襄陽府、鎮江府、婺州、贛州。淳熙四年（1177）卒。傳見《宛雅初編》卷一、嘉靖《寧國府志》卷八。①

### （十六）陳謙《重建東林寺記》（紹熙五年）

淳熙十六年春，東林寺毀於火。云云。是年予通守九江，欲造溪之上，尋十八賢之遺迹，僧告曰："皆煨爐之末矣。"又欲訪晉、唐以來碑刻，曰："皆瓦礫之餘矣。"夫成壞固有數，然余適至，不能不致失所以來之恨也。後五年，余奉使湖北道，瑛走書曰："東林復矣，盍記之？"余喜其復，而釋向之恨也。嘗考建寺之本末，蓋自遠法師，合道俗結為淨社。遠歿而寺以律居，其後或廢或復。本朝元豐二年，易為禪刹，詔摠居焉。乃取昔之為房，悉廢而公之，為屋千楹，猶有未罔。思度嗣事輪藏、三門，始成佛瑞，又建羅漢閣。東林之宇，於斯大備，其成若是之艱也。淳熙之爇，一夕而盡，其壞若此之易也。瑛乃經營，不五年而盡復，又何其事半而功倍。余聞舊有神運殿者，以遠初抵山，雷雨驟至，徙溪成陸，大木鱗集，用以建寺。摠之作新，谷有巨杉，大風拔之，棟樑足用。試問瑛曰："昔之建也，以神運；今之復也，以人力，得無復克肖歟？"瑛稱惟知竭力以起門戶而已。余謂之曰："非子所病也。"凡天下至常之理，即古今不易之妙，雖大聖賢修習精到，貫通幽明，至於食粟衣帛，常理未始不與人同者，烏覩夫必現異出怪而後為道也。云云。遠之初建，摠之更新，瑛之修復，三者皆人力，而功有難易，則存乎時。夫已壞之，而已成之；既已主之，而已任之，瑛之心也誠，故其志也達云。

按，此文載於《永樂大典》卷六六九九，又《永樂大典》卷六六九七引《江州志·碑碣》載："東林寺：《重建寺記》，紹興五年，陳謙撰，高夔篆。"據記文，東林寺毀於淳熙十六年（1189），"不五年而盡復"，時為紹熙五年（1194），則《永樂大典》卷六六九七引《江州志·碑碣》載"紹興五年"當為"紹熙五年"之誤。據此，擬題《重建東林寺記》（紹熙五年）。

陳謙（1144—1216），字益之，溫州永嘉人。乾道八年（1172）進士，授福州戶曹。淳熙十六年（1189）通判江州，累官至戶部郎中、總領湖廣財賦。慶元黨禁起，以親附趙汝愚坐斥。後起為提點成都府路刑獄，移京西運判。遷司農少卿、湖廣總領，除宣撫司參謀官。襄陽兵敗，坐罪奪職。後復知江州。嘉定九年（1216）卒，享年七十三歲。傳見葉適《水心文集》卷二十五《朝請大夫提舉江州太平興國宮陳公墓志銘》、《宋史》卷三九六。

### （十七）陳謙《報恩佛殿記》（慶元初）

余讀曾南豐《江州景德寺戒壇記》，言僧智遷經營二十年而後成。紹興初，余通守九

---

① 按，陳天麟生平見《全宋詩》卷二〇六二所載小傳。又黃之棟、李萍《〈全宋文〉漏收陳天麟文輯補：兼〈全宋詩〉陳天麟小傳考訂》（載《韶關學院學報》2015年第9期）一文對陳天麟生平有所訂補。

江，訪所謂景德寺者，其人曰："兵寇之餘，不復舊矣。"中間光孝、景德二寺，合辭請於郡，兩易其址，昔之景德則今之光孝是也。景德易處城北，至闤闠遠，軍營□□□蝕其地。而光孝據城中央，為冠蓋之會瞻□□□□為易集，故月葺歲累，漸就叢席，惟佛殿以事□□究□□。考其廢興之故，景德由遲至於今，纔百二三十年間，地與屋又且變從漠然，則上木崇飾之功，其不足恃明甚。而其徒務以張大佛法，必求轉壞為城，起現於滅，以有為之亦，顯無為之教，不計久遠，窮晝夜之力為之，未上也。且佛是外形骸，忘生死，鑽苦空，衣必取壞，色食必取棄餘，戴茅履菲，蓋其朽形木質，不知世間觀美事為何物，其自為蓋如此。至其闡設教誘，乃以其境界殊勝妙麗者，反復示現，金地蓮界，七寶百珍，備極佛法之富貴，以動蕩愚夫愚婦之心目，與其所自為者何如哉？豈以上披宏器，世不常有，總總而生，氣質昏薄，欲深而機淺，必假觀慕贊嘆，以興起其善念歟？則既壞而脩，既脩而兵盜焚漂之。又有如遲者出，則今之主僧法光是也。光立於紛華之肆，奮然以起廢為勝福。有田氏、劉氏者，各捐巨萬緍為之倡，聞者響合，金報施衍。未幾，佛殿之未究者崒然矣。以其餘力，門次墻廡，堂屋寮院，悉增而新之。光以書來，願紀其役。余行天下，名山秀麗，梵宮凈宇，光耀什侯王居，方病夫耗盡民生，踰越王制。而光之言曰："於我法中，苟得一人成道，雖竭天地之產，不以為泰。子以為泰乎？若歲月之不可恃，轉從受滅之不可常，世界盡然，何獨茲寺！"余觀其功，於扶拯若是勤，其或閔其志，書其事俾刻之。

按，此文載於《永樂大典》卷六六九八，又《永樂大典》卷六六九七引《江州志·碑碣》載："《報恩佛殿記》，慶元初，陳謙記，陳邕書篆。"又按，據上引《重建東林寺記》，知陳謙於淳熙十六年通判江州，《宋史》卷三九六《陳謙傳》亦載"孝宗內禪，通判江州"，正是淳熙十六年事。此文稱"紹興初，余通守九江"當是"紹熙"之誤。

（十八）李夏卿《江州瘞露骸記》（慶元初）

聖賢酌世，所以為斯民始終之慮悉矣。生者有以養，死者有以葬，乃盡吾職分之所當然。後世事弗逮古，長民者類役志於簿書期會間，所謂養民之政闕焉不講，況能究心於無歸之厲，不宅之枯顧哉？尋陽為江湖會，郡兵民不知其幾，又當蜀漢淮浙閩廣之衝，往來走集袂相屬也。一為饑寒所困，風露所襲，仆於陂湖渺莽之區，殆螻蟻然，有司恬視之弗恤。慶元乙卯歲，郡侯王寅性寬而明，政勤以和，苟可利人惠物，行之無難。復有以露骸告者，公為惻然，遽捐俸資七十萬，命釋善才搜拾，前後二千有餘，用西方之教火之。越明年三月，賑饑貧，齋緇黃，設超拔之供，而水葬焉，從俗宜也。夫以溟漠之中，雨濕聞聲，宵長走燐，沉迷積年，思欲解脫而不可得。一日俾之離苦海，遊樂界，去鬼鄉，登佛土，此其為功，真所謂不可思議也耶。天下之事，久而有所待者，天也；知其有所待，奮然而為之者，人也。陳寵守廣漢，收積骸，而城南哭聲絕；于頔刺湖南，坎瘞千餘，而人賴以安。此非有待而然耶？抑亦所際得其人耶？東坡先生嘗銘暴骨曰："是豈無主，仁人君子。"若侯者，殆仁人君子歟！

　　按，此文載於《永樂大典》卷六六九八，未見篇名，兹據文義擬題曰《江州瘞露骸記》。據文中所述"慶元乙卯歲，郡侯王寅……命釋善才搜拾，前後二千有餘，用西方之教火之。越明年三月，賑饑貧，齋緇黃，設超拔之供，而水葬焉，從俗宜也"云云，知此文作於慶元初年。

　　李夏卿，興化軍莆田人。乾道八年（1172）進士。見何喬遠《閩書》卷一〇五。

　　（十九）朱璹《嶽廟一仙亭記》（慶元五年）

　　元豐五年二月既望，邑民熊氏家誕女子有瑞證，禀質端重。幼觀剖鮮，屏葷蔬食。及笄，善談休咎，人皆異之。崇寧中，以外氏寓桑落洲，侍母往省，中流風起浪湧，同舟罔知攸濟。女子神色自若，曰："吾非凡人，必有陰相。"母恐，但瞑目。衆唯唯，或竊窺之，雙龍翼舟以行，果亡恙。歸，俟曰："嶽帝之聖母，欲吾為女，號聖一娘。"厥父倉惶走皇廟祝，與之偕來。女子伸前說，俾具空儀，立像聖母西偏，約七日棄世。口授榜語，筆示通衢，大略率官隸民兵，動循正理。至期前一夕，置酒設樂於其舍，燕於群神。翌朝，啟禱天地四方，辭决宗嫺鄉鄙。逝而復甦，曰："聖母以時人疑貳，姑令暫還。"即刻木肖形，代內諸樞而瘞焉。於是辟穀，惟飲聖池之水，日詣祠庭，儼接神語，間發奕聲，聞者震駭。返仙之期，再涓九月五日，躬卜宅兆，盡辦葬禮如初。是日，潔服飾容儀，伏鼓吹導前，由虹橋達祠下，雲霧滃從。至則受奠訖事，趨進起居，顧左右曰："嶽帝有旨，朝奉郎吳君明宰邑，崇敬居多，宜路掀犒，酒報之也。舟行將屆，速逆之。"已而吳來致祭，聖一娘俄曲肱而終。邑人欽仰，會貲飯僧。越四日，藏於廟右，遵治命也。以墓前亭為一仙亭，所過之橋為度仙橋。迄今遇誕日，士女相率朝拜，凡請嗣乞靈，應答如響。璹比燔薶廟祀，欲得于干紀之，詢諸故老，僉以為然，因次顛末。

　　按，此文載於《永樂大典》卷六七〇〇，又《永樂大典》卷六六九七引《江州志‧碑碣》載："《嶽廟一仙亭記》，慶元己未，朱璹記。"

　　朱璹，南宋慶曆間知湖口縣。

　　（二十）劉師文《玉清廣福觀藏記》（慶元間）

　　邑西三十里，有觀曰玉清。世傳神仙蘇耽，昔嘗經行於此，故名蘇山。殿宇依山，象象幽雅，茂林脩竹，清泉白石，翛然為一真境。歲時兩賜，隨誠響應。道士因人心之向信，迺即西偏，規建藏殿。凡道家之書，旁搜遠致，將求大備。經始於紹興甲寅，落成於慶元戊午，棟宇翬飛，金碧煥耀，琅函籙笈，櫛比鱗差，其用功亦勤矣。夫藏，所以藏也，本萃集真典，為莊嚴起敬之所。自靈寶書以飛天法輪為普度之門，世俗遂為轉藏，周匝與特誦一遍同功，是一斡旋運動之頃，即有轉禍為福之益。所謂不疾而速，不行而至者，幾是已。其果然乎？大抵老釋以幻化誘勸為主，奚獨藏經云。

按，此文載於《永樂大典》卷六六九八"玉清廣福觀"條目，云："劉師文《藏記》：（略）"。然而《永樂大典》卷六六九七引《江州志·碑碣》則載："《玉清觀藏記》，嘉定十五年，何剡記。"疑"碑碣"所錄係鈔寫時所致舛誤。待考。

劉師文，南宋孝宗時人。按，劉甲，字師文，祖籍永靜軍東光縣，寓居成都府龍遊縣。淳熙二年（1175）進士。累官度支郎中，遷樞密院檢詳等，除司農少卿，進太常，擢權工部侍郎。歷知江陵府、興元府、潼川府。官終知興元府、權四川制置司事。《宋史》卷三九七有傳。《全宋文》卷六二六九收錄其文三篇。未知是此人否。

（二十一）趙師𩄇《元陽觀記》（嘉泰三年）

崑崙山在德安縣西北，昔仙人王喬朝斗石在焉。歲在靖康，法師王澤民始築室，其徒相繼經營，殿堂廊廡畢備。獨三門未周，令姚偓捐俸成之。迄今七十餘年，請於令曰："縣有故元陽觀，額久廢，願移以名。"令君欣然復之，自書六大字，碑刻而榜諸門。云云。

按，此文載於《永樂大典》卷六六九八，又《永樂大典》卷六六九七引《江州志·碑碣》載："《元陽觀記》，嘉泰癸亥，趙師𩄇撰。"

趙師𩄇，宋宗室，南宋寧宗時人。

（二十二）譙令憲《重修寶嚴院記》（嘉泰年間）

循九江福星門而東，行二十里，院曰寶嚴，翼然於官道旁，寶唐僧常真開創。地有雙溪，因以自名。皇朝景德中賜今額。真師姓田，躬自墾闢，除柴荊，築室宇，以肅往來遊方之士。金碧焜耀，為諸方所稱。中更廢興，莫可考稽。建紹搶攘，蕩於煨燼，來者經葺故廬，僅庇風雨。嘉泰初，元序師於是量入摶費，鳩工度材，漏者補之，傾者植之，故者新之。司業易公，大書以扁其門。境界莊嚴，泉石改觀，遠邇贊嘆，以為田道者復出。或曰：一切世法，猶如空花。學道之人，寸絲不掛。師固宜以寂滅為宗，以禪悅為樂，今乃區區於有為功用，其於道法何用哉？予曰："不然。主席之人，接物利生，固當以緣事安衆為先。至於安禪辦道，則亦隨力所至。若一切廢置而不以緣事為念，區區自利而不以安衆為心，是豈方便之教哉！"師天資純正，造詣平實，缾錫所屆，作大饒益。嗚呼！豈所謂願力而來者歟。

按，此文載於《永樂大典》卷六六九九，又《永樂大典》卷六六九七引《江州志·碑碣》載："寶嚴院：《重修院記》，譙令憲撰，黃榮書，董之奇題。"據此，擬題曰《重修寶嚴院記》。

譙令憲，字景源，祖籍青州益都。淳熙十一年（1184）進士，調仙游尉。歷知錢塘縣、橫山縣。慶元五年（1199），主管官告院，遷司農寺主簿、諸王宮教授兼吳益王府教授。嘉泰三年（1203），知江州。後歷任大理少卿、宗正少卿、知婺州、提點江東刑獄、福建運判。卒於官，年六十八。傳見真德秀《譙殿撰墓志銘》。

（二十三）劉易《三學寺鐘樓記》（嘉泰年間）

　　湖口距廬山纔一舍，僧寺相望，三學又中立。縣境相傳為彭澤縣舊城，以陶靖節作令日，嘗即其地起書堂，故寺有流杯池、翫月臺。今雖廢圮，然山水縈帶，意象幽邃，必知其前賢卜築住處也。寺舊名慧發，皇朝治平二年賜今額。佛殿之前，鐘樓巋然，實乾道間主僧圄所建。今踰七八十年，樓弊將壓，僧祖昌曰："樓壞則鐘不鳴，何以起人敬心？"力謀更新，乃易以良材，上棟隆然，簷牙斯翼，中堵外版，為一方壯觀。鳴鐘四遠，聞者歸心，其教之尊，斯樓不為無耶。云云。

　　按，此文載於《永樂大典》卷六六九九，曰："三學院，在故縣，本陶靖節書堂。嘉熙初修鐘樓，劉易《記》：（略）。"故擬題曰《三學院鐘樓記》（嘉泰年間）。

　　劉易，南宋寧宗時人。

（二十四）委心翁《北山開化寺記》（嘉定十五年）

　　德安縣治北，有精廬曰開化，翼然於官道旁。面敷原，背彭山，西葛嶺，東蠡澤，寺踞其中，竹侯松君，掩映蔥倩，敷陽佳山水也。建紹寺毀，無碑碣可考，相傳於唐，舊額華林。我宋祥符中賜今名。按俗諺相傳詩曰："貞觀三年三月中，到今多少事無蹤。惟留古寺彭山下，僧尚焚香答太宗。"是知多歷年所。紹興甲子，僧道照得地寺西蟹坑遷焉。云云。嘉泰壬戌，得今僧子義。子義頗咎前人不善遷革，謀復故址。并心勠力，不數年間，成此浩緣。云云。登者莫不增皈向之心。至嘉定辛巳，建寶殿，塑九尊十八士，種種莊嚴，是可與種竹建精藍同年而語矣。

　　按，此文載於《永樂大典》卷六六九九，又《永樂大典》卷六六九七引《江州志‧碑碣》載："《山北開化寺記》，嘉定壬戌，委心翁記。"按，嘉定無壬戌年。記文稱"嘉定辛巳，建寶殿"，則該文有可能作於次年壬午，疑"碑碣"所載"壬戌"為"壬午"之訛。

　　委心翁，南宋寧宗時人。

（二十五）佚名《崇真堂記》（嘉定中）

　　尋陽，淮浙之咽喉，衡廬之軨軏，昔呂洞賓嘗有詞曰："白蘋紅蓼，再遊盆浦廬山。"以是知神仙輻輳於是歟。五湖四海，煙簑雨笠，嗟無可巢之地。淳熙間，玄谷先生王參議守道倅九江，以龍銘虎永為心，每延方外之客。偶廳治側竹孕雙筍，芝誕四莖，意者異人所感化也。卜陽剛之地，為雲水憩息處，香雲燈星，薰映闤闠，亦九江之佳境。未幾雲消水涸，事始中輟。洪都劉道存，一劍東來，德韞道腴，為人所敬。扶玄綱之已頹，整道門之幾飛，一呼百檀，三湌千喙，由是復興焉。云云。混聖凡而為一，奄有無以歸真，斯堂其可不加之培樹也夫。

　　按，此文載於《永樂大典》卷六七〇〇，曰："崇真堂，在城南，本名朝真。淳熙間倅王守道建，後廢。嘉定中續建，改名，有記。"文中未記載作者及篇名，故擬題曰《崇真堂記》。據上所引，知該堂續建於嘉定中，則此文亦當作於嘉定中。

(二十六) 陳阜《景德寺藏記》(紹定五年)

江州禪寺三，惟景德荒涼。主僧誘於微利，以寺地僦民，廊廡寮缺，閻閻穢逼，無藏室以結信士緣。阜得蜀僧祖照而致之，照果如人意，一日攜圖籍來謁，請復舊地建藏殿。余然其請，因捐俸助鳩工，仍施藏經全部。云云。

按，此文載於《永樂大典》卷六六九八，又《永樂大典》卷六六九七引《江州志·碑碣》載："《景德寺藏記》，紹定壬辰，陳阜記。"

陳阜，紹定年間知江州。《永樂大典》卷八〇九一引《九江志》載："紹定中，陳阜修女頭。阜在郡六年，有功於城池。"按，《全宋文》卷四八六三收錄邵州州學教授陳阜乾道三年所撰《修康濟廟路記》一篇。乾道三年 (1167) 距紹定五年壬辰 (1232) 間隔達六十五年，當非一人。

(二十七) 俞公明《知南康軍樓公德政記》(紹定間)

公下車即講行利民條目，視井邑細民一不獲所，隱於中，見於色，不能頃刻安。蓋公設心措慮，已非一日。曩厄於時爵，不獲施度，今可為，又吾力所可至，惡乎靳？公之措畫，如增鋌直以通楮幣，出官緡以輸僦賃，數散施以活貧民，此特其細者爾。稽諸版籍，自壬辰迄甲午，民多逋賦未償，公悉節浮費以自補而盡蠲之。郡城內外，舊有浮財物力，歲輸折絹錢拾餘萬，積久仍襲，貧富不升降，吏執簿督趣不少貸，最為民病。公又輟利民庫息，永克代輸，不以責民尺寸勺合，凡可捐以予民者，一無吝色。未半載之間，田里熙熙，殆將忘前日之為旱潦也。今天下郡國不能半，吾祖宗盛時，使得如公者數十輩，落落錯天下，則萬物吐氣矣，太平豈難致哉！不特是也，撥田充貢士莊，至今預計偕者賴之。

按，此文載於《永樂大典》卷一四六八〇，前述樓杓知南康軍時定保伍法、蠲除米麥絹帛錢、代輸四等五等戶折帛錢、減苗米水腳錢、設全積倉等善政，曰："文學掾俞公明為之記曰：(略)。"據文義，擬題曰《知南康軍樓公德政記》。俞公明於紹定間任南康軍文學掾，故此文作於紹定間。

俞公明，原名忱一，字則明，嚴州分陽人。嘉定十六年 (1223) 進士。歷任昭武軍教官、和州教官。紹定間，任南康軍文學掾，兼白鹿書院山長。端平之後，歷浙東帥幕府、淮東幕府、宗諭、太學博士、上饒通判宗正簿、國子丞等職。淳祐八年 (1248)，知南康軍。寶祐元年 (1253) 卒，年六十七歲。傳見方逢辰《蛟峰文集》卷七《宋知郡寺丞俞公行狀》。

(二十八) 葛崇節《陶靖節祠贍田記》(嘉熙二年)

靖節先生，千載一人，聞者孰不起敬？(原本缺) 舊里乎。予頃遊廬阜，睹其祠圮甚，顧瞻太息。（原本缺）蕪而去，此心介介然，若有所負於先生者。去春（原本缺）此來，十年未遂之志，至是有不容緩。云云。遂以（原本缺）直捐金，重構祠宇，專以圓通主僧董役，庶乎民力不傷，亦遠公交從遺意也。云云。舊有田三十餘畝，水毀之，豪民奪之，所存無幾。適有公田，乃縣家所得用者，計五十餘畝，輟之以奉歲時。享祀之外，餘給守者，仍以圓通主其田，庶幾田與祠俱可以久。後之與我同趣者，竊有望焉。

按，此文載於《永樂大典》卷六七〇〇，曰："葛崇節贍田刻：（略）。"據林宋偉《重修靖節祠記》（嘉熙二年）[①]載，葛崇節知德化縣時，修復陶靖節祠堂，并給贍田，即"舊有公田二十餘畝，用贍於守者，後侵於豪民，復增給五十畝"云云。此文蓋葛崇節記述增贍田事宜，作文時間當不晚於林宋偉《重修靖節祠記》，故擬題曰《陶靖節祠贍田記》（嘉熙二年）。

葛崇節，字陶翁，福州閩清縣人。嘉定十六年（1223）進士。端平間，知廣昌縣。淳祐三年（1243），知衢州。淳祐四年（1244），除大理寺正，廣東運判。見淳熙《三山志》卷三十二。

### （二十九）楊師謙《馬當重建廟記》（嘉熙三年）

長江西來，洶湧澎湃，折旋而東，以趨於海。其或飄風迅發，波濤怒驚，蛟鼉出沒，詭怪萬狀。而風帆浪楫，恣睢渺茫，不知其所窮，豈無物司之哉！九江而下二百里，有山屹然，橫枕大江，曰馬當。或曰其形象馬，以是得名。山石犖确，林木屏翳，望之隱然，是必神居之上元水府，有廟尚矣。世傳有唐王勃嘗謁，神靈默祐，借助風舶，信宿達豫章，而《滕王閣記》以成。是自唐以來，廟貌已立。國朝加敕額。建炎兵毀，中興累加修崇，閱時寖久，棟宇傾圮。紹定中，四明何公炳守江州，舟過祠下，瓣香致禱，得安流以達。即抵郡，首捐俸百千，命邑令姚君瑾修葺廟宇。前此基址逼江，湫隘局趣，乃攀捫而上，開鑿山險，芟除蓁莽，適得寬夷之地，若神啓其秘者。於是撤而新之，翼以兩廡，周以重門。俯瞰江流，浩渺傾奔；遠視淮山，參差環列。萬象軒豁，昔所未見。神之靈異，於茲顯著，殆非偶然者。云云。意神龍之居，其在此歟。

按，此文載於《永樂大典》卷六七〇〇，又《永樂大典》卷六六九七引《江州志·碑碣》載："《馬當重建廟記》，嘉熙三年，楊師謙記。"

楊師謙，南宋理宗時人。

---

① 見《全宋文》卷七八七八。按，《全宋文》所錄此文即輯自《永樂大典》卷六七〇〇，著者誤作"林宗偉"，今據《永樂大典》卷六七〇〇、卷六六九七改為"林宋偉"。淳熙《三山志》卷三十二載：林宋偉，字力叟，福州永福縣人。嘉定十六年進士。官終提點廣東路行獄公事。據此可補《全宋文》作者小傳。

**參考文獻：**

［1］［明］解縉：《永樂大典》，北京：中華書局，2012年。

［2］曾棗莊、劉琳：《全宋文》，上海：上海辭書出版社，2006年。

［3］［元］脫脫：《宋史》，北京：中華書局，1985年。

［4］［宋］李心傳：《建炎以來繫年要錄》，北京：中華書局，2013年。

［5］［宋］梁克家：《三山志·北京》，北京：方志出版社，2003年。

［6］龔延明、祖慧：《宋代登科總錄》，桂林：廣西師範大學出版社，2014年。

作者單位：九江學院廬山文化研究中心

# 張南軒著作整理研究五題

楊世文

張栻一生中主要從事講學等教育活動和學術研究，為傳播和發展理學，寫過大量的著作。據朱熹所作《右文殿修撰張公神道碑》説："平生所著書，唯《論語説》最後出，而《洙泗言仁》《諸葛忠武侯傳》為成書。其他如《書》《詩》《孟子》《太極圖説》《經世編年》之屬，則猶欲稍更定焉而未及也。"張栻的很多著作在後來流傳過程中散失了。現存張栻的著作主要有《南軒易説》（殘）、《論語説》《孟子解》《漢丞相諸葛忠武侯傳》《南軒先生集》五種。我們擬重新對張栻著作進行了整理研究，擬作《張南軒集編年箋注》及《張南軒年譜長編》，兹就校勘、編年、注釋、輯佚、辨偽等問題就正於方家。

## 一、張南軒文集的校勘

張栻著作流傳版本較多，文字上素有異同，這對於研究其思想無疑增加了難度，有時一字之差，解讀可能謬以千里。故對張栻詩文進行詳細校勘，整理出一箇真正能反映張栻哲學思想的完整版本，是非常必要的。

張栻去世後，朱熹編纂其詩文為四十四卷，這就是通常所説的"淳熙甲辰本"。朱熹編定《南軒文集》删去了所謂張栻的"早歲未定之論"，此外，對於諸經訓義以及"其立朝論事及在州郡條奏民間利病"的奏議文字也不予收錄[①]。到民國年間，傅增湘查點故宫藏書，發現了宋刻本《南軒文集》，但已經為殘缺之本。除宋殘本外，今存還有明、清時期各

---

① ［宋］朱熹：《張南軒文集序》，見《南軒先生文集》卷首。

種刻本。明代重要刻本主要有以下幾種：1. 弘治十一年（1498）沈暉序四十四卷本；2. 弘治黑口本；3. 弘治、正德年間黑口殘本；4. 嘉靖元年（1522）劉氏翠岩堂慎思齋刊本（簡稱劉本），題為《新刊南軒先生文集》四十四卷；5. 嘉靖十年（1531年，另説刻於嘉靖二十二年、嘉靖二十三年）聶豹刻《南軒文集節要》六卷本；6. 嘉靖四十一年（1562）繆補之刻四十四卷本（簡稱繆本）。清代傳本《南軒集》更多，主要有：1. 康熙四十五年（1706）錫山華氏（華希閔）劍光書屋刊本（簡稱華氏本）；2. 乾隆四十三年（1778）《四庫全書》鈔本；3. 道光乙巳（1845）陳鍾祥主持綿邑洗墨池翻刻康熙華氏本（簡稱道光本），并將《論語説》《孟子解》和《詩文集》合刻，名為《宋張宣公詩文集論孟解合刻》（通常稱《張宣公全集》）。該刻現存多部，國家圖書館藏有傅增湘手校本（以宋殘本為參校本）；4. 道光己酉（1849）劉慶遠主持綿邑洗墨池校刊道光乙巳本《宋張宣公詩文集論孟解合刻》（通常稱《張宣公全集》）；5. 咸豐甲寅（1854）吕華賓主持南軒祠據道光舊版重新校刊《張宣公詩文集論孟解合刻》（通常稱《張宣公全集》），光緒辛卯（1891）及民國九年（1920）又兩次據此本修補印行；6. 康熙四十八年（1709）張伯行正誼堂刻《南軒先生文集》節本七卷，該本還有同治五年（1866）福州正誼書院重刊《正誼堂全書》本、《叢書集成初編》本及《國學基本叢書》本；7. 康熙三十三年（1694）武林張氏遙述堂刻《南軒先生詩集》七卷；8. 雍正十年（1732）冠英堂重刊《南軒先生詩集》八卷，其中第八卷為附録；9. 清鈔本《南軒先生詩集》七卷，有吴騫跋、傅增湘校并跋。此外還有文淵閣《四庫全書》本比較常見。

明刻本中，嘉靖元年（1522）劉氏翠岩堂慎思齋刊本（簡稱劉本）校刊較精，且比較易得，我們以此為底本，用其他諸本參校，對《南軒先生文集》作了詳細校勘。其中宋殘本是最重要的參校本。

清初一些藏書家書目，如季振宜的《季滄葦藏書目》、徐乾學的《傳是樓宋元板書目》都著録了宋刻本《南軒文集》，且均未注明殘缺。因此可以推測，大概直到清初，宋刻本《南軒文集》尚為足本。到民國丁卯（1927），傅增湘查點故宫藏書，發現了宋刻本《南軒文集》，但已經為殘缺之本。考書中避宋孝宗、光宗、寧宗諱，該本可能是宋寧宗時翻刻淳熙本。傅氏記云："是書缺一至四卷、三十三至四十四卷，共缺十六卷。當時進呈者以二十九至三十二卷各卷剜改為一至四卷，以充完帙。"[1] 傅氏取道光二十五年乙巳（1845）刊本進行了校勘，并作《校宋本南軒先生集跋》。該殘本現藏（臺北）故宫博物院。1981年，該院將其收入"善本叢書"影印出版。

宋殘本與通行諸本相比，文字上各有優長，有些篇目文字還有較大的差異。舉例來説：

---

[1] 傅增湘：《藏園群書經眼録》卷十四中。

劉本及其他諸本卷十二有《敬齋記》，末云："仁壽崔子霖以'敬'名齋，而請予記之。予嘉其志之美也，則不敢辭。吾鄉之士，往往秀偉傑出，而吾子霖方有志於斯道，以與朋遊共講之。予嘆夫同志之鮮也，乃今得吾子霖，而子霖又將與其朋友共之，益知吾道之不孤也，故樂為之書。"知此《敬齋記》是張栻為崔子霖而作。崔淵，字子霖（一字子淵），四川仁壽人。治詩賦，登乾道二年進士。累官秘書丞兼國史編修官、實錄院檢討官。乾道八年十月除知利州。見《南宋館閣錄》卷七、卷八。乾道六年五月，張栻被招為吏部員外郎、兼權左右司侍立官、兼侍講、除左司員外郎，曾在臨安與崔淵遊，有《三茅觀李仁父劉文潛員顯道趙溫叔崔子淵置酒分韻得高字》詩。此記可能作於乾道六、七年（1170、1171）間。考元人熊禾《勿軒集》卷一《敬齋銘箴跋》云："《南軒集》中《敬齋記》有曰：'萬事具萬理，萬理在萬物，而其妙著於人心。一物不體，則一理息；一理息，則一事廢。敬者，貫萬事，統萬事萬理，而為萬物之主宰者也。致知所以明是心也，敬者所以存是心而勿失也。'又曰：'心生生不窮者道也，敬則生矣，生則惡可已也；怠焉則放，放則死矣。'此千古聖賢傳授心法之妙，學者深體而屢省之哉！"所引正是《敬齋記》中之語。而宋殘本卷十一多出《敬齋記》一篇，末云："吾友臨川吳仲益志於古道，將以'敬'名其所居之齋，而日勉焉。於其行也，書此以贈之，蓋朋友相與警勸之義也。"據此可知該文是寫給吳仲益的。案劉本卷三十五有《書贈吳教授》一篇，與此文內容相同。吳仲益，《書贈吳教授》作吳仲權，宋本《敬齋記》作吳仲益，當誤。吳仲權即吳鎰，號敬齋，撫州崇仁（今江西崇仁）人，吳曾從弟。隆興元年進士。乾道中為郴州教授，淳熙中知宜章縣，興建學校，風俗為之一變。召試除正字，輪對愷切。知武岡軍，創社倉八十餘所。復以司封郎中召，入對極言御批除目之弊。慶元二年（1196）出為湖南轉運判官，明年徙廣西，極言罷歸，旋卒。生平見雍正《江西通志》卷八十。吳鎰於乾道四年（1168）左右為郴州教授，曾修復郴州學，張栻為之作有《郴州學記》（本集卷九），則本文亦約作於是年前後。

其他如卷十《潭州重修嶽麓書院記》，宋殘本與其他諸本差別較大。宋本首云："湘西故有藏室，背陵向壑，木茂而泉潔，為士子肄業之地。始開寶中，郡守朱洞首度基創宇，以待四方學者。歷四十有五載，居益加葺，左右生益加多。李允則來為州，言於朝，乞以書藏。方是時，山長周式以行義著，祥符八年召見便殿，拜國子學主簿，使歸教授，詔以嶽麓書院名，增賜中秘書，於是書院之稱始聞天下，鼓箧登堂者相繼不絕。"《播芳大全》《山堂肆考》所載該記亦同宋本。而劉本及其他諸本文首云："潭州嶽麓書院，開寶九年知州事朱洞之所作也。後四十有五年，李允則來，為請於朝，因得賜書藏焉。是時山長周式以行義著，祥符八年召見便殿，拜國子主簿，使歸教授，始詔因舊名賜額，仍增給中秘書，於是書院之稱聞天下。"雖然大意不舛，而文字多異。另外宋本無文末"二年冬十有一月辛酉日南至，右承務郎、直秘閣、賜紫金魚袋廣漢張某記"。文中其他文字異同之處亦多。如"州學教授金華邵穎"，宋本作"郡教授婺源邵穎"。按，邵穎，字懷英，小名蘭孫（一作蘭郎），婺州金華人。年二十二中紹興十八年四甲第四十名進士。乾道初為潭州州學教授，受劉珙委托，重建嶽麓書院。見《紹興十八年同年小錄》。顯然宋本"婺源"當為"婺州"之誤。其他文字不同者不下數十處。比較可知，宋本不如其他諸本完備。

另外，如卷七《題曾氏山園十一詠》，宋本作"題曾氏山園十首"，無"吟風橋"一首。通行本卷六有《自西園登山》一首，卷七亦有《自西園登山》一首。而宋本卷五有《自西園登山》詩，合二首在一處。又宋本卷七缺《昨日與周伯壽別終夕雨小詩追路》一首。卷十四《經世紀年序》《孟子講義序》《胡子知言序》《閫範序》諸篇，宋本與諸本文句多有不同，而以宋本為長。又卷三十《答陳平甫》，宋本比劉本及其他諸本多二先生《論》《孟》説、文定公《春秋傳》、《葵軒孟解》《葵軒語解》《洙泗言仁》答問五則。其餘箇別字句上的差異，更不勝枚舉。因此，宋殘本有很高的校勘價值。不過，不能籠統地説宋殘本就好於其他諸本，應該説各有優點，可以互補。

除宋殘本外，我們還儘量利用其他諸本對底本進行校勘。總的來説，劉本與其他諸本文字、篇目差異不大，但也有異同。如卷二《陪舍人兄過陳仲思溪亭深有買山卜鄰之意舍人兄預以顒壑見名因成古詩贈仲思》"四序列鍾卣"句，劉本"卣"作"鹵"，顯係形近而誤，《四庫》本、道光本及《南軒先生詩集》不誤。同卷《寒食前三日野步烏龍山中石上往往多新芽手擷盈掬酌玉泉煮之芳甘特甚有懷伯承兄賦此以寄》"予憂日忡忡"句，劉本"忡忡"作"沖沖"，《四庫》本、道光本不誤。卷三十八《工部尚書廖公墓志》"既而復有群盜自旁縣來據井絡"句，劉本"絡"誤作"洛"，《四庫》本、繆本、道光本不誤。如此之類甚多，茲不一一列舉。

另外，歷代經學著作、史書、方志、總集、別集、類書等也為張栻詩文集的校勘提供了大量素材。如《五百家播芳大全文粹》《古文集成》《濂洛風雅》，湖南、廣東、廣西、四川、浙江、江西等地方志，《永樂大典》《寶真齋法書贊》《黃氏日鈔》《西山讀書記》等文獻中大量引用了張栻的詩文，可以用來校勘。如卷三十七《吏部侍郎李公墓銘》中"及免先大夫喪"，劉本"及"原作"反"；"且論宿衛大將恩寵太過"，劉本"太"原作"大"；"李直講來矣"，劉本"李"原作"子"；"兼同詳定一司敕令"，劉本"司"原作"句"；"一時誕謾之徒言虜勢衰弱"，劉本"謾"原作"設"；"持重安靜"，劉本"持"原作"特"；"公與辯其不可"，劉本"辯"原作"辨"；"然以是故"，劉本"是故"原作"為是"。以上皆據《永樂大典》所引該文校正。其他類似者尚多，茲不贅述。

## 二、張栻詩文的編年

除了經學著作外，張栻留下了五百多篇文、四百多首詩賦。另外還有各類佚文佚詩一百多篇未收入《南軒集》。這些總共一千餘篇詩文不僅反映了張栻生活時代的社會、政治、經濟、軍事、思想與文化，更是張栻本人學術思想發展演變的第一手資料。在現存二百多篇往來書信中，與朱熹、吕祖謙及其門人討論哲學問題的書信最多，也最重要。如與朱熹的書信74篇，時間跨度較長，討論的問題極其廣泛，包括太極、仁、察識、涵養、異端、《論語》《中庸》《孟子》《易》《禮》以及胡宏的《知言》、周敦頤的思想等等。這些討論直接影響到張、朱二人哲學思想的形成。胡宗楙編《張宣公年譜》極為簡略，多語焉不詳。我們對張栻的每一篇詩文的寫作時間進行重新考證，作出編年，即可以清晰地反映其學術交遊、生平經歷和學術思想的形成過程。

如《南軒集》卷一有《王長沙梅園分韻得林字》一首，卷四又有《王長沙約飲縣圃梅花下分韻得梅字》一首，云："平生佳絕處，心事付江梅。縣圃經年見，芳樽薄暮開。朗吟空激烈，燒燭且裴徊。未逐徵書去，窮冬尚一來。"要弄清其寫作時間，必須考證"王長沙"是誰。但張栻文集中并無此人綫索，故須借助其他文獻。所幸王柏有《跋文公梅詞真迹》一文，云："昔南軒先生與先大父石笥翁在長沙賞梅分韻，有曰'平生嘉絕處，心事付寒梅'；今又獲拜觀文公先生懷南軒之句，曰'和羹心事，履霜時節'。由是知二先生之心事，與梅花一也。"① 王柏所引南軒先生與"先大父"詩句，正是《王長沙約飲縣圃梅花下分韻得梅字》詩（所異二字為記憶之誤，無關大體）。又《瀛奎律髓》卷二十《王長沙約飲縣圃梅花下分韻得梅字》下按語曰："王長沙名師愈，婺州人。早登楊龜山之門，後與朱、張、吕三先生交，仕至中奉大夫、直焕章閣，乾、淳名卿也。其為長沙宰先一年，嘗招南軒賞梅，南軒分得林字，此第二年再會，故云'縣圃經年見'。師愈生瀚，從吕東萊及朱文公遊，仕至朝奉郎。瀚生柏，號魯齋，著《可言集》，亦載南軒林字韻及此詩，其祖古詩亦附焉。"由此可知，王長沙即王柏祖父王師愈。朱熹作有《中奉大夫焕章閣王公神道碑銘》，云："軍興官省，更授提點坑冶司幹辦公事，未赴，改潭州南嶽廟，蓋居閑又七八年。……尋改京官，知潭州長沙縣事。"據朱熹所述，"軍興"指隆興元年北伐，"又七八年"，則王師愈知長沙縣事約在乾道五年前後。朱熹又述曰："（湖南）帥守張安國舍人知公深，既剡薦之，及移荆州，又奏取以為屬，而公已有召命矣。"張孝祥於乾道三年（1167）六月

---

① ［宋］王柏：《魯齋集》卷十一。

知潭州，四年八月到五年春帥荊南。據朱熹所述，則王師愈有召命當在乾道四、五年間，時間上有出入。而王柏《復陳本齋》云："乾道庚寅（六年），先大父諱某宰長沙"，"五月大父面對稱旨，即差知嚴州，實代南軒張宣公"，① 明確説王師愈召對時間是乾道六年五月，後差知嚴州，接張栻嚴州任。當以王柏之説爲正。蓋王師愈乾道四年爲長沙令，六年召對。可以推斷，張栻《王長沙梅園分韻得林字》詩約作於乾道四年（1168）春，《王長沙約飲縣圃梅花下分韻得梅字》一詩作於次年春。

又如卷三有《時爲桂林之役斜川前一日刑部劉公置酒相餞曾節夫預焉既而劉公用陶靖節斜川詩韻見貽亦復同賦以謝》一詩。我們知道，淳熙元年張栻除舊職，知靜江府，經略安撫廣南西路；二年春赴任。故可推知此詩寫於赴桂林之前，但具體月日是多少？據此詩序云"斜川前一日"，"斜川"蓋用陶淵明典。考陶淵明《遊斜川》詩作於正月五日，則張栻此詩作於淳熙二年（1175）正月四日。同卷又有《斜川日雪觀所賦》詩。考"雪觀"爲桂林名勝，張栻於淳熙二年二月至五年六月爲廣西經略使、知靜江府，可知張栻此詩於某年正月一日作於桂林。但究竟在哪年？詩中尚未反映出來。幸而《珊瑚木難》卷三收有張栻此詩帖，前有張栻序："栻頃在湘中，嘗約刑部劉公修斜川故事。城南有丘歸然，因以南阜名之。是歲來守桂，負此約三年矣。戊戌五月，與周允叔、吴德夫、宇文正父、傅父登雪觀，和五柳翁韻，謹書以寄劉公。栻再拜。"據序，張栻此詩作於淳熙五年戊戌（1178）五月五日。詩中"賜歸儻蒙幸"句，當指是年張栻乞歸。"刑部劉公"即劉芮（1108—1178），有和詩，序云："敬夫寄斜川詩敘往年之約，殊不知芮今病矣，非如昔時，獨心心不忘耳，勉和一章，以敘謝意。"和詩云："病著不任事，淹卧心自休。經時不出門，況復斜川遊。每覲節物換，悦驚時序流。少年喜追逐，聚散水上鷗。沉舟枯木畔，風帆春樹丘。我病正爾許，懷念老朋儔。有酒不能飲，徒有獻與酬。故人酌佳日，亦復我念否？佳章寫懷抱，一讀寬百憂。吾君念遠民，歸計未易求。"不久劉芮即卒。

又如卷五《寄宇文邛州》一詩，據題，知宇文邛州姓宇文氏，做過邛州知州，此詩寫作時間不詳。查汪應辰有《薦蜀中人材劄子》，云："左承議郎通判劍州宇文紹奕，好古博雅，敏於吏事。頃四川總領所蠲除劍州和糴，以寬民力，實自紹奕發之，既而民間缺食，紹奕親自外縣徧行山谷，隨事措置，皆有條理。"② 史繩祖《學齋占畢》卷三云："淳熙二年春，邛州蒲江縣上乘院僧治基，增築大殿，闢地凡仞，得古甃焉，其封石刻作兩闕狀，中有文二十九字，云：'永憙元年二月十二日，蜀郡臨邛漢安鄉安定里公乘校官掾王幽字珍儒。'臨邛太守宇文紹奕字袞臣，好古博雅士也，聞之，亟命輦致郡齋，龕之壁。以余大父勤齋先生子堅平生留意篆隸碑刻，俾原而釋之。"可知宇文邛州即宇文紹奕無疑。《宋史·

---

① ［宋］王柏：《魯齋集》卷十七。
② ［宋］汪應辰：《文定集》卷六。

藝文志》《直齋書錄解題》等書著録宇文紹奕《臨邛志》《石林燕語考異》。宇文紹奕淳熙二年左右知邛州，張栻此詩約作於淳熙二、三年間（1175、1176）。

又如卷八《江陵到任謝表》，當為張栻知江陵府到任時所作。按，宋孝宗淳熙五年（1178），詔張栻特轉承事郎、進直寶文閣，尋除秘閣修撰、荆湖北路轉運副使，改知江陵府，安撫本路。但張栻何時到任？朱熹《答呂伯恭》云："敬夫北歸，私計甚便。近收初夏問書，云其子病，繼聞音耗殊惡。果爾，殊可念也。"① 呂祖謙《與陳同父》云："張欽夫近喪子，得書，極無況，力請出廣，遂有鄂漕之命，亦且得歸也。"② 又《與朱侍講元晦》云："欽夫猶未得長沙書。近有兼知鄂渚之命，鄉云欲請祠，猶未見文字到，或傳已索迓吏，未知信否？今外郡猶可行志，苟其子葬畢，體力無它，且往之官，亦自無害也。"③ 我們知道，張栻大約在淳熙四年八月左右喪妻，五年四月左右喪子，《謝表》所謂"便私有請，已愧乘軺"，指因妻喪求歸，又因葬子乞解職，遂有改官之命。張栻於五年閏六月朔出廣西返湘，④ 中間又因私事於八月去袁州與弟張構會面，⑤ 其至江陵當在淳熙五年八月之後。又，張端義《貴耳集》記："南軒自桂帥入朝，以平日所著之書并奏議、講解百餘册裝潢以進，方鋪陳殿陛間，有小黃門忽問左司甚文字許多，張南軒斥之曰：'教官家治國平天下！'小黃門答云：'孔夫子道一言可以興邦。'孝宗聞此言亦笑。"按，張栻任桂帥之後，并未見有入朝的記載，張端義所記不確，或為乾道六年五月由知嚴州入朝之事。

以上列舉數條，以見端倪。詩文編年是極其複雜的一項工作。如果對每篇詩的寫作背景、詩意、詩境、典故，每篇文的内容主旨、涉及人物、地點、事件等茫然無知，根本無法完成編年。因此需要查閱大量文獻，深入研究作者的生平事迹、仕履出處、學術思想、朋友交遊等問題，通過各種文獻互證對勘，在此基礎上纔能對每篇詩文的寫作時間作出比較準確的判斷。

## 三、張栻詩文的注釋

張栻的詩文系統反映了他的哲學思想、政治主張、文學情懷、人生理想。詩文中所涉及的時代背景、寫作緣由，今人已不甚了了，需要進行考證、注釋。注釋整理主要包括以

---

① ［宋］朱熹：《朱文公文集》卷三十四。
② ［宋］呂祖謙：《東萊集》外集卷六。
③ ［宋］呂祖謙：《東萊集》別集卷八。
④ 《桂勝》卷二《冷水岩題名》："淳熙五年，廣漢張栻敬夫將以閏六月朔旦北歸湖湘。"
⑤ 《南軒先生文集》卷九《袁州學記》："淳熙五年秋八月，某來宜春。"

下幾箇方面：1. 注釋人名、地名。張栻詩文中涉及許多人名、地名，這是閱讀張栻著作的障礙，我們可以通過注釋加以掃除。經由對人物的注釋，還可以瞭解張栻的學術交遊，探討張栻的思想世界。2. 詮釋成語典故。這裏所說的典故，是指張栻詩文中引用的古代文獻或有來歷出處的詞語。用典是中國傳統詩文的一大特色，不明白其用典和引文出處，對文義就會茫然不解，故需作出注釋。3. 解釋疑難字詞。字詞是構成語言的最基本的單位。讀張栻的著作，許多障礙來自對字詞的音、義缺乏瞭解，影響對其思想的詮釋。因此解釋疑難字詞（包括注音、釋義）是一項重要的任務。茲舉例如下。

《南軒集》卷二有《六月晦發苕川廣德兄與諸友飲餞於漁山已而皆有詩贈別寄此言謝》詩，又卷四十四有《祭南康四九兄》二篇。詩中涉及的"廣德兄""四九兄"是誰？遍查張栻著作，找不到綫索。因此還得擴大視野，從其他文獻中尋找答案。史堯弼《蓮峰集》卷十《與張丞相》有云："某近於戒仲四十九哥所竊伏聞相公溫清之餘，閉閣深居，天游獨得，大《易》微言，著書已就。"史氏此信是寫給張浚的。張浚《易傳》完成於紹興二十八年戊寅（1158）謫居永州期間，① 可知史氏此信當作於是年前後。"戒仲四十九"，即張栻所云"四九兄"，據此可知即張戒仲。又楊萬里《范公亭記》："廣德決曹掾官寺之睢子城之椒，負東迤南有亭而小，若黝若奭，若倉若皙，若翼斯擊，若咮斯章，若袨服巍弁之旋飭者，范公亭也。公之逸事，孫莘老詩之，江彥章書之。公有遺墨，張君杅戒仲刻之。趙君亮夫戀德喑亭之圮，作而新之。"② 因此知"戒仲"即張杅字。又考陸增祥《八瓊室金石補正》卷一一三收錄有張浚《列秀亭題名》，云："張浚紹興丙寅（按，即十六年，1146）秋被命謫居陽山，侄杅、男栻侍行。"陽山在廣東連州，列秀亭在連州州學東南，群巒拱秀，衆流環繞。紹興十六年張浚謫居連州，常常帶子侄登臨抒懷，張杅與張栻侍行。此後十多年間，張杅一直隨待張浚。張栻《六月晦發苕川廣德兄與諸友飲餞於漁山已而皆有詩贈別寄此言謝》一詩云："平生苕霅夢，邂逅此登臨。青山秀而遠，溪水潔且深。浮玉千古色，飛鳳何年音。小丘闢荒薈，修竹初成林。居然得此客，領略還披襟。已歌《棠棣》詩，更作《伐木》吟。兄嗟弟行役，友念朋盍簪。情深語更質，意到酒自斟。荷風生泊莫，凉雨洗遙岑。翻然放舟去，別緒故難任。我行日以遠，佳處長會心。作詩寄餘韻，并以謝幽尋。"③ 苕霅是苕溪、霅溪二水的并稱，在浙江湖州境内。湖州古稱吳興，故歷史上詩文多以苕霅借指湖州、吳興。張栻此詩作於乾道七年。蓋張栻於乾道六年五月被召為吏部員外郎，兼起居郎，十二月兼侍講。七年六月十三日，張栻因遭虞允文等人排斥，出知袁州。十四日出都，過吳興；七月寓蘇州；八月適毗陵（常州）；十二月游鄂渚（武昌），抵長

---

① 張獻之：《紫岩易傳跋》，見《宋代蜀文輯存》卷七十九，1943 年排印本。
② ［宋］楊萬里：《誠齋集》卷七十四。
③ ［宋］張栻：《南軒先生文集》卷二。

沙。此詩作於七年（1171）六月底。詩中所云"廣德兄"，正是張栻堂兄張杆。何以見得？張栻《祭南康四九兄》文云"雪川之別，慘焉酸辛"，① 即指此次相見。"南康四九兄"指後來張杆知南康軍（實未上任而卒）。張栻給朱熹的信中也提到此次與張杆相見之事："某十三日被命出守，次日早出北關，來吳興，省廣德家兄，翌早可去此。"② 張栻原計劃在吳興與張杆見面之後第二天即離去，但實際上停留至"六月晦"，纔與張杆惜別。③

這裏有一箇問題，乾道七年張杆寓居吳興，而張栻稱他為"廣德兄""廣德家兄"，那麼張杆是否在此前知廣德軍（治今安徽廣德）？由於文獻無徵，祇能存疑。也許張杆乾道間曾知廣德軍，後閑居湖州，或者除知廣德軍，但在吳興候缺。李之亮《宋兩江郡守易替考》於乾道元年至七年廣德軍知軍空缺，乾道八年知廣德軍為丁仲京。④ 疑張杆除知廣德軍即在乾道七年前數年間。

張杆在吳興寓居多年以後，到淳熙二年（1175），又被除知廣德軍。此次知廣德軍，以合刻《史記》裴駰《集解》、司馬貞《索隱》二家注最為後人稱道（現存殘本，見篇首目錄後自跋）。淳熙四年（1178）張杆知廣德軍任滿後，當改知南康軍，候缺。呂祖謙《與朱侍講元晦》："南康見任人趙彥逾已赴召，張戒仲復殂，乃是見次者，公所以斟酌以小壘相處，政欲可受，切不須苦辭。"⑤ 可知張杆所候之缺為趙彥逾。趙彥逾約淳熙三年（1177）知南康軍，淳熙五年（1179）赴召，改知秀州。而此時候缺人張杆已卒。朝廷欲召用朱熹，故於此年八月除朱熹知南康軍，呂祖謙作書勸朱熹赴任。關於此事，李心傳記載："（淳熙）五年春，史、魏復相，首務進賢，以先生屢召不赴也，必欲起至。始議除中都官，趙衛公時為參知政事，謂史公言不若以外郡處之，待之出於至誠，彼自無詞，然其出必多言，姑安以待之可也。乃除之南康軍，見次。史公必欲先生之出，又降旨不許辭免，便道之官，俟終更入奏事，仍命南，趣遣牙吏。史公既勉先生以君臣之義，又俾館職，呂伯恭作書勸之，先生再辭，不許，乃上，是時年四十有九矣。"⑥ 所謂"呂伯恭作書勸之"，即指前引祖謙與朱熹書。朱熹《辭免知南康軍狀》："今月（按，指淳熙五年八月）十七日準尚書省劄子，奉聖旨差知南康軍，填張杆闕。"⑦ 可知張杆在五年（1179）八月之前已卒。

又如卷五《送但能之守潯州》詩，"但能之"是誰？生平事迹如何？光緒《臨桂縣志》

---

① ［宋］張栻：《南軒先生文集》卷四十四。
② ［宋］張栻：《南軒先生文集》卷二十二。
③ 張栻有《六月晦發雪川廣德兄與諸友飲餞於漁山已而皆有詩贈別寄此言謝》一詩，見《南軒先生文集》卷二。
④ 《宋會要輯稿》卷三八七五《職官六一之五五》："（乾道）八年二月十六日，新知廣德軍丁仲京與新權發遣建昌軍富杞兩易其任，各以私計不便有請故也。"
⑤ ［宋］呂祖謙：《東萊集·別集》卷八。
⑥ ［宋］李心傳：《建炎以來朝野雜記·乙集》卷九《晦庵先生非素隱》。
⑦ ［宋］朱熹：《朱文公文集》卷二十二。

卷二十一《金石志二》載有但能之等人遊龍隱題名。但中庸，字能之，湖北齊安人。淳熙初知潯州，① 十二年任廣東轉運使。② 楊萬里《淳熙薦士錄》："但中庸，有學有文，操守堅正，持節布憲，風采甚厲。"陸游《老學庵筆記》卷七："姓但者，音若檀。近歲有嶺南監司曰但中庸是也。一日朝士同觀報狀，見嶺南郡守以不法被劾，朝旨令但中庸根勘。有一人輒嘆曰：'此郡守必是權貴所主。'問何以知之，曰：'若是孤寒，必須痛治，此乃令但中庸根勘，即是有力可知。'同坐者無不掩口，其人悻然作色曰：'拙直宜為諸公所笑。'竟不悟而去。"

卷二十六有《答劉宰》一文。按，此"劉宰"非號漫塘之劉宰，《宋元學案補遺》列漫塘為南軒門人，誤。漫塘劉宰（1166—1239），字平國，生於乾道二年，張栻卒時纔十四歲。觀張栻《答劉宰》一文，顯非對一少年語。《宋元學案》卷七十一全祖望補列漫塘入"游氏門人"，全氏按曰："先生《宋史》有傳，顧不詳其學術之源流。《潤州舊志》則曰先生與王正肅遂同受學勉齋。予考之，乃默齋游氏弟子，非勉齋也。先生少志伊洛之學，其時丹陽有竇文卿兄弟、湯叔永皆嘗從晦翁遊，從之講習，顧未嘗稱弟子。及與周南仲為同年，又從之問水心之學。至於慈湖，則雖未嘗登門，而亦究心於其說。最後尉江寧，乃得默齋而師之。然則先生當為南軒再傳也。（先生文集序中俱是鶻突說過，不知何故。）觀先生於默齋稱夫子，於勉齋稱丈，則可見矣。《宋史》又略其諫史、鄭二相之大節，而序其任卹之小事，不知何以草率至此。時朝臣喬行簡等皆薦之，禮部侍郎袁燮又舉先生自代，史彌堅奉祠家居，亦薦之。"《鳳墅帖》前帖卷十五所收《與子澄知縣書》有"承得邑宜黃"云云。又《宋史·劉清之傳》"詣吏部銓，得知宜黃縣。茂良入為參知政事，與丞相周必大薦清之於孝宗，召入對"云云。考龔茂良於淳熙元年十一月戊戌參知政事，③ 另周必大於淳熙元年末也有《舉劉清之自代狀》，④ 云"乾道九年秋用舉主考第改官，嘗有旨同張駒召赴都堂審察，清之獨赴部，注知縣而去"，則劉清之約乾道九年（1173）秋得知宜黃縣。此書約作於是時。

卷二十七《答舒秀才》，據《朱子語類》卷一百二十："先生問湘鄉舊有從南軒游者為誰，（黃）佐對以周奭允升、佐外舅舒誼周臣，外舅沒已數歲，南軒答其論《知言》疑義一書，載文集中。允升藏修之所正枕江上，南軒題曰'漣溪書室'，鄉曲後學講習其間。但允升今病，不能出矣。先生曰：'南軒向在靜江曾得書，甚稱說允升，所見必別，安得其一來？次第送少藥物與之。'"洪邁《夷堅志》戊卷八《湘鄉祥兆》亦記有舒誼事此信提到與

---

① 《（雍正）廣西通志》卷五十一。
② 《（雍正）廣東通志》卷二十六。
③ ［宋］徐自明：《宋宰輔編年錄》卷十八。
④ ［宋］周必大：《文忠集》卷一二二。

朱熹反復討論五峰之教，當為《知言》疑義。朱熹、張栻討論《知言》疑義，始於乾道六年初，彙編於乾道七年底。由是知"舒秀才"即舒誼，字周臣。

如此之類人物，張栻文集中并沒有更多的材料，都需要細心查考，廣徵文獻，反復辯證，纔能做到準確無誤。

張栻詩文中還用到許多地名、典故、成語，我們都作了詳注（見《南軒集編年箋注》）。張栻是當時重要的理學家，其哲學思想獨具特色。對太極、心性、理氣、知行、體用、義利、察識、涵養、中和、已發、未發等範疇都有自己特有的理解。對這些概念、範疇的解釋，是思想史、哲學史研究的範圍，非簡單的箋注所能勝任，故兹從略。

## 四、張栻佚著的搜輯

根據各種文獻所記和後世目錄書著錄，張栻失傳的著作主要有以下幾種：《希顏錄》《經世紀年》《洙泗言仁》《書說》《詩說》《中庸解》《通鑑論篤》《太極解義》《南軒先生問答》《南軒語錄》《四家禮範》《南軒奏議》《張宣公帖》等。由於朱子所編《南軒集》不收早年之作及奏議文字，張栻的許多這類作品散見於各種文獻之中，我們盡力加以網羅輯佚，力求將張栻的著作比較完備地展示於世。除了一些零星佚文之外，最重要的輯佚有以下幾種。

《南軒易說》　《南軒易說》是未定之稿。張栻在淳熙年間致書朱熹說："於所講論皆無疑，獨《易說》未得其安，亦恐是從來許多意思未能放下，俟更平心易氣徐察也。"元至元年間，胡順父曾刊行《南軒易說》（殘本）。明清刻本、寫本多來自此本。由於今傳本《南軒易說》僅解《繫辭》《說卦》《序卦》《雜卦》，故學界懷疑張栻是否真有包括上下經的全本《易說》。現在我們根據宋人馮椅《厚齋易學》、方實孫《淙山讀周易》、元人俞琰《周易集說》、李簡《學易記》、胡一桂《易附錄纂注》、董真卿《周易會通》，明胡廣等《周易傳義大全》、蔡清《易經蒙引》等書所引《南軒易說》佚文，大體上可以還原《南軒易說》的全貌。從佚文可以知道，張栻對《周易》六十四卦都有解說，散佚的張栻解《繫辭上傳》也基本可以復原。通過這項工作，可以回答張栻是否注《周易》全書的問題。

《南軒詩說》　乾道九年（1173）張栻《答朱元晦秘書》說："《詩解》諸先生之說盡編入，雖覺泛，學者須是先教如此考究。"同年《與吳晦叔》說："日與諸人理會《詩》，方到《唐風》。向來元晦所編多去諸先生之說，某意以為諸先生之說雖有不同，然自各有意思，在學者玩味如何，故盡載程子、張子、呂子、楊氏之說。其他諸家，有可取則存之，如元晦之說，多在所取也。此外尚或有鄙意，即亦附之於末。"可知張栻曾注解《詩經》。

該書是作者裒錄二程以來諸理學家對《詩經》的解說，并附以己見。據朱熹《神道碑》，該書也是未完之稿。今無傳本，呂祖謙《呂氏家塾讀詩記》載張栻《詩說》23 條，至《鳲鳩》止。另外，朱熹《詩經集傳》錄 2 條，嚴粲《詩緝》錄 4 條，嚴虞惇《讀詩質疑》錄 1 條，段昌武《毛詩集解》錄 25 條，劉瑾《詩傳通釋》錄 23 條，朱公遷《詩傳疏義會通》錄 11 條，胡廣等《詩傳大全》錄 30 條，其他一些書中也錄有《南軒詩說》佚文。雖然這些引文有些重複，但去重之後，仍然可見《南軒詩說》之概貌。

《太極解義》 該書是研究張南軒理學思想的重要文獻，此前雖有蘇鉉盛、蘇費翔等人的輯佚，但非盡善。張栻《太極解義》的完整文本的發現是一箇重要的收穫，將為南軒哲學思想研究提供難得的素材。

張栻非常推崇周敦頤的《太極圖》，認為："《太極》一圖，窮二氣之所根，極萬化之所行，而明主靜之為本，以見聖人之所以立人極，而君子之所當修為者，由秦漢以來，蓋未有臻於斯也。"早在乾道六、七年間（1170、1171），朱熹曾將自己作的《太極圖解》寄給張栻徵求意見，張栻對朱子所解有所不安，故作《太極解義》闡發周敦頤《太極圖說》。據朱熹所撰《神道碑》，張栻《太極圖說》"欲稍更定焉而未及也"。《太極圖說》即《太極解義》。尤袤《遂初堂書目》、趙希弁《郡齋讀書附志》著錄，趙書注云："張宣公解周元公《太極》之義也。"宋以後不見著錄。有的學者作過輯佚（如蘇鉉盛、蘇費翔），但非全貌。幸運的是，明刻本《濂溪周元公全集》中收錄了完整的南軒《太極解義》。因此可以說，張栻《太極解義》并沒有散佚。而且更值得研究的是，明本與其他輯本在文字上有比較大的差異，可見《太極解義》應有不同的傳本。

張栻還作有《太極圖解序》及《後序》二文，《南軒集》未收，見錄於各種《周濂溪集》的《太極圖說》後。今傳宋本《元公周先生濂溪集》也收錄二文。但此本所載《太極圖解後序》，"通而復，復而通"以下一段文字出自《延平答問》。對此，一些學者有過討論。如蘇鉉盛認為這是南軒有意為之，提出："南軒在沒有改動《延平答問》之情況下大量引用該文，顯然表示他非常同意接受延平之看法。"對蘇鉉盛的觀點，蘇費翔提出了四條質疑，認為這段文字是衍文，誤入《後序》之中。他還從真德秀《西山讀書記》中找到了一段文字，正好與張栻《後序》相接，因此主張用《西山讀書記》來補張栻《後序》之缺。蘇費翔的質疑是對的，他提出的補缺方法，在沒有其他材料的情況下也是可行的。不過，我們卻發現了一種明刻本《濂溪周元公全集》，將這箇問題完全解決了。原來張栻《後序》"通而復，復而通"之後出自《延平答問》的一段文字確係誤入。因《後序》文後接着是另一篇文章《延平師生答問》，宋本剛好脫掉一頁兩面，正是張栻《後序》最後幾行和《延平答問》前面幾行。後世多種版本皆沿其誤，朱彝尊《經義考》卷七十一所錄亦誤。

此外還有一些張栻佚著可以搜集，如《南軒語錄》等等。我們作有《南軒詩文鈎沉》，輯錄佚詩 25 首，詞 2 首，佚文 78 篇，這應該是迄今為止搜集張栻佚文佚詩比較全面、準確的研究成果。而宋元以後文獻中引用南軒《論語説》《孟子説》佚文甚多，校以傳本，文句多有不同，可知二書有不同的傳本，可以作比較研究。

## 五、張栻詩文的辨偽

張栻詩文，據朱熹《南軒文集序》説，張栻去世後，其弟張构（定叟）"哀其故稿，得四巨編"。但張构所收并不全面，朱熹認爲"吾友平生之言，蓋不止此也"，於是"復益爲訪求，得諸四方學者所傳，凡數十篇，又發吾篋，出其往還書疏讀之，亦多有可傳者，方將爲之定著繕寫，歸之張氏，則或者已用別本摹印，而流傳廣矣"。這箇摹印流傳的"別本"，可能就是張构所哀的張栻"故稿"。朱熹對這箇本子是不滿意的，認爲所收"蓋多向所講焉而未定之論，而凡近歲以來談經論事、發明道要之精語，反不與焉"。他"於是乃復亟取前所搜輯，参伍相校，斷以敬夫晚歲之意，定其書爲四十四卷"。① 朱熹編定《南軒文集》與當時流傳的"別本"最大的不同在於"斷以敬夫晚歲之意"，而刪去了所謂張栻的"早歲未定之論"，使張栻的早期著作不見於文集之中。此外，對於"諸經訓義"以及"其立朝論事及在州郡條奏民間利病"的奏議文字也不予收錄。我們對未見於今本《南軒集》的一些張栻遺著、遺文作了輯佚，收穫頗豐，② 但也發現了不少疑偽之文誤植於張栻名下，造成混亂。兹考證如下。

《春日西興道中五首》　按，金履祥《濂洛風雅》卷五、《全宋詩》卷二四二一《張栻八》皆收入張栻名下。此組詩實爲呂祖謙《春日七首》，原共七首，此祇錄有五首。見《東萊集》卷一。

《橘州》　按，《兩宋名賢小集》卷二百十一、雍正《湖廣通志》卷八十九收入張栻名下。此詩實爲朱熹《奉同張敬夫城南二十詠》之一，見《晦庵集》卷三。

《晚春》　按，金履祥《濂洛風雅》卷五、《全宋詩》卷二四二一《張栻八》收入張栻名下。此爲實呂祖謙《晚春》二首之一，見《東萊集》卷一。

《晚望》　按，金履祥《濂洛風雅》卷五、《全宋詩》卷二四二一《張栻八》收入張栻名下。此詩實爲呂祖謙作，見《東萊集》卷一。"獨立"，《東萊集》作"獨立"。

---

① [宋]朱熹：《朱文公文集》卷七十六。
② 除《太極圖説解義》《南軒易説》《南軒詩説》外，另輯錄詩詞 27 首，文 78 篇。

《八詠樓有感》　按，金履祥《濂洛風雅》卷五、《全宋詩》卷二四二一《張栻八》收入張栻名下。此詩實為呂祖謙作，見《東萊集》卷一，作"登八詠樓有感"。

《遊絲》　按，金履祥《濂洛風雅》卷五、《全宋詩》卷二四二一《張栻八》收入張栻名下。此詩實為呂祖謙作，見《東萊集》卷一。

《題劉氏綠映亭二首》　按，金履祥《濂洛風雅》卷五、《全宋詩》卷二四二一《張栻八》收入張栻名下。此詩實為呂祖謙作，見《東萊集》卷一。

《落梅》　按，金履祥《濂洛風雅》卷五、《全宋詩》卷二四二一《張栻八》收入張栻名下。此詩實為尤袤作，見《梁谿遺稿》卷一，與原詩稍有出入。尤袤原詩："梁谿西畔小橋東，落月紛紛水映空。五夜客愁花片裏，一年春事角聲中。歌殘玉樹人何在，舞破山香曲未終。卻憶孤山醉歸路，馬蹄晴雪襯東風。"

《嶽後步月》　按，見《南嶽倡酬集》。此組詩前一首"衡嶽山邊霜夜月"詩標名"仲晦"，實已見於《南軒集》卷六，不見於《晦庵集》。此詩當為遊嶽麓詩，非遊衡山詩，疑非張栻作。

《夜得嶽後庵僧家園新茶甚不多輒分數碗奉伯承》　按，見《南嶽倡酬集》。前一首"小園茶樹數千章"詩標名"仲晦"，實已見於《南軒集》卷六，不見於《晦庵集》。此詩當為遊嶽麓詩，非遊衡山詩，疑非張栻作。

《過高臺獲信老詩集》　按，見《南嶽倡酬集》。此組詩中，"蕭然僧榻碧雲端"一詩收入《南軒集》，則此詩當非張栻作，或為朱熹詩。

《題福岩寺》　按，見《南嶽倡酬集》。此組詩中，前"擲鉢峰前寺"一詩已見於《南軒集》卷四，則此詩當非張栻作，或為朱熹詩。

《題南臺》　按，見《南嶽倡酬集》。此組詩中，前一首"相望幾蘭若"詩已見於《南軒集》卷四，此詩當非張栻作，或為朱熹詩。

《自上封下福岩道傍訪李鄰侯書堂路榛不可往矣遂賦此》　按，見《南嶽倡酬集》。此組詩中，前一首"石壁巉巖路已荒"詩已見於《南軒集》卷五，此詩當非張栻作，或為朱熹詩。

《將下山有作》　按，見《南嶽倡酬集》此組詩中，前一首"五日山行復下山"詩已見於《南軒集》卷五，此詩當非張栻作，或為朱熹詩。

《十六日下山各賦二篇以紀時事云之二》　按，見《南嶽倡酬集》。此組詩中，前一首"蠟屐風煙隨處別"詩見於《晦庵集》卷五，後一首"山中好景年年在"詩見於《南軒集》卷七，此詩當非張栻作，或為林用中詩。

《游南嶽風雪未已決策登山用春風樓韻》　按，見《南嶽倡酬集》。朱熹《朱文公文集》卷五亦收此詩，題為《奉題張敬夫春風樓》，時間為"乾道丁亥冬至"。《南嶽倡酬集》

標為張栻，當誤。

《磨崖碑》 按，康熙《永州府志》卷二十三、光緒《湖南通志》卷十八、《全宋詩訂補》第437頁收入張栻，作"舟過浯溪有感題石"。紹興七年九月，張浚因酈瓊淮西兵變被罷為觀文殿大學士，提舉江州太平觀。十月謫散官，嶺南安置，改責授左朝散大夫，永州居住。八年二月，張浚攜家人抵永州。九年正月，以大赦復官，除知福州。九月，張浚至福州。此次張浚一家在永州居住約一年有半。紹興八、九年間，張栻不過六、七歲。紹興二十年，張浚又因上疏論邊事，移永州居住，至二十五年秦檜死，纔令自便。二十六年還蜀葬母後返永州。到紹興三十一年三月春，張浚自永州歸長沙。此次在永州居住長達十二年，張栻隨行。此磨崖碑用辭鄙陋，立意淺薄，應非張栻之作，當屬淺人依托。

《題致一堂》 按，道光《廣東通志》卷二二五、《全宋詩訂補》第438頁收入張栻名下。據《大清一統志》卷三五二："致一堂，在州城東，宋歐陽獻可讀書之所，張栻有賦。又州學東南有列秀亭，亦張栻書額。"關於歐陽獻可其人，據雍正《廣東通志》卷四十四："歐陽獻可，字晉叔，連州人。幼領鄉薦，俄厭舉業，學為古文，嘗作《見山臺記》，張浚亟稱之，名其讀書處曰致一堂，且為之記。時州人苦於上供銀額，獻可上書州郡奏乞蠲除，至今人猶道其事。"又雍正《廣東通志》卷三十一，歐陽獻可為元祐三年（1088）戊辰李常寧榜進士。以三十歲左右中進士計，到紹興十六年時歐陽獻可年已逾八十。張浚父子於紹興十六年在連州居住，是時張栻不過十三四歲。詩中稱"歐君""我昔與君遊"，顯然非張栻口氣。疑此詩為張浚所作，或他人托名。

《題養源堂》 按，道光《廣東通志》卷二二五、《全宋詩訂補》四三八頁收入張栻。雍正《廣東通志》卷四十四：陳宗諤，字昌言，連州人，工文章，不從時尚。家有養源堂，著述甚富。張浚在連，獨喜與論文，浚子栻嚴事之。以特奏名仕瀧水丞，攝端溪令。後浚欲薦於朝，未上而宗諤卒。有《養源集》行於世。細味此詩，"客情已著歸舟去，撘笻凝立嘆清澌"當非十四五歲少年所言，疑為張浚作。

《試茶》 按，《全芳備祖集》後集卷二十八、《全宋詩訂補》四三七頁收入張栻名下。此詩又收入陸游《劍南詩稿》卷六，《御定佩文齋廣群芳譜》卷二十亦錄陸游《試茶》，當為陸游之作。

《賀定帥寶文正啓》 按，《五百家播芳大全文粹》卷二十六、《宋代蜀文輯存》卷六十四俱入張栻文。定帥，即真定府路安撫使。寶文，寶文閣學士的省稱。欽宗靖康元年十月金人破真定之後，再也没有置真定帥。此"定帥寶文"疑即劉韐（1067—1127），字仲偃，崇安（今福建武夷山）人。哲宗元祐九年（1094）進士，調豐城尉、隴城令，遷陝西轉運使，擢集賢殿修撰。徽宗宣和初，提舉崇福宮，起知越州。四年（1122），召為河北、河東宣撫參謀官。五年，知建州，改福州。尋知荆南，復守真定。欽宗靖康元年（1126），充河北、河東宣撫副使，繼除京城四壁守禦使。京城不守，遣使金營，金人欲用之，不屈，於靖康二年自縊死，年六十一。高宗建炎初贈資政殿大學士，謚忠顯。事見《宋名臣言行錄續集》卷三，《宋史》卷四四六有傳。劉韐宣和四年（1122）知真定府兼真定府路安撫使，此賀正啟疑作於宣和五年正旦（正月初一日），是時張栻尚未出生，顯非張栻作。

《墨梅寄花光仁老》　按，《聲畫集》卷五收入張栻名下。此詩實為宋釋覺範作，見《石門文字禪》卷八。

《書花光墨梅》　按，《聲畫集》卷五、《宋詩紀事》卷五十七收入張栻名下。此詩實為宋釋覺範作，見《石門文字禪》卷八。

《妙高老人臥病遣侍者以墨梅相迓》　按，《聲畫集》卷五收入張栻名下。此詩實為宋釋覺範作，見《石門文字禪》卷十一。

《光上人送墨梅來求詩還鄉》　按，《聲畫集》卷五、《兩宋名賢小集》卷二一一、《御定歷代題畫詩類》卷八十五收入張栻名下。此詩實為宋釋覺範作，見《石門文字禪》卷十二。

《妙高梅花》　按，《聲畫集》卷五、《兩宋名賢小集》卷二一一、《御定歷代題畫詩類》卷八十五收入張栻名下。此詩實為宋釋覺範作，見《石門文字禪》卷十六。

《河源縣徙學記》　按，嘉靖《惠州府志》卷十六、乾隆《河源縣志》卷十四、光緒《惠州府志》卷二十三俱收入張栻名下。按此文與實與張栻本集卷九《郴州學記》之後段全同，文末所署年月亦同。惟此文中之"河源"，本集作"郴州"；"知縣事薛君彥博、掌教王君惟喆"，本集作"知州事薛君彥博、通判州事盧週、教授吳鎰"。薛彥博不應同時知郴州，又知惠州河源縣。則此文當是偽作。

《宋張栻論草書》　按，《御定佩文齋書畫譜》卷二、《六藝之一錄》卷一七三俱注出自《南軒文集》。此文實為張載之說，見《張子全書》卷七。

《宋張栻論南海諸番書》　按，《御定佩文齋書畫譜》卷二、《六藝之一錄》卷二六六俱注出自《南軒文集》。此為朱熹之說，見《朱子語類》卷一百四十。

近年來對張栻的研究有不少成果問世。[①] 這些成果對張栻其人及其思想進行了積極的探索，成績主要體現在：第一，對張栻哲學思想的研究日益深入；第二，對張栻歷史地位的

---

① 據本人初步統計，國內外共發表張栻研究學術論文近二百篇，出版相關專著十餘部，另有碩、博士論文約二十篇。其中蔡方鹿（成都，1991，2003）、蘇鉉盛（北京，2002）、王麗梅（南京，2004）、邢靖懿（河北，2008）等對張栻哲學與理學作了不同程度的研究。張立文、陳來、姜廣輝等人的理學研究著作中，也有涉及張栻的內容。陳谷嘉（湖南，1991，1992）、朱漢民（北京，1991，2002；長沙，2004）、方克立、陳代湘（湖南，2008）研究了張栻與湖湘文化的關係。胡昭曦（成都，2004）、粟品孝（北京，1998）等探討了張栻與宋代蜀學之關係。楊世文（長春，1999；北京，2015）、鄧洪波（長沙，2010）對張栻的文集作了點校整理。海外學者田浩、高畑常信、蘇費翔等發表了對張栻的研究論著。

認識漸趨客觀；第三，對張栻生平經歷的考述日益清晰；第四，張栻文獻和著作也得到初步的整理。這些成果為深入研究張栻著作與思想打下了堅實的學術基礎。這些工作可以説各有側重和創獲，但依然留下了諸多遺憾。張栻的研究還應當更上層樓，拓展空間，而其中最基礎、最迫切的工作還是對張栻文獻進行系統、全面、深入的整理與研究。張栻英年早逝，今天我們研究張栻，祇能借助於朱子編訂的《南軒集》等典籍，這不能說不是朱子的歷史功績，但是朱子所編《南軒集》，實際上按照自己的主觀意圖和學術要求作了大量删削，删去了張栻的早年"未定之論"，這對於研究張栻理學思想的發展和形成過程，展現其本來的思想面貌和理學特色極為遺憾，後人也因為朱熹的删改而對張栻的認識難免偏差。因此，對張南軒文獻的整理與研究，應當超越簡單的點校，更進一步對其著作進行"深加工"，作編年、注釋、輯佚、考訂研究，特別要注意搜集南軒"早年未定之論"，展現其思想發展演變的歷程，為研究者提供一份真正全面、可靠的文獻，使張南軒研究的基礎更加牢固。

作者單位：四川大學古籍所

# 張栻籍屬補考

寧志奇

張栻不僅是四川的歷史名人，他與朱熹、呂祖謙并稱為國"東南三賢"，更是南軒故里綿竹市的重要歷史名人。筆者作為綿竹人，特別關注有關張栻的學術資訊。在2020年第1期的《文史雜志》上我偶爾拜讀了謝桃坊先生大作《張栻籍屬考》這篇認為張栻出生於綿竹的論文後，不禁深有觸動。因為有關張栻的籍屬問題長期以來就不大明確，一説張栻出生於綿竹，一説出生於閬中。清人王開卓、胡宗茂所著《張栻年譜》認為："宋高宗紹興三年癸丑是年冬，公生。按《行狀》云：紹興改元，奏迎太夫人自廣漢（綿竹）來閬中。又按《宋宰輔編年録》稱：紹興四年三月，張浚罷知樞密院事。浚自建炎三年四月除知樞密院，至是自蜀還朝云云。則紹興元年至三年，眷屬未它往，疑即在閬中生。"後來不少學者均按《張宣公年譜》的這箇"疑"是的説法，認為張栻生於閬中，而少有異議者。因此，讓人感到謝文獨到見解的難能可貴。

謝先生在論文中對一些史家認為張栻在閬中出生的觀點不苟同，且有獨特的歷史探索眼光，提出了張栻的出生地是在綿竹而非閬中的觀點，且考評詳實、持之有據、言之成理。通觀謝文，他關注了張浚《天寧萬壽禪寺置田記》中的記載：張浚的故交圓悟克勤（南宋高僧）冒着酷暑，遠來勞問，并告訴張浚打算為天寧萬壽寺置田，以安徒衆，為久遠之計。張浚聞此，以禮部度支僧符及俸餘二十萬錢助成其志。圓悟克勤置田畢，張浚作文以紀其事。這就是張浚《成都府昭覺天寧萬壽禪寺置田記》的由來。記文中説："歲在癸丑（紹興三年），予解使事，歸省庭闈。"七月十一日（甲子）高宗收到張浚歸田書，詔不允。二十二日（乙亥），宋高宗下《賜川陝宣撫處置使、定國軍節度使、知樞密院事張浚赴行在詔》催張浚回朝。張浚被命即行，自夫人以下皆留侍，獨攜子侄往，太夫人（張浚母親）

送之曰:"汝無愧矣,勉讀聖人書,無以字為念。"謝先生抽絲剥繭,分析了張浚於紹興三年六月下旬已向宋高宗請求歸田。在此期間,張浚確在故鄉綿竹休閒待命。且自夫人以下皆留侍,獨攜子姪往,這就明確了張浚在紹興三年六月以後全家都住在綿竹,而張栻也正好出生在紹興三年(1133)。

這裏我要補充的是張浚從紹興元年至紹興三年的政務與家事的有關綫索,以進一步明確張栻的出生地究竟在何處的問題。

紹興元年十二月張浚前妻樂氏病逝。樂氏與張浚無生育。紹興二年(1132)春正月,朝廷贈張浚故妻樂氏楊國夫人,以張浚檢校少保、定國軍節度使,宋高宗又遣内侍任源撫問張浚。

紹興二年(1132)三月前後,張浚再婚。張浚時年三十五歲,其妻宇文氏為成都人,時年二十一歲,生於政和二年(1112)壬辰三月十六日。據考宇文氏為宇文時中之次女。而張浚同父異母之兄張晃娶宇文時中之長女為妻,後來張栻(張浚長子)又娶宇文時中長子宇文師申之女為妻,封安人。可見張家和宇文一家有親上加親的特殊關係。

據杜大珪《名臣碑傳琬琰集》所載,紹興元年(1131)八月乙丑,宣撫處置使張浚娶直秘閣成都府路轉運判官宇文時中女時,已詔時中奉祠。而浚稱其有勞承制,升時中副使再任。時中,虛中弟也。《成都記》:時中以八月一日升副使。這段記載是説張浚已將成都府路轉運判官奉祠(退休)的岳父宇文時中升任為自己管轄的轉運副官,並得到宋高宗的認可。但是這裏記載張浚娶宇文氏為紹興元年八月,年份顯然有誤,應為紹興二年纔對。因為紹興元年十二月張浚前妻樂氏纔病逝的。紹興二年(1132)十二月,宋高宗再遣駕部員外郎李願撫諭川陝。紹興三年正月十五日宇文氏為張浚生下一子張栻。據宣公《生辰謝邵廣文惠仁者壽賦》詩云:"左弧念當辰,藐此卧歲晚。"蓋在紹興二年十二月底出生為是。

紹興三年(1133)六月初,已被罷川陝宣撫處置使的張浚回到故鄉綿竹。到紹興七年(1137)九月之前,張栻在綿竹度過童年。時張浚五十四歲的母親計法真(1077—1156)居綿竹。張浚回到綿竹後,向宋高宗請求歸田,自謙説:"志大而才疏,心貴而實暗,舉措謬戾,動致怨尤。"七月十一日(甲子)高宗收到張浚歸田書,詔不允。

初六(庚寅)宣撫處置使張浚奏捷,且請待過家上墳畢,順水赴行在。宋高宗曰:"可速其來,王似、盧法原督使赴任。"既然張浚之母在紹興三年(1133)六月已居綿竹,這表明奏迎太夫人自廣漢(綿竹)來閬中之事,僅為探望兒子,還是要返回故里的。因為張浚之母自二十五歲喪夫後便開始素食念佛,長期在綿竹的九龍山圓通堂養静修行,怎麼會在戰亂的軍營中長住呢?張浚在紹興二年三月纔續娶的宇文氏夫人也必然在綿竹一邊陪侍婆母,一邊哺育半歲的幼子張栻纔合情理。故此張栻年譜作者纔多寫了一箇"疑"字,供後人參考。這是因為歷史人物的過往細節在文獻記載中往往都有出入,是需要我們不斷補充和修正的。

此外關於宇文家族世系的問題是已故宋史專家胡昭曦教授頗為關注的問題。胡老師在1993年8月給筆者的來函中曾謙虛地問道："宇文之邵係綿竹人，他與成都的宇文虛中等是否同一家？并請指教。"遺憾的是我才疏學覆，現在未能及時奉復。理出的些許綫索也不知是否正確，在此順便提出供讀者諸君參考吧。宇文虛中（1079—1146），成都雙流人，宋代名臣、詩人。出使金國被殺。宋寧宗賜其子宇文師瑗趙姓。

其家族世系如右：宇文宗象—邦彥—粹中（字仲達）—師獻（德濟）—虛中（字叔通）—師瑗—紹彭。

如此看來宇文虛中與綿竹北宋名賢宇文之邵没有家族聯繫。而南宋綿竹鄉賢張浚之妻、張栻之母宇文氏為直秘閣成都府路轉運判官宇文時中之女。宇文時中字季蒙，華陽人，著名藏書家，據傳為宇文虛中之弟。

兹將胡昭曦老師當年原信複印件附後以資紀念。

作者單位：四川綿竹博物館

# 四川联合大学
（四川大学、成都科技大学）

志奇同志：

您好！

上次蒙承惠掷《武都卺士菱铭》拓片照片，十分感谢！最近，将拓片原文与《四川文物》1993年第6期大作刊出之文字相对照，发现排印等错处，遂收使检校。现把检校之复印件连上一份，供参酌。并些指出检校不当的地方。

郑觉此卺表，有几个地方不好。第一，为何"膀徙"之文中二有"钜镬、钺、铸"而无"膀"字。而且"膀"成为何名字作金字部首。第二，"膀钺"按行状诸宇文之称摆着会，为何在号刻中未见"膀钺"之"膀菱"。您是这方面研究有素，研乞指教。

又，宇文之邱系络竹人，他与当时成都之宇文产中世名宦门一家，俯说指教。

今存之"膀菱卺碑"有及文字抄件或否发表，若有，请赐一份。

上次求诂中敬我以《康国史补》，不知找到没有。我主要是为一些宇代此书，故无此书。今如还者什么，来示失之，当尽力去办。

来信仍交川大同书馆。即颂

时祺。

胡昭曦上
8.23.

# 《唐多令》詞調首見宋先生考

禹精超　田玉琪

　　《唐多令》是南宋流行詞調，又名《南樓令》《箜篌曲》。關於此調首詞作於何人，目前主要有兩種看法：其一認為首見於劉過。如《詞名索引》："調見劉過《龍洲詞》。"①《常用詞牌詳解》："調見劉過《龍洲詞》。"②《唐宋詞百科辭典》："始見於宋劉過《龍洲詞》。"③《中國詞學大辭典》："見宋劉過《龍洲詞》。"④ 其二認為首見於辛棄疾。如《宋詞大辭典》："始見辛棄疾《稼軒詞》乙集。"⑤

　　我們認為兩種看法皆不妥，《唐多令》詞調應首見於南宋初道士宋先生。劉詞和辛詞的創作時間前人俱有考證。《唐宋詞彙評》認為劉過《唐多令·安遠樓小集》於"淳熙十三年（1186）作"。⑥ 辛棄疾《唐多令·淑景門清明》詞，根據鄧廣銘《稼軒詞編年箋注》和辛更儒《辛棄疾集編年箋注》，推斷應作於1180年前後。

　　宋先生其人生平不詳，《全宋詞》錄其詞作22首，其中便有《唐多令·搬載渡黃河》詞一首。⑦《宋詞大辭典》云："宋先生，生平不詳。《道藏》之《了明篇》載其詞22首，《全宋詞》據以錄入。"⑧ 根據記載，我們查檢《道藏》，發現《了明篇》一卷，乃是由宋先生述，毛日新編。毛日新作《了明篇·序》云："茲由天幸，因遇宋先生於雲之間。

---

① 吳藕汀：《詞名索引》，北京：中華書局，1958年，第88頁。
② 陳明源：《常用詞牌詳解》，北京：人民日報出版社，1987年，第211頁。
③ 王洪：《唐宋詞百科辭典》，北京：學苑出版社，1992年，第1170頁。
④ 馬興榮：《中國詞學大辭典》，杭州：浙江教育出版社，1996年，第559頁。
⑤ 王兆鵬、劉尊明：《宋詞大辭典》，南京：鳳凰出版社，2007年，第285頁。
⑥ 吳熊和：《唐宋詞彙評·兩宋卷》，杭州：浙江教育出版社，2004年，第2663頁。
⑦ 唐圭璋編：《全宋詞》，北京：中華書局，1965年，第2122頁。
⑧ 王兆鵬、劉尊明：《宋詞大辭典》，第474頁。

……所著歌詞與《和朗然子詩三十首》,言近而指遠,句清而道備。余敬而拜授,遂編成一集,名曰《了明篇》。……時乾道四年十月一日三衢毛日新謹序。"① 毛日新生平不詳,《建炎以來朝野雜記》記載他是衢州人,乾道初年以進士身份向宋孝宗上書補官。② 根據序言可知,《了明篇》編成於南宋乾道四年,即1168年,那麼宋先生的《唐多令》應該作於此年之前,早於辛詞和劉詞。

宋先生《了明篇》一卷,內容包括《遇真歌》一首、《解迷歌》一首、《和朗然子進道詩三十首》、詞作二十二首。因皆言修道煉丹之事,故推斷其應為南宋初道士。

在《全宋詞》之前,宋先生的作品僅收入《道藏》中,衆多詞集皆不選,學者不易發現。且宋先生生平難考,故一直認為《唐多令》首詞始於劉過或辛棄疾。

從詞調體式看,辛棄疾、劉過與宋先生詞體在句法、韻位上完全相同,不過是宋先生的詞中平仄通押而已。我們看宋先生和辛棄疾詞:

搬載渡黃河,金關牢閉鎖。運九還、須是功多。光透簾幃紅似火。見金錢、萬千朵。　過水湧銀波,充開牛斗過。進工夫、□□蹉跎。見箇真人便是我。暗歡喜、笑呵呵。③(宋先生)

淑景鬥清明,和風拂面輕。小杯盤、同集郊坰。著箇篼兒不肯上,須索要、大家行。　行步漸輕盈,行行笑語頻。鳳鞋兒、微褪些根。忽地倚人陪笑道,真箇是、腳兒疼。④(辛棄疾)

宋先生詞的韻字依次是:河、鎖、多、火、波、過、跎、我、呵。其中平聲者河、多、波、過、跎、呵,仄聲者鎖、火、我。而反觀辛詞用韻,則皆用平聲,依次為:明、輕、坰、行、盈、頻、根、疼。辛棄疾詞明顯是對前者的改進,通篇用平韻,平仄不混押,此正為詞體之正宗,後人創作用韻方式即皆同辛詞,這也或可看作辛棄疾對這一詞調式的一箇貢獻。從用韻的角度來看,宋先生詞當為草創之體,明顯受到時人曲體創作的影響,就詞體而論是不嚴謹的。

而從詞調聲情、風格的角度來看,宋先生和辛棄疾的詞又都明顯帶有民間歌曲的味道。辛詞寫春日郊遊,歡快活潑。而宋先生詞原名《糖多令》,應即此調的原名,由"糖"更名為"唐",或嫌"糖"字本身不雅,然而此種更名,也讓此調本來源於民間的事實被忽略了。

---

① 《道藏》第4冊,北京:文物出版社,上海:上海書店,天津:天津古籍出版社,1987年,第921頁。
② [宋]李心傳:《建炎以來朝野雜記》,北京:中華書局,2000年,第127頁。
③ 唐圭璋編:《全宋詞》,北京:中華書局,1965年版,第2122頁。
④ 唐圭璋編:《全宋詞》,第1907頁。

辛棄疾之後，此調即通用名為《唐多令》，而後來詞人的創作，劉過明顯有一箇變化，即純寫士大夫情懷，《詞譜》以劉過詞為正體或正是從此種角度考慮的。我們看劉過詞：

   蘆葉滿汀洲，寒沙帶淺流。二十年、重過南樓。柳下繫舟猶未穩，能幾日、又中秋。  黃鶴斷磯頭，故人曾到不。舊江山、渾是新愁。欲買桂花同載酒，終不似、少年游。①

此後，《唐多令》於文人創作中，幾乎再看不到原有的民間風味，如吳文英、周密、張炎等人的詞，多抒發士人離別感傷及家國之不幸，聲情感慨淒凉。《唐多令》遂由原本歡快的民間曲調，變成了文人感時傷序的悲苦詞調。

作者單位：河北大學文學院

---

① ［清］王奕清等編：《欽定詞譜》，北京：中國書店，1983 年，第 896—897 頁。

# 《竇娥冤》雜劇現存版本敍錄

孫慧敏

研究中國的元雜劇必然繞不開關漢卿,王國維《宋元戲曲史》稱讚他"一無依傍,自鑄偉詞,而其言曲盡人情,字字本色,故為元人第一",稱《竇娥冤》"即列之於世界大悲劇中,亦無愧色也"。① 《竇娥冤》自問世以來,還未見於元人所刊戲曲,其所見版本主要為明代版本,且都為合刻本,迄今為止還未見有單行本流傳,而理清各版本之間的關係是全面研究和評價《竇娥冤》的基礎。現據《中國古籍善本書目·集部》等書所錄,② 列出《竇娥冤》雜劇現存版本,每類依抄刻時代先後為序,對各箇版本進行爬梳。③ 因筆者學識有限,如著錄有誤,敬請方家不吝賜正。

## 一、現存各版本概況

### (一)《感天動地竇娥冤》,一卷,明萬曆十六年刊本(1588),古名家雜劇本

框 19.6 釐米 × 12.9 釐米,單行字,行字不等,蘭格不一,白口,單魚尾,無圖。

具體來説:"三卷·一"到"三卷·六"以及"三卷·九"到"三卷·十八",四周單邊,十行二十字或者二十一字;"三卷·七"到"三卷·八"以及"三卷·十九"到"三

---

① 王國維:《宋元戲曲史》,北京:東方出版社,1996年,第102頁。
② 中國古籍善本書目編輯委員會編:《中國古籍善本書目》,上海:上海古籍出版社,1998年。
③ 諸如《陽春奏》(明萬曆三十七年刊本,黃正位輯,國家圖書館藏殘本)此類,存目記載有元雜劇《竇娥冤》,實則已佚,不在本文探討範圍。

卷・二十二"，四周雙邊，祇是前者魚尾下方有兩橫，後者魚尾下方無橫綫，十行二十字或者二十一字；其中，"三卷・二十一"有校注。

目錄、正文卷端題"感天動地竇娥冤"，署"元關漢卿撰"。無楔子，共四齣（非四折），版心題"竇娥冤"，卷末左下角鈐有"國立北平圖書館庋藏"印章。封面分行題"古今雜劇""六十四冊""清常道人校本"；"董香光跋而刊""雍心等有人復校"，鈐有"舊山樓書臧"藏書印。

此版《竇娥冤》收入《古今雜劇》，又名《脈望館鈔校古今雜劇》，明鈔本（內十五卷配明刻《息機子雜劇選》本、五十五卷配明刻《古名家雜劇》本①），清黃丕烈錄自藏曲目并跋，今存二百四十二卷，六十四冊，每冊書幾乎都有趙琦美校。現藏於中國國家圖書館。②

趙琦美（1563—1624）原名開美，字仲朗，號玄度，又自號清常道人，常熟（今屬江蘇）人。趙用賢子，以父蔭，歷官刑部貴州司郎中，授奉政大夫。平生"損衣削食，假書繕寫，朱黃雕校，欲見諸實用。得善本，往往文毅公（用賢）序而琦美刊之"（《趙氏家乘》）。趙氏藏書室脈望館（"脈望"取"蠹蟲三食神仙字，則化為脈望"之義）藏書廣博，袁同禮《明代私家藏書概略》云："萬曆以後私家藏書，當以海虞為最盛。趙琦美之'脈望館'、錢謙益之'絳雲樓'以及毛晉之'汲古閣'，均以藏書雄視於東南。"琦美殁後，是書連同衆多脈望館藏書皆歸錢謙益，後又入錢曾手中。錢曾之後，是書又經季振宜、何煌、黃丕烈遞藏。黃丕烈始定其名《古今雜劇》，一直沿用至今。黃氏之後又輾轉相傳於汪士鍾藝芸精舍、趙宗健舊山樓、丁祖蔭等處。書中鈐有"曾臧汪閬源家""非昔居士""常熟趙氏舊山樓經籍記""舊山樓書臧"等印。1938年鄭振鐸於上海淪為孤島時，歷盡艱辛購得此書，1939年上海商務印書館從該書選出珍本一百四十四種，由王季烈等人校訂出版，題名《孤本元明雜劇》。1958年鄭振鐸將此書收入其主編《古本戲曲叢刊》影印出版，題名《脈望館鈔校本古今雜劇》，成為通用版本。③

按：此前人們研究元曲，多依賴臧懋循的《元曲選》，而脈望館抄校《古今雜劇》種數比《元曲選》多出一倍半，且多為孤本。鄭振鐸認為"這箇收穫，不下於'內閣大庫'的打開，不下於安陽甲骨文字的發現，不下於敦煌千佛洞鈔本的發現"。而鄭氏於炮火連天中，歷經艱險，搜購到此稀世孤本，實乃蔭澤後人的盛舉。

（二）《感天動地竇娥冤雜劇》，一卷，明萬曆中吳興臧氏刻本

1. 收入《元曲選十集一百卷》本，明臧懋循編，含《論曲一卷》明陶宗儀等撰、《元

---

① 是已知現存最早收錄《竇娥冤》的刊本，一般都認為由陳與郊編選，鄭振鐸《跋〈脈望館鈔校古今雜劇〉》："諸家書目皆以《古名家雜劇選》為陳與郊刊，今見《女狀元》之末，有一牌子云：'萬曆戊子（十六年）夏五西山樵者校正，龍峰徐氏梓行'。則知編刊者并非陳氏了。後世人均未見此牌子，故致有此誤。"

② 《中國古籍善本書目臧書單位代號表》中"0101"原指"北京圖書館"，以下行文統稱為"國家圖書館"。

③ 轉引自《中華再造善本・明清編》。

曲論一卷》明萬曆刻本。

框20.7釐米×13.6釐米，每半葉九行，每行二十字，單行字，白口，左右雙邊，單魚尾，有插圖，劇中生僻字附有音釋。有楔子，共四折，版心題"竇娥冤"，正文卷首題"感天動地竇娥冤雜劇""元大都關漢卿撰""明吳興臧晉叔校"，右下角鈐有"瞿安眼福""吳楳"諸印。此本《元曲選》封面題"蘇州吳梅字瞿安別號霜厓1884—1939藏書"，書衣後鈐有"獻書人吳良士、見青、渌青、南青捐贈"印。

吳梅（1884—1939），字瞿安，號霜厓，別署臞安，厓叟等，長洲（今江蘇蘇州）人，他是全國首屈一指的藏曲大家，其藏書室之一奢摩他室以收藏雜劇、傳奇及散曲集子為主。吳梅出自寒門，他的藏書基本上沒有家傳，全靠他數十年艱辛購藏。吳梅在藏書上多鈐蓋印章，常見的有"瞿安眼福""瞿安""長州吳梅字瞿安""吳某""霜厓藏曲""長洲吳氏藏書"等印。吳氏藏書後經鄭振鐸介紹，主要捐入中國國家圖書館。

臧懋循（1550—1620），字晉叔，號顧諸山人，長興（今屬浙江）人。明代著名戲曲家、文學家，以其所編《元曲選》最負盛名。此本序文末尾均刊有"臧晉叔印""雕蟲館"等印，當為吳興臧氏雕蟲館原刊本。

據《中國古籍善本書目·集部下》所錄，北京圖書館、北京大學圖書館、北京師範大學圖書館、中國社會科學院文學研究所、中國社會科學院考古研究所、戲曲研究院、中國歷史博物館、公安部群眾出版社、上海圖書館、復旦大學圖書館、上海博物館、上海辭書出版社圖書館、天津圖書館、南開大學圖書館、吉林省圖書館、陝西省圖書館、南京圖書館、無錫市圖書館、江蘇省出版總社、浙江圖書館、安徽省博物館、福建省圖書館、河南省圖書館、湖南省圖書館、中山圖書館、四川省圖書館、重慶市北碚區圖書館均藏。音樂研究院、故宮博物院圖書館、鄭州市圖書館藏殘本。

2.《感天動地竇娥冤雜劇》，一卷，明萬曆刻本博古堂印本。

收入《元曲選十集一百卷》，明臧懋循編，含《論曲一卷》明陶宗儀等撰，《元曲論一卷》明萬曆刻博古堂印本。

扉葉署名"博古堂藏板"，其版刻、內容均與臧懋循雕蟲館所刊《元曲選》一致。據《中國古籍善本書目·集部下》所錄，首都圖書館、中共中央黨校圖書館、中國科學院圖書館、中共北京市委圖書館、遼寧省圖書館、東北師範大學圖書館、西北師範學院圖書館、重慶市圖書館均藏。

按：以上兩種《竇娥冤》實為同一版之不同印次。

（三）《竇娥冤》，一卷，明崇禎刻本

原書版框21釐米×14釐米，半頁九行，曲辭行二十字，賓白行十九字，四周單邊，白口，無魚尾。有楔子，共四折，版心題"竇娥冤"及頁數，正文卷首依次題"新鐫古今名劇酹江集""竇娥冤""元關漢卿著""明孟稱舜評點""劉啓胤訂正",正目"秉鑒持衡廉訪法　感天動地竇娥冤",有圖,原書有些字迹漫漶不清或殘頁。書中有孟氏評點十五條,均刊刻於劇本的篇頭部分,此外還附有大量的圈點符號。

收入《新鐫古今名劇酹江集》三十卷本,明孟稱舜編。據《中國古籍善本總目》著録,此書衹有國家圖書館、上海圖書館藏全本,首都圖書館藏殘本,可見其珍貴稀有。

孟稱舜(約1599—1684),字子塞,又作子若、子適,號小蓬萊卧雲子、花嶼仙史,會稽(今浙江紹興)人,是晚明曲壇舉足輕重的作家和理論家。《新鐫古今名劇酹江集》簡稱《酹江集》,取蘇軾《念奴嬌》詞"大江東去""一樽還酹江月"之意,入選劇本風格以雄爽為主,共收元雜劇18種,明雜劇12種。有自序,署"崇禎癸酉夏會稽孟稱舜題"。

(四)《竇娥冤》,一卷,清稿本。

收入《復莊今樂府選□□種□□卷》本,清姚燮編,今存395種、632卷。

此版《竇娥冤》共三折,分別為"强婚""誣服""監斬"。卷端有姚燮批注:"原題感天動地竇娥冤",劇末有張宗祥跋。此本與現行本完全不同,現行本藥死者為張驢兒之母,竇娥因下雪不斬。①

是書一書分藏三處:② 國家圖書館(2冊)、浙江圖書館(110冊)、天一閣文物保管所(56冊),且均為殘本,從未刊行,屬於國家珍貴古籍。

《復莊今樂府》由墨筆抄成,楷體,非一手抄成。所用的紙張為姚燮自製的藍格稿紙,單魚尾,版心下有"大梅山館集"五字。左右雙邊,除第一冊原目録為半頁十行,其餘正文均半頁十一行。是書第一冊目録尾及各冊最後一頁左下角鈐有"集虛林印"印(陰文)。是書大部分子目經過姚燮的親自批校,每校一種戲,則在第一行右框外書上校勘年月,年款後鈐有"復莊"(陽文)或"復莊校讀"(陰文)印。③

按:徐永明因在浙江圖書館古籍部工作,幸得見到此書大半。讀者由徐永明所記《復莊今樂府》的概貌,亦可大概窺得《竇娥冤》版本之貌。

姚燮(1805—1864),字梅伯,號復莊,又號大梅山民、疏影詞史等,浙江寧波鎮海人。姚燮晚年致力於戲曲研究,《復莊今樂府選》是其編撰的大型戲曲選集,書成後因財力所限不得刊印,故以稿本留存。是書光緒間曾歸鎮海小港李家,後來又散佚,為書商所得。其中的56冊歸朱鼎煦別宥齋,後朱氏捐贈給天一閣。

---

① 轉引自陳妙丹:《〈復莊今樂府選〉詳目》,《戲曲與俗文學研究》2017年第4期,第265頁。
② 陳妙丹認為臺北圖書館藏16冊,蘇州博物館藏4冊,吸收了批校本中姚燮修訂的信息,當為謄清稿本。
③ 轉引自徐永明、姚燮與:《復莊今樂府選》,《文學遺產》2001年第6期,第98頁。

## 二、現存善本間主要差異

《竇娥冤》雜劇現存《古名家雜劇》《元曲選》《酹江集》三箇刊本，其中《古名家雜劇》與後兩箇版本的差異最大，相對來説，後兩箇版本間的差異較小，《酹江集》基本繼承了《元曲選》的體例，但在審美、意趣方面仍有差異。據馬欣來對《竇娥冤》的標注，《古名家雜劇》和《元曲選》的顯著不同有 76 處之多，① 按吴曉鈴校點的《關漢卿戲曲集》② 統計，兩者在文字上的不同多達 800 處。

因爲版本的不同、細節的增改，導致竇娥形象、竇天章形象都有不同，乃至蔡婆婆、張驢兒形象的飽滿性也有不同。關於各箇版本的可取之處和不合理性，相關研究有很多，茲不贅述。在此衹對各版本的主要差異略作介紹。

（一）**結構、體制方面**

《古名家雜劇》爲四折，無楔子，《元曲選》把第一折開頭部分獨立爲楔子，此外，兩箇版本分折的地方也略有不同。《元曲選》舞臺動作提示增多，唱詞和賓白用不同大小的字體加以區别，并標出劇中具體人物。

按：《元曲選》矛盾更加集中，結構更加完整。

（二）**題目不同**

《古名家雜劇》題目爲"後嫁婆婆忒心偏，守志烈女意自堅，湯風冒雪没頭鬼，感天動地竇娥冤"，《元曲選》題目爲"秉鑒持衡廉訪法"，正名"感天動地竇娥冤"。

按：從題目中可以看出劇中主旨的側重略有不同。

（三）**語言不同**

《元曲選》語言雅化，更多體現了明人的趣味；《古名家雜劇》更多元人口語，質樸自然，更接近王國維所説的"本色當行"。

按：《元曲選》更適合書案閱讀，當代的選本中多以此爲底本，中學課本采用的就是該本。

（四）**一些重要内容的不同**

在《古名家雜劇》中蔡婆婆已經招了張父做丈夫，而《元曲選》没有。《元曲選》有審問惡棍昏官的情節，《古名家雜劇》没有。《元曲選》竇娥與張驢兒的對話描寫更爲生動細緻，兩人的矛盾衝突更加激烈，作品的控訴力度更加强一些。以歷來受争議最大的一處

---

① 馬欣來：《關漢卿集》，太原：山西人民出版社，1996 年。
② 吴曉鈴等：《關漢卿戲曲集》，北京：中國戲劇出版社，1958 年。

為例：《古名家雜劇》為："地也，你不分好歹難為地；天也，我今日負屈銜冤哀告天！"《元曲選》為："地也，你不分好歹何為地！天也，你錯勘賢愚枉作天！"前者是陳述語氣，是對天的祈求；後者是質問語氣，是對天的控訴。

按：《元曲選》更好地突出了竇娥的反抗精神，使主題得到了深化。但總的思想趣味上，并未存在誰優誰劣的問題。

《酹江集》雖基本繼承了《元曲選》的體例，但有自己獨特的藝術追求。從《酹江集》的評注中可以看出，①其在編選時是以《元曲選》為底本，以"原本"為參校，而所謂的"原本"其曲詞幾乎和《古名家雜劇》一樣。此外，鍾嗣成的《錄鬼簿》中所著錄的《竇娥冤》下有題目為"湯風冒雪沒頭鬼，感天動地竇娥冤"，這與《古名家雜劇》是一致的。雖然這并不能說明鍾嗣成看到的一定是關漢卿的原本，但畢竟二者的年代更為接近。

《元曲選》在編選時"戲取諸雜劇為刪抹蕪繁，其不合作者，即以己意改之"，此舉雖使元雜劇在體制上更為規範，但有損其原貌。《酹江集》則通過評注標明舊本如何，吳興本如何，較清楚地記錄了版本刪改等問題，因而具有獨特的文獻價值。

## 三、附　錄

### （一）《竇娥冤》主要改本

1. 《金鎖記》傳奇

《金鎖記》鈔本，十行二十二字。《曲海總目》卷十八有提要，稱無名氏撰。《曲錄》以為明葉憲祖撰，又引《傳奇彙考》云："或云袁于令作，或云桐柏初稿，于令改定之。"國家圖書館僅存上卷殘本。②

按：此本為全本，此後還有《金鎖記傳奇》二卷（串本）、《金鎖記》清升平署、鈔本一冊、《金鎖記》王國維鈔本等等，茲不贅述。

2. 摺子戲

《斬竇娥子弟書》，清鈔本，百本張印行。日本東京大學東洋文化研究所藏。

《六月雪寶卷》，又名《繪圖竇娥冤卷》，二卷，1912—1949 年石印本，陳潤身編，上海惜陰書局刊刻，京都大學東方學圖書館藏。

---

① 《酹江集》中有諸如"吳興本增有：'催人淚的是錦爛熳花枝橫繡，斷人腸的是剔團圞月色掛妝樓'等語，太覺情艷，不似竇娥口角，依原本刪之"、"原本云：'這婆娘心如風刮絮，那裏肯自身化望夫石'似非媳婦說阿婆語，改從今本"、"此句一字一點淚，吳興本刪去，照原本增入"之類的評注。

② 轉引自王重民：《中國善本書提要》，上海：上海古籍出版社，1983 年，第 692 頁。

《繡像六月雪全傳》,清末民初有上海錦章圖書局刊刻出版石印本、上海廣益書局巾箱石印本等。

按:摺子戲的各種選本種類有很多,此處祇列舉三種,由《竇娥冤》改編的各種地方戲劇、影視作品也不勝枚舉,雖然它們已經和元雜劇《竇娥冤》關係不大,但足以證明《竇娥冤》的影響之大和大家對它的喜愛程度。那麼梳理清雜劇《竇娥冤》最初的各種版本對於《竇娥冤》的研究和傳播就更具有重要意義。

(二)《竇娥冤》各版插圖

1. 《元曲選》插圖

2. 《新鐫古今名劇酹江集》插圖

作者單位:哈爾濱師範大學文學院

# 《潛夫論》版本考述及其序跋題識輯錄

尤婷婷　張　覺

## 一、明代仿宋元刻本及其翻刻影鈔本

　　明代仿宋元刻本及其翻刻本、影鈔本屬於同一版本系統，由於我們按照版本系統進行歸類論述，所以不管是明是清而將它們放在一起介紹。

　　此類版本主要有三種：一為刻書年代不明的明代仿宋元刻本，二為萬曆十年（1582）原一魁輯刊的《兩京遺編》本，三為清順治五年（1648）馮舒叫人影抄的鈔本。

　　這三種版本的共同之處是：楷體；無目錄；每卷第一行上題"潛夫論卷第×"（"潛"不作"潛"），下題"王符"（馮鈔本卷第五、卷第八、卷第十下無"王符"，蓋所據底本使然，詳下文）；每卷第二行以下都列有本卷篇目（卷九、卷十因祇有一篇而除外）。

　　這三種本子的不同之處主要有二：1. 明代仿宋元刻本和馮鈔本為十行十八字，仿宋元刻本左右雙邊，馮鈔本無界行（《四部叢刊》影印馮本時加了界行）；原一魁刻本為九行十七字，四周雙邊。2. 三者文字以及葉次錯亂程度有所不同。

　　現在我們將這三種本子分別介紹如下，同時也涉及另一種明刻本。

## （一）明代仿宋元刻本（下簡稱"仿宋本"）

現存最早的《潛夫論》全刻本是明代仿宋元刻本。① 該本十行十八字，白口，左右雙邊。其字體為楷體，遒勁有力，猶有宋元刻本遺風。其葉碼連排，共"百卅八"葉。應該説明的是，雖然其書葉的裝訂順序未誤，但其中葉碼有誤，其葉碼"八六"下接"八九""八八""九一""九二""九一""九二""九五""九六""九五""九八""九七""一百""九九""百""百一""百二"，② 即其葉碼缺了"八七""九十""九三""九四"而多了"九一""九二""九五""一百"，所以實際上祗是葉碼有誤刻而葉數未少。根據這些葉碼推測，該本應該是根據一部葉碼有錯亂的宋刻本或元刻仿宋本翻刻而成的，但其誤刻的葉碼卻誤人不淺，原一魁輯刊的《兩京遺編》本即因其誤而誤。該本刻於何時已難判定，所以一般圖書館的書目均祗標"明刻本"，它可能刻於正德、嘉靖年間（1506—1566）。③

北京國家圖書館藏有兩部明刻本《潛夫論》十卷。據北京圖書館所編《北京圖書館古籍善本書目》，這兩部書均為十行十八字、白口、左右雙邊，④ 好像是相同的版本，但其實并不相同，現分述如下。

其中一部索書號為3457，是現存最早的《潛夫論》全刻本，即明代仿宋元刻本。該書

---

① 汪繼培在嘉慶十九年寫的《潛夫論箋》序中説："別有舊本，與《白虎通德論》《風俗通義》合刻。《風俗通義》卷首云'大德新刊'，三書出於同時，蓋元刻也。"（其序詳見下文所錄）據此，則嘉慶十九年（1814）時似乎尚有元刻本傳世。但是，王國維《傳書堂藏書志》卷三在著錄《潛夫論十卷》（明刊本）後云："明嘉、隆間刊本。與大德刊《白虎通》《風俗通》行款同，蓋亦影元本也。"（上海：上海古籍出版社，2014年，第488頁）比較這兩種推測之詞，似乎後者更為穩妥，即汪繼培所見為嘉靖時影元刻本而非元大德原刻本。可作類比的是，元大德十年（1306）紹興路儒學所刻《吳越春秋》也為白口，左右雙邊，其正文之行款仿照宋本而為九行十八字，全書葉碼連續編排，與這種明刻影元本《潛夫論》相似。不過，瞿鏞《鐵琴銅劍樓藏書目錄》卷十三在著錄《潛夫論》十卷（明刊本）後則説："此本出明初重刻宋本。"該本刊刻時所據底本究竟是元刻仿宋本還是宋刻本實已難以考定，所以今姑且稱為"仿宋元刻本"。但無論如何，這種明刻本應該是現存最能體現古本面貌的善本。

② 以上葉碼見國家圖書館所藏刻本（索書號：3457）。上海圖書館所藏刻本（索書號：善830669—73）因有抄補或塗改，所以其原刻之葉碼已難以確定。馮鈔本（國家圖書館藏，索書號：10101）則據上海圖書館藏本影抄，其葉碼"八六"下接"八九""八八""九一""九二""九三""九四""九五""九六""九七""九十八""九九""一百""百一""百一""百二""百二"，缺了"八七""九十"而多了"百一""百二"。看上去似乎馮鈔本的葉碼錯誤較少，而實際上其葉碼的錯誤多於原刻，因為原刻僅七葉葉碼有誤，即"八七"誤為"八九"，"八九"誤為"九一"，"九十"誤為"九二"，"九三"誤為"九五"，"九四"誤為"九六"，"九六"誤為"九八"，"九八"誤為"一百"，而馮鈔本則除了"八七"誤為"八九"外，自"九一"至第一箇"百二"皆誤（共十四箇葉碼有誤），由此也可見原刻之可貴。

③ 靜嘉堂文庫所編《靜嘉堂文庫漢籍分類目錄》於"《潛夫論》十卷"後標"明正德刊"（臺北：大立出版社，1980年影印本，第421頁）。王國維《傳書堂藏書志》卷三著錄《潛夫論》十卷（明刊本）云："明嘉、隆間刊本。與大德刊《白虎通》《風俗通》行款同，蓋亦影元本也。"（上海：上海古籍出版社，2014年，第488頁）據此推測，這種明刻本可能刻於正德、嘉靖年間。究竟刻於何時，恐怕難以論定了。

④ 見北京圖書館編：《北京圖書館古籍善本書目》，北京：書目文獻出版社（其版權頁未標出版年月），第1192—1193頁。

曾為清代黃丕烈所藏，① 故其卷一首葉有"士禮居臧"陽文印，其末有黃丕烈丙寅年（1806）所作的跋和甲申年（1824）所作的題識，以及費士璣道光二年（1822）所作的跋。今將這些跋文、題識錄於此以供參考：②

　　《潛夫論》以此本為最古，明人藏弆率用此。余舊藏本為沈與文、吳岫所藏；馮已蒼所藏，即從此出；中有缺葉，出馮抄之後所補，故取馮抄校之，已多歧異。頃從坊間購此，首尾完好，適五柳主人應他人之求，遂留此輟彼。丙寅夏蕘翁識道光甲申四月，命長孫美鎏手校一過，不僅如在軒大令所摘錄之佳字也。余家向藏一本，已易出；今又去刻留校，鄙人心事可知。幸我好友如月、霄二兄視明刻如宋本，物得其所，於心稍安焉。蕘夫予讀《潛夫論》數周，所讀係程榮刻本，中間譌謬不少，輒以意籤於上方，惜無善本可證。今假蕘翁所藏此本校之，得十之二三："稷契"作"稷卨"，"卨"即"禼"字也，程刻誤作"稷禹"。"砥夭"者，"砥矢"也。夭，古"矢"字，即《詩》"周道如砥，其直如矢"，程刻改作"砥礪"。又按此本竝無缺葉，板心八十九者，即八十七也，係誤刻；其九十頁雖缺，仍不缺，文理皆貫，特誤空一葉葉數耳。道光二年十二月十二日震澤費士璣記

　　"稷卨"見《三式篇》，"砥夭"見《德化篇》。

　　其中另一部索書號為11319，應該是明代仿宋元刻本的翻刻本，其中有不少改動，如增加了目錄，每卷卷首無子目而使正文前移，卷十不分節，書末還附有《後漢書·列傳》。據王國維《傳書堂藏書志》卷三的著錄，③ 此本當刊於嘉靖時。該本校勘甚疏，如第一葉將仿宋元刻本的"加五色而制之以機杼則皆成宗廟之器黼黻之"刻成一行而使此行有十九字，以後為了恢復每行十八字并與原本相合，又在"明之以春秋"後衍"其"字。其用字也不按原本，如把"賢難""思賢"之"賢"改成了"贒"。因此，該本沒有什麼校勘價值。

　　據上海古籍出版社1996年12月版《中國古籍善本書目·子部》卷十五，浙江圖書館、南京圖書館、北京大學圖書館、中共中央黨校圖書館、吉林省圖書館都藏有明刻本《潛夫論》十卷。因未一一閱覽，所以不知這些"明刻本"究竟是什麼樣的版本，不知其中是否

---

① 該書後來又為瞿鏞鐵琴銅劍樓所藏，故在卷一首葉蓋有"鐵琴銅劍樓"陰文印。瞿鏞《鐵琴銅劍樓藏書目錄》卷十三"子部·儒家類"載："《潛夫論》十卷（明刊本）：漢王符撰。此本出明初重刻宋本。今以新安程本相校，勝處甚多。如《三式篇》'稷卨'不誤'稷禹'，《德化篇》'砥夭'不誤'砥礪'，《氏姓篇》'賜禹姓姒氏'不誤'似氏'，'則不能故也'不誤'改也'，'王孫氏'不誤'五孫'，'蓋須胷之女也'不誤'言也'。略舉什一，足徵舊本之可貴矣。"卷首尾有"璜川吳氏收藏圖書""士禮居藏""海寧陳鱣觀"諸朱記。

② 黃丕烈的跋和題識又載《士禮居藏書題跋記》卷三，文字略異。

③ 王國維《傳書堂藏書志》卷三著錄《潛夫論》十卷（明刊本）時云："此嘉靖刊本。後附《後漢書·列傳》。有'馮氏三餘堂收藏''強學齋圖書''茅齋玩賞''長樂'諸印。"（上海：上海古籍出版社，2014年，第489頁）

還有類似前者的具有珍貴價值的仿宋元刻本。

我們在上海圖書館見到的明代仿宋元刻本為五册（索書號：善830669—73），每册二卷，在每册第一行（即卷第一、卷第三、卷第五、卷第七、卷第九的第一行）下部蓋有"靖昜亭長"陰文印，在第一册卷第一的第一行中部蓋有"徐乃昌讀"陽文印，在卷五、卷十末行下部蓋有"姑餘山人""沈與文印"陰文印，在卷五、卷十末行外之下部蓋有"姑蘇吳岫家藏"陽文印，在卷第六的第一行下部還蓋有"緐露堂圖書印"。由此可知，該本即黃丕烈的舊藏本，原為沈與文、吳岫所藏，後又為徐乃昌所藏，最後入藏上海圖書館。誠如黃丕烈所說，該本"有缺葉"，① 其缺葉處"取馮抄校之，已多歧異"，所以其補抄部分毫無校勘價值。至於黃丕烈說這些缺葉"出馮抄之後所補"恐怕不符合事實，這些補抄文字應該在馮抄之前所補，馮抄之所以"已多歧異"，應該是馮本在抄寫時另據他本校訂而造成的（見下文）。

（二）萬曆原一魁刻《兩京遺編》本及其影印本（下簡稱"魁本"）

萬曆十年（1582）魏縣知事原一魁輯刊的《兩京遺編》中收有《潛夫論》十卷。② 由於上海圖書館所編《中國叢書綜錄》在著錄《兩京遺編》時題"（明）胡維新輯"，③ 所以此後原一魁就被人們忽略了。其實，胡維新雖然為該書寫了箇序，但衹是箇策劃者而并沒有從事輯刊工作。這一點胡維新、原一魁在萬曆十年寫的序中都説得很明白，而他們的序對王符之文也有很高的評價。今將其序文錄於此，以便讀者對該書的輯刊情況與王符之文的歷史影響有更為全面深入的瞭解，不再以訛傳訛。

### 刻《兩京遺編》序

余讀漢人書，輒津津艷慕焉。然史自馬、班外，文自《文選》外，不能概見，則又誃嗟，嘆曰："豈以寥寥數百祀，而著述僅爾爾耶？"既通朝籍，乃始稍稍搆得之，然或剞劂勘工，或字句失真，讀未卒篇而心已厭謝矣，令修古之士將安倣焉？余往憲

---

① 該本共缺二十七葉，約占全書五分之一。其所缺之葉相當於《四部叢刊》本卷一第六、第七、第九、第十葉，卷二第六葉，卷三第八、第十一、第十三葉，卷四第四、第九葉，卷五第一、第六、第八、第十二葉，卷七第一、第三、第四、第六葉，卷八第一、第四、第五、第十九葉，卷九第二、第六、第九、第十三葉，卷十第一葉。

② 該本為十卷本，王寧主編的《評析本白話鹽鐵論·潛夫論》（北京：北京廣播學院出版社，1992年）第164頁說該本為四卷，誤。

③ 見上海圖書館編：《中國叢書綜錄》（一），北京：中華書局，1959年，第39頁。上海圖書館藏有兩部《兩京遺編》（索書號為：善791896—915，善750670—83），均脫原一魁的《〈兩京遺編〉後序》，故其館藏書目著錄為"［明］胡維新輯，令原氏明萬曆十年（1582）刻本"。祇要看一下胡維新、原一魁的序我們就不難發現，該著錄實為編目者未見原一魁《〈兩京遺編〉後序》而祇見到胡維新《刻〈兩京遺編〉序》而造成的誤錄，乃至把胡維新序中的"洹水令/原君"誤讀成了"洹水/令原君"而誤錄為"令原氏"。

趙、魏。趙、魏，故文學地也。會洹水令原君興學好文，① 遂命鳩工聚材，即其縣刻之。凡十餘種，始陸賈《新語》，終劉勰《文心雕龍》。《新語》二卷，《賈子》十卷，《春秋繁露》八卷，《鹽鐵論》十卷，《白虎通》二卷，《潛夫論》二卷，仲長統一卷，《風俗通》十卷，《中論》二卷，《人物志》三卷，《申鑒》五卷，《文心雕龍》十卷，揔之曰《兩京遺編》云。余按：陸賈，習短長者也，然當斬雕破觚之初，氣輪屯而不流，詞莽欝而不炫。賈誼，用世之才乎！其文雄而確，矯矯而有風神。仲舒，以匡君為主，剖析經義，每於一篇之中三致意焉。桓寬，辨士也，反覆攻擊，不遺餘力，可佐《鹽鐵》一籌。固，當明、章之盛，博采嚴議，儻亦有禮樂之思乎？應邵，矯枉過正，語神語怪，而終質之以禮。仲長統、王符、徐幹，憤世嫉邪士也，慷慨沈毅，有味乎其言之矣！荀《鑒》、劉《志》，多所裦明，調浸浸弱也，唐宋之發源乎？勰，文藻翩翩，讀之千古如掌，晉魏之濫觴乎？此諸家之大較也。客曰："劉向《說苑》、王充《論衡》，不亦兩京著述哉？胡遺也？"曰："《說苑》灝汗，《論衡》蕪穢，各不下數十萬言。且是編也如碎玉，安所用之耶？"客曰："徐、荀、二劉，不魏、梁人哉？胡稱兩京？果爾，則勰以下亦可及矣。"曰："其人非漢也，其文漢也。夫西京如崑崙，東京如華、衡，魏、梁如會稽、武夷，均之元氣所流洩也。陳、隋之間，日本、安南矣，胡及也？"客曰："唯唯。"讀者乃茲集以盡兩京文，而兩京文盡於此。

萬曆十年，歲次壬午，夏季

賜進士第、大中大夫、廣西右叅政、前大名道兵備副使、勾餘胡維新書

## 《兩京遺編》後序

明興，因沿勝國之陋，調靡而不振，詞采而不新，蓋於觀無當焉。弘、正之間，異人并出，玄搆綺綴，希步作者，迄於今百餘年，而家家以東西京為嚆矢矣。然自《史》《漢》《文選》而外，世不能概覩；即覩之，不能得善本也。惟是觀察胡公寔用嘅焉。一日命余曰："陸賈、賈誼輩，業已著書名世，成一家言矣。若能檢付剞劂，與《史》《漢》《文選》并行於世乎，則此數子為不朽矣。"余因退而搜輯，得十一（按：當作十二）種，曰《新語》，曰《賈子》，曰《春秋繁露》，曰《鹽鐵論》，曰《白虎通》，曰《潛夫論》，曰《昌言》，曰《風俗通》，曰《申鑒》，曰《中論》，曰《人物志》，曰《文心雕龍》。終焉捐金付梓，約二載餘，殺青始就。

雲屏胡公業有序，序其首裦諸家之要矣。余不佞，竊謂此數家者時不相偶而才各至，文不相沿而意各至。夫其苞孕元氣，不琢不雕，陸、賈、董三子似為西京之冠；

---

① 魏縣在金大定後移治洹水鎮（今河北省魏縣西南舊魏縣），明洪武初移治五姓店，即今河北省魏縣。胡維新稱魏縣知事為"洹水令"，乃用魏縣古稱。

而羨衍推廣，洞折秋毫，則寬亦後來之英也。雍容儒雅，高議廟堂，班、應二子似為東京之傑；而繫心睠顧，反復時政，則仲、王亦先達之匹也。實而不浮，雅而不俳，荀、徐、劉三子似猶兩都之遺；而陶冶萬彙，組織千秋，則勰亦六朝之高品也。譬彼群芳，均屬造物；譬彼洪鐘，均無細響。昔李獻吉有言："修古屬辭，開元以下不必旁及，恐一入胸竅，驅斥為難。"余竊謂梁、陳以下，不必旁及。但於是編，朝夕把玩，亦足以快心神而給筆劄矣。諺曰"登山登華，觀水觀海"，謂是乎？謂是乎？

　　萬曆十年，歲次壬午，夏季

　　賜進士第、文林郎、知魏縣事、東萊原一魁謹序

值得說明的是，雖然胡維新、原一魁在序中都以讀不到善本為憾，但《兩京遺編》中的《潛夫論》文本實不足稱善。該本脫去了仿宋本第七十七葉（《四部叢刊》本卷五第十五葉），其卷六、卷七、卷八的文字也有錯亂，而其錯亂的文字起訖與仿宋本、馮舒影鈔本之葉相合。由此可以推知，該本是根據一本有錯亂脫葉的明刻仿宋本翻刻而成的。由於它沒有仿照仿宋本十行十八字的版式刊刻，而刻成了九行十七字，所以這些錯亂使原文更為混亂難讀。

1937年上海商務印書館出版《景印元明善本叢書十種》時影印了《兩京遺編》，可見該本已被學術界視為善本。除了上海商務印書館的影印本可以利用外，甘肅省古籍文獻整理編譯中心所編的《中國華北文獻叢書》之第二輯《華北稀見叢書文獻》（學苑出版社，2012年）也收錄了《兩京遺編》。該本雖然脫去了開頭部分，但其縮印的《潛夫論》（在《中國華北文獻叢書》第52册）毫無缺損，所以也可利用。

（三）清初馮舒影鈔本及其影印本（下簡稱"馮本"）

明末清初，明刻仿宋元本已不多見。馮舒（字已蒼，號默庵）在戊子年（順治五年，1648）六月見到沈與文所藏的這種明刻仿宋元本，便視為珍本，叫人影抄了一部，并在書後跋云：

　　戊子六月，得沈與文所藏宋板翻刻本，因命工印抄。此書繆誤頗多，無從改定。借筆點定一次，殊失句讀，後之讀者勿哂。七月初三日默庵老人書

由此可知，該鈔本的底本為沈與文藏本，也就是如今上海圖書館所藏的黃丕烈之舊藏本。今上海圖書館藏本的卷第五、卷第八、卷第十的第一葉均為補抄，其第一行下部都漏寫了"王符"二字，馮本之卷第五、卷第八、卷第十的第一行下部也無"王符"二字，還有馮本的一些文字也與其抄補文字相同而與他本不同，由此可證其所據底本即今上海圖書

館藏本。因此，黄丕烈認爲其舊藏本中的缺葉"出馮抄之後所補"（見上文）恐爲臆斷，這些缺葉應該在馮抄之前所補。至於黄丕烈説這些缺葉中的文字與馮抄"多歧異"，應該是馮本在抄寫時另據他本校訂而造成的。當然，對於沈與文藏本中的這些缺葉，馮本究竟據何種版本校訂，已經難以詳考了。

該鈔本後爲錢曾（字遵王）述古堂所藏，① 錢氏在該鈔本之卷一子目下題曰：②

> 《潛夫論》時本不可讀。此乃印抄宋本者，馮己蒼詳識於其末，校對亦精，須珍之。

其實，馮舒明明説他"命工印抄"的是"宋板翻刻本"，錢氏卻説成"印抄宋本"，殊失謹嚴；而1919年上海涵芬樓輯印《四部叢刊》影印此鈔本時竟題"上海涵芬樓借江南圖書館藏述古堂景宋寫本印行"，③ 不但承襲了錢氏的誤説，而且還容易使人誤解爲此本乃述古堂所影抄。於是，後人便往往稱之爲"影宋寫本""述古堂本"④ 或"影宋鈔本"而認爲它是"現存最早之本"。⑤ 此種傳訛，實當澄清。

當然，該本雖非影抄自宋刻本而影抄自明刻仿宋元本，且與明刻仿宋元本的文字也有所差異，但它基本上與明刻仿宋元本相同，較好地保留了宋本的面貌，所以值得珍視。涵芬樓的影印，又大大地便利了人們的使用，可謂功德無量。上海書店於1989年3月又據商務印書館1926年版重印了此本而裝訂於《四部叢刊初編》第59册，所以該本現在很容易見到。

應該説明的是，馮鈔本原無界行，《四部叢刊》影印馮本時則增加了界行；馮鈔本之全書葉碼連續編排而與仿宋元本相似，《四部叢刊》影印本則每卷重新編葉。由此可見，《四部叢刊》本的版式已與原鈔本有所不同。

還應補充説明的是，商務印書館於1936年出版了《四部叢刊》縮印本，上海古籍出版社在1990年出版《諸子百家叢書》時又影印了這種縮印本。⑥ 這種縮印本雖然很容易見到，但在縮印過程中有個別文字的筆畫又産生了缺損，⑦ 與非縮印本已有所差異，不可一視同仁。

---

① 此鈔本後又藏於江南圖書館，今藏北京國家圖書館（索書號：10101）。
② 錢曾此文原題於卷一子目之下（見國家圖書館所藏鈔本，索書號：10101），《四部叢刊初編·子部》影印本將此文移於書末，不當。
③ 見《四部叢刊初編·子部·潛夫論十卷》。
④ 《潛夫論箋·凡例》，北京：中華書局，1979年；《潛夫論箋校正·凡例》，北京：中華書局，1985年。
⑤ 王寧主編：《評析本白話鹽鐵論·潛夫論》，北京：北京廣播學院出版社，1992年，第164頁。
⑥ 上海古籍出版社《諸子百家叢書·出版説明》謂其影印的《潛夫論》是"述古堂影宋寫本"，這種説法不符合實際。因爲該本承襲了《四部叢刊》縮印本中新産生的筆畫缺損字，所以該本實是《四部叢刊》縮印本的影印本。
⑦ 如25.6的"卯"誤爲"卯"，30.13的"夭"誤爲"天"。

## 二、其他明清刻本

### (一) 萬曆程榮刻《漢魏叢書》本（下簡稱"程本"）

程榮萬曆時校刊的《漢魏叢書》中有《潛夫論》十卷。該書前有"潛夫論目録"，次為正文。其正文每卷第一行題"潛夫論卷第×"，第二、第三行題"漢安定王符著""明新安程榮校"，所以該本甚易識别。該書無序跋，祇在最後有箇附録，節録了《後漢書》中的《王符傳》。

程榮本的文字與明刻仿宋本、魁本、馮本有同又有異，更值得注意的是仿宋本、魁本之葉次錯亂處它没有錯亂，所以其底本應該與上述仿宋本之底本不同，可能是根據另一部葉次未錯亂的宋刻本或元刻仿宋本翻刻而成的，所以其校勘價值較高。當然，其中的文字也可能被程榮校改過了。更别致的是，其版式也改成了九行二十字，這不但不同於明刻仿宋本的十行十八字，而且也不同於魁本的九行十七字。程本的版式影響很大，後來何允中和王謨刻《漢魏叢書》時均沿襲了這種行款。至於其文字，不但影響到何允中、王謨所刻的《漢魏叢書》，而且影響到《四庫全書》本以及汪繼培的《潛夫論箋》。可以説，程本開創了明代以後《潛夫論》的另一版本系統，與明刻仿宋本具有不相上下的版本價值。

上海涵芬樓在乙丑年（1925）八月影印了程榮校刊的《漢魏叢書》，所以該本已不難看到。吉林大學出版社1992年12月出版了《漢魏叢書》影印本的縮印本，也可利用。

### (二) 崇禎何允中刻《漢魏叢書》本（下簡稱"何本"）

何允中於崇禎年間刊刻的《漢魏叢書》，顯然是在程榮本的基礎有所增廣而成，所以清代嘉慶年間（1796—1820）重刊時改題"廣漢魏叢書"，[①] 後世因此把何允中原刊本也改稱為《廣漢魏叢書》，以便與程榮的《漢魏叢書》相區别，這其實是一種不太嚴謹的説法。

汪繼培將何允中本當作"何鏜本"，而説"王符《潛夫論》行於今者，有明程榮本、何鏜本"；[②] 後人未審而承襲其誤，説"汪氏據元大德新刊，校以《漢魏叢書》程榮、何鏜二本"，[③] 或説"明代有程榮、何鏜兩種《漢魏叢書》本"。[④] 這些誤説均當予以澄清，因為何鏜祇編輯過《漢魏叢書》而未曾刊刻過，在程榮以後刊刻《漢魏叢書》的是何允中而

---

① 上海圖書館既藏有何允中所刻的《漢魏叢書》（索書號：長84920—79），也藏有嘉慶重刊的《廣漢魏叢書》（索書號：313098—193）。
② 見汪繼培：《潛夫論箋序》。
③ 《潛夫論箋·凡例》，北京：中華書局，1979年；《潛夫論箋校正·凡例》，北京：中華書局，1985年。
④ 王寧主編：《評析本白話鹽鐵論·潛夫論》，北京：北京廣播學院出版社，1992年，第164頁。

非何鏜。這一點何允中在其輯刊的《漢魏叢書》"漢魏叢書總目"後的按語中說得很明白。其文云：

> 叢書彙自括蒼何先生鏜，版行則新安程氏。漢魏去古未遠，典雅閎博咸足羽翼經史，代自為論，人自名家，非稗官瑣說可擬。何氏舊目百種，程氏僅梓三十七。兹搜益其半，內如《三墳》《周書》，雖病不類似，以魏晉注收，《序》謂見漢承秦之遺風，論亦當矣。往見緯真氏別本，分典雅、奇古、閎肆、藻豔四家，以類從，殊為鉅觀。恐失作者意，兹仍何氏經、史、子、籍舊目云。武林何允中識。

何允中刻本現無影印本，所以其面目較難見到。該書雖然也在書首刊有萬曆壬辰（1592）屠隆的《漢魏叢書序》，但它顯然襲自程榮的《漢魏叢書》（祇是將程榮本的楷體改成了宋體），所以該序祇能說明程榮的《漢魏叢書》刻於萬曆壬辰（1592）之後，而不能說明何允中本刻於萬曆壬辰。有人認為該書刊於萬曆二十年（即壬辰年，1592年），① 實為囿於屠序而導致的誤說。何允中，仁和（今杭州市）人，天啓二年（1622）進士，故其書應該刊於天啓二年之後。天啓僅七年，由此推測，其書應該刊於崇禎年間。施廷鏞《中國叢書知見錄》在何允中所刊的《漢魏叢書》下題"明崇禎""刊本"，② 當無誤。

何允中本《潛夫論》，③ 其版式與程榮本大體一致，即九行二十字，白口，左右雙邊。其不同之處主要有如下幾點：一是將程榮本的"潛夫論目錄"改題為"潛夫論總目"，將程榮本目錄中的"第×卷"改成了"卷×"，并將其中的篇第刪去，其中的文字也有改動，如"明"被改為"眀"，"微"被改為"微"，"夢"被改為"夢"，但將程本目錄中的"讚學第一"和"五德第三十四"改成"譜學"和"五美志"顯然是失誤了。二是刪去了程榮本每卷卷首"漢　安定王符著""明　新安程榮校"兩行字，而在卷一第二行標"漢　安定王符著　黃嘉惠閱"。三是將程榮本中的一些俗體字、古體字改成了正體字，也有一些文字被校改了，這說明何允中刊刻時由黃嘉惠作了認真的修訂，但也有失誤之處，而這些文字方面的修改又大多為邵孟遴校本所承襲。汪繼培說"何本出於程，不為異同"，④ 其實并

---

① 見上海圖書館編：《中國叢書綜錄》（一），北京：中華書局，1959年，第42頁；古風所撰《〈漢魏叢書〉的編纂與增訂》，見《增訂漢魏叢書；漢魏遺書鈔》，重慶：西南師範大學出版社，上海：東方出版社，2011年，第1冊，第2頁。
② 見施廷鏞編著：《中國叢書知見錄》，北京：北京圖書館出版社，2005年，第1冊，第244頁。
③ 上海圖書館藏有這種版本（索書號：長84953），復旦大學圖書館藏有這種刻本的殘本（殘存卷四、卷五，索書號為600033：2）。
④ 見汪繼培：《潛夫論箋序》。

非如此。四是在某些文句右側加有圈點或句讀，在天頭加有少許批語。① 至於嘉慶年間（1796—1820）重刊的《廣漢魏叢書》中的《潛夫論》，則對何允中刊本中的目錄有所訂正，如將何本的"譜學""五美志"改成了"讚學""五德志"；此外還刪去了何本中的"黃嘉惠閱"和天頭的批語。我們可以據此來辨別何氏崇禎原刻本與嘉慶翻刻本。

（三）**乾隆張鎮、方恒刻本及其翻印本**

乾隆甲戌（1754）鎮原張鎮、方恒等據《漢魏叢書》本重刊了《潛夫論》。如今《漢魏叢書》尚存，所以這種本子似乎沒有什麼校勘價值，因而不為藏書家所重，乃至如今消失殆盡而很難見到了。其實，正如張鎮、方恒所撰的"刻《潛夫論》例言"第二條所說："原刻文字多差訛，魯魚亥豕莫可悉數。至其《交際》《明忠》《德化》三篇，每篇中各有數段與本篇意義無涉、文理不貫，乃三篇互相參錯；而《慎微》《志氏姓》二篇，各本篇中又多顛倒紊亂。邑侯江左周父師暨幕賓廣川孟祥劉先生悉心校讎，差訛者正之，錯亂者序之。其餘猶有不協之處，既乏善本可覈，又非紬繹能明，姑仍其舊，或留空格，以俟高明酌訂。"應該說，該本經過周泰元、劉孟祥的校勘，移正了一部分錯亂的原文，打破了程本、何本等祇校改箇別文字的格局，其校讎之功還是值得稱道的。如該本將舊本《慎微》中"小人以小善謂無益而不為也"至"致死亡非一也"一段移於上文"惡不積不足以滅身"之下，并刪去"小人以小善謂無益而不為也"之上的"足以滅身"四字和"致死亡非一也"之下的"世品人遂"四字，就和汪繼培的移正相合而刪字略有不同（汪繼培未刪去"世品人遂"四字）。又如該本將舊本《德化》中的"己之所無不以責下"至"競於驕僭貪樂慢傲"一段移於《交際》"所謂恕者"之下，其後再緊接《交際》的"治賈一倍以相高"，也與汪繼培的移正大體相合。如此校正，實開《潛夫論》校勘史上移正文字之先河，其初創之功誠不可沒。祇是從總體上看，其勘正之處未超出或未優於汪繼培的《潛夫論箋》。

此外，該本序跋文字頗多，依次有：賜進士出身、翰林院庶吉士李方泰乾隆甲戌（1754）端月所作的《刻潛夫論序》，周泰元《序》，賜進士出身、文林郎、知鎮原縣事謝閶祚乾隆十七年（1752）秋七月所作的《序》，路于兖《刻潛夫論序》，賜進士出身、候選知縣張士育乾隆十九年（1754）清和月所作的《刻潛夫論序》，方承統（方恒之父）乾隆十九年閏四月所作的《刻潛夫論序》，張鎮、方恒乾隆十九年夏五月所作的《刻潛夫論跋》。今錄其較有價值者三篇以供參考。由於我們未能見到原刻本，所以這些序跋文字是根據1937年翻刻本轉錄的。應該說明的是，中華書局1979年出版的《潛夫論箋》和1985年出版的《潛夫論箋校正》也附錄了這三篇序跋，但其轉錄的文字頗多任意刪改之處。今照

---

① 如在卷一第一葉《讚學》"人之有學也"上批"此與《顏氏家訓》皆以《勸學篇》首"，在卷二第三葉《考績》"弓不試則勁撓誣"上批"詞氣茂密，猶是漢人之語"，在卷四第六葉《述赦》"常先遣馬分行市里"上批"亦備故事"。

録其原文而不加刪改，以便讀者見其全文。

## 刻潛夫論序

余自蚤歲受讀《昌黎文集》，即識後漢三賢名；追讀范史，始得詳其里居世次及其著述文章；而潛夫先生者，尤（按：當作"又"）吾鄉邑臨涇人，其景慕尤甚焉。臨涇在今鎮原縣，縣治之北百數十步有潛夫山，山上有亭曰思潛亭，山後有墓曰潛夫墓。余以躬養之暇，蓋嘗至其地，登其亭，訪其事，悠然想見其為人，未嘗不流連志之。夫先生一布衣耳，而又丁漢室之衰，非有豐功偉烈足以耀當時而垂後世也。而度遼一迎，榮流當代；昌黎一贊，名炳儒林。夫豈無所修為而令人愛慕一至此歟？然吾猶疑為一代所推許而或非百世人心之所痌思也，猶疑為儒林所推尊而或非百世帝王之所引重也。至辛未，捷南宮，當今試士於保和殿，賦以後漢三賢制題，即以泰之不敏，亦嘗備數而獻賦焉，則其所重，不從可知乎？嗚呼！先生志節文章可謂昭千古矣，名足以倒皇甫之屣而不足以解時人之輕，詣足以光退之之筆而不足以縮半通之綬，學足以動千百世聖天子之謳思而不足以邀當時庸君妒相之一盼。蓋先生之所能為者，天也；而所不能為者，人也；人能困潛夫以潛者，其時也；而不能困潛夫以潛者，其文其德也。甲戌夏，原人將刻其全論若干篇，友人張子洛西、方子月如、張子定侯祈序於余。余曰："吁！是余之責也夫。"余職列詞館，凡有關國家政治之大、人物風俗之美者，分宜修明而表章之，矧以斯論之鏞，一事而三善備焉，敢以學殖謭陋而自諉不能歟？我皇上崇儒重道，微顯闡幽，使千百年久晦遺書燦然復明於世，則文治之洽也。宰是邑者，能體天子之心以為心，勸農課士之暇，首舉其鄉之先達者以為多士法，則邑令之明也。邑士人能不吝其所有，赴義捐金，急所先務，使先賢著作不至消蝕殆盡，則儒風之盛也。嗟乎！覩斯刻者，其必不以余三善之言為少謬矣，又寧至望古遙集、疑范史五篇為未備、昌黎一贊為虛文也哉？余因具述幼之所聞與長之所見而歷歷可據者以著於篇端。

皆乾隆甲戌端月上浣之吉　　賜進士出身、翰林院庶吉士加一級、北地李方泰序

## 序

《易》曰："潛之為言也，隱而未見，行而未成，是以君子弗用也。"然觀樂行憂違，則知龍德而隱，必其器識百倍於流俗，雖終其身不求聞達，而本立德以立言，自可與立功者并垂於不朽。潛夫王先生，安定臨涇人也。其本傳載於《後漢書》，其論三十餘篇，僅傳其五，而其全編則見於《漢魏叢書》。余向讀其論，見其剴切詳明，奧衍宏深，道德經術無所不備，未嘗不掩卷太息，而想見夫潛之所以為潛也。夫世之潛者

多矣，其真能潛者抑又難矣。彼夫懷鉛握槧，閉門作賦，術同獺祭，技類雕蟲者，姑不具論。他如洗耳沉淵，枕流漱石，理亂則委於不知，時事則置若罔聞，儉德括囊，無咎無譽；又或汲引無人，鬱鬱不得志，敢為排擊橫議，徒以自鳴其不平；如是以為潛，潛豈有當哉！壬申冬，余筮仕鎮原，抵任，閱邑乘，知鎮邑即古之臨涇，署之北為潛夫山，山之原有潛夫墓，余以時陟其山，拜其墓，見其祠宇就傾，略為補葺。竊以先生之學、先生之才之識，其在漢也，詎不足以獵通顯、博富貴？乃遯世無悶，遺佚長終，迄於今，苗裔無徵，書缺有間，千秋萬歲，古人所以深嘆於寂寞也。歲甲戌，諸生出其全編，謀授梓人，余閱之，知其為《叢書》本也。其中陰陶、帝虎、魚魯、亥豕所在過多，余孤陋寡（按：當作"寡"）聞，與文學劉君（弘興孟祥氏，廣川人），各以所知者訂其一二，其餘一仍舊編，付之剞劂，凡三閱月而工竣。且以問序於余。余謂先生往矣，非夫世家舊族不能藏其書，非夫好學深思者不能知其義。今諸生闡揚前徽，壽諸梨棗，豈或阿其所好、僅以是為桑梓光己者？亦以先生立德立言、功實不朽、必有默相是書之成者，則《易》所稱"龍德而隱者也"。微斯人，其誰與歸？抑吾聞之，讀其書者友其人，以潛夫為鄉先生，沒而祭於社也。諸生快讀其書，其亦有聞風興起、好學立志、耿介不同於俗者乎？余既喜是書之重刊，且於諸生有厚望焉。祝其魯堂周泰元

### 刻潛夫論跋

吾鄉潛夫先生，後漢懿士也。本傳稱其著論三十餘篇，而邑乘僅載其五，思欲搆其全集，而山陬僻壤，家鮮藏書，每興文獻無徵之感。丙寅冬，應試平郡，偶得之於市肆殘編中，急購致之，如獲琪璧，蓋不啻當年皇甫度遼聞先生至而躧履出迎也。因思秉懿之好，人有同心，鎮邑之人無不欲讀先生之書，且欲讀先生之書者猶不止於鎮邑之人也，非重刊何以廣同好？進而謀諸鄉先達，亦僉曰"可"。前邑侯謝父師為之序，但集中字多舛訛，弗克校讎，未敢冒昧從事。今邑侯祝其周父師暨廣川孟祥劉先生詳加參訂，多所更正。於是邑之紳士踴躍釀資，遠徵梓人而剞劂之。始事於甲戌三月，至閏四月而告竣。自是鎮邑之人無不獲讀先生之書，而獲讀先生之書者，且不僅在鎮邑之人矣。與眾共之，快孰大焉！雖然，讀其文當思其人。苟爭自濯磨，仰潛山而景行之，將人人懷士君子之行，後之視今，亦何異今之視昔。是則予兩人之志也夫。

皆乾隆十九年，歲次甲戌，夏五月吉旦

同里後學 張鎮方恒 謹跋

乾隆甲戌刻本之原版已毀於同治年間（1862—1874）之兵燹。1937年，甘肅第六區行

政督察專員、武威縣縣長袁耀廷見慕壽祺有舊刻本,恐其失傳,便重付鉛印數百部,於是該本又稍得流傳。上海圖書館藏有該翻印本(索書號:長023112)。該本前有慕壽祺民國二十六年寫的《重印潛夫論序》,陸軍騎兵第五軍軍長、甘新公路督辦馬步青於"抗戰建國之二年"寫的《潛夫論跋語》,袁耀廷於"國紀二十有六年重陽節後"寫的《重印潛夫論序》;然後是上文介紹的乾隆甲戌刻本中的七篇序跋;再次為《潛夫論總目》,張鎮、方恒寫的《刻潛夫論例言》,范蔚宗《後漢書·潛夫本傳》,唐韓退之《後漢三賢贊》之一。由於該翻印本已不多見,故今錄慕壽祺之序文於下,以便讀者觀覽。

## 重印潛夫論序

《潛夫論》十卷,鄉先正王節信譔。自《贊學》《務本》而訖乎《五德》《姓氏》,終之以《敘錄》,為篇三十有六,都六萬餘言,體大思精而言近旨遠,允可謂萬物畢羅矣。祺之少也,先府君授此篇而詔之曰:"小子識之,是為鄉先正之鉅著,名以'潛夫',有遭時不偶、遵養時晦、寓悲憫於隱逸之中、深得好學守道之訓者也。"長而研索其義,乃愈識其深造以道,獨有千秋矣。漢之季世,威柄下移於奄宦,貂璫刑餘之徒,挾城狐社鼠之威,手握王章,口含天憲,囚戮正士,朝廊為空。當此之時,漢幾亡。賴清流諸賢,同矢忠貞,共伸義憤,正道直言,於鈎黨禁錮三木囊頭之下,可生可殺,而志不可奪,節不可貶,浩然之氣塞於天地,小人道長而君子義伸,東漢節義之風洵可與日月爭光。然標榜君顧陳及之名,互相引重,由君子之好名激而成小人之嗜殺,人之云亡,邦國殄瘁,責備賢者,實不能曲為諸賢諱。以節信之才之氣,使當時揚於王庭,危言正誼,固足以褫群奄之魂而奪其魄;處亂世而好多言,亦足以觸群奄之怒而賈之禍;其不與李固、杜喬、范滂、李膺、馮緄、劉祐諸正士同陷於權奄網箝之下者,蓋已難矣。倘不幸而移於習俗,破觚為圓,又將與馬融、班固墮落於梁、竇之門,為清流所共棄,不更危哉?幸而終老山林,隱淪以終其身,深閟固藏,邈焉窮處。目擊夫時事之日非也,主聽之不聰也,讒慝之蔽明也,邪曲之害公也,方正之不容也,大廈之將傾非一木之能支也。隱憂竊嘆,追原亂本,隱痛黨人標榜之習,雅不願以超然物外之身投諸塵垢粃糠、自困於罼之縠中。其身長遯,其名長寂,并其學亦藏之名山,不肯自衒於亂世,荒山草屋,矻矻窮年,藉保全其淡定之天求,所謂育物之仁,經邦之禮,以明乎上下古今興亡得失之故、製作輕重之原,大而體國經野、尊主庇民之道,小而立心制行、明禮達用之學,無不探本窮原,言之有物,示後人共由之坦途。生乎君子道消之時,獨能善道以自守,既不以危言危其身,尤能以立言垂不朽。《乾》之"初九"曰:"潛龍,勿用。"孔子繫之曰:"龍,德而隱者也。不易乎世,不成乎名,遯世无悶,不見是而无悶。樂則行之,憂則違之,確乎其不可拔,潛龍也。"潛夫以之,此潛夫之所以為潛而以名其論者也。船山王氏曰:"天下之言道者,激俗而故反之,則不見;偶見而樂持之,則不經;鑿慧而數揚之,則不祥。三者之蔽,為先秦諸子所共受。"雖文章之變化莫妙於《南華》,而詞賦之源流莫高於屈、宋,但《外篇》《雜篇》既多詆呵聖賢之言,《九歌》《九章》率多指斥君國之語,君子弗道也。此編則平正淵雅,博洽精密,較賈誼之經制而進於醇,無劉向之激憤而袪其諷。至於《釋難》本(按:當作"《務本》")諸篇,又有似乎揚雄而無劇秦美新之嫌。正氣勁節,磅礴而作為文章,粹然立醇儒之名,去三蔽而言成一家,卓然為秦、漢以來篤論,不其偉乎?老子曰:"學不學,復眾人之所過。"莊子曰:"以無用為有用,故能全其天年。"潛夫此論,其庶乎得儒者之大體,兼老、莊之妙用,而善處濁世,皭然泥而不滓者也。祺生也晚,未獲親承聲欬奉教,於鄉賢之堂讀其遺書於千載下,藉慰私淑之忱悃,亦云幸矣。蓋以先生之名,潛於當世而不能潛於後世者,獨賴此編之存,以之信今而傳後。邑人袁君耀廷,以原板零落,恐遂湮沒,重印若干部,公諸同好,俾後之讀者有所觀感而興起焉。保存文獻,或可以告無忝於先正。重印告成,祺述其原委於端,非敢僭以為序,抑以寓高山仰止之意焉耳。先民是式,而父書勉讀,回首趨庭之訓,為之悠然神往矣。

  中華民國二十六年丁丑秋七月　　　　　同里後學慕壽祺謹序

### (四) 乾隆文淵閣《四庫全書》本及摘藻堂本

  乾隆三十七年(1772)敕輯的《欽定四庫全書》是鈔本。現在容易見到的《四庫全書》中的《潛夫論》有兩種:

  一是於敏中等乾隆三十八年(1773)所輯的《摘藻堂四庫全書薈要》本,其中的《潛夫論》抄校於乾隆四十一年(1776),今藏(臺灣)故宮博物院。臺北世界書局於1988年出版了《景印摘藻堂四庫全書薈要》,《潛夫論》裝訂於第277冊(子部第32冊),列於雜家類而位於《淮南鴻烈解》《論衡》之後。

  二是抄校於乾隆四十四年(1779)的《文淵閣四庫全書》本。該鈔本今藏(臺北)故宮博物院,臺灣商務印書館於1986年出版了《景印文淵閣四庫全書》,《潛夫論》裝訂於第696冊,列於子部儒家類。上海古籍出版社又在1987年將臺灣商務印書館的16開影印本縮印成32開本出版,故該本現在流傳甚廣。該本雖不無臆改之處,但其中有些文字與程榮本、馮舒本不同而與陳深本等相同,且與後來的邵孟遴本、陳春本相合,可見該本也頗費了一番校勘工夫,具有較高的參考價值。

  《四庫全書》的編纂者在《提要》中對《潛夫論》有所考證和評論,這種考證和評論對後來的學術界影響不小,所以現將其《提要》錄於下。要說明的是,其提要實有兩種:

一種是《潛夫論》書前的提要，現在容易見到的既有抄校於乾隆四十一年（1776）的《摛藻堂四庫全書薈要》本，又有抄校於乾隆四十四年（1779）的《文淵閣四庫全書》本。兩者文字大體相同而以後者為優。另一種是後來排印的《四庫全書總目》中的提要，現在容易見到的既有臺灣商務印書館1986年版《景印文淵閣四庫全書》本（載於第3冊），又有中華書局1965年影印的浙江本，兩者均有刪改與誤字，僅箇別字的訂正可取。今據《景印文淵閣四庫全書》第696冊將《潛夫論》書前的提要錄於下以供參考，其中訂正之處另加注説明之。

　　臣等謹案：《潛夫論》十卷，漢王符撰。符，字節信，安定臨涇人。《後漢書》本傳稱："和、安之後，世務遊宦，當途者更相薦引，而符獨耿介不同於俗，以此遂不得升進，志意蘊憤，乃隱①居著書三十餘篇，以譏當時得失，不欲章顯其名，故號曰《潛夫論》。"今本凡三十五篇，合《敘錄》為三十六篇，蓋猶舊本。卷首《贊學》一篇，論勵志勤修之旨；其中《五德志篇》，述帝王之世次；《志氏姓篇》，考譜牒之源流；以及《卜列》《正列》②《相列》《夢列》四篇，亦皆雜論方技，不盡指陳時政。范曄所云，舉其著書大旨爾。符生卒年月不可考。本傳之末，載度遼將軍皇甫規解官歸里符往謁見事。規解官歸里，據本傳在延熹五年，則符之著書在桓帝時，故所説多切漢末弊政。惟桓帝時，皇甫規、段熲、張奐諸人屢與羌戰，而其《救邊》《邊議》③二篇乃以避寇為憾，殆以安帝永初五年嘗徙安定、北地郡，順帝永建四年始還舊治，至永和六年又内徙。符，安定人，故就其一鄉言之耶？然其謂"失涼州則三輔為邊，三輔内入則弘農為邊，弘農内入則洛陽為邊，推此以相況，雖盡東海猶有邊"，則灼然名論，足為輕棄邊地之炯鑒也。范曄錄其《忠貴》《浮侈》《實貢》《愛日》《述赦》五篇入本傳，而字句與今本多不同，晁公武《讀書志》謂曄有所損益，理或然歟？曄以符與王充、仲長統同傳，韓愈因作《後漢三賢贊》。今以三家之書相較，符書洞悉政體似《昌言》，而明切過之；辨別是非似《論衡》，而醇正過之。前史列之儒家，斯為不愧。惟《賢難篇》中稱鄧通吮癰為忠於文帝，又稱其欲昭景帝之孝反以結怨，則紕繆最甚，是其發憤著書，立言矯激之過，亦不必曲為之諱矣。乾隆四十四年五月，恭校上。

總纂官臣紀昀、　臣陸錫熊、　臣孫士毅
總校官臣陸費墀

---

① 隱：《景印文淵閣四庫全書》第696冊作"隱"，據《景印摛藻堂四庫全書薈要》第277冊之文改。
② 正列：當作"巫列"。
③ 邊議：《景印文淵閣四庫全書》第696冊作"議"，據《景印文淵閣四庫全書》第3冊《四庫全書總目》之文改。

此外，清永瑢等《欽定四庫全書簡明目錄》卷九所載之《潛夫論》提要雖然簡略得多，也可資參考，故今據臺灣商務印書館1986年版《景印文淵閣四庫全書》第6冊將其文錄於下。

  《潛夫論》十卷
  漢王符撰。凡三十五篇，又《敘錄》一篇。符遭逢亂世，以耿介忤俗，發憤著書。然明達治體，所敷陳多切中得失，非迂儒矯激、務為高論之比也。

**（五）乾隆王謨刊《增訂漢魏叢書》之邵孟遴校本（下簡稱"邵本"）**

  王謨乾隆辛亥（1791）輯刊的《增訂漢魏叢書》中的《潛夫論》在卷一第一葉第二行題"漢　安定王符著　都昌邵孟遴校"。該本之行款、用字與何允中本基本相同而與程榮本不同，可知其出於何本，但其刊刻比何本精良，且加了句讀。從文字來看，邵孟遴也有不少校改，而大多數的校改祇是在何本的基礎上剜補而成，僅卷七、卷八少數幾葉因增補文字之後其換行與何本有異。

  要注意的是，該書刻於乾隆之時，故避"玄""弘""曆"等字，其"玄"字被改為"元"，① 而作為偏旁或部件的"玄"則缺其末筆的一點，② 其"弘"字被改為"宏"，③ 其"曆"字被改為"歷"或"歴"，④ 這顯然是為了避康熙玄燁和乾隆弘曆的諱而改，不足為憑。

  特別應該説明的是，邵孟遴校本的初印本現已罕見，如今能見到的大都是後來重印而有錯版的《增訂漢魏叢書》本。鑒別重印本與初印本最容易的辦法是：看《潛夫論》中卷五第七葉和第八葉是否有錯版。其初印本第七葉、第八葉的上面六字和下面十四字不錯（如第七葉第一行"矢戈兵用戒作"與"則用逖蠻方"相連而不錯，第八葉第一行"此其所以人懷"與"沮懈不肯復死也"相連而不錯），重印本則由於該兩葉斷版後拼版拼錯了，所以將其第八葉上面六字和第七葉下面十四字合成了第七葉（如第七葉第一行成了"此其所以人懷"與"則用逖蠻方"相連），又將其第七葉上面六字和第八葉下面十四字合成了第八葉（如第八葉第一行成了"矢戈兵用戒作"與"沮懈不肯復死也"相連）。我們祇要

---

  ① 如其卷八第18葉"玄鳥""玄冥""玄珪"之"玄"均被改為"元"。
  ② 如其卷一第6葉之"衒"，卷二第13葉之"眩"、第14葉之"炫"，卷三7葉之"畜"，卷四4葉之"蓄"、第14葉之"衒"，卷五第8葉、第12葉、第14葉、第18葉之"蓄"，卷八第11葉之"蓄"、第20葉之"眩"，卷九第6葉、第15葉之"蓄"，其中的"玄"均無末筆的一點。
  ③ 如其卷一第13葉"公孫弘"之"弘"、卷四第7葉"可弘"之"弘"、卷五第10葉"弘農"之"弘"均被改作"宏"。
  ④ 如其卷六第6葉"曆數"之"曆"、卷八第18葉"曆數""曆正"和第20葉"曆象"之"曆"均被改作"歷"，其卷九第1葉"命曆"之"曆"被改作"歴"。

看一下這兩葉，就可以判定它是否為初印本。

重印本《增訂漢魏叢書》中的《潛夫論》有王謨所撰的跋，該跋另葉印製，① 今將其文錄於此（原無標題）以供參考。

　　右王符《潛夫論》十卷。符，字節信，安定臨涇人。《後漢書》以王充、王符、仲長統三人合傳而論之曰："百家之言政者尚矣。數子之言當世失得究矣，然多謬通方之訓，好申一隅之說。貴清淨者，以席上為腐談；束名實者，以柱下為誕辭。或推前王之風，可行於當年；有引敘散之規，宜流於長世。稽之篤論，將為敝矣。"因取符書《貴忠》《浮侈》（按：當作《浮侈》）、《真實》（按：當作《實貢》）、《愛日》《述赦》等五篇，以為足以觀見當時風政，頗潤益其文。符以在安、和之世，耿介不同於俗，遂不得進，隱居著書三十六篇，以譏當世得失，不欲彰顯其名，故號曰《潛夫論》。今考全書，篇目具在，亦不專論時政。如《卜列》《正列》（按：當作《巫列》）、《相列》《夢列》諸篇，亦如《論衡》之有《書虛》《變虛》《龍虛》《雷虛》等篇；其《五德志》《志氏族》（按：當作《志氏姓》），又如《大戴禮記》之有《五帝德》《帝繫姓》），洵通儒博雅之書也。本傳雖不言符治何經，但考其所引《詩》，如"聽我敖敖""維葉握握""用戒作則""王薦之事，于邑于序，南國為式"；以《行葦》為公劉仁德廣被，仲山甫"城彼東方"謂"山甫文德致昇平而王封以樂土"，《檜風‧羔裘》為閔其痛悼，《匪風》為冀君先教；又云"忽養賢而《鹿鳴》思，背宗族而《采繁》怨"，多與《毛詩》文義有異，而於三家《詩》中與《韓詩》為近，然則符亦治《韓詩》者也。汝上王謨識。

王謨輯刊的《增訂漢魏叢書》甚為後人所重，所以後來又有一些重刊本，如光緒二年（1876）紅杏山房刊本、宣統三年（1911）上海育文書局石印本、大通書局石印本等。如今王謨本尚存，所以這些重刊本就毫無校勘價值可言了。

西南師範大學出版社、東方出版社於2011年9月出版了王謨所輯的《增訂漢魏叢書：漢魏遺書鈔》，由於該本為影印本，所以也可以利用。其不足之處是所選底本為重印本，故字迹不清，且《潛夫論》卷五第七葉與第八葉的錯版也未能移正。

### （六）光緒崇文書局刻《子書百家》本及其翻刻本

光緒紀元（1875）夏月湖北崇文書局所刻的《子書百家》中也有《潛夫論》十卷，該本既無序跋又無注，其文字出入於何本、邵本之間，其錯亂與明清時期的白文本相同，所

---

① 有的翻刻本將其跋裝訂於《潛夫論總目》之前，但其文云"右王符《潛夫論》十卷"，可見此為跋而非序。

以沒有什麼價值。不過，其流傳也頗廣。民國元年（1912）湖北官書處出版的《潛夫論》，就是用崇文書局的刻板進行重印的，其不同之處祇是將原來的隸書版記"光緒紀元夏月湖北崇文書局開雕"剜改成了新的隸書版記"中華民國元年鄂官書處重刊"，由此也可看出當時政治局勢對出版業的影響。

此外，民國八年（1919）上海掃葉山房石印的《百子全書》中的《潛夫論》十卷，是崇文書局本的翻刻本，其不同之處是將崇文書局本的宋體字都改成了手寫楷體字。浙江人民出版社於1984年、2013年影印過掃葉山房石印本，所以該本如今甚易見到，祇是其毫無價值可言。

## 三、歷代節選本

自南朝范曄撰《後漢書》摘錄《潛夫論》之文開始，出現了一些節選《潛夫論》篇章的著作。現將我們見到的一些節選本介紹於下。

（一）**南朝范曄所撰《後漢書》**

南朝宋范曄所撰《後漢書》卷四十九《王充王符仲長統列傳》在記述王符事跡的同時，節錄了《貴忠篇》《浮侈篇》《實貢篇》《愛日篇》《述赦篇》中的文字，其篇目的名稱和排序都和今本稍異，而其中文句則與今本差異較大。晁公武《郡齋讀書志》認為范曄在節錄《潛夫論》時"頗潤益其文"，當為事實。因此，其引文可作為校勘材料，但不宜將它與《潛夫論》原稿一視同仁。

（二）**唐代魏徵等所輯《群書治要》**

唐代魏徵等所輯的《群書治要》卷四十四節錄了《潛夫論》之文。其引文雖然不題篇名，但引自不同篇的文字各自為段，所以其篇目條理仍然清晰可見。其引文涉及《贊學》《務本》《明闇》《思賢》《潛嘆》《勸將》《明忠》《德化》等八篇，次序與今本同。其中文句與今本頗有差異，可以用作校勘的資料。特別珍貴的是其《明忠》的引文尚未錯亂，可用來訂正上述明、清刻本中的錯亂。① 這種現象說明，《群書治要》所據底本是較為完善的，《潛夫論》在唐代尚未錯亂。

現在容易見到的《群書治要》善本有上海涵芬樓影印的日本尾張藩刻本，見《四部叢刊初編》子部。上海古籍出版社2002年版《續修四庫全書》第1187冊有《群書治要》縮印本，也可利用。

---

① 《群書治要》所引《明忠》之文，有些文字在上述明、清刻本中被錯入了《德化》《交際》中。

### （三）唐代馬總所編《意林》

唐代馬總編集的《意林》卷三引有《潛夫論》之文，祇是其引文大都為簡短的摘句，且多刪改，所以其校勘價值不如其他的節選本。但由於其引文集中編排，與《藝文類聚》《太平御覽》等分散編排的類書有所不同，所以仍然可歸入節選本之列。其引文涉及面甚廣，也從另一箇側面很好地反映了《潛夫論》在唐代的流傳情況。

《意林》的引文有21條，涉及17篇：第1條不見於今本，故今輯入附錄一之佚文中，是頗具價值的珍貴資料，它説明唐代流傳的《潛夫論》較為完善而尚無缺損。第2條引自《賢難》，第3條引自《明闇》，第4條引自《考績》，第5條引自《思賢》，第6條引自《忠貴》，第7條、第8條引自《實貢》，第9條引自《述赦》，第10條引自《愛日》，第11條引自《救邊》，第12條引自《實邊》，第13條引自《卜列》，第14條引自《相列》，第15條至第17條引自《交際》，第18條引自《德化》，第19條引自《五德志》，第20條、第21條引自《志氏姓》。由此可見，其引文雖然不題篇名，但其所據底本的篇目次序是與今本相同的。這説明《潛夫論》在流傳過程中并沒有多大的變故發生。

現在容易見到的《意林》善本有上海涵芬樓影印的武英殿聚珍版本，見《四部叢刊初編》子部。

### （四）明代隆慶沈津所輯《百家類纂》

明清時期除《潛夫論》全刻本外，還有一些節選諸子百家之文的選本也選有其文。這些選本往往是作為普通的文學讀本問世的，所以一般來説，在古籍考校方面并沒有多少價值。但是，其中有些本子由於刊刻較早，現在也往往被視為善本；更由於其選文雖大都出入於《後漢書》引文和其他明刻本之間，但某些本子（如《諸子品節》）也有獨特之處而具有一定的參考價值。因此，我們在此擇要介紹幾種，以便讀者大致瞭解其是非優劣。

隆慶元年（1567）含山縣儒學所刻的沈津《百家類纂》卷九選有《潛夫論》。選文前的《〈潛夫論〉題辭》雖云"晁氏曰"，但其文與今傳晁公武《郡齋讀書志》之文不甚一致，故今錄於下以供參考。

《潛夫論》題辭

晁氏曰：後漢王符撰。符，字節信，少好學，有志操，與馬融、張衡、崔瑗輩友善。自安、和之後，世務游宦，當塗者更相薦引，而符獨耿介不同於俗，遂不得進。乃隱居著書三十餘篇，以譏當時失得，不欲章顯其名，故號曰"潛夫"。范曄取其五篇著之漢史，以為足以觀見當時風政，頗潤益其文。後韓愈亦贊其《述赦》旨意甚明云。

其後的選文在"潛夫論"書名之上題"儒家類"，而其所選文字即《後漢書》所節錄的《貴忠篇》《浮侈篇》《實貢篇》《愛日篇》《述赦篇》之文，其中衹有箇別文字與今本《後漢書》不同。因此，該選本的校勘價值不大。齊魯書社 1995 年將《百家類纂》收入《四庫全書存目叢書》子部第 127—128 册影印出版，所以此書現在容易見到。

選輯《後漢書》所引《潛夫論》之文的現象在明代常見，如焦竑所輯《兩漢萃寶評林》下卷、陳繼儒所選《先秦兩漢文膾》卷五都選輯了《後漢書》中的《貴忠篇》《實貢篇》。這種選本對於研究《潛夫論》而言没有什麽價值，所以不再另行介紹。

### （五）明代萬曆陳深所刻《諸子品節》

明代陳深（字子淵）所刻的《諸子品節》，書前有陳深所撰之《諸子品節序》，該序末所署的時間因印本的不同而有差異。上海圖書館所藏之本（索書號為 13468）題"萬曆庚寅孟夏日"，復旦大學圖書館所藏之本（索書號：善（1874））題"萬曆辛卯孟春日"。蓋此書初版於萬曆庚寅（1590），而在萬曆辛卯（1591）重印時又將日期剜改過。

該書之"凡例"論及王符《潛夫論》時頗有微詞，與同時代胡維新、原一魁的褒揚（見上文）大相逕庭，體現出不同的文學觀，現將其"凡例"中的相關文字摘錄於下，供讀者參考。

> 劉向《説苑》《新序》、徐幹《中論》、王符《潛夫論》、王充《論衡》，此四子者，卑卑乎無足味焉，乃亦有嗜之者。兹掇其微語以供小品，亦楚人之芰、先賢之棗，姑以適趣焉已耳。

該書卷四十七"小品"類節錄了《潛夫論》之《賢難》《貴忠》《實貢》《愛日》《述赦》《交際》《明忠》等七篇的片段。其中《賢難》《交際》《明忠》之文字雖有删節，但大體與明刻本同。特别是《明忠》中的錯亂，也與明刻本同而與《群書治要》引文不同，可見這三篇所據底本當為當時流行的明刻本。至於《貴忠》《實貢》《愛日》《述赦》四篇，其文乃雜取明刻本與《後漢書》引文而成，不可將它與《潛夫論》原稿一視同仁。還有，其文中的雙行小字注也與《後漢書》注相同，可見其深受《後漢書》的影響。

齊魯書社 1995 年將《諸子品節》收入《四庫全書存目叢書》子部第 122—123 册影印出版，所以此書現在容易見到。可惜的是，其影印時所選的底本是辛卯以後的重印本，而該重印本又有多處字迹不清，讀者使用時還得尋覓精印本加以補足。

### （六）明代天啓文震孟所刻《諸子彙函》

文震孟天啓乙丑（1625）參訂校刊的《諸子彙函》，托名歸有光搜輯，但早已有人認為此書并非出自歸有光之手。

該書卷二十二節錄了《實貢》《貴忠》《愛日》《述赦》《明忠》等五篇的片段，其引文及雙行小字注多與《諸子品節》相同，故未足珍貴。但是，該書將《潛夫論》改題為"回中子"，① 可謂別具一格。其改題的原委，可由其書名下的小字注中明之，今不妨錄於此。

　　回中子
　　姓王名符，號潛夫，和帝時世務游宦，而符耿介絕俗，隱回中山，著書譏時得失。

齊魯書社 1995 年將《諸子彙函》收入《四庫全書存目叢書》子部第 126 冊影印出版，所以此書現在容易見到。

（七）明代天啓陳仁錫所編《諸子奇賞》

陳仁錫（字明卿）天啓丙寅（1626）所編的《諸子奇賞》分為前、後兩集，有武林好生館藏板。上海圖書館藏有完整的《諸子奇賞》，其中的善本（索書號：善 850407—12）為六冊，包括完整的《諸子奇賞前集》四冊和不完整的《諸子奇賞後集》兩冊，脫去了所節錄的《潛夫論》之文；其中的普本（索書號：長 012730）為三十冊，既有《諸子奇賞前集》，又有完整的《諸子奇賞後集》，有節錄的《潛夫論》之文。

陳仁錫在"天啓丙寅孟冬朔日""書於燕邸"的《諸子奇賞後集序》中對《潛夫論》稍有評價，其言云："孔叢子、小荀子、王潛夫，雅士亦莊語，嫌其神不澹遠。"

《諸子奇賞後集》卷四十一為《王子》，共二十二葉（每半葉 9 行，每行 20 字），依次有"諸子奇賞卷之四十一目次"、節錄自《後漢書》的王符簡介，以及節錄自《潛夫論》的正文，其選文涉及《贊學》《遏利》《賢難》《考績》《思賢》《本政》《忠貴》《浮侈》《實貢》《述赦》《三式》《愛日》《斷訟》《衰制》《勸將》《救邊》《邊議》《實邊》《釋難》《交際》《德化》等 21 篇，② 可謂是《潛夫論》選本中涉及篇目最廣的本子了。其所錄《德化》中的第一條文字為："必有其根，其氣乃生；必有其使，變化乃成。是故道之為物也，至神以妙；其為功也，至強以大。"第二條文字為："所謂恭者：內不敢傲於室家，外不敢慢於士大夫；見賤如貴，視少如長；其禮先入，其言後出；恩意無不答，禮敬無不報，覩賢不居其上，與人推讓；事處其勞，居從其德，位安其卑，養甘其薄。"這些其實是錯入《德化》中的《本訓》《交際》之文。由此可見，該選本之底本是一般的明刻本，加之其節錄的文字多為片言隻語，僅有少許文評，故不足觀覽。

---

　　① 需要說明的是，題《回中子》的僅見於此選本。潘富恩主編的《中國學術名著提要·哲學卷》（復旦大學出版社 1992 年版）第 200 頁將《回中子》說成是十卷本《潛夫論》的別名，并將《諸子彙函》本列為《潛夫論》十卷的通行本之一，失當。
　　② 《諸子奇賞後集》"卷之四十一目次"將"實貢"誤為"寶貢"（其正文作"實貢"不誤），但有《思賢》《衰制》兩篇篇目（其正文則漏刻這兩篇篇目）。

### （八）明代崇禎黄澍、葉紹泰所編《漢魏別解》

崇禎時香谷山房所刊古杭黄澍、檇李葉紹泰仝選的《漢魏別解》卷七選錄了《潛夫論》中的文字，其文涉及《贊學》《貴忠》《實貢》《述赦》《夢列》《交際》《明忠》等七篇。其中《貴忠》《實貢》《述赦》三篇據《後漢書》節選，而其"贊學"之"贊"又誤為"譖"，所引《明忠》之脱文也與舊本同，可知其選文又源自何允中本，所以該書毫無校勘價值。黄澍在《漢魏別解》序言中説陳明卿"《奇賞》一編，傾動天下"，其書天頭又附有陳明卿、黄澍、葉紹泰、林尚默、何元朗、何燕泉、茅鹿門、王鳳洲、李卓吾等十幾箇文人的文評，可見該書祇是一種受到《諸子奇賞》影響而編選的文學讀本而已。

### （九）清代光緒李寶洤所纂《諸子文粹》

商務印書館1917年12月出版了清代光緒時武進李寶洤編纂的《諸子文粹》，該書卷十八選錄了《潛夫論》中的文字，其文涉及《贊學》《賢難》《考績》《思賢》《忠貴》《浮侈》《慎微》《實貢》《班禄》《述赦》《愛日》《勸將》《救邊》《夢列》《釋難》《交際》《德化》等17篇。其中《忠貴》《浮侈》《實貢》《述赦》《愛日》《救邊》《夢列》《釋難》《交際》諸篇有李寶洤的校注，但這些校語或注釋，除了説明與《後漢書》引文的異同外，均取自汪繼培的《潛夫論箋》，而其中還有因誤讀而誤錄之處，① 所以没什麽價值。

### （十）明清語錄本

明代還有一些僅摘錄少數語錄的選本。如諸燮編輯的《諸子選粹》卷上僅引《潛夫論》語錄2條，② 這種選本顯然可置而不論。不過，這種語錄式的選本似乎也有市場，所以後世仍然有人編輯此類書籍。如清代道光丙午（1846）頤志齋刊刻的丁晏於道光丙戌（1826）所編的《諸子粹言》就是這樣的書。該書摘錄《潛夫論》中《贊學篇》《務本篇》《慎微篇》《實貢篇》《述赦篇》《愛日篇》《正列篇》之語錄共8條。③ 從其"正列"兩字即可看出，編者尚未見到嘉慶己卯（1819）刊成的湖海樓本《潛夫論汪氏箋》。對於此類語錄本，顯然不足一觀，故在此不再贅述。

---

① 如《交際》"平議無埻的"之汪箋"後漢書樊宏後准傳云願以臣言下公卿平議埻的舊作惇均"，其文顯然當於"平議"後點斷，作："《後漢書》樊宏後准傳云：'願以臣言下公卿平議．'埻的，舊作惇均。"李寶洤卻注為："《後漢書·樊准傳》云：'願以臣言下公卿平議埻的．'"
② 上海圖書館藏有該書，索書號為"長415321"。
③ 《務本篇》為兩條，其餘各篇各一條。上海圖書館藏有該書，索書號為"長90118"。

## 四、清代校箋本及其翻刻點校本

### （一）嘉慶汪繼培所撰《潛夫論箋》稿本

清代汪繼培（字因可，號蘇潭）於嘉慶己巳（1809）開始校勘箋注《潛夫論》，於嘉慶十九年（1814）完稿。其《潛夫論箋》是《潛夫論》問世以後的第一箇校正箋注本。

上海圖書館藏有汪繼培的《潛夫論箋》稿本（索書號：善T09522）。由於該本是上海圖書館的特級藏品，過去閱覽甚為不便，加之陳春輯刊的《湖海樓叢書》中又收有《潛夫論汪氏箋》而甚便閱覽，所以該稿本一直未被《潛夫論》校注者利用。如今該稿本雖然有了掃描件而可在該圖書館的電腦上閱覽，但要複製的話，其費用又很昂貴，致使其利用率不高。

與湖海樓本《潛夫論汪氏箋》（下簡稱"湖海樓本"）相比，該稿沒有汪繼培的自序和王紹蘭的序，而湖海樓本的很多箋注也不見於該稿，這表明湖海樓本是根據汪繼培以後的增補稿刊刻的。值得我們注意的是，該稿不少箋注不見於湖海樓本，有些文字還可以用來訂正湖海樓本及其翻印本的訛誤，所以值得發掘利用。

### （二）嘉慶陳春刻《潛夫論汪氏箋》

陳春（字東為）輯刊的《湖海樓叢書》中有《潛夫論汪氏箋》十卷，這是汪繼培《潛夫論箋》的第一箇刊本，習稱湖海樓本。該書封面題"嘉慶丁丑仲夏""蕭山湖海樓陳氏雕版"，所以有人認為它刊於嘉慶二十二年（即丁丑年，1817年）。[①] 但是，其中所刊王紹蘭序卻作於嘉慶己卯（1819）秋，可見該本雖開雕於1817年，實刊成於1819年之後。

該書前刊有王紹蘭（字畹馨，號南陔）嘉慶己卯（1819）秋寫的序及其校證二條，以及汪繼培嘉慶甲戌（1814）三月寫的序，因如今容易見到，故不煩錄。

在此應該指出的是，汪繼培雖說其所見"舊本""蓋元刻"，但從陳本或汪繼培稿本來看，其原文文字或其箋注中所謂的"舊作某"云云往往出入於程本、何本、邵本、魁本之間，所以其箋注時所用的底本應該不是他所說的"舊本"，也不是仿宋本，而是雜取程本、何本、邵本、魁本而成，故不足珍。另外，陳春在刊刻過程中又產生了不少訛誤，所以陳本文字其實并不理想，應該重新詳加校訂。

上海古籍出版社2002年出版《續修四庫全書》時，影印了湖海樓本《潛夫論汪氏箋》（見《續修四庫全書》第933冊），所以此本現在較易見到，但該影印本未收錄書前的王紹

---

[①] 見上海圖書館編：《中國叢書綜錄》（一），北京：中華書局，1959年，第164頁。

蘭序及其校證，有些字也模糊不清，不免令人遺憾。

（三）《湖海樓叢書》本之翻刻翻印本

汪繼培的《潛夫論箋》由於其校箋之精博而一鳴驚人，故一向為人所重。思賢講舍於光緒十七年辛卯（1891）孟冬月重雕了湖海樓本《潛夫論箋》十卷（版式改為十一行二十四字）。湖南萟文書局於光緒甲午（1894）重刻王謨所輯的《漢魏叢書》，其中的《潛夫論》也改用了《湖海樓叢書》本（版式也依《湖海樓叢書》本為十行二十字）。此後，汪繼培的《潛夫論箋》更是不斷地被翻印而成了最通行的《潛夫論》讀本。1926年上海中華書局出版的《四部備要》本、1935年上海世界書局出版的國學整理社所編的《諸子集成》本、1937年上海商務印書館出版的《叢書集成初編》本，均取此箋注本重排而成。北京中華書局、中華書局香港分局、上海書店等都重印過《諸子集成》，臺北新文豐出版公司1985年編印《叢書集成新編》時又影印了《叢書集成初編》本。① 如今湖海樓本尚存，又有了《續修四庫全書》中的影印本，這些翻刻翻印本的價值就不大了。

# 五、現代版本

清亡以來，《潛夫論》流傳日廣，但大多是影印、重刊或重印明清時期的版本。上述原一魁本、馮舒本、程榮本、《摛藻堂四庫全書薈要》本、《文淵閣四庫全書》本、《增訂漢魏叢書》本等都有影印本問世，張鎮、方恒刻本有翻印本，《子書百家》本則有重印、重刊本，陳春本有影印本和多種重刊本。選本中，除了《後漢書》有多種版本而不必贅述外，《群書治要》《意林》《百家類纂》《諸子品節》《諸子彙函》等都有影印本。其具體情況上文已作介紹，故不再贅述。

這裏再簡要地提一下具有新內容的現代《潛夫論》校釋本。這樣的著作主要有如下幾種：

一是上海古籍出版社1978年4月出版的《潛夫論》點校本。該書不但為汪繼培的《潛夫論箋》加了新式標點，還在第435頁加了一箇附注，說明汪繼培對《本訓篇》的改補有誤。雖然該附注祇是片言隻語，也未必正確，但該書無疑是《潛夫論》最早的新式標點整理本。

二是彭鐸校正的《潛夫論箋》（北京：中華書局，1979年）、《潛夫論箋校正》（北京：中華書局，1985年）。此二書對湖海樓本有所校正，所以成了當今流傳最廣、影響最大的

---

① 見《叢書集成新編》第19冊。

《潛夫論》校釋本。但是，無論是湖海樓刊本，還是中華書局版《潛夫論箋校正》，在校刊過程中都產生了一些錯誤，① 這也是值得我們注意的。

三是胡大浚、李仲立、李德奇譯注的《王符〈潛夫論〉譯注》（蘭州：甘肅人民出版社，1991年）。該書在《潛夫論箋校正》的基礎上作了較為通俗的今注今譯，其説多本自《潛夫論箋校正》而缺乏深入的研討（對"何鏜本"之類的錯誤説法也沿襲而不作考辨），祇是一般的普及性讀物。

四是王寧主編的《評析本白話鹽鐵論·潛夫論》（北京：北京廣播學院出版社，1992年），其中的《潛夫論》由晏午評析翻譯，是該叢書中的一種。該叢書誤譯不少而被國家新聞出版署宣布為不合格產品，未經修訂不得再版，② 所以印了一次就絕版了。

五是張覺的《潛夫論全譯》（貴陽：貴州人民出版社，1999年）和《潛夫論校注》（長沙：嶽麓書社，2008年），此二書的不同祇在於譯文之有無，後者祇是在前者的基礎上删除譯文重新排版而成。此二書的譯注雖然使全書通俗可讀，但由於用簡體字印刷，未能體現善本面貌，故未足為典要。

作者單位：上海健康醫學院、上海財經大學人文學院

---

① 中華書局1985年版《潛夫論箋校正》對1979年版《潛夫論箋》的誤字有所刊正，但仍然有不少失誤。
② 見國家古籍整理出版規劃小組辦公室所編《古籍整理出版情況簡報》1994年第9期，國家新聞出版署主辦的《新聞出版報》1994年9月9日第1版。

## 《四庫全書總目》子部天文演算法、術數類提要獻疑

孫利政

　　《四庫全書總目》是中國古代集大成的目錄學著作，一直備受學者關注，對其進行考辨校訂的專著、論文也層出不窮。1997年中華書局出版了《欽定四庫全書總目》整理本，以殿本為底本，以浙、粵二本為校本，同時廣泛吸取前人校訂成果。2012年上海古籍出版社出版了魏小虎《四庫全書總目彙訂》，以浙本為底本，對校殿本，極力搜集2011年底前發表的考校成果，資料頗為完備。然校書如掃塵，旋掃旋生，《總目》仍然存在不少問題。今以中華書局整理本《欽定四庫全書總目》為底本，參校浙本、粵本及各家分纂稿，并采用提要徵引之原文獻，就卷一百六至一百一十五子部天文演算法類、術數類提要進行考校，凡排印之誤及前賢時修已訂正者從略，共校正各類訛誤三十一則。每條後提要原文及按考徵引《總目》提要附整理本頁碼，為便於按覈，并就教於方家。

　　1. 卷一百六"《六經天文編》二卷"條："宋王應麟撰。……是編裒《六經》之言天文者，以《易》《書》《詩》所載為上卷，《周禮》《禮記》《春秋》所載為下卷。"（第1387頁）

　　按：庫書二卷，以《易》《書》所載為上卷，《詩》《周禮》《禮記》《春秋》所載為下卷。提要於《詩》所載歸屬不確。

　　2. 卷一百六"《原本革象新書》五卷"條："不著撰人名氏。……南北度必測北極出地，東西度必測月食時刻，別無他術。"（第1388頁）

　　按：月食，浙本作"日食"，誤。庫書卷四"偏遠準則"條小注云："南北相差，測北極出地高下知之；東西相差，較其月食之時刻早晚知之。"① 此蓋提要所據。又卷二"地獄

---

① ［元］趙友欽撰，［明］王禕刪定：《革象新書》，《景印文淵閣四庫全書》第786冊，第262頁。

遠近"條小注云"東西異地之時刻不同，測月食時刻，可以知東西地度"①，則當從殿本作"月食"。

3. 卷一百六"《御定曆象考成後編》十卷"條："乾隆二年奉敕撰。……雍正六年六月朔日食，以新法較之，纖微密合。是以世宗憲皇帝特允監臣戴進賢之請，命修《日躔》、《月離》二表，續於《曆象考成》之後。"（第1395頁）

按："雍正六年六月朔日食"之"六年"，粵本、文淵閣書前提要作"八年"，是。《清史稿·時憲志》載（乾隆）三年莊親王允祿等上奏："《曆象考成》一書，其數惟黃赤大距減少二分，餘皆仍新法算書西人第谷之舊。……戴進賢等習知其說，因未經徵驗，不敢遽以為是。雍正八年六月朔日食，舊法推得九分二十二秒，今法推得八分十秒，驗諸實測，今法為近。故奏准重修《日躔》《月離》新表二差，以續於《曆象考成》之後。"②又《天文志》亦云："雍正八年六月戊戌朔巳時，日食九分，次於東井。"③雍正六年無日食記錄。庫書卷三《交食數理》"日食食甚真時及兩心視相距"及"求日食初虧復圓時刻"條均談及雍正八年六月戊戌朔日食之事。提要"六年"蓋涉下"六月"而誤。

4. 卷一百六"《曆算全書》六十卷"條："國朝梅文鼎撰。……次曰《方圓幂積》，次曰《幾何補編》，次曰《少廣拾遺》，次曰《塹堵測量》，皆以推闡演算法。"（第1398頁）

按："方圓幂積"之"幂"，浙本、粵本作"冪"，是。庫書卷五十六為"方圓冪積"，④冪為數學術語，指一箇數自乘若干次的形式。

5. 卷一百六"《中西經星同異考》一卷"條："國朝梅文鼐撰。文鼐字爾表，宣城人。與其兄文鼎皆精研曆算之學，互相商榷，多所發明，此其所訂中西恆星名數也。"（第1400頁）

按：爾表，《文溯閣四庫全書提要》作"爾素"，是。庫書書前梅文鼎（原誤作"鼐"）序云："《經星同異考》一卷，《發凡》九則，吾季弟爾素之所手輯也。……是時余及仲弟和仲與季弟爾素三人而已。……爾素於余所有之書手鈔略備，多所撰定。"⑤徐用錫跋亦稱"爾素先生"。⑥《清史稿·疇人傳·梅文鼎傳》所附亦稱"字爾素"。⑦則"表"為"素"之形訛。

6. 卷一百六"《算學》八卷續一卷"條："國朝江永撰。……四卷曰《冬至權度》，《元史》六曆冬至載晉獻公以來四十九事。文鼎因作《春秋冬至考》，刪去晉獻公一事，各

---

① ［元］趙友欽撰，［明］王禕刪定：《革象新書》，第242頁。
② ［民］趙爾巽等：《清史稿》，北京：中華書局，1977年，第1670—1671頁。
③ ［民］趙爾巽等：《清史稿》，第1416頁。
④ ［清］梅文鼎：《曆算全書》，《景印文淵閣四庫全書》第795冊，第556頁。
⑤ ［清］梅文鼎：《中西經星同異考》，《景印文淵閣四庫全書》第795冊，第994—996頁。
⑥ ［清］梅文鼎：《中西經星同異考》，第997頁。
⑦ ［民］趙爾巽等：《清史稿》，第13960頁。

以其本法推求其故。永則以為算術雖明,而未有折衷,更因文鼎之法,考證曆法史志之誤。"(第 1400 頁)

按:兩"晉獻公"俱當作"魯獻公"。庫書《數學》卷四《冬至權度》小序云:"《元史》有六曆冬至開載魯獻公戊寅至元庚辰四十九事,紀《大衍》《宣明》《紀元》《統天》《重修大明》《授時》時刻之異同。勿庵先生因之作《春秋以來冬至考》,刪去獻公一事,各以其曆本法詳衍。算術雖明,而未有折衷。永因先生所考定者,用實法推算,有不合者,斷其曆誤、史誤,名曰《冬至權度》。"① 此即提要所據。《元史·曆志》所載"獻公"亦指魯獻公。則"晉"為"魯"之形訛。

7. 卷一百七"《五經算術》二卷"條:"北周甄鸞撰,唐李淳風注。……如引司馬彪《志序論》……'陽下生陰,陰下生陽,始於黃鍾,終於仲呂',今《志》脫'始於黃鍾'四字。'律為寸,於準為尺,律為分,於準為寸',下文承準寸言'不盈者十之,所得為分',今《志》②脫'律為分,於準為寸'二句,《禮記義疏》引《志》,脫誤亦然。"(第 1404 頁)

按:"《禮記義疏》引《志》,脫誤亦然"云云當在上句"今《志》脫'始於黃鍾'四字"下。《禮記·禮運》"五行之動,迭相竭也"孔疏引《後漢志》云"陽下生陰,陰上生陽,終於中呂",③ 與今本司馬彪《志序論》同,而《五經算術》注引"陰下生陽"下有"始於黃鍾"四字,故謂今本及《禮記義疏》脫誤。《五經算術》卷下《漢書終于南事算之法》"陽下生陰,陰上生陽,始於黃鍾"下李淳風注:"案《後漢書》今本及見於《禮記疏》者,皆無'始於黃鍾'四字。此所引乃全文,可補二書脫誤。"④ 此即提要所據。下文"於律為分,於準為寸"下李淳風注:"案《後漢書》今本無此二語。考下云'不盈者十之,所得為分'正承'於準為寸'句,謂不盈寸也。當是《後漢書》脫落。此所引乃全文。"⑤ 注文未言《禮記疏》。今檢《禮記疏》實未引"律為寸"云云。

8. 卷一百七"《同文算指前編》二卷《通編》八卷"條云:"明李之藻演西人利瑪竇所譯之書也。……卷一曰三率準測,即古異乘同除。曰變測,即古同乘異除。曰重測,即古同乘同除。卷二、卷三曰合類差分,曰和較三率,曰洪衰互徵,即古差分,又謂之衰分。"(第 1408 頁)

按:重測,當作"重準測"。庫書卷一《重準測法第三》云:"凡數兩相較者,皆兩兩相準,故以已然為一二率,見在為三率,以測四率。若已然者先有雜數,見在者又有雜數,

---

① [清]江永:《數學》,《景印文淵閣四庫全書》第 796 册,第 654 頁。
② 志,原作"悉",據浙本、粤本改。
③ [唐]孔穎達:《禮記正義》,見阮元校刻:《十三經注疏》,臺北:藝文印書館,1974 年,第 433 頁。
④ [北周]甄鸞撰,[唐]李淳風注:《五經算術》,《景印文淵閣四庫全書》第 797 册,第 211 頁。
⑤ [北周]甄鸞撰,[唐]李淳風注:《五經算術》,第 213 頁。

此當以類次第歸并，而疊用三率之法推之，準而又準，測而又測，為重準測法。"①

又按：合類，當作"合數"。合數即自然數中除能被1及自身整除外，還能被其他數整除的數。庫書卷二、卷三即《合數差分法第四》，可為確證。

又按：洪衰，粵本作"借衰"，是。庫書卷三《借衰互徵法第六》云："數有隱伏，非衰分可得者，則別借虛數，以類徵之，或合率增減，或母子射覆，如藏鬮然，借彼徵此，借虛徵實，大抵即三率之法而觸類長之。"②

9. 卷一百七"《御定數理精蘊》五十三卷"條："康熙五十二年聖祖仁皇帝《御定律曆淵源》之第二部也。上編五卷，曰立綱明體，其別有五：曰《數理本源》，曰《河圖》，曰《洛書》，曰《周髀經解》，曰《幾何原本》，曰《演算法原本》。下編四十卷，曰分條致用，其別亦有五：曰首部，曰綫部，曰面部，曰體部，曰末部。"（第1409頁）

按：第二部，文津閣書前提要、《文溯閣四庫全書提要》、《四庫薈要提要》作"第三部"，是。庫書《御製律曆淵源》書前御製序云："（《律曆淵源》）凡為三部，區其編次，一曰《曆象考成》。其編有二……一曰《律呂正義》。其編有三……一曰《數理精蘊》，其編有二：上編曰立綱明體，所以解《周髀》、探河洛、闡《幾何》、明比例。下編曰分條致用，以綫、面、體括《九章》。"③則《御定律曆淵源》之第二部為《律呂正義》，第三部為《數理精蘊》。又"其別有五"之"五"，據文津閣書前提要、《文溯閣四庫全書提要》、《四庫薈要提要》及下文所據當作"六"，魏小虎已發。④

10. 卷一百七"《幾何論約》七卷"條："國朝杜知耕撰。知耕字臨甫，號伯瞿，柘城人。"（第1410頁）

又"《數學鑰》六卷"條："國朝杜知耕撰。……梅文鼎《勿庵曆算書記》曰：'近代作者如李長茂之《算海詳說》，亦有發明，然不能具《九章》。惟方位伯《數度衍》於《九章》之外搜羅甚富，杜端伯《數學鑰》圖注《九章》，頗中肯綮，可為算家程式。'"（第1410頁）

按：臨甫，當作"端甫"；杜端伯，當作"杜端甫"。梅文鼎《勿庵曆算書記》"《九數存古》十卷"條云："近代作者如李長茂之《算海說詳》，亦有發明……杜端甫《數學鑰》圖注九章，頗中肯綮，可為算家程式。"⑤《幾何論約》書前吳學顥序亦稱"友人杜子端甫"，⑥則"臨"為"端"之誤字，"伯"蓋涉上文"方位伯"而誤。

---

① [明] 李之藻：《同文算指通編》，《景印文淵閣四庫全書》第798冊，第390頁。
② [明] 李之藻：《同文算指通編》，第430頁。
③ [清] 允祿、何國宗等奉敕纂：《御製數理精蘊》，《景印文淵閣四庫全書》第790冊，第1—2頁。
④ 魏小虎：《四庫全書總目彙訂》，上海：上海古籍出版社，2012年，第3335頁。
⑤ [清] 梅文鼎：《勿庵曆算書記》，《景印文淵閣四庫全書》第795冊，第987頁。
⑥ [清] 杜知耕：《幾何論約》，《景印文淵閣四庫全書》第802冊，第3頁。

又按：算海詳説，當作"算海説詳"。前引梅文鼎《勿庵曆算書記》"《九數存古》十卷"條即作"算海説詳"。《算海説詳》今存順治十八年初刻本和康熙元年刻本，考故宫博物院藏清康熙元年刻本《算海説詳》卷端題"算海説詳"，書前李長茂自序亦稱"額曰《算海説詳》"，① 則提要"詳説"二字誤倒。

11. 卷一百七"《青羅曆》無卷數"條："不著撰人名氏。……其書列一年十二月爲定表，用節氣紀太陽、太陰宿次。……案：日月經天有常度，亦有差分，故月有大小，閏有常期。若一概限以節氣，太陽倘連值十五日之節，尚可遷就，太陽用三十日爲定策，則必不能齊。"（第1413頁）

按："太陽用三十日爲定策"之"太陽"，浙本、粵本、《四庫全書初次進呈存目》作"太陰"，是。"太陰用三十日爲定策"與上文"太陽倘連值十五日之節"相對成文，提要涉上文"太陽"而誤。

12. 卷一百七"《天心復要》三卷"條："明鮑泰撰。……適二十年而閏二十一候，泰乃名之爲一致。四致凡八十年，名之爲一序。三序凡二百四十年，名之爲一限。三限凡七百二十年，名之爲一合。十九合凡萬三千六百八十年，名之爲一會。又以舊法十九年七閏月爲一章之整數，八十章凡千五百二十年，名之爲一乘。三乘凡四千五百六十年，名之爲一運。三運亦萬三千六百年，爲一會。"（第1414頁）

按："三運亦萬三千六百"下，疑脱"八十"二字。一運爲四千五百六十年，三運則爲萬三千六百八十年，與上文"十九合凡萬三千六百八十年，名之爲一會"相符，故稱"亦"。浙本、粵本"亦"作"一"，誤。

13. 卷一百八"《易通變》四十卷"條："宋張行成撰。……行成於蜀中作，籍吏人之家，得邵子所傳十四圖，因著此書。……李心傳譏其牽合，祝泌謂其發明處甚多，而支蔓處亦甚多。"（第1423—1424頁）

按："行成於蜀中作"下，浙本有"守"，整理本、《彙訂》從浙本。竊疑"作"當從文淵閣書前提要、文津閣書前提要作"佔"，且"行成於蜀中佔籍之家得邵子所傳十四圖"作一句讀。《文溯閣四庫全書提要》作"佔"，乃"佔"之形訛。《經義考》卷二十六"張氏行成《周易通變》四十卷"條引張行成自序及《進易書狀》外，又引李心傳、魏了翁、祝泌、王應麟諸家評説。其引祝泌曰："康節起數之法有所傳十四圖，張文饒得於蜀中佔籍吏人之家，因敷衍之爲《通變》。發明處甚多，而支蔓處亦多。"② 引李心傳語謂"其牽合如此，此程子所以置數而論理也"。③ 考祝泌《觀物篇解》卷二但稱"皇極變通之作，文饒

---

① ［清］李長茂：《算海説詳》，《故宫珍本叢刊》，海口：海南出版社，2000年，第403册，第4頁。
② ［清］朱彝尊撰，林慶彰等主編：《經義考新校》，上海：上海古籍出版社，2010年，第467頁。
③ ［清］朱彝尊撰，林慶彰等主編：《經義考新校》，第466頁。

能發明康節之蘊矣，今牽合此語，祇以晦康節之學，九師興而易道微矣"，① 與《經義考》所引文異。竊疑提要即本《經義考》，改祝泌首句作"行成於蜀中估籍吏人之家得邵子所傳十四圖"，"估"訛作"作"，浙本察其不辭，逕增"守"字，以足其義，實非。

14. 卷一百八"《洪範皇極內外篇》五卷"條："宋蔡沈撰。……明余深著《洪範疇解》，曹溶稱為釋蔡氏《內篇》，疇即八十一章之數也。陳宗舜作《洪範內篇釋》，其自序曰'釋八十一數'，亦不指三篇之論。……然余深等所據之本今不復見，未敢輕改古書，姑仍其舊第編之。"（第1425—1426頁）

按：兩"余深"，文淵閣書前提要作"俞深"，是。《經義考》卷二百七十三"俞氏《深洪範疇解》一卷"條引曹溶曰："深字魯淵，桐廬人。宣德中汶上教諭，《疇解》一卷，乃釋九峰蔡氏《內篇》。"② 此蓋提要所本。《千頃堂書目》卷一："俞深《洪範疇解》一卷。"③ 上海工藝品進出口公司藏王用盛正統五年（1440）所書《思教序》行楷，有俞深題七律一首，末署"桐廬俞深"。④ 則提要"餘"為"俞"之音誤。

又按：陳宗舜，浙本、粵本、文淵閣書前提要、文津閣書前提要、《文溯閣四庫全書提要》作"程宗舜"，是。《經義考》卷二百七十三"程氏宗舜《洪範內篇釋》九卷"，⑤ 并錄程宗舜自序，蓋即提要所本。程宗舜《洪範內篇釋》今不存，存其嘉靖三十六年刻本《洪範淺解》十一卷，書前自序署"程宗舜"，⑥ 知"陳"為"程"之音誤。

15. 卷一百八"《天原發微》五卷"條："宋鮑雲龍撰。雲龍字景翔，歙縣人。景祐中鄉貢進士。入元不仕以終。……曰觀象，言四象生兩儀之故。"（第1426頁）

按：景祐，浙本、粵本作"景定"，當作"寶祐"。庫書書前戴表元（按：原誤作"戴元表"）序云："景翔與予同邑而長一歲，今年六十有六，寶祐戊午鄉貢進士。"⑦ 據此鮑雲龍實為宋理宗寶祐六年戊午（1258）鄉貢進士。殿本"景"為"寶"之訛字。浙本蓋因下文"入元（1271—1368）不仕以終"已察宋仁宗景祐（1034—1037）必有訛誤，故改作宋理宗之"景定"（1260—1264）於時切近，未檢核戴序也。

又按：四象生兩儀，當作"兩儀生四象"。庫書卷首《篇目名義》："觀象，兩儀生四象。此總言其綱也。"⑧

16. 卷一百八"《靈臺秘苑》十五卷"條："北周太史中大夫新野庾季才原撰，而宋人

---

① ［宋］祝泌：《觀物篇解》，《景印文淵閣四庫全書》第805冊，第29頁。
② ［清］朱彝尊撰，林慶彰等主編：《經義考新校》，第4940頁。
③ ［清］黃虞稷撰，瞿鳳起、潘景鄭整理：《千頃堂書目》，上海：上海古籍出版社，2001年，第19頁。
④ 彭興林、陳敏傑、劉傳喜：《中國法書圖鑒》，濟南：山東美術出版社，2013年，第306頁。
⑤ ［清］朱彝尊撰，林慶彰等主編：《經義考新校》，第4941頁。
⑥ ［明］程宗舜：《洪範淺解》，《續修四庫全書》第1060冊，第472頁。
⑦ ［宋］鮑雲龍：《天原發微》，《景印文淵閣四庫全書》第806冊，第7頁。
⑧ ［宋］鮑雲龍：《天原發微》，《景印文淵閣四庫全書》第806冊，第24頁。

所重修也。季才之書見於《隋志》者一百十五卷，《周書》季才本傳又作一百十卷。"（第1428頁）

按：《周書》無庾季才傳，當是"同書"之誤。即指《隋書·藝術·庾季才傳》稱"（庾季才）撰《靈臺秘苑》一百二十卷"，① 緣上文引《隋志》而稱"同書"。"一百十卷"之"一百"下，脫"二"字。檢史籍著錄《靈臺秘苑》無一百十卷者。

17. 卷一百八"《唐開元占經》一百二十卷"條："唐瞿曇悉達撰。……卷首又標'奉敕撰'，而奉敕與成書年月皆無可考，惟其中載歷代曆法止於唐《麟德曆》，且云：'李淳風見行《麟德曆》。'考唐一行以開元九年奉詔創《大衍曆》，以開元十七年頒之。其時《麟德曆》遂不行。此書仍云'見行《麟德曆》'，知其成於開元十七年以前矣。所言占驗之法，大抵術家之異學，本不足存。惟其中卷一百四、一百五全載《麟德》《九執》二曆。"（第1429頁）

按：一百四一百五，當作"一百三、一百四"。庫書卷一百三載《麟德曆經》，卷一百四載《天竺九執曆經》。而卷一百五所載為《古今曆積年及章率》，中有"李淳風見行《麟德曆》"② 云云。提要蓋因前引卷一百五"李淳風見行《麟德曆》"云云而誤記卷數。

18. 卷一百九"《天玉經內傳》三卷《外編》一卷"條："舊本題唐楊筠松撰。……相傳楊氏師弟秘之，不行於世。至宋，吳見誠遇異人，始授以此經，其子景鸞乃發明其義。"（第1432頁）

按：吳見誠，當作"吳克誠"。《總目》卷一百十一"《天玉經外傳》一卷《四十八局圖》一卷"條云："舊本題宋吳克誠撰，其子景鸞續成之。"（第1460頁）又同卷"《地理大全》一集三十卷、二集二十五卷"條云："明李國木撰。……（二集）十五、十六卷為宋吳克誠《天玉外傳四十八局圖說》。"（第1462頁）明崇禎三多齋刻本李國木《地理大全》二集卷十五卷端題"白花山人吳克誠集，男白雲山人景鸞發明"，③ 可為確證。

19. 卷一百九"《靈城精義》二卷"條："舊本題南唐何溥撰。……前列引用書目凡二十二種，如《八式歌》之類，亦明中葉以後之偽書。"（第1433頁）

按：八式歌，文淵閣書前提要、文津閣書前提要、《文溯閣四庫全書提要》作"入式歌"，是。庫書書前列引用書目有《入式歌》。④ 庫書卷上引《入式歌》文。⑤ "入式"即"符合程式"義。

20. 卷一百九"《星學大成》十卷"條："明萬民英撰。……是編取舊時星學家言，以

---

① ［唐］魏徵、令狐德棻：《隋書》，北京：中華書局，1973年，第1767頁。
② ［唐］瞿曇悉達：《唐開元占經》，《景印文淵閣四庫全書》第807冊，第951頁。
③ ［明］李國木：《地理大全》，《四庫全書存目叢書》子部第64冊，第186頁。
④ ［南唐］何溥：《靈城精義》，《景印文淵閣四庫全書》第808冊，第114頁。
⑤ ［南唐］何溥：《靈城精義》，第121頁。

次編排，間加注釋論斷。卷一曰星曜圖例……卷五至卷七曰仙城望斗、三辰通載，卷八曰總龜紫府珍藏、星經雜著，卷九曰碧玉真經、鄧史喬廟。……其尤難信者，無過於喬廟一説。"（第1441頁）

按：仙城望斗，當作"仙機望斗"。庫書三十卷本《星學大成》卷十三即《新注入骨仙機望斗經》，卷前有萬民英《入骨仙機望斗經序》，① 正文首句"仙機一卷，望斗三篇，説盡陰陽之理，漏窮神鬼之機"萬民英注云："此首言作經之意，而取名仙機望斗，一卷三篇也。斗運乎天心，而星無不拱，機通於入骨，而發無不中。以陰陽而括人之造化，故謂之仙機，以度數而測天之星辰，故名之望斗。"② 則"城"為"機"之誤字。庫書卷十四為"三辰通載"。

又按：鄧史喬廟，文淵閣書前提要作"鄧史喬拗"，是。庫書卷二十九為《鄧太史喬拗經》，卷前有萬民英《喬拗天機淵微序》。③ "喬拗"蓋即鄧太史之字，生平無考，《千頃堂書目》卷十三著錄"《鄧史喬拗星論》一卷"。④ "喬廟"為《鄧太史喬拗經》首目，提要蓋涉此或下文"無過於喬廟一説"而誤。

21. 卷一百九"《遁甲演義》二卷"條："明程道生撰。……《隋志》載有伍子胥《遁甲文》、信都芳《遁甲經》、葛秘《三元遁甲圖》等十三家，其遺文世不概見。"（第1445頁）

按：葛秘，當作"葛洪"。《隋志》著錄《三元遁甲圖》三卷，⑤ 未著作者，而著錄葛洪撰《遁甲返覆圖》一卷、《遁甲要用》四卷、《遁甲秘要》一卷、《遁甲要》一卷等。⑥ 《舊唐志》："《三元遁甲圖》三卷，葛洪撰。"⑦ 《新唐志》："葛洪《三元遁甲圖》三卷。"⑧

22. 卷一百十"《太微經》二十卷"條："明文翔鳳撰。……其作此書，蓋以擬《易》，凡四經、十二贊、十二圖、六十四緯、四表為一百篇。……凡策數二萬四千五百六十。以參兩之法乘河圖之數推之，為日數十八萬兆，乙太微之變爻交太元之變爻推之，為月數一萬億兆。"（第1451頁）

按：臺灣圖書館藏明崇禎刻本《太微經》二十卷（書號：06444）書前明崇禎二年己巳（1629）賈鴻洙序云："蓋《太微》有四經、十二贊、十六圖、六十四緯、四表，凡一百篇。……《易》五十策，其用四十有九；《微》三十六策，其用三十有二。《易》之策數

---

① [明] 萬民英：《星學大成》，《景印文淵閣四庫全書》第809冊，第529頁。
② [明] 萬民英：《星學大成》，第530頁。
③ [明] 萬民英：《星學大成》，第825頁。
④ [清] 黃虞稷撰，瞿鳳起、潘景鄭整理：《千頃堂書目》，第367頁。
⑤ [唐] 魏徵、令狐德棻：《隋書》，第1029頁。
⑥ [唐] 魏徵、令狐德棻：《隋書》，第1030—1031頁。
⑦ [後晉] 劉昫等：《舊唐書》，北京：中華書局，1975年，第2043頁。
⑧ [宋] 歐陽修、宋祁：《新唐書》，北京：中華書局，1975年，第1555頁。

萬有一千五百二十，《微》之策數三萬四千五百六十。……因以參兩之法乘河圖之數而推之，為月數天之年有十八萬兆。……又乙太微之變爻交太元之變爻推之，為宙數而天之年極於一萬億兆。"①

提要即本賈序，以此參讀，可校正提要訛字四處：（1）十二圖，當作"十六圖"。指卷七生圖第十七至卷十月圖第三十二，凡十六圖，與四經、十二贊、六十四緯、四表合百篇。浙本、粵本不誤。（2）"凡策數二萬四千五百六十"之"二萬"，當作"三萬"。（3）"為日數十八萬兆"之"日數"，當作"月數"。（4）"為月數一萬億兆"之"月數"，當作"宙數"。

23. 卷一百十"《衍範》二卷"條："國朝顧昌祚撰。昌祚號忍園，婁縣人。康熙中舉人，官江夏縣知縣，降補萊州府經歷。"（第1452頁）

按：江夏縣，當作"江華縣"。江華縣屬湖南，江夏縣屬湖北。《（乾隆）南匯縣新志》卷十二《人物志上·仕績》："顧昌祚，字受周，號忍園，其言季子。康熙己酉舉人，知江華縣。"② 又卷十《選舉志》："顧昌祚，康熙己酉。江華知縣、萊州府經歷。"③《（雍正）江華縣志》卷三《職官》："顧昌祚，松江人。舉人，康熙三十二年任。"④

24. 卷一百十"《天文鬼料竅》無卷數"條："不著撰人名氏。……錢曾《讀書敏求記》稱：'《天文機要鬼料竅》十卷，前半詳解丹元子之說，後則兼采衆論，附列諸圖，而終以汪默《渾天注疏》、張素宗《渾象圖說》。'"（第1456頁）

按：張素宗，清雍正四年松雪齋刻本《讀書敏求記》卷三"《天文機要鬼料竅》十卷"條作"張孝宗"，⑤ 則提要"素"為"孝"之形誤。

25. 卷一百十"《天文主管》一卷"條："首題'明昌元年司天臺少監賜紫金魚袋臣武亢重行校正'，蓋金章宗時經進之書。……末附《周天立象賦》一篇及《五星休咎賦》各一篇，題曰李淳風撰，其詞亦不類唐人。"（第1456頁）

按：明昌元年，疑當作"明昌二年"；周天立象賦，當作"周天元（玄）象賦"。《浙江采集遺書總錄》庚集"《天文主管》一冊，寫本"條云："右書題云：'明昌二年金司天臺少監臣武亢重行校正。'以《步天歌》分繪其圖而解之。詳注某星主某事，現某象則主應某事，故曰主管。後附《周天元象賦》。"⑥ 阮元《文選樓藏書記》卷四著錄金司天臺少監武亢著《天文主管》鈔本一冊，云："是書詳考星象，列三垣二十八宿圖說。其《周天

---

① ［明］文翔鳳：《太微經》，明崇禎刻本。
② ［清］胡志熊修，吳省欽纂：《（乾隆）南匯縣新志》，清乾隆五十八年（1793）刻本。
③ ［清］胡志熊修，吳省欽纂：《（乾隆）南匯縣新志》，清乾隆五十八年（1793）刻本。
④ ［清］鄭鼎勳修，蔣琛纂：《（雍正）江華縣志》，清雍正七年（1729）刻本。
⑤ ［清］錢曾：《讀書敏求記》，清雍正四年（1726）松雪齋刻本。
⑥ ［清］沈初等撰，杜澤遜、何燦點校：《浙江采集遺書總錄》，上海：上海古籍出版社，2010年，第457頁。

《元象賦》以下類記五星休咎。"① 考明崇禎修德堂刻本《講武全書兵占》卷一載《周天玄象賦》,② 當即此賦,清人避清聖祖諱改"玄"作"元"。則提要"立"為"元"之誤字明甚。據《浙江采集遺書總錄》,提要"元年"疑為"二年"之誤。

26. 卷一百十一"《漢原陵秘葬經》十卷(永樂大典本)"條:"不著撰人名氏。前有自序,稱:'昔因遇樓敬先生,傳陰陽書三本,其用甚驗。直指休咎之理,出生入死遁甲之法。乾兌坎離遷宅之法,辨年月日時加臨運式。余因暇日,述斯文五十四篇,分為十卷,備陳奧旨。'"(第1459頁)

按:"五十四篇"之"篇",浙本作"章"。《永樂大典》卷八千一百九十九《十九庚‧陵》"大漢原陵"條下載《大漢原陵秘葬經序》云:"昔因遇樓敬先生傳授余陰陽書三本。余誦習日久,其用甚驗。直指休咎之理,出生入死遁甲之法,乾兌坎離遷宅之內,辨年月日時加臨運式。頃余因暇日,述斯文五十四篇,分為十卷。備陳奧旨直說。"③ 此即提要所據。則"遷宅之法"當作"遷宅之內","法"蓋涉上文"出生入死遁甲之法"而誤。殿本"篇"字是,浙本作"章"誤。

27. 卷一百十一"《奇門遁甲賦》一卷"條:"不著撰人名氏。……末附以《煙波釣叟歌》,明程道昌皆已采入《遁甲演義》中。"(第1466—1467頁)

按:程道昌,當作"程道生"。《總目》卷一百零九"《遁甲演義》二卷"條云:"明程道生撰。道生字可生,海寧人。……世所傳《五總龜》《煙波釣叟訣》,稍存梗概。"(第1445頁)《遁甲演義》卷一有《煙波釣叟賦》,④ 即提要所稱《煙波釣叟歌》。

28. 卷一百十一"《易冒》十卷"條:"國朝程良玉撰。……自序稱:'五歲喪明,究心卜筮,初作《筮類》五十篇。康熙己卯適楚,遇枯匏老人,得其秘旨,因增定為九十章。'"(第1468頁)

按:九十章,當作"九十一章"。清康熙三年蟾溪草堂刻本《易冒》書前程良玉自序云:"纂述成書,為《筮類》五十篇。……己卯之冬,偶遇楚來枯匏老人,聚首三月,更請益焉。……於是復究先賢闡《易》之書數十種,《立法》四十一篇,計九十一章。"⑤ 首為《甲子章第一》,末為《占誡章第九十一》。

29. 卷一百十一"《洪範政鑒》十二卷"條:"宋仁宗皇帝撰。前有御製序曰:'……不有彙分,何從質信?亦嘗取書林之奏,合日官之藏,參諸邇臣,覆究曩例。遂采五行六沴,前世察候最稽應者,次為十二卷,名曰《洪範政鑒》。'……其書以五行分類,自春秋

---

① [清] 阮元撰,李慈銘校訂:《文選樓藏書記》,《四庫未收書輯刊》第1輯,第30冊,第720頁。
② [明] 不著輯者:《講武全書兵占》,《四庫未收書輯刊》第6輯,第13冊,第190—191頁。
③ [明] 解縉等:《永樂大典》,北京:中華書局,1986年,第3816頁。
④ [明] 程道生:《遁甲演義》,《景印文淵閣四庫全書》第810冊,第925頁。
⑤ [清] 程良玉:《易冒》,《四庫全書存目叢書》子部第67冊,第11頁。

以迄歷代事應,采摭頗詳,蓋亦古帝王敬畏修省之意。"(第1472頁)

  按:"取書林之奏合日官之藏",宋淳熙十三年內府寫本《洪範政鑒》書前御製序作"取日官之奏,合書林之藏",① 提要"日官""書林"誤倒。又"五行六沴"之"五行",內府寫本書前御製序作"五均"。② 然核諸內容,書分水行、火行、木行、金行、土行和皇極六目,每目二卷,即提要"其書以五行分類,自春秋以迄歷代事應,采摭頗詳"云云,與"五均(官名,管理市場物價)"無涉。

  30. 卷一百十一"《丙丁龜鑒》五卷《續錄》二卷"條:"宋柴望撰。……是書大旨以丙午、丁未為國家厄會,因歷摭秦莊襄王以後至晉天福十二年,凡值丙午、丁未者二十有一,皆有事變應之,而歸本於修省戒懼,以人勝天。"(第1473頁)

  按:秦莊襄王,當作"秦昭襄王"。清彭氏知聖齋鈔本《丙丁龜鑒》始自秦昭襄王五十二年丙午、五十三年丁未,終後漢高祖天福十二年。《續錄》元佚名序云"(《丙丁龜鑒錄》)上自秦昭襄王五十二年,迄五代漢天福十二年,凡一千二百六十歲,值丙午、丁未二十有一",③ 此蓋提要所據。又"晉天福十二年"之"晉"當作"漢",胡露已發④。

  31. 卷一百十一"《紀夢要覽》三卷"條:"明童軒撰。軒字士昂,鄱陽人。景泰辛未進士,官至吏部尚書。"(第1478頁)

  按:吏部尚書,當作"禮部尚書"。過庭訓《本朝分省人物考》卷十一《南直隸應天府》載其傳云:"童軒字士昂,其先饒州鄱陽人。……登景泰辛未進士,拜南京吏科給事中。……明年,鎮巡官奏賊猖獗,謫壽昌知縣,尋陞雲南僉事,提督學校。甲午秋,召拜太常少卿,掌欽天監。癸卯,以疾乞休,歸金陵。蕭然一室,不異布衣。弘治戊申,用廷議起,仍掌天文事。……是歲冬,進右副都御史,提督松潘軍務。辛亥春,召為南京吏部右侍郎。甲寅,進南京禮部尚書。三年二疏乞致仕。"⑤ 傳載童軒仕履甚詳。萬曆《應天府志》卷二十七《人物傳》載其傳,亦云:"官至禮部尚書。卒贈太子少保。"⑥ 乾隆《江南通志》卷一百七十二《人物志》其傳同。⑦《浙江采集遺書總錄》:"《夢兆要覽》二卷,刊本,明禮部尚書鄱陽童軒撰。"⑧ 則提要"吏部"為"禮部"之音誤明甚。

作者單位:南京大學文學院

---

① [宋]仁宗趙禎:《洪範政鑒》,《四庫全書存目叢書》子部第67冊,第405頁。
② [宋]仁宗趙禎:《洪範政鑒》,第405頁。
③ [元]佚名:《丙丁龜鑒續錄》,《四庫全書存目叢書》子部第67冊,第591頁。
④ 胡露:《四庫全書總目子部存目補正》,南京師範大學2007年碩士學位論文,第19頁。
⑤ [明]過庭訓:《本朝分省人物考》,《續修四庫全書》第533冊,第251—252頁。
⑥ [明]程嗣功、王一化纂修:《應天府志》,《四庫全書存目叢書》史部第203冊,第664頁。
⑦ [清]趙弘恩等監修:《江南通志》,《景印文淵閣四庫全書》第511冊,第889頁。
⑧ 吳慰祖校訂:《四庫采進書目》,北京:商務印書館,1960年,第273頁。

# 張之洞與同光體

胡迎建

## 一、張之洞與同光體詩人的分歧

汪辟疆在《近代詩派與地域》中將近代詩派分為六大派，其中有張之洞為首的河北派。汪辟疆說："北派旨趣略同閩贛，雖取徑略殊，實堪伯仲。"① 北派指的是張之洞為首的河北派。言此派與閩贛派（即同光體）相伯仲，其實不盡然，河北派其影響遠不能與同光體相比。此派除張之洞外，還有豐潤張佩綸，膠州柯劭忞，"力崇雅正，瓣香浣花，時時出入於韓蘇，自謂得詩家正法眼藏，頗與閩贛派宗趣相近。惟一則直溯杜甫，一則借徑涪皤，斯其略異耳"。② 但張之洞與張佩綸、柯劭忞交往并不多，所以錢仲聯又將他列為唐宋兼采派，所謂能以"宋意入唐格"者。其幕府中人如顧印愚、梁鼎芬亦屬這一派，而樊增祥、易實甫為中晚唐詩派，也是從此派中蛻變過來的。易實甫常稱張之洞為其師，可見張之洞在近代詩壇上影響巨大，其與同光體詩學途徑則有同有異。

張之洞（1837—1907），字孝達，號壺公，晚號抱冰，直隸（河北）南皮人。為清晚期的封疆大吏，著名的洋務派人物。主張"中學為體，西學為用"。在當時，張可算是洞悉全域、思想開明的大人物，在推進中國現代化進展中頗有功績，且在帝黨與后黨中左右逢源。他主要在武昌與江寧兩地，以重臣興辦洋務事業、教育事業，廣取學有專長的人物，因而不少近代名詩人入其幕府。他們探討詩藝，雅集唱和，促成了詩學的興盛。由雲龍說："海內談詩宗北斗，朝端知己屬南皮。"（《詩話續編》卷二，《合集》上第535頁）。可以

---

① 汪辟疆：《近代詩派與地域》，《汪辟疆文集》，上海：上海古籍出版社，1988年，第294頁。
② 汪辟疆：《近代詩派與地域》，《汪辟疆文集》，第304頁。

説，晚清詩在長江流域的興盛與他不無關係。

張之洞早年蹭蹬科場，進入仕途後，初任翰林院侍講學士、內閣學士。中法戰爭時，由山西巡撫升任兩廣總督。期間與前輩詩人莫友芝有交往，在《送莫子偲游趙州赴陳刺史之招》詩中云：“早年高名動帝都，西南鄭莫稱兩儒”；“澀體慣作孟郊語，瘦硬能為李潮書”。表明他對宋詩派特徵有體認，尤其提出“澀體”這一名詞。他與漢魏詩派領袖王闓運也有來往，在《送王壬秋歸湘潭》詩中，贊王闓運詩“蕩氣迴腸”。

光緒十五年（1889）十一月，張之洞調任湖廣總督，開辦漢陽鐵廠、礦務局、鑄錢局、紡紗局。創建兩湖書院，聘易順鼎主持兩湖書院經席，聘梁鼎芬主持廣雅書院。陳三立《余堯衢詩集序》中云：“當是時，張文襄方督湖廣，競興學，建兩湖書院，選錄湖南北高才數百，設科造士，海內通儒名哲就所專長，延為列科都講，特置提調員，拔君董院事。余以都講或闕，謬承乏備其一人焉。院中前後鑿大池，長廊環之，穹樓複閣臨其上，歲時佳日，輒倚君要遮群彥，聯文酒之會，考道評藝，續以歌吟。文襄亦常率賓僚臨宴雜坐，至午夜乃罷，最稱一時之盛”。① 易順鼎《詩鐘説夢》也道出當年盛況：“南皮師為海內龍門，憐才愛士，過於畢（源）阮（元）。幕府人才極盛，而四方賓客輻輳。”陳三立曾一度為書院都講，幫助閱卷。光緒二十年（1894），兩江總督劉坤一進京，張之洞署理兩江總督，次年年底回原任。邀鄭孝胥前來辦理蘆漢鐵路新政。興“新學”，兩湖書院仿學堂改革課程，邀沈曾植、陳衍來武昌主講兩湖書院史席，不久書院改兩湖大學堂。此年兼署兩江總督，奏設三江師範學堂（後改名兩江師範學堂），陳三立、繆荃孫被聘為總教習。光緒三十三年（1907）張之洞調入京師任大學士。

正因張之洞禮賢下士，倡風雅，重詩教，多次主持雅集唱和，一時武昌、江寧形成詩人兩處集結地。陳師曾說：“南皮張公方督湖廣，儒雅宏達，薈萃一時。而武昌為江漢要區，四方賢俊過者，輒相與流連游燕（宴），文酒之盛，無逾於此。”② 可以説，詩歌在長江流域的興盛，與張之洞大有關係。汪辟疆在《光宣詩壇點將錄》中以舊頭領托塔天王晁蓋謂王闓運，陳衍不以為然，以為當易之以張之洞。然而汪辟疆未以張之洞為舊頭領實有其道理，因為張之洞雖位高名重，卻并不能成為詩壇首領，未得到同光體重要詩人的認可與擁戴。相反，是非糾葛，齟齬頗深。其原因有二：

其一，從詩學主張來看，張之洞懷有清朝中興之望，應以清雅為正音，袁祖光説他“論詩以雅為正音，故初刻詩集以《廣雅》名之”。③ 但張持論偏激，不理解所處亂世的變

---

① 陳三立：《散原精舍詩文集》卷十，上海：上海古籍出版社，2003 年，第 956 頁。
② 《范仲林蜂腰館詩集跋》，《陳衡恪詩文集》，第 200 頁。
③ 袁祖光：《綠天香雪簃詩話》，轉引自錢仲聯主編：《清詩紀事·同治朝卷·張之洞》，南京：江蘇古籍出版社，1989 年，第 11751 頁。

雅之作，認為詩非雅則為妖聲。其《哀六朝》以六朝文風聯繫當時："亡國哀思亂乖怒，真人既出歸煙銷。今日六合幸清晏，敗氣胡令怪民招。……河北老生喜常語，見此蹙額如聞梟。政無大小皆有雅，凡物不雅皆是妖。"痛心疾首，有危言聳聽之嫌。

相反，陳三立、鄭孝胥、陳衍均認為同光之世并非中興，而是喪亂時代，要反映現實，勢必詩作變雅之聲。陳衍說："余生丁末造，論詩主變風變雅，以為詩者人心哀樂所由寫宣，有真性情者哀樂必過人，時而齎諮涕洟，若創巨痛深之在體也。時而忘憂忘食，履決踵，襟見肘，而歌聲出金石、動天地也。其在文字，無以名之，名之曰摯曰橫，知此可與言今日之為詩。"① 又《近代詩鈔敘》中謂道、咸以降，"喪亂雲扰迄於今，變故相尋而未有屆，其去小雅廢而詩亡也不遠矣……身丁變雅，以迄於將廢將亡上下數十年間"。② 陳三立以詩為"寫憂之具"，在《俞觚庵詩集序》中說："冤苦煩毒憤痛畢宣於詩，固宜彌工而寢盛。"③ 鄭孝胥雖得張之洞賞識，但論詩傾向陳三立，認為逢此世事萬變之際，詩宜有憤激怨怒之氣，又豈能以"清切"來拘束。他在《散原精舍詩集敘》④ 中說：

> 往有鉅公與余談詩，務以清切為主，於當世詩流，每有張茂先我所不解之喻，其說甚正。然余竊疑詩之為道，殆有未能以清切限之者。世事萬變紛擾於外，心緒百態騰沸於內，宮商不調而不能已於聲，吐屬不巧而不能已於辭，若是者，吾固知其有乖於清也。

"鉅公"即指張之洞，張主張作詩清切，意為詩格清雅平和，用典貼切。"清切"說限制了詩風的多樣性，對變雅之作缺少理解。變雅之聲與"清切"之論有所背離。鄭孝胥陳述己見曰："半生作詩多苦語，一見尚書便自許。彌天詩學幾詩才，五百年間缺標舉。寢唐饋宋各有取，挹杜拍韓定誰主。忽移天地入秋聲，欲罷宮商行徵羽。"（《廣雅留飯談詩》）自言詩多苦語，認為作詩取法唐宋、效法杜韓，應各有所取，不可強求一律。他認為張之洞論詩偏見，其《海藏樓雜詩》二十一云："南皮往論詩，頗亦執偏見。素輕王右丞，於詩乃尤訕。"認為張之洞不能寬容不同趣尚，就連對王維清淡一類詩也有謗訕。光緒三十年其所作《世已亂身將老，長歌當哭，莫知我哀》一詩可知他對末世來臨之敏感，故詩多哀痛之音，表明他處於"心緒百態騰沸"之時，豈能苟同張之洞詩學主張。詩乃變雅之音，可謂同光體詩人共識。張之洞身居高位，雖有危機感，未有末世感，不認同同光體變雅之

---

① 錢仲聯編校：《陳衍詩論合集》下冊，福州：福建人民出版社，1999年，第1089頁。
② 陳衍：《近代詩鈔敘》，上海：商務印書館，1935年，第1頁。
③ 陳三立：《散原精舍詩文集》卷十，第943頁。
④ 鄭孝胥：《海藏樓詩集·附錄三》，上海：上海古籍出版社，2003年，第545頁。

識。這就是他與同光體的最大不同。晚年張入京以後，對危局始有認識。林庚白《麗白樓詩話》評《崇效寺訪牡丹已殘損》《中興》詩云："丁滿清末造，知國事之不可爲，其主張之無補於危亡，而身爲封疆大吏，又不得不鞠躬盡瘁以赴之。後二首居宰輔之作，時勢益艱，故危苦益盛……"① 張臨死時絕筆詩中更哀嘆"君民末世自乖離"（《讀白樂天以心感人心歸樂府之嘆》）。

其二，學詩途徑有異。張之洞推崇雄渾超妙之詩，主要學白香山，然也兼學宋詩，學王荆公、陸放翁詩，尤偏好蘇東坡之清暢，主張從蘇而上溯杜少陵，以"宋意入唐格"。汪辟疆《光宣詩壇點將錄》中説："廣雅每勸人由坡公直溯杜，又句云：'政無大小皆有雅，凡物不雅皆是妖。'"② 雅音指的是王荆公、蘇東坡詩風。揚蘇抑黃的主張，還見於《憶蜀遊》組詩中：

> 黃詩多槎枒，吐語無平直。三反信難曉，讀之梗胸臆。如佩玉瓊琚，捨車行荆棘。又如佳茶荈，可啜不可食。子瞻與齊名，坦蕩殊雕飾……

其崇蘇之坦蕩，抑黃之槎枒、陳師道之枯瘦寒儉，以致還斥江西詩爲魔派。其喜平直而厭鉤棘、樂坦蕩而惡艱深的審美趣與同光體諸人截然不同。陳衍在《石遺室詩話》中説：

> 廣雅相國見詩體稍近僻澀者，則歸諸西江派，實不十分當意者也……其於伯嚴、子培及門人袁爽秋皆在所不解之列，故於《送子培赴歐美兩洲》則云：'君詩宗派西江傳，君學包羅北徼編。'《過蕪湖吊袁漚簃》則云：'江西魔派不堪吟，北宋清音是雅音。雙井半山君一手，傷哉斜日廣陵琴。'"③

鄭孝胥在《散原精舍詩集敍》中有"當世詩流，每有張茂先我所不解之喻"之語，指出張之洞難以理解陳三立、沈曾植詩作的高古奇崛。雖然張之洞也學宋詩，但不喜江西派，而陳三立、沈曾植等人正是從黃山谷出，上溯杜、韓。由雲龍説："散原詩多峭挺奇恣之作……散原與南皮（張之洞號南皮）均學宋詩，而兩人旨趣各别。"（《定庵詩話》）④

同光體無論"生澀"派還是"幽峭"派，都傾向於拗峭而不平直，勁健而不疏暢。而張之洞所標榜的學白居易、蘇東坡，在求詩之層折、求造語之澀的同光詩人看來，并不能

---

① 林庚白：《麗白樓詩話》，轉引自錢仲聯主編：《清詩紀事·同治朝卷·張之洞》，第11754頁。
② 汪辟疆：《光宣詩壇點將錄》，《汪辟疆文集》，第340頁。
③ 陳衍：《石遺室詩話》卷十一，《民國詩話叢編》第1册，上海：上海書店出版社，2002年，第157頁。
④ 由雲龍：《定庵詩話》，轉引自錢仲聯主編：《清詩紀事·同治朝卷》，第11755頁。

反映亂世現實。陳三立與張之洞為忘年詩友，曾贊張之洞詩"吐雄句"（《抱冰宮保七十賜壽詩》），風格"重厚寬博，在近代諸老之上"，① 但在私下場合則譏評之。張之洞詩中常自矜為節鎮一方的陶侃、羊祜、溫嶠，在陳三立看來是紗帽氣，俗熟之極。陳衍説："散原為詩，不肯作一習見語，於當代能詩巨公，嘗云某也紗帽氣，某也館閣氣。蓋其惡俗惡熟者至也。"② 後來冒叔子詩也提及此段公案："不解茂先渠自贖，散原詩法本天遊。"（《光宣雜詠》）

不過，陳衍為張之洞辯解，認為其詩符合其身份，詩中有自家語："張廣雅詩，人多譏其念念不忘在督部，其實則何過哉？此正廣雅長處……然東來溫嶠、西上陶桓、牛渚江波、武昌官柳，文武也，旌旄也，鼓角也，汀州冠蓋也。以及峴首之碑、新亭之淚、江鄉之夢，青瑣湛輩之同浮沉，秋色寒煙之窮塞主，事事皆節鎮故事，亦復是廣雅口氣，所謂詩中有人在也……"③ 後來汪辟疆也為之作折衷之論："散原老人惡俗惡熟，深致譏彈，觀感不同，無取害意。至廣雅之精探流略，胸羅雅故，餘事作詩人，故能才力雄富，士馬精妍，比事屬辭，歸諸雅切，則正與閩贛派詩家異曲同工也。陳衍為張之洞幕客，有知遇之感，其以'詩中有人在'為之洞'紗帽氣'辯解，論頗通達。"④ 異曲同工指的是均出唐入宋，祇是取法物件有不同而已。汪辟疆又論張之洞詩："淹雅宏博，世推正聲。然以力辟險怪生澀之故，頗不滿意於同光派之詩。嘗云：'詩貴清切，若專事鉤棘，則非余所知矣。'"⑤

## 二、張之洞與陳三立、鄭孝胥、陳衍的交往

陳三立第一次見到張之洞是在江寧。光緒十五年（1889）陳中進士後，分發吏部主事，辭職南下，先往江寧，拜會父執江南布政使許振禕（號仙屏）。許振禕邀請代理兩江總督張之洞在布政司署所在地瞻園宴集，陳三立應邀入座。

此年十一月，張之洞調任湖廣總督，大力興辦洋務事業。光緒十六年（1890）四月初，陳寶箴赴湖北任按察使。十七日，時在長沙的陳三立，與郭嵩燾相晤時，將父親寄來的信給郭嵩燾看。信中談及湖北近事，認為湖廣總督張之洞頗有政績，祇是有些方面走過了頭，搜括紳民甚多，且為購置織布機器提取了大量存庫公款（見《郭嵩燾日記》）。

---

① 見陳曾壽：《讀廣雅堂詩隨筆》，錄自《東方雜志》15卷4期，載《散原精舍詩文集·附錄》，第1248頁。
② 陳衍：《近代詩鈔》中冊"陳三立"條，第984頁。
③ 陳衍：《石遺室詩話》卷一16則，《民國詩話叢編》第1冊，第27頁。
④ 汪辟疆：《近代詩派與地域》，《汪辟疆文集》，第304頁。
⑤ 汪辟疆：《近代詩派與地域》，《汪辟疆文集》，第304頁。

光緒十七年（1891）春夏之際，陳三立赴武昌後，曾為張之洞座上賓，一度也被聘為書院都講，為經心書院、兩湖書院校閱考卷。九月十九日，張之洞招邀陳三立、梁鼎芬、江逢辰、陳維垣、楊銳等在八旗館相集，在露臺處登高賦詩。張有《九月十九日八旗館露臺登高賦呈節庵、孝通、伯嚴、斗垣、叔嶠諸君子》。其時諸子"意興飆發，篇什流布，傾動一時"（《顧印伯詩集序》）。陳三立對他抱有拯救中國的希望。

　　但隨後發生的事，使陳三立對張之洞不免失望。光緒二十一年（1895）三月，甲午海戰中國戰敗，李鴻章往日本簽訂中日《馬關條約》。條約中對中國極不平等，一時國人大嘩，以為中國奇辱。四月十四日，中日展期換約之事（延期訂約以謀有利於中國）功敗垂成。十六日，調任兩江總督的張之洞在江寧致電告知武昌譚繼洵制台、司道各衙門及漢口惲道台，陳三立時在武昌，極為憂慮，不顧人微言輕，於十七日憤然致電張之洞，請誅殺李鴻章以示天下。原電中說："讀銑電愈出愈奇，國無可為矣，猶欲明公聯合各督撫數人，力請先誅合肥，再圖補救，以伸中國之憤，以盡一日之心。局外哀鳴，伏維賜察，三立。"合肥為李鴻章的籍貫，代指李鴻章。黃濬在《花隨人聖庵摭憶》中說："前所采拔可尊人次玉先生在南皮兩江督幕中錄藏光緒甲午乙未間中東戰役諸電……册後尚錄其時散原老人自武昌致南皮一電，以《馬關條約》簽定，請籲奏誅合肥以謝天下，此電南皮未作覆。當時士議憤騰，主此說至多……故其時右銘先生雖開藩直隸，而散老忠憤所迫，不遑顧慮，輒敢以危言勸南皮也。"

　　此後基隆、臺北相繼失陷於日軍，唐景崧在臺北宣布成立臺灣共和國，自稱總統，劉永福拒敵於臺南。張之洞暗中支持他們，但無多少效果。陳三立關注臺灣局勢，將大陸訊息迅速電告赴臺參加抗日的易順鼎："次申（薛華培之號）已籌餉五萬金，可借解。"又懇請敬師立即籌款，後又電告易順鼎，張之洞"覆電無奉旨接濟事，京電係訛傳，敬師困司道阻撓，次申憚，不具撥，可恨"。張之洞從自身利益考慮，并不敢直言，對臺灣抗日事也祇是暗中支持而已。陳三立的愛國情熾、忠勇憤懣之氣，可說是躍然紙上。

　　光緒二十一年（1895），陳三立在長沙助其父陳寶箴在湖南推行新政，湖南出現了新氣象，但士紳王先謙、葉德輝等人將新思潮視為洪水猛獸，竭力詆毀，聯名函告京中湖南籍官吏，謂"陳帥紊亂舊章"。又聯名上《湘紳公呈》，攻擊時務學堂學生被"邪說"引入歧途，致使湖廣總督張之洞也致電陳寶箴、黃遵憲，指責《湘報》"言論悖謬"。

　　維新變法失敗後，陳三立遷居南京。光緒二十六年（1900）五月，義和團進入北京。慈禧以光緒皇帝名義下詔與各國宣戰，官軍介入。此時南方長江一帶戒嚴，謠言紛起，傳說德國人索要下關炮臺，英國人索要上海製造局，一時人心大震。陳三立積極參與"東南自保"活動事與勤王事。所謂東南自保，即是鑒於河北、北京城一帶陷於戰火，由東南各省宣布自立，互相聯絡，達到保障東南一方的目的；所謂勤王，陳三立、湯壽潛、張謇等人勸劉坤一、張之洞兩大總督采取東南自保策略，擬將慈禧與光緒帝迎到漢口或南京，作為行都，然後設法強迫慈禧交出政權。六月十三日，陳三立在金陵致書隨鑾駕護衛的梁鼎芬。信中説：

> 竊意方今國脈民命，實懸於劉（坤一）張（之洞）二督之舉措。劉已矣，猶冀張唱而劉可和也。顧慮徘徊，稍縱即逝，獨居深念，詎不謂然？頃者陶觀察之説詞、龍大令之書牘，伏希商及（王）雪澄，斟酌擴充，竭令贊助。且由張以劫劉，以冀起死於萬一。精衛之填，杜鵑之血，盡於此紙，不復有云。（番禺黃氏憶江南館藏《近代名人翰墨》）

周康燮在《跋陳三立與梁鼎芬密劄》中説："驟讀之，似為庚子義和團案時籌獻東南自保議，細辨之，赫然為三立參預唐才常自立會組織，謀擁鄂督張之洞，挈兩湖宣布獨立，以劫持江督劉坤一，聯為同志，成立勢力，勒令慈禧太后歸政於光緒帝之復辟勤王運動……庚子之役，獻議東南各省自保者，首發於趙鳳昌，宣導於盛宣懷，終由江、鄂二督列銜飭上海道余聯沅與各國駐滬領事，議定東南保護約款九項。時三立雖屬戊戌得罪禁錮在籍之身，亦得躬預斯役……綜察此劄，三立欲使鼎芬商籌秉恩，謀通款曲於張之洞，由張之洞劫持劉坤一，主持此勤王復辟大業，乃之洞權詐欺世，勢利性成，致才常、三立所謀，終告失敗。"

從這一件密劄與跋文可以看出，陳三立分析當時的大局繫於劉坤一、張之洞兩位總督之舉措，尤其指望張之洞倡議而劉坤一附和，方有希望挽救危難。信中的陶觀察即陶森甲，字榘林，當時代表鄂督赴上海與議東南自保。龍大令即龍澤厚，字積之，曾參與張園國會。王秉恩，字雪澄，久佐張之洞幕府，後薦於兩廣總督岑之煊。但張之洞在政治立場上是屬於騎墻派，依違於帝后兩黨之間。八國聯軍將入京，張之洞即效忠慈禧，"迎鑾南下"，勤王之舉難有作為。

光緒三十年（1904）夏，張之洞奉命來江寧與兩江總督魏午莊議修河道事，往往邀陳三立作陪賦詩。一次在瞻園宴集，張之洞招邀陳三立陪座，作《瞻園》詩。陳三立次張之洞韻奉贈，但詩中祇説些當時情景與一些贊譽的好話，如説"花下坐人豪，光風灑前席"。當時張之洞公事不多，卻不能趕快回去，一次往游燕子磯，又邀陳三立一道去。張之洞作《燕子磯》詩，詩中説："鐵骨蒙苔蘚，舒翼昂頷頤。翩然來下浴，鬥入青琉璃。"陳三立步張之洞韻賦《燕子磯奉和抱冰宮保同遊韻》，詩中説："巉巖爪嘴出，谽谺張兩頤。千山作簾幕，一道明琉璃。"兩詩對燕子磯的地勢都有較生動的記述，隨物賦形，二人的寫景本領可説是旗鼓相當。後來在1917年，陳三立攜寅恪、登恪、封懷三子往游燕子磯，所作

《八月二十一日攜兒子寅恪……游燕子磯》）詩中深情回憶十四年前陪同張之洞遊玩情景。

當時江西修南潯鐵道，李有棻、陳三立分別被江西鄉紳推為總理、協理。光緒三十一年（1905）秋，兩人往武昌發行修建南潯鐵路的債券。重陽雅集，湖廣總督張之洞邀約陳三立等游洪山寶通寺。其時梁鼎芬即將往任襄陽兵備道，張之洞設宴送行，并賦《九日寶通寺塔登高》詩。陳三立賦有《九日從抱冰宮保至洪山保通寺，餞送梁節庵兵備》。數日後，張之洞在十桂堂宴請眾人，連續幾夜詩會，逸興飛騰。陳三立有詩戲贈張之洞，贊張之洞掌控大局多有謀略，治學術能憑妙悟而通："公垂橐籥信多能，流略包纏妙悟憑。"（《連夕詩會戲呈抱冰宮保》）

光緒三十二年（1906），張之洞七十大壽，陳三立寫了長篇五古《抱冰宮保七十賜壽詩》，推崇張之洞乃中興以來重臣，眾望所歸，且其學說淵博，兼綜漢學宋學之所長："巨海水所歸，峻岳瞻萬方。維公體元氣，海嶽與頡頏。其學渾無涯，百家擷精英。夙綜漢宋說，抉剔益證明。能求教育之本源，并參照海外邦國方法。千年來所積存的敝陋，待你掃除之。偶而作詩，亦能一吐雄句"。列強環伺倡狂，幸得張公，"於世有砥柱，於國有干城。於民有衽席，於士有津梁。於古保純粹，於今闢康莊。山林啓藍縷，農戰明管商。道器造俊秀，萬廈葉笙簧。天下勁兵處，瑰貨擅浩穰"。這些贊譽決非阿諛之詞，而是道出了張之洞在晚清士人心目中的地位。作為官場局外人，陳三立也坦陳他對張之洞的不滿，說張圓滑、魄力不足："公亦有所短，以拙守道常。人皆攘臂趨，退審斂銳芒。又或憹詿議，挺挺躬自當。"

陳三立當年與張之洞同游洪山寶通寺作詩，曾發生了一些不愉快。張之洞《九日寶通寺塔登高》詩云：

> 喜看天際乍輕陰，暫脫塵靮到二林。
> 楓葉未紅欺客老，北鴻初到攪鄉心。
> 百年皮骨鹽車淚，萬里江湖漆室吟。
> 此塔閱人沙海數，豈惟登峴嘆銷沉。

張之洞難得有空閒，到此登高送別。末句"登峴"用羊祜典故。西晉羊祜鎮守襄陽時曾登峴山，置酒歌詠。此典頗切張之洞為一方鎮守的身份。又有《送梁節庵之官襄陽道》詩。陳三立賦有《九日從抱冰宮保至洪山保通寺，餞送梁節庵兵備》詩云：

> 嘯歌亭館登臨地，今日都成隔世尋。
> 半壑松篁藏梵籟，十年心迹比秋陰。

飄髯自冷山川氣，傷足寧為却曲吟。
作健逢辰領元老，下窺城郭萬鴉沉。

　　重尋舊地，回憶當年在武昌與衆人登臨賦詩的情景，屈指十年，如同隔世。第七句中的"元老"自然指的是張之洞，但此句引起張之洞的不快。據説張之洞問他，自己為何反由人所領。但陳三立笑他説詩過於拘執，這裏用的是倒裝句法以見拗峭。據陳衍《石遺室詩話》記載，後來在北京宣南集會時他與易實甫曾談及最末二句："元老自指文襄（張之洞之謚號），文襄批駁領字，謂何以反見領於伯嚴也。余言伯嚴早以此事告余，笑文襄説詩之固。領元老，豈吾領之哉！"由雲龍説："散原亦不乏文從字順之作。而恒涉艱深，若《石遺詩話》所舉散原'作健逢辰領元老'之句，為南皮所不喜，謂元老祇能領人，何乃尚為人所領。此則南皮驕貴之習，不足以語於詩道，非散原詩之失檢也。"（《定庵詩話》）
　　陳三立與張之洞兩人的論詩主張時有衝突乃至互相貶責。兩人都不免有偏執之處，其交往與詩論詩作凸顯了不同的箇性。
　　武昌數年，鄭孝胥、陳衍均得到張之洞賞識，從而施展其政治、經濟、文學諸方面才能。陳寶琛説鄭孝胥自日本歸，"張文襄一見恨晚，數引與計事，揚之於朝。而君自居争友，雖論詩亦不相下也"（《鄭蘇龕布政六十壽序》）。《鄭孝胥日記》① 記載了光緒二十二年一月十九日他從游蕪湖時的情況："席間，余獻《游彭楊祠》七律一首，南皮稱賞久之，曰：'子詩外清而内厚，氣力雄渾，真佳製也。"（第546頁）。又光緒二十五年二月十六日："南皮稱余《觀梅詩》出筆不凡，信為佳作也。"八月初三日："南皮極稱余詩沉雄宕逸，簿書旁午中而不損其高雅之趣，此為無匹也。"（第719頁）"子之才籠罩一切，無施不可。"（第735頁）。十一月廿四日："廣雅留飯，談詩甚洽。"光緒二十六年三月十八日，鄭"渡江謁南皮，同赴沈子培之約。南皮詢余近作，因呈《盟鷗榭》詩，南皮曰：'子詩自明以來皆不能及也。"（第752頁）光緒二十六年，張之洞還舉薦過他。"《中外日報》言，江督薦舉張佩綸、陳寶琛、王先謙、沈曾植及余五人。"（日記第779頁）《海藏樓雜詩》其十九云："公常稱我詩，謂非世士能。"
　　二十四年（1898）正月，張之洞托鄭孝胥將時在上海為《求是雜志》主筆的陳衍請到武昌，禮賢下士，兩人成為知己。張多次勸陳衍應試，但陳無意仕途。光緒二十四年（1898），張之洞入京，派梁鼎芬催促他入都會試，陳衍以無意科名而推辭。張之洞不悦，認為他尚未中年，不應"過於自廢"。光緒二十八年（1902）開經濟特科，張又推薦陳衍往試，但試卷被他人黜落。但張之洞對陳衍的詩則不太賞識。章士釗《論近代詩絕句·張

---

① 鄭孝胥著，勞祖德整理：《鄭孝胥日記》，北京：中華書局，1993年。

文襄》云："達官名士一身兼，一味矜名卻又嫌。見説駿驥冠下客，不教陳衍炫依嚴。"并注云："集中無與石遺詩，聞己詩亦不令陳和。"① 言張之洞從不作詩贈陳衍，也不令陳衍步其韻。

## 三、論張之洞的詩

張之洞才大學富，詩作不凡，誠如陳聲聰所説："清末所謂清流，其骨幹份子張孝達、張幼樵、寶竹坡、陳弢庵等四人，皆清一代大詩人。"② 胡先驌説他"獨以國家之柱石而以詩領袖群英，頡頏湖湘、江西兩派之首領王壬秋、陳伯嚴，而別開雍容雅緩之格局，此所以難能而足稱也"；其詩"宏肆寬博，汪洋如千頃波，典雅厚重，不以高古奇崛為尚，然複不落唐人膚泛平易之窠臼"。③ 雖皆確評，然籠統而欠具體，今試將其詩分為四類略作評述。

（一）感時詠懷詩

儘管張之洞主雅正之音，但還是將時局危亂之感寫入詩中，寓其憂時。

傷亂之懷，沉摯哀痛，這是其詩學觀念與創作實踐不一致之處。如其《哀時》云："嵬驤金堤高，安知蟻穴危。清晏五十年，養此氓蚩蚩。文吏吾公醉，武卒市人嬉。江南信可哀，河北守者誰？勢欲括赤縣，與之作潢池。"他哀承平之世後文恬武嬉，擔心國家將毀於蟻穴之潰，更憂慮神州將有人起兵作亂。他用《漢書·循吏傳·龔遂》故事："海瀕遐遠，不沾聖化，其民困於饑寒而吏不恤，故使陛下赤子盜弄陛下之兵於潢池中耳。"這是内憂，更有外患。英法聯軍入京，咸豐帝避居熱河，他所作《海水》二首更是哀痛如在其身：

  海水群飛舞蜃螭，甘泉烽火接令支。
  牟駝一旅猶言戰，河上諸侯定出師。

  地孽竟符蒼鳥怪，天心肯使白龍危？
  春秋王道宏無外，狹量迂儒那得知？

前一首以海水群飛喻時局之動亂，蜃螭喻外寇。甘泉離漢都長安約三百公里，烽火通訊迅速可達，盧照鄰詩："朔方烽火照甘泉，長安飛將出祁連。"令支在河北灤縣、遷安一

---

① 汪辟疆：《光宣詩壇點將錄》，《汪辟疆文集》，第340頁。
② 陳聲聰：《兼于閣詩話》，引自錢仲聯主編：《清詩紀事·同治朝》卷一，第1771頁。
③ 胡先驌：《讀張文襄廣雅堂詩》，《胡先驌文存》上卷，南昌：江西高教出版社，1995年，第181頁。

帶，春秋時齊桓公滅令支在其地。《國語・齊語》："遂北伐山戎，刜令支、斬孤竹而南歸。"此言北方將有戰事。牟駝岡在汴京城外，北宋末，金軍設大營於此，宋軍姚平仲率軍偷襲。張之洞這樣寫意在哀此時中國無人能似姚平仲，勇於與外寇接戰。蒼鳥即鷹，屈原《天問》："蒼鳥群飛，孰使萃之。"王逸注："言武王伐紂，將帥猛勇，如鷹鳥群飛。"白龍，興災之龍，《墨子・貴義》：帝"以庚辛殺白龍於西方"。這裏盼望殄滅外寇之意瞭然。他另有詩句言京城亂後景象："江頭餘燼千門鎖，蒲柳無春更可哀"，化自杜詩《哀江頭》："江頭宮殿鎖千門，細柳新蒲為誰綠"，亦頗貼切，以景作結，更見沉痛。

作為一代名臣，張之洞對清朝廷忠心耿耿，對中興事業篤信不移，詩中干政、言政內容不少。有的流露出感恩懷主的情緒，像《扈從上定東陵作》之類詩。後來為湖廣總督時所作《俄國太子來游漢口饗燕晴川閣索書即席奉贈》《希臘世子》詩雍容大度，切合其身份。又《西山》詩中云："新舊只今分半坐，廟堂端費斡旋功。"寫出了他在新舊黨爭中調停的煞費苦心。又如《中興一首答樊山》詩云：

流轉江湖鬢已皤，重來闕下撫銅駝。
故人第宅招魂祭，勝地林亭掩淚過。
前席頗憐非少壯，小忠猶得效蹉跎。
神靈今有中興主，準擬浯溪石再磨。

洛陽宮門外有漢鑄銅駝兩座，西晉索靖知天下將亂，指銅駝嘆曰："會見汝在荊棘中耳。"見《晉書》本傳。此處是哀嘆京城經英法聯軍亂後的荒蕪。腹聯"前席"用漢文帝聽賈誼談論而移坐席故事，嘆自己年華老大，不似賈誼當年。末句以元結、顏真卿自比。唐代元結撰《大唐中興頌》，請顏真卿書於湖南祁陽縣浯溪旁石崖。此詩中不無感傷與自謙之處，觀後二聯，仍充盈着效忠與躊躇滿志之意。

（二）詠史紀事詩

張之洞站在維護清王朝統治的立場，所作此類詩有強烈的尊王攘夷意識，飽蘊忠君愛國思想。如《銅鼓歌》先述咸豐四年黔地的苗民之亂，播州府兵遠走，乃由士紳組織民團平定此亂的經過；然後寫平亂大捷而為之鑄銅鼓以紀功，對銅鼓進行了濃墨重彩的描摹：

連鼉銅牙雖罕覯，此物猶見天威萬古懸雲霄。圍徑四尺脩八寸，四耳無當約其腰。文螭蟠拏朱鷺鬻，細乳三百有二相周遭。仿佛篆文不可辨，屢煩畫肚終牙聱。土花紺碧沁肌理，雷紋宛轉環皋陶。中心瑩滑不留手，恰受二尺楢椎敲。良辰會客風日美，水面考擊鳴蒲牢。如觀溪峒跳明月，宰牛呷酒歡相邀。忽然蠻風捲瘴雨，中有鐵馬聲蕭蕭。一擊再擊轉激楚，戰場萬鬼皆啼嗥。不用趣戰用行酒，銅龍悲憤發長號……

詩的重點在寫銅鼓，且調動了多種藝術手法展開具體而生動的描摹，除了狀其形之外，更為銅鼓融入喜怒哀樂的感情與魅力，筆墨沉酣飛動，上追韓昌黎、蘇東坡《石鼓歌》，尤得蘇詩剽疾豪宕之氣勢。又有詠史紀人之作如《五忠詠》記黔地平亂死難者五人，可與此詩參看。

其《五北將詠》似仿杜甫《諸將五首》而來，謳歌"中興諸將"忠烈之臣。如詠烏爾泰的詩句："老羆據險氣山湧，水寶孤軍搖不動。黑夜出奇卷甲來，以少擊多無旋踵"，字裏行間有金戈鐵馬之音。又如《塔爾巴哈參贊大臣署伊犁將軍錫綸》贊錫子猷將軍鎮守伊犁，與阿爾泰山喇嘛呼克圖相為犄角，屢抗俄人入侵挑釁。俄人使節到清廷逼迫他離任回內地，但他誓死不肯，其妻子自都城往邊疆看望他，他竟避居另處，志在開發邊疆，以抗拒俄人侵略為己任：

國難家仇在西域，孤兒甘赴邊城死。絕遠無如塔城孤，鬥入斯科環雜胡。
藩籬外收哈薩克，犄角內結呼土圖。匈奴未滅家何有？閉壁不許通妻孥。
墾荒起疲變重鎮，鄂博一步誰能逾。西鄰責言衆積毀，熱血未冷霜盈顛……

詩的最後為良將逝世而哀嘆："鼓鼙聲壯磬聲悲，我皇聽之思者誰。"對邊事的關切躍然筆端。與詩中的主人公一樣，他堅決維護國家統一，將民族利益置於首位。此類詠史紀人之作有史法之簡嚴，而能融入深婉之情。

還有訪舊憑弔之詩，所詠之人多關朝政，均選擇某一側面展開議論。如《焦山觀寶竹坡》《拜寶竹坡墓二首》詠寶廷忠諫而不獲用，憶當年對飲舊事；《過張繩庵宅》詠張佩綸能於虎豹當關時忠諫，有如唐代衛公（李德裕）之精爽；《過蕪湖吊袁漚簃》哀袁昶於八國聯軍入京時勸諫不可輕啟戰端，反對圍攻使館，有類漢代賈誼。或借古人影射當時政見不同者，如《讀史四首》中以《張孝祥》譏文廷式。《誤盡》以王應麟諷翁同龢門下之士沉湎於考據詞章，以劉過諷張謇放言高論兵事之弊；《元積》以元積諷瞿鴻機之輕薄。其憂國干政、褒貶時事的意識強烈，寄慨深沉。

（三）山水遊覽詩

張之洞擅長刻畫山水，興寄象外，大氣包舉，魄力雄厚，隨意驅遣其辭，其識見足以統馭其敘述、描摹。五古如《鳳嶺》：

神皋蕩無險，險自散關始。萬壑共一井，行人在其底。襄木支橋閣，二分僅容趾。

左捫將墜石，右瞰不測水。茲嶺塞朝昏，去天諒及咫。盤路穿林蛇，細馬行磨蟻……

詩中寫京都一帶坦蕩無險，逗出散關鳳嶺，突兀而來，從大處高處着眼，萬壑輳集如井。"左捫""右瞰"寫歷險之危，仰觀則以"塞"見嶺之聳而擠，離天咫尺乃誇張手法；俯瞰則壑底之路盤似蛇穿林，馬細如蟻磨之行，點綴小景是為反襯鳳嶺之峻偉。

其更能以比擬摹狀出山川動態。其《夔門》詩云："赤甲高刺天，瑤姬司其閫。自入渝氏道，驟如萬馬奔。噓翁恃一壑，鯁咽不能吞。灎澦抗其間，虎豹當關蹲。蕩穴走鯢桓。"以瑤姬、虎豹比擬峰石，以萬馬、鯢桓比擬水勢，意象瑰麗雄奇，動感非常。又如《東海行》云："東海在何許？乃在神州東。振策登之罘，萬里青濛濛。日月星漢互吞吐，江淮河濟來朝宗。鯤壑蜃窟多詭怪，齊人道是蓬萊宮。但見天吳鼓浪黑，那有珊樹殷天紅。"以設問句逗起，日月星辰本在天空，卻說是在東海中吞吐；江淮河濟，匯入東海，卻被說成是朝拜其宗，恣肆汪洋之狀，如見目前。

張之洞曾乘輪在長江觀覽廬山，所作詩筆勢騰挪跳蕩："朝見廬山臨江滸，青翠騰躍來迎人。暮見廬山忽杳靄，首尾隱若龍登雲。從來倔強五嶽外，彭蠡作杯江為帶。內蓄百澗包靈奇，外切太虛定澎湃。江表名山數第一，儼如大賢兼通介。"（《江行望廬山》）本是江船行進而見山移，卻說是廬山騰躍迎人，以動態突出廬山的雄奇。

他寫景狀物，煉動詞奇警。如："明光曳地來，長如一匹練。不登石頭城，幾疑天塹誕。丘垤齊斂避，形勢頓湧現。"（《翠微亭》）又"群山萬壑齊塞井陘道"，"亭午匆匆漏曦日"（《井陘口》）。"曳""斂避""湧現""塞""漏"諸字生動逼真地寫出丘垤的散開狀，群峰的擠塞狀，以及山色日光的變化。又"明鏡三面抱城郭，錦屏九疊臨汀洲。江深石潤樹蔥茜，帝子飛蓋時來遊。峭壁下瞰黿鼉動，危磴上見猿猱休"（《錦屏山》）；"洲背露土似浴馬，水光抱郭成玦環"（《封印之明日同節庵伯嚴實甫叔嶠登凌霄閣》）等，無不隨物賦形，生動逼真。

他往往在遊覽中考察山川地理，寫其觀感見識，指點江山，高屋建瓴，議論捭闔，上下幾千年，縱橫數萬里，時空交彙，錯綜筆端，將描繪與議論打成一片，七古如《登牛首山望終南曲江樊川輞川作歌》：

我升燕臺望太行，西旋北繞如龍翔。今登牛首望秦嶺，南面連橫如堵墻。截然平壤起都會，桑乾渭水渾流黃。幽雍以外降一等，汴京釜底洛土囊。金陵僅棲偏安主，便有陂陀號龍虎。臨安湖山最靈秀，低首稱臣玩歌舞。乃知邱壑與湖溪，止娛寒士游醯雞。文章綺靡士氣薄，市廛儇巧民心攜。赤烏草草樊山駐，烏喙鬱鬱會稽棲。平城廣莫魏猾夏，和林荒苦元開基。遼金并起黃龍外，周秦先居汧渭西。建國由來戒沃土，势高气厚人文武。润色繁华由后王,当年山川本朴鲁。关中今亦少王气,奥区自全非上计。持戟百万无定形,以雍比幽广狭异……

虽眼前仅能远望至终南山、秦岭一带,但他却浮想联翩,回忆以往所游,故综论九州形势,瞭然如在掌握。汴京如处釜底,洛阳如处囊中。金陵六朝古都,所居皆偏安君主,号称龙盘虎踞,不过是小小陂陀。临安山湖灵秀,却祇供南宋君臣歌儿舞女娱乐,向辽金俯首称臣。而寒士不过如醯鸡游於丘溪之间,无怪乎"文章绮靡","市廛儇巧"。更忆及赤乌时代孙权之驻鄂地之樊山(今湖北鄂州),越王勾践之楼会稽(今浙江绍兴),北魏拓跋开基於平城(今山西大同),蒙古大汗窝阔台开基於和林(在蒙古国境内),辽、金崛起於黄龙府(今吉林农安)之外,周、秦发祥汧渭之西。最后得出的结论是,帝业建都不可在沃地,而以地势高、气脉厚为重要。可见他是从大地理概念来作山川游览诗,无此史识与襟抱,难有此高论。

其写景诗往往寄托对时局的隐忧。如:"白门游冶子,迤拖无生气。心醉秦淮南,不踏锺山背。一朝阚僧楼,雄秀发其秘。城外湖皓白,湖外山苍翠。南岸山如马,饮江驻鞍辔。北岸山如屏,蒙青与天际。鹭洲沙出没,浦口塔标识。烟中万楼台,渺若蚁垤细。亦有杜老忧,今朝豁蒙蔽。"(《覆舟山》)对江宁游冶子的疲遝不满,然后用排比与铺叙手法,将四面山势次第写来,末句取意於杜诗"忧来豁蒙蔽"(《赠秘书监江夏李公邕》)。甲午中日战起,国势险危,张之洞移督两江,与杨锐同游台城,杨诵杜诗,张大为感动。后来慈禧发动戊戌政变,杨被杀。光绪三十年九月,张之洞捐金在鸡鸣寺建楼以怀念,起名"豁蒙楼"。

与其古风游览之作多角度观览不同,其登高感怀所作七律,往往从固定角度远视,其中不乏情景交融、气韵沉雄之作。如《九日登天宁寺楼》:

> 过阙当行复暂留,数将新绿到深秋。
> 贪看野色时停骑,坐尽斜阳尚倚楼。
> 霜菊吐香侵岁晚,西山似梦隔前游。
> 廊僧亦有苍茫感,何况当筵尽胜流。

"暂留""数将""贪看""坐尽",莫不尽写主人公爱山欲求真赏之心。腹联"斜阳"已尽,犹倚楼看。岂止悲秋之意,真有哀世之感。末联用递进法,以廊中僧人苍茫之感作胜流沧桑之感的铺垫。同样题材的还有《胡祠北楼送杨舍人还都》一诗:

>煙攪離腸酒易醒，搴蓉緝芷送揚舲。
>鬢邊霜雪秋催白，山勢龍蛇雨洗青。
>剩有讀碑思峴首，不辭攢淚灑新亭。
>淒清喜有寥天雁，且破愁顏北向聽。

登樓遠眺，人將遠離不見，雲煙彌漫，愈加攪動離別之思，柔腸寸斷，如醉後初醒。"搴蓉"句用《離騷》"朝搴阰之木蘭"與"扈江離與辟芷"意，以寄托憐才憂國之思。頷聯以自身之鬢衰與山之青翠對比鮮明。末以聽雁聲而破淒清之愁緒作結，情景交融無痕。祇是腹聯"峴首碑""新亭淚"一類詞語在其詩集中出現頻率較多，雖切合身份與處境，畢竟有雷同之嫌。

光緒十七年重陽節後，張之洞招邀陳三立、梁鼎芬等人登高賦詩，作《九月十九日八旗館露臺登高賦呈節庵、孝通、伯嚴、斗垣、叔嶠諸君子》詩云：

>磯上嚴城晚吹涼，凌風壯觀補重陽。
>柳仍婀娜秋生色，荷已離披水吐光。
>風動白波寒楚佩，夢回青瑣在江鄉。
>寒煙去雁窮懷抱，強為群賢一舉觴。

"磯上"點題，次句"凌風"言露臺之高，"補重陽"言已過重九，補登高賦詩一課。頷聯寫眼前之景。腹聯虛寫景，有繫念朝廷之思。"青瑣"指宮門，反用杜甫《秋興》"幾回青瑣照朝班"句。第七句用范仲淹"衡陽雁去無留意""長煙落日孤城閉"意。末言勉強舉杯，這也是實話，他當時身體不大好，幾次雅集都因身體關係先行離去。

此類詩雖有感傷之慨，然決不消沉，而能寫景壯闊，吐屬高卓。他自言："吾欲反悲秋，秋氣實快哉。"（《九日慈仁寺毘盧閣登高》）夏敬觀說他的《重九》詩"純學東坡，筆力矯健，百餘年來，紗帽頭詩，當首屈一指"。[①] 但張之洞卻認為蘇東坡詩尚不足以盡山川之奇："蘇歌固跌宕，未盡山川奇。"（《淩雲山》）

（四）詠物寓志詩

此類詩清雋華妙，而風骨高秀，往往用對比映襯手法，寓寄其倔強箇性。如《戒壇松歌》描摹松樹之形與松濤之聲："墨雲倒垂逾萬斛，壓折白石迴闌干。潮音震蕩纖壒掃，氣象已足肅群頑。矯如神龍下聽法，赫若天王司當關。十松莊慢皆異態，各各凌霄鬥蒼黛。

---

① 夏敬觀：《學山詩話》，轉引自錢仲聯主編：《清詩紀事》，第 11760 頁。

一株偃蹇甘獨舞,不與群松論向背。"松枝濃綠如墨雲倒垂,松濤如潮音震蕩,驅掃一切纖壒之末。又以神龍聽法為譬,狀松樹之恭肅,以天王當關譬松樹之威嚴。十松之凌霄,與一松之橫伸獨舞(此松乃遼代所植,橫伸繞塔),寫來形神兼具,筆力勁摯。

他還時有體物入微之作,惜物之情盎然其間,且有寓意。其并列寫兩物者如:"枝嫋鵝黃已蔽腰,蒂融絳蠟齊破蕊。乃知草木亦如人,寐者方酣覺者起。"(《王樓營見杏花新柳,是日濟河微雨》)分別寫柳與杏花之態,以酣睡者與睡起者比之。或用映襯手法,如:"枯荷折芰曲池空,砌露宵寒減蕙叢。獨有女蘿依托好,緣荊攀棘吐嫣紅。"(《武學西園》)以枯荷之衰敗反襯女蘿攀緣之嫣紅。又如:"萬穗紅雲伐作薪,且澆瓜菜作僧珍。凌霄無骨高三丈,留徒孤行再到人。"(《極樂寺》)以海棠樹被砍伐一空而凌霄花藤攀援之高相對照。或寫一物而古今對照,如詠牡丹,"一夜狂風國豔殘,東皇應是護持難。不堪重讀元輿賦,如咽如悲獨自看。"(《四月下旬過崇效寺訪牡丹花已殘損》)以唐代舒元輿筆下牡丹的華豔瑰麗反襯眼前牡丹的衰颯,寄托對經過八國聯軍摧殘的京城的感愴。

張之洞學問深,腹笥博,故用典精切,從上述四類詩中約略可見。陳衍認為他的用事足可與宋蘇軾、清初顧炎武相媲美:"公詩如《焦山觀寶竹坡侍郎留帶》云:'我有傾河注海淚,遠山無語送寒流。'用放翁祭朱子文語。《悲懷》云:'霜筠雪竹鍾山老,灑涕空吟一日歸。'用荊公《悼亡》詩語。《挽彭剛直公》云:'天降江神尊,氣吞海若倍。'用清河公事及東坡詠錢武肅事。《發金陵至牛渚》云:'東來溫嶠曾無效,西上陶桓抑可知。'《贈日本長岡子爵》云'爾雅東方號太平',又'齊國多艱感晏嬰'云云。又《八旗館露臺登高》《秋日同賓客登黃鵠山》《曾胡祠》《望遠》諸事精切,皆可以方駕坡公、亭林。"① 王揖唐也認為:"廣雅詩中年以後之作,多有本事,犖犖大者,故老能詳……大抵文人寄慨,每托諸詠史詠物,廣雅詩亦多此例。"② 其古典今事,錯綜為用。有時用典竟遍及筆記小說,而能精切妥當。

張之洞詠杜詩句云:"憑仗詩篇垂宇宙,發揮忠愛在江湖"(《杜工部祠》);"豈是詩筆吐光焰,實惟忠篤通寫蒼"(《浣花溪》),這何嘗不是自身憂國忠君性情之吐露。他對其詩作水準抱有自信心:"拙不能詩亦不俗"(《攜家游江亭》),并言"願召名士游,一洗寒酸詩"(《凌雲山》)。其詩境雄厚闊大,與同光體詩人如陳三立等力追荒寒之境、吐屬多苦語的路徑不同。袁祖光認為其詩"淹博沉麗,平易近人,具休休有容氣象,洵堪啓迪後生"。③ 從詩風淵源來看,李慈銘以為"上可追香山、放翁,下不失梅村、初白,一時之秀

---

① 陳衍:《近代詩鈔》上冊"張之洞"條,第475頁。
② 王揖唐:《今傳是樓詩話》,載錢仲聯主編:《清詩紀事·同治朝卷》,第11752頁。
③ 袁祖光:《綠天香雪簃詩話》,轉引自錢仲聯主編:《清詩紀事·同治朝卷·張之洞》,第11751頁。

出也"。① 林庚白認為與王安石相近,"其五七古體詩,直可與荊公抗手,無能高下"。② 徐世昌《詩話》中認為其詩與蘇軾、白居易相近:"瑰章大句,魄力渾厚,與玉局為近,晚喜香山……公詩皆黃鍾大呂之音,無一生澀纖穠、枯瘦寒儉之氣。"③ 而我認為除上述之外,就其詩的蒼茫沉着之氣色,得益於杜少陵,而其渾浩流轉之勢,也得力於韓昌黎。其格不靡,其勢不弱。正如汪辟疆所說:"廣雅尚書詩,才力雄厚,士馬精妍,至使事精切,坡公、亭林外,無與抗手。或以紗帽氣少之者,亦興到之論,非定評也。"④

張之洞初膺高位,銳意求治,詩作多膚泛;老年以後詩漸入佳境,或與從容政事有餘裕、與眾詩人唱和切磋有關。樊增祥說他在"六十以後,吏民相安,新政畢舉,乃復以理詠自娛,而識益練,氣益蒼,力益厚,境地亦愈高愈深……至光緒癸卯《朝天》以後諸作,則杜陵徙夔、坡仙渡海,有神無迹,純任自然,技也神乎!嘆觀止矣"。⑤ 錢基博說他"用字必質實,勿纖巧;造語必深重,勿弔詭。寫景不虛造,敘事無溢辭。用典必精切,不泛引,不鬥湊;立意必己出,毋襲故,毋阿世。稱心而出,意不求工。刊落纖穠,寧真勿綺,雖以風致見勝處,亦隱含嚴重之神"。⑥ 不過,他的詩也是有缺陷的,如雖多憂國之思,但哀痛怨憤之作不多,也罕見寫民生疾苦。與其古風之雄渾相較,其律詩與絕句稍弱,雖有雍容之態,但舒緩平直,意蘊不深,句法缺少屈曲層折之變化,故不能耐人咀嚼。特別是七絕,質樸無華,過於直率,缺少靈動之氣。這些弱點,在同光體詩作中較能得到克服。

作者單位:江蘇省社會科學院

---

① 李慈銘:《越縵堂詩話》,載錢仲聯主編:《清詩紀事·同治朝卷》,第 11749 頁。
② 林庚白:《麗白樓詩話》,轉引自錢仲聯主編:《清詩紀事·同治朝卷·張之洞》,第 11754 頁,
③ 徐世昌:《晚晴簃詩話》,《晚晴簃詩匯》卷一六二,北京:中國書店,1989 年。
④ 汪辟疆:《光宣詩壇點將錄》,《汪辟疆文集》,第 340 頁。
⑤ 樊增祥:《廣雅堂詩跋》,載錢仲聯主編:《清詩紀事·同治朝卷》,第 11749 頁。
⑥ 錢基博:《現代中國文學史》上編《古文學》,上海:上海書店出版社,2007 年,第 168 頁。

# 論張維屏的詩學觀與創作

施志詠

張維屏（1780—1859），字子樹，號南山、松心子，又號松軒，晚號珠海老漁，廣東番禺（今廣東廣州）人。原籍山陰（今浙江紹興）。清道光二年（1822）進士，歷任黃梅、廣濟知縣。一度任吉安同知權南康知府。道光十六年（1836）辭官歸里。詩壇耆宿翁方綱譽之為"詩壇大敵"。與香山黃香石、陽春譚康侯、南海孔繼勳并稱粵東三子。三子中，以張維屏成就最為卓絕。其後又與同邑林伯桐、黃喬松、段佩蘭，香山黃香石，陽春譚康侯，南海孔繼勳等人在廣州城北白雲山麓築雲泉山館，據蒲澗廉泉之勝，為吟哦雅集之所，知府伊秉綬為題七子詩壇匾額。應該説，張維屏是嘉、道年間詩壇的一位頗具影響力的人物。

張維屏所生活的清代嘉、道年間，無論從中國歷史發展來看，還是從中國文學史發展來看，都處於一箇重要的歷史轉折期。本文擬就張維屏作一箇案分析，探研處於中國歷史轉型期，作為一位詩壇人物，他的政治立場取向以及崇尚風雅詩學觀的實質；同時通過張維屏《國朝詩人徵略》自序對於《詩大序》的引用和申述，探研中國傳統詩論於不同歷史時期的詮釋及運用。以此説明：就文學和政治的關係看，張維屏對於風、雅二字所作闡釋，所賦予的内涵，雖略有不同，但基本理念未變。古時説政事，今時説政治，同為詩教的一項重要内容。這是我的學習心得，今天和大家做箇分享。

## 一、政治立場與詩學理論詮釋

清代嘉、道年間，中國歷史上發生了一件大事，這就是鴉片戰爭。中英第一次鴉片戰争，自 1839 年 9 月 4 日至 1842 年 8 月 29 日。也就是清道光十九年七月二十七日至道光二十二年七月二十四日。歷史學家以 1840 年（道光二十年）作為一箇分界綫，將中國歷史劃分為二段：1840 年以前為古代，1840 年以後為近代。鴉片戰争爆發時，張維屏六十歲。歷史上幾位重要人物，林則徐、魏源、龔自珍，都是他的好朋友。林則徐被派到廣州，曾和張維屏討論禁煙大事。魏源，《海國圖志》作者。被稱為第一箇睁開眼睛看世界的中國人。他和張維屏關係很好，時有詩書往來。另外，龔自珍，近代的一位思想家，和張維屏意趣相投。二人都具有近代啓蒙思想。就當時的歷史背景看，張維屏和林則徐、魏源、龔自珍的政治立場都很貼近那箇時代。而就張維屏所處學術背景看，他崇尚風雅詩學觀的確立，同樣也與嘉、道年間的詩學建造密切相關。嘉、道年間，對於清詩創作而言，是一箇相對平庸的時期。當時詩學的狀況，蔣寅先生以為，無論從哪方面看，都呈現一種平庸的面貌。不過，他同時也指出："嘉、道詩學整體上卻有一箇醒目的傾向，在某種意義上也可以視為清代詩學的轉型，即詩學開始重視紀錄性而淡化了理論與評論色彩。"并説："我閱讀此期詩學著述的印象是，探討理論、技法與注重批評的詩話數量鋭減，而宣稱以表潛闡幽為主旨的詩話明顯增多。以記錄性為主的地域詩話和同人詩話成了詩話的主流，'以詩存人'或'以人存詩'成為詩話編撰的主要動機，記錄逸事和標榜風流取代論才較藝而成為詩話的主要内容。"① 這就是清代詩學的轉型。

蔣寅先生在《清代詩學史》中曾説："我從清代詩學的歷史發展中看到的，就是這樣的階段性：第一段是神韻派詩學，第二段是性靈派詩學，第三段是紀實性詩學，第四段是宋詩派詩學。"② 四箇階段的推進，第三段是關鍵。這就是嘉、道階段。其所謂轉型體現在：嘉、道之前的詩學重理論，嘉、道之後的詩學重紀實。以之論張維屏，他的詩學當屬第三段，為紀實性詩學。和前兩箇階段相比，張維屏的着眼點已不在理論探討，而是以人和詩作為實證，為詩歌發展史留下記録。這一事實，從他編纂《國朝詩人徵略》可得印證。這就是蔣寅先生所説"以詩存人"或"以人存詩"的意思。用張維屏自己的話講，就在於通過對人和詩的纂述，以"揚風抉雅，鼓吹休明"。

張維屏其人，身處這一歷史轉折時期，不單在政治思想方面貼近時代，而且其詩歌創作以及詩學理論都帶有明顯的時代特徵。他的詩歌作品數量相當可觀。據新出版的《張南山全集》，其中收録詩集七種，作品總數達二千二百餘首；張維屏的詩學理論，則體現在他所編撰的《國朝詩人徵略》《藝談録》《聽松廬詩話》以及諸多序跋作品當中。張維屏的詩歌創作和理論建樹，究竟能否超越平庸，體現自身的特色，另具自身的面目？弄清這些問題，有助於認識歷史和現實，有助於古典詩學傳統的理解及建構。

---

① 蔣寅：《清代詩學史·上編》，北京：中國社會科學出版社，2012 年，第 56 頁。
② 蔣寅：《清代詩學史·上編》，第 50 頁。

從學術角度看，在張維屏之前，詩有神韻説和性靈説，到了張維屏，側重於紀實。所謂紀實，就是論説的成分較少，祇是把事實羅列出來。那麽，在紀實過程中，如何體現他的政治立場？他崇尚的風雅詩學觀，究竟實質如何？本文擬通過他的《國朝詩人徵略》自序和《詩大序》兩篇序文有關風、雅的闡釋，就相關問題嘗試加以探尋。

張維屏《國朝詩人徵略》自序寫道：

> 國朝文治昌明，人材輩出。名臣名儒，後先相望。即以詩論，自朝廷以逮閭巷，其間揚風扢雅，鼓吹休明，或為有德之言，或擅專家之業，雲蒸霞蔚，富有日新，彬彬乎稱依永和聲之盛焉。屏賦性顓愚，寡所嗜好。暇日輒喜誦古人詩。誦其詩欲知其人，而其人生平事迹，大都散見於諸家文集及志乘説部諸書，爰即流覽所及，隨意録之。篇幅稍繁者，節録之。或見其事未見其詩，或偶見其詩而未遇會心者，姑缺之。歲月既積，卷帙遂增。思於纂述之餘，用廣興觀之助，因釐為六十卷，名曰：《國朝詩人徵略》。一日有客過余。覽之曰：書中所載，多名臣名儒，而概以詩人稱之，可乎？余瞿然曰：微子言，余亦疑之。雖然，嘗徵諸古矣。毛詩孔疏云：詩人覽一國之意，以為己心，所言者諸侯之政，故謂之風；詩人統天下之心，以為己意，所言者天下之政，故謂之雅。觀孔疏所稱，詩人則周公、召公、衛武公、尹吉甫皆在其中矣。蓋以人言，則智愚賢否，等有不齊；以詩言，則凡作詩之人，皆得謂之詩人。詩以人而重，人不以詩而輕也。客曰：善。越日，客復過余曰：《文心雕龍》言：賦者，受命于詩人。又言：離騷，軒翥詩人之後。是皆合風、雅、頌之詩人而通稱之，亦可為是編之一證也。客既去，余并書於卷端，以質諸博雅君子。①

張維屏編纂《國朝詩人徵略》初編及二編，旨在為國朝詩人立傳，但編中所載多為名臣、名儒，為何一概以詩人名義稱之，友人提出質疑。張維屏説，他的做法古時已有先例，這就是毛詩、孔疏所提供的證據。

張維屏自序引孔穎達疏以闡發自己的觀點，牽涉到兩箇方面的問題：第一，風雅與政事的關係問題；第二，詩人與政治家的關係問題。

### （一）風雅與政事的關係問題

風和雅是詩六義中的兩箇重要組成部分。二者皆與政事相關，但有大小之分。以下試逐一加以論述。

關於風，毛詩曰："是以一國之事，繫一人之本，謂之風。"孔疏云："詩人覽一國之

---

① 張維屏：《國朝詩人徵略》自序一，廣州：中山大學出版社，2004年，第5頁。

意，以為己心，故一國之事，繫此一人，使言之也。但所言者，直是諸侯之政，行風化於一國。"自序引用作："詩人覽一國之意，以為己心，所言者諸侯之政，故謂之風。"雖說疏不破注為唐人慣例，但孔疏在此對於《序》有了新的發揮，重點放在一國一人上，說明乃小範圍內的政事。

這是對於風的解釋。毛詩說，這是一國之事。一國之事，繫於一人。孔疏進而說，此一人者，作詩之人也。其所作詩，道己一人之心。其一人之心，是一國之心。一人代表一國，將一國的意，作為自己的心。一國之事，繫此一人，一人也就成為一國的代言人。孔疏所說，是一人與一國的關係。張維屏緊接著孔疏一語道破，指出詩人以一國之意為己心，其所言者，就是諸侯之政事。

關於雅，毛詩曰："言天下之事，形四方之風，謂之雅。"孔疏云："詩人總天下之心，四方風俗，以為己意，而詠歌王政，故作詩道說天下之事，發見四方之風，所言者乃是天子之政，施齊正於天下，故謂之雅，以其廣故也。"自序引用作："詩人統天下之心，以為己意，所言者天下之政，故謂之雅。"

這是對於雅的解釋。毛詩說，言天下之事，令天下四方形成良好風氣，這就是雅。孔疏說，詩人體察天下民情，道說天下之事，彰顯四方之風，出於己心而詠歌王政。詩人所歌詠者乃是天子之政。這就是雅。張維屏的引用，直接將詩人的心意和王政聯繫在一起，突出了詩歌和政事的關係。

毛詩、孔疏對於風與雅的理解，從政事角度看，二者的區別祇是狹與廣的程度不同：一箇一國，一箇天下；一箇一方，一箇四方。這就是說，風和雅，一箇講風動與教化，屬於政事的一箇重要組成部分；一箇直接講政事，本身就是政事。風和雅都有關社會的穩定和管理，所不同的祇是範圍。這是政事角度的理解。而從作詩、取義的立場看，也就是從作詩的目的看，風和雅實際并無不同。正如孔疏所謂"風、雅之作，皆是一人之言耳"，這就是詩人一人之言。也就是說，詩人一人，無論覽一國之意以為己心，還是總天下之心以為己意，其意和心或者心和意，都"必是言當舉世之心，動合一國之意，然後得為風、雅，載在樂章"（孔疏）。意思是，詩人一人所言具一定代表性，從一定意義上講，應該是說舉世舉國意見的集中。這是風和雅相同的一面。

風和雅對於政事的闡發有不同的一面，也有相同的一面。將不同與同兩箇方面合而觀之，則是明顯將風雅等同於政事。孔疏的正義（《詩經正義》）代表孔氏對於風和雅的理解。在張維屏看來，所謂政治家，包括名臣名儒，一衆皆為詩人。因其所為，無論一國，或者天下，都是大大小小的各種政事；而且，所謂政治家，其所言既體現一國或者天下的政事，也曾以風雅的形式載諸樂章，成為詩歌創作的一箇部分。

這是張維屏《國朝詩人徵略》自序引用毛詩、孔疏所要說明的第一箇問題。

### （二）詩人與政治家的關係問題

張維屏自序稱："觀孔疏所稱，詩人則周公、召公、衛武公、尹吉甫皆在其中矣。"這是孔疏所提供的事證，説明詩人多爲政治家，政治家多爲詩人。例如周公、召公、衛武公、尹吉甫，皆春秋戰國時代的政治人物，但又都是詩人。

（1）周公與召公

周公，指周公旦，周武王弟。召公，與周同姓，與武王、周公是兄弟輩。伐紂、破殷，入商宫。周公把大鉞，召公把小鉞，以夾武王（據司馬遷《史記·魯周公世家第三》）。史實説明，周公、召公都是曾經建功立業的政治領袖。

毛詩曰："關雎、麟趾之化，王者之風，故繫之周公。南，言化自北而南也。鵲巢、騶虞之德，諸侯之風也，先王之所以教，故繫之召公。"這段解釋指出，詩三百中，若干篇章與二公有關。毛氏以爲，《關雎》以至《麟之趾》諸篇，宣揚教化，乃王者之風，故歸於周公名下，叫《周南》。表示王者的教化自北方而流布於南方。《關雎》歌詠后妃之德，以端正夫婦之間的關係，作爲齊家之本，治國的開始。《麟之趾》贊美諸侯公子。朱熹《詩集傳》曰："文王后妃德修於身，而子孫宗族皆化於善，故詩人以麟之趾興公之子。"説明夫婦正，子孫興，都與教化有關。所以説，《關雎》以至《麟之趾》在於確立王者風範，是王者教化的結果，屬於《周南》《鵲巢》歌詠國君婚禮，贊頌夫人的美德。毛詩序云："鵲巢，夫人之德也。國君積行累功以致爵位，夫人起家而居有之，德如鳲鳩乃可以配焉。"《騶虞》歌頌文王教化。騶虞，乃獵人，説明南國諸侯承文王之化，推恩及於仁獸。毛詩序云："騶虞，鵲巢之應也。鵲巢之化行，人倫既正，朝廷既治，天下純被文王之化，則庶類蕃殖，搜田以時，仁如騶虞，則王道成也。"《鵲巢》以至《騶虞》諸篇頌揚美德，爲諸侯之風，乃先王用以教導百姓者，故歸於召公名下，叫《召南》。

周公、召公均以勳貴身份，參與并主持詩三百的創作與傳播。雖未必即爲某一特定篇章的作者，但相關篇章體現推廣王道、化行王道的言論和行動，所以，孔穎達的《詩經正義》，賦於二公以詩人身份。

（2）衛武公與尹吉甫

衛武公，衛國國君，周公弟弟康叔的九世孫，《詩·大雅·抑》（《大雅·蕩之什·抑》）據説就是這位國君所作。毛詩序曰："抑，衛武公刺厲王，亦以自警也。"

又，《詩經·衛風》中的《淇奥》，據説就是爲着歌頌這位國君。

尹吉甫，西周尹國國君，輔助周宣王中興周朝。詩三百中存有他的作品，大雅中的《崧高》《烝民》《韓奕》《江漢》，據説都是他的作品。曾被尊爲中華詩祖。

周公、召公、衛武公、尹吉甫，這些王公、諸侯、重臣，孔疏都將他們當成詩人看待。張維屏的引用，目的在於印證政治家皆詩人這一論斷。這是張維屏《國朝詩人徵略》自序引用毛傳、孔疏，所要説明的第二箇問題。

張維屏《國朝詩人徵略》自序，既為詩人正名，也為自己為人、為學確定方向與目標。對於人和詩，明顯將人擺在首位，詩次之。但對於詩的職責，認為詩歌創作關乎政事，從這一意義上講，詩人與政治家沒有區別。祇是説，能作詩的人不一定能夠當政治家而已。這篇自序，和張維屏的詩學理論及詩歌創作密切相關，可以看作他崇尚風雅詩學觀的總綱領。

依據《國朝詩人徵略》自序的標榜，他所紀實乃以人為主而不是以詩為主，乃為着傳人而不是為着傳詩。人與詩相比，他更加看重於人。他以為：凡是作詩的人，他的詩無論什麽内容，是借題發揮，還是緣事而發；也無論説些什麽，是自己所想説的，還是別人想説而没説的，都應當稱之為詩人，不必專門説他作得好與不好。所以他編中所錄纔那麽廣泛。即社會上各階層人士，凡作詩者，皆得以入傳。

張維屏《國朝詩人徵略》初編六十卷，收入詩人九百二十九家；二編六十四卷，收入詩人二百六十二家。從入選的詩人來看，張維屏所作政治上的觀照，大致體現在兩箇方面：一方面，選擇一些他認為有管仲之才的人物進行推介；另一方面，突出人物的事功。張維屏晚年所編纂《清代詩人藝談錄》，十分注重這兩箇方面的體現，體現出他崇尚風雅的詩學觀。

例如，對於海内詩人洪亮吉的介紹，就十分注重突出其言事的勇氣及遭遇。《藝談錄》記載：

> 洪亮吉字稚存，陽湖人。乾隆庚戌賜進士第二人，官翰林院編修。編檢例不奏事，己未秋，君上書成親王及朱尚書珪、劉尚書權之，冀其轉奏。成親王以原書進呈，大指謂聖躬宜勤政、遠佞臣，工多奔競營私。語太激，有旨交軍機大臣與刑部會鞫，獻上當君大不敬，擬斬立決，特恩免死，發往伊犁。庚申四月，京師旱，上親書諭旨，釋令回籍，旋得甘雨。

張維屏對在這裏主要説政事，説洪亮吉的敢言直指聖上，險些被斬決，而於人物（洪亮吉）下祇介紹了一首七言絶句：

> 大九州藏小九州，大瀛海外水仍流。
> 九州各有開天聖，迭柱乾坤到盡頭。①

---

① 張維屏：《清代詩人藝談錄》，載程千帆、楊楊：《三百年來詩壇人物評點小傳彙錄·乙編》，鄭州：中州古籍出版社，1986年，第345頁。

張維屏對於這首小詩給予了很高的評價。説："此詩何等心胸,何等眼界。"并且特别揭示其中"開天聖"的含義道："孔子開聖教,老聃開道教,釋迦開佛教,麻哈默特開回教,耶穌開天主教,彼亦自謂開天聖也。"簡直將詩篇作者當聖人看待。

又如,對於粤東詩人陳殿蘭的介紹,則特别推舉他的事功。"藝談録"記載:

陳殿蘭字香浦,新會人。諸生即選訓導。

咸豐四年（1854）六月初一日,開防禦公司於岡州書院。（《岡城枕戈記》）

十八日,豬頭山土匪作亂。二十一日,在籍都司梁英忠首捐銀三百兩,并請邑侯加捐五千兩。自六月初一日開局至八月十四日解圍,共用銀三萬一千兩。此後所用另記,非有此力,不易言守也。（《松軒隨筆》）

二十二日,公局請富户至局簽捐,選精勇必憑紳士的保。七月初七日,杜阮鄉匪黄協成等糾衆多逋。初八日,會匪陳松年等糾衆踞江門狗山,豎旗作亂。初十日,官紳率兵勇登城,分陣守禦。兵勇約一千四五百人名。十三日,沙坪賊攻陷鶴山縣城。知縣被執不屈,死之。聞鶴山城破,紳士借辭潜遁。留局者唯何管、何超光、陳殿桂、殿蘭、何定章、張青柏、許德元而已。

譚錫朋、張雲帆、梁逢吉亦在圍城内。七月十五日至閏七月二十九日,大小數十戰,鹽菜已盡,人食樹皮。八月十四日,援兵水陸并進,打破賊兵,賊遁,解圍。十五日,論解圍功,大犒水陸援兵。①（以上俱見陳殿蘭撰《岡城枕戈記》）

以上記載出自陳殿蘭《岡城枕戈記》及張維屏《松軒隨筆》。《岡城枕戈記》二卷,有清咸豐五年刻本,説的是鄉匪作亂,官紳率兵勇分陣守禦事迹。自咸豐四年（1854）六月初一日開設防禦公司説起,至八月十四日破賊解圍,逐一記録在案。

以上二例説明,張維屏編纂《國朝詩人徵略》重人而不重詩,乃為着"於纂述之餘,用廣興觀之助"。興與觀,乃至群與怨,這是詩三百的功能,也是孔門詩教的全部内容。用現在的話講,所謂興與觀就是一種政治上的關照。對此,和張維屏同時代的一位思想家龔自珍也有同樣的看法。龔自珍為張維屏《國朝詩人徵略》撰寫序文,曾將選詩與作史并舉,謂張維屏的《國朝詩人徵略》不僅僅是選詩而已,乃將作史隱之乎選詩,又兼通乎選詩者。他明確斷定,《國朝詩人徵略》既是一部詩的選本,也可當史看待。龔自珍説,作史有家法,選詩亦有家法。作史依循古史氏家法,選詩依循七十子家法。龔自珍贊揚張維屏之以

---

① 程千帆、楊楊:《三百年來詩壇人物評點小傳匯録·乙編》,第435頁。

選詩為作史，謂"其門庭也遠，其意思也譎，其體裁也賅"。并謂："詩與史，合有説焉，分有説焉，合之分，分之合，又有説焉。"以為張維屏的《國朝詩徵》，"懷史佚之直，又須中孔門之律令"，真正能夠"觸吾心而赴吾志"，有助他《古史鈎沉論》的寫定（《張南山國朝詩徵序》）。① 龔自珍作為詩人又兼思想家，他對於詩和史的論斷精闢獨到，既肯定了張維屏的選詩，也更加突出了張維屏作史的意義。選詩、作史，於紀實中展現詩學主張，展現詩學觀，這就是處於清代詩學第三箇階段所謂紀實性詩學的特徵。

## 二、思想啓蒙與詩歌創作實踐

在清代詩歌發展史以及清代詩學發展史上，張維屏作為詩壇一名頗具影響力的人物，既以選詩、作史的手段編纂詩話，體現其詩學主張和詩學觀，亦以大量的詩歌作品體現他的思想與事功。鴉片戰爭期間，張維屏寫了《三元里》。而在《三元里》寫作之前，張維屏於道光四年（1824年）所作《新雷》，就已帶有啓蒙思想。張維屏《新雷》曰：

> 造物無言卻有情，每於寒盡覺春生。
> 千紅萬紫安排着，祇待新雷第一聲。

詩篇説，造物者不善言語卻有情思，往往於寒盡之時安排千紅萬紫，等待春天的到來。究竟該詩想説些什麼呢？其中應該有二物，此物與彼物。近的是此物，在裏面，看不見、聽不到；遠的是彼物，看得見、聽得到。彼物是什麼呢？是新雷，是雷聲。此物呢？在心中，是心聲。新雷第一聲，寫的就是心聲，明顯是以雷聲比喻心聲。張維屏提出，要聽"新雷第一聲"，表現新時代在思想上的特色，這箇第一聲就是從心裏迸發出來的心聲。他希望人才得到重用，讓讀書人在社會上發揮作用，這在當時是進步思想。

張維屏的《新雷》和龔自珍的《雜詩》（《己亥雜詩》第一百二十五首）"我勸天公重抖擻，不拘一格降人材"，同樣發自內心，是一種生命的呼喚。二者思路一致，但張詩早了十五年。今天的讀者，特別推崇他的《三元里》，這是他賦閒期間所作的一首七言古體詩。下面看看他居官期間所作《黃梅大水行》。這是一首長篇五言排律，作於道光三年（1823年）秋，時張維屏在松滋任上。其所記述的事情發生在這年的夏天。那箇時候，作者擔任黃梅縣令，為一縣的主宰。詩篇寫道：

---

① 程千帆、楊楊：《三百年來詩壇人物評點小傳匯録·乙編》，第435頁。

東去連鄱湖，西來通蜀江。邑當吴楚交，其南即潯陽。由春以及夏，恒雨無時暘。始慮損禾稼，未料傷堤防。何期雨不止，江漲非尋常。冲泥急奔赴，寢食不暇遑。捐貲集畚築，那復愁空囊。千夫共邪許，衆力相扶匡。豈知盡人力，未克回天殃。一決數千尺，頃刻成汪洋。富人豫綢繆，舉室遷高崗。窮民無所之，結茅傍菰蔣。賤子忝邑宰，憂勞職所當。小舟犯駭浪，沿堤散乾糧。飛書報大吏，章奏陳天閶。皇心廑赤子，恩肯逮窮氓。發帑拯凋瘵，蠲賦蘇痍瘡。大小四十員，治事誠周詳。青蚨按户口，白粲盈筥筐。災黎十數萬，庶幾免流亡。賤子筋力盡，微命仰昊蒼。自夏以迄秋，艱苦躬備嘗。轉憶始涉險，堤潰水若狂。是時夜將半，月黑星無光。急流冲一葉，得樹危而康。舟幸不破碎，死生判毫芒。一身詎足惜，萬户良可傷。比聞川漲盛，泛濫及湖湘。又聞吴越間，淫潦淹村莊。天公憫黎庶，蚊䖟敢鴟張。所望千里流，早注百谷王。嗸鳴雁澤聚，修築鳩工良。會看鼙鼓集，復見虹堤長。董事有能者，余方束輕裝。梅民苦念我，相送立周行。我雖出坎險，臨行轉徊徨。中年歷憂患，境過安敢忘。緬懷饑溺意，惻愴留篇章。

　　詩下自注：余出撫恤，舟為急水衝去，力抱大樹，乃免於溺。詩篇計七十六句。依所述内容，大致包括三箇段落。第一箇段落，自開題一句至"寢食"句，記述黄梅的地理位置及大水的由來。謂黄梅地處吴楚之交，東邊連結鄱陽湖，西邊與蜀江相溝通，南邊是江西的潯陽江。水路交通本來不應造成災害，祇因由春到夏雨下箇不停（恒雨），纔導致江水上漲。開始時擔心莊稼受損，没想到傷及堤防，這件事令自己寢食難安。第二箇段落，自"捐貲"句至"死生"句，記述賑災的過程。由近及遠，由小到大，展現賑災的場面。先説一人（捐貲），後説千夫（衆力）；先説賤子，後説大吏；先説窮氓，後説皇心。當中加箇小插曲，説自己於急流衝擊中如何因樹枝相挽而得以免死。第三箇段落，自"一身"句至全篇結束，記述箇人的感想。由一身，説及萬户。既表達一身對於萬户饑溺的傷感，也表現萬户對於一身不顧坎險的擁戴。教化和舒濟并存，顯得一團和氣。這一事例既體現了張維屏為官時的政績，也可見其歷史觀和詩學觀。就社會現實看，富人與窮民在這場大水中，表現不同，但未出現衝突。富人未雨綢繆，預先給自己在高崗安排好住處，全家搬遷；窮民没地方逃避，祇好在水邊搭建草棚，暫且棲身。作為一縣主宰、老百姓的父母官，張維屏身先士卒，承擔起責任。一方面，駕上小船，沿堤為災民派發乾糧；一方面飛書上司，報告災情，并且呈上奏章，直到天庭。下情上達，朝廷派員四十，周詳治事，給各家各户派發錢幣和白米，使十數萬災黎免受流亡之苦，官和民、富人與窮民相安無事。這應當是作者理想中的社會秩序。而就刺美風化講，風與雅應當也是詩人所追求的目標。社會的安定及人民的文明程度，現代人説和諧，以前説王道，都是對於風雅的一種詮釋。

白居易《讀張籍古樂府》詩云："張君何為者，業文三十春。尤工樂府詩，舉代少其倫。為詩意如何，六義互鋪陳。風雅比興外，未嘗著空文。"以為張籍的古樂府，和他自己的新樂府一樣，都没超出"上可裨教化，舒之濟萬民"的範圍。尤其是他自己所創造的新樂府，每一篇都有明確的用意，為時、為事，目標十分明確。張維屏崇尚風雅，和詩經、樂府乃至白居易鋪陳六義的精神，一脈相承。

張維屏崇尚風雅的詩學觀，主要在詩教，而非詩學。比起白居易，張維屏對於以詩設教有所推進，但在詩學方面没有什麼建樹。上文所列舉他的那篇自序，從毛詩（毛傳）説到箋和疏，即由詩的解釋説到解釋的解釋，層層包裝，十分繁重，但是説穿了，什麼一國、天下、一方、四方，衹是大與小的區分而已，二者并無實質上的區分。而以詩設教，利用詩歌進行社會倫理道德的説教，具現實價值，少詩學價值，對於詩歌自身并無太大益處。

總的看來，張維屏崇尚風雅的詩學觀，正是《詩大序》所體現的理念。張維屏思想上的今，以及學術創造和詩歌創作中的今，皆來源於古，即崇尚風雅的古。也就是説，張維屏在當時與同時代的人相比，他的思想很先進，但政治立場及詩學觀點還是比較保守的。《詩大序》説風雅，其中心意思就在於維護封建統治。張維屏説風雅，所謂一國之事和天下之事，中心意思在鞏固中央集權，同樣也是為着維護封建統治。張維屏對於詩歌創作理論没有突出的建樹，在清代詩學發展史上，尚未能與幾位開宗立派的詩壇先進一比高下。張維屏的這一狀態，在他為官十載期間如此，在他退歸鄉里二十餘載時還是如此。不過，處於歷史轉型期的張維屏，客觀歷史條件的轉變，使得他的詩歌創作體現出時代的特色和新的面目，這就是張維屏的詩作足以傲視前輩的原因。因此，作為現代讀者，仍然可以從詩歌創作實踐中看出其與同時代詩人的不同之處。

作者單位：香港大學中文學院

# 黃裳與明孤本《曹子玉詩集》

張偉麗

　　黃裳先生係當代藏書家、版本學家及書話作家，他對於珍本題跋，特別是明末古籍收藏頗爲用心。他的藏書中有一部明末詩人的詩集罕有流傳。黃裳十分看重它，多次小心翼翼地展讀，在書中多次題寫跋語，幾至舊跋、新跋疊之，千字跋語有四處，短跋無數，鈐印有"夢雨齋圖書記""黄裳藏本""小雁""黄裳青囊文苑""黄裳藏鑒賞印""來燕榭""草草亭藏"等四十餘處，這種情況在他的其他藏書中并不多見。這部寫滿題跋、鈐印無數的書就是《曹子玉詩集》。那麽他爲何如此看重這部詩集呢？筆者認爲主要有以下幾個原因。

　　首先是這部詩集的作者非常具有傳奇色彩。《曹子玉詩集》作者爲明末詩人曹璣（約1603—約1657），其生平主要見於王阮亭《倚聲初集》"詞人爵里"，字子玉，蘭皋（今屬江蘇江陰）人，一説號蘭皋。明天啟四年（1624）中舉人，崇禎丁丑（1637）進士，與陳子龍同榜。後任户部福建清吏司主事，曾督臨清鈔關，築城固守，一方賴之。後因故被放十餘年，復出半年，終歸隱。關於曹子玉的仕履情況，黄裳曾經做過詳細考證，并在《曹子玉詩集·指水集》題跋中記道：

> 璣天啟五年南下有長門，蓋擬托貂璠之語，是以清流而避黨獄也。崇禎元年（1628）入京旌，被放十三年，庚辰復司餉半年，其宦迹大抵如此。①

　　總體來看，曹子玉生平事迹較少，不見著録於史籍，散見於文集及其著作序言中。時

---

① ［明］曹璣：《曹子玉詩集·指水集》，明刻本。

人形容他閑散有神仙態:"子玉羽扇葛巾,神氣澹漠,疑為異人,自此相契。"其人平生交遊甚廣,與袁宏道、王鐸、葉培恕、文震亨等人組詩社,彼此唱和,與王鐸最相親。曹子玉又與阮大鋮交往,《懷海堂集》志其軼事。最引人注目的還是曹子玉與"秦淮八艷"之一的顧眉生來往,二人互有贈詩。《曹子玉詩集·天許集》中有《出白門卻寄顧眉生》,詩云:"客久須忘世,愁來恐未然。友思前哲善,才嘆美人憐。醒醉誰堪老,悲歡一餉全。斷煙荒草色,成就別離天。"更有《白門大社分得相逢行》一首,可見當時文人亦在聲色之場結社。顧眉生與曹子玉之間的交往也是當時文壇津津樂道的一件事,阮大鋮即有《女史顧眉生善畫,與曹子玉甚歡,賦贈》一詩。明末四公子之一的方以智在《方子流寓草》中也提到了這件事,有《同曹子玉聽眉樓曲書其畫蘭扇頭》一詩:

> 齊紈如雪製相思,渴機難歌絕妙詞。
> 笛送一聲人醉後,更殘千里月明時。
> 黑裘自笑登徒子,白苧翻憐楊叛兒。
> 采得幽蘭何處佩,持將掩面向風吹。①

黃裳對此事也十分感興趣,特意在跋語中寫道:"阮圓海《詠懷堂集》外集乙部有女史顧眉生善畫,與曹子玉甚歡,賦贈截句云:'顧眉亦與虎頭癡,蘭蕙心情秋水姿。欲倩風流京兆筆,為圖花睡未醒時。'"中亦有《出白門卻寄顧眉生詩》,知子玉亦眉樓話茗之一人也。

從曹子玉的生平可以看出他在當時的文壇備受重視,黃裳也很欣賞曹子玉的才華與為人,所以他不斷地從詩集序的蛛絲馬跡中整理曹子玉的生平,所謂"翻閱集中序跋,歲月交遊之迹,以定著者平生行迹"。②黃裳又在史料中查綫索,找到曹子玉為呂留良文集寫的序,悉數錄之:

> 《晚村續集》卷三《質亡集》小序有曹序"射侯"一條。文云:"侯叔則為蘭皋社,與余社友不相契。然余兄弟與射侯兄弟獨相得,於塵壚之外不以樊籠間也。"當時蠻觸之徒,固不值晉人之一哄,此不知與璣有關涉否?③

曹子玉於明晚期曾組蘭皋社,曾有《蘭皋吟》傳世,後失傳,《質亡集》小序的作者

---

① [明] 方以智:《方子流寓草》卷五,明末刻本。
② [明] 曹璣:《曹子玉詩集·指水集》,明刻本。
③ [明] 曹璣:《曹子玉詩集·天許集》,明刻本。

正是呂留良，這則史料本身便極有價值。黃裳爬梳史料，每得一條與曹子玉相關的材料即如獲至寶，如清代刊輯《明詩歸》的程如嬰於曹子玉詩末每附評注，黃裳將其完整著錄於題跋之中，其一云："予與子瑜（應為玉）亦淡亦素。真夥交尤道義交也。向余存子瑜生日菊窗對酌之詩，信口寫懷，頗存真意。後余客遊閩越，蹤迹闊疏。曾束我云：'猶記九月十三，十月十四之句乎？'此往歲事也，隔世餘生，爾我雙眼俱在，撫今追昔，感慨繫之。蓋子玉生日為十月十四日也。"又一跋云："子玉攜南國，予夢中得句云：'桃魚千葉浪，梅鳳百花香。'所云詩有不可解，有不必解者，此是也。丁丑春，予方久客潭署又夢江城會榜，止登子玉一人，時《閩中全錄》獨遲弁丘，攝崇安從江右報人得之，郵筒飛至，始快予夢之驗。屈指夢後已十三年，自前夢至後夢又十三年，依稀三十年間，仍是一夢，因念當年結社論文猶在捻角，今余自嗟皓首而子玉亦騶騶半百矣。"這兩條跋語史料價值極高，可以推斷，曹子玉當出生於陰曆十月十四日。程如嬰甚至夢到子玉中崇禎丁丑科進士，十分傳奇。黃裳十分看重這兩條批注，評價其"情文俱至"，不僅體現了程如嬰與曹子玉的深厚情誼，更可以藉此覘子玉生平仕履，加之國變後材料更為罕見，此跋語保留了國變後諸狀，極為珍貴，因此將其詳著書中。

黃裳同情明清易代之際的知識分子，他在一篇學術隨筆中寫道："清易代是箇天翻地覆的大時代，沒有誰可以逃脫時代的考驗……知識分子遇到的考驗是特別嚴酷的，封建道德的威力在他們身上顯示得特別嚴厲而強大。"① 帶着這樣的同情心理，他極力保存與曹子玉相關的史料，并將之錄於書中。

黃裳十分珍視這部書的第二箇原因就是版本罕見。曹子玉流傳下來的詩歌作品十不存一，除現存《自娛集》《碎琴集》等十集傳世外，程如嬰（字晏如）、朱衣（字子吉）選評中錄子玉詩不少，不入此十集中，佚詩賴以補完，有《蘭臯吟》傳世，後失傳。曹子玉為明末黨社中人，熟悉當時的詩人，這樣一位在當時文壇頗有影響力的詩人為何所編極為罕見呢？與他身處明清變革之際有關。雖然身處亂世，曹子玉保持自己的氣節，全力營救抗清義士黃毓祺。黃毓祺，號大愚，參與江陰抗清守城鬥爭，後入獄。子玉傾家救之，失敗後，黃毓祺被殺於南京。曹子玉傾家蕩產，祇能遠走避禍隱居，竟抑鬱而終。加之他又與阮大鋮、冒辟疆、呂留良等頗有争議之人來往，故曹集多為禁毀，流傳於世者極為罕見。對此，黃裳云："此曹子玉詩傳世絕罕，諸家藏目無以之著錄者。禁網雖密，亦不收此，即知刻本清初即已鮮存矣。"② 還有子玉最終選擇歸隱，也是其詩集散佚、卒年難考的原因之一。而那些由明入清的文士們，尤其羨慕曹子玉最後選擇了歸隱，如由明入清的冒辟疆有《答和曹子玉民部寄懷四首》，其一云：

---

① 黃裳：《皓首學術隨筆・黃裳卷》，北京：中華書局，2006年，第153頁。
② ［明］曹璣：《曹子玉詩集・天許集》，明刻本。

故人遙隔似蓬萊，曾寄琅函江上來。
研北煙雲憑目斷，江南風景待誰開。
鉅文模楷垂先式，為國經綸老異才。
更有貞堅重晚節，何須萬里赴輪臺。①

更有"何須萬里赴輪臺"二句亦糅進了冒辟疆的自況意味。

《曹子玉詩集》行款為每半葉六行，每行十五字，白口，左右雙邊。黃裳根據《曹子玉·自娛集》李令皙序作於崇禎壬午（1642），距國變祇有兩年，推測是本當刊刻於崇禎癸未（1643），即作者在世時，已經刊刻成書。黃裳多次在題跋中言明此書之難得。其在《曹子玉詩集·碎琴集》跋語中申明此書世絕罕見："刊刻至精而傳本絕少。諸家藏目俱不見著錄……然此種密冊又非偶然可遇者。"② 在《曹子玉·指水集》序中再一次重申："此書絕秘，諸家目皆未見，而曹氏名姓亦復不見史籍中。"③《曹子玉·餘醉集》題跋中寫道："其書絕密，無論諸家藏目俱未見，即其人名姓亦非素習。禁書目中亦未著錄。"④ 黃裳看重這部《曹子玉詩集》與他的收藏習慣有很大關係。他在《書人文叢序跋》中說道："有關明清易代及南明史事的書，明清之際特別是清代前期的集部書比較多些。"⑤ 黃裳獲得《曹子玉詩集》的經歷也非常傳奇，《曹子玉詩集·碎琴集》後有黃裳墨筆舊跋一則，詳細敘述了獲得此本的經歷：

余今日見於市肆，嘆為異書，即挾之而歸。晚明人集至富，乃有收不勝收之嘆，然此種密冊又非偶然可遇者。設不急收，轉瞬即成陌路，故仍有見必取。日來獲佳本至三十種，書緣之美殆無以逾此者。展卷欣然其樂，無蘞夜深，肆寓寫此。庚寅十月初六日黃裳。⑥

後又有朱筆新跋一則云："癸巳立春後一日重讀，距初獲此逾二年矣。黃裳。"

黃裳於書肆中獲得此書時的欣喜之情溢於言表。又通過其他跋語得知，黃裳大約在1950年於書商孫助廉、許蓋處得到此書，原屬於抱經堂朱氏書，後流於書肆。黃裳在1950

---

① ［清］冒襄：《巢民詩文集》，清康熙刻本。
② ［明］曹犧：《曹子玉詩集·碎琴集》，明刻本。
③ ［明］曹犧：《曹子玉·指水集》，明刻本。
④ ［明］曹犧：《曹子玉·餘醉集》，明刻本。
⑤ 王稼句：《書人文叢序跋小系·黃裳卷》，蘇州：古吳軒出版社，2004年，第1頁。
⑥ ［明］曹犧：《曹子玉詩集·碎琴集》，明刻本。

年至1952年之間多次拿出來展讀，回憶起來依然十分激動，又題新跋一則，足見對此書的喜愛程度。由於對曹子玉的重視，加之對明本的喜愛，黃裳也一并收藏了程如嬰、朱衣所著的《明詩歸》，其刊本亦罕見。這件事也成為黃裳平生得意之舉，他在《曹子玉詩集·天娛集》的長跋中寫道："《明詩歸》刊本亦罕見，余得之湖上，多識晚明作者故事，而尤以此為最得意。"①

1955年的冬至後一日，黃裳與妻子小燕在來燕榭之南窗下展讀《明詩歸》，并特意記之，可見其對此書的喜愛之情。

黃裳重視《曹子玉詩集》的第三箇原因當與全書内容有關。由於曹子玉一直以明臣自稱，涉及清朝時多用字為"虜""警"等語，違礙文字屢屢見於文集之中，黃裳不由得感慨道："以清初文網之密，猶未見此，其為珍秘，何待言耶！"②《曹子玉詩集》中收十種書，為之作序的盡是明末黨社中人，具有極高的史料價值。全書共四册，第一册收《自娛集》《天許集》二種，《自娛集》由李令晳訂正，前有王鐸所作序。李令晳，字霜回，歸安人，崇禎庚辰年（1640）進士。王鐸，字覺斯，孟津人，明末著名書畫家，與董其昌齊名，係曹璣社友兼好友。《天許集》由劉若宰訂正，劉若宰，號退齋，中江（今屬四川）人。前有徐遵湯作序，徐為曹子玉之舅氏。曹子玉認為"天以悶許我"，故將詩集定名為"天許"。第二册收《清嘯集》《珠塵集》《碎琴集》三種。《清嘯集》由王鐸訂正，前有王鐸、杜詔先所作之序。王鐸之序乃是一首五言長詩，回顧了與曹子玉在詩社唱和的情形，贊賞曹的傑出才華，結尾"勿謂語迂疏，脈脈復何言"寫出二人之間的深厚情誼。杜詔先為曹璣詩社盟姪，屬晚一輩，曾伴游澄江、虎丘之地。謂曹子玉風流俊逸，時不利藏其用者《珠塵集》由陳函輝訂正，陳函輝，字木叔，寒山人。《碎琴集》由葉培恕訂正，葉培恕，字行可，無錫人。葉培恕於虎蹊舟次之時遇曹子玉，子玉羽扇葛巾，神氣澹漠，疑為異人，自此相契。子玉曾破帽單衣入燕見葉培恕，足見二人感情之深厚。第三册收《指水集》《青蕖集》二種。《指水集》由朱統鎬訂正，朱統鎬，字景周，江右人。《青渠集》由杜祝進訂正，杜祝進，字退思，楚黃（今湖北黃岡）人，清初詩人杜于皇之父，阮大鋮在湖北發起成立過和簫詩社，杜祝進即為社員之一。第四册收《感遇集》《飲水集》《餘醉集》三種。《感遇集》由薛正平訂正，前有薛正平所作序。薛正平，字更生，雲間（今上海松江）人。《飲水集》由高世泰校訂，高世泰，字彙旃，梁谿（今屬江蘇無錫）人。此集收詩七十餘首。《餘醉集》由文震亨訂正，文震亨，字啓美，長洲（今江蘇蘇州）人。明代著名作家、畫家，天啓五年恩貢進士（1625），文徵明曾孫。

《曹子玉詩集》共收詩三百餘首，題材包括五、七言絕句，五、七言律詩、排律、古風

---

① ［明］曹璣：《曹子玉詩集·天娛集》，明刻本。
② ［明］曹璣：《曹子玉詩集·餘醉集》。

等。黄裳一一考訂其創作年代，發現收錄最早的詩作創作於崇禎戊辰（1628）。詩歌内容題材豐富，如《清嘯集》中《議城守告守土者》《募士》《周大司空援兵至》《虜圍》《圍解》等詩詳細生動地描述了曹子玉守城的經過，具有一定的史料價值。與朋友交往、送別之作飽含深情，具有較高的藝術水準，最為奪目者乃是《小齋坐雨次袁石公山居韻》八首，其三為："收拾林泉意，恬餘卧起情。一竿紅日穩，數卷道書輕。曙鳥多周折，山花失姓名，不知身世外，車馬為誰行。"該詩十分切合山居之題，淡雅自然，表現出詩人超然自適的情懷。

　　作者除了創作詩歌以外，他和詩友們對於詩歌立意、詩題選擇、詩歌評點等有獨到的見解。比如李令晳和曹璣都認為詩需"温厚為命"，需要寄託作者的政治抱負。曹子玉強調創作靈感，認為文章猶如雲遇，靈感如電光石火一般，寫感遇詩，眼破八荒，觀時察變，由此而生感慨成詩。但又不能滯於實，他人以論論，李曹則以不論論，這樣纔能做到窮亦工，不窮亦工。曹子玉反對以清微峭刻為宗的創作方法，提倡詩歌"為己用""顔以青渠一以見餘之情"，故以"青渠"名之。曹子玉詩歌中質量最高的是感遇詩，時人評價其感遇詩膾炙今古，頗有屈原、東坡、周紫芝的風格，甚至認為曹子玉等人的詩作已經超出了子玉本人的經歷，所謂"在遇而不在子玉也"。

　　令人惋惜的是，這部版本罕見、内容絕佳的書并沒有陪黄裳到最後。為生計所迫，他最後不得不忍痛割愛。黄裳在《甲申三月紀事》一文中寫道："余十餘年來肆力收晚明史籍，所得不少。然陸續出以易米。"[1] 這本題滿黄裳跋語、鈐印無數的《曹子玉詩集》如今藏在中國國家圖書館，為後人的學習、研究繼續發揮着作用。

作者單位：國家圖書館古籍館

---

[1] 黄裳：《古籍稿鈔本經眼録·來燕榭書跋題記》，第41頁。

# 略論劉光第《衷聖齋文集》鈔本的文獻價值*

張玉亮

劉光第（1859—1898），字裴邨，漢族，四川富順縣趙化鎮人，維新變法時期重要人物。光緒九年（1883）中癸未科殿試二甲第八十八名進士，授刑部候補主事。任京官期間，雖生活清貧，但廉潔自律，一塵不染，敬業勤慎，政績甚佳。公餘閉門讀書，不事權貴。甲午戰後，見國難當頭，每自憂慮，籌思救國救民之策，曾上條陳備述改革弊政、力行新政，未得上達。光緒二十四年，光緒帝詔授其與譚嗣同、楊銳、林旭四人四品卿銜，在軍機章京上行走，參預新政。後政變爆發，軍機四卿與康廣仁、楊深秀先後被捕，於八月十三日（9月28日）被殺害於菜市口，史稱"戊戌六君子"。先葬於四川省富順縣趙化鎮，後遷葬於富順縣城五府山。

戊戌六君子中思想性格較為穩健的劉光第，歷來對其研究的成果并不算豐富，主要以思想傾向、詩歌創作和清廉自守、勤慎不阿的人格為研究主題；對其著述的整理，也因早在1986年就出版的中華書局版《劉光第集》已能初步滿足研究需要，多年來未有學人進一步考索勾稽，僅見一些出版社借戊戌年的紀念時點，將張元濟先生編纂的《戊戌六君子遺集》原樣重印而已。筆者不揣淺陋，多年前即擬重新編纂戊戌六君子集，并於2018年9月出版新編《譚嗣同集》，在重新編纂劉光第著述的過程中，發現問題較多，以致未能在戊戌年完成全部整理計劃。若為分明甚，不惜所得遲。筆者認為，這樣的延宕雖然錯過了一些時間節點，但為儘量減少文獻整理工作中的遺憾，還是值得的。

在整理過程中，筆者利用到了國家圖書館古籍館所藏的多部劉光第詩文稿本、鈔本和

---

* 本文為四川省社會科學重點研究基地中國近現代西南區域政治與社會研究中心項目"出版史視角下的近代人物地緣因素考察：以楊銳、劉光第為中心"（項目編號：XNZZSH1906）之階段性成果。

刻本。其中稿本《介白堂詩集》後被影印出版，① 另有《介白堂詩集》鈔本一部（索書號29728）、《衷聖齋文集》鈔本一部（索書號29724）以及刻本多部。關於這部索書號29728的《介白堂詩集》鈔本，與劉光第交遊之杜惺齋、宋育仁以及宜賓釁氏大有關係，筆者將另文討論，② 這裏僅就鈔本《衷聖齋文集》的文獻價值略作考述。

## 一、《衷聖齋文集》鈔本述要

《衷聖齋文集》鈔本兩册，墨筆行書，朱絲欄，版心有"藜光閣"三字。半葉十行、行二十五至三十字不等。末署"宜賓劉氏藜光閣傳鈔本"十字。此鈔本所收，與傳世刻本《衷聖齋文集》（索書號110189，署"光緒癸卯刊於宜賓，半葉九行、行二十一字，以下簡稱刻本）不同，與昌福公司"劉楊合刊"所收《衷聖齋文集》（昌福公司民國三年鉛印本，以下簡稱昌福本）也有所不同。通過文字校勘筆者發現，鈔本固然有一些脱漏或筆誤之處，但也具有獨特的校勘價值。今擇要略述如下。

（一）**可補刻本、昌福本脱漏之處**

《趙化鎮牛痘局記》

刻本未收，昌福本收，但標題下脱夾注"代"字，此夾注為鈔本獨有。

《隆興寺肖普賢像序》（此篇刻本未收）

"蔣心餘説"，此四字夾注，昌福本無。

《後漢三十二功臣贊》（此篇刻本未收）

"有序，不能尋稿矣"，此題末夾注昌福本脱。

《胡恒豫君家傳》（此篇刻本未收）

"而君以善飲病遂卒，光緒元年九月二十七日也"，"光緒元年九月二十七日也"，昌福本脱。

《户科給事中洪公墓志銘》（此篇刻本未收）

"有請立孫星衍所輯《尚書馬鄭注》，更請以本朝儒臣所撰經疏送國子監頒發者。公先後駁之，俱不果行"，《尚書馬鄭注》昌福本脱"鄭"字。按《清史稿》卷四八一孫星衍本傳載："星衍博極群書，勤於著述。又好聚書，聞人家藏有善本，借鈔無虛日。金石文字，

---

① 見陳紅彥、謝冬榮、薩仁高娃主編：《清代詩文集珍本叢刊》，北京：國家圖書館出版社，2017年，第1235種。

② 筆者據此鈔本結合四川人民出版社影印出版的詩集鈔本，撰有《劉光第詩文鈔本管窺——"後寫本時代"文學出版與傳播的簡案研究》，在2019年10月25日召開的第三屆華中學術傳播論壇（武漢）上宣讀，并承張三夕教授指正，謹此致謝。

靡不考其原委。嘗病古文《尚書》為東晉梅賾所亂，官刑部時，即集《古文尚書馬鄭注》十卷、《逸文》二卷。"

《誥封奉直大夫補用州同彭君子文壽序》

此篇刻本未收，昌福本無"誥封奉直大夫補用州同"十字。

《挽田母王宜人文》

"為童載之作"，此題後夾注為昌福本所無。

《苦雨紀懷偶書》

"在京作"，此題後夾注為昌福本所無。

《及閘人唐晉淵書》

此標題昌福本作"書贈唐晉淵"，丢失了唐為劉光第門人這一信息。

(二) 可校訂刻本、昌福本疏誤之處

《曾大父家傳》

"因念吾高祖卒之十二年而大父始生"，"十二年"，刻本、昌福本作"十三年"。按下文"光第之生去吾大父之卒亦十二年"，則以鈔本為是。

《贈中憲公家傳》

"忽棟瓦飛墮，擊去其履"，"飛墮"，刻本、昌福本作"崩墮"。揆諸文義，瓦墮而能擊去其履，則以橫向之"飛"字較縱向之"崩"字為佳。

"市鬻權概，出贏入縮，鄉里至今傳為美談"，"美談"，刻本、昌福本作"笑談"。按此家傳稱述先輩忠厚之德行，自當以"美談"為是。

《湖廣總督張公六十壽序》

"然嘗觀周之盛時，召公治西方，巡行鄉邑，甚得民和"，"西方"，刻本、昌福本誤作"四方"。按《史記·燕召公世家》："其在成王時，召公為三公：自陝以西，召公主之；自陝以東，周公主之……召公之治西方，甚得兆民和。"

《慶芳翁壽序》

"吾宗人率丁壯以南，隘洋畬，而不虞賊之他道掩至也"，"隘"刻本、昌福本作"溢"，似以鈔本為是。

(三) 重要異文

《曾大父家傳》

"亂觀音崖津口踏沙路行"，"亂"字，刻本、昌福本皆作"綵"。按"亂"，橫渡也。《詩·大雅·公劉》："涉渭為亂，取厲取鍛。"孔穎達疏："水以流為順，橫渡則絶其流，故為亂。"朱熹集傳："亂，舟之截流橫渡者也。"南朝齊謝朓《拜中軍記室辭隋王牋》："東亂三江，西浮七澤。"

《先大母事略》

"竟得兒女成立",刻本、昌福本作"竟得兒子成立"。

《先伯泉溪公家傳》

"監課太監黃金肆虐","監課"刻本、昌福本作"董課"。

"思欲為世用",刻本、昌福本作"思欲為世有用"。

"持此書定天下有餘耳","定"字昌福本作"治",刻本作"之"蓋"治"之音訛。

《贈中憲公家傳》

"宜將壽考",刻本、昌福本作"宜得壽"。

《王太恭人家傳》

"視猶子婦如賓如客",刻本、昌福本作"視猶子婦如賓,視子婦如客"。

"既復非禮誘逼","復"刻本、昌福本作作"忽"。

《胡恒豫君家傳》

"盛衰動感,悵觸今昔",昌福本作"盛衰感動,根感今昔"。

《戶科給事中洪公墓誌銘》

"公少端嶷","端嶷"昌福本作"端凝"。《南史·梁哀太子大器傳》:"太子性寬和,兼神用端嶷,在賊中每不屈意。"《北史·崔悛傳》:"悛有文學,偉風貌,寡言辭,端嶷如神,以簡貴自處。"

《湖廣總督張公六十壽序》

"若衛武公年九十,猶詔國人曰:'無以老耄而棄予'","猶",刻本、昌福本脫。

《近廉劉君壽序》

"雖其得天下,龍虎功先,扼始實基此焉","龍虎功先",刻本、昌福本作"龍虎功多",并有"制先"二字連下作"制先扼始"。

《餘淑人壽序》

"傷己天親而不敢視","視",刻本、昌福本作"救"。

"此其關係豈淺鮮哉","鮮",刻本、昌福本作"小"。

《馮母張太宜人八十六壽序》

"族戚子姓","子姓",刻本、昌福本作"子侄"。

《送陳洛君先生序》

"負英略、抱忠志","抱"字昌福本作"握"。

《湖州道場山重建萬壽寺記》

"洞庭之雲月","雲月",刻本、昌福本作"雲木"。

"鑽蝕於蟻蟲","蟻蟲",刻本、昌福本作"蟻蠹"。

## 二、劉光第未刊文稿録要

該鈔本所收文章，較刻本多出一倍不止，通過對比目前所見最為完備的中華書局整理本《劉光第集》可以發現，該鈔本所收，有12篇為中華書局本所未收，乃劉光第未刊文稿。限於篇幅，今僅擇其要者録出，以為學界提供研究資料。

（一）敖水娃傳

敖水娃，榮昌人，敖蠻子子。世操小舟為業。水娃生九歲，喪父。弟又病足瘵，以故讀書未二年，輒棄去。入江為人刺船備。然性喜文人，或縉紳來買舟，必乞談古今治亂，天時人事得失，能明白也。貧苦附載不與計。值江間匪人名"送客"者，嘗用五六人先後入舟，相約賭，僞具騙行客，客以是傾裝橐，褫衣裳，往往有自盡者。水娃嘗載一渝商，商素樸，半路來附舟者數人，不知其送客者也。俄見聚賭，輒斥之。數人者咸以詭言對。此時水娃年十五六，默無以應。不識其騙局，既而渝商負，裝立罄，數人者中路起，多與水娃鐵金錢，水娃猶未知之也。商徐悟，大悔而泣。水娃乃與對泣，且戒之後無得墮匪人彀。商抵岸，衣已垂盡，無論船資，水娃盡與以所得數人錢而與之，悼恨別去。

余在簡州賃水娃船，聞其説而敬之。夜聽余讀《三魚堂文》，多曉其意。其與他船户言，亦未嘗見其不作莊語。余謂若不輟讀，必當蚤歲聞道。哀斯世善人不嘗有，有又沉晦之，使失學不上達，於水娃者，慨之矣，為之傳。

劉光第曰：天下稱黃河舟子甚桀悍，其他江淮間每有凶人潛伏，馴善亦罕矣。而吾沱江之信可美也，水娃幼少讀書，而通大義，好惡皆能當理，今之士夫抱陰鷙之性，口談仁義藏奸者比比而是，其資質誠不及水娃，抑豈非招之者可儕耶？又聞榮昌敖氏多名人，水娃其屈哉！水娃其屈哉！

（二）感舊記

□□性忠鯁，而情甚殷厚，神明強固，頗以善善惡惡為己任。時或訓課人家子弟，皆愷切稱善人，人皆化之。程子曰：動之以至誠，則人自化。不誣哉！余成童時，即相拜識，先生時來過趙化鎮，余必趨候，討論當世人情物理，樂親其丰采。先生亦拳拳不衰。猶記余二人往復辨難，於時先生發聲如洪鐘，目光閃閃過炬，髯指耳熱，一語無稍假借，又怡然而笑，寂然默對久之。旁人方切切以為怪，而余此時不知余之幼，先生又寧覺先生老哉？

歲丁丑，余讀書在外，一日先生來，登堂謁余母甚恭，慰問極至，自謂"我輩老朽，無裨於世，郎君英毅有材氣，必為世用，無撓其讀書，轉瞬溝壑昂霄矣。我輩愧死愧死"。余自念近年攻苦，全賴吾母扶病理家政，無一毫事相絆，固吾母之賢，亦先生一時之語，默啓潛助而不少也。似今日人心風俗澆薄淺鄙，徇世情不敦古義，如先生者，亦磊落自立之人豪哉！

今之別又四五年，先生身其康強，念仍如舊，獨恨余不加進，而忝通朝籍，無以自問於心，即何以副先生殷望？每一念及，弗勝戰慄。因為志於此，以當嚴師之督。癸未八月廿六日金陵舟次。

(三) 誥封奉直大夫舉臣劉君五十壽文

天生宇宙，萬彙熙熙。騰躍馳驅，惟聖賢豪傑，實生之養之，知之覽之，經營綱紀之，以俾厥衆克得所。

家舉臣君，其姿近聖賢，其志量豪傑，第嘗僑居其家，其處家樸厚，接物誠，殊嘆財富奧區，騖誇尚侈，積消□以伺人，乃叢莽獨翹秀矣。鰥寡孤獨老病者，無時頌厥德，知其異慳奴也。窮鳥毒龍，各笑以泣，非噓枯摧暴，曷能此？古之人盜恐知名，群小戒勿犯，爭直枉造其廬受直。向頗疑史誣，信且深今日矣。賢有司稱其急公而好義，士林寒畯荷其助，井里豪【虎武】罔不帖然服，斯豈齦齦無用，斤斤少所材幹哉？於是善人之名噪鄉邑矣，君亦皇然不敢居之。

乙酉孟春，為君五十壽辰，諸戚好謀製錦為壽，丏第序焉。觀節略，乃知孝友最重。先是，君父天順公，以君出繼榮貴公亡子昌禮為後，是時年甫十一歲，事老人咸得其歡，甚至割股以療病，夢神感靈，誠至則天可動歟？

本生家纂貿，故又□多變，君彌縫而匡植之，有所予必焚告先人始敢行。蓋是時日君已娶，而榮貴公已終矣。

本厚者枝長，源遠者流光，不誣爾，然尤有感焉。當第在自井時，萬有重大公件，渺小才日者，固夷然不計，即彊鷙有身者，亦將脫然為事外人。君獨與二三急公流，晝夜籌備，蘄免惠事。成否在天，而君心力瘁矣。夫此豈一人一家事？獨乃先衆人憂之，使今天下食朝廷之祿，逃閑局外，與夫貪詐諛郁、苟圖利祿者，聞君之風，而愒息，而汗僵，而皆興起焉，未必非摩鈍厲俗之教也。獨惜君以鄉人老耳。脫令出身加氏，為聖天子挾內地、綏遠人，其盡心王事，鞠躬竭力，不當與古大臣同風並流，彪炳萬禩哉？

然而千世之量，各存乎人，遭遇雖殊，此理自在。方今時孔棘矣，但令敬王事者胥如君之竭蹶於公事焉，於安內攘外乎何有。即請以壽君，君或是其意，而無以言之不文也而棄之，幸矣。

(四) 在省與華弟書辛巳三月

前家信來，言弟已於正月二十八日去常考師館上學，深慰深慰，但念弟天資太低，近年雖歲歲讀書，實與未讀書者無別。興言及此，良用惻然。弟今年得此良師，尤宜倍力前進。時乎不再，忽忽已十九齡矣。人一己百，人十己千，此其候也。吾為弟酌量一番，今宜於先生課程努力做清，不令有一毫留滯。至於讀經而外，不必多看雜書，總擇其有益於身心德性也道人倫者，潛心玩之，當自有得。宋五子書，都宜隨時放在眼前，看四書後便可細閱二三頁，不可多。總須識得人之所以為人者安在，由是得汰其氣質之偏，以循合乎義理之正，一言一動，俱不可苟，存心既正，種子便先不壞矣。然後充之以學問，成大成小視乎其量，要不失為一箇好人而已。故弟今日讀書，吾不望弟能詩能文，但望弟謹言敏事，養心在館之中，可以一年不作詩文，不可一日不讀四書五經，弟雖性拙，但能養得心純，亦易於記誦。因腳子催迫，倉猝作此，未悉傾罄，然循是用功，甚簡當也，晉維珍愛不宣。

## 三、劉光第未刊文稿史料價值略述

### （一）可補生平研究之闕

儘管有關劉光第的紀念文章、傳記作品不少，但稱得上嚴謹的劉光第生平研究成果者并不多。中華書局版《劉光第集》是迄今為止最為完備的劉光第著述整理本，① 其後所附《劉光第年譜簡編》較有參考價值。大連大學教授王夏剛先生的《戊戌軍機四章京合譜》，以合譜形式將楊銳、劉光第、譚嗣同、林旭這軍機四卿的生平彙為一編，是目前為止研究劉光第生平最為翔實的著作。②

《劉光第年譜簡編》列述劉氏生平，簡明扼要，材料多出自《劉光第集》所收劉氏著述及書後傳記資料等附錄。王夏剛教授《戊戌軍機四章京合譜》在此基礎上進一步考索，從已收入《劉光第集》的致劉安懷堂書劄中勾稽劉氏生平活動之綫索，同時廣泛搜集其他史料，對劉氏生平多所補充，如利用趙熙日記補充了劉光第在京為官期間與喬樹楠、趙熙等人之交遊，頗有參考價值，堪稱劉光第生平研究最為完備之成果。

這批劉光第未刊文稿，其中一些記述涉及劉光第生平，頗可與王譜相參，且有可補其未備者。

如《敖水娃傳》載："敖水娃，榮昌人，敖蠻子子。世操小舟為業。……余在簡州賃水娃船，聞其說而敬之。"考劉光第往返於家鄉富順與北京之間大體有兩途：水路係東出重

---

① 該書由《劉光第集》編輯組整理，中華書局出版於1986年。關於此書的得失，筆者曾略加評述："該集的編纂特點在相當程度上可視作建國初期近代人物著述出版的範式，其編纂同樣是以類相從，且不惜破壞原本編次、將革命史觀下最具思想價值的《甲午條陳》置於卷首，帶有鮮明的時代印迹。"見拙文《指歸轉換與範式演進：戊戌六君子著述的出版史考察》，第二屆華中學術傳播論壇參會論文，收入《華中學術傳播論壇》第二輯，武漢：華中師範大學出版社，2019年。

② 該書2009年9月由中國社會科學出版社出版。

慶，走長江，一如《南旋記》中所記自京回川之路綫；旱路則自富順北上先至成都，或走西路經樂山峨眉而至成都，或走東路經資陽、簡州至成都，再行北上。劉光第著述中雖有《遊嘉峨日記》和其他詩文，但途經簡州的記述不多，僅見《簡州舟次》詩，《年譜簡編》繫於光緒八年壬午（1882），今《敖水娃傳》記述自簡州賃船，恰可與此詩相參。光緒八年，王夏剛先生《年譜》中記述了劉光第秋季由廪生中舉，冬季北上準備來年的科舉考試，而對北上行蹤未有記錄，此篇《敖水娃傳》可作為補充。

又如《感舊記》一文，雖隱去姓名，但對鄉里前輩之記述頗為生動具體。特別是文中記載，"歲丁丑"先生勸劉光第之母勉力支持劉光第繼續讀書，對劉光第的日後發展影響甚巨。年譜等傳記資料多據劉光第《先妣述略》勾勒劉早年勤學苦讀多賴其母之勉力操持家務支持、鼓勵其子讀書，對這位鄉先輩的記述則為他處所無。按丁丑年為光緒三年（1877），劉光第十八歲，并於是年完婚，此事王夏剛先生《合譜》中有記載，而文中"讀書在外"云云，則是婚後即外出求學，此未為他書所道。

文末署"癸未八月廿六日金陵舟次"。癸未年為光緒九年（1883），劉光第二十三歲，由京返鄉，期間著《南旋記》。《南旋記》中是日正記"曉過金陵"。① 是日日記中劉光第發思古之幽情，多有感喟，而未及己身；《感舊記》則慨念先輩，反躬自省，發出"獨恨余不加進，而忝通朝籍，無以自問於心，即何以副先生殷望？每一念及，弗勝戰慄。因為志於此，以當嚴師之督"的心聲。兩相對照，所見更全。王夏剛先生《合譜》於本年八月所記較詳，十日"由京返鄉"，十八日"浮海至滬"，"居住六日後再溯江北上"。據此篇《感舊記》及《南旋記》，則可再補二十六日到達南京。

（二）**可補交遊研究之闕**

這批劉光第未刊文稿中，有《為胡正之題主贊》一篇，文字簡短，全錄如下："濁世之芸芸，而得是子。皦如日，直如矢。士林之翹也。曾不禁乎刁刁之調調，使人之意志也消。"

胡正之名世傑，生平無考，雖聲明不彰，但與劉光第交往密切，在劉之著述中保留了不少與胡有關的作品。

早在光緒八年，劉光第北上赴京趕考，即有《北行詩柬正之四十韻》長詩，序云："同心離居，忽忽數載。鶩逐浮名，乃有萬里之別。隔歲以來，音響疏闊，為述行況，少盦饑思。"可見二人友誼深厚。又《山居懷人詩》其二詠"胡正之世傑秀才"，詩云："玉樹臨風醉好春，十年燈火共酸辛。擊存溫伯梅花韻，綽約藐姑冰雪身。眼月習書翻白近，面潮承諫漲紅新。鶴聲應醒揚州夢，（君與余同夢身在揚州。）靈石三生證夙因。"此詩已收

---

① 中華書局本作"晚過金陵"，誤，詳見拙文《劉光第南旋記校證》，見四川省人民政府文史研究館、四川師範大學中華傳統文化學院主辦：《國學》（第八集），成都：巴蜀書社，2019年。

入劉氏詩集鈔本，文字略有不同，"應醒"鈔本作"喚醒"，"夙因"鈔本作"幻因"。胡秀才過世，劉光第又有《哭胡正之世傑秀才二首》，其一云："昨來猶執手，惡耗忽悲傳。怪夢汝為鬼，驚呼余問天。亂書堆作塚，良玉散如煙。不竟才人用，吾才更孰憐。"其二云："五中竟摧酒，三嘆到亡琴。重以別離恨，其如規勸心。婦來無暖席，子小未成音。搜取舊文在，嗟余尚苦吟。"國圖鈔本中的這篇贊文，同樣是借悼惜友人離世而自嗟身世，筆調沉痛，從中不僅可以窺見兩人友誼之深厚，亦可見劉光第其時思想狀況之一斑。

還有一位在劉光第師友交往中發揮過重要作用的人物，即劉光第同鄉的同族長輩鹽商劉舉臣。劉舉臣為富順三多寨鄉紳，出身貧寒，先在自流井行醫售藥，三十歲之後開始煮鹽，發家後在三多寨修建了一座西式洋樓——安懷堂并定居於此。劉光第能久任京官，多得劉舉臣資助，他寫給劉舉臣、劉慶堂父子的書信，也得到很好的保存，成為研究劉光第生平、思想的寶貴史料。茅海建先生《戊戌年徐桐薦張之洞及楊銳、劉光第之密謀》，即是以劉安懷堂所存劉光第書信為史料研究戊戌變法歷史的重要成果。①

在已刊《劉光第集》中，除了這批書信外，還收有《封奉政大夫劉公舉臣六十暨配黃宜人五十壽序》，可以考見兩家交遊。而在國家圖書館所藏鈔本中，有一篇《誥封奉直大夫舉臣劉君五十壽文》，為中華書局本所未收。據文中自述："乙酉孟春，為君五十壽辰"，則該文作於光緒十一年乙酉（1885）。文中不僅記述了"君父天順公，以君出繼榮貴公亡子昌禮為後""第嘗僑居其家"等研究兩家生平及交往的新資料，而且劉光第在文中對劉舉臣的描述提供了六十壽序所未載的許多內容，諸如："當第在自井時，萬有重大公件，渺小才日者，固夷然不計，即彊鷙有身者，亦將脫然為事外人。君獨與二三急公流，晝夜籌備……"劉舉臣之急公好義躍然紙上。同時，劉光第進一步指出："使今天下食朝廷之祿，逃閑局外，與夫貪詐媮郁，苟圖利祿者，聞君之風，而惕息，而汗僵，而皆興起焉，未必非摩鈍厲俗之教也。獨惜君以鄉人老耳。脫令出身加氏，為聖天子挾內地、綏遠人，其盡心王事，鞠躬竭力，不當與古大臣同風并流，彪炳萬禩哉？"前半段抨擊了當時官場貪圖利祿而逃閑局外的普遍風氣，後半段惜其未能出而為官濟世，與六十壽序中"安得如君者廁樞府，或充封疆吏令"以礪精淬神、振興國運的願望如出一轍，如再聯繫劉安懷堂所藏書劄中為劉氏探聽封贈官誥之政策、價格的記述，則可對"鄉賢資助—京官回饋"的交往模式有更具體可感的認識。

### （三）可補思想研究之闕

在中華書局本《劉光第集》中，收有三通劉光第寫給其弟的書劄，分別為《上海與華弟書》《宜昌與華弟書》《京師與厚弟書》，而在國圖鈔本中則錄存了另外一通《在省與華

---

① 刊於《中華文史論叢》2007年第4期。

弟書》，夾注"辛巳三月"，則當寫於光緒七年（1881）辛巳三月，其時劉光第二十二歲。而據書信中勸勉之語"時乎不再，忽忽已十九齡矣"，則華弟之生年亦可考見。此書更重要的價值在於對此時劉光第的為學與思想頗多記述，這位僅長三齡的兄長在與弟弟分享讀書心得時説："至於讀經而外，不必多看雜書，總擇其有益於身心德性世道人倫者，潛心玩之，當自有得。"又在教導華弟修身時説道："總須識得人之所以為人者安在，由是得汰其氣質之偏，以循合乎義理之正，一言一動，俱不可苟，存心既正，種子便先不壞矣。然後充之以學問，成大成小視乎其量，要不失為一箇好人而已。"劉光第特地提醒其弟對四書五經與詩文如何取捨："故弟今日讀書，吾不望弟能詩能文，但望弟謹言、敏事、養心。在館之中，可以一年不作詩文，不可一日不讀四書五經。"其價值取向，彰明較著。

這批未刊文稿中，對劉光第的閲讀趣向，也有所記述，如前述書信中對"宋五子書"的推崇。按五子指北宋著名理學家周敦頤、邵雍、張載、程顥、程頤，他們對中國古代哲學思想的發展起了重要作用。又如《敖水娃傳》中出現的"三魚堂文"。按陸隴其（1630—1692）字稼書，浙江平湖人，清代著名理學家。學術專宗朱熹，排斥陸王，被清廷譽為"本朝理學儒臣第一"，與陸世儀并稱"二陸"。乾隆元年（1736）追諡清獻，加贈内閣學士兼禮部侍郎銜，從祀孔廟。著有《困勉録》《讀書志疑》《三魚堂文集》等。由此可見年輕時的劉光第在思想傾向上的成長過程。

作者單位：中華書局

# 民國巴蜀舊體詩話知見録*

且志宇

民國詩壇挾國家鼎革之勢，詩歌創作爲之一變。昔日挑唐禰宋之別，今則轉爲新體舊體之分。舊體詩作者多爲遜清遺老，新詩作者則多爲留洋青年。新詩以其易學易寫，多摩登青年之追隨，如康洪章（康白情）、郭沫若等昔日舊體詩人，一變而爲新詩領袖。新詩發展迅猛，短短十餘年間已與傳承數千年之舊體詩平分天下。新詩興起而舊詩逐漸退居次位，昔日之詩評詩論也漸受波及。儘管全國大小報刊陸續有舊體詩話連載，卻已是夕陽餘光矣。故民國舊體詩話，也往往附於清詩話之下，如蔣寅先生《清詩話考》特立"民國卷"收録民國詩話。

晚清以來，巴蜀文化逐步進入史上第三箇繁榮期，尤其在文學方面成就輝煌，四川籍詩人占據了中國百年新詩的半壁江山，① 出現了葉伯和、康白情、郭沫若、吳芳吉、何其芳、覃子豪等詩人。同時，舊體詩創作方面也碩果纍纍，涌現了林思進、謝无量、曹經沅、龐俊、向楚、楊庶堪、曾緘、黃稚荃等舊體詩人。民國巴蜀舊體詩話創作，也在此環境中逐步推進。

民國巴蜀舊體詩話，顧名思義，即民國時期巴蜀文人以舊日之體式而論述舊體之詩歌的著作。故謝无量之《詩學指南》、潘大道之《詩説》等以西方論説體式論詩者，則不在臚列範圍；如王汝楫之《鄖上論詩絕句》、魏炯若之《杜庵詩説》非成書於民國之際者，

---

\* 本文爲四川師範大學巴蜀研究中心重大項目：四川尊經書院作家群文學思想研究（BSWHZD18—03）成果。
① 王學東：《四川：百年中國新詩的"半壁江山"》，《蜀學》第十二輯，成都：西南交通大學出版社，2017年，第285—292頁。

也未在所臚列範圍；如道侯之《蜀詩話》、①蜀岷之《籀經室詩話》、②劉子健之《十年一劍樓詩話》、③楊驍騎之《鶴山詩話》④等片玉碎金散見於民國大小報刊而未結集出版者，也未在所臚列範圍。

## 一、趙熙：《香宋雜記》一卷

趙熙，字堯生，別署香宋，四川榮縣人，光緒十六年庚寅科進士，由庶吉士改授翰林院編修。後還蜀，主講於東川書院及川南經緯學堂，造士甚多，"謝持慧生、曹篤叔實、江庸翊雲、周善培孝懷等皆出其門"。⑤庚子後入都，轉授江西道監察御史，因彈劾盛宣懷賣國，直聲震朝野。宣統三年去官之上海，晚歲閑居成都。趙熙工詩，為晚清一代之名家，其友林思進論其詩，以為"蜀中自東坡後一人而已"。⑥趙熙常自謂："我三十以前學詩，三十後顓治小學、古文，年近五十又學詩。文章高下之境，一一懸量胸中，求以自立。"⑦論者以為其詩有抉天心、探地府之妙。梁啓超在日本對其推譽備至，嘗寄詩文求教，并有詩曰："趙侯雲中鶴，軒軒抗高志。名節樹藩籬，藝林厚根柢……詩撼少陵律，筆摩昌黎壘。"⑧民國蜀中詩人如龐俊、胡琳章輩得其餘惠甚多。趙熙詩才敏捷，援筆立就，陳衍稱為"近人賦詩之速者"，⑨故汪辟疆《光宣詩壇點將錄》點其為天捷星，⑩錢仲聯《近百年詩壇點將錄》則以地威星一席界之。⑪趙熙生平作詩達三千餘首，門人輯《香宋詩前集》二卷收詩一千三百餘首，今人輯有《趙熙集》堪稱完備。趙熙也工詞，朱孝臧《清詞壇點將錄》點其為地速星，⑫錢仲聯《近百年詞壇點將錄》譽之為天捷星。趙熙生平詳見周開慶《香宋老人趙熙》、文守仁《趙熙傳》等文。

《香宋雜記》所記為詩鐘，原是杯盞間的文字遊戲，但正如《雜記》所言"詩鐘不以

---

① 道侯：《蜀詩話》，《世界觀雜志》1915年第1期，第139頁。
② 蜀岷：《籀經堂詩話》，《四川公報增刊·娛閑錄》1915年第22期，第68—69頁。
③ 劉子健：《十年一劍樓詩話》，《平雲通訊》1944年第4期，第17頁。
④ 楊驍騎：《鶴山詩話》，《平雲通訊》1945年第7期，第22頁。
⑤ 文守仁：《趙熙傳》，周開慶編著：《民國四川人物傳記》，臺灣：商務印書館，1966年，第232頁。
⑥ 姜亮夫：《姜亮夫全集》，昆明：雲南人民出版社，2002年，第24冊，第279頁。
⑦ 邵鏡人：《同光風雲錄》，《近代中國史料叢刊續編》第95輯，杭州：文海出版社，1974年，第277頁。
⑧ 梁啓超：《庚戌秋冬間，因若海納交於趙堯生侍御，從問詩古文辭，書訊往復，所以進之者良厚。顧羈海外，迄未識面，輒為長謠以寄遐憶》。見陳衍：《石遺室詩話》，載張寅彭編：《民國詩話叢編》，上海：上海書店出版社，2002年，第1冊，第126頁。
⑨ 陳衍：《石遺室詩話》，北京：人民文學出版社，2004年，第195頁。
⑩ 汪辟疆著，張一兵、周憲等編：《汪辟疆詩學論集》，南京：南京大學出版社，2011年，第81頁。
⑪ 錢仲聯：《當代學者自選文庫·錢仲聯卷》，合肥：安徽教育出版社，1999年，第676頁。
⑫ 覺諦山人：《清詞壇點將錄》，《同聲月刊》1941年第9期，第165頁。

詩論，而出句須韻，不遠詩人之意"，在字句的錘煉中，也可略觀其詩法及審美旨趣，也可見其與陳寶琛、樊增祥、顧印愚、陳衍、易順鼎、吳保初等詩人的交往。但因《香宋雜記》并非嚴格意義上的詩話著作，因此在對其進行分類時，也時有不同看法，如張寅彭先生彙輯《民國詩話叢編》，將其收錄；龔聯壽先生彙輯《聯話叢編》，也將其收錄。整體來説，此《雜記》的詩學價值不高，難以管窺趙熙詩學精義之所在。

《香宋雜記》有民國二十一年成都美學林鉛印本。

## 二、張趙才：《滎經詩話》一卷

張趙才，字衡齋，四川滎經人，宣統己酉科拔貢，四川高等學堂畢業，前川邊鎮撫府一等科員，著有《文體摭言》四卷、《黄河變遷志》一卷，① 編撰《（民國）滎經縣志》之藝文、疆域、人物三志。

賀澤等修，張趙才等纂《（民國）滎經縣志》卷十八《藝文志》收錄《詩話》一卷，署"邑人張趙才撰修"。張廷銀先生《方志所見文學資料輯釋》著錄為《滎經詩話》，今從其例，稱《滎經詩話》。清代民國地方志中偶列詩話一章，然多不單具撰者姓名，此志為例外。

專論一地詩人詩歌之詩話，蔡鎮楚先生稱為"地方性詩話"，② 地方性詩話"可通於方志"，"或以詩存人，或以人存詩，使數以千百計的地方詩人特别是無名詩人及其詩歌賴以僅存，為編輯地方人物志和地方藝文志提供了極其豐富的寶貴資料。許多無名詩人乃至名氣不大的詩人，不僅正史無傳，連地方志亦無立足之地，他們的詩名早已湮没無聞，而在地方性詩話的字裏行間，卻能見其人而聞其聲"。③《滎經詩話》即是此類，體現地方性詩話存人存詩之特點甚明顯；《詩話》收錄清代以來滎經詩人之名詩名句，也可見一方人文之盛。其收錄範圍包括作者之師友親眷，如其父張壽卿、族伯張漢臣、族伯母蕭宜人、外舅何瑞生、族兄張兆麒、族侄張名啓，太老師譚新淵，業師譚焕如、鄭俊卿、朱徵三，同學李象愚、匡馥如、李紹先、鄭梣香、李彥齋；滎經之耆舊鄉賢如王克敏、鄭丹山、廖香山、余蘅芳、王履平、黄似懶；以及仕宦如金午亭，流寓如陳梧生，緇流如釋西坡，閨秀如雷鳴謙等人詩作。《詩話》所錄王履平、鄭丹山、廖香山、黄似懶之生平，皆可於《（民國）

---

① 賀澤等修，張趙才等纂：《民國滎經縣志》，《中國地方志集成・四川府縣志輯》，成都：巴蜀書社，1992年，第64册，第700頁。
② 蔡鎮楚：《中國詩話史》，長沙：湖南文藝出版社，1988年，第302頁。
③ 蔡鎮楚：《中國詩話史》，第303—304頁。

榮經縣志·人物志》考得。如《詩話》稱："王履平孝廉夙有文名，尤長於詩。《戊戌正月十五夜泊夔門》云：'客中逢令節，燈火送新年。簫鼓他鄉景，煙波夜泊天。風聲搏水急，人語隔江傳。試看今年月，當頭一度圓。'《次李相如閨思原韻》云：'情種不刪紅豆蔻，私心惟唱白楊花。'皆清雋有味。"① 關於王履平其人，《（民國）榮經縣志·人物志》載："王朝治字履平，光緒甲午舉人，國史館謄錄。篤學，工文章，《左》《國》《史》《漢》《文選》諸書均能成誦，用功專精，邑士鮮有及者。官河南知縣，以丁艱歸。適路事發難，為匪所戕，著書十餘種，悉為人取去，存者僅《植槐軒駢散文稿》《植槐軒詩賦稿》及《遊梁詩草》數種而已。"②《詩話》因附載於方志，其目的為保存一縣文獻，而於詩學理論發明甚少。其有益於詩學理論者僅一條："族伯漢臣府君未仕時，於詩古文辭靡不究習，故其論詩文，頗有至理。《論作詩》云：'作詩非此詩，下筆失其真。作詩必此詩，定知非詩人。不即不離處，雙管妙傳神。鏡花與水月，愈幻愈清新。池塘剛入夢，一碧草生春。'《作文》云：'文章有妙用，詞達而理明。下語如鐵鑄，譬彼天生成。識解須宏遠，議論當縱橫。變化古今事，出之以性情。天衣絕無縫，驚人乃一鳴。'"《論作詩》對蘇軾"賦詩必此詩，定知非詩人"之義有所闡發。

《詩話》部分條目喜攀引古人，如稱："《南史》言阮孝緒之門閥，諸葛璩之學術，使其好仕，何官不可為，乃各安於隱退，豈非性之所近，不可強歟？吾師譚煥如先生，今之阮、葛也，舉秀才後，即不希榮利，著有《自怡齋詩稿》。如《飲酒歌》云⋯⋯詩境甚超而意思蕭散如其人，真不可及。又《閑吟》云：'浩然無不足，心與天地遊。偶成雲畫意，遠山兼近水。'詩情皓月與清風皆妙。"此條套用《隨園詩話》卷七："《南史》言：阮孝緒之門閥，諸葛璩之學術，使其好仕，何官不可為？乃各安於隱退，豈非性之所近，不可強歟？近今吾見二人焉：一為尹文端公之六公子似村，一為傅文忠公從子我齋。似村舉秀才，終日閉戶吟詩；我齋雖官參領、司馬政，而意思蕭散，不希榮利。"尹慶蘭（號似村）、傅明義（號我齋）論其門第家世，皆可與阮孝緒之門第相比。而譚煥如何許人也？《（民國）榮經縣志·人物志》載："譚其炳字煥如，增生。積學能文，不求聞達。有孝行，酷嗜宋儒性理諸書，言笑不苟，士論稱之。"其人除安於隱退不求宦達與阮孝緒相似外，其門第、學術皆不能與之相比。此外《詩話》記作者本人與長秋山民的文字交，而攀引袁子才之於蔣苕生、陶篁村，皆攀引太過。

《榮經詩話》見於《（民國）榮經縣志》、《四川歷代方志集成》第一輯《民國榮經縣志》，張廷銀先生《方志所見文學資料輯釋》有整理。

---

① 賀澤等修，張趙才等纂：《民國榮經縣志》，第703頁。
② 賀澤等修，張趙才等纂：《民國榮經縣志》，第553頁。

## 三、劉咸炘：《詩系》不分卷

　　劉咸炘，字鑒泉，號宥齋，四川雙流人。祖父劉沅為蜀中大儒，有"川西夫子"之譽，父兄亦皆為蜀中知名學者。劉咸炘幼承家學，博覽四部，性格孤傲，僅與鹽亭蒙文通、宜賓唐迪風、江津吳芳吉、南京盧前等相過從。一生以讀書、教書、著書為業，先後任教於尚友書塾、成都大學、四川大學。劉咸炘尤精於史學，其論著深得史學家杭州張爾田、丹徒柳詒徵、鹽亭蒙文通推崇。去世時年僅三十六歲，所著《推十書》多達數百卷。劉咸炘曾自述學源有二：一為承祖父劉沅之家學，一為私淑浙東章學誠史學。劉咸炘生平見盧前《述劉鑒泉》，其學術源流與方法見於自撰《宥齋自述》，而其著述情況則見於其弟子所編《推十書繫年錄》《推十書繫年續錄》。吳芳吉《蓉城二友歌》稱劉咸炘："鑒泉詩論清超，鑒泉能按癢搔。《風骨》五言長好，讓我奪圖錦標。"① 劉咸炘對詩、詞、文、賦、曲、小說等體裁的論述甚夥，僅詩話便有《詩系》《詩系後記》《詩系賸記》《風骨集評》《風骨續集評》《詩評綜》《辟袁公案》等。劉咸炘稱"文，為凡著述之統稱"，② 所以在其《文學述林》《文心雕龍闡說》《文式》等論著中，也涉及對詩的討論。

　　《詩系》核心是劉咸炘"明統知類"的研究方法論。劉咸炘在章學誠"知類"的方法論基礎上，進一步提出"明統"的方法論："為學莫大乎明統，明統然後能知類。"③ 在"明統知類"的方法論指導下，劉咸炘將"詩派統於三系"之下，④ 認為詩歌包含《詩經》《楚辭》開創的頌、小雅、國風、楚辭四類發展體系。而在頌系之下，僅有《房中歌》《郊祀歌》《鐃歌十八曲》前四曲三種漢詩，後無傳人，劉咸炘雖加頌系，僅是為完備體例。⑤ 故《詩系》四系，其實祇論述國風、小雅、楚辭三系。劉咸炘指出"明於三系而後詩合教"，認為明曉詩歌發展的"三系"之後，纔能讓詩歌創作符合於"詩本教"。"詩本教"是指詩的內容符合"言志"、"言情"的主旨，詩的表達符合"溫柔敦厚"的風格，詩的功能纔能符合"主文譎諫"的目的。

　　出於對"明統知類"的認知，劉咸炘以鍾嶸《詩品》作為方法論基礎，旁參王夫之《八代詩選評》、王闓運《論唐詩諸家源流》、宋育仁《三唐詩品》等詩學著作，"發明三系

---

① 吳芳吉著，傅宏星編校：《吳芳吉全集》，上海：華東師範大學出版社，2014年，第249頁。
② 劉咸炘：《推十書·戊輯》，上海：上海科學技術文獻出版社，2009年，第1051頁。
③ 劉咸炘：《推十書·甲輯》，第6頁。
④ 劉咸炘：《推十書·甲輯》，第6頁。
⑤ 《詩系敘例》稱："今統論諸體，加《頌》一系，以存餼羊焉。"劉咸炘：《推十書·戊輯》，第1175頁。

之說，立以爲統，和合三家，窮源竟委"。① 他以時代爲序，將漢代到清末的詩人，以小雅、國風、楚辭三系加以系統梳理，構建了中國詩歌數千年的發展流變譜系。

《詩系》手稿藏於四川省圖書館特藏部。國家圖書館出版社《劉咸炘著述手稿彙編》收録其影印本，上海科學技術文獻出版社《推十書（增補全本）》收録其整理本。

## 四、劉咸炘：《詩系後記》不分卷

劉咸炘生平見前文。

《詩系後記》爲《詩系》續編。《詩系》論自漢至唐的詩人，《詩系後記》論宋、金、元、明、清五朝詩人，始以宋初李昉、徐鉉，終以清末夏敬觀、俞明震，而於宋、明詩人則多摘録《四庫全書總目提要》評語。劉咸炘於篇末稱："以晚唐論，則宋人學韓、白爲多，元人學溫、李爲多。要亦娣姒耳。此論甚是。宋學中唐，元學晚唐，特以李、杜爲準耳。明人乃真學盛唐、六代，然又多優孟衣冠，有形無神。故以渾切兩極端言，則明、宋適相反對。明自青邱開端，自後十九學盛唐，卑亦不過大曆，學宋者絶少。公安、竟陵，以白、蘇、晚唐矯之，清初又有以宋詩矯之者，然皆狹隘，未久而弊生。兩派之弊，既均發露，故自後學者兼學唐、宋。如竹垞、歸愚、曉嵐、覃溪諸人，論詩極平允，過於前人，而所作反膚庸。蓋論詩宜折中，而作詩須深入。矯狂狷固善，而習鄉愿則衰。延百年餘氣，學者漸有倡宋派者，直至今日而始成焉。然極端之弊已明，爲學之途益廣，不復能以一派普於國中矣。"② 此段議論，劉咸炘將《詩系後記》與《詩系》聯繫起來，并打通了宋、金、元、明、清的詩學與唐代詩學之淵源，進而通過《詩系》和《詩系後記》構築由漢至清末兩千餘年的中國詩歌傳承脈絡，正如劉咸炘所言："吾既采録諸家論詩語爲《詩系》《附鈔》而加説焉，總旨派別，大略具矣。"③ 這也正體現了劉咸炘的詩學特徵：其論看似片言隻語、零碎散漫，實則考鏡源流、明統知類。

《詩系後記》與《詩系》本是同一論詩體系，但篇中祇按時代先後列舉詩人，有單列名姓者，有加以點評者，從其蕪雜粗疏、體例不一來看，或係未定稿。所以因體例不同之故，著録時將二者析出單列。

《詩系後記》手稿藏於四川省圖書館特藏部。國家圖書館出版社《劉咸炘著述手稿彙編》收録其影印本，上海科學技術文獻出版社《推十書（增補全本）》收録其整理本。

---

① 劉咸炘：《推十書·戊輯》，第1172頁。
② 劉咸炘：《推十書·戊輯》，第1240—1241頁。
③ 劉咸炘：《推十書·戊輯》，第1245頁。

## 五、劉咸炘：《詩系賸記》不分卷

劉咸炘生平見前文。

《詩系賸記》副題為《元王論詩絕句箋》，顧名思義，是對元好問《論詩三十首》、王士禎《戲效元遺山論詩絕句三十五首》的箋注。劉咸炘以"其拈詠雜事、議論無關系者不錄"① 為原則，將元詩三十首選錄二十五首、王詩三十五首選錄二十二首，并參照翁方綱的評論，輔以自己觀點。

按校讎體例，詩箋并非詩話。但因劉咸炘文前序稱："歷代詩話猥多，上下議論，辨不勝辨，繁詞富說，何可更相追逐，然亦有不可默者。遺山、漁洋《論詩絕句》，詞旨深婉，詩家公案，多在其中，頗足供討究。翁覃溪嘗加附說而語多支蔓，義未明確，知攻王之短而不達元之微意。今擇錄而說之，因端竟委，亦不求備，聊當吾之詩話云爾。"② 明確指出該文鑒於歷代詩話的蕪雜而欲擷取其精華"聊當吾之詩話"。故本文將其作為詩話錄之。

此外《推十書·丁輯》中另錄有《詩系賸記》一篇，可與本篇相互發明。文辭不繁，具錄於下：

> 潘養一品第詩話，取方密之《通雅》而未取納蘭容若《淥水亭雜識》論詩，殆未見也。以吾觀之，其精卓處亦不下方氏，如論詠史詩不可落議，論詩害義過於步韻，"今人止是做韻，何曾做詩""唐人詩意不在題中，亦不在詩中，故高遠有味""詩取自適，何以隨人""詩之學古，如孩提不能無乳母，必自立而後成詩，猶之能自立而後成人""唐人有寄托，故使事靈"皆精當。其尤精者曰："《雅》《頌》多賦，《國風》多比興。《楚詞》從《國風》而出，純是比興，賦義絕少。唐人詩宗風騷，多比興，宋詩比興已少，明人詩皆賦也。"此語何減融齋。容若力主唐音，雖立論間似漁洋，而窺見本原處實不易得。錢牧齋《宋子建遙和序》言"和韻之非古"，《族孫遵王詩序》言"後之詩人皆勇於為人，不自貴重。不自貴則胎性賤，不自重則骨氣輕"皆確論。同符顧、潘不得以人廢言，其詞不具錄。③

《詩系賸記》手稿藏於四川省圖書館特藏部。國家圖書館出版社《劉咸炘著述手稿彙

---

① 劉咸炘：《推十書·戊輯》，第1245頁。
② 劉咸炘：《推十書·戊輯》，第1245頁。
③ 劉咸炘：《推十書·丁輯》，第418頁。

編》收錄其影印本，上海科學技術文獻出版社《推十書（增補全本）》收錄其整理本。

## 六、劉咸炘：《風骨集評》一卷、《風骨續集評》一卷

劉咸炘生平見前文。

《風骨集評》《風骨續集評》，是劉咸炘詩選《風骨集》《風骨續集》的評語。他將選詩與評論分開刊刻，單獨釐為二卷。《風骨集·弁語》稱："吾選《風骨集》，本無批點。懲彼濫陋，欲讀者自得之也。諸生擾來乞批，蓋需之切，足不可無以應之。且思去取之意，非自著之，恐覽者滋惑，遂復一詳記"。① 可見先有《風骨集》之選，後乃有評注批語。

《風骨集評》起於評《古詩十九首》，終於評王駕《社日》；《續集評》起於評北宋寇准《離京日作》，終於評黃遵憲《拜曾祖李太夫人墓》。其書以劉咸炘自評為主，而間采前人評語。劉咸炘評論中對其詩學有諸多發明。如："其實論詩止視是否真詩，有無風力，何高卑之有？"② "其實詩家所謂法，何嘗是真法？白沙謂詩貴平易自然含蓄，不以用意裝綴，藏形伏影，使人不可摸索為工。又云須將道理就自己性情説出，不可作議論説去，離了詩之本體，此乃真詩法耳。"③ 又如："山谷詩我不敢輕視而終不敢推崇。"④ "介甫《短歌行》兼勁與婉，似直而曲，似剛而柔，從中唐出，吾偏嗜之。"可見其詩學興趣之所在。此集以風骨命名，故詩中也多以風骨為評論標準。如論高適曰"達夫意境頗高，風骨俱佳"，⑤ 論元結曰"次山質樸特異而辭多拙，骨多風少"，⑥ 論楊維楨曰"鐵崖詩佳在遒峭而骨太少"，⑦ 論李夢陽曰"空同以摹擬受詆，然光氣自不可掩，此三首能剛能柔、有風有骨"⑧ 等。

《風骨集評》一卷、《風骨續集評》有成都古籍書店《推十書》影印本及上海科學技術文獻出版社《推十書（增補全本）》整理本。

---

① 劉咸炘：《推十書·戊輯》，第461頁。
② 劉咸炘：《推十書·戊輯》，第476頁。
③ 劉咸炘：《推十書·戊輯》，第480頁。
④ 劉咸炘：《推十書·戊輯》，第476頁。
⑤ 劉咸炘：《推十書·戊輯》，第467頁。
⑥ 劉咸炘：《推十書·戊輯》，第468頁。
⑦ 劉咸炘：《推十書·戊輯》，第479頁。
⑧ 劉咸炘：《推十書·戊輯》，第480頁。

## 七、劉咸炘：《詩評綜》前編、後編、附編

劉咸炘生平見前文。

從文前總目可知，《詩評綜》分爲三編。《前編》述古，述先秦論詩古訓及鍾嶸《詩品》、皎然《詩式》、殷璠《河嶽英靈集》。《後編》輯論，分辟僞、明質、約法、察變四章。《附編》雜説，包括《元王論詩絶句箋》和《説詩韻語》。

《詩評綜·總論》稱："詩林蕪穢，評説雜瑣，本質不明，學者迷瞀，先正蓋已患之而卒無甄綜之業。不揣愚昧，不憚煩勞，輒敢溯源竟流，勒爲二編，以示學者。"① 劉咸炘以一己之觀點，輯録歷代論詩之語著成此篇，欲以探討傳統詩學的源流。

《前編》論鍾嶸《詩品》，可與其《詩系》相互發明；論皎然《詩式》認爲 "是書繼《詩品》而作，爲詩評中第二部古書，特以全書晚出，無人發明"，② 故特別提出加以論説研究；至於論殷璠《河嶽英靈集》，則多引述《四庫提要》語。

劉咸炘認爲宋以來詩話甚夥，但内容零碎，"漫無一貫之意旨"，③ 因此從衆多詩話中取其精要者著成《後編》。所供采摘的詩話主要有宋張戒《歲寒堂詩話》、姜夔《詩説》，明徐禎卿《談藝録》、吴喬《圍爐詩話》、王夫之《夕堂永日緒論》，清方以智《通雅》、葉燮《原詩》、宋大樽《茗香詩論》、潘德輿《養一齋詩話》、劉熙載《藝概》、方東樹《昭昧詹言》等。劉咸炘曾自述輯録《後編》之目的："余則悉掇其精要，旁采零説，貫爲四篇。其微有偏謬，間下己意以折衷之。冀使學者省遍視之勞，而得聞概之益。第一曰辟僞，論詩之本體。第二曰明質，論詩之内容。第三曰約法，略論作法及各體。第四曰察變，略論古今派別，兼舉各派要旨。僅其大概，以非作史也。"④

因《元王論詩絶句箋》和《説詩韻語》二文另見他處，故《附編》單附其篇名，以備體例。《元王論詩絶句箋》即《詩系縢記》，前文已著録。《説詩韻語》實爲劉咸炘所作論詩絶句。因其認爲以議論作詩，不合於校讎之法，故改稱 "韻語"。⑤

《詩評綜》前編、後編、附編手稿藏於四川省圖書館特藏部。國家圖書館出版社《劉

---

① 劉咸炘：《推十書·戊輯》，第1261頁。
② 劉咸炘：《推十書·戊輯》，第1279頁。
③ 劉咸炘：《推十書·戊輯》，第1284頁。
④ 劉咸炘：《推十書·丁輯》，第1285頁。
⑤ 《説詩韻語》稱："詩者，言志主文之物，非以載議論也。議論止宜爲文，以爲詩者，乃侵官離次。況吾筆拙韻短，尤遜元、王，直可視同歌括，擬諸《易傳》《老子》之流，韻語不皆是詩，尚可容此異種耳。然議論作詩，已不合校讎之法……又作爲韻語，便於拈説，且言不迫切，可啓悟會。"見劉咸炘：《推十書·戊輯》，第1397頁。

咸炘著述手稿彙編》收錄其影印本，上海科學技術文獻出版社《推十書（增補全本）》收錄其整理本。

## 八、劉咸炘：《辟袁公案》不分卷

劉咸炘生平見前文。

《辟袁公案》為劉咸炘輯錄乾嘉以來詩人論袁枚語句而成。劉咸炘學術私淑章學誠，於此篇中可見一斑。章學誠於《文史通義》專闢《詩話》一篇力抵袁枚《隨園詩話》的浮薄粗俗、猥褻惡俗。章學誠認為《隨園詩話》有壞於世風人心："前人詩話之弊，不過失是非好惡之公。今人詩話之弊，乃至為世道人心之害。失在是非好惡，不過文人相輕之氣習，公論久而自定，其患未足憂也。害在世道人心，則將醉天下之聰明才智，而網人於禽獸之域也。其機甚深，其術甚狡，而其禍患將有不可勝言者。"①"今之為詩話者，又即有小慧而無學識者也。有小慧而無學識矣，濟以心術之傾邪，斯為小人而無忌憚矣，何所不至哉？"② 對世人多趨鶩於隨園門下，章學誠嘆曰"可憂也，可危也"。

《辟袁公案》繼承章學誠之觀點態度，故該篇所錄皆為古今人貶謫袁枚之語。如論《隨園詩話》凡詩皆錄，不擇良莠，以廣大門戶、欺世盜名；如論《隨園詩話》多稱許達官，藉以招致權貴、結納公卿，甚至列舉張問陶、孫九成初附於袁枚後遂反目為證。又如引徐時棟《煙嶼樓讀書志》稱《隨園詩話》記載傷風敗俗之語，易於滋長世人浮蕩輕薄之心："即以詩論，其大旨以言情為主。而情其所情，非詩人之所謂情也。纖巧佻達，尖冷刻薄，與詩教中溫柔敦厚，字字相反，豈可謂之知詩者耶！"③ 雖為摘錄他人之句，也可見劉咸炘的論詩旨趣。

《辟袁公案》四川省圖書館、四川大學圖書館、湖北省圖書館等有藏，上海科學技術文獻出版社《推十書（增補全本）》收錄其整理本。

---

① ［清］章學誠著，葉瑛校注：《文史通義校注》，北京：中華書局，1985年，第560頁。
② ［清］章學誠著，葉瑛校注：《文史通義校注》，第561頁。
③ 劉咸炘：《推十書·壬癸輯》，第983頁。

## 九、吳芳吉:《尚友集》未分卷

《尚友集》為吳芳吉著,其子吳漢驥重訂。

吳芳吉,字碧柳,自號白屋吳生,重慶江津人。吳芳吉一生漂泊無定,先後任教於長沙明德中學、國立西北大學、成都大學、四川大學、江津中學,并參與創建重慶大學。先後出任上海《新群》、湖南《湘君》等多家雜誌詩歌編輯,其間與吳宓、劉永濟、劉咸炘、柳詒徵、蒙文通、唐迪風、鄧紹勤(後改為鄧少勤)、康白情、郭沫若皆有交往。1932 年去世,年僅三十六歲,著作宏富。其生平可見於其《日記》《自訂年表》,及吳宓《吳芳吉傳》、劉樸《吳芳吉傳》、盧前《吳芳吉評傳》、劉咸炘《吳碧柳別傳》等。

民國初年,吳芳吉以創作實踐積極進行詩歌革新,他反對胡適、陳獨秀等人以推行白話文代替文學革命的行為,并撰文反對"文學革命的八不主義"——即胡適《文學改良芻議》所提出"八事"。吳芳吉一生論詩,於古代則服膺屈原,於中古則追崇杜甫,於近代則推許邱逢甲,至於同輩中,則得益於吳宓甚多。吳芳吉詩在當時詩壇獨具一格,故世稱其詩為"白屋體"。

吳漢驥稱其父"早歲居教嘉州之日,嘗搜録諸詩友之詩都為一卷,署曰《尚友集》"。可知本書作於 1915 年前後,吳芳吉受校長蕭湘之邀出任嘉定中學英文教師之時。《尚友集》取《孟子》"尚友"之義而命名,全書凡十條,皆記其師友同窗之詩。以吳芳吉業師榮縣蕭湘(字綺笙)詩開篇,羅列其好友、同窗如童季齡、藍倩斌、余子一、劉星南、趙鶴琴、方君竹、李玉昆、蔣繼偉等詩作(其中也并録平階《望海潮》詞、藍倩斌《鷓鴣天》詞)。是故書中對其師友交往着筆甚多,而於詩學發明甚少。

《尚友集》雖對詩學發明甚少,但因吳芳吉曾言:"余於詩文稍有進步者,惟雨僧之力為最多,次則為竹君、季齡、子一諸友,而於余師綺笙先生,獲益尤多也。"① 故本書可謂是吳芳吉"詩之所本",② 對於吳芳吉生平交遊、詩歌淵源之研究具有一定價值。集中所記吳芳吉師友十人中,大多皆蜀人,故又可備巴蜀現當代文學之史料。

《尚友集》有 1943 年中國文化服務社江津支社《尚友集》《拙齋詩談》合訂本,傅宏星編校《吳芳吉全集》,將其收入卷四詩話篇。

---

① 吳芳吉著,吳漢驥重訂:《尚友集》,重慶:中國文化服務社江津支社,1943 年,第 2 頁。
② 吳芳吉著,吳漢驥重訂:《尚友集》,第 3 頁。

## 十、吳漢驥:《拙齋詩談》未分卷

吳漢驥,重慶江津人,生於1918年,為白屋詩人吳芳吉之子。吳芳吉去世後,漢驥即"發願繼志為詩"①。他對詩詞、戲曲均有研究,尤其長於戲劇。抗戰時期,創辦白屋戲劇專科學院於江津,指導學生排演抗日救亡戲劇。中華人民共和國成立後曾任職於重慶酉陽師範校、酉陽川劇團,1979年去世,編寫有川劇劇本《酉州恨》《湘靈賦》等。②

吳漢驥受吳芳吉的影響較深,這在《拙齋詩談》中體現甚為明顯。如稱:"民初詩人輩出,江西詩派散原老人主其盟,北方則黃晦聞、柯鳳孫,西方則陳伯瀾……"③ 陳濤,字伯瀾,西安三原人,《光宣詩壇點將錄》將其附於"地魔星雲裏金剛宋萬宋伯魯"之下,可見其詩壇地位不甚高。而吳漢驥將其視為一方詩壇盟主,則是受其父吳芳吉影響。吳芳吉詩《初夏赴丈人田舍看插秧》"醉把《南帆集》,風簷展讀書"自注:"《南帆集》,三原陳伯瀾先生詩,今入《審安齋全集》中。時先生尚在北京,故長兄得以先生手寫全稿相授。某於現代詩人所受影響甚深者,秦中前輩,一為陳伯瀾先生在粵中諸詩……"④ 吳芳吉詩受吳宓影響較深,而吳宓又師從姑丈陳濤學詩,因這段詩學淵源,故吳漢驥對陳濤甚為推崇。又如《拙齋詩談》稱:"今人作詩,粉飾過失。一味歌頌戰爭,吶喊正義,此思想之不當也;顧戀家室,斥為墮落頹廢,此人情之不當也。偏激其思想,悖逆其人情,本此欲創立民國詩歌,抗戰文藝,豈可得哉。"⑤ 以家室為重,這也是受其父影響,吳芳吉《兒莫啼行》小序稱:"此思婦之詞也。諸詩始於夫婦,以崇本也。"⑥ 然"文章合為時而著,歌詩合為事而作",唐白居易早已言明,其時正是日寇侵華、山河破碎之時,國家將亡,安有家為?

吳漢驥總結當時詩壇十二條弊病為:"言抗戰則背情悖理,徒事吶喊,病一;言戰爭則一味歌頌,或極端反對,情理不得其中道,病二;寫時事則不着痛癢,無敢直言,病三;內容則偏激不廣,病四;用典則堆砌氣弱,不用典則膚淺無聞,病五;作豪語則婢作夫人,故為風雅,病六;欲冲淡則盡為田舍翁語,病七;說理則直率晦澀,淡如符咒,病八;形式則聲律不究,漫如散文,病九;描物寫景則不知充實發揮其想象(原文作"像")力,

---

① 吳漢驥:《拙齋詩談》,重慶:中國文化服務社江津支社,1943年,第1頁。
② 酉陽縣志編纂委員會:《酉陽縣志》,重慶:重慶出版社,2002年,第642頁。
③ 吳漢驥:《拙齋詩談》,重慶:中國文化服務社江津支社,1943年,第13頁。
④ 吳芳吉著,傅宏星編校:《吳芳吉全集》,第39頁。
⑤ 吳漢驥:《拙齋詩談》,第5頁。
⑥ 吳芳吉著,傅宏星編校:《吳芳吉全集》,第20頁。

病十；抒情則不知扼其生活之精華意象，病十一；為作詩而作詩，不知為詩之道在詩外，病十二。"① 除第一、第二條有待商榷外，其餘各條莫不切中時人作詩通病。吳漢驤對戰爭詩的看法與榮縣鍾紹錕（筆名水草平）《抗戰詩短論》"除了表現概念單一化，形式定型化外，最明顯的便是內容單純化"② 的觀點相似。

《拙齋詩談》有1943年中國文化服務社江津支社《尚友集》《拙齋詩談》合編本。

四川大學中國語言文學博士後流動站<br>
作者單位：新華文軒出版傳媒股份有限公司博士<br>
後工作站四川巴蜀書社有限公司

---

① 吳漢驤：《拙齋詩談》，第1—2頁。
② 鍾紹錕：《鍾紹錕詩文選集》，1995年自印本，第274頁。

# 熊十力與勉仁書院

文天行

勉仁書院在重慶北碚，與勉仁中學同在，為梁漱溟所辦。其名由梁漱溟所主持的勉仁齋而來。20世紀20年代，梁漱溟在北大講學時，許多有志青年與往講切，久之遂成勉仁齋學團，林宰平、熊十力均在其中。大家意思，共注身心修養，自由追求學術。抗戰爆發，梁漱溟退到四川。1938年，他率勉仁齋同人在南充省立民教館辦鄉村學習班。1939年到重慶璧山，王平叔、陳亞三、張俶知、黃艮庸等承梁漱溟之意，翌年辦起了璧山勉仁中學。1940年1月，梁漱溟在《創辦私立勉仁中學校緣起》中説，"嘗主張學校教育、社會教育融合不分"，又謂在各類教育中中等教育"蓋尤為人所關切"，適"教育當局今示其改善之機"，故"吾與諸友夙嘗着力於是"，創辦了私立勉仁中學。"俾同人於教育青年外，兼得自勉於學。今同人亦將作學術研究，而暫不立書院之名，擬先為講會，以聚四方同志。"由於招生受限等原因，應盧作孚兄弟之請，1941年將勉仁中學遷至重慶北碚，當局撥三萬元予以資助。移碚同時，"將勉仁齋改辦勉仁書院。此為勉院之歷史"。

## 一、渴從其學，為天地立心

就是勉仁齋同人到重慶璧山的那一年，即1939年的9月底，熊十力從樂山也到了那裏，并在友人處小住。他的心情頗為不佳。牟宗三説："熊先生因日機炸嘉定受傷，又與馬一浮先生相處不諧，遂毅然辭去，寄寓璧山獅子場國民小學校長劉冰若先生處。吾即由重慶往拜，薄暮始達。至則見師母補綴衣裳，并告以先生在裏屋。余即趨入，時先生正呻吟榻上，一燈如豆，狀至淒涼。問安畢，相對而泣，并言人情之險。時同門韓裕文兄隨侍，與先生共進退。晚間告以離嘉之故甚詳。翌日先生起床，精神稍嘉，聚談甚樂。吾盤桓數日，返重慶。"① 任繼愈與賀麟也專程去看望過熊十力。熊十力在璧山時，梁漱溟也在那裏。梁漱溟曰："在璧山來鳳驛西壽寺有時聚首一談外，仍極少晤面也。"② 1939年10月初，熊十力到重慶北碚，心境仍然有些淒涼。他在答鄧子琴書中說："吾自十月初來北碚，精神不寧。""今愈覺思力遲鈍，老至而衰，心境太不閑靜也。人生當亂世，苦可得言乎？"讀王充《論衡》後又想到自身之處境："吾生今世，元自苦極，無可告語。願汝精進，毋受人欺。"應該說，這種"元自苦極"還應包括經濟上的原因。自他辭別樂山復性書院，因是講師銜，又未能在西南聯大謀到職，柴米油鹽每日又少不得，無固定收入那是難以為繼的。明日復明日，明日又何其多，但日子也總得過呀！今後如之奈何？"若梁先生有辦法，勉仁書院可期成，吾不離是。"③

甚幸。1941年勉仁中學從璧山遷至北碚金剛坡的同時，勉仁齋改成了勉仁書院。熊十力之書院講學志"期成"了。他和馬一浮一樣，認為社會辦學是對正規教育的補充，有非常重要的意義。他說："我認為欲救中國，必須先救學術，必須有人出來挺身講學，以造成風氣。此意，蔡子民先生甚贊成，然亦始終無從下手。"④ 現在，他有了"下手"之地了，興致濃，決心大，期望高。

勉仁書院雖為梁漱溟所辦，但他長期不在這裏。1941年3月，梁漱溟赴港辦報，勉仁事委其弟子主持。香港形勢危急，他脫險後回到家鄉桂林，續《中國文化要義》。1943年勉仁書院文書股都還在講梁院長"留桂著作，對院事亦未有何進行。勉中同人，于忙碌之餘，集院自修，亦無速效可期也"，又稱"本院經費無着，尚未招生"。⑤ 熊十力也說："勉仁書院是梁漱溟先生主持的，有書院之名，并無書院之實。因梁先生經常在外，我衹是在這裏借住。"⑥ 即"集院自修"之地，"借住"以講學也。熊十力并不是這裏的山長，但他與梁漱溟的交誼甚厚，在國學方面又有很深的造詣，學人們對他自然就有了格外的尊重。

雖"尚未招生"，書院也非無生員。這些生員是從哪裏來的？即梁漱溟的勉仁從遊者。梁漱溟說："此時張俶知、黃艮庸、雲頌天以及其他諸友適在重慶北碚成立勉仁中學，諸友往時固嘗與先生同處而聆受教誨者，熊先生亦樂就諸友談學著書。此一講會自不屬中學之

---

① 《牟宗三先生全集》，臺北：聯經出版事業有限公司，2003年，第32冊，第89頁。
② 《梁漱溟全集》，濟南：山東人民出版社，1989年，第7冊，第476頁。
③ 《十力語要》，上海：上海書店，2007年，第258、260頁。
④ 徐復觀：《有關熊十力先生的片鱗隻爪》，載郭齊勇編：《存齋論學集：熊十力生平與學術》，北京：生活·讀書·新知三聯書店，2008年，第158頁。
⑤ 勉仁書院文書股：《勉仁書院講學旨趣》，《圖書季刊》1943年第112期。
⑥ 徐復觀：《有關熊十力先生的片鱗隻爪》，載郭齊勇編：《存齋論學集：熊十力生平與學術》，第154頁。

事，乃別有勉仁書院之稱。在中學方面諸友之外，當時一同聽講受教者似尚有周通旦、鄧子琴、曹慕樊諸君。"① 又謂："張俶知、鍾伯良、劉硯憎等，蓋皆平叔在高師同學友好，有動於平叔之風，亦先後北來從我，并同問學熊先生者。"② 任繼愈回憶道："梁漱溟先生在重慶北碚金剛碑創辦了勉仁中學，熊先生被邀到勉仁中學去住，梁先生的幾箇學生——黃艮庸、雲頌天、李淵庭等也成了熊先生的學生。"③ 熊十力也説："國難入蜀，棲止北碚。舊日從游諸子，掌教勉仁中學。頗以課餘，相從問學。"④

這些"相從問學"者可視為熊十力長期教授的對象，此外還有一些慕名而來的短期為學者。任繼愈説："我在西南聯大哲學系，利用暑期，到北碚勉仁中學熊先生處住一兩箇月。""在北碚時，牟宗三、徐佛觀（後來改成復觀）等都常來熊先生處，牟宗三也住在那裏。"⑤ 徐復觀回顧了自己從學的過程："大概是二十三年春，在陶先生處看到熊先生所著《新唯識論》語體文本的上册。我借來隨意翻閱，發現此書構思之精，用詞之嚴，及辯證之詳審，與夫文章氣體之雄健，重新引起賀君對我所説的回憶，便進一步打聽他老人家的情形。知道此時正住在北碚金剛碑勉仁書院，我便寫了一封表示仰慕的信寄去。"不幾天，居然接到回信。"這樣通過幾次信後，有一天先生來信説我可以到金剛碑去看他。"⑥ 從此，徐復觀就開始了向熊十力問學，同時也開始了改變人生之路。

因仰慕與問學而來的，也不乏當時國民政府的上層人物。熊十力住在重慶北碚，時任國民政府司法院長居正住在重慶歇馬場，相距不遠。他們是湖北同鄉，又是辛亥革命的老朋友，居正常去看熊十力。"有些事請教，有些事相求。居正的一些著作，大都經過熊的潤色。"⑦ 任繼愈回憶：抗戰時期在重慶，有不少國民黨的達官顯宦來訪熊先生，居正僅是其一。還有從歐陽竟無先生學過佛學的陳銘樞，與熊先生也頗友好。他提到這樣一件趣事：陳銘樞曾請熊先生在風景秀美處吃飯。陳背美景，向熊而坐。"熊問陳為何不看風景，陳答你就是很好的風景。熊大笑。"⑧

勉仁中學的教師有薪金可拿，從學也就没有了經濟之憂，自然就比較穩定；與復性書院的從學者相比，日子要好過得多。不過，一箇中學的教師，又有多少人呢？雖有從學之過客，也非雲集。如果與樂山復性書院相比的話，這裏的從學者還要少，雖然人數不多，

---

① 《梁漱溟全集》，第 7 册，第 476 頁。
② 梁漱溟：《平叔在吾儕朋友中最具有主動力》，載李煉：《王平叔致梁漱溟的二十八封信》，重慶：西南師範大學出版社，2017 年，第 302 頁。
③ 任繼愈：《熊十力先生的為人與治學》，載郭齊勇編：《存齋論學集：熊十力生平與學術》，第 132 頁。
④ 熊十力：《讀經示要》，上海：上海書店出版社，2009 年，第 3 頁。
⑤ 任繼愈：《熊十力先生的為人與治學》，載郭齊勇編：《存齋論學集：熊十力生平與學術》，第 132 頁。
⑥ 徐復觀：《有關熊十力先生的片鱗隻爪》，載郭齊勇編：《存齋論學集：熊十力生平與學術》，第 154 頁。
⑦ 楊玉清：《關於熊十力》，載郭齊勇編：《存齋論學集：熊十力生平與學術》，第 198、199 頁。
⑧ 任繼愈：《熊十力先生的為人與治學》，載郭齊勇編：《存齋論學集：熊十力生平與學術》，第 134 頁。

但是層次頗高。如果用現在的話來講，或許可以説勉仁書院就是熊十力的博士後培訓站。

馬一浮以生員不足爲慮，熊十力也如此。他希望有人從其學，極願傾心盡力，爲天地立心。有這樣的記載：吴林伯在重慶教中學，他潛心向熊十力請教。有一次，熊十力對吴説："梁先生辦勉仁書院，院方提供膳宿，你辭去教職，一心來學吧。"爲了堅定其來學之心，"當吴轉身離去，他又招手，并説：'爲學當及時，在書院成立前，你來我家學，不要你出飯錢，住宅狹窄，你與我同住'"。① 這樣的誠心也表現在他的書信中。無認是否從其學，祇要是寄給他的問學信件，他回答得都很認真，可以説好多都跟論文似的，讓人受益良多。

## 二、窮理之君，性情中人

閻秉華是勉仁中學教師，其夫李淵庭既是勉仁中學教師，又是勉仁書院從學者兼秘書。她回憶道：勉仁書院的房子是租黄紹竑先生不住的别墅，從勉仁書院往北不遠就是勉仁中學，沿路是果木樹夾道，風景很幽美。"當時住在勉仁書院的，除熊先生用一間作書房外，有張俶知、席朝傑和我們三家。三家共用廚房和兩間小平房。我們住的房間與熊先生的書房祇隔一間房子。我們於 1943 年暑假遷居勉仁書院"，熊先生已在那裏了。他"當時將近六十歲，中等箇子，橢圓臉，留着半長鬍子，目光炯炯有神，清秀，不胖不瘦，舉止灑脱，對人熱情，平易近人，一看就可看出是位學者"。她説，熊先生經濟窘迫，勉仁中學經費也很拮据，教職員工待遇很低。"我們家，兩箇教員還加一份圖書管理員的收入纔二百來元。物價飛漲，這點收入祇能糊口，一箇月也不敢買一次肉吃。"但對熊先生有照顧，每三天趕場給他買二斤羊肉，隔些時就買一隻雞。"熊先生愛吃肉，不多吃糧食，二斤羊肉或一隻雞常被他一頓就吃箇差不離。"②

雖經濟窘迫，熊十力爲學卻仍十分嚴謹，并對從學者寄予厚望。他注重爲學，更注重爲人。徐復觀曾談到他第一次給熊十力寫信、熊十力回信的情形。他説熊先生"粗紙濃墨，旁邊加上紅黑兩色的圈點，説完收到我的信後，接着是'子有志於學乎，學者所以學爲人也'兩句，開陳了一番治學做人的道理。再説到後生對於前輩應當有的禮貌，責我文字潦草，誠敬之意不足，要我特别注意"。③ 徐深感不安并自責，立刻去信道歉。韓裕文也談到熊十力對爲學的要求："熊先生告訴他：做學問，不能甘居下游；要做學問，就要立志當第一流的學者。没有這箇志向，就不要做學問。做學問，要像戰場上拼殺一樣，要義無反顧，

---

① 顔炳罡：《慧命相續——熊十力》，濟南：山東畫報出版社，1998 年，第 46 頁。
② 閻秉華：《熊十力二三事》，《炎黄春秋》2013 年第 5 期。
③ 徐復觀：《有關熊十力先生的片鱗隻爪》，載郭齊勇編：《存齋論學集：熊十生平與學術》，第 154 頁。

富貴利祿不能動心，妻子兒女也不能兼顧。天才是箇條件，但天才不能限制那些有志之人。他還告誡青年學者要愛惜精力，他在勉仁中學寫了一聯贈一青年學者：'凝神乃可晉學，固精所以養氣。'"① 熊十力立志之説與馬一浮同。馬一浮在開講示諸生中，也明確地説"儒者先務立志"，"不容一毫閑雜"，"隨時變易以從道"。

在如何為學方面，熊十力要求也非常嚴格。徐復觀在《我的讀書生活》中記述道，他請教應該讀什麼書，熊十力叫他讀王船山的《讀通鑑論》，他說早年就已經讀過了。熊十力不高興地説："你并沒有讀懂，應當再讀。"過了些時候徐復觀再去見他，説《讀通鑑論》已經讀完了。熊十力問有什麼心得，徐復觀接二連三地説出了許多不同意的地方。熊十力還未聽完就怒聲斥罵："你這箇東西，怎麼會讀得進書！任何書的內容，都是有好的地方，也有壞的地方。你為什麼不先看出它的好的地方，卻專門去挑壞的？這樣讀書，就是讀了百部千部，你會受到書的什麼益處？讀書是要先看它的好處，再批評它的壞處，這纔能像吃東西一樣，經過消化而攝取營養。"他還舉例説《讀通鑑論》某一段多麼有意義、某一段理解是如何深刻，并問："你記得嗎？你懂得嗎？你這樣讀書，真太沒有出息！"這位國軍少將被訓得目瞪口呆，腦筋裏亂轉着："原來這位先生罵人罵得這樣凶！原來他讀書讀得這樣熟！原來讀書是要先讀出每一部的意義！這對於我是起死回生的一罵。"② 經此"起死回生"之罵，徐復觀從浮淺中掙扎了出來，走上了學術成功之路。

熊十力認為，為學要集中精力、不能分心，要排除干擾。他曾對學人暗中指着他的妻子説"這箇老太婆啊"，就含有嫌其有礙為學的意思。如果説這并非明確表達，他對韓裕文就明確地説過為學不能兼顧妻子兒女，而且對徐復觀也説過這樣的話："要做學問，生活上應和妻子隔開。"徐復觀説："有一次熊先生指着我説：'你和太太、小孩子這樣親密，怎能認真讀點書。'"③

熊十力不掩喜怒哀樂，且性情還頗有些急躁。在勉仁書院，他有時也未見得那麼愜意。牟宗三説："勉仁書院為梁漱溟先生所籌設，熊師處其中，吾則間接依附也。勉仁諸君子對熊師亦大都執弟子禮，然精神氣脈則親於梁而遠於熊。"④ 他還説，"勉仁諸君子視梁若聖人，吾益起反感。彼等於梁五十生慶，集文頌揚，吾以為不解相辭，彼等函梁謂勉仁書院一切需梁主持。熊師知之，亦不樂"。⑤ 熊十力最不能接受的還是1943年7月桂林《文化雜志》刊載的梁漱溟《梁漱溟往來書信集》中所談的一些話。這篇文章述其如何從香港脱險，談到了生與死，中有這樣的話："孔孟之學，現在晦塞不明。或許有人能明白其旨趣，

---

① 任繼愈：《熊十力先生的為人與治學》，載郭齊勇編：《存齋論學集：熊十力生平與學術》，第135頁。
② 陳克艱編：《徐復觀：中國知識分子精神》，上海：華東師範大學出版社，2004年，第46頁。
③ 徐復觀：《有關熊十力先生的片鱗隻爪》，載郭齊勇編：《存齋論學集：熊十生平與學術》，第154頁。
④ 《牟宗三先生全集》，第90頁。
⑤ 《牟宗三先生全集》，第91頁。

卻無人能深見其係基於人類生命的認識而來，并為之先建立他的心理學而後乃闡明其倫理思想。此事唯我能作。又必於人類生命有認識，乃有眼光可以判明中國文化在人類文化史上的位置，而指證其得失。此除我外，當世亦無人能作。前人云'為往聖繼絕學，為來世開太平'，此正是我一生的使命。《人心與人生》等三本書要寫成，我纔可以死得，現在則不能死；又說今後的中國大局以至建國工作，亦正需要我，我不能死。我若死，天地將為之變色，歷史將為之改轍，那是不可想象的。"文傳到勉仁書院，旋即熱議起來。勉仁諸君子爭相傳閱，交口稱奇。牟宗三說："熊師見之，移書讓之，謂其發瘋。彼覆書謂：'狂則有之，瘋則未也。'種種不愉快，釀成熊師脾氣爆發，大罵勉仁諸君子。然發後亦無事，即梁先生亦是克己守禮之君子，與俗輩不同也。"①

對蔣介石，熊十力覺得受了屈也很不客氣。徐復觀說自己曾將熊十力新出的《續經示要》呈"軍事委員會委員長蔣公一部，蔣公饋贈了法幣二百萬元。先生深責我鹵莽，後以轉贈流徙於江津之內學院"，還說，他"對國民政府的誤會頗深"。② 這也就難怪閻秉華有這樣的回憶了："有一箇星期天上午（可能是1944年，記不準了），我和席朝傑的夫人徐昌玉在廚房做午飯。忽然聽到坡上熊老師大聲吼叫，我們倆跑到半山坡聽，聽到熊老師大聲吼着說：'你給我快走，蔣介石是狗子，是王八蛋！我怎麼能用他的錢！你快拿着走！'另一箇男人說話聲音低，聽不清。過了不大一會兒就聽不到聲音了。熊十力回家，問其事。熊十力講：'我的學生徐復觀從重慶來看我。他現在是蔣介石侍從室的官，帶着一張百萬元的支票，說是蔣介石送我的。我一聽就生了氣，把他趕走了。'"憎即怒表，喜則悅達。"好像在趕走徐復觀後沒多久，又是一箇星期日上午，我和徐昌玉兩人在廚房又聽到熊先生大聲叫喊。我們兩人又跑到半山坡聽，卻聽到熊先生正高聲哈哈大笑。下午，我們問熊先生上午誰來了，那麼大吼大叫講話？熊先生笑了起來，說：'是郭沫若從重慶來看我。郭沫若耳聾，不大聲說話他聽不到。我們罵蔣介石，兩人罵蔣該死（介石）罵得高興！'熊先生接着又說：'郭沫若還給我帶來一隻老母雞呢！'"③

熊十力有儒者的自信，也有孔子"過則勿憚改"的寬闊襟懷。閻秉華回憶：一箇傍晚，李淵庭在熊先生房間，她聽到熊先生罵李淵庭"王八蛋"。李淵庭回家，熊先生還相追而至，并罵道："王八蛋！難道是我錯了？"李淵庭說："我祇是請先生再仔細看看您引用的那段話的上下文，您就會明白的，您講的不符合原意！"話音未落，熊先生舉拳打向他的左肩，李淵庭并不躲避："您打我我也是這麼說！"三箇孩子都嚇得大哭，熊先生氣憤地走了，還邊走邊罵"王八蛋"。閻秉華問什麼事。李淵庭說："我看見他正在寫的書稿中的引文，

---

① 《牟宗三先生全集》，第91頁。
② 陳克艱編：《徐復觀：中國知識分子精神》，第49頁。
③ 閻秉華：《熊十力二三事》，《炎黃春秋》2013年第5期。

不符合人家原意，有點生拉硬套。我告訴他再看看人家講這句話的上下文。我把我的理解講了出來，他就火了。"閻秉華勸李淵庭道："可能你講話時態度生硬，傷了老人家的自尊心、自信心，你應該在態度上客氣點兒！"李淵庭說："對熊老師不必虛情假意，那樣他會更火！"就在第二天一早，熊十力推門進屋，笑嘻嘻喊着："淵庭！你對了，我錯了！我晚上拿出書來仔細看了上下文，是你說的那意思。哈哈！冤枉你了！"他還摸摸她三箇孩子的頭說："熊爺爺嚇着你們了！"他抬頭，見她正在發笑，他也哈哈一笑就走了。① 徐復觀被罵過，李淵庭被罵過，朱寶昌也有如此之經歷，但朱寶昌卻沒有那麼"順受"。他說："我是不喜歡別人罵我的。有時被他罵一通之後，我便不去。他便又寫信來喊我，說我聰明有才智。我便又去朝拜，過着一種多少帶有戲劇性的生活。"②

徐復觀對熊十力的性情、為人作了深入的分析。他說："熊先生對人的態度，不僅他自己無一毫人情世故，并且以他自己人格的全力量，直接薄迫於對方，使對方的人情世故，亦皆被剝落得乾乾净净，不能不以自己的人格與熊先生的人格直接照面，因而得到激昂感奮，開啓出生命的新機。所以許多負大名的名士學者，并沒有真正的學生，而熊先生倒有真正的學生，其原因在此。"③ 他還說，熊先生人格所發出的迫力，在《十力語要》與《讀經示要》的各篇中都感受得到。

## 三、講授"六經"，"筆語答之"

1944 年，熊十力在勉仁書院始講"六經"。他說："甲申正初起草，迄秋冬之際而畢。"即同年 4 月起草，自 10 至 11 月之際畢，前後時間半年多，共有三講。樂山復性書院有隆重的開講儀式，不僅馬一浮而且熊十力在那裏也有《開講日示諸生》；勉仁書院則沒有這箇程式，直接就進入了主題。而且，熊十力不像馬一浮那樣口授，而是"筆語答之"，原因是"恐口說易忘也"。④

（一）第一講：經為常道，不可不讀

此章要旨，是要學者"明經為常道，無時可離，無地可離，無人可離"，⑤ 還要知道，"以九義明治化，通萬變而貞于大常，實'六經'之撮要"。⑥ 然而，他說，如此之要，"吾

---

① 閻秉華：《熊十力二三事》，《炎黄春秋》2013 年第 5 期。
② 《緬懷熊十力先生》，載顏炳罡：《慧命相續熊十力》，第 45 頁。
③ 陳克艱編：《徐復觀：中國知識分子精神》，第 47 頁。
④ 熊十力：《讀經示要》，第 3、1 頁。
⑤ 熊十力：《讀經示要》，第 2 頁。
⑥ 熊十力：《讀經示要》，第 1 頁。

國後生，自棄寶物，不肯是究"，真讓人不解，"嗟爾違常，云胡不思"。①

為何有是講？蓋因掌教勉仁中學諸子，課餘相從問學。熊十力問道："何不讀經？"這箇問題一提出，讓那些中學老師有些為難了。歸納起來，為難者有三：一是"經籍是否為吾人今日所必須讀"？二是如果必須要讀，應持何種態度讀之？三是"六經"大義可否"提揭"，使初學者有準繩，以便進而求之？他們希望"諸所疑問，願先生一一示其要"。熊十力回應曰："善哉問也"，"二三子必求信諸心而後從事，是即為學不苟之精神，而立德之基也"。② 他於是依次做了回答。

首先講的是天道。熊十力説，"六經"究萬有之原，而言天道。天道也者，不以堯存，不以桀亡。"包天地，通古今，無時而不然也，無地而可易也。以其恒常，不可變改，故曰常道。"③ 次言其天道與仁。天道也者，在天為命，在人為性。"'六經'之旨，體道而立人極。"④ 人極者，仁極也。"'六經'浩博，其歸則仁。"⑤ 仁，無所不在。溫良者，仁之本也；敬慎者，仁之地也；遜接者，仁之能也；禮節者，仁之貌也；言談者，仁之文也；歌樂者，仁之和也；分散者，仁之施也。再謂群經言治術，熊十力舉其九：一曰仁以為體；二曰格物不可偏重而求執中；三曰誠恕均平為經；四曰隨時更化為奴；五曰利用厚生，本之正德；六曰道正齊刑，歸於禮讓；七曰始乎人治人，改而止；八曰極於萬物各得其所；九曰終之以群龍無首。他説："如上九義，第一義中，仁實為元，仁即道體。以其在人而言，則謂之性，亦名本心，亦名為仁。以其生生不已，備萬物，含萬德，藏萬化，故曰仁。"他稱《大學》所云明德亦仁之別名也。"誠恕、均平、道德、禮讓、中和，乃至萬善，皆仁也。仁者隨事發現，因有種種名目。"⑥ 概曰："'六經'之道，以盡性為極則。其功固在返己，以視西洋學術，根本自異。"⑦ 結曰：經者常道，不可不讀。但他強調：書要讀活，不要讀死，要能"以通萬變"，"于萬變中而見常道"；如不聞常道，其生活就"純為流轉，絕無可據之實"，行事就會"隨利害易向，而不以公正為權衡"。這就很容易理解歷史上為什麼"治日少，亂日多也"了。⑧ 其講授亦非為學術而學術，而是要經世致用的。他説，仁通萬變，為常。知變而不知常，人類無寧日。現實情形如何？"今世列強，社會與政治上的改革，與機械之發明，可謂變動不居矣。然人類日習於兇殘狡詐，強者吞弱，智者侵愚，殺機日熾，將有人類自毀之憂。而昏亂之群，復不思自存自立之道，且以其私圖，

---

① 熊十力：《讀經示要》，第2頁。
② 熊十力：《讀經示要》，第3頁。
③ 熊十力：《讀經示要》，第11頁。
④ 熊十力：《讀經示要》，第19頁。
⑤ 熊十力：《讀經示要》，第53頁。
⑥ 熊十力：《讀經示要》，第52頁。
⑦ 熊十力：《讀經示要》，第89頁。
⑧ 熊十力：《讀經示要》，第103頁。

而自傷同氣,尤為可憫。"原因何在?"蓋今之人,皆習於不仁,即失其所以為人之常道,宜其相殘無已也。"①

(二) 第二講:讀經應取之態度

熊十力說,古之學者對"六經"共相尊信,妄疑者極少。今之學者卻不是那樣,"以疑古為名高"。你們問讀經應持之態度,是指要"一意崇信",或如時人"唯尊疑",抑或是其他呢?他不欲正面鋪敘而答,采取的方式是"以來問"而釋,視其是否"未探其本"、"未叩其要",然後纔"更繹所聞,為告諸子"。② 他告誡學人,讀經所持之態度應是"必遠流俗,必戒孤陋。尚志以立基,砭名以固志",要知"聖者道全德備,而大通無礙",知"讀經希聖,非可專固自封也"。但時代畢竟不同了,"今當融貫中西",應將"上下數千年學術源流得失,略加論定",要"尋晚周之遺軌,辟當代之弘基,定將來之趨向",如此就"庶幾經術可明,而大道其昌矣"。③ 具體說來,"本講,始于尚志,繼以砭名,申之以三畏,而後博學無方",以廣見識。他強調"科學哲學,宜采西洋。盡性至命,要歸儒術"。他說:"諸子百家,得其微旨,可觀中西之通。""今日以為學"者何?他說,那就是"繼宋尊周",稱"上下數千年學術,源流得失,略備於斯"。還要明白如是之理:"鑒已往而策方來,去浮偽而務真實,有因而後可言創,真知而未有不行。"學者態度,應"去俗,去隘,健以行其所知,無妄無餒而已矣"。如果反是,那就謂之"小人儒"。④ 他告誡學人,為學者先要立志。此志指高尚之志,未見志趣卑污可聞大道者。進而他說:志有二義,曰存主,曰向往。前為至要。心有存主,即存天理而去人欲。天理者何?天理即仁,"仁即天理"。并引孔子語曰:"苟志於仁矣,無惡也。""我欲仁,斯仁至。"⑤ 有如此志,方可讀經矣。

有從學者問:宗教信上帝,即其依皈。先生言聖學非宗教,"示人以依歸者,果何在歟"?熊十力贊之:"善哉問也。"他告訴問者:宗教"妄計有上帝,而以為依歸者,此迷妄之情也。依妄情而敬畏,非真敬畏者。真敬畏者,自性(即本心)惻然發動,不容已也。經學明示人以依歸,其說在《論語》'君子有三畏'章。而吾不悟何耶?"接著析"三畏",稱"畏天命"一語為"全章主腦"。⑥ 稱如果將天命視為宗教家之神,那就背離了孔子本意。如何理解天命呢?他引《易經》"動而健,剛中而應,大亨以正,天之命也"釋之,又引《無妄》九五剛中六二應之再釋之,後謂:"上云動而健,言體之成用也;下言剛中

---

① 熊十力:《讀經示要》,第1頁。
② 熊十力:《讀經示要》,第107頁。
③ 熊十力:《讀經示要》,第3頁。
④ 熊十力:《讀經示要》,第224頁。
⑤ 熊十力:《讀經示要》,第114頁。
⑥ 熊十力:《讀經示要》,第114頁。

而應，則就言在人而言之。人得此動而健者以生，是本體在人，乃為吾人之性。"① 心者，性也，名異而實一，健動之本體也。他説："綜觀《易》《中庸》《論語》之言天命，義本一致，原無宗教意義。學者識得天命原是自家真性，至富而備萬理，至剛而涵萬化，至大而藏萬善，至尊而超萬有。"②

又有問曰：先生主張讀經，西洋學術如科學、哲學等 "可一切拒之不講歟"？熊十力答曰："自科學發明以來，其方法與結論，使人類智識增進，即人類對於生命之價值，亦大有新義。"他認為，西洋學術對於人有多重 "厚惠"，長不可掩，吾人應儘量吸收，不能拒之於門外。但是，他説："破除宗教迷信，是其所長。然宇宙實體，人生真性，終非科學所可究明，則又未可專恃科學也。"③

還有問曰："今日教育，完全西化，廢止讀經"，先生何為 "又亟提倡讀經" 耶？熊十力批評這種認識是 "泥於一曲者，不堪聞至道；蔽于一方者，無可識大化"。他説，經學之於科學，本是可融攝者，可相一而論；隨即舉《大學》注重格物、《易》靡不包通自然科學以證之，進而曰："治經，而後見其為科學之導源。"④ 今之人將其割裂，屬非是。

（三）第三講：略説六經大義

熊十力開講最先説的話是 "余心已亂"，原因是 "世事孔艱"。不過，講還是要講的，祇是 "不及求詳" 了，僅 "略為提要而已"。⑤ 他是這樣 "略為提要" 的："仲尼祖述堯、舜，憲章文、武，其發明内聖外王之道，莫妙於《大易》《春秋》；《詩》《書》《禮》《樂》，皆與二經相羽翼。"因此，他 "此講特詳二經"，沒有將重點放在 "羽翼" 上，因 "二經通，而餘經亦可通也"。他説，《易》《春秋》并稱，是由漢人相傳，"《易》為五經之源，比《春秋》尤尊矣"。可惜的是 "漢師亂以術數，宋儒略於思辨。《易》道晦塞，二千餘年"。他的《新論》，冥搜密察，遠承玄旨，纔使 "真理昭然天地間"。⑥

他最先講的是 "比春秋尤尊" 的《易》。他從 "今之士習，競尚疑古" 説起。不是有人謂《大易》非孔子所作嗎？他斥之為 "好疑太過"。他先述《易》之成書與《連山》《歸藏》之別，接着述孔子喜《易》與學《易》，并稱其 "深澈道體"。他將《易》與《論語》互證，認為頗為相一：《易》乾為仁，而《論語》即以仁立教；《易》於變易見不易，而《論語》川上之嘆，即是其旨；《易》曰 "君子以自照明德"，而《論語》首言學，與自

---

① 熊十力：《讀經示要》，第122頁。
② 熊十力：《讀經示要》，第124頁。
③ 熊十力：《讀經示要》，第130頁。
④ 熊十力：《讀經示要》，第131頁。
⑤ 熊十力：《讀經示要》，第231頁。
⑥ 熊十力：《讀經示要》，第3頁。

照明德義通;《易》明萬物資乾始元, 各正性命, 而《論語》曰"人之生也直", 即本其義。① 結曰: "略舉其要, 可以《論語》證明《大易》之必為孔子所作。後生不究大義, 輕遽古史實錄, 妄疑先聖製作。經教亡, 而民性日偷, 國胡與立? 浮氣相乘已久, 其亦可以反矣。"② 《易》既為"孔子所作", 又是如何具體"作"的呢? 熊十力說, 伏羲雖然畫了八卦而又重為六十四, 但對卦象并未加以說明。其中所蘊存之萬化源泉與精湛的哲學思想, 由於當時民智未盛啓, 也罕能闡發內中之意, 則為術數家所利用, 附卦象以術數。孔子作序,《彖》《繫》《象》《說卦》《文言》, 從而使"《易》始離術數, 乃純為哲學界之高文典冊",③ 成為五經之源。當然, 也非孔子"作"《易》以前祇有占法而無文辭, "古時必有卜辭及筮法等載, 為孔子所依據與采用。但加以修正, 在而另賦以新義, 遂成一家之學耳"。④

熊氏解乾卦元、亨、利、貞頗詳。他說, 乾不是《程傳》曰之天也, 而是"非物也", "言健也"。其無形, 舉四德即元、亨、利、貞以顯之。元為始, "始萬物者仁也", 非仁何得萬物始? 對於人來講, 與其他自有不同, "體仁者萬物所資始, 而其在人言之, 則曰性。以其主乎身言之, 則曰心"。⑤ 他說: "孔子以乾具元德, 直釋為仁體。"何以證之?《論語》"弟子多問仁"。⑥ 亨者, 通也。他解釋說: "元德, 體仁也。萬物同此仁體, 故物莫不互相交遍。""交遍"則亨通。在人而言, "得此生生不息之仁以有生"。"仁體之在吾人, 名為性分。"利者和也。陰陽相反而成化。他說: "萬物同此仁體, 本無不相和諧者。"⑦ 貞者, 正而固也。何謂? "仁體湛寂, 無有倒妄, 說為正固。"⑧ 綜合而言之: "四德以元為首, 元即仁體。亨利貞, 皆仁體之發現, 故曰皆元也。"他稱, 如果"將四德截作四片說去, 便是剖析物質之見, 祇緣不識仁體故耳"。釋曰: "仁之為德, 生生不已, 備萬理, 含萬善, 即太極也。以其為萬物之本體, 故名仁體。亨利貞, 乃至萬德, 祇因仁體之發現不一形, 而多為之名耳。"⑨ 熊氏解乾卦諸爻, 解到九三"君子終日乾乾"時附釋謂: 君子務本原之學, 所謂仁學是也, 并引《繫傳》《易緯》"大德曰生""虛無感動, 清凈炤晢, 皆指仁體言之"後說: "求仁之學, 祇在返而識得固有仁體, 任其流行無間, 勿使私意私欲得起而違礙之。日常語默動靜, 皆是仁體呈露, 是謂不違仁。終食之間, 至暫也。暫時無可或違於

---

① 熊十力:《讀經示要》, 第 234 頁。
② 熊十力:《讀經示要》, 第 235 頁。
③ 熊十力:《讀經示要》, 第 237 頁。
④ 熊十力:《讀經示要》, 第 239 頁。
⑤ 熊十力:《讀經示要》, 第 281 頁。
⑥ 熊十力:《讀經示要》, 第 282 頁。
⑦ 熊十力:《讀經示要》, 第 282 頁。
⑧ 熊十力:《讀經示要》, 第 281、282 頁。
⑨ 熊十力:《讀經示要》, 第 283 頁。

仁，其嚴至矣。"① 其解上九"亢龍有悔"又曰：天道之行，健而又健，莫可阻者。"此見天道生生之仁也。""推而言之，凡人事之處滿居盈，而有違於天道生生之仁者，皆天之所不佑，而其窮以至究也，無可幸而免矣。"② 談到乾道變化時他斥佛氏不識乾元性海、毀損人之性、趣寂滅之鄉，稱"乾元性海，雖以反而成化，要歸於太和。太和，仁也。保謂常存，和謂常和"，③ 強調天德者健德，統萬德，"健，仁也。仁者，生生也。生生不息者，健之至也，故曰健，仁也"。④ 顯然，熊氏在以仁為中心解乾卦與乾爻，同時又在以乾卦與乾爻說仁。

《坤卦》以下，熊十力說，他就或舉四德或不舉了，僅就修為方面言之。修為者，"修吾所性之德，功在對治"。所性云者，謂乾之四德。⑤ 如坤之"利牝馬之貞"對治陰暗而正固，蒙之"亨以求通"對治蒙昧無知，比之元、貞對治不仁與狡詐以正固仁德。

略說《易》後即說《春秋》。熊氏引諸證，謂《春秋》一經為孔子所作而不誣，并說釋《春秋》經者有《公羊傳》《穀梁傳》《左氏傳》三傳，當以《公羊》為主。孔子大義微言，惟《公羊》能傳之。稱："《春秋》備明外王之道，而內聖賅焉。"⑥ 隨後，他又將《春秋》與《易》相比照，認為二者相表裏。如《易》首為乾元，明萬化之原；而《春秋》同旨，以元統天。他認為，元年以下，有二年三年等，始不言一年而言元年，顯然是知元還有別義。釋曰：元者，始也，氣也。氣者，太極之顯，"在乎天地之前"。而"天地本始乎元，則一切物莫非元之所為"，天地乃形物之最大者。⑦ 他說，內聖外王之道，其源底也在是也，學必極乎此。又論及元，稱元者仁也。"言乎生生不測之仁體，健以動也。"⑧ "《論語》言仁處甚多，蓋夫子之學，在求仁而已。"《春秋》"三世之治，皆以仁為本"。⑨ 亂世所以能"內治其國者，仁道而已。升平世，所以合諸夏而成治，抑夷狄之侵略者，亦仁道而已。太平世則仁道益普，夷狄慕義，進於諸夏，治化至此而極盛，仁體於是顯現焉"。⑩ 又說，《春秋》立三世義，與《易》之鼎、革二卦相互發明。革，去故也；鼎，取新也。"三世義者，明治道貴隨時去故取新，度制久而不適於群變，故宜隨時變易，以有功也。""假說三世，實不可泥執三世之言，而為萬古祇有此三變也。"如析人以少壯老三期，

---

① 熊十力：《讀經示要》，第286頁。
② 熊十力：《讀經示要》，第290頁。
③ 熊十力：《讀經示要》，第295頁。
④ 熊十力：《讀經示要》，第299頁。
⑤ 熊十力：《讀經示要》，第384頁。
⑥ 熊十力：《讀經示要》，第343頁。
⑦ 熊十力：《讀經示要》，第346頁。
⑧ 熊十力：《讀經示要》，第347頁。
⑨ 熊十力：《讀經示要》，第353頁。
⑩ 熊十力：《讀經示要》，第354頁。

實"無一瞬一息不在變遷中也"。他又將仁引入,進而論及仁與變、革:"萬變皆真常之發現,故變而莫不有測。每一段改革,即是一段創造。當其改革創新之際,必有實而非偽,必有序而非亂。萬變貞於仁義,即變原於不變。不變而變,是以改故而無所滯礙。創新而無有窮竭,人治所以同天化也。"釋謂:仁義,真常之道,不變也,為本。而其為用無窮,故隨時興變,皆仁義之妙用。① "通三世之萬變不窮,而皆以仁義為禮。"② 禮義為仁之發。禮者,理也。他告誡學者,宜盡心於《論語》與《春秋》之通。

至於《尚書》,熊氏更是略說了。他認為《尚書》一經之骨髓當求之於《論語》與《孟子》。他說,堯、舜為二帝,夏禹、商湯、周文王、武王為三王。此二帝三王,"治起衰亂之中,闢草昧而進文明,其行事足為後世法。或謂二帝三王固可法"。③ 可法者何?相傳之心法也。此法者,"執中而已矣"。何謂執中?"執,持義。中,謂中攝中土一切學術,亦可統攝現在心也。心備萬理,其流感通行,皆自然有則而不過。"④ 他說這并不難,"人皆有是本心,即皆有此執中"。"中在事物,而執中者心。"或許人們就有了這樣的疑問:事物變遷無定形,中也就無定在,孰何可執?釋曰:"須知,事物非離吾心而外在,即事物之則,本不離吾心而獨存。"⑤ 而心,亦與仁同體。

## 四、熊氏之學,仁學也

熊氏曰,夫子之學在於求仁。據此,求夫子之學自然也應遵循求仁之旨。在熊氏看來,"六經"歸仁,仁骨"六經"。群經之首,《易》也。仁者發乎《易》,成物始之乾元。乾元即仁。對於人來講,就要主吾身。主吾身者,謂之性,也謂之心。其用:以仁修身,以仁齊家,以仁治國,以仁平天下。天下者,非僅神州也,亦含四海。此乃治人、治國、治世之正道也。以仁為終始,囊及無限。由此觀之,熊氏之學,可謂仁學也。馬一浮對仁的認知與其大同。他認為,仁即天理,"心之全德","無一毫私繫","全體是仁"。若有"私繫,則所感者狹而失其正,觸處滯礙,與天地萬物皆成睽隔而流為不仁矣"。他說:"今治六藝之學為求仁也。"⑥ 因此,"學者第一事,便要識仁",要知"仁是德性,道是行仁,學

---

① 熊十力:《讀經示要》,第361頁。
② 熊十力:《讀經示要》,第362頁。
③ 熊十力:《讀經示要》,第399頁。
④ 熊十力:《讀經示要》,第400、401頁。
⑤ 熊十力:《讀經示要》,第401頁。
⑥ 馬一浮:《復性書院講錄》,濟南:山東人民出版社,1998年,第157頁。

是知仁。仁是盡性,道是率性,學是知性",將仁作了廣泛的"撒播"。① 不過,熊十力還有進一步思考的表述,既針對抗戰又回溯歷史。他憂心忡忡道:"貪污、昏暗、猜忍、詔曲、卑靡、偷賤之風,日益熾盛,而不成為人。""學校無士氣,社會無生機,世其滔滔,天其夢夢,何竟如斯?"且日焰日盛,迫桂逼黔,"寇陷長衡,悲不可抑"。社會如此非仁,形勢如此險惡,強烈的社會責任感使他感到有愧:抗戰愈七年,亦無深思遠慮與自存自立之道,後始有悟:"吾願世人復求諸吾之所固有,本自知之明,堅自信之志,毋先業,而後新猷克振。勿棄己長,乃可擇人之善。"他解釋說:"所固有"者,"六經"也,仁也。可是,"吾自少至老,眼見清末以來,國人一意自卑,而自毀其固有。'六經'既視為糞土,而吾民族數千年來,依據經學所建立之一切信條,皆破壞盡净。西化之真,無以移植得來。固有之長,早已捨棄無餘。人皆以其浮淺雜亂之知識高自矜炫,莫肯反省為切己之學"。"切己之學"被棄,如何能生"自信之志"?他說:"聖言不虛妄耳。治道、群化,經學見得遠大。"② 如此認知,自信自得矣。

　　熊氏與馬翁都擬以"六經"為本以圖構建龐大的中國文化體系,其中心都是仁。相較而言,熊氏對仁的本質、仁的生發、仁的演變、仁的作用論述得更加精細。他們擬以仁為中心的文化體系來"萬世開太平",應該說,理想化的色彩是相當重的,特別是在血與火的時代顯得更加海市,但是,這并不能否定它的意義。它不失為一種治世救國的方案。

　　熊氏(還有馬翁)認為,"六經"內涵極為豐富,不僅有社會科學的述說,還有自然科學的表達。熊氏對格物、對自然科學有如是的順史追述:"吾《大易》早有智周萬物,與製器尚象,及開物成務等明訓。指南針創於周公。遠古之世,使有此偉大發明。墨子造木鳶,公輸子以機械發明之巧,見稱載籍。"漢人"張平子精天文、曆算",嘗造候風地動儀驗地震,還著有《靈憲算罔論》,"網路天地而算之",惜失傳。"然古代曆算之精,平子憑藉者厚,亦於此可見。"這些并沒有引起後人的足夠重視,不僅沒有後浪,前浪也漸趨沉寂。他說:"若古學不亡,則科學早發達於中國。孰謂中國祇有精神文明,而不足啟發物質文明耶?"③ 當然,科學不等於經學,反之也如是。他認為,科學與經學相一也相殊。"經學於宇宙,明其本源;科學於宇宙,析其分殊。二者相互發明,萬殊原於一本,一本現為萬殊。"而"今日各種科學,已甄明各事物,比有全體性",④ 如天文學言星體或星雲相互聯屬為一體、物理學言原子電子歸本于一大力能等。馬翁與熊氏大同。馬翁在他的《論西來學術亦統於六經》專文中說:"六藝不唯統攝中土一切學術,亦可統攝現在西來一切學

---

① 馬一浮:《復性書院講錄》,第 57 頁。
② 熊十力:《讀經示要》,第 140 頁。
③ 熊十力:《讀經示要》,第 148 頁。
④ 熊十力:《讀經示要》,第 137 頁。

術。舉其大概言之,如自然科學可統於《易》,社會科學可統於《春秋》。因《易》明天道,凡研究自然界一切現象者皆屬之;《春秋》明人事,凡研究人類社會一切組織形態者皆屬之。"那就是一切科學皆統之了。在專門論及自然科學時他又説:"物生而有象,象生而後有滋,滋後有數。今人以數學、物理為基本科學,是皆《易》之支與流裔。以其言皆源於象數,而其用在於製器。"① 他們不僅相互支援,還相互發明。面對血迹斑斑的現實,熊氏認為,近世科學技術發展,機械備爭鬥,兵器凶慘極,且還未知底。這是箇現實的應解決的問題。"余不肯輕視科學,但亦不敢以科學為萬能。余以為人類如欲得真幸福,決非可僅注意外部",而"内在因素,實至重要。所謂内在因素,必性命之理得,而後嗜欲不淫",那就是"唯達於性命,見自本體,乃有此效"。② 故在提倡科學的同時,還應認識到"科學與經學兩相需,而不可偏廢"。③

熊氏還有以經學代宗教之説。有曹生問:昔儒者敬畏天命,大抵是一種超越感,以天為萬物之上。吾人好虔誠投依,終與天二。先生卻不這樣看,"先生指出天命即自性,亦即本心,亦云性智。則事天者,事其在己之天也。性智無知而無不知,善善惡惡,性智自然之明也",事天就不是一種超越感了。熊十力説此生"已得吾意",并答曰:"然性智即是照體獨立,本自超越物表。但與宗教意義,截然不同耳。"他説宗教家之上帝,是超越於萬有之上而獨在者,與之不可同語,④ 進而曰:"科學反對宗教,足袪迷信,而不能舉出一可以代替宗教之學術。則吾人唯與物相靡,以度其有涯之生,而不可得一真實歸宿處,不亦悲乎?""余以為經學要歸窮理,盡性、至命,方是哲學之極詣,可以代替宗教,而使人生得真實歸宿。"他認為這是經學迥異於西學而"迥超西學"者,還説經學"非宗教,而可代宗教"。⑤ 他認為經學超宗教,説"宗教尚信仰,而不任知能,求主宰於外,而不見自性",而經學"以見自性為極,以會物歸己為本",廣大悉備,"未始遺知能,而超過知能之境"。宗教與經學相比,"為無實德,其差極遠,奚啻天淵"。又説:"心存乎敬,則人欲日消,天理日明;心失之肆,則人欲盛而天理滅矣。"⑥ "盡性之學,原來見到宇宙本吾一體。"⑦ 難窮哉,經學也!"非出世趣寂之佛氏可同日語也。"⑧

在中國近代文化史上,從文化總體上看宗教并提出以其他文化形態代宗教之説除了熊十力外還有蔡元培。蔡元培比熊十力提出此説還要早。1917 年 4 月 8 日,蔡元培在北京神

---

① 虞萬里點校:《馬一浮全集》,杭州:浙江古籍出版社、浙江教育出版社,1996 年,第 1 册,第 21 頁。
② 熊十力:《讀經示要》,第 133 頁。
③ 熊十力:《讀經示要》,第 137 頁。
④ 熊十力:《讀經示要》,第 128 頁。
⑤ 熊十力:《讀經示要》,第 134 頁。
⑥ 熊十力:《讀經示要》,第 119 頁。
⑦ 熊十力:《讀經示要》,第 121 頁。
⑧ 熊十力:《讀經示要》,第 120 頁。

州學會上作了"以美育代宗教"的演説。他説:"宗教之原始,不外因吾人精神作用而構成。"迨後,社會文化進步,科學發達,"知識、意志兩作用,即皆脱離宗教以外,於是宗教所最有密切關係者,惟有情感作用,即所謂美感"。"美育之附麗於宗教者,常受宗教之累,失其陶養之用,而轉以激刺感情。"他説:"莫如捨宗教而易以純粹之美育。"何為?"純粹之美育,所以陶冶吾人之感情,使有高尚純潔之習慣,而使人我之見、利己損人之思念,以漸消沮者也。蓋以美為普遍性,決無人我差别之見能參入其中。"他有心以專著論此,但一直未能如願。1938年2月8日,他為肖瑜編著的《居友學説評論》一書作序,開首就説,"余在二十年前,發表過'以美育代宗教'一種主張,本欲專著一書,證成此議"。從哪些方面證之,他都想好了。但是,"人事牽制,歷二十年之久而尚未成書,真是憾事"。[①] 蔡元培、熊十力均主張以其他文化形態代宗教,是否應代是一箇問題,代不代得了又是一箇問題。但是,不管有什麼問題,不能不説這是一箇有新意的見解。蔡元培擬代之的是美育,而熊十力擬代之的是仁學。差别自是有的,但在代這一點上是無差别的。

徐復觀評曰:熊先生以他的《新唯識論》作代表,構成了他創造性的哲學系統。"我們可以贊成,也可以不贊成。但此一系統的成立,乃由他深刻地體會與嚴密地思辨交相運用,將宇宙人生的根本問題,分析到極其精微而無深不入,綜合到極其廣大而無遠不包;結構謹嚴,條理密察,使其表達之形式,能與其內容,融合無間。"認為比起康得與黑格爾來,祇有過之。但是,"僅就中國文化的意義上講,我認為熊先生的《十力語要》及《讀經示要》,較之《新唯識論》的意義更為重大"。蓋因其層層透入,銖秤寸度,精確分明。古人之心,躍然紙上,難有比之者。他説:"學者必須在熊先生這兩部書中把握中國文化的核心,也由此以得到研究中國文化的鑰匙。"[②] 在1948年的《讀經示要印行記》中,徐復觀作了進一步的發揮,稱"此書關係今後思想界之趨向,至為重大"。"方今群言淆亂,得此書出,揮魯陽之戈,以反慧日;負太行之右,用截橫流。豈曰小補之哉?"

作者單位:四川省社會科學院文學所

---

① 《蔡元培全集》第三卷,北京:中華書局,1984年,第31頁。
② 陳克艱編:《徐復觀:中國知識分子精神》,第46頁。

# 中國早期鼠文化考索*

黃交軍　李國英

## 一、引　言

鼠乃地球上種類繁庶、成員至為龐大的哺乳動物，是中華民族秘史的重要見證者。大量鼠之別稱及寓意表明了古人對其認識的矛盾與情感的複雜，嬗變而成一極具生存智慧、民族特色的文化複合體，成為管窺上古先民動物文化的參照物件與核心編碼。

"籬邊竹樹往往佳，萬箇弓弰千鼠尾。"（明莊昶《雪蓬為盛行之作》）迄今為止鼠乃地球上種類繁庶、數目最多的哺乳動物，"穴室中者俗呼老鼠，在田曰田鼠，在山曰山鼠"（陳淑均《噶瑪蘭廳志》卷六），其總量遠超人類，"球籍"已愈4700萬年，荷蘭科學家甚至預言225萬年後碩鼠將成為繼人類之後地球新的統治者。① 鼠卜辭作"🐭"（合14120）、"🐭"（合14116），屬典型的象形造字：語符象直立之鼠形，頭朝上，尖齒；周圍散落小點，象齧啃的碎物，長尾下垂。鼠表現極為活躍，與人類關係甚為密切，因竊盜之習性，致使百姓糧物損耗，被呵叱為"耗蟲"。明張自烈《正字通·鼠》云："俗稱鼠為耗蟲。"又名"耗子""夜磨子""灰八爺""李太夫"。"鼠，坎精，胡象也，白質歸命，天亡之兆。"（《新唐書·王孝傑傳》）《易經》坎卦含"隱伏、勞、陷"等義，干支配"子"位，

---

\* 本文為2018年度國家社科基金西部專案"西南地區少數民族媒體語言生活調查研究"（專案編號：18CYY020）、2016年度貴州省教育廳高校人文社會科學研究項目"文化人類學視野下的身份困惑與民族秘史——話說貴州穿青族的前世今生"（專案編號：2016ZC011）、貴陽學院院級專案立項資助課題"《說文解字》與中國先民生態文化研究"（課題編號：10976200903）項目成果。作者黃交軍，男，講師，博士研究生，主要研究方向為文字訓詁與漢字文化學；李國英，女，教師，碩士研究生，主要研究方向為功能語言學。

① 王金元：《碩鼠將成為地球的統治者?》，《書報文摘》2006年第42期，第2頁。

故鼠有"坎精"之稱。武曌時異鼠突入軍營，人以為不祥，唐將王孝傑果真不幸戰死應讖。南宋醫學家史崧《黃帝靈樞經敘》卷九《寒熱》載："黃帝問於岐伯曰：'寒熱疫病在於預腋者，皆何氣使生？'岐伯曰：'此皆鼠疫寒熱之毒氣也，留於脈而不去者也。'"鼠類因易攜帶鼠疫等烈性傳染病菌造成人畜慘重傷亡，而諱為"紅死病""黑死病""黑色妖魔"惡名。讓人訝異的是，先民於鼠并非一味貶斥，亦贊譽有加，如冠以"老鼠"大名以示尊榮。① 南朝宋劉義慶《幽明錄·董仲舒》載："卿非狐狸，即是老鼠。"上古風行鼠神崇拜，老鼠被視作子神、倉神、穀神、五穀神、財神，舊時北京門頭溝上百處煤窯甚至將鼠供奉為"窯神"，② 別名"社君"。東晉煉丹家葛洪《抱朴子·登涉》曰："子曰稱社君者，鼠也。"其形象早至商朝時已被烙刻入玉石珠寶，如殷商玉十二生肖子鼠（見圖1，安陽殷畿藝術博物館藏）、雙鼠玉飾件（見圖2，天津博物館藏），周朝亦有西周青玉鼠（見圖3，三門峽市虢國博物館藏），作為一種動物圖騰演變而成國人喜聞樂見的藝術形象。漢代時竟將鼠與象徵祥瑞之龍一起雕琢，製成子辰佩（子辰牌）、子辰璧、子辰瑗、子辰環等玉飾，寓意祈佑平安及望子成龍；因鼠肉鮮美，也有"蜜唧（乳鼠）""家鹿（大鼠）"的雅號。北宋張師正《倦遊雜錄》曰："嶺南人好食鼠，鼠曰家鹿。"

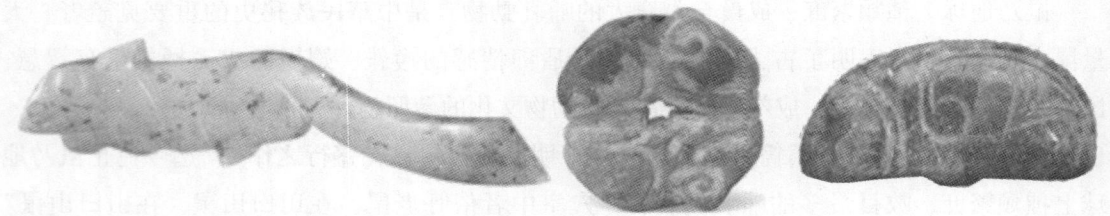

圖1　殷商玉十二生肖子鼠　　　圖2　商雙鼠玉飾件　　　圖3　西周青玉鼠

鼠之異名紛雜，呈現出其多重身份，深涉藝術、神話、民俗、美食、醫學等諸方面，且高踞十二生肖之首，無疑為民族傾情演繹、精心編碼的智慧結晶與文化載體，深具文化張力。鼠乃中華先民編碼世界、構建範疇、解釋宇宙的重要符號，而漢語漢字是記錄華夏

---

① "老"古指對老人的尊稱，如《文選》載謝靈運《廬陵王墓下作》詩："延州協心許，楚老惜蘭芳。"唐李善注引《楚國先賢傳》曰："楚老者，彭城隱人也。"也可作為首字，放在某些指人或動植物的名詞前，用以表示排行、職業、尊敬，如老師、老先生、老闆、老總等。故清翟灝《通俗編·老鼠》明確指出："揚子《方言》：'自關而東，蝙蝠或謂之老鼠。'按老鼠與鼠別也，而世俗凡言鼠輒云老鼠。"

② 劉望鴻：《舊事北京：北京門頭溝人為何崇拜老鼠》，載風俗網2019年1月19日。

文明、表徵民族思想的表意體系、珍貴史料、本位主體。① 為了考索早期中國②鼠文化，講述中國故事，傳播中國聲音賴以生存、佐證的傳承介質，葉舒憲將文物與圖像形成的文化文本原型編碼稱為"一級編碼"，而將古文字及隱含上古思維的資訊視作"二級編碼"，將用文字書寫的早期典籍呼為"三級編碼"，而將後經典時代文人的一切書寫作品統稱為"N級編碼"，③嘗試通過"小傳統"（漢字編碼的文化傳統）來再現"大傳統"（史前無文字時代的文化傳統），通過文化層級編碼理論，力圖抉微早期中國鼠文化意識之結構內涵、歷史基礎及基因密碼。

## 二、文化層級編碼理論視閾下早期中國鼠之文化考索

"坎井之蛙離其居，而有蛇鼠之患。"（西漢桓寬《鹽鐵論·復古》）鼠不獨構成對蛙等其他動物的生命威脅，亦為華夏先民主要防範之物。甲骨文載："丙申卜，囗，貞曰：戉 ![] （礪）：其……其（合 4595.1）"，又"鼠（合 40855）"，可知殷商時鼠害已至為嚴重，故商民被迫利用斧鉞兵器進行擊鼠、斫鼠活動，試圖遏制鼠患、鼠災。《詩經》屢傳"碩鼠"之譏稱，亦有堵穴熏鼠之舉。觀卜辭文例，"鼠"字多載於契文，尤以"婦鼠"一詞④最為常見。遠古時代，諸多部落、氏族"近取其身，遠取諸物"（《易·繫辭下》），習慣將大自然中的動植物甚至無生命物體奉為族徽圖騰，如"黃帝與炎帝戰於阪泉之野，帥熊、羆、狼、豹、貙、虎為前驅，雕、鶡、鷹、鳶為旗幟"（《列子·黃帝》），已為民族志與人類學所證實。而考"婦鼠"實乃人名，係商王武丁之姐或妹（一說國君配偶），透露出"婦鼠"姻親一族以鼠為聖物標記。古時以動物為崇拜對象者，多擇形象高大、軀體雄壯、蠻力超群者，而鼠屬體小力弱型，究其原因，當取生命力強、子孫繁衍之寓意，這在有關"婦鼠"貞筮的大量辭例中亦有所體現。如：

---

① 黃交軍、李國英：《釋義元語言視閾下"鬼"之文化模式稽考——基於英語、日語、漢語的比較研究》，《湖南廣播電視大學學報》2020 年第 3 期，第 30 頁。
② "早期中國"指漢代滅亡之前的時期或者佛教傳入中國之前的時期，為國內外學術界所廣泛接受。朱淵清指出："早期中國不僅是西方漢學研究長期實踐中形成的一種實用分類，而且是探求中國傳統文化之源的重要的實質性概念。"拙文接受學界這一經典表述。見朱淵清：《早期中國研究叢書序》，載李峰：《西周的滅亡——中國早期國家的地理和政治危機》，上海：上海古籍出版社，2007 年，第 1 頁。
③ 葉舒憲：《文化文本的構成：從"表述"到"編碼"》，載葉舒憲：《文化符號學——大小傳統新視野》，西安：陝西師範大學出版社，2013 年，第 3 頁。
④ 遍檢甲骨刻辭，其中含"鼠"字之卜辭總計 19 例，含"婦鼠"一詞的卜辭共有 14 例。

①貞：帚（婦）鼠娩，餘弗其子？（合 14116）

②戊辰卜，王貞：帚（婦）鼠娩，餘子？（合 14115）

③己巳卜，王，帚（婦）鼠（娩）子，餘（子）。（合 14117）

④貞：帚（婦）鼠子不殟。（合 14119）

⑤帚（婦）鼠娩妀（嘉）？（前七·一四·四）

⑥乙酉卜，王，帚（婦）鼠娩，其隹。（合 13960）

"國之大事，在祀與戎。"（《左傳·成公十三年》）上古貴族婦女之生育健康、孕子產女平安與否等事宜，均需商王問卜測吉。而"婦鼠"乃宗室諸婦求神祭祀次數頻繁的女性，可見她與武丁關係密切，地位尊榮。該貴婦以鼠為名，暗示其宗族崇鼠之原始信仰濃厚。地上傳世文獻與地下出土資料均表明，早期中國鼠文化是沿着碩鼠害鼠與鼠神崇拜兩條主綫展開的。

### （一）碩鼠害鼠語境下早期中國鼠文化編碼解密

"碩鼠碩鼠，無食我苗！三歲貫女，莫我肯勞。"（《詩經·國風·魏風·碩鼠》）勞動人民忍受貴族的殘酷剥削時還得面臨常年的鼠害摧殘，故不禁反復抒發刺貪去鼠、另尋樂土的激切呐喊。然而陳建生主張《碩鼠》本身是一篇"祈鼠的祝詞"，① 詩文内容對鼠竭盡感化與威脅之能事。譚步雲亦同其説，提出該詩主旨為驅逐老鼠的祭祀祝詞。② 徐建華進一步認為，《碩鼠》"不是一首勞動人民反剥削的政治諷刺詩，而是勞動人民祈神禳災的訣術歌"。③ 上古科學水準低下，黎民百姓祗能通過祈求或詛咒的巫術來冀盼祛除農事災害。更有甚者，任懷國推測它"既不是怨刺詩，也不是表現奴隸逃亡的詩，而是一首政治鼓動詩"。④《碩鼠》主題爭議不斷充分説明正確剖闡"碩鼠"詞源的重要性、緊迫性。"碩鼠"乃古代一種危害農作物的常見鼠類，但其究竟為哪一種屬，後世衆説紛紜，昔聖今賢始終未獲得共識。"從某種程度而言，理清名物詞發展演變的歷史層次，也是我們對古籍詞語進行去偽存真、忠實還原的'古史辨'過程，意義重大。"⑤ 考索"碩鼠"的辭源本義是抉隱早期中國鼠文化的題中應有之義和當務之急，亦為尋根《詩經》微言大義的衡量尺規與不二法門。

---

① 陳建生：《〈碩鼠〉是一篇祈鼠的祝詞》，《晉陽學刊》1993 年第 6 期，第 69 頁。
② 譚步雲：《〈碩鼠是一篇祈鼠的祝詞〉補説——兼代陳建生同志答李金坤先生》，《晉陽學刊》1995 年第 6 期，第 62 頁。
③ 徐建華：《〈碩鼠〉是一首祈豐禳災的訣術歌》，《語文教學與研究》1990 年第 9 期，第 2 頁。
④ 任懷國：《〈詩經·碩鼠〉是一首政治鼓動詩》，《江海學刊》2004 年第 4 期，第 119 頁。
⑤ 黃交軍：《〈山海經〉西王母"戴勝"正解》，《廣東技術師範學院學報》2014 年第 6 期，第 28 頁。

1. 《詩經》"碩鼠"本義索隱與早期中國害鼠名物的譜系構建

(1)《詩經》"碩鼠"為"鼫鼠"考與早期中國碩鼠的字族範疇

碩鼠為"大鼠"說最早出自孔丘弟子子夏（一說東漢光武帝時人衛宏），見《毛詩序》："《碩鼠》，刺重斂也。國人刺其君重斂，蠶食於民，不修其政，貪而畏人，若大鼠也。"東漢鄭玄箋云："碩，大也。大鼠者，斥其君也。"唐太學博士丘光庭指出："《左傳》曰：'鼠晝伏夜動，畏人故也。'但言畏人，則此尋常鼠也。言其貪食，以致肥大，取之以比其君，故以大言之耳，猶如封豕、長蛇之類焉。亦如《碩人》，閔莊姜也。人即尋常人，以其指斥莊姜，故云'碩人'。"（《兼明書》卷二《碩鼠》）南宋理學大師朱熹《詩經集傳》卷三亦曰："民困於貪殘之政，故托言大鼠害己而去之也。"學界《詩經》注本與權威詞典也普遍傾向於將"碩鼠"訓作"大老鼠"，如周乃昌注："碩，大。碩鼠，大老鼠，指剝削者。"①

然而余冠英認為"碩鼠"即《爾雅》之"鼫鼠"，"又名田鼠，俗稱土耗子或地老鼠"。②清顧棟高《毛詩類釋·釋獸》亦云："《爾雅》別鼠之種類凡十三，其見於《詩》者祇鼫鼠耳。"遍檢文獻典籍，"碩鼠"乃"鼫鼠"之說法古已有之。《說文》含"鼫"字，且組成了"鼫鼠"的字族系列。

①鼫（shí）《說文·鼠部》："鼫，五技鼠也。能飛，不能過屋；能緣，不能窮木；能游，不能渡谷；能穴，不能掩身；能走，不能先人。从鼠，石聲。"③鼫鼠為害鼠，古稱五技鼠，據《爾雅》觀之，鼫鼠近於鼠兔。《爾雅·釋獸》："鼫鼠，鼠屬。"東晉郭璞注："形大如鼠，頭似兔，尾有毛，青黃色，好在田中食粟豆，關西呼為䶉鼠。見《廣雅》。"④

②䶉（jué）《說文·鼠部》："䶉，胡地風鼠。从鼠，勺聲。"⑤䶉鼠為胡地產、會飛騰、食禾稼的大型害鼠，《說文約注》："蓋以其能乘風而飛耳。"䶉鼠即鼫鼠，三國時魏人張揖《廣雅·釋獸》云："䶉鼠，鼫鼠。"《廣韻·藥韻》亦曰："䶉鼠，似兔而小也。"亦為鼠兔。

③蟨（jué）《說文·蟲部》："蟨，鼠也。一曰西方有獸，前足短，與蛩蛩巨虛比，其名謂之蟨。从蟲，厥聲。"蟨，鼠名，古稱比肩獸。《爾雅·釋地》："西方有比肩獸焉，與邛邛岠虛比，為邛邛岠虛齧甘草。即有難，邛邛岠虛負而走，其名謂之蟨。"郭璞注：

---

① 周乃昌：《中國古典文學概述》，西安：陝西人民出版社，1986年，第14頁。
② 余冠英：《詩經選譯》，北京：人民文學出版社，1956年，第11頁。
③ [東漢] 許慎撰，[北宋] 徐鉉校定：《說文解字》，北京：中華書局，1963年，第206頁。下引本書祇注書名及頁碼。
④ [清] 郝懿行：《爾雅義疏》，北京：中國書店，1982年，第541頁。下引本書祇注書名及頁碼。
⑤ 《說文解字》，第206頁。

"今雁門廣武縣夏屋山中有獸，形如兔而大，相負共行，土俗名之為蟨鼠。"① 蟨鼠喜食甘草，也是害鼠，與蛩蛩距虛獸類有互助行為。蟨同蹶、𧾷厥，西漢韓嬰《韓詩外傳》作"𧾷厥"，《呂氏春秋·不廣》亦云："北方有獸，名曰蹶，鼠前而兔後。趨則跲，走則顛，常為蛩蛩距虛取甘草以與之。蹶有患害也，蛩蛩距虛必負而走。" 蟨鼠得名於"厥"，厥作聲符，聲中有義，表"（鼠足）短易摔倒"義。而最早記載"蟨鼠"這一動物名稱的相傳乃春秋時期的孔丘，見西漢劉向《說苑·復恩》："孔子曰：北方有獸，其名曰蟨，前足鼠，後足兔。是獸也，甚矣其愛蛩蛩巨虛也，食得甘草，必齧以遺蛩蛩巨虛。蛩蛩巨虛見人將來，必負蟨以走。蟨非性之愛蛩蛩巨虛也，為其假足之故也；二獸者亦非性之愛蟨也，為其得甘草而遺之故也。" 視蟨鼠形貌似兔似鼠（即鼠兔），前足短後足長，先民誤以為四腳不穩，行走容易失衡顛踣。

（2）早期中國大鼠字族與《詩經》"碩鼠"本義補證

"寒蛩喧敗草，饑鼠齧枯藤。"（南宋陸游《夜坐》）先民構建的害鼠體系內除了碩鼠字族外，大型害鼠亦占大宗。其大肆啃咬禾稼穀穗，嚴重危害黎民百姓的農業生產。

④鼢（fén）《說文·鼠部》："鼢，地行鼠，伯勞所作也。一曰偃鼠。從鼠，分聲。"② 鼢，動物學名叫中華鼢鼠，別名方氏鼢鼠、原鼢鼠，俗稱地老鼠、地羊、地爬子、地排子、盲鼠、瞎耗子、塞隆，喜地下打洞，損害農作物的根及牧草，甚至危害河堤。《說文約注》引戴侗云："隱鼠也。鷔黑色，小於鼠，穴土而行，不入室家。以其常偃伏，故又謂偃鼠。"因鼢鼠喜歡鑽土潛行亦叫犁鼠。《爾雅·釋獸》："鼢鼠，鼠屬。"郭璞注："鼢，地中行者。"陸德明釋文："鼢，《方言》謂之犁鼠。"③ 古代民間相傳鼢鼠乃伯勞鳥所化。伯勞鳥名鵙，相傳周宣王時大臣尹吉甫聽信後妻讒言誤殺親子伯奇，伯奇化為伯勞鳥，遇父哀鳴。尹吉甫思之悔悟，射殺後妻。"故俗惡伯勞之鳴，言所鳴之家，必有屍也。"在曹魏的時候，伯勞鳥被曹植《令禽惡鳥論》打入"惡鳥"害鳥之列。推鳥及鼠亦然，故古人視鼩鼠為惡鼠、害鼠。

⑤鼩（jú）《爾雅·釋獸》："鼩，鼠身，長鬚而賊，秦人謂之小驢。"郭璞注："鼩似鼠而馬蹄，一歲千斤，為物殘賊。"④ 鼩，古書記載的鼠形害獸，對農業危害極大。北宋邢昺疏："鼩，獸名也。身如鼠，有長鬚，而賊害於物。" 鼩字同𪕭、𪔏。隋陸德明釋文："鼩，本多作𪔏。"清阮元校勘記："唐石經單疏本同。雪牕本'鼩'作'𪕭'，注疏本作

---

① 《爾雅義疏》，第752頁。
② 《說文解字》，第206頁。
③ 《爾雅義疏》，第543頁。
④ 《爾雅義疏》，第13頁。

'鼶',皆訛。"《正字通·鼠部》亦云:"鼰音鶂,獸名。《本草綱目》合鼰與鼶為一類,誤。"

⑥鼱(píng) 《說文·鼠部》:"鼱,鼱令鼠。从鼠,平聲。"① 鼱令鼠,又名山鼠,體粗肥,四肢短小。《廣雅·釋獸》亦云:"鼱,鼠。"俗名紅毛耗子,背棕紅雜以黑斑,體側多黃灰或黑灰,尾毛蓬鬆,活躍於林區或草原,以植物根莖為食,也吃糧食,禍及農林。

⑦鼧(rǒng) 《說文·鼠部》:"鼧,鼠屬。从鼠,冗聲。"② 鼧乃大鼠名。《廣韻·腫韻》亦曰:"鼧,鼧鼠。"鼧取"冗多;肥大"義。《正字通·鼠部》:"鼧,音冗。《說文》:'鼠屬。'言其多,故從冗。"鼧與鼱鼠同類。《玉篇·鼠部》:"鼧,鼱鼠也。"亦屬農林鼠害。

⑧𪕭(fèi) 《爾雅·釋獸》:"𪕭鼠,鼠屬。"陸德明釋文引西漢舍人云:"𪕭,其鳴如犬也。"③ 𪕭亦屬大鼠,因類犬而得名,為害鼠。《廣韻·廢韻》:"𪕭,鼠名。如犬吠也。"

⑨鼳(è) 《說文·鼠部》:"鼳,鼠屬。從鼠,益聲。𧳏(貌),或從豸。"④ 鼳為鼠名。益表聲,兼表義,含"多;更加;大"義,《戰國策·齊策三》"可以益割於楚"姚宏注:"益,多也。"故鼳為大老鼠,也是一種農業害鼠。同鼳,《集韻·麥韻》:"鼳,亦作鼳。"

⑩鼶(sī) 《說文·鼠部》:"鼠也。從鼠,虒聲。"⑤ 段玉裁注:"鼶,鼶鼠也。"鼶,鼠名,為大田鼠,對農業有害。《爾雅·釋獸》:"鼶鼠,鼠屬。"郭璞注:"《夏小正》曰:鼶鼬則穴。"郝懿行義疏:"鼶,蓋田鼠之大者。"⑥ 鼶同鼶、鼶、鼶。《說文句讀》:"桂氏曰:鼶即鼶字,又作鼶。"《恒春縣志》卷九《物產·獸之屬》:"田鼠,《湖雅》曰:'田鼠即稻鼠,有大小數種。'《夏小正》:'田鼠者,嗛鼠也。'《淮南·時則訓》高注:'田鼠,鼢鼶鼠也。'然則《釋獸》之鼢鼠、鼶鼠、鼶鼠,皆害田之鼠矣。"

⑪鼬(liú) 《說文·鼠部》:"鼬,竹鼠也。如犬。从鼠,留省聲。"⑦ 鼬即竹鼠,同鼬、鼬、留、貓,段玉裁注:"後世所謂竹鼬也。莊子作留,又作貓。"鼬鼠因喜歡啃食竹

---

① 《說文解字》,第206頁。
② 《說文解字》,第206頁。
③ 《爾雅義疏》,第544頁。
④ 《說文解字》,第206頁。
⑤ 《說文解字》,第206頁。
⑥ 《爾雅義疏》,第545頁。
⑦ 《說文解字》,第206頁。

根、嫩莖而得名,《説文繫傳》:"䶄,鼠齧竹者。"䶄鼠乃農業害鼠,體型肥碩,為民衆取食,北宋蘇軾《竹䶄詩"野人獻竹䶄,腰腹大如盎"王十朋注引趙次公:"竹䶄,食竹根之鼠也。"

"陸田之中時有鼠,水田之中時有魚蝦蟹之類,皆為穀害。"(《論衡·商蟲》)上述害鼠均為嚙食禾苗乃至竹根的大型鼠類。而鼫鼠也是大鼠,又叫石鼠。東晉王羲之《筆經》云:"蜀中出石鼠,毛可以為筆,其名曰䶂。"鼫鼠與鼢鼠均屬害鼠惡獸,李時珍曾精辟論述道:"碩,大也。似鼠而大也。關西方音轉鼫為䶂,訛䶂為雀。蜀人謂之䶂鼠,取其毛作筆。俊亦大也。鼫鼠處處有之,居土穴、樹孔中。形大於鼠,頭似兔,尾有毛,青黃色,善鳴,能人立,交前兩足而舞。好食粟、豆,與鼢鼠俱為田害。鼢小居田,而鼫大居山也。"(《本草綱目·獸三·鼫鼠》)可見石、鼫、䶂、雀、䶂等字均為碩,乃一聲之轉,《詩經》"碩鼠"即鼫鼠。南宋文學家范成大亦云:"石鼠專食山豆根,賓州人以其腹乾之,治咽喉疾效如神,謂之石鼠肚。"(《桂海虞衡志·志獸》)古時石、碩、鼫三字可互通借用,上古音韻地位皆為禪母鐸部,聲近義通,而"碩"字亦載於《説文》。碩,《説文·頁部》:"碩,頭大也。從頁,石聲。"①段玉裁注:"頭大也。引申為凡大之稱。《釋詁》《毛傳》皆曰:'碩,大也。'《簡兮傳》曰:'碩人,大德也。'碩與石二字互相借。"碩本義為"頭大",泛指碩鼠等大型事物,古籍多有發明。《易·晉》:"晉如鼫鼠。"陸德明釋文:"鼫,《子夏傳》作碩。"《爾雅·釋獸》:"鼫鼠。"郝懿行義疏:"鼫與碩古字通。"②

據上可知,鼫、石、碩等字形、音、義緊密相連,屬同源詞。《正字通·鼠部》亦曰:"鼫,音石,似鼠而大,害田稼。《易》'晉如鼫鼠'亦作碩。"借助《爾雅》《説文》等上古字書辭典,釐清早期中國"碩鼠"之詞義體系與歷史語境,從而明白其淵源有自且秩序井然。清姚炳即明確指出:"《魏風·碩鼠篇》,《釋獸》於"鼠屬"有鼫鼠無碩鼠,愚疑碩、鼫古字當借用。郭璞謂:'鼫鼠頭似兔,如鼠形而大。故《序》稱大鼠,不必訓碩為大也。'鄭氏所據,乃《釋詁》文。然《釋詁》所指,當是'碩人'之碩,非'碩鼠'之碩。今鼫鼠有黃、白二種,人畜之家中多純白者,馴擾從人,每行遇豐草,一食輒盡,則其害稼。可知陸璣以'鼫鼠'為'螻蛄',而別謂:'河東有大鼠,能人立,交前兩腳於頸上,跳舞善鳴,食人禾苗。魏國今河北縣,言其方物,宜謂此鼠非鼫鼠也。'不知(陸)璣所説正鼫鼠,別無所謂碩鼠耳。"(《詩識名解》卷五《獸部·鼠》)姚氏所論,可謂洞見。

---

① 《説文解字》,第182頁。
② 《爾雅義疏》,第376頁。

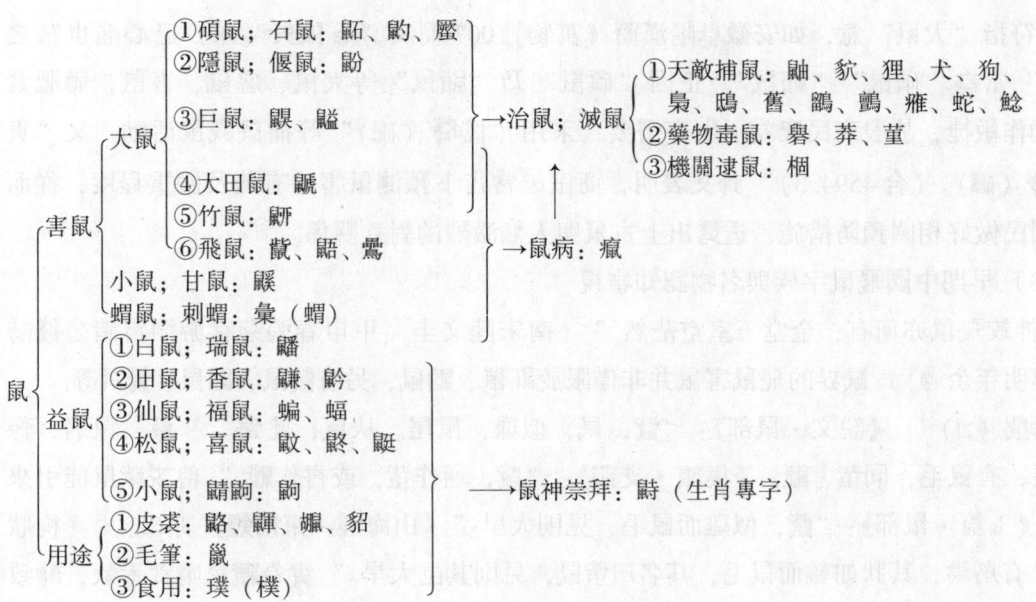

**圖4：早期中國鼠之名物譜系一覽表（以涉鼠文字為參考依據，主要采自《説文》《爾雅》）**

　　國學大師王國維首倡"二重證據法"，即以"地下之新材料"（地下出土的實物資料）補證"紙上之材料"（傳世文獻），① 二者相互印證，以期達到探求歷史史實之目的。而目前最新考古資料的發現有助於筆者進一步破解《詩經》"碩鼠"謎題。2019 年安徽大學藏戰國竹簡（省稱安大簡）一期研究成果問世，其戰國楚簡《詩經》乃目前國内外發現抄寫時代最早、存詩數最多的古本，也是未經後世改動過的較原始本子，與以往所見的本子既有歧異，亦有較多契合。如《碩鼠》第一章安大簡作"▨（矺）▨（鼫）▨（矺）▨（鼫），母飲我麥"，今本為"碩鼠碩鼠，無食我麥"；第二章作"▨（石）▨（鼫）▨（石）▨（鼫），毋飲我黍"，今本為"碩鼠碩鼠，無食我黍"；第三章作"▨（石）□▨（石）□，□飲我苗"，今本為"碩鼠碩鼠，無食我苗"。安大簡《碩鼠》篇内"▨（矺）"字，整理者推測"從'口'，'石'聲，疑表貪食的專字，係新字形。'▨（矺）''碩'諧聲可通。"② 據簡文内容觀之，"▨（矺）"、"▨（石）"當為"碩（大）"義，而"▨（鼫）"、"▨（鼫）"乃鼠之異文。"石"字上古本身即有"大"義。《説文義證》："石聲者，《漢書·律曆志》：'石，大也。'《魏都賦》：'碩畫精通。'《漢書·揚雄傳》上疏曰：石畫之臣甚衆。……碩與石古字通。"後加"頁"部表"頭大"義。《易·剥》："碩果不食，君子得輿，小人剥廬。"馬王堆漢墓帛書《易·剥》卦"碩果"正作"石果"。添

---

① 王國維：《古史新證：王國維最後的講義》，北京：清華大學出版社，1994 年，第 2 頁。
② 黄德寬、徐在國主編：《安徽大學藏戰國竹簡（一）》，上海：中西書局，2019 年，第 123 頁。

"鼠"符指"大鼠"意,如安徽阜陽漢簡《萬物》007簡文"石鼠矢(屎)已心痛也"之"石鼠"當為"碩鼠""鼦鼠"。正因"碩鼠"乃"鼦鼠"等大鼠、惡鼠、害鼠,體肥貪吃,動作敏捷,故殷商民眾為了生存需要,采用"戊䂎(碾)"等捕鼠戮鼠活動,又"貞勿令䂎(碾)。(合4594.3)"卦文表明,商王經常占卜預測鼠害的有無及嚴重程度,從而指導國民做好相關預防措施,透露出上古鼠與人類激烈的對立關係。

(3) 早期中國飛鼠字族與名物認知審視

"神蛟飛鼠亦何有,金堂玉室空茫然。"(南宋陸文圭《甲申春張菊存游洞霄諸公錢詩盈軸越明年余過》)鼠界的飛鼠害鼠并非僅限於鼦鼠、䶂鼠,另有鼱鼠、鼯鼠、鸓鼠等。

⑫鼱(zī) 《説文·鼠部》:"鼱,鼠,似雞,鼠尾。从鼠,此聲。"① 鼱,鼠名,像雞而長,有鼠毛,同螇、鼣。《集韻·支韻》:"鼱,通作螇,或書作鼣。"傳說鼱鼠能引來旱魃。《玉篇·鼠部》:"鼱,似雞而鼠毛,見則大旱。"《山海經·東山經》亦曰:"(栒狀之山)有鳥焉,其狀如雞而鼠毛,其名曰螇鼠,見則其邑大旱。"實為鼣鼠嚙食禾穀,釀致旱災糧荒。

⑬鼯(wú) 《爾雅·釋鳥》:"鼯鼠,夷由。"郭璞注:"狀如小狐,似蝙蝠,肉翅。翅尾項脅,毛紫赤色,背上蒼艾色,腹下黃,喙頷雜白。腳短爪長,尾三尺許。飛且乳,亦謂之飛生。聲如人呼,食火煙,能從高赴下,不能從下上高。"② 鼯鼠俗稱飛鼠、飛虎或蜜袋鼯,前後肢之間有寬大的薄膜,能借此在樹間滑翔,吃植物的皮、果實和昆蟲等。古人誤為鳥類。

⑭鸓(lěi) 《説文·鳥部》:"鸓,鼠形,飛走且乳之鳥也。从鳥,畾聲。"③《説文繫傳》:"鸓,飛生鼠也。"鸓同鸓。《廣雅·釋鳥》:"鸙鶋,飛鸓也。"王念孫疏證:"《本草》鸓作鸓。"鸓鼠別稱鼯鼠。《説文義證》引《南越志》:"高要縣有飛鸓,肉翼,如蝙蝠,狸頭鼠目,一曰鼯鼠。且飛且產,子便隨其母而飛,其鳴如人叫。"鸓又名寒號鳥、寒號蟲、寒搭拉蟲,學名複齒鼯鼠,也叫橙足鼯鼠、黃足鼯鼠,亦稱鶡旦、鶡鳴。《禮記·月令》:"鶡旦不鳴。"鄭玄注:"鶡旦,求旦之鳥也。"桓寬《鹽鐵論·利議》:"鶡鳴夜鳴,無益於明。"

"雄雌更守林,號噪見飛鼠。鼠驚豎毛怒,嫋枝如發弩。"(北宋梅堯臣《丙戌五月二十二日晝寢夢亡妻謝氏同在江上早》)與鼱鼠、鼯鼠類似,上古地理方志還載有"飛鼠"之鼠害。《山海經·北山經》載:"(天池之山)有獸焉,其狀如兔而鼠首,以其背飛,其名曰飛鼠。"戲文詞話是古代民間耳熟能詳的藝術樣式,其主題亦表達出飛鼠曾為禍黎民的

---

① 《説文解字》,第207頁。
② 《爾雅義疏》,第547頁。
③ 《説文解字》,第82頁。

現象。如明諸聖鄰《大唐秦王詞話》第九回："伯當唬得癡呆了，半晌無言自忖論：'飛鼠耗糧貓吃米，分明天敗魏家君！'……叔寶急忙拈弓取箭，較清一箭射去，祇見群鼠望空一齊飛去，霎時間都不見了。半空內掉下箭來，箭扣內有束帖兒，當駕取起來，呈與魏王觀看。上寫着：'箭是雕翎箭，鼠是鼠中王。魏王駕到此，火燒洛口倉！'"飛鼠給勞動人民帶來的危害在明朝時亦有記載，如明呂毖《明朝小史》卷十六《天啓記‧鼠怪》："三年陝西有鼠怪，鳳縣東關外，飛鼠成群，在地食穀甚速。其狀如捕雞之狸，自首至尾，約長一丈八尺，闊橫一丈，兩旁肉翅，腹下無足，足在肉翅之四角，爪趾前四後五，毛細軟深長，若鹿之黃黑色，尾甚豐大。人逐之，其去甚速，能飛，特不甚高。"

以上借助先民載錄天地萬物的字書辭典，勾勒出了早期中國鼠之家族體系與認知光譜，有助於破譯其基因密碼。

2. 早期中國鼠病認知及其防治疫病經驗抉微

"（碸山）有鳥焉，其狀如鳧而鼠尾，善登木，其名曰絜鉤，見則其國多疫。"（《山海經‧東山經》）上古時期先民就已認識到"絜鉤"等鼠類動物能帶來瘟疫，引發國民大面積死亡，讓人談之色變，如臨大敵。《御定淵鑒類函》卷三二三載："射覆知白鼠之傷，布兆見豎牛之禍。"瘟疫作為一種傳染病具有季節性的特徵，如《禮記‧月令》云："孟春行秋令，則其民大疫。季春行夏令，則民多疾疫。仲夏行秋令，民殃於疫。孟秋行夏令，民多瘧疾。"曹植曾描繪古時疫病橫行的慘狀，闡明時節錯亂、氣候異常會導致瘟疫，并批評"懸符"的迷信做法。《說疫氣》曰："建安二十二年，癘氣流行，家家有僵屍之痛，室室有號泣之哀。或闔門而殪，或覆族而喪。或以為疫者鬼神所作。人罹此者，悉被褐茹藿之子，荊室蓬戶之人耳。若夫殿處鼎食之家，重貂累蓐之門，若是者鮮焉。此乃陰陽失位，寒暑錯時，是故生疫。而愚民懸符厭之，亦可笑也。"東漢思想家王充敏銳地注意到鼠類與不良食品可傳染疾病，影響健康，指出："夫鼠涉飯中，捐而不食。捐飯之味，與彼不污者鈞，以鼠為害，棄而不御"（《論衡‧累害》）；鼠的糞便也是病毒傳染源，"火為水所害，故馬食鼠屎而腹脹"（《論衡‧物勢》），顯示出早期中國學者對鼠疫病源寄居於動物體內，轉而大肆橫行、感染人類的深刻洞察。

"病鼠驚空穴，寒螢聚缺牆。"（北宋釋惟鳳《秋燈》）地處西南邊陲的雲貴高原各族百姓歷史上曾飽受鼠疫肆虐之苦："雲貴邊境常有瘟氣，氣之至也，鼠必先災，鼠災必吐血而死。人家或見梁上鼠奔突隨地吐血者，其人即奔，莫回顧，出門或橫走，或直馳，竭其力奔數十里，或可免。人有中之者，吐血一口即死。"（清姚元之《竹葉亭雜記》卷三）受制於防疫條件的落後，而鼠疫傳播速度快、危害性大、死亡率高，"十着九難生，漏人不漏戶"，村民祇能通過快速逃離的方法來遠離劫難。雲南將鼠疫諱稱為"癢子""耗子病""核子瘟"，古時又名"惡核病"，見東晉醫學家葛洪《肘後備急方》卷五："惡核病者，肉中忽有核如梅李，小者如豆粒。皮中慘痛，左右走，身中壯熱，惡寒是也，此病卒然如起。有毒入腹殺人，南方多有此患。"該症始錄於《黃帝內經》，被全球鼠疫學界公認為是有關腺鼠疫的科學描述，也是醫學史上對鼠疫較早的臨床醫學記錄之一。先民針對鼠病的醫學現象，專門用相關字詞予以嚴謹著錄，在《說文》《爾雅》等早期中國字書辭典中亦有明確記載，彰顯出漢語漢字的史料實錄價值。

⑮瘝（shǔ）　《山海經·中山經》："（脫扈之山，有草焉）名曰植楮，可以已瘝。"郭璞注："瘝，病也。《淮南子》曰'狸頭已瘝'也。"瘝通鼠。《淮南子·說山訓》："狸頭愈鼠。"高誘注："鼠齧人創，狸愈之。"據字詞訓詁可知上古時"鼠"已具有"疾病；鼠瘝"義，"瘝"屬瘺管、瘰癧症名，俗稱老鼠瘡。《爾雅·釋詁下》："瘝，病也。"邵晉涵正義："瘝者，通作鼠。"① 亦可指憂鬱成病。《詩·小雅·正月》："鼠憂以癢。"朱熹集傳："鼠憂，幽憂也。"

⑯彙（huì）　《說文·希部》："彙，蟲似豪豬者。從希，胃省聲。蝟（蝟）或從蟲。"② 彙為鼠名，同彙、蝟、猬，即刺猬。明謝肇淛《五雜俎·物部》："鼠之屬，則有貂、有鼴、有彙（猬）、有鼷、有鼯、有鼰（鼤）、有鼢。"俗稱刺團、猬鼠、偷瓜獾、毛刺。《爾雅·釋獸》："彙，毛刺。"郭璞注："彙，今蝟，狀似鼠。"邢昺疏："彙即蝟也，其毛如針。"陸德明釋文："彙，又作蝟。"先民因彙鼠多利刺，認為它攜帶病毒，人類若與之接觸會受傷染疫。《山海經·中山經》："樂馬之山，有獸焉。其狀如彙，赤如丹火，其名曰㹨，見則其國大疫。"郭璞注："彙似鼠，赤毛，如刺猬也。"郭璞《山海經圖贊·居暨》亦云："居暨豚鳴，如彙赤毛。"

⑰鼷（xī）　《說文·鼠部》："鼷，小鼠也。從鼠，奚聲。"③ 鼷為小老鼠，又名耳鼠。《爾雅·釋獸》："鼷鼠，鼠屬。"陸德明釋文引西晉張華《博物志》："鼷，鼠之最小者，或謂之耳鼠。"④ 亦叫甘口鼠，有毒，齧人畜至死不覺痛。段玉裁注："何休《公羊傳》注云：'鼷鼠，鼠中之微者。'《玉篇》云：'有螫毒，食人及鳥獸皆不痛，今之甘口鼠也。'"被鼷鼠咬傷易生病瘡。《普濟方》卷二七五："治鼷鼠食，人患惡瘡。及正月食鼠殘，多為鼠。"清陳士鐸《辨證錄》卷十三《瘰門》："鼠瘡，又名串瘡，言其如鼠之能穿也。世人謂其食鼠竊餘物，以成此症。"

"鼷鼠食牛牛不知，牛不願驊而願犂。"（北宋晁補之《擬樂府十二辰歌》）上古典籍多載"鼷鼠食牛"之奇事，如"七年，春，王正月，鼷鼠食郊牛角，改卜牛，鼷鼠又食其

---

① 《爾雅義疏》，第832頁。
② 《說文解字》，第197頁。
③ 《說文解字》，第206頁。
④ 《爾雅義疏》，第548頁。

角,乃免牛"(《左傳·成公七年》),"䶂鼠食郊牛,牛死,改卜牛"(《左傳·定公十五年》),"䶂鼠食郊牛,改卜牛"(《左傳·哀公元年》)。區區䶂鼠能以小搏大乃至啃食郊牛,實源於鼠齒攜毒,使牛受傷後被病菌感染,日漸失去抵抗能力。《本草綱目·獸三·䶂鼠》集解引陳藏器曰:"䶂鼠極細,卒不可見。食人皮牛馬等皮膚成瘡,至死不覺。"南宋洪邁《夷堅志·䶂鼠蟻虎》亦載:"䶂鼠為郊牛孽,書於《春秋》,後來書傳,鮮或紀載。而十年以來,吾鄉忽有之。侄孫份家,一黃牡在欄,不食水草,但定立不動。往視之,皮肉多剜缺成竅。見兩鼠與常異,其形絕小,騰躍左右,距牛被齧嚼,驅之不去,搏之不得,乃徙於他處,鼠復來。凡三徙避之,皆不免,竟死。兩角已穿空,肉亦垂盡,僅存軀幹爾。方牛遭害時,似不覺痛,唯極癢。"清代文學家袁枚《子不語》卷二十《神和病》亦記載有"鼠食牛"之奇聞:"句容村民養一牡牛,忽有七鼠從牛後竅入,食其心肺,牛竟死。村民逐鼠,得其一,遍體白毛,重十斤。烹食之,肥過雞豚。"可見鼠病烈甚,此乃先民以為鼠咬壞衣物等對主人不利的心理源頭所在。《藝文類聚》卷九十五引《魏志》曹沖曰:"世俗以為鼠齧衣者,其主不吉。今單衣見齧,是以憂戚。"然而古人并沒有一味地消極逃避、坐以待斃,而是積極地尋找治病抗疫之靈丹妙藥,并且通過觀察與親身實驗研究藥方。他們發現"耳鼠"能解毒祛疾。《山海經·北山經》:"(丹熏之山)有獸焉,其狀如鼠,而菟首麋身,其音如獋犬,以其尾飛,名曰耳鼠,食之不眯,又可以禦百毒。"亦有"寓鳥"能禦兵去痾。《山海經·北山經》:"其獸多橐駝,其鳥多寓,狀如鼠而鳥翼,其音如羊,可以禦兵。"郝懿行義疏:"寓鳥,蓋蝙蝠之類,唯蝙蝠肉翅為異。"該書亦多載"(汜水)箴魚食之無疫疾"(《山海經·東山經》)、"(復州之山)青耕(鳥)可以禦疫"(《山海經·中山經》)、"(從水)三足鱉食之無蠱疫"(《山海經·中山經》)。傳說古代有辟毒鼠,《三國志》卷三十《魏書三十·烏丸鮮卑東夷傳》引《魏略》曰:"大秦多辟毒鼠。"先民甚至利用事物相生相剋的原理來治療鼠病,如《論衡卷六·福虛篇》說:"猶狸之性食鼠,人有鼠病,吞狸自愈。物類相勝,方藥相使也。"《本草綱目·獸部·獸三·鼬鼠》亦曰:"《醫書》云:正月食鼠殘,多為鼠,小孔下血者,皆此病也。治之之法,以狸膏摩之,及食狸肉為妙。䶂無功用,而為人害,故著之。"清黃宮繡《本草求真》卷七《食物·貓》載:"鬼瘧鼠咬,蠱疰惡瘡等症(俱用屎燒灰水調以搽。或瘰潰爛,可用貓屎,以陰陽瓦合鹽泥封固過,研末油調以塗。鼠咬成瘡,用貓尿揉之即愈。蠍螫作痛,用貓屎塗之即瘥)總以取其貓善搜穴捕鼠,故凡病屬鼠類。有在幽僻鬼怪之處,而藥難以入者,無不借此以為主治。"足見先民深諳病理知識,故能對症下藥。

3. 早期中國捕鼠滅鼠實踐活動輯證

"使雞司夜,令狸執鼠,皆用其能,上乃無事。"(《韓非子·揚權》)鑒於鼠害猖獗,先民充分發揮主觀能動性,積極利用鼠的天敵以及藥石等來有效控制鼠災,維護生態平衡。

他們十分講究有的放矢,深刻認識到"騏驥驊騮,一日而馳千里,捕鼠不如狸狌,言殊技也"(《莊子·秋水》)、"使牛捕鼠,不如貓狌之捷"(戰國楚尸佼《尸子》卷下)、"狸之不可使搏牛,虎之不可使捕鼠"(《淮南子·主術訓》),嚴厲批評"使蟹捕鼠,蟾蜍捕蚤"(《淮南子·原道訓》)、"教羊牧兔,使魚捕鼠。任非其人,費日無功"(西漢焦延壽《焦氏易林·需之》)、"何必服巨象使捕鼠韝鷥也"(西晉葛洪《抱朴子·逸民》)等驢唇不對馬嘴的錯誤方法,且辯證闡析"鹿之角,足以觸犬,獼猴之手,足以搏鼠;然而鹿制於犬,獼猴服於鼠,角爪不利也"(東漢王充《論衡卷三·物勢》)、"猿有手可以捕鼠而制於鼠"(晉李石《續博物志》)的辯證關係。先民的治鼠理念科學、方式得法,體現出古人對於治鼠已累積了豐富的知識與實踐經驗。

(1)利用老鼠天敵捕鼠食鼠

"博陸門前羅鳥雀,平津邸内走鼪鼬。"(明于慎行《長安道》)在自然界中鼠有很多天敵,古代字書中對之也有所記載。《廣雅·釋獸》:"鼠狼,鼬。"王念孫疏證:"鼬善捕鼠,故有鼠狼之名,今俗通呼黃鼠狼,順天人呼之黃鼬,好夜中食人雞。人捕取之,以其尾毛為筆。"身為保護自然生態的穩定因素,鼬雖有偷雞之嫌,仍屬益鼠。《藝文類聚》卷九十五引《廣志》:"黃鼠在田野間為群,害穀麥,凡善走,把不得,惟鼠狼能得之。"

⑱貁(yòu)　《說文·豸部》:"貁,鼠屬,善旋。從豸,穴聲。"① 貁鼠慣於在獵物面前反復打滾裝死麻痺對手,稍不注意即緊咬獵物咽喉等致命部位,故有"善旋"之描述。貁同狖。《廣韻·宥韻》:"貁,同狖。"屬鼬鼠類,為捕鼠能手。《慧琳音義》卷六十二"黃貁"注引《倉頡篇》:"貁,似貓,善搏鼠也。"《說文通訓定聲》:"貁似與鼬同,黃鼠狼也。"

⑲鼬(yòu)　《說文·鼠部》:"鼬如鼠,赤黃而大,食鼠者。從鼠,由聲。"② 鼬鼠,又名黃鼬,善捕鼠,故稱鼠狼。清曾曰瑛《汀州府志·畜之屬》:"鼠狼,生山野中,似鼠,善捕鼠。"段玉裁注:"今之黃鼠狼也。"又同鼪。《爾雅·釋獸》:"鼬鼠,鼠屬。"郭璞注:"鼬,今鼬似貂,赤黃色,大尾,啖鼠。江東呼為鼪。"③ 鼬鼠習性警惕狡猾,躲避敵害時常放臭屁拒之。《酉陽雜俎·語資》:"狐性多疑,鼬性多預。"《本草綱目·獸三·鼬鼠》:"鼬,處處有之。狀似鼠而身上尾大,黃色帶赤,其氣極臊臭。"

"陋室偏遭黠鼠欺,狸奴雖小策勳奇。"(南宋羅大經《貓捕鼠》)作為鼠類死敵,貓的功用很早就為先民所知。然貓字晚出,④ 明末清初史學家張岱《夜航船》卷十七《四靈部》

---

① 《說文解字》,第198頁。
② 《說文解字》,第206頁。
③ 《爾雅義疏》,第549頁。
④ 《說文》《爾雅》《山海經》等字書詞典均無表"家貓"義之"貓"字,可證家貓馴化在東漢之後。

云："貓出西方天竺國，唐三藏攜歸護經，以防鼠齧，始遺種於中國。故'貓'字不見經傳。《詩》有'貓'，《禮記》迎'貓'，皆非此貓也。"玄奘法師自天竺帶回的貓可能是寵養品種，獻為宮廷寵物。據北魏賈思勰《齊民要術・造神麴并酒》"其屋，預前數日着貓，塞鼠窟，泥壁，令净掃地"之記載，可知馴養家貓不遲於北魏時期。貓上古初文作"貍"，俗稱貍奴、野貓；而表家貓義之"貓"字，北宋陸佃《埤雅》訓為"鼠害苗，而貓能捕鼠，去苗之害，故貓之字從苗"。漢墓祠堂石刻（見圖5）刻畫了貓捉鼠的生動形象。兩宋時興起養貓逮鼠之風，如南宋岳珂《桯史》卷十二《貓牛盜》曰："余辛未歲官中都，居旌忠觀前。家素蓄一青色貓，善咋鼠，家人咸愛之。"延至元朝亦如是，元丁鶴年《題貓》詩云："食有溪魚卧有裀，受恩深重更無倫。苦將乳鼠誇為瑞，恐負隆冬蠟祭人。"

⑳貍（lí） 《説文・豸部》："貍，伏獸，似貙。從豸，里聲。"① 貍同狸，與貓相似，亦稱"狸子""狸貓""山貓""豹貓"，以鳥、鼠等小動物為食，常盜食家禽。段玉裁注："伏獸，謂善伏之獸。貍之取物，則伏下其頭，然後必得，言射亦必中，如貍之取物矣，即俗所謂野貓。"其毛皮可製衣物。《詩・豳風・七月》："一之日于貉（一作貍），取彼狐貍，為公子裘。"孔穎達疏："一之日往捕貉，取皮，庶人自以為裘；又取狐與貍之皮，為公子之裘。"

"良犬不取鼠，其人苦尤之。"（梅堯臣《贈陳無逸秀才》）在今天看來狗的主要職責為看家護院、防盜示警，而"狗拿耗子"常比喻做外行事或多管閑事。但狗在上古時的分内工作確係捕鼠。清徐時棟《煙嶼樓筆記》卷六即指出："今人以狗捕鼠為越職。《吕覽・士容論》曰：齊有善相狗者，其鄰假以買取鼠之狗。期年乃得之，曰：'此良狗也。'其鄰畜之數年，而不取鼠。以告相者，相者曰：'此良狗也，其志在獐、麋、豕、鹿，不在鼠。欲其取鼠也，則桎之。'其鄰桎其後足，狗乃取鼠。'是古者固以狗捕鼠也，不知狗不捕鼠自何時始。吾家一犬善捕鼠，而人皆怪之，不知固是狗職也。《吕覽・功名篇》：'以貍致鼠。'又《貴當篇》：'貍處堂而衆鼠散。'則捕鼠為貍職。犬之捕鼠，其兼司耶？"晚至清代仍有養狗捕鼠事，如清施補華有《蓄犬代貓》詩為證："辜恩貓久去，群齧任倡狂。有職專司夜，兼能捕跳梁。"事實上不僅春秋戰國時期齊國（今山東）地區有專門捕鼠的鼠狗，漢代四川地區仍有咬耗子之良犬。如三台縣郪江金鐘山漢崖墓狗拿耗子石雕（見圖6），圖中狗雙目怒睁，炯炯有神，口内叼着一隻肥大的碩鼠，塑像鮮明逼真，立意簡明深刻。另見山東沂南出土漢畫像石（見圖7），畫内狗趴於食案下守護美味，老鼠看到狗後戰戰兢兢、瑟瑟發抖之恐懼模樣，活靈活現地表現出狗咬耗子的真實情形，為歷史上狗曾承擔捕鼠主力之社會事實提供了基於詞與物的有力證據。

---

① 《説文解字》，第198頁。

 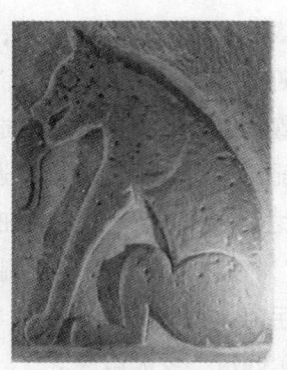 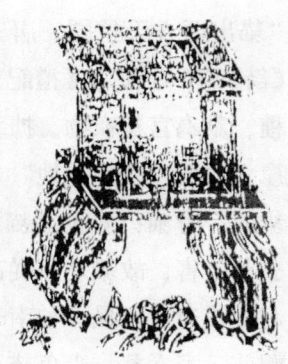

圖5　鳳凰山漢墓祠堂貓捉鼠石刻　　圖6　金鐘山崖墓群一號墓　　圖7　山東沂南出土漢畫拓本

㉑犬（quǎn）　《説文·犬部》："犬，狗之有縣蹏者也。象形。孔子曰：'視犬之字如畫狗也。'凡犬之屬皆從犬。"①犬屬象形字，本義指狗。段玉裁注："狗之有縣蹏者也。有縣蹏謂之犬，叩氣吠謂之狗，皆於音得義。"析言犬為大狗。《禮記·曲禮上》："效犬者，左牽之。"孔穎達疏："通而言之，狗、犬通名；若分而言之，則大者為犬，小者為狗。故《月令》皆為犬，而《周禮》有犬人職，無狗人職也。"又名金畜。《風俗通義·祀典》："犬者，金畜。"

㉒狗（gǒu）　《説文·犬部》："狗，孔子曰：'狗，叩也。叩氣吠以守。'從犬，句聲。"②狗即犬，哺乳動物，聽覺嗅覺敏銳，既可守門護主，又可捕鼠去害。《爾雅·釋畜》："未成豪，狗。"郝懿行義疏："狗，大通名。若對文則大者名犬，小者名狗。今亦通名犬為狗矣。"③

"豫，怒非怨妒，貪得腐鼠。而呼鷹鸇，自今失餌，倒被困患。"（《焦氏易林》卷三）最早記錄鴟鷹嗜鼠的文獻首推《莊子·秋水》："於是鴟得腐鼠，鵷鶵過之。"又《莊子·齊物論》："民食芻豢，麋鹿食薦，蝍且甘帶，鴟鴉嗜鼠，四者孰知正味。"南朝梁簡文帝《六根懺文》作"所以蝍蛆甘帶，自謂馨香；烏鴉嗜鼠，不疑穢惡"。後遂用"腐鼠"為賤物之稱，而鴟鷹亦被污名化，被視作格調不高之鳥，遂造成後世誤解。如《抱朴子》卷五十九《廣譬》："焦螟之卑棲，不肯為銜鼠之噞天。"意為微小的焦螟雖棲息在卑微之地，但也不肯像貓頭鷹口銜腐鼠飛上高空。因鴟梟晝伏夜出，古人曾誤其為睜眼瞎，如《淮南子·氾論訓》："夫鴟目大而眎不若鼠，蚈足衆而走不若蛇。"依事實而言，鴟鵂夜晚擅長捕鼠，對人類貢獻極大。故廣西桂林地區普遍豢養梟鳥以滅鼠，見唐劉恂《嶺表錄異》卷中："北方梟鳴，人以為怪，共惡之。南中晝夜飛鳴，與烏鵲無異。桂林人羅取，生鬻之，

---

① 《説文解字》，第203頁。
② 《説文解字》，第203頁。
③ 《爾雅義疏》，第762頁。

家家養，使捕鼠，以為勝貍。"北宋詩人梅堯臣《賦石昌言白鶻圖》詩亦有"尋常飼鷹多捕鼠，捕鼠往往驅其兒"（《全宋詩》卷二五〇）之句，説明古人早已豢梟飼鷹幫助消滅鼠害。①

㉓梟（xiāo）　《説文·木部》："梟，不孝鳥也。日至，捕梟磔之。從鳥頭在木上。"② 清張文虎《舒藝室隨筆》："此字與'鴞'音義并同，義取縣（懸）頭於木，故繫木部，遂以名其鳥，非其鳥本名梟也。"梟同鴞，俗名土梟鳥。《爾雅·釋鳥》："梟，鴟。"郭璞注："梟，土梟。"③ 梟本義指一種類似貓頭鷹的猛禽，後世訛傳為食母之惡鳥。《詩·大雅》："為梟為鴟。"陸璣疏："自關而西，為梟為流離。其子適長大，還食其母。故張奂云：'鶹鷅食母。'"

㉔雎（chī）　《説文·隹部》："雎，雜也。從隹，氐聲。（鴟）鴟，籀文雎從鳥。"④ 雎同鴟。段玉裁注："今江蘇俗呼鷂鷹，盤旋空中，攫雞子食之。《大雅》云'懿厥哲婦，為梟為鴟'，莊周云'鴟得腐鼠'是也。"雎俗稱貓頭鷹，又名鴟鵂、怪鴟、狂。《廣雅·釋鳥》："鴟鵂，怪鴟。"《慧琳音義》卷二十七"鴟梟"注："狂，一名鴟，喜食鼠，大目也。"

㉕舊（jiù）　《説文·萑部》："舊，雎舊，舊留也。從萑，臼聲。鵂（鵂），舊或從鳥，休聲。"⑤ 舊同鵂，本義指貓頭鷹。《類篇·萑部》："舊，怪鳥。"《説文繫傳》亦曰："舊，即怪鴟也。"後字義分化，借用為"舊"。段玉裁注："《釋鳥》：'怪鴟。'舍人曰：謂鵂鶹也。南陽名鉤鵅，一名忌欺。按今字為新舊字。按《毛詩》舊在一部，音轉入三部，乃別制鵂字。"

㉖鶹（liú）　《説文·鳥部》："鶹，鳥少美長醜為鶹離。從鳥，留聲。"⑥ 段玉裁注："《邶風》：'瑣兮尾兮，留離之子。'毛云：留離鳥也。少好長醜。《釋鳥》曰：鳥少美長醜為鶹鷅。鶹與留、鷅與離皆同也。"鶹同留、鷅，屬貓頭鷹。《爾雅·釋鳥》："鳥少美長醜為鶹鷅"郭璞注："鶹鷅，猶留離。"邢昺疏："鳥之少為子而美，長食母而醜，其名為鶹鷅。"⑦

㉗鸇（liú）　《説文·鳥部》："鸇，鸇風也。從鳥，亶聲。䳜，籀文鸇從廛。"⑧ 鸇，鷂類猛禽，亦稱晨風。段玉裁注："《秦風》作晨風。《釋鳥》《毛傳》皆云'晨風，鸇

---

① 黃交軍：《〈説文〉鳥部字、隹部字研究》，桂林：廣西師範大學，2008年，第37頁。
② 《説文解字》，第125頁。
③ 《爾雅義疏》，第389頁。
④ 《説文解字》，第76頁。
⑤ 《説文解字》，第77頁。
⑥ 《説文解字》，第80頁。
⑦ 《爾雅義疏》，第496頁。
⑧ 《説文解字》，第81頁。

也'，郭云'鶌屬'，《孟子》趙注謂之土梟。"《毛詩·鳥獸蟲魚草木疏》卷下："晨風一名鸇，似鷂，青黃色，燕頷鉤喙。向風搖翅，乃因風飛急疾，擊鳩鴿燕雀食之。"鸇亦屬貓頭鷹，是捕鼠益鳥，應受到人類的肯定和保護。《山海經·西山經》："鷹鸇之所宅也。"郭璞注："鸇，亦鴟屬也。"

㉘雁（yīng）　《說文·隹部》："雁，鳥也。從隹，瘖省聲；或從人，人亦聲。癱（膺）籀文雁從鳥。"①雁同膺、鷹、鸁。《正字通·广部》："膺，爽鳩，鷙鳥也。隨人所指縱，故從人從疾，取其飛迅也。從隹，會意。俗作鷹。"元馬祖常《北行原文》："白鷹隨雪雁，黃鼠掘田勊。"清查慎行《青蓮谷青蓮寺》詩云："饞鷹入山猛如虎，掠過松梢攫飛鼠。"

"逢蛇見鼠如何合，有斧無斤相似傾。"（《永樂大典殘卷》卷一萬八千七百六十六）蛇逐鼠嗜鼠，蛇、鼠不共戴天。清僧達珍《正源略集》卷四："蛇穿耗子窟。"南宋談鑰《嘉泰吳興志》卷二十《蟲屬·蛇》："《本草》有烏蛇、白花蛇，又有赤鏈蛇、黃領蛇，多在人家屋上食鼠子雀雛。"古代薩珊波斯（今伊朗）國王伊嗣候還將善於捕鼠之蛇作為貢品隆重進獻給唐廷，見《舊唐書·西戎傳·波斯國》："二十一年，伊嗣候遣使獻一獸，名活褥蛇，形類鼠而色青，身長八九寸，能入穴取鼠。"古時鼠害極為囂張頻繁，甚至有"鼠傷蛇"之說，如《十六國春秋別傳》卷二《後趙錄》載："（建平）四年，雍州刺史石生上言，西鄉有蛇鼠相鬥於安定府間，二日蛇死。"延至唐及五代，蛇為鼠傷之事亦屢有傳聞，如《新唐書·五行志一》："景雲中（唐睿宗），有蛇鼠鬥於右威衛營東街槐樹，蛇為鼠所傷。乾寧末（唐昭宗），陝州有蛇鼠鬥於南門之內，蛇死而鼠亡去。"又《舊五代史·志三》："二年，鄴西李固鎮，有大鼠與蛇鬥於橋下，鬥及日之申，蛇不勝而死。三年三月戊午，有蛇鼠鬥於洛陽師子門外，而鼠殺蛇。"更讓人稱奇的是西域罽賓國（今阿富汗貝格拉姆）進貢有褥特鼠（即食蛇鼠），②見《新唐書·西域傳上·罽賓》："（貞觀）十六年，獻褥特鼠，喙尖尾赤，能食蛇，螫者嗅且尿，瘡即愈。"活褥蛇乃捕鼠能手，故成為正史典籍嚴肅記載的東西方朝貢外交重要事件。③《通典·邊防九》亦云："大唐貞觀二十一年，其國又獻活褥蛇。"活褥蛇捕鼠能力尤為突出，《本草綱目·鱗二·諸蛇》載："活褥蛇，能捕鼠。"

---

① 《說文解字》，第76頁。
② 褥特鼠是一種能吃蛇的鼠。《本草綱目·獸三·食蛇鼠》李時珍曰："按《唐書》云，罽賓國貢食蛇鼠，喙尖尾赤，能食蛇，有被蛇螫者，以鼠嗅而尿之即愈。今雖不聞說此，恐時有貢者，存此以備考證。"遍檢群書典籍，未見前賢時修有關"褥特鼠"之名物考證。筆者認為褥特鼠實乃今之"蛇獴"，又叫蒙哥，頭小、嘴尖、尾巴長，全身75釐米左右，對蛇毒具強抗性，其體貌與史書記載頗為契合。它不但吃毒蛇，且是捕捉鼠類的能手，屬益獸，產於雲南、廣東、廣西、海南等地，雲南一帶至今仍存養蛇獴捕鼠習俗。
③ 黃交軍、李國英：《認知語言學視閾下"蛇"之文化闡幽》，《廣東技術師範學院學報》2015年第6期，第97頁。

㉙蛇（shé）　《說文·它部》："蛇，蟲也。從蟲而長，象冤曲垂尾形。上古艸居患它，故相問無它乎。凡它之屬皆從它。蛇（蛇），它或從蟲。"① 蛇從它，屬爬行動物，有鱗無足，分有毒、無毒兩類，捕食蛙、鼠等。北宋司馬光《資治通鑑·唐紀四》武德二年載："俄而賊兵四合，初不之覺，會有蛇逐鼠，觸甲士之面。甲士驚寤，遂白（李）世民，俱上馬，馳百餘步。"唐義淨譯《根本說一切有部毗奈耶破僧事》卷十七亦云："師子奔趁不見其井，遂墮其上，而有毒蛇逐鼠、鴟欲撥鼠。此三一時俱墮井内，各起害心，欲相唼食。"

"窘如老鼠入牛角，難似鮎魚上竹竿。"（宋人筆記《閑燕常談》引韓子倉詩）傳統觀念中民衆認爲魚乃鼠偷食物件，如《雲仙雜記·水鼠》："穴水旁岸隙，似鼠而小，食菱芡魚蝦。"清陳元龍《格致鏡原》卷八十八《鼠》："《彙苑詳注》：水鼠入水不溺，捕魚而食，東海有之。《蟫史》：水鼠生水中，不入人家，俗云'直蛇横鼠'，蛇好順流而行，鼠好横流而渡也。"沒有意識到鮎魚作爲凶猛肉食性魚類亦有吞食老鼠之特殊本領，今人印象多停留於動物紀錄片中鮎魚吞食魚蛙、鴿子的科普畫面，而先民早就注意到鮎魚能捕獲陸地老鼠等獸類動物的神通，甚至稱它爲"鯢魚"，如《山海經·北山經》"其狀如鯢魚"郭璞注："今亦呼鮎爲鯢。"

㉚鮎（nián）　《詩·小雅·魚麗》："魚麗于罶，鱨鯉。"毛傳："鱨，鮎也。"鮎爲形聲字，從魚，占聲，即鮎魚。東漢王逸《楚辭·九思·哀歲》："鱣鮎兮延延。"同鯰、鱨。《爾雅·釋魚》："鱨，鮎。"孫叔然曰："鱨，一名鮎。《詩》詁：今詳鮎狀，腹平著地，故得偃名。"② 清徐珂《清稗類鈔·動物·鮎》："鮎，俗稱鯰魚，體圓長長，頭大尾扁，無鱗，多黏質，口曲而闊，兩顎生細齒，有鬚，背蒼黑色，腹白，長尺餘。産於淡水。"鮎魚是一種善於僞裝的捕鼠魚。據最新研究報導稱，澳洲大鮎魚能抓北澳窟鼠吃。③ 其實中國古人早已認識到鮎魚誘捕老鼠的現象，如清李調元《南越筆記》卷十《鼠鮎》載："鼠鮎者，産於南海。每暴尾沙際以給鼠。鼠見之，謂且失水，舐而將食之，被捲入水而去。"鼠鮎是古人利用鼠類天敵捕鼠的重要一環。

"買魚日日與狌狸，捕鼠有心奚待饑。但免翻盆與覆碗，何須要見血淋漓。"（南宋蒲壽宬《詠狸》）"蜘蛆素甘帶，鴟鵰喜食鼠。蛇長即吞象，蜮小能制虎。"（明烏斯道《春草齋集》卷一《病中興感因成七詩寄蒲庵老禪》其四）古人積極利用一切可資捕鼠的動物來參與鼠害防治。正所謂"饑鳶嚇鼠驚不起"（元劉因《續十二辰詩》），鳥類捕鼠去害如《江南通志》："（明萬曆四十二年）安徽，池州有鼠數百萬隻，銜尾渡江爲田患。尋有鳥如

---

① 《説文解字》，第285頁。
② 《爾雅義疏》，第286頁。
③ 《澳洲大鮎魚上岸吃老鼠，這是什麽情況？》，搜狐網2016年9月12日。

鷸鵝食鼠，遂絶，鳥亦不見。"該益鳥對保護農田禾稼具有重要的生態意義。《銅陵縣志》亦云："有鼠千萬群從江北入郡境，食禾。尋有大鳥如鷸鵝食鼠，遂絶，鳥亦不見。"又《清史稿·災異志》："（清乾隆二十五年）安徽，五月，池州田鼠叢生，有赤鷹食之，遂滅。"犬類捉鼠如《清稗類鈔·動物類·犬捕鼠》："同治癸酉，寧波江北岸裕順洋行有西犬如獒，異常神駿，且能捕鼠，日夕所獲，不下十數。"蛇類食鼠如《鳳山縣志》卷七《物產·蟲之屬》："蛇，舌雙，耳聾，聽以目。其毒在涎，種類甚多。其食鼠不傷人者，曰山辣。"以至連蜈蚣都是人類制鼠的得力幫手，見《清稗類鈔·迷信類·鼠供蜈蚣食》："（成都周副將兆熊）其官副將時，署有蜈蚣食鼠一事，至奇。某歲，署之後園土有血迹者數日。聞家人言之，初不信。一夕，自往覘，則見衆鼠奔赴有火光處，匍匐不動，為隱而頭大斗許之蜈蚣所螫，嚙其血至盡者可十餘。餘二鼠乃昇鼠屍去。"鼠類成員衆多，分布極廣。清沈茂蔭《苗栗縣志》卷五《物產考·毛屬》載："鼠，種類不一，有飛鼠、竹鼠、水鼠、田鼠、芒頭鼠、碰尾鼠。"先民雖然承認貓、鼬、鷹、蛇等為捕鼠能手，但也敏感意識到貓食魚、鼬吃雞、鷹擊鳥、蛇毒人等不利因素。古人非常善於權衡利弊，揚長避短，着眼於事物的主要矛盾，為了滅鼠大業，不僅國民實施豢鷹、馴犬、蓄貓、飼蛇、養魚等一系列舉措，甚至連鼬鼠均善加利用，如《直省志書·丹徒縣》云："（鼠有白者，又有松鼠、茅鼠）又有一種名鼠狼，善攘雞。而漁船畜之，云可以致鳧。"先民充分認識到鼠害問題的長期性，立足於宏觀調控，積極引導鼠類天敵組建海陸空三棲立體型捕鼠的精巧框架，具有全盤大局意識，是一種生態健康的綠色環保策略。

（2）利用藥草礦石餌鼠毒鼠

"釣者之恭，非為魚賜也；餌鼠以蟲，非愛之也。"（《墨子》卷十三《魯問》）春秋時期就已出現將蟲拌入毒藥製成"毒餌"食料之生物方法，來誘殺害蟲、害鳥與老鼠等。《抱朴子·廣譬》提到"毒粥既陳，則旁有爛腸之鼠"，證明古代曾實施以毒餌對付鼠害的行為。

"聞有一草名鼠莽，食之隨死不可醫。非惟自己愛毒烈，輒使妻兒常號悲。"（南宋喬夢符《鼠莽草》）鼠莽草乃古代常用的毒鼠藥物，效果顯著，但人易誤食中毒。清張璐《本經逢原》卷二《毒草部·莽草》："莽即鼠莽，本作䒽字，此物有毒，食之令人迷罔故名。山人以之毒鼠，漁人以之毒魚，與醉魚草總一類辛温，有毒。莽草大毒，善殺魚鼠，其性可知。"

㉛莽（mǎng）《說文·茻部》："莽，南昌謂犬善逐菟艸中為莽。從犬、從茻，茻亦聲。"① 莽即莽草，又稱鼠莽，用來毒魚、鼠等。《正字通·艸部》："莽草，葉光厚，花

---

① 《說文解字》，第27頁。

紅色六出，反捲向上，心有紅蘂倒瓜下，漁人采以搗飯毒魚，或以毒鼠。又名鼠莽。"其藥殺效果明顯。《周禮·秋官·翦氏》："以莽草熏之。"鄭玄注："莽草，藥物殺蟲者，以熏之則死。"

唐白居易《禽蟲十二章》其一："豆苗鹿嚼解烏毒，艾葉雀銜奪燕巢。鳥獸不曾看本草，諳知藥性是誰教？"作者自注："嘗獵者説云：鹿若中箭發，即嚼豆葉食之，多消解。箭毒多用烏頭，故云烏毒。"烏頭即堇草，上古即已用作藥材。《爾雅·釋草》："芨堇草。"郭璞注："即烏頭也，江東呼為堇。"①《莊子·徐無鬼》亦曰："藥也，其實（指藥草）堇也。"堇草有劇毒。《淮南子·説林訓》："蝮蛇螫人，傅以和堇，即愈。"高誘注："和堇，毒藥。"

㉜堇（jǐn） 《説文·土部》："堇，黏土也。從土，從黃省。"② 堇亦作"菫"。《集韻·稕韻》："菫，艸名，《爾雅》謂之'齧苦'，今菫葵也。一曰黃土，古作堇、菁。"堇乃藥草名，即烏頭。《國語·晉語二》："驪姬受福，乃置鴆於酒，置堇於肉。"韋昭注："堇，烏頭也。"堇草有毒，上古常用於毒鼠甚至殺人，《吕氏春秋·勸學》"是救病而飲之以堇也"高誘注："堇，毒藥也，能毒殺人，何治之有？"陳奇猷校釋："堇，烏頭也，毒藥。"

㉝礜（yù） 《説文·石部》："礜，毒石也。出漢中。從石，與聲。"③《急就篇》卷四："黃芩伏苓礜茈胡。"顏師古注："礜，礜石也。"礜石乃藥石名，《集韻·魚韻》："礜，石藥。"古代用於毒殺鼠類，《廣韻·御韻》："礜，礜石，藥名，蠶食之肥，鼠食之死。"

"陰靈炎炎燃礜石，石焰不滅何千年。祖龍心穢慢神天，毛髮流腥身被毒。"（北宋李復《溫泉行》）礜石乃礦物。西漢史游《急就篇》卷四："黃芩伏苓礜茈胡。"顏師古注："礜，礜石也。"上古先民常煉製礜石為中藥材用以毒鼠，《山海經·西山經》："（皋塗之山）有白石焉，其名曰礜，可以毒鼠。"《太平御覽》卷四引《本草經》亦云："礜石，一名青分石，一名立制石，一明逢羊石。味辛。生山谷。治寒熱、鼠瘺、蝕瘡，除熱，殺百獸。生漢中。"

"有鼠草如菖蒲，出山石上，取根藥鼠立死耳。"（北宋唐慎微《證類本草》卷十《蛇芮草》）古人研製毒鼠藥餌具有淵博精深的藥理學、博物學知識，這受益於先民"神農嘗百草"式的躬親示範與同心踐行的科學實證精神，對現代有效治理鼠害仍具有現實指導與啓發意義。

---

① 《爾雅義疏》，第171頁。
② 《説文解字》，第286頁。
③ 《説文解字》，第194頁。

(3) 利用機關械具射鼠刺鼠

"貴人逐鼠過茅舍，山鹿隨羊入野絲。"（《永樂大典殘卷》卷一萬八千七百六十六）爲了更有效地捕鼠，古人研製出弓箭、彈丸、梱斗捕鼠工具。"丁夫不扶犁鋤，而懷丸挾彈，攜手上山遨遊，或好取土作丸賣之，外不足禦寇盜，内不足禁鼠雀。"（《漢書·王充王符仲長統列傳》）這些工具效果十分顯著，使得"鼩之在田也，彈丸欲擊，盧犬欲磔，山狸欲咬，鼩苦之"（明宋濂《燕書》之二十四）。古人甚至將滅鼠方法上升至哲學高度，如北宋理學家朱震指出："鑿木去蠹、熏社逐鼠，豈夬之尚哉？所貴其夬者，謂其乘時去害，動而不窮也。"（《漢上易傳》卷五《下經》）

㉞梱（gù） 《說文·木部》："梱，梱斗，可射鼠。"① 梱即梱斗，射鼠器名，專用於刺殺老鼠。《集韻·姥韻》亦曰："梱，梱斗，射鼠器。"其製作原理乃模仿弓箭發射方式而成。《說文繫傳·梱》："此即今人鑿木爲斗，上施柄，安弓爲機以射鼠是也。"西漢哲學家焦延壽曾詳細介紹這種射鼠器的物理機制與注意事項："炙魚梱斗，張伺夜鼠。不忍香味，機發爲祟，笮不得去。伏巽爲魚，下有離火，故曰炙魚。震爲梱斗。坎爲夜、爲鼠，艮止，故曰伺。震發，故曰張。言以炙魚置梱斗之中，至夜引鼠而射殺之也。"（《焦氏易林注》卷十二《井之第四十八》）而與漢代同時的新疆尼雅古城②出土了大量木質捕鼠夾（見圖8，尼雅文物館藏），證明我國在兩千年前已經廣泛使用專門械具來誘殺老鼠、杜絕鼠患。而受"東學西漸"影響，美國人威廉姆·胡克晚至1890年纔發明出彈簧式捕鼠器，并申請專利。

無獨有偶，曹魏時期散騎常侍王肅曾創造出一種用於驅鼠滅鼠的自動化器械"逐鼠丸"。《太平廣記》卷二二五"伎巧一"引唐段成式《酉陽雜俎》云："王肅造逐鼠丸，以銅爲之，晝夜自轉。"晉元帝時有一著名發明家區純精心設計了一款喚作"鼠市"的構造巧妙、控鼠飼鼠的自動化鼠籠，見東晉孫盛《晉陽秋》卷三："（太興二年春帝正月。衡陽區純者，甚有巧思）又作鼠市於中，四方丈餘，開有四門，門中有一木人。縱四五鼠於中，欲出門，木人輒以椎椎之。門門如此，鼠不得出。"北宋仁宗慶曆年間李姓術士還研發出一件名爲"舞鍾馗"的利用自動原理的木製捕鼠器，見《夢溪筆談·象數一》："慶曆中，有一術士姓李，多巧思。嘗木刻一'舞鍾馗'，高二三尺，右手持鐵簡，以香餌置鍾馗左手中，鼠緣手取食，則左手扼鼠，右手用簡斃之。"元代亦製造出呼爲"木貓"的木製捕鼠機關，據元陳櫟《木貓賦》載："惟木貓之爲器兮，非有取於象形；設機械以得鼠兮，配貓功而借名。"清翟灝《通俗編·獸畜》云："今仍呼木作鼠弶爲木貓。"製作鼠箱、鼠籠

---

① 《說文解字》，第124頁。
② 新疆尼雅即上古西域的精絕國，見《漢書·西域傳·精絕國》："精絕國，王治精絕城，去長安八千八百二十里，户四百八十，口三千三百六十，勝兵五百人。"該國以農業爲主，多鼠患，是絲綢之路的必經之地。

古已有之，清代道光年間麟慶編撰的《河工器具圖説》書内詳實記載了類似"木貓"的具有捕鼠功能的"狐櫃"（稱作"鼠櫃"似更為合適），且描述有用箭射殺老鼠之鼠弓及使用磚石壓死老鼠的裝置。捕鼠器具的紛紛出現絶非偶然，而是社會需求與人類智慧相結合之勞動成果。借助這些捕鼠利器，人類迅速提升了捕鼠效率。《太平御覽》卷九一一引南朝梁蕭繹《金樓子》曰："齊郁林王夜中與宦者共刺鼠，至曉夜，輒得被十籃。"

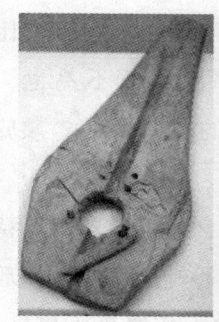  

圖8　尼雅木質捕鼠夾　圖9　中唐榆林窟第15窟毗沙門天王吐寶鼠　圖10　西域鼠神圖

### （二）鼠神崇拜語境下早期中國鼠文化編碼解密

"鼠迹生塵案，牛羊暮下來。"（南朝梁沈炯《十二屬詩》）鼠很早就闖入中華先民的文化視野，為"不受待見"的被鄙夷之獸，大量充斥負面意義的含"鼠"詞語翔實佐證着"過街老鼠"身份卑微的事實。然而讓人震驚的卻是它"不鳴則已，一鳴驚人"，居然逆襲成為炎黄子孫始終高度關注的自然母題、書寫物件與崇拜動物，升級封神并位列仙班。如清李慶辰《醉茶志怪》卷三《鼠媪》云："醉茶子曰：鼠之為物，蠢然耳，乃物老而精，公然為怪。予鄉有供五仙像者，其神為胡、黄、白、柳、灰。胡，狐也；黄，黄鼠也；白，蝟也；柳，蛇也；灰，鼠也。"考古資料顯示鼠神崇拜現象不僅遍布古代中原，亦波及西域各地。如中唐時期瓜州榆林窟第15窟壁畫即描摹有毗沙門天王左手握着口吐寶珠的金鼠像（見圖9，甘肅博物館藏）。20世紀初斯坦因在新疆和田東北部丹丹烏里克廢墟竊取了轟動世界的唐代木板畫"鼠神圖"（見圖10，大英博物館藏），《大唐西域記》記載的古于闐國存在的鼠神傳奇被證實。鼠最終雄踞我國最具民族特色及世界影響的"十二生肖"之首，堪稱中國文化史上"哥德巴赫猜想"式的奇迹。古往今來人們不斷發問："大蟲、老鼠，俱為十二相屬，何怪之有？"（唐李肇《唐國史補》卷上）"鼠為十二生肖之首，豈非是箇造禍之端？"（清朱素臣《十五貫·訪鼠測字》）箇中緣由讓人百思不得其解，如明陸深《春風堂隨筆》云："方言以十二生肖配十二辰，為人命所屬，莫知所起。周宇文護母留齊貽書護曰：'昔在武川鎮，生汝兄弟。大者屬鼠，次者屬兔，汝身屬蛇。'當時已有此語，北狄中，每以十二生肖配年為號。所謂狗兒年、羊兒年者，豈此皆胡語耶？"

1. 鼠為生肖首：昔聖今賢的百家爭鳴

先哲時修針對"鼠乃生肖首"這一千古疑案提出了各種假說，茲羅列如下。

（1）民間流傳的鼠在玉帝衛士選拔賽上作弊取勝說。針對鼠性機智狡黠的特徵，民間流傳的詼諧說法稱：玉皇大帝欲挑選12名宮廷侍衛。老鼠采取作弊的手法（騙貓耽誤報名、鑽象鼻擾亂、跳牛背奪第一）贏得選拔頭籌，笑到最後。後世紛紛為貓抱不平，宋末元初文學家戴表元指出："鼠、牛、虎、兔、龍、蛇、馬、羊、猴、雞、犬、豬，皆得其類於人，謂之十二屬。貓於人最近，獨不預。客或疑之，以為他物貴賤猶有可言，顧不得比蛇鼠乎？曰：貓慕肥暖，輕遷就，不信無義，又生子多自殘賊，其事蛇鼠所不為也。"（《剡源戴先生文集》卷二十三《貓議》）戴氏認為人類選擇生肖動物的標準除了"類於人"，還要參照"仁義禮智信"等因素。

（2）西南部分少數民族推崇老鼠創世說。因鼠類齧咬成癖、偷盜糧食、善於繁衍等特點，西南地區部分少數民族盛傳"鼠盜稻種""鼠咬天開""鼠咬葫蘆"等神話傳說，如瑤族神話《穀子的傳說》、佘族神話《稻穗為何像老鼠尾巴》聲稱鼠幫助人類取來了稻種，從而能種植生產；彝族神話《葫蘆裏出來的人》相傳人類起源於葫蘆，而葫蘆原本呈密封狀態，是鼠率先朝葫蘆咬開一箇洞，人類得以出世呼吸看見光明，反映出鼠在古人動物神崇拜中之特殊地位。

（3）北方部族記年說。見明陸深《春雨堂隨筆》。清趙翼《陔餘叢考》亦云："蓋北俗初無所謂子丑寅卯之十二辰，但以鼠牛虎兔之類分紀歲時，浸尋流傳於中國，遂相沿不廢耳。"然陸、趙二人未言明北方各族為何舉鼠作為生肖之首。11世紀維吾爾族語文學家馬赫穆德·喀什噶里所編《突厥語大詞典》云："突厥人取十二種動物之名稱來記年。"表明突厥族采用十二生肖記年法，該詞典還提供了關於一箇動物排序起源的有趣傳說：一突厥可汗想弄清古代一場戰爭的發生年代，專門召開一次會議，意圖按照十二箇月份與黃道十二宮給每一年份確定一箇名稱，且以十二年為一週期遞推。為了給每一年固定命名，下令將所有動物趕入伊犁河，動物們紛紛逃命奔向對岸，最終祇有12種動物安然渡過伊犁河，於是可汗以這12種動物的名稱來給年份命名，且按照渡河的先後順序排次序。據說老鼠第一箇渡河，故排首位。

（4）動物起居作息與地支時辰配對說。鼠晝伏夜出，膽小謹慎。明李長卿《松霞館贅言》云："子何以屬鼠也？曰：天開於子，不耗則其氣不開。鼠，耗蟲也，於是夜尚未央，正鼠得令之候，故子屬鼠。"該說法用老鼠晝夜活躍的時間規律來進行肖獸匹配排序。

（5）動物體虧說。該觀點反彈琵琶，提出十二獸的身體結構皆有所欠缺，生肖取其"不足之形"。如南宋文人曾三異即認為十二相屬是根據每一種動物特有的生理特徵（缺陷），即所謂"虧"來別選的。《同話錄·十二辰》載："十二辰，屬子午卯酉丑，行死處，其屬體皆有虧，如鼠無膽，雞無腎，馬無角，牛無齒，兔無唇之類，惟三物配附不合耳。"元末明初大學者葉子奇提出"鼠無牙"為鼠入選相屬之理據，見《草木子·鉤玄篇》："每肖各有不足之形焉。如鼠無牙，牛無齒，虎無脾，兔無唇，龍無耳，蛇無足，馬無膽，羊無瞳，猴無臀，雞無腎，犬無胃，豬無肋。人則無不足也。"而明代科學家方以智提出其真正原因乃"鼠目少光齒利"，如《通雅卷十二·天文（陰陽）》："十二生肖即十二時書而為之說也。或曰皆不全之物子，鼠目少光齒利。"三者說法大同小異，但沒有解釋為何鼠屢有缺陷仍能排第一。

（6）獸足奇偶與陰陽配對說。有學者將鼠的肢體性狀與生肖次序相聯繫，如南宋洪巽《暘谷漫錄》曰："子鼠、丑牛、寅虎、卯兔、辰龍、巳蛇、午馬、未羊、申猴、酉雞、戌犬、亥豬十二相屬，前輩未有明其所以取義者。曩見《家璩公選》云：子、寅、辰、午、申、戌俱陽，故取相屬之奇數以為名；鼠、虎、龍、猴、狗五指，而馬單蹄也。丑、卯、巳、未、酉、亥俱陰，故取相屬之偶數以為名；牛、羊、雞、豬皆四爪，兔兩爪，蛇兩舌也。"洪氏主張十二屬相是以動物足爪之奇偶數與"六陽""六陰"相配而成。明代筆記作家郎瑛批評十二生肖出自"動物不全不足"的觀點，贊同生肖乃動物足趾數的奇偶異同結合陰陽理論所致："地之肖屬十二物，人言取其不全者，予以庶物豈止十二不全者哉。予舊以地支在下，各取其足爪，於陰陽上分之。如子雖屬陽，上四刻乃昨夜之陰，下四刻今日之陽，鼠前足四爪，象陰，後足五爪，象陽故也。"郎氏判定老鼠足兼陰陽、奇偶同體，"物以稀為貴"，子時亦意味着陰陽交替、時間轉換，故鼠排於"子"位。為了消解"予又思蛇、兔且取唇舌，他物之足爪亦豈無如十二物者哉"的內在矛盾，他進一步推斷動物入生肖仍須由陰陽變化、動物性情決定："夫十二支固屬陰陽，皆於時位上見之，易卦取象亦然也，惟理義之存焉耳。如子為陰極，幽潛隱晦，以鼠配之，鼠藏跡也。"（《七修類稿》卷四《天地類·十二生肖》）

（7）天命賦形說。鼠、牛等12種動物來自人類熟悉的世界。明代文學家楊慎認為生肖是一箇順其自然的選擇過程，并非先民刻意為之，故提出"子鼠、丑牛十二屬之說，朱子謂不知所始。余以為，此天地自然之理，非人能為也。日中有金雞，乃'酉'之屬；月中有玉兔，乃'卯'之屬。日月陰陽，互藏其宅也。故篆字'巳'作蛇形，'亥'字作豬形，餘可推而知矣。"（《藝人伐林·十二屬》）楊氏并未回答鼠為何居生肖首之具體原因。

（8）動物星宿說。先民將黃道與赤道附近的恒星分為二十八星宿，分別代表一種動物；將周天等分為十二分，用十二支表示；而十二支配屬生肖，生肖與二十八星宿存在對應關係。十二生肖子屬鼠，地支子對應二十八星宿的女宿、虛宿和危宿，"以七曜統之"，成"女土蝠，虛日鼠，危月燕，子也"的格局。明代大學士王鏊《震澤長語》卷三十四《答問》曰："或問：十二辰所肖何謂也？曰：是非吾儒之所講也。雖然嘗聞之於人，二十八宿分布周天，以直十二辰，每辰二宿，子午卯酉則三，而各有所象，女土蝠，虛日鼠，危月燕，子也。"《春秋運斗樞》亦曰："玉衡星散而為鼠。"玉衡星即北斗七星之第五星，故常泛指北斗星。

（9）源自印度說。該說法始見於唐釋道世《法苑珠林》引《大集經》曰："閻浮提外，四方海中，有十二獸，并是菩薩化導。人道初生，當菩薩住窟，即屬此獸護持、得益，故漢地十二辰依此行也。"有人據此認為十二生肖由古印度傳入中國，然而天竺十二獸與古代中國十二屬相動物小異，有獅無虎。該說法稱傳入華夏時以虎代獅，可能與中原不產獅有關。觀佛典經義，北方銀山有香功德窟一鼠"修聲聞慈"，十二獸虔心敬佛，修成正果，并教化同類，故受如此尊重，見北涼天竺三藏曇無讖所譯《大方等大集經》卷二十三："是十二獸，晝夜常行閻浮提內，天人恭敬，功德成就，已於諸佛所發深重願，一日一夜，常令一獸遊行教化，餘十一獸安住修慈，周而復始。七月一日鼠初遊行，以聲聞乘教化一切鼠身眾生，令離惡業勸修善事；如是次第至十三日，鼠復還行。如是乃至盡十二月，至十二歲，亦復如是，常為調伏諸眾生故。"據佛經可知鼠"遊行教化"排在第一箇，它虔心敬佛，改惡從善，深得諸佛賞識，故被指為輪流值歲的首獸至尊。

（10）來自巴比倫說。古希臘、古埃及、古巴比倫等也有十二生肖，僅動物不同。郭沫若《甲骨文字研究·釋干支》提出："此肖獸之制不限於東方，印度、巴比侖、希臘、埃及均有之，而其制均不甚古，無出於西紀後百年以上者。意者此殆漢時西域諸國仿巴比倫十二之宮而制定之，再向四周傳播也。"因深感證據不足，郭氏亦申明："'釋干支篇'所談到的十二支起源的問題，在今天看來依然是一箇謎。我們把它解釋為起源自巴比倫的十二宮，在今天雖然還是沒有更好的直接物證，但也沒有更堅實的反證。"然考巴比倫十二獸曆乃貓、犬、蜣螂、驢、獅、公羊、公牛、隼、猴、紅鶴、鱷（缺鼠），與古代中國十二生肖動物差異較大。

（11）起於本土說。傅運森認為鼠肖始於西漢時期："蓋自西漢之季，緯大昌，方術起，實為十二獸應用於十二辰之由來。"（《十二辰考》）馬敘倫將鼠等十二屬相與干支的配對關係上溯至上古顓頊時期："古止以甲子紀日，顧亭林已言之，蓋初亦如蠻俗以鼠、牛、虎、兔等十二屬紀日，後以五行配之，遂成干支之名。五行之說，乃上古宗教派哲學之宇宙論中所謂元素也，此似為較進化之表現。據《史記·五帝本紀》，則五行之說顓頊時已有矣。至紀歲之名如閼逢、攝提於之類，亦上古民族語，或外來名詞之譯音。"（《石屋續瀋·干支由來》）然二人均未論及鼠為何居十二獸曆之首，說明這一問題的複雜程度超乎想象。

（12）子為蝠鼠、燕說。蝠鼠、燕均為上古祥瑞之物。傅運森《張菊生先生七十生日紀念論文集·十二辰考》："古人定十二辰之名，本無必然之秩序，或取動物，或取静物，或取人事，姑以愚臆妄斷之。如子象子孫，而《說文》所載籀文子字，頗類燕形……燕蓋商之圖騰，後世視為神聖，以其來為祥瑞焉。第此與屬子之鼠似毫無所涉（古籀文皆不見鼠字），然鼠類所賅頗廣，《爾雅》可證。蝠，諸書亦稱天鼠、仙鼠，契文有像飛鳥、翼上有勾爪者（图，後編下二五），葉玉森君以為即古文像形蝠字，如子爵蝠之蝠（作图、作图、作图、作图），并象蝠形，亦如燕字之張翅植首分爪也。《西清古鑒》并釋為福（叚蝠為福），蓋蝠之與燕，昏晨相代而興蝠之臨為降福，亦猶燕之來為降祥也。由是觀之，鼠與燕蝠，實相關係，故二十八宿中之女虛危，其禽即蝠鼠燕相連，其辰皆在子，而三十六禽，亦在子為蝠鼠燕也。"

（13）約定俗成說。該觀點主張十二生肖是先民擇取身邊熟悉的鳥獸動物而成的，是人類識別與記錄年份事件所用，沒有特別的涵義。楊蔭深《細說萬物由來·十二生肖考》認為："大抵當時配合諸獸，皆取習知者為主，以便人們認識記憶，固無何種深意可說。"照楊氏觀點與邏輯，鼠成為十二生肖之首也沒有專門的認知依據，祇是古人耳濡目染隨機選擇的自然結果。

（14）動物圖騰說。原始社會先民常用某種動物或無生命物質甚至自然現象作為本氏族的保護神和圖騰標誌。動物圖騰說在生肖解釋中日益受到追捧。據顧炎武考證，春秋時僅存二十二姓，董家遵《古姓與生肖同為圖騰考》進而認為最古老的姓氏祇有十二姓，其源於十二獸，即古代社會的圖騰。民族學者劉堯漢的《"十二獸"曆法起源於原始圖騰崇拜》一文，據彝族的圖騰遺迹與哀牢山虎街山神廟紀日"十二獸"壁畫及彝文《母虎日曆》碑，反推十二獸曆來源。他注意到桂西彝和毛道彝的十二獸曆法將人與紀曆十二獸同列，且彝族至今仍用十二獸曆紀日，故提出"十二獸曆起源於原始社會的圖騰崇拜"。至於鼠為何排生肖第一，兩位學者均予以回避。查彝族、傣族等的十二獸曆，其動物名稱及排序并不相同，如傣族所用的十二獸曆為象、牛、虎、鼠（排第四）、龍、蛇、馬、蟻、猿、雞、狗、豬，而彝族內部的十二獸曆更是大相徑庭，如桂西地區彝族的十二獸曆為龍、鳳、馬、蟻、人、雞、狗、豬、雀、牛、虎、蛇（缺鼠），哀牢山彝族為虎、兔、穿山甲、蛇、馬、羊、猴、雞、狗、豬、鼠（排第十一）、牛，川滇彝族為鼠、牛、虎、兔、龍、蛇、馬、羊、猴、雞、狗、豬，貴州彝族為鼠、牛、虎、兔、龍、蛇、馬、羊、猴、雞、狗、豬。是以圖騰說存在無法調和的內部矛盾。

上述諸家衆說紛紜，莫衷一是，時見"片面的真理"，然罕有能窺全豹者。面對如此極具民族特色的文化謎案，不能淺嘗輒止，學界必須做出統一、具說服力的科學解釋。從某種程度而言，先民設計十二生肖及確定先後順序，實乃依據當時的社會生活、生產經驗，"近取諸身，遠取諸物"（《易·繫辭下》），尋找、甄選對於人類來說地位最重要、關係最緊密、認知最充分的12種動物，顯然并非隨機產生、任意而為；他們以這些動物紀年、月、日、辰，逐步構建起物候標準、時間體系和世界秩序，從而把握、界定、確立起人類賴以生存的參照座標、心靈歸宿與精神圖騰，并試圖圓滿回答民族起源、福禍預測及生命真諦的難題，最終形成了獨具民族魅力的十二生肖文化。它是古人表述世界、觀照世界、規約世界的中國編碼、文化符號和認知利器，故學界有必要求取鼠之文化原型①與合理解釋。

　　鼠肖起源於何時？究竟有何可信證據？唐吴兢《樂府古題要解》卷下曰："十二屬，右十二辰所配，若子鼠、丑牛之類。"隋（見圖11，武漢博物館藏）、唐（見圖12，湖北省博物館藏）、宋（見圖13，江西省博物館藏）三朝均有出土鼠肖實物。清代著名史學家趙翼力主"後漢説"，其《陔餘叢考》卷三十四《十二相屬起於後漢》稱："（十二相屬起於何時，諸書皆無明文）則十二相屬之起於後漢無疑也。"驗諸典籍，東漢王充時即有鼠配對地支"子"之文字記錄。《論衡·物勢》載："子亦水也，其禽鼠也。"又，"子，鼠也"。清梁鉅章進一步論述道："十二屬十二辰各有所屬，其説始於《論衡》：《物勢篇》言其十一，所缺惟龍；而《言毒篇》有'辰為龍'、'巳為蛇'二語，合之今説，已無參差，而統謂之曰禽。朱子嘗論《易》，《乾》馬《坤》牛，《震》龍《巽》雞，《坎》豕《離》雉，《艮》狗《兑》羊，此取象自有來歷，非假譬之。十二屬頗與八卦取象相類，得云無來歷乎？翟晴江曰：觀蒼頡造字，亥與豕共一筆小殊，而巳字直象蛇形，則其來歷矣。"（《浪跡續談》卷七《十二屬》）而據目前最新考古資料證實，早至先秦時已有"十二生肖"之説，如1975年12月湖北雲夢縣睡虎地出土秦簡《日書》② 甲種《盜者》篇云："子，鼠也。盜者兑（鋭）口，希（稀）須，善弄，手黑色，面有黑子焉，疵在耳，臧於垣内中糞蔡下。"1986年4月甘肅天水放馬灘秦代墓葬發掘的甲種《日書》竹簡亦含"盜者"文辭："子，鼠矣。"且分干日亡盜和支日亡盜兩種，後者是以十二支配十二屬相，以屬相為卜亡根據（如子日亡者必有鼠相等）。據簡文內容可知，古人根據失盜日的干支、生肖的動物特徵比附推斷盜賊之面容形貌、藏身之所，進而為官府破案緝盜提供綫索，本質上乃基於人和鼠類動物的相似性原理。

　　《説文》亦有人體"十二屬"之論，見《説文·骨部》："体（體），總十二屬也。"③段玉裁注："十二屬，許未詳言。今以人體及許書核之。首之屬有三：曰頂，曰面，曰頤；身之屬有三：曰肩，曰脊，曰尻；手之屬有三：曰肱，曰臂，曰手；足之屬有三：曰股，曰脛，曰足。合《説文》全書求之，以十二者統之，皆此十二者所分屬也。"據秦簡《日書》占盜術觀之，可用日支推出盜者（人體）身上疵的所在部位，或在眼，或在耳，或在

---

① 黄交軍、李國英：《原型範疇理論視角下漢字"鼠"之認知機制抉隱》，《湖南廣播電視大學學報》2019年第3期，第50頁。

② 《日書》是古人從事婚嫁、生子、喪葬、農作、出行等各項活動時選擇時日吉凶宜忌的參考書，本質上乃古代民間一種"選擇時日吉凶的數術"，對我們瞭解早期中國社會史、風俗史、思想史具有重要參考價值。

③ 《説文解字》，第86頁。

鼻，或在腰、足，説明戰國至秦時的干支方術通過人之身體部位與干支的對應，可達到占測箇人命運吉凶或形貌特徵乃至疾病狀況的目的，説明古人認爲十二屬相與人體"十二屬"顯然不無關聯。饒宗頤經考證《日書》後明確指出："十二獸之形成，已在先秦時。漢時十二屬名已經人整理一致，其後行於邊裔各邦，皆采用之。十二屬自子爲鼠至亥爲豬，無不同然，蓋用漢人固定之名稱也。"① 這充分説明：鼠作爲具有世界意義的文化類型學的動物原型與區分標準，有着更爲古老、深厚而複雜的歷史背景與人文内涵，需要更爲嚴謹周密的認知理據與科學根源。

圖11　隋鼠首人身俑　　圖12　唐紅陶十二辰鼠俑　　圖13　宋素胎鼠首陶俑

2. 鼠神崇拜：基於早期中國的語言學證據

"匹夫而爲百世師，一言而爲天下法，是皆有以參天地之化，關盛衰之運。"（北宋蘇軾《潮州韓文公廟碑》）作爲衡量古代中國文明程度的重要標志與認知編碼，漢語漢字是忠實記録先民社會動態與原始思維的全息元、全息胚、全息譜、全息符，堪稱密封保存歷史原貌的活化石、新史料，是"不會説謊的第一手可信證據"，厚積層纍着史前時期以來華夏文明的全部本真資訊，與其他方面構成互證發明的緊密關係，② 據之能準確科學地回答華夏有文字以來的系列文化謎案及民族秘史。而鼠乃十二生肖之首，爲中華民族動物崇拜的主要組成部分，是中華民族形成過程中起着關鍵作用的心靈紐帶、文化符號、民族象徵與精神圖騰。語言文字能全息映射出先民衣食住行、風度儀容的前世今生，以至學界稱譽道："一字即一部文化史。"從這箇角度而言，與詩論宣導"羚羊掛角，無迹可尋"（南宋嚴羽

---

① 饒宗頤、曾憲通：《雲夢秦簡日書研究》，香港：香港中文大學出版社，1982年，第37頁。
② 黄交軍：《從〈説文解字〉看中國先民的"天、地、人"全息意識》，《廣東技術師範學院學報》2013年第10期，第87頁。

《滄浪詩話·詩辯》）的意境超脫、難以捉摸迥異的是，鼠在歷代相傳的字元詞義中處處隱顯出習焉不察之蛛絲"鼠"迹。如"鼳"字已見於《爾雅》，《正字通·鼠部》："鼳音時，《爾雅》'鼳鼠'注未詳。"然而鼳鼠究竟是什麼？礙於資料匱乏長期語焉未詳，實則為古代鼠神崇拜表時辰的生肖專字。鼳同鼲。清郝懿行《爾雅義疏·釋獸》："鼳鼠，未詳。《釋文》'鼳音時'，《廣韻》作'鼲'。或曰鼠為十二屬首，所以紀歲時，故有鼲名。按：鼳自鼠名，非凡鼠俱名鼳。鼲疑從俗所加。"① 成體系的鼠類字詞更能凸顯出鼠從萬千動物中脫穎而出、坐上十二生肖頭把交椅的確鑿證據。

（1）鼠皮毛作衣裘：絲綢之路的文明使者

"狐裘蒙戎，匪車不東。"（《詩經·邶風·旄丘》）衣食住行是人類生活的重要主題。上古《詩經》時代人們已學會利用動物毛皮縫製衣裳。其材料來源不僅有"錦衣狐裘"（《秦風·終南》）、"狐裘黃黃"（《小雅·都人士之什·都人士》）、"一之日于貉，取彼狐狸，為公子裘"（《豳風·七月》）等狐鼠、貂鼠皮，亦有羊皮如"羔裘如濡"（《鄭風·羔裘》）、"羔裘豹袪"（《唐風·羔裘》），熊皮如"熊羆是裘"（《小雅·小旻之什·大東》），可見鼠類等動物對華夏民族貢獻巨大。"送我貂裘，與福載來"（《焦氏易林·大過之第二十八》），錦衣華服不僅是中華的靚麗名片，為世界所豔羨，而且成為當時論功行賞、傳情達意的貴重物品。如《後漢書·光武十王列傳》："帝以蒼冒涉寒露，遣謁者賜貂裘。"《論語·公冶長》記子路言志，有"願車馬衣輕裘，與朋友共，敝之而無憾"之言。《北齊書·唐邕傳》記顯宗對太后稱讚唐邕之才，且親解所服青鼠皮裘以賜之，曰："朕意在車馬衣裘與卿共弊。"君臣共用鼠裘，後世傳為佳話，而"同裘"一語遂演變為臣子受帝后恩寵之典。蘇轍《謝對衣金帶表》之二即曰："此蓋伏遇太皇太后陛下，天覆庶物，子養群臣。機杼告功，遠取同裘之義；範鎔成質，式示斷金之誠。"

具有世界意義的是，自漢武帝時張騫出使西域，鼠之影響從中原經西域進一步遠播至海外諸國，搖身一變成為絲綢之路上的文明使者。因"夷狄之貨，唯牛馬、旃裘、弓矢之器"（《孔叢子·陳士義》），而中原服裝技術發達，故能加工精美的動物皮裘，便於國家、民族間互通有無。《漢書·貨殖傳》載："以貧求富，農不如工，工不如商，刺繡文不如倚市門……狐貂裘千皮，羔羊裘千石。""嚴國在奄蔡北，屬康居，出鼠皮以輸之。"（《後漢書·西域傳》）《三國志·魏書·烏丸鮮卑東夷傳》亦云："（夫餘在長城之北，去玄菟千里）出國則尚繒繡錦罽，大人加狐狸、狖白、黑貂之裘，以金銀飾帽。"正因鼠裘等物資在中外交流史上地位如此重要，故國外學者甚至將"絲綢之路"北道（今新疆境內）稱作"毛皮之路"。英國歷史學家彼德·弗蘭科潘在其名著《絲綢之路：一部全新的世界史》中

---

① 《爾雅義疏》，第468頁。

引用一位歷史學家的話稱:"每年從草原出口的獸皮至少有 50 萬張。不斷擴張的伊斯蘭帝國開闢了新的貿易路綫,向北通往幹草原及森林地帶的'毛皮之路'。"① 作為這一重要歷史進程的見證者,《説文》等字書辭典亦有相關字詞予以佐證,折射出中華民族對西域及"絲綢之路"的認知程度。

㉟ 貉(hé) 《説文·鼠部》:"貉,鼠,出胡地,皮可作裘。從鼠,各聲。"② 貉為胡地鼠名,類狐。《説文繫傳》:"貉,狐貉。" 貉鼠皮毛貴重,可作上等皮衣。《類篇·鼠部》:"貉,鼠名,出胡地,皮可為裘。"《説文句讀》亦曰:"《鹽鐵論》:中者麛衣金縷,燕貉代黄。"

㊱ 鼲(hún) 《説文·鼠部》:"鼲,鼠。出丁零胡,皮可作裘。從鼠,軍聲。"③ 鼲乃黄鼠,又名拱鼠、禮鼠,產自丁零胡地。《本草綱目·獸三·黄鼠》:"黄鼠晴暖則出坐穴口。見人,則交其前足,拱而如揖,乃竄入穴。即《詩》所謂'相鼠有體,人而無禮',《韓》文所謂'禮鼠,拱而立者也'。古文謂之鼲鼠,遼人呼為貔狸。黄鼠出太原,大同延綏,及沙漠諸地,皆有之。遼人尤為珍貴。狀類大鼠,黄色而足短,善走,極肥。穴居有土窖,如床榻之狀者,則牝牡所居之處。秋時畜豆粟、草木之實,以禦冬。各為小窖,別而貯。村民以水灌穴,而捕之。味極肥美,如豚子,而脆皮可為裘領。遼金元時,以羊乳飼之,用供上膳,以為珍饌。千里贈遺,今亦不甚重之矣。最畏鼠狼,能入穴銜出也。北胡又有青鼠,皮亦可用。"

㊲ 鼦(hú) 《説文·鼠部》:"鼦,斬鼦鼠。黑身,白腰若帶。手有長白毛,似握版之狀。類蝯蜼之鼠。從鼠,胡聲。"④ 鼦即斬鼦鼠,鼦同䶆。段玉裁注:"其字或作蠗胡,或作獑胡,或作獑猢,或作㹘䶆。" 斬鼦鼠也是一種活躍於西域邊疆的鼠類動物,善於攀援跳躍。《廣韻·模韻》:"䶆,㹘䶆。似猨,身白腰,手有長白毛,善超阪絶岩也。" 因其身有長白皮毛,成為古代製衣的優質原料。《説文義證》:"《寰宇記》引《郡國志》:僰道有獸,名獑猢,似猿而足短,一騰一百五十步,如迅鳥之飛,取此皮為狐白之用,盈百方成。"

㊳ 貂(diāo) 《説文·鼠部》:"貂,鼠屬。大而黄黑,出胡丁零國。從豸,召聲。"⑤ 貂即貂鼠,出西北胡丁零國。段玉裁注:"郭氏《山海經》注曰:今扶餘國,即濊貂故地,在長城北,去玄兔千里,出名馬、赤玉、大珠如棗也。" 貂鼠毛皮極珍貴,可製衣裘,禦寒性能極好。《戰國策·趙策一》:"李兌送蘇秦明月之珠,和氏之璧,黑貂之裘,

---

① (英)彼得·弗蘭科潘著,邵旭東等譯:《絲綢之路:一部全新的世界史》,杭州:浙江大學出版社,2016 年,第 67 頁。
② 《説文解字》,第 206 頁。
③ 《説文解字》,第 207 頁。
④ 《説文解字》,第 207 頁。
⑤ 《説文解字》,第 198 頁。

黄金百鎰。"明宋應星《天工開物·裘》亦曰:"一貂之皮,方不盈尺,積六十餘貂,僅成一裘。"

鼠作為交通各國、傳遞文明的動物因素,將陌生的異域拉近為相逢的知音,使得世界史成為一部統一而完整的全球通史,居功至偉,有史籍為證。如《梁書·諸夷》:"(中天竺國)土俗出犀、象、貂、鼲、玳瑁、火齊、金、銀、鐵、金縷織成金皮罽、細摩白氎、好裘、氍㲪。"古代印度就是這樣跨越高原與中國進行物資、文化交流,而喀布爾河地區的罽賓國亦因鼠等開啓了友好之路。《隋書·列傳》載:"煬帝時,遣侍御史韋節、司隸從事杜行滿使於西蕃諸國。至罽賓,得瑪瑙杯;王舍城,得佛經;史國得十舞女、師子皮、火鼠毛而還。"晚至遼朝,鼠之重要程度仍未降低。《遼史·食貨志下》:"雄州、高昌、渤海亦立互市,以通南宋、西北諸郡、高麗之貨,故女直以金、帛、布、蜜、蠟諸藥材及鐵離、靺鞨、於厥等部以蛤珠、青鼠、貂鼠、膠魚之皮、牛羊駝馬、毳罽等物,來易於遼者,道路繦屬。"

2. 鼠毛鬚作筆毫:妙筆生花的重要原料

"江南飛鼠拔長尾,勁健頗勝中山毫。其間又有蒼鼠鬚,入用不數南雞毛。"(北宋梅堯臣《依韻和石昌言學士求鼠鬚筆之什鼠鬚鼠尾者前》)不僅鼠皮毛能製衣裘,鼠鬚、鼠毛亦能成為文房四寶的重要來源。如鼠鬚筆乃用老鼠鬍鬚製作的一種名筆,一說以松鼠之鬍鬚製作而成。南宋陸佃《埤雅》:"栗鼠蒼黑而小,取其毫於尾,可以製筆,世所謂鼠鬚栗尾者也。"鼠鬚筆又名"鼠鬚管"。北宋歐陽修《奉送原甫侍讀出守永興》詩曰:"鼠鬚管,為物雖微情不淺。新詩醉墨時一揮,別後寄我無辭遠。"鼠鬚筆始於漢代,當時的書法大家張芝、鍾繇皆用鼠鬚筆,如王羲之《筆經》曰:"世傳張芝、鍾繇用鼠鬚筆,筆鋒強勁有鋒芒。"

㊴ 鬣(liè) 《說文·囟部》:"鬣,毛鬣也。象髮在囟上及毛髮鬣鬣之形。此與籀文(孛)子字同。"① 鬣本義指毛髮。《正字通·巛部》:"鬣,壯髮也。又駿氉也。總要從囟下指駿髮狀,偶似鼠足,與氉通。"尤指鼠毛,如《廣韻·葉韻》:"鬣,本也。又鼠毛。"可製作成毛筆,相傳東晉書聖王羲之從中得到啓發,用鼠鬚筆寫下絕世佳品《蘭亭序》:"王右軍寫《蘭亭序》以鼠鬚筆,世傳右軍得筆法於白雲先生遺之鼠鬚筆。"(《法書要錄》)《東坡題跋》亦云:"予撰月塔銘,使澄心堂紙,鼠鬚筆,李廷珪墨,皆一時之選也。"

3. 腐鼠還是蜜唧:舌尖中國的饕餮盛宴

"求駑駘於千里,抱鼠璞以待價,此智士所以寒心。"(南宋葉適《上西府書》)除了皮毛可以製衣,鼠肉更是難得的珍饈美味,如郭璞《玄中記》曰:"丁□之民,地寒,穴居,

---

① 《說文解字》,第216頁。

食禽鼠之肉，民號為名裘。"後世受《莊子》"腐鼠"一詞影響，以為食鼠肉格調低下，其實上古用"璞"（本義指玉石）指稱乾鼠肉，甚至冠之以"蜜唧"（唐·張鷟《朝野僉載》卷二）、"家鹿"之名，可見鼠肉口感極佳，故能成為交易對象。

㊵璞（pú）　《莊子·天下》："犬可以為羊。"陸德明釋文："周人謂鼠臘者亦曰璞。"璞同樸，本指未經雕琢過的玉石，或指包藏着玉的石頭；亦指未臘製的鼠，又名鼠璞、鼠樸。《後漢書·應劭傳》："昔鄭人以乾鼠為璞。"《西京雜記》卷六："物固亦有似之而非者。玉之未理者為璞，死鼠未屠者亦為璞；月之旦為朔，車之輈亦謂之朔。名齊實異，所宜辯也。"

㊶鼩（qú）　《説文·鼠部》："鼩，精鼩鼠也。從鼠，句聲。"① 段玉裁注："鼱鼩，小鼠也。"鼩即鼱鼩鼠，古稱鼩或鼱。《爾雅·釋獸》："鼩鼠，鼠屬。"郭璞注："小鼱鼩也。"又名地鼠。《本草綱目·獸三·鼠》："鼩鼱，似鼠而小。即今地鼠也。"鼩鼱毛色灰褐或灰白，形極似鼠，但吻部細而尖，穿穴地中而造巢，吃昆蟲、蚯蚓等，有益於農作物。徐珂《清稗類鈔·飲食·青海人食鼩鼠》："青海有鼩鼠，窟處土中，黃灰色，較家鼠身肥短，尾不及寸。"

"舊聞蜜唧嘗嘔吐，稍近蝦蟆緣習俗。"（北宋蘇軾《聞子由瘦（儋耳至難得肉食）》）不要小看鼠肉的作用，對先民而言肉食奇缺，"肉食者鄙"（《左傳·莊公十年》），平常以蔬果充肚，以至於孟子感慨地説："雞豚狗彘之畜，無失其時，七十者可以食肉矣。"（《孟子·梁惠王上》）而中原人士蘇軾因為得罪權貴，一再遭到貶謫，最後被貶至海南島。因飲食南北差異較大，蘇軾被迫拋棄成見，享用起"蜜唧"，最後完成了對鼠肉美食的心理認同，如其《聞正輔表兄將至以詩迎之》詩云："朝盤見蜜唧，夜枕聞鵂鶹。"今廣東等地亦存在食鼠習俗。

4. 穀神、倉神、財神：貯糧儲食的理家高手

在藏傳佛教裏，鼠乃吐寶送瑞、招祥滿願的神獸；而漢語中鼠也是聚財斂糧的象徵動物。清方濬頤《夢園叢説》云："粵東有錢鼠，其吻尖，其尾長，其聲若數錢然，故名。俗云，見則主人家有吉慶事。"清俞樾《茶香室叢抄》亦云："常鼠亦能作數錢聲。俗云：朝聞之，主耗財；暮聞之，為數入，主聚財。"民俗尊鼠為穀神、財神實源於對老鼠儲物生活習性的實地觀察。古人甚至認為老鼠出沒之處為財寶藏身之所，如《太平廣記》卷一六二《感應》引後蜀何光遠《徵誠錄》："（蜀孟熙）因見鼠掘地，得黃金數千兩，自此巨富焉。"佛經亦然，南朝宋竺道生《彌沙塞部和醯五分律》卷二十八云："有比丘於鼠穴中得千兩金囊，盜心取，生疑問佛。佛言：'屬鼠物，不犯；得偷羅遮罪，若盜心奪鳥獸物，亦

---

① 《説文解字》，第206頁。

如是。'"

㊷鼸（xiàn）　《説文·鼠部》："鼸，鼩也。從鼠，兼聲。"① 鼸，屬田鼠。《太平御覽》卷九一一引《大戴禮記》："正月田鼠出。田鼠者，鼸鼠也。"亦名香鼠，灰色短尾，能頰中藏食。《爾雅·釋獸》："鼸鼠，鼠屬。"郭璞注："鼸鼠，以頰裹藏食。"郝懿行義疏："鼸鼠，即今香鼠，頰中藏食如獼猴然。灰色，短尾而香，人亦畜之。"②《釋名·釋形體》："頤，或曰鼸車。鼸鼠之食積於頰。人食似之，故取名之。"今本《大戴禮記·夏小正》作"嗛鼠"。

㊸嗛（qiǎn）　《説文·口部》："嗛，口有所銜也。從口，兼聲。"③ 猿猴、鼸鼠之類的頰囊。《爾雅·釋獸》："寓鼠曰嗛。"郭璞注："頰裹貯食處，寓謂獼猴之類寄寓木上。"邢昺疏："寓木之獸及鼠皆曰嗛。"郝懿行義疏："寓即寓屬，鼠、獼猴皆寓也，或寓於木，或寓於穴，其糧皆謂之嗛。"④《墨子·非儒下》："鼸鼠藏。"孫詒讓《閒詁》："嗛、鼸字通。"

㊹䶅（hán）　《説文·鼠部》："䶅，鼠屬。從鼠，今聲。讀若含。"⑤ 《廣雅·釋獸》："䶅與鼢同。"䶅屬香鼠。《説文通訓定聲》："䶅，字亦作鼢，即鼸也。以頰裹藏食。䶅、鼸聲義俱同。今謂之香鼠，以頰裹食，如母猴；灰色、短尾而香；可畜。"葉德輝《説文讀若考》："䶅、含均從今得聲。"王筠《説文句讀》："口部：'含，嗛也。'仍是頰裹藏食之義。"

鼸、䶅等為鼠類之香鼠，形體較小，動作敏捷。《桂海志》載："至小僅如指擘大，穴於柱中，行地上疾如激箭。"鼸可作藥。《珍異藥品》曰："出雲南，形如鼠，僅長寸許。"古人認為它食香草。周櫟園《書影》曰："密縣西山中多香鼠，較凡鼠小，死則有異香。蓋山中之鼠多食香草，亦如獐之有香臍也。山中人捕置篋笥中，經年香氣不散。"老鼠蓄糧貯物的品性迎合勞動人民勤勞致富的心理期盼。徐珂《清稗類鈔·動物類·閩鼠》載："香鼠者，與常鼠略異，兩眼絶小，尾短而粗，有毫十數莖，氣直如麝，故以香鼠名之。閩人視如神明，謂人類所以得穀食，即由此鼠竊穀種於天上，人若犯之，罪當天譴，每見此鼠，輒焚香禮之。"

5. 白鼠招致祥瑞：逢凶化吉的喜慶天使

"浪傳飛白鼠，無處隱頳鱗。"（明頓鋭《房山孔水洞》）鼠類中還有一種神奇的白鼠，傳説遇之則祥，歷代史書典籍多有載錄。如北齊魏收《魏書·靈徵志》云："《瑞圖》：外

---

① 《説文解字》，第206頁。
② 《爾雅義疏》，第469頁。
③ 《説文解字》，第31頁。
④ 《爾雅義疏》，第69頁。
⑤ 《説文解字》，第206頁。

鎮王公、刺史、二千石、令長酷暴百姓，人民怨嗟，則白鼠至；（太宗四年）八月，御府民張安獲白鼠一；世祖始光三年八月，相州魏郡獲白鼠；世宗景明四年五月，京師獲白鼠。"北宋王欽若《冊府元龜》卷二十五《帝王部·符瑞第四》亦曰："（唐代宗）大曆三年九月，宣州獲白鼠三，獻之；大曆八年，獲白鼠；（唐德宗）貞元十二年六月，京兆府進白鼠；貞元十五年，獲白鼠。"作為吉神，白鼠象徵吉兆或財富，且具有神性，能知過去未來。

㊺ 鼶（fán） 《說文·鼠部》："鼶，鼠也。從鼠，番聲，讀若樊，或曰鼠婦。"① 段玉裁注："鼶，鼶鼠也。《廣雅》謂之白鼶。王氏念孫曰：鼶之言燔也。"鼶鼠本義指白鼠。《玉篇·鼠部》："鼶，白鼠也。"古人將遇見白鼠視為一種難得的祥瑞。《恒春縣志》卷九《物產·獸之屬》："鼶，似兔白而斑，可豢。"白鼠乃先民希冀出現的吉祥物，故獲取即獻瑞於朝廷。

在古代被視為吉祥之物的還有金鼠。如古天竺僧伽斯那《百喻經·得金鼠狼喻》中說："尋時金鼠變為毒蛇，此人深思，寧為毒蛇螫殺，要當懷去。心至冥感，還化為金。"佛教強調"精誠所至，金石為開"，故"毒蛇變回金鼠"，好人終得福報。甚至有"龍化白鼠"之說，見南宋僧志磐《佛祖統紀》："四祖天台智者智顗，字德安，姓陳氏，世為潁川人。晉朝避亂止於荊州之華容（今江陵府公安縣）。父起祖，梁元帝時，為散騎常侍，封益陽侯。母徐氏，夢香煙五采縈迴入懷。又嘗夢吞白鼠，因覺體重。卜者曰：'白鼠者，龍所化也。'"其言白鼠為龍所化，故以感夢吞白鼠而懷娠為吉兆。其實白鼠之所以珍貴，乃在於它在自然界中的罕見，在醫學上稱作"白化症狀"。日本學者原田玲仁認為白鼠還具有外觀上的美感，故能成為喜慶的象徵；而日本從大和朝廷開始，白鼠等就已作為貢品進貢給天皇。②

6. 鳥獸跨界仙鼠：蝙蝠福鼠的通靈壽星

"曾不如老鼠，翻飛成蝙蝠。"（三國吳陸璣《無題詩》）"蝙蝠棲屋簷隙中，又謂之簷鼠。"（《正字通·鼠部》）蝙蝠作為一種"跨界"動物，因其形態怪異、特立獨行，很早就被先民視為"仙鼠""天鼠"。《本草綱目·禽二·伏翼》："蝙蝠，天鼠、仙鼠、飛鼠、夜燕。"古人認為蝙蝠乃長壽福星。唐徐夤《驕侈》詩云："蝙蝠亦能知日月，鷥鳳那肯啄腥臊。"

㊻ 蝙（biān） 《說文·蟲部》："蝙，蝙蝠也。從蟲，扁聲。"③ 段玉裁注："蝙蝠，服翼。《釋蟲》文。《方言》曰：蝙蝠，自關而東謂之服翼，或謂之飛鼠，或謂之老鼠，或

---

① 《說文解字》，第206頁。
② （日）原田玲仁著，郭勇譯：《每天懂一點色彩心理學·實用篇》，長沙：湖南文藝出版社，2013年，第173頁。
③ 《說文解字》，第282頁。

謂之仙鼠。自關而西秦隴之間謂之蝙蝠，北燕謂之蟙䘃。"蝙即蝙蝠，夜間在空中飛，捕食蚊蛾。

㊼蝠（fú）　《說文·蟲部》："蝠，蝙蝠，服翼也。從蟲，畐聲。"①蝠，蝙蝠。《恒春縣志》卷九《物產·獸之屬》："伏翼，即蝙蝠。《爾雅》曰：'似鼠而有肉翅，晝伏夜飛，一名夜燕。'《古今注》：'一名飛鼠。其屎，淘之為夜明砂。'《湖雅》曰：'相傳鼠食鹽則化蝙蝠，能食蚊。其屎入藥，名天鼠矢，一名夜明砂；屎中皆蚊眼。'按：蝙蝠介禽獸之間，而究為鼠類，故附鼠後。"夜明砂為中藥名，又名天鼠屎、黑砂星，是蝙蝠的乾燥糞便。蝠通福，在傳統文化思想中，蝙蝠代表"福運"，故先民誤認為蝙蝠糞便乃濃縮的精華。《抱朴子》卷十一《仙藥》："千歲蝙蝠，色如白雪，集則倒懸，腦重故也。此物得而陰乾末服之，令人壽萬歲。"

據上可知，鼠從一種常見的動物躍升為十二生肖之首，并非是一蹴而就的，而是上述6箇因素的綜合結果，最終發展為獨具中國特色的鼠神崇拜。鼠不僅提供鼠肉與皮毛供人果腹禦寒，也能帶來錢糧甚至福祿壽，甚至能決定國家的生死存亡。如《大唐西域記》卷十二"勃伽夷城及鼠壤墳"條載：瞿薩旦那國王面臨匈奴大軍入侵時"焚香請鼠，冀其有靈"，夜得鼠神托夢襄助，戰爭結局果然大獲全勝："（匈奴）諸馬鞍、人服、弓弦、甲鏈，凡厥帶繫，鼠皆齧斷，兵寇既臨，面縛受戮。於是殺其將、虜其兵，匈奴震慴，以為神靈所佑也。瞿薩旦那王感鼠厚恩，建祠設祭，奕世遵敬，特深珍異。"流風所及，至於閭巷，鼠神不僅庇佑西域諸國，且曾蔭澤造福大唐。據南宋釋志磐《佛祖統紀》卷四十記述：唐玄宗天寶元年（742），西域康居、大石五國在安西地區發生叛亂，玄宗召不空三藏入宮作仁王護國法會，祈求平亂成功。不空誦"仁王護國密語"，法會中玄宗見神人五百餘立於殿廷。不空告訴玄宗說："此北天毗沙門王第二子獨健，副陛下禱往救安西，請設食發遣。"四月，安西上奏："二月十一日，城東北黑雲中見金甲人身丈餘，空中鼓角聲振天地，寇人帳幕間有金鼠齧斷弓弦，五國即時奔（崩）潰，須臾見城樓上天王見（現）形。"鼠神靈驗如此，影響自是源遠流長。

（三）**春秋筆法與實錄精神：早期中國動物敘事與文化情感雙綫"複調"模式的歷史基礎與哲學依據**

"本州倉土築有年，旋葺旋壞，鼠穴其中，每致虧損。"（明周山修等纂《保德州志》卷十一《藝文第十（中）·磚修倉廒記》）通過對早期中國鼠文化的雙綫考察，我們發現古人對鼠充滿着複雜情感與矛盾心理，而先民對鼠的動物敘事與文化情感和前蘇聯美學家巴赫金的"複調"理論不謀而合。複調作為一種隱喻，是巴赫金文論中最為核心的內容。

---

① 《說文解字》，第282頁。

巴赫金强调,真正的複調由諸多具有獨立價值而不相融合的聲音與意識彙聚而成,是主體進行平等對話時進行互證互識、互動互補形成共存共生、"和而不同"的新境界、新理念,小説等藝術形式"恰恰是將那些擁有各自世界、彼此平等的衆多意識,在這裏組成某種事件的整一,而相互間并不發生融合"。① 由此觀之,鼠在古代文化中確實呈現出一種雙聲話語現象:一方面,鼠竊糧毁物、穿穴攜菌,在現實生活中乃一種典型害獸,故打擊剿滅老鼠作為一種政治話語旗幟鮮明、理所當然,主流文化逐漸生成碩鼠害鼠語境,從殷墟卜辭、春秋《詩經》有文字以來,古人就通過字詞篇章表達出厭憎鼠之意。如蜀地俗語"川老鼠"實乃"川惱鼠"之語音訛誤,明劉剛《鞠鼠賦》曰:"相彼鼠輩,切齒殊深。故三語諺云:'川惱鼠。'非獨川有之,而惱鼠者歸之。川能惡人哉?綜厥所元非旦夕,故嘗稽往,川人之惱鼠者多矣。大抵飲三川之水,與上池同,神奸物怪,竊軀殼、混影響者,川之人盡能鑒之形骸之外。豈惟惱之,將必滅之;滅之從惱生也。"字裏行間惱鼠、滅鼠的拳拳之心溢於言表,構成早期中國鼠文化的一大基調。

另一方面,"子屬鼠,故為鼠精"(清陳士斌《西遊真詮》)。鼠類作為歷經"物競天擇,適者生存"自然法則嚴酷考驗倖存下來的强大物種,出色地證明了該族群卓越的適應能力與生存技能,引起了先民的高度關注與研究興趣。古人從生存哲學角度對老鼠進行了全方位的審視與借鑒,提煉總結出鼠的諸多優點,借助對身邊萬事萬物的不斷精挑細選、權衡考量,受"萬物有靈,衆生平等"原始思維的薰陶,人們將鼠列入十二生肖,并因其綜合素質實力超群而推為生肖之首。在生肖文化與讖緯思想結合後,鼠從紀年功能轉化為與人類命運、福禍息息相關的預言者、解釋者、庇佑者,如《柳河東集》卷十九《吊贊箴戒·永某氏之鼠》:"以為己生歲直子,鼠,子神也。因愛鼠,不畜貓犬。"帝王亦不例外。《宋人軼事彙編》卷三云:"(宋)理宗本命屬鼠,一時不覺觸突,上亦不之咎。"延至近代,對屬相盲目崇拜者亦不乏其人。《清稗類鈔·迷信類·鼠建樓閣》:"鹽城有何姓者,其家主人自以子為本命肖鼠也,乃不畜貓,見鼠,輒禁人捕。久之,鼠大蕃息,日跳梁出入,不畏人。"

"正直者,人之所貴,而君子之德也。"(唐劉知幾《史通》卷七《直書》)早期中國鼠的敘事模式確實與巴赫金"複調"理論有異曲同工之妙,但它卻不是舶來品,究其原因乃上古史家"春秋筆法"傳統使然。《春秋》乃魯國史書,相傳為孔子所修。經學家認為該典籍每用一字必寓褒貶,後世將曲折而意含褒貶的文字譽為春秋筆法。南宋俞文豹《吹劍録》云:"朱文公《通鑑綱目》以正名為先,蓋鈍用《春秋》筆法也。"春秋筆法以合乎禮法作為判斷標準,强調不隱晦事實真相,據事直書,影響極大。至西漢司馬遷發展為"實

---

① (蘇聯)米·巴赫金著,白春仁等譯:《陀思妥耶夫斯基詩學問題》第一章《詩學與訪談》,石家莊:河北教育出版社,1998年,第4頁。

録精神",見東漢班固《漢書·司馬遷傳》:"善序事理,辨而不華,質而不俚。其文直,其事核,不虛美,不隱惡,故謂之實錄。"實錄精神進一步要求史家記史要奮筆直書,彰善顯惡,不虛美,不隱惡;在具體敘述時特別注意避免箇人的好惡,遵循客觀真實,從而達到"懸諸日月、妍媸畢露"的信史目標。唐代史論家劉知幾《史通·直書》明確指出:"況史之為務,申以勸誡,樹之風聲。其有賊臣逆子,淫亂君主,苟直書其事,不掩其瑕,則穢迹彰於一朝,惡名被於千載。"先民通過語言文字評價人物及動物時均采用春秋筆法與實錄精神,故而鼠在現實生活、環境影響等層面屬於人類公敵,人人得而誅之;而在萬物有靈、生命精神層面鼠又是人類崇拜的對象,賦予人類更多的生存啓示。鼠文化體現了中國文化"海納百川,有容乃大"的兼收并蓄、辯證吸收的民族傳統,以至西方著名智庫"東方—西方中心"專家紐倫斯不禁感嘆道:"中國有一種能力,她不想讓你看清她的話,誰也没法看清她;但她想要重新焕發光輝的話,誰也遮不住她的光芒。這樣的氣度體現在中國人身上,他們收放自如,還有着無限的包容性。中國文化向世界展現她的強大,越來越多的人願意到中國來看一看。而他們帶去的各自國家民族的文化也將成為中國文化的一部分,已被歷史反復印證。當今世界以包容性而論,没有哪箇國家的文化能像中國文化如此強大。"①

## 三、結　語

《禪真後史》第四十四回:"含苞笑道:'怪的你老人家年庚屬鼠,應是不生膽子的。'三箇人笑做一堆。"鼠作為一種生肖文化,與人類性格及命運實無關聯,已被前賢多所指正。如明代名醫張介賓《景岳全書》卷十《論中風屬風》即尖銳抨擊道:"即如年辰之屬鼠屬牛,豈即為牛為鼠乎?"然而正本清源,作為億萬群衆廣泛認可的動物崇拜對象,老鼠之生命韌性及對人類生產生活實具有重要影響。以鼠類漢字為研究中心,以文化層級編碼理論為視閾考察後發現,早期中國鼠文化構成了一種特殊的雙綫"複調"模式:因鼠偷盗、毁物、染菌等成為人人喊打的過街老鼠,并催生了先民"八仙過海,各顯神通"的捕鼠滅鼠策略,促進了中醫療法的醫學進步;作為一種極具生命活力的地球生靈,鼠供給人類皮、毛、肉,幫助先民更好地生存繁衍,并成為古代世界絲綢之路上的一道亮麗風景,最終成為萬人膜拜的喜慶象徵與生肖至尊。如此涇渭分明的二元對立卻能完美統一,折射出中國文化博大精深、推陳出新的鮮明特性。放眼世界,其他文化很難做到,因為中國文化在具

---

① （美）紐倫斯:《千萬不要試圖鑽研中華文化》,新浪博客 2017 年 10 月 28 日。

有包容性的同時亦注重對事物的辯證吸收，最終融為一體，和諧共存。以宗教為例，佛教從古印度傳入中原，獲得新生，儒道釋三教和諧共處，為中華文明注入新鮮的思想血液與動力源泉，且從未爆發過類似歐洲大陸歷史上那樣血腥殘酷的宗教戰爭。歷經五千年風雨，中國作為一箇大一統的國家，在民族融合、百家爭鳴以及中外交流上保持着強大的吸引力和向心力。而有關鼠的古代漢字、文物圖像、早期典籍與後世作品四者構成"互文"關係，[1] 彼此印證，相互解釋，共同破譯了《詩經》"碩鼠"、鼠為生肖之首的兩大謎題。鼠是中華民族文化認同、文化自覺、文化自信的喜慶動物、認知編碼與文化基石，為中華民族文化共同體的形成增添了新的力證。要之，一段早期中國鼠文化的歷程其實也是一部中華民族銳意進取、自強不息的科技發明史、醫學進步史、絲綢之路文明史及民俗風情史，散發着醇郁的文化張力。

作者單位：貴陽學院文化傳媒學院、貴陽市青岩貴璜中學

---

[1] 黃交軍、李國英：《元語言理論視界下中國先民的鬼文化解讀》，《職大學報》2018年第5期，第40頁。

# 中國村莊名稱與自然崇拜

安希孟

中國村莊名稱保留了較多的原始氏族部落（Clan tribal）圖騰崇拜（totemism）。最早的地名、村名起源於圖騰名稱。村名也體現了原始宗族拜物教（fetishism）、萬物有靈論（animism）等自然宗教（natural religion）特徵。

在原始信仰裏，村莊不僅是人類居住的地方，而且也有野獸神靈坐鎮保佑。野獸不僅是獵獲、征服、食用和打擊的對象，野獸的勇猛、威武、力量、血肉、骸骨也有神奇的力量，也經由崇拜儀式給人類庇佑。以野獸為村名，以動物圖騰為村名，并非不恭，而是含有自强不息之意。當然許多名稱裏含有龍鳳虎牛未必是信仰，也可能是攀龍附鳳、追求神聖、附庸風雅。許多村名是向壁虛構，思緒飄然，樂觀向上。

在遠古時代，自然力也被奉若超神明。例如雷神崇拜。雷神即雷公，是中國神話中主管打雷的神。相傳雷神龍身人頭，鼓其腹則雷。由於雷擊威力巨大，古人往往讓人談雷色變，將村莊命名為雷公村，表現了對自然力的崇拜和畏懼。敬和畏相伴相生，如今常用"敬畏"一詞，表示一種情結或情緒，錯綜複雜。宗教是信仰與恐懼并存，村莊是今生和來世共寓。自然與社會，今生和來世，內在和超越，物質和精神，本應勢分兩途

有關村名來源的故事多非正史，而是在民間經由書面或口頭流傳，多見於晚報或縣村志。我在集納成文時發現，其口傳多於正史，乃因即使是史記漢書，也是由口傳故事集納而來，若加以文字來源注釋，必然十分困難；要歸納出村名產生的規律、理論，更是難上加難。古代沒有相關民政部門統一進行村名規劃，村莊命名沒有統一標準和規範，也沒有先行理論指導。其屬於鄉土草野文化，不是政府行為，而是約定俗成的，習慣成自然；也沒有文化人論證，而是由家族長老鄉紳富戶共商議決，因此多有鄙陋字眼。我們祇可以通

過現象學描述，揭示古今農村村名裏的文化意蘊或自發現象。

## 一、龍驤麟振

　　嚴復在翻譯"圖騰"時說，中國古代也有與澳大利亞人和印第安人相似的圖騰。原始圖騰崇拜和後來的成文系統宗教不同，它們缺乏教義信條、儀式儀規。自然崇拜的物件可能是豬，也可能是蛇，甚至是藏身的洞穴。廣州有許多地名、村名都以動物來命名，諸如鶴、狗、龍、龜等，其與南越人的圖騰文化有關。古代嶺南的越人崇尚鬼神，迷信風氣盛行，這些以動物命名的地名、村名、山名，包含了對美好生活的追求和希冀。有的村名因山嶺河流地形地勢酷似虎狼雞犬，而命之以動物；有的出於想象，借神話傳說中的龍鳳以壯聲威。其命名原因非止一端。古人發揮想象力，或恐懼，或敬仰，或戲謔，或希冀，或出於審美情趣……諸種原因，無可考究坐實。

　　十二生肖作為原始的動物圖騰，代表十二箇氏族部落。目前許多村名保留了十二生肖的圖騰崇拜，如全國有 13618 箇村帶龍字，有 11290 箇村帶馬字，等等。以十二生肖命名的還有鼠場村、六猇牛村、虎村、兔子村、龍岡村、蛇頸村、馬峰村、羊和村、猴子店村、野雞脖村、豬山村等等。雞吉同音，核心是辟邪祈福，而雄雞正是這種願望的華麗符號。因此，在中國帶雞字的地名有不少。龍作為十二生肖之一，被較古早地拿來使用，許多許多地名、村名都與龍圖騰有關。例如江蘇太康龍曲鎮龍南村，相傳在該鎮西邊落下一條龍，當時天氣炎熱，人們紛紛往龍身上灑水。龍升天後，此處形成窪地，村民稱之老龍窩。龍南也因此得名。雲南大理地區的村名中也較多地體現了對龍的崇拜，以龍命名的村莊有翔龍村、龍久邑（現改名馬久邑）、龍鳳村等等。

　　北京帶"龍"的地名有二百多箇，如青龍橋鎮、龍灣屯、龍門莊、龍背村等。北京大興縣有箇村叫龍頭村，相傳建立於明朝。村北有一道沙崗，因永定河泛濫淤積而成。沙崗橫臥如龍，人稱龍身。後在沙崗前建廟，廟前有兩眼泉，如同龍眼。因其由廟演變成村莊，故村名龍頭。

　　臥龍村，全國共有十箇。山東省青島市臥龍村，由明末畢姓從江蘇海州遷此而立，因有石狀如臥龍，故名。也有傳說秦始皇巡遊琅琊，廷尉李斯拍馬屁說："白雲靉靆是群龍行拜祖大禮，前來迎接陛下。"大家跪地齊呼："祖龍福壽齊天！"從此，這座山上空的雲經常呈現出龍飛舞的景象，人們因而稱此村為臥龍村。清初又因其地處山麓凹陷處，改名窩洛子。1980 年更名窩龍村，後來恢復臥龍村村名。

　　浙江東場有的村莊根據山崗的形狀特點，采用龍、虎、獅一類雄壯動物來表擬，如龍山村、虎峰村、獅山村等。橫店鎮與馬宅鎮都有形似烏龜的山，山背上的村莊都叫烏龜背村。村民們覺得不雅，采用諧音，改稱"湖貝"村。這一做法印證了崇拜出於或夾糅着畏葸、恐懼。

山西太原陽曲縣青龍古鎮，原名菁蒿嘴。清嘉慶年間，菁蒿嘴有一箇王家，其先人由務農轉為經商，到了此時王家的商號店鋪有了一定規模。王氏族人王繩中向朝廷捐銀百萬兩，皇家賞賜"百萬繩中"的匾額和繡有青龍圖案的旗幡。王家大興土木，五代人將整箇村建成了一條龍的形狀。菁蒿嘴便更名為青龍鎮。山西太谷龍坪村，原名白燕張家莊，村民由白燕遷居此地。以後人口、土地逐年增多，縣裏造册時，遂根據村邊龍架山的山名，改定村名為龍坪。① 太谷白燕村與王村原為一箇村，為殷商後期箕國都城箕城所在地。箕城是箕子的分封地。"白燕"村名來歷與"殷人尚白""玄鳥生商"的圖騰崇拜有關。王村當初為箕城貴族聚居地，明代從白燕村分出。山西長治西龍頭村最具傳奇色彩。公元617年，李淵舉旗反隋，路過長治。其子李世民見此處遍地蝗蟲亂飛，於是揮劍殺開一條路，來到西嶺頭村。李世民好友東海龍王太子小白龍為救萬民，找到雷公、電母，謊稱玉帝有旨降雨。霎時，西嶺頭村上空雷鳴電閃，大雨如注，蝗蟲滅絶。小白龍為了百姓而違反天條，死後被埋在這裏。村東高臺現叫龍圪垛。西嶺頭村改名叫西龍頭村。李世民死後，村民們修唐王廟以紀念。

此外，還有許多村以龍宮為名。如浙江寧海一箇小山村叫龍宮，是中國歷史文化名村。龍宮村有陳氏宗祠古戲臺。有多箇村名龍尾村，其由來與山有關。如山東萊蕪有一箇秀麗小村莊叫龍尾村。其水來自黑龍潭的黑龍河，黑龍河經過龍尾村向嬴汶河（彙河）奔去。相傳黑龍王原是上天之神，因觸犯天條，被玉帝逐出天庭，罰在人間吃苦受罪。他投胎到新泰縣一李姓人家，在黑龍潭為王，掌管行雲布雨之事，使得章、萊一帶風調雨順。李赤深受愛戴，被稱為黑龍王爺。龍尾村所轄自然村中有南牛頭河和東牛頭河村，村頭還有一塊石頭，被稱為牛肚子。有時給村莊起名，衹用山、崗等字容易雷同，於是就選用模擬山崗的地理形勢特點，采用雄壯、威猛或吉祥的動物來取名。例如，山東蘭陵龍鳳崗自然村，因村東有土崗形似龍鳳而得名：龍，取自東崗的形狀如同巨龍；鳳，取自崗上的藤本植物葛花藤，類似鳳凰頭上的鳳羽之花。又如浙江金華虎鹿鎮有龍山村與虎峰村，歌山有象山村與鳳山村，巍山有獅山等；橫店鎮有一箇村莊，山形如龍，村名環龍；另一箇村莊，後山如龍，前山如鳳，村稱龍山鳳。福建泉州盤龍村，後有鳳旗山，前有鼓山，傳聞有"鼓鳴旗開"之說。雲南以動物為名的村莊有馬鹿溝村（雲南昭通）、龍山村（元謀）、熊洞村、鳳凰村（昆明）、鳳鳴村、豬街村等。

---

① 周錦國、趙元梁：《大理市村莊名稱調查研究——以大理鎮等5箇鎮為例》，《大理學院學報》2013年第7期。

## 二、村名與麒麟鳳凰崇拜

麒麟是上古傳說中的動物，被視為吉祥瑞獸，寓意送子辟邪。許多村為追求吉利而以之為名，帶有信仰色彩。鳳是傳說中的百鳥之王，寓意祥瑞。先民地名中也有對鳳的崇拜。在陝西京當鳳雛村出土的卜甲中，刻有周王室崇拜鳳的卜辭。陝西岐山縣鳳雛村出土了刻有"鳳"字的甲骨四片，其字形大致相同，均為頭上帶有象徵神權或王權的毛角的短尾鳥。兩漢以後，以鳳凰為代表的鳥崇拜興盛。由於朱雀與鳳凰很難區分，後世合稱為鳳鳥。

河南林州麒麟臺村，原名麒麟堂，因村旁有一座麒麟堂小廟而得名。明萬曆十九年，一農夫拉套之牛生下了一頭四不像的小牛犢：其形像鹿，頭上有角；其身像龍，全身有鱗；四蹄像馬，尾巴像牛。還没等晾乾皮毛，它就站起來咬住鐵犁吃起來。有人説："這是麒麟，會吃鐵屙金。"於是人們蓋了一座小廟，塑麒麟像，稱為麒麟堂。後來該村落便借用麒麟堂的名字，稱為麒麟堂村。① 河南内黃縣麒麟村，原名三家村（一説三截村），岳飛母子就住在這裏。傳説村裏一箇農民套牛犁地，母牛突然倒下生了一隻怪物，剛落地就到處亂跑，後被打死。村裏老人説："牛生麒麟豬生象，這可能是頭麒麟。"朝廷派人來查看，果然是頭麒麟。天降麒麟是國家禎祥。後來黃河決口，順水漂來岳飛，村民遂把三家村改為麒麟村。

四川安岳起鳳村，山上有茂密的楠竹，成白鶴、斑鳩、喜鵲、鳳凰棲息的樂園。竹山腳下住着一户王姓人家，王淼上山砍柴，發現一隻受傷的鳳凰，把它背回家中飼養，傷愈後把它放回森林。有一天，山洪暴發，王淼昏倒在泥石流中。閃電中，飛來一群鳳凰，用嘴和腳爪子抓住王淼，簇擁着把他抬到安全之地。後來他衣錦還鄉，在河上修一座橋。鄉親們建起跳墩石橋，取名為"起鳳橋"，紀念鳳凰對王淼的救命之恩。橋頭竪起牌坊，上面刻着"氣貫長虹"，兩邊對聯是："鳳起丁橋過五峰，鷹啼亥谷聞三縣"。村名為起鳳村。四川資陽安岳林鳳鎮，原名染紅鋪。這裏平疇沃野，風景宜人。傳説染紅鋪得罪河神，結果河水泛濫，老百姓苦不堪言。玉帝派麒麟和鳳凰前來收服河妖，將其降服。兩位神仙筋疲力盡，化作麒麟和鳳凰兩座大山，永遠陪伴當地人民。文人墨客據此改村名為麟鳳。

山東濟寧市有鳳翥（音 zhù，高飛，意謂鳳凰高飛）村。據史書記載，該村始建於隋代，處於"孔孟桑梓之邦"，崇尚教誨。清道光年間為督理該村開展教誨，興修了督理文教閣。鳳翥督理文教閣位於鳳翥村的南北大道上，俗稱文閣。山東煙臺棲霞市唐家泊鎮的幾

---

① 王買金：《麒麟臺村名由來》，《安陽晚報》2013 年 8 月 10 日。

箇村子的命名皆由鳳凰而來。據傳，明朝正德年間，有一隻鳳凰在山頂上叫了三聲，於是劉姓在山側落户建村，取村名為西三叫；明末徐姓和牟姓又建村，稱中三叫村和東三叫村；萬曆年間，那隻鳳凰在不遠處的綿山又叫了五聲，於是王姓遷來落户，取名西五叫村；清順治年間，劉姓又在東南側建一村，名東五叫村；那隻鳳凰又在西南邊的鳳彩頂跳了兩跳，後來遷入的兩箇村子就叫東凰跳村、西凰跳村。

## 三、以野獸家畜等動物為村名

除了龍、鳳以外，其他動物也出現在村名裏。這些村名所涉及的動物，大多是先民常見的。如山西晉中地區的南三狼、北三狼等村，都曾有野狼出没；而狐窟、西狐、東狐、野狐坪、狐家溝等村，都有關於狐狸的傳説。在很多地方，黄鼠狼和狐狸亦被視作神靈。包含動物名稱的村名，原本就和動物圖騰崇拜、神話傳説有關，具有原始宗教崇拜，當然也在某種程度上含有迷信成分。

大理地區的村名體現出對虎的崇拜。在中國的四聖獸中，跟青龍相提并論的就是白虎。虎為百獸之長，屬陽，常常跟着龍一起出動，所謂"雲從龍，風從虎"。古代先民相信，白虎具有避邪、禳災、祈豐及懲惡揚善等多種神力。①

廣東省東莞市虎門鎮逆水流龜村，建於明末崇禎年間。全村呈正方形，坐東北、向西南。村堡布局取形於龜，因北面有溪水迎面而來，故稱逆水流龜。逆水流龜村堡為鄭儒所建。1640年，四品太常寺少卿鄭瑜辭官回到故里虎門白沙村，他決定打造一箇城防堅固的村堡以供族人居住。他花了一番心思，村堡取形於龜，四角望樓為龜足，北樓為龜頭，建筑整齊有序如龜甲，便於防衛。

福建省寧德市龜齡村有上千年歷史，命運坎坷，屢經變遷。這裏有充滿古老傳説的千年古寺龜齡寺，以及與朱熹等歷史名人的逸聞。村中流傳着"九頭金龜落洋中"的傳説。在龜齡村村頭有一座古樸的石拱橋，橋頭豎着一塊石碑，即龜齡橋碑。

還有很多村子以狼窩為名。如河北張家口有狼窩村，自元代建村算起，狼窩村已有700多年歷史。狼窩村的古民居、古廟、古戲臺等遺址遺迹保存較好，石雕、磚雕、木雕栩栩如生。狼窩村元代稱康家莊。據傳，村子遠離平川，水源奇缺。一位風水先生説："倉上梁一帶有一座古墳，古墳上有一對石豬，豬頭正面對着這箇村進出的山口。因為豬要吃糠，很犯忌，改一下村名，便可無事。"村人認為豬吃糠，狼吃豬，狼比豬厲害，就改村名為狼

---

① 周錦國、趙元梁：《大理市村莊名稱調查研究——以大理鎮等5箇鎮為例》，《大理學院學報》2013年第7期。

窩，并一直沿用至今。與之類似，河北樂亭縣有村名劉狼窩。明代，山西移民來到樂亭，劉狼窩周圍也建立了很多小村莊。劉狼窩鄰村楊各莊，建村早，人口多，多數人姓楊。兩箇村你爭我占，劉狼窩處於弱勢，人少勢單。有說，他們叫楊各莊，（羊）吃草，"羊（楊）吃了我們的莊稼，我們就是狼吃羊（楊）"。於是就叫狼窩村。這大概約略等於以狼為村族圖騰，心理上自認為是要壓倒羊群的狼。現在有劉狼窩、封狼窩、鄒狼窩等村。

山東煙臺牟平以山地丘陵為主，延綿的丘陵，圍成一條條山溝（稱為夼），村莊分布在不同的山溝裏。大山旮旯裏有箇村莊叫牧豬夼（kuǎng）。這是農牧經濟概念，未必有圖騰信仰。牧豬夼村三面環山。據村碑記載，牧豬夼村原名金珠夼。清朝時，劉姓遷至此處，在大山裏找到一顆金珠，取名金珠夼。後來，村裏人覺得金珠夼名字太扎眼，就改名為牧豬夼，字面意思就是在山谷放養豬。雲南有一箇地方叫西莊村，原名高老莊，有我國唯一祭祀豬八戒的寺廟。但西莊村并沒有姓高的，這箇村莊也不吃豬肉。

以羊為名的村莊也有不少。北京大興縣有大羊坊村。據《大興縣地名志》載：大羊坊"明代建村，時村民多以牧羊為業，故名羊坊。清修整南海子，闢羊坊角門於此，曾名大羊坊村"。河南開封有羊尾（億）鋪村。據《天主教河南總修院捍衛兵災記碑》記載，此村原名揚驛鋪，就是現在的羊尾鋪村。北宋時這裏是從京城通往揚州的第一箇驛站，周圍形成村落，人呼"揚驛鋪"。也有人認為北宋時期這裏是大臣楊億的府邸，後人以名人"楊億"呼地名，漸成為"羊尾鋪"。"尾"，多地讀作"yǐ"。民國時期的碑文落款也是"揚驛鋪"這箇名字。山東萊蕪名村羊里鎮歷史悠久，相傳是西晉征南大將軍、南城侯羊祜故里，故稱羊里。山西曲沃有羊舌村，羊舌晉侯墓地位於嶺地上，與春秋時期晉國的羊舌氏有關。

山東臨沂青駝鎮之得名，源於古城遺址一對形似駱駝、長有翅膀的石駝（辟邪），顯示出動物圖騰崇拜遺迹。這裏漢代曾修建過城池，為漢代仲邱故城遺址。漢唐時期這裏是重要驛站。青駝鎮有豐厚的歷史文化積澱，駐地有青駝、上庵兩寺，據傳上庵寺是葛洪、葛玄祖孫煉丹之地。此外，河南登封有駱駝崖村，河北保定有駱駝灣村，山西忻州有駱駝村、大同有西駱駝坊村等。

## 四、村名與神怪崇拜

傳統村名與民間雜神祭祀、自然崇拜有關。中華自古以農立國，希求六畜興旺、五穀豐登、牛羊成群，自然少不了神怪崇拜。

河南、山西、北京都有牛王廟村。傳說野獸出沒，村民拿虎皮披在老黃牛身上，牛角插上兩把劍，以驅除猛獸。官府遂有禁宰牛之律。各地農民建春牛廟，民間戲稱為牛王廟。

這類村名還表徵了中華農耕民族的農神崇拜。

在雲南玉溪牛魔村，有一箇很深的山洞，叫牛魔洞。牛魔洞前面幾箇村子，統稱牛魔村。牛魔洞和牛魔村的名稱其來有自。傳說很早以前，洞中住着一箇狐狸精，網羅了一窩徒弟，自己做了洞主。後來她生了一箇女兒，叫夜明公主。牛魔王帶着芭蕉扇雲遊來此，發現古樹下有箇洞。洞主一看是牛魔王，大喜，把牛魔王請到洞中盛宴款待。牛魔王見洞主母女情深義重，就留在洞中入贅做了女婿。多年後，洞外住上了人家。人們便把這箇山洞稱作牛魔洞，村名叫作牛魔村。

河南商丘夏邑縣有箇村子名牛王堌，漢朝為梁孝王劉武牧牛之地。當時曾設驛站，驛站名叫牛戍驛。1914年北平設置分縣，治所便在牛王堌。傳說西北湧來洪水，突然跑來一頭神牛，一夜之間把洪水喝完，使村民免受水患之災。為了答謝神牛，村民建起牛王廟，廟旁是防洪大堤。因堤被稱為堌，村名便被改為牛王堌。

由於古人對抗自然的能力較低，在自然災害面前往往表現出無能為力的無奈，因而便產生了對妖仙甚至災害現象的崇拜。例如瘟神，即司瘟疫之神。人們對其敬而遠之，乞求瘟疫不要降臨。例如，河南上蔡縣有箇螞蚱王（村），以姓氏作尾綴代替村，蓋因這裏螞蚱多，王姓便把村名叫螞蚱王。河南華縣有箇蟲陳村，又稱蟲王廟村。古代建有八蠟廟，祭祀八種邪怪，其中第八種被尊稱為蟲王。久之，八蠟廟變成了蟲王廟。山西太谷有箇虸蚄村，相傳當初修建真聖寺時，原本將寺址選在山谷旁。有一天晚上，一群群虸蚄（長翅膀的螞蟻）將建築材料搬運至現今的位置。人們便在虸蚄選定的位置修建了真聖寺，將小村莊叫作虸蚄村。又如，九尾狐是中國古代神話傳說中的神異動物。《山海經》云："青丘之山有獸焉，其狀如狐而九尾，其音如嬰兒，能食人，食者不蠱。"先民對妖仙的崇拜，源於原始的萬物有靈論。民間有五大家、五大仙的崇拜，俗稱"狐黃白柳灰"（或稱"灰黃狐白柳"），包括狐仙（狐狸）、黃仙（黃鼠狼）、白仙（刺蝟）、柳仙（蛇）、灰仙（老鼠）。

為了防止雷同、標新立異，村名往往五花八門、光怪陸離。村名是人類社會發展到一定階段的產物，見證了當地人民生活的歷史。對於一箇村落來說，有了村名，纔算真正有了生命。此後村落發生的一切，全都積澱在村名裏，漸漸形成其獨特的歷史文化。村名包含宗教信仰、歷史陳迹，比純粹按地勢、地形、地理命名為坡、窪、溝、河、灣，多了人文精神。

作者單位：山西大學哲學社會學學院

# 美國中文資料書目管理的現狀與前景*

吴文津

在美國東亞圖書館發展過程中，一箇異常的現象就是對已經收藏的資料至今缺少有效的全國性書目管理。至1970年6月止，66箇美國圖書館已經收藏了超過300萬冊中文書刊，相當於全美各圖書館收藏的東亞語文資料總數的61%。① 然而這批中國大陸之外最好的收藏卻没有得到有效的書目管理。此篇報告就是嘗試去探討其原因，回顧過去已經采取過的措施，并思考未來尚需做的工作。

美國東亞圖書館書目管理的缺失是基於傳統的思維和疏忽兩箇原因而造成。常石道雄（Warren Tsuneishi）簡明地分析道：

> 當然至今最主要的原因在於美國一向偏向歐洲，因而容易忽略亞洲。直到發生了珍珠港事件、韓戰、越戰，纔警覺到國境的最西邊和亞洲的邊緣相接。另外一箇原因就是在美國的東亞圖書館和圖書館員數量相對較少。對美國圖書館界很多人來講，我們祇是微不足道的一小部分，我們的問題也得不到重視。……我還懷疑另外一箇原因就是我們這群管理東亞資料的館員不够積極，缺乏像美國圖書館協會這類可以決定按

---

\* 本文為1970年4月3—5日在三藩市亞洲學會年會"亞洲研究目録控制"（Bibliographical Controls for Asian Studies）研討會上發表的報告，載《外文資料采訪通訊》（Foreign Acquisitions News letter）1970年第32期，第1—6頁。經過修訂後，載《哈佛圖書館館刊》（Harvard Library Bulletin）1972年第1期，第38—48頁。收入本書時，略有改動。

① 錢存訓（Tsuen-shuin Tsien）：《美國圖書館中的遠東資料收藏》（Holdings of Far Eastern Materials in American Libraries），《東亞圖書館委員會通訊》（Newsletter of the Committee on East Asian Libraries Association for Asian Studies）1971年第33期，表1。

全國的需要設定目標和計劃的專業組織。因為不夠積極參與，我們就沒有發言權。①

常石道雄還指出："《全國聯合目錄·作者篇》（the National Union Catalog；Authot rist）中收錄的中文資料祇限於各東亞圖書館使用國會圖書館編目卡的資料，而各館過去十年間各自編目的中文資料并沒有收錄其中。這些原始編目而沒有收錄的資料的百分率很高，約占全部的85%或更多。"② 不僅如此，圖書館界傾向於歐洲以及東亞圖書館館員不夠積極參與全國性專業組織還導致其他全國性專案執行時并未將東亞館考慮在內。1965年美國圖書館協會贊助出版的《全國期刊聯合目錄》（the Union List of Serials）第三版就祇收錄了第一、第二版收錄的東亞期刊。因此自1943年後美國各圖書館新收藏的東亞期刊就沒有出現在此聯合目錄中。另外一箇例子就是1966年國會圖書館出版的《全國縮微母片目錄》（National Reyister if Microfilm Masters）中包括的東亞資料就不完整，甚至連國會圖書館自己所拍攝善本圖書的縮微母片也沒有收入。更有甚者，最近美國圖書館協會贊助出版的1956年前全國聯合目錄完全沒有包括東亞語文資料。

由於缺少全國性的領導和合作，東亞圖書館徒靠各自為政提供給讀者書目方面的服務，使用的工具通常是傳統的卡片目錄和主題目錄，但此僅能滿足讀者部分的需求。下面是我對東亞圖書館在這方面已經作出的努力的回顧，同時我也對未來可能的發展作了些臆測。

1. 卡片目錄

東亞圖書館製作、維護卡片目錄是一種有效但是成本很高的工作，國會圖書館長期無法提供足夠的東亞語文編目卡片更是導致各東亞館編目和維護卡片目錄費用巨大的原因。1965年3月美國研究圖書館協會（Association of Research Libraries）作了一次調查：對參加協會的圖書館所收藏的美國出版物，國會圖書館可以提供75.6%的編目卡，給英國的出版物53.7%的編目卡，但是給中日文出版物祇能提供15.8%編目卡。③ 據哈佛燕京圖書館1969年度的統計，該館該年度的中文編目祇有9.4%利用國會圖書館現成的編目卡。這也就說明各東亞圖書館所作原始編目的百分比異常地高，因而必須要有龐大的經費來做編目和卡片目錄維護的工作，更不用提其間各館對同樣出版物所做的重複編目了。因此目前用

---

① 常石道雄（Warren Tsuneish）：《書目控制與圖書館專業：戰略問題》（Bibliographical Controls and Professional Librarianship: A Question of Strategy?），載《東亞圖書館資料：美國圖書館遠東資料委員會第10屆年會上的工作報告》（Library Resources on East Asia: Reports and Working Papers for the Tenth Annual Meeting of the Committee on American Library Resources on the Far East Association for Asian Studies Inc. at the Palmer House Chicago March 21 1967），瑞士（Zug Switzerl and）：國際文獻公司（Inter Documentation Company AG），1968年，第58頁。

② 同上，第57頁。

③ 詹姆斯·斯基普（James E Skipper）：《研究圖書館編目的特性》（Characteristics of Cataloguing in Research Libraries），研究圖書館協會第68次會議記錄（1966年7月9日（Minutes of the 68th Meeting of the Association of Research Libraries [9th July 1966]），附錄1，第55—66頁；常石道雄，第61頁。

卡片目錄作為東亞圖書館書目管理的工具是非常昂貴的方式，各方面都難以自圓其說。作為一箇實質的國家圖書館，國會圖書館早應該檢討和改革其對東亞語文資料提供編目卡的專案，以解決東亞圖書館長期緊迫的需求。如此除能協助各館建立更好的卡片目錄以外，還可以為東亞圖書館節省時間和費用去做其他有關書目的工作。

1970年9月國會圖書館宣布對中日韓文編目卡的印刷將嘗試一種新的做法，就是把過去用附注的方式印在卡片上的書名的羅馬拼音（Title Romanized Note）放在中日韓文書名前，羅馬拼音書名也將代替中日韓文印在續卡（continuation card）上。① 這種改變想必為加速印刷東亞語文編目卡的生產所致。

該館編目處理部助理主任薩默·斯波爾丁（C. Sumner Spalding）先生於次年（1971）8月26日給我寫信說：“使用目前方式來處理東亞語文編目卡，自編目開始到編目卡印刷出來現在需要的時間是6到7箇月。”他并且告訴我：“更值得鼓舞的是我們試着用照相底稿成功地在日本印刷日文編目卡。一俟所有行政手續辦妥并簽訂合約後，這將是國會圖書館今後印刷日文編目卡的辦法。這箇辦法會將編目卡分發給各館的時間減少三箇月。稍後也會用此法處理中韓文編目卡的印刷。”

斯波爾丁先生認為東亞圖書館使用國會圖書館的編目卡所遭遇的困難可能是卡片不能及時供應的問題，而不是國會圖書館收集範圍的問題。他用以下統計數字來作說明：

| 完成編目 | 1969/70 年度 | 1970/71 年度 |
| --- | --- | --- |
| 日文 | 14,052 | 14,932 |
| 中文 | 2,744 | 2,883 |
| 韓文 | 774 | 1,065 |
|  | 17,570 | 18,880 |
| 分發的編目卡 | 12,746 | 22,404 |

從以上數字來看，編目的數量很大，印刷編目卡的數量也很大。但是卡片印刷的過程相當複雜，而國會圖書館對美國政府印刷部的控制權力極為有限，以致編目卡的印刷往往有所拖延。1971年以前東亞資料自編目到分發編目卡很少短於一年，通常需要兩年時間。大致從1971年初開始，情況有了相當大的改善。根據一大批剛剛印刷好的卡片看起來，目前自編目到分發編目卡祇需要6至7箇月。

談到在采購地即時編目和收到資料後編目所花成本問題，斯波爾丁先生建議東亞圖書

---

① 《國會圖館目理部通訊》（*Library of Congress Processing Department Cataloging Seryice: Bulletin*）1970年第90期，第3頁。

館采用美國一般研究圖書館在他們"合作編目"工作中使用國會圖書館編目卡的辦法。他的理由是："這些研究圖書館報告説：六箇月内收到國會圖書館根據采購地提供的編目卡達70%以上。顯然，如果在采購地編目成本高就沒有好處；反之，這種方法就很好。一般研究圖書館多半滿意這樣的做法。以理推之，此法對解决在美印刷東亞文字的困難更有好處。"

斯波爾丁先生提到的國會圖書館能提供70%編目卡的潛力這一點固然没錯，對於東亞圖書館當然有利，但是東亞語文資料的編目工作目前并没有得到統一管理，特別是中文和韓文至今還没有納入合作編目的項目。當編目工作有統一管理而使用國會圖書館編目卡的百分率能達到70%時，東亞圖書館的編目工作當會更上一層樓。

2. 書本目録

由於缺少全國中文圖書聯合目録，各東亞圖書館出版的書本目録就成了非常重要的查詢工具。最早的是1938到1940年間由哈佛燕京圖書館在北平出版的《美國哈佛大學燕京學社漢和圖書館漢籍分類目録》（*A Classified Catalogue of Chinese Books in the Chinese – Japanese Library of the Harvard – Yenching Institut e at Harvard University*）經學類、哲學宗教類、歷史科學類。但是由於太平洋戰爭爆發，祇出版了這三册而没有繼續。近年霍爾出版公司（G. K. Hall）陸續將加州大學柏克利分校東亞圖書館、加州大學洛杉磯分校、紐約公共圖書館、斯坦福大學胡佛研究院的卡片目録出版成册，極受讀者歡迎。相信即將由該公司出版的芝加哥大學遠東圖書館卡片目録將同樣嘉惠於圖書館界和學術界。

箇別圖書館的書本目録雖然重要，但是卻永遠代替不了全國聯合目録，何况出版書本目録的主要東亞圖書館畢竟還是太少。雖然它們是很有用的工具書，但是還得經常修訂更新、出版續輯纔更加有用。我還應該提一提：最近有些圖書館為了預防天災人禍，已將卡片目録拍成縮微膠卷。這也許可以作查詢該館收藏之用。但是真正解决之道還在於出版全國聯合目録。

3. 期刊、報紙、縮微膠卷的管理

像中文圖書一樣，中文期刊、報紙、縮微膠卷也需要有全國性的書目管理。前面已經提到，在《全國期刊聯合目録》第三版中没有包含1943年後美國圖書館采購的中文期刊，而《全國期刊聯合目録》續篇《新期刊目録》（*New Serial Titles*）也收録不全，因此全國期刊管理專案對中文期刊一點幫助也没有。各東亞圖書館祇好為自己的需要製作特別的目録。因此我們有了好幾箇東亞圖書館的期刊目録，還有三種類似的聯合目録，但是都不包括所有美國主要東亞圖書館的收藏。這三種類似的聯合目録中包含最全面的是國會圖書館建立的《東方語文期刊聯合卡片目録》（*Union Card File of Oriental Vernacular Serials*），它包含美國和加拿大13箇東亞圖書館收藏的期刊及其期數。但是除國會圖書館本身的收藏外，其他圖書館的收藏祇到 1961 年為止，何況這箇目錄也沒有出版。另外兩種是雷蒙德・納恩（Raymond Nunn）編輯的《1949—1960 出版的中文期刊聯合目錄》（*Chinese Periodicals, International Holdings, 1949—1960*）共兩冊，和伯納黛特・施（Bernadette Shih）和理查・斯奈德（Richard Snyder）編輯的《共產中國出版期刊國際聯合目錄》（*International Union List of Chinese Communist Serials*）。這兩種僅包括 1949 年以後的出版品，而後者主要包含科學、技術和醫學期刊，祇有 100 種左右是社會科學類期刊。因此我們希望國會圖書館將《東方語文期刊聯合卡片目錄》儘早修正、增補，以 3 英寸 × 5 英寸卡片複印或縮微膠卷出版發行。

中文報紙也同樣需要聯合目錄。雖然我們知道美國哪些東亞圖書館擁有哪些主要的中文報紙，但是我們不知道那些次要的報紙何在。這是一件遺憾的事，因為報紙是對作研究非常重要的資料。國會圖書館出版的《縮微膠卷報紙目錄》（*Newspapers on Microfilm*）和《戰後外國報紙目錄》（*Postwar Foreign Newspapers*）中所包含的中文報紙都不完全。所以我們需要一份完整的、包含縮微膠卷的美國圖書館所藏的中文報紙聯合目錄。在此應該順便提一下的就是西雅圖華盛頓大學遠東圖書館館長盧國邦正在編輯一份在美國出版的中文報紙目錄。

除此之外，所有圖書、期刊、報紙的縮微膠卷也應該有聯合目錄。我上面已經提到《全國縮微膠卷母片目錄》（*Natiohal Register of Micr oform Masters*）甚至沒有包含國會圖書館自己拍攝的中文善本膠卷。可能是各東亞圖書館將他們已經收藏的縮微膠卷製作目錄送交國會圖書館，和國會圖書館拍攝的縮微膠卷將一并收入下一版的《全國縮微膠卷母片目錄》中。更實際的做法就是編輯一部單獨的全國中文資料縮微膠卷目錄，除母片外，還包括在美國沒有母片的正片縮微膠卷。像最近美國研究圖書館協會所屬的中國研究資料中心所編輯的美國各主要東亞圖書館收藏的縮微膠卷目錄即可作為此項工作的底本。

4. 主題書目和索引

當聯合目錄解決了尋找書刊的困難，主題書目和索引卻是尋找出版物內容必備的鑰匙。很不幸地，在中國研究這箇領域，這樣的工具書可謂鳳毛麟角。哈佛燕京學社出版《哈佛燕京學社引得》（*Harvard – Yenching lnstitute Sinological Index Series*）已經是好多年前的事了，至今還沒有類似的圖書出版發行。如果有一系列完整的二十五史引得（《哈佛燕京學社引得》已出版的四種除外）以及上千地方志的索引，那將是如何嘉惠士林的事。

中文期刊文章的索引倒有不少，祇是很多都不夠完備，很多也過時了。還有不少祇是作為其他著作的一部分，沒有單獨成冊，使用不方便。

報紙的索引就比期刊索引少得多了，很多也比不上期刊索引。中國大陸 1949 年以前出版的中文報紙根本沒有提供索引，1949 年以後出版的中文報紙祇有少數全國性報紙纔提供索引；中國臺灣和中國香港出版的中文報紙1962年後祇選擇性地提供索引。因此我們的報紙索引缺失不少。很顯然，這是一箇艱巨的工作，是全國乃至全世界必須共同努力來完成的事。

　　主題書目和研究指南在中國研究這箇領域也是非常重要的。胡佛研究院出版的《目錄叢書》（Bibliographical Series）和哈佛大學東亞研究中心出版的《哈佛大學東亞研究中心專刊系列》（Harvard East Asian Mon ographs）中有關書目的部分都是典型的例子。我們還需要更多有關中國研究方面的類似的出版物。哈佛燕京圖書館1971年開始出版該館的《哈佛燕京圖書館書目叢刊》（Harvard – Yenching Library Bibliographical Series）。第一種為《中國史學論文引得續編——歐美所見中文期刊文史哲論文綜錄》（Chinese History：Index to Learned Articles, VOl. ll, 1905—1964）。斯坦福大學胡佛研究院今年出版了馬大任著《胡佛戰爭、革命與和平研究院東亞文獻目錄》（East Asia：A Survey of Holdings at the Hoover Institution on War, Revolution and Peace）。這些有關中國文學、中國歷史、中國經濟、中國政府、國民黨等等的專題書目對中國研究都很有幫助。

　　研究指南也有同樣功能。費正清（John K. Fairbank）和劉廣京曾經編輯《現代中國研究指南》（Modern China：A Bibliographical Guide），彼德·伯頓（Peter Berton）和我曾經編輯《當代中國研究指南》（Contemporary China：A Research Guide）。這兩部出版物現在都成為它們所涉及時代的標準參考書，但是它們都需要更新以包括未收的資料。同時也有需要出版一本像費正清、劉廣京所編輯的指南來列舉1949年後的資料，像伯頓和我編輯的參考書那樣來詮釋1949年前民國時期的資料。不用說，類似這樣的資料指南對研究20世紀前的中國也有同等的重要性。

　　以上所提僅僅牽涉中文資料問題，因為中文資料的書目管理缺失比西文資料嚴重得多。在西文中有高第（Henri Cordier）編輯的《漢學書目》（Bibiliotheca Sinica）、袁同禮編輯的《西文漢學書目》（China in Western Literature）、約翰·勒斯特（John Lust）的《連續出版品中的中國學論文索引》（Index Sinicus）和亞洲學會每年出版的《亞洲研究文獻目錄》（Bibliography of Asian Studies），從這些參考工具書中我們可以看到非常全面的有關中國研究的西文書刊資料。中文書刊就沒有這麼好的書目了，國會圖書館製作中文書刊編目卡也從來沒有像西文書刊編目卡那樣快速完整。雖然編輯西文書刊書目比較簡單，容易處理，但是也不是沒有問題：像賀凱（Charles Hucker）編輯的《中國：參考文獻》（China：Acritical Bibliography）那樣有注解的目錄為數頗少，19世紀晚期以來在中國出版的英文報紙也需要索引。由於索引的缺乏，其中不少研究資料尚待開發。近年在香港發行的大陸報紙翻譯，由於沒有良善的索引系統，很難使用。順便要提到的就是美國聯合出版研究服務處（Joint Publications Research Service）發行的類似翻譯，除了早期的幾乎都沒有索引可用。目前要輕而易舉地使用西方國家的政府檔案作學術研究也不是容易的事。

在此我們可以提出下面這箇問題：要解決書目製作方面的問題，傳統的手工方式有何局限性？自動化是否是解決問題的新方式？一箇有效的檢索系統應該要比現在的傳統方法搜索得更為徹底。其產生的資料可以幫忙制定新的假說、新的質詢、新的途徑和新的研究方法。但是問題是我們要達到那箇目標還有多少距離，以及從手工方式轉化到自動化的過程中我們還得做些什麼準備工作。

雖然在牽涉到非羅馬字書目管理某些領域的自動化工作已經有相當的成就（如耶魯大學人類關係區域檔案處［Human Relations Area File］的高全惠星夫人［Hesung Koh］、哈佛大學久野暲［Susumu Kuno］教授、堪薩斯大學卡爾·萊班［Carl Lebanl］教授的貢獻），但是還沒有任何一家圖書館大規模地試驗這些系統來比較其可行性和成本問題。國會圖書館目前使用的機讀編目祇限於英文資料，還沒有計劃應用在非羅馬字資料上。斯坦福大學施堅雅（William Skinner）教授為了編輯他的《近代中國社會研究文獻類目解題索引》（*Modern Chinese Society: An Analytical Bibliography*）而精心設計的機器編碼系統是用機器解決書目管理問題的最好方式之一，但是作為圖書館書目管理之用還得要等他的著作出版後再作進一步的研究。以上這些開創性工作足以鼓舞我們，但是它們都還沒有經過充分的測試來判斷其優劣，以及比較其成本的高低。亞洲學會決定應用自動化系統編輯出版其《亞洲研究文獻目錄》（*Bibliography of Asian Studies*）是件受歡迎的事，但是我們希望這本目錄能進一步，除包含西文有關亞洲研究的資料以外，還包含亞洲語文的資料；更希望不僅僅包含書目，還包含資料檢索的功能。這不是一箇機構就可以勝任的工作，必須由全國有共同興趣者來參加研發。（最近有些出乎意料的發展，亞洲學會下設的資料資訊管理委員會［Com mttee on lnformation Control］對《亞洲研究文獻目錄》［*Bibliography of Asian Studies*］自動化的可能性正在進行徹底的復審，包括成本分析。）

儘管美國圖書館對中文資料的書目管理有所成就，但尚待努力的地方還很多。往後數年東亞圖書館必須專注於解決中文資料最基本的書目管理的需要，也就是編輯和出版中文書刊的全國聯合目錄。

關於全國聯合目錄問題我們已經討論過好多年了。除了國會圖書館東方部在有限的財力、人力下所主導的專案外，至今沒有一箇有組織的全國性的專案去實現討論後所得到的任何建議，特別是1966年亞洲學會美國圖書館遠東資源委員會聯合目錄小組（Union Catalogue Sub committee of the Committee on American Library Resources on the Far East of the Association for Asian Studies）所提的相關建議（該委員會後更名為 Committee on East Asian Libraries 東亞圖書館委員會）。在這份傑出的報告中，小組成員常石道雄、查理斯·漢密爾頓（Charles Hamilton）、羅伯特·史蒂文斯（Robert Stevens）建議：在所有可能解決之道中最可行的就是以國會圖書館東方部門所存的編目卡為基礎，包括各東亞圖書館為編輯聯合目錄經常送交給國會圖書館聯合目錄部的各館自己的編目卡，編輯一部聯合目錄。該小組還建議此項工作要按部就班去做，首先初步整理中文、日文聯合目錄。亞洲學會會長為這些建議曾致函國會圖書館館長，館長也覆信致謝，但是自此以後，國會圖書館或亞洲學會都沒有進一步的行動。

過去兩年，國會圖書館東方部在中文聯合目錄和《東方語文期刊卡片聯合目錄》（*Union Card File of Oriental Vernacular Serials*）的工作方面有了很多實質性的進展。但是此項工作極為艱巨，其完成的日期尚非指日可待。編撰全國聯合目錄之舉應為所有對東亞研究有興趣者所關注。雖然國會圖書館這方面的工作有所進展，但是并沒有解除我們對這項工作應有的責任和義務。讓我們共同參與，來保證成功地完成此項具有全國性乃至於國際性的任務。

最後，在討論書目管理這箇問題上已經不是采取零星辦法的時候，由箇別或者一箇機構試圖去解決問題在經費上也不是可行的事。這項工作的範圍龐大，需要我們以整體的問題和全國性的視野來有系統地討論我們面對的問題。現在正是重新評估我們的所需、我們的假設、我們的方法的時候。全國性領導和全國性計劃是對工作的優先和程式設定不可或缺的要素。這箇任務不是輕而易舉的事，特別在經費方面。但是東亞圖書館正處在能夠提供未來學術研究具有潛在發展的門檻上。我們成功的程度全賴於我們能否面對書目管理所帶來的挑戰。

作者單位：美國哈佛燕京圖書館

# 我與瑞士漢學家傅漢思博士二十年的學術交遊

張學君

　　編者按：張學君先生，四川綿陽人，1945年生。1968年畢業於四川大學歷史系，曾在自貢市鹽業歷史博物館研治鹽業史，現為四川省地方志編纂委員會編審、四川省人民政府文史研究館館員。著有《清代四川井鹽史稿》《四川近代工業史》《成都城市史》《實業之夢——張騫傳》《巴蜀文化通史·工商文化卷》《成都通史·清代卷》等。1999—2000年在德國圖賓根大學漢學系講學。張先生與瑞士漢學家傅漢思曾有二十年的交遊。此文可見中西學者之學術情誼和中西學術思想之交流，彌足珍貴。

　　傅漢思（Hans Ulrich Vogel）先生1954年出生於瑞士巴塞爾，1974—1979年在聯邦德國柏林大學及弗賴堡大學攻讀中國、日本歷史與人類文化學，在柏林大學獲碩士學位。1980—1982年，在瑞士蘇黎世大學學習漢學，1983年初獲哲學博士學位。① 1983—1985年，在柏林大學和蘇黎世大學協助教學工作，這期間，他確定的主攻方向是四川的鹽業歷史，得到瑞士促進科學基金會資助，曾去我國臺灣、香港的幾所圖書館、檔案館查閱四川鹽業歷史資料，也曾到美國哈佛大學費正清研究中心和燕京圖書館做過學術訪問，同時着手研究和撰寫有關四川鹽業政策和井鹽開發與生產演進的學術專著。此書於1986年殺青，這就是引起英國劍橋李約瑟（Joseph Needham）教授關注的新書：《關於四川鹽業歷史的研究（公元前200年—公元1911年）專賣制度與生產的結構》（Untersuchungen zum Salzgeschichte Sichuans (200 v. Chr. —1911): Strukturen des Monopols und der Produktion.）。當時，李

---

① 瑞士蘇黎世大學當時沒有獨立的漢學博士授予點，漢學博士附在哲學博士授予點。

約瑟教授主編的《中國科學與文明》(S-CC) 第 37 章《中國製鹽的技術歷史》(The Salt Industry) 的原稿尚不成熟，需要重寫或加工。① 在中國內地進入改革開放時期後，李約瑟教授正式委托傅漢思博士負責這部書的改寫和撰稿工作，希望他能聯繫當時在這箇領域領先的内地學者合作，共同完成這一專題。② 傅漢思接受了李約瑟研究所委托的這箇不太輕鬆的研究專題，開始籌劃撰稿事宜。他隨時關注中國内地學者公開發表的鹽業歷史論著，并最終確定給一位研究成果較多的學者寫信。③

## 一、我收到來自瑞士的中文信件

1985 年 10 月下旬，我收到從母校四川大學歷史系轉來的一封國外來信。發信人署名瑞士蘇黎世大學傅漢思博士，收信人是四川大學歷史系的張學君教授。寫信人猜測我是四川大學歷史系的教授，所以將信寄到四川大學歷史系，歷史系從他們那裏轉遞到位於成都市實業街中共四川省委第三招待所的四川省地方志編纂委員會辦公室。④ 寫信人用不大熟練的漢字書寫，但寫得非常認真，字迹工整清晰、一絲不苟，竟然寫了洋洋灑灑 A4 紙兩頁之多（見圖 1），足見其態度之誠懇。

傅漢思博士在信中談到給我寫信的緣由，是因為他在研究四川井鹽業和四川鹽商的歷史。他特別感興趣的是，把四川鹽業和鹽商的歷史跟歐洲鹽業和鹽商的歷史做一些比較研究，探討它們的異同及其原因。他看了我與我的合作者發表在北京文物出版社主辦的《文物》、廈門大學主辦的《中國社會經濟史研究》、北京中國歷史博物館主辦的《中國歷史博物館館刊》、上海人民出版社出版的《明清資本主義萌芽研究論文集》等期刊和文集中的論文，⑤ 對他的研究非常有幫助，因此給我寫信。他說：閱讀這些論著後，深受教益。但感到遺憾的是，有一些論著及其依據

---

① 原稿名《中國的鹽業技術歷史》，是李約瑟與已故合作者羅榮邦教授多年前寫成的；經專家審定，需要在原稿的基礎上擴大視野，吸取中國内地在"文革"以後，進入改革開放時期新發表的歷史資料和學術成果，特別是歷史檔案開放以後的檔案館資料。
② 1986 年 11 月，傅漢思從瑞士到成都，與我談到李約瑟此前的計劃，希望找到内地在鹽業史研究領域領先的學者，合作修訂、撰稿。
③ 後來他到成都見到我，我曾問他，人海茫茫，你如何確定給我寫信？他說，他在美國哈佛大學費正清研究中心查閱了十多年來的中文期刊和文獻，從鹽業歷史研究著作中，發現我是成果較多的學者。
④ 當時四川省地方志編纂委員會剛恢復建制，尚無辦公場所，暫時在中共四川省委第三招待所辦公。
⑤ 發表在上述期刊和論文集中由我執筆的論文依次為：《我國宋代井鹽鑽鑿工藝的重要革新——四川卓筒井》（《文物》1977 年第 12 期）、《論近代四川鹽業資本》（《中國社會經濟史研究》1982 年第 2 期）、《清代富榮鹽場經營契約研究》（《中國歷史博物館館刊》1983—1985 年第 3、4、5 期）、《四川井鹽業資本主義萌芽問題研究》（南京大學歷史系明清研究室編、上海人民出版社 1981 年出版《明清資本主義萌芽研究論文集》；1986 年，該文再次入選《歷史研究》和《中國歷史學年鑒》主編的《中國資本主義萌芽研究論文選集》）。

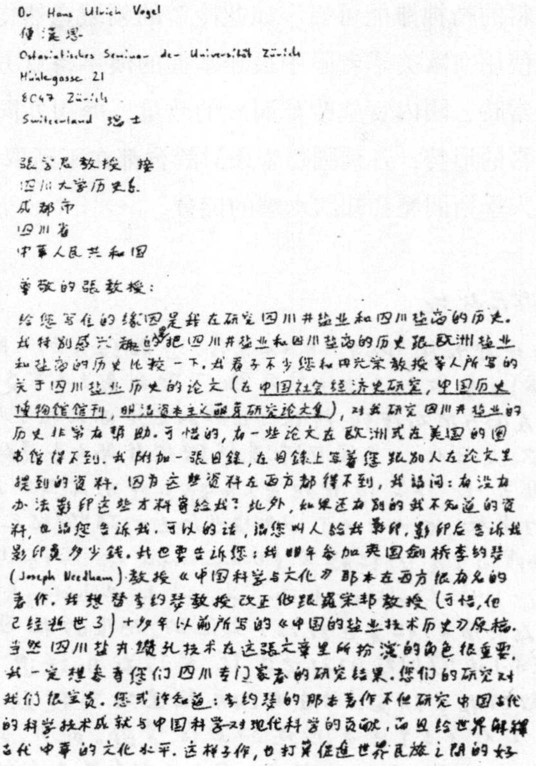

Dr Hans Ulrich Vogel
傅漢思
Ostasiatisches Seminar der Universität Zürich
Mühlegasse 21
8047 Zürich
Switzerland 瑞士

張学君教授 接
四川大学历史系
成都市
四川省
中華人民共和国

尊敬的張教授：

给您写信的缘因是我在研究四川井盐业和四川盐商的历史。我特别感兴趣的是把四川井盐业和四川盐商的历史跟欧洲盐业和盐商的历史比较一下。我看了不少您和冉光荣教授等人所写的关于四川盐业历史的论文（在中国社会经济史研究，中国历史博物馆馆刊，明清资本主义萌芽研究论文集），对我研究四川井盐业的历史非常有帮助。可惜的，有一些论文在欧洲或在美国的图书馆得不到。我附加一張目録，在目録上写着您跟加人在论文里提到的资料。因为这些资料在西方都得不到，我请问：有没有办法影印这些材料寄给我？此外，如果还有别的我不知道的资料，也请您告诉我。可以的话，请您叫人给我影印，影印后告诉我影印费多少钱。我也要告诉您：我明年参加英国劍桥李约瑟（Joseph Needham）教授《中国科学与文化》那本在西方很有名的著作。我想替李约瑟教授改正他跟羅宗邦教授（可惜，他已经逝世了）十多年以前所写的《中国的盐业技术历史》原稿。当然四川盐井鑽孔技术在这張文章里所扮演的角色很重要。我一定想参看您们四川专门家者的研究结果。您们的研究对我们很宝贵。您或许知道：李约瑟的那本著作不但研究中国古代的科学技术成就与中国科学对现代科学的贡献，而且给世界解釋古代中華的文化水平。这样子作，也打算促進世界民族之間的好

圖 1 傅漢思博士來信内頁

的資料在歐洲或在美國的圖書館找不到。如果不會給我帶來太多的麻煩的話，他希望我能為他購買或複印他附頁開列的論著目録上的論文和我們引用過的文獻資料，他會支付複印和購書費用。他同時告訴我：他明年（1986）將參加英國劍橋李約瑟教授主編的名著《中國科學與文明》第37章《中國製鹽的技術歷史》的撰稿工作。他説：

> 四川鹽井的鑽孔（井）技術在這張（本）文章（書稿）裏扮演的角色很重要，我一定想參考你們四川專家者（專家學者）的研究結（成）果。你們的研究對我們很寶貴。你或許知道：李約瑟的那本著作不但研究中國古代的科學技術成就與中國科學技術對現代科學的貢獻，而且給世界解釋古代中華文化水準。這樣子做，也打算促進世界民族之間的友好合作。[①]（見圖2）

我閲讀他的來信，感受到他對中華文明的濃厚興趣，特别是刻苦學習東亞歷史和漢學，

① 引用原件時，有不合中文表達方式的字、詞、句式，筆者在圓括號中加注。

鑽研枯燥繁難的鹽業史料的精神難能可貴。如此冷僻的領域竟然得到外國同行的青睞，真是臆想不到的奇事。他使用在歐美學者眼中最難掌握的漢字書寫方式表達自己的真誠意願也讓我内心十分感動。當時，國内實施改革開放的政策，與國外同行進行學術交流有如春風回暖，出現了令人欣喜的形勢，各種國際學術討論會都在不斷舉辦；中外學者互通資訊，取長補短，亦是提高箇人學術閱歷和知識水準的機會。

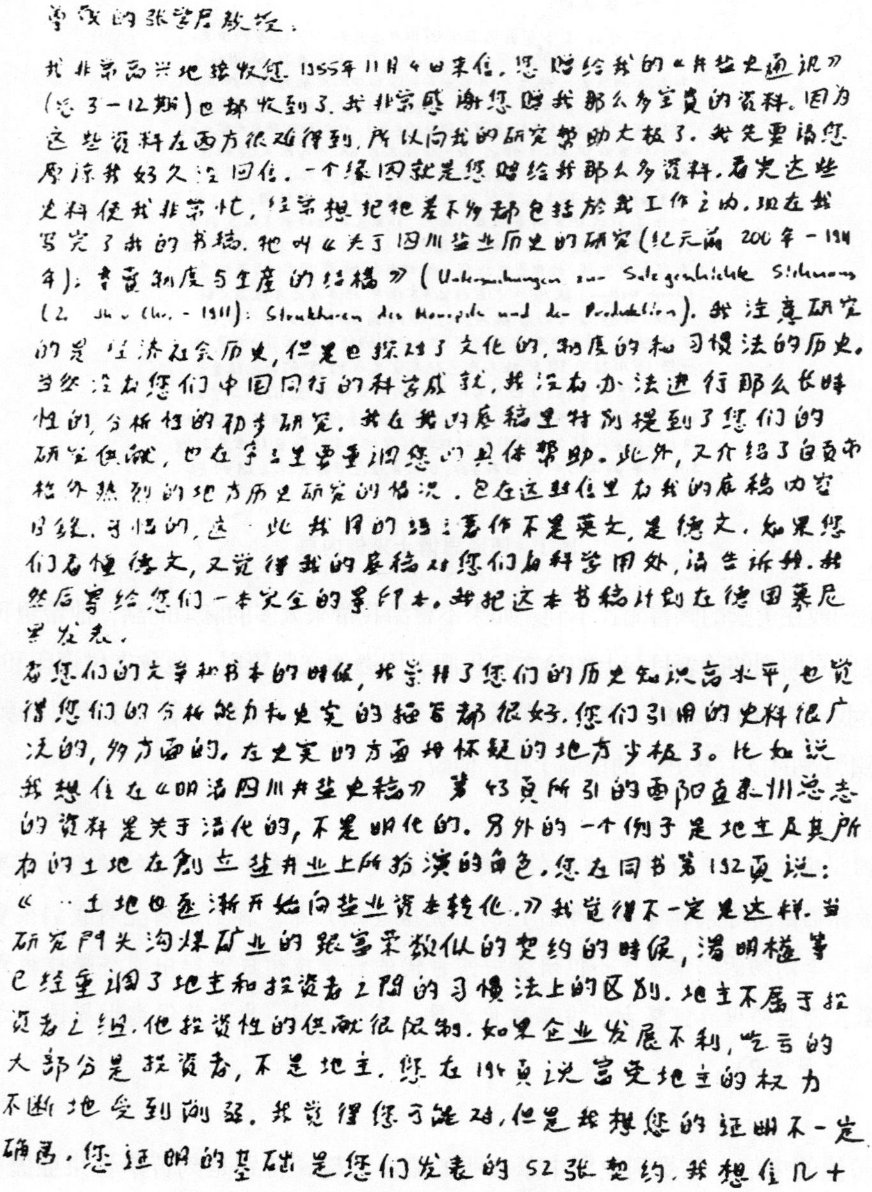

圖 2　傅漢思博士回信内頁 1

1985 年 11 月 4 日，我回覆了傅漢思博士的來信，感謝他給我來信和對我和我的合作者多年來發表的鹽業史研究成果的肯定與評價；也對他學習漢學的不懈努力，傾心從事四川井鹽歷史研究并將這一研究與歐洲鹽業歷史進行比較探索的計劃，深感心儀并表示由衷的喜悦。尤其是他獲邀參加英國劍橋李約瑟教授名著《中國科學與文明》第 37 章《中國製鹽的技術歷史》的撰稿工作，是一項榮耀的工作，值得祝賀。對於他資料短缺的實際困難，我表示理解。從事專門學術研究工作的學者理應充分占有資料，資訊來源需要對稱。我支持他的研究工作，替他複製和購買了他目錄上開列的大部分歷史資料。其實這些資料大多是地方歷史資料和參與經營管理、從事生產技術的人物回憶或口訴資料。祇因讀者稀少，環境偏僻，這些歷史資料印數也很少，國外同行有志於此，但交流管道不暢，無從購買這類資料，給深入研究造成困難。進入改革開放時期，這些困難都可以通過合作和交流加以解決。

## 二、開始學術交流

1986 年 3 月 30 日，我收到傅漢思博士從蘇黎世大學發來的回信。他説，非常高興地收到我寄給他的回信、我與合作者的新書《明清四川井鹽史稿》，以及大量歷史資料和自貢市鹽業歷史博物館主辦、曾由我參與創辦和編輯的《井鹽史通訊》（鉛印本總 3—12 期）。他準備將這些資料納入他的學術專著：《關於四川鹽業歷史的研究（紀元前 200—1911 年）：專賣制度與生產結構》（Untersuchungen zum Salzgeschichte Sichuans (200 v. Chr. —1911)：Strukturen des Monopols und der Produktion) 的引用文獻。他告訴我，隨着與我學術交流的深入，他的視野逐步擴大以後，他重新確定了這部專著涉獵的大致範圍（見圖 2）：

> 我注意研究的是經濟社會歷史，但是也探討了文化的、制度的和習慣法的歷史。當然沒有你們中國同行的科學成就，我沒有辦法進行那麼長時性的、分析性的初步研究。我在我的底稿裏特別提到了你們的研究供（貢）獻，也在序言裏要重（強）調您的具體幫助。此外，又介紹了自貢市格外熱烈的地方歷史研究的情況。

他説，他這本四川鹽業歷史專著計劃在德國的慕尼黑出版，是用德語撰寫的新書，他會將這部新書回贈中國同行，希望得到批評和指教。在這封信裏，他着重談到閱讀我和合作者所著新書和論文的感受（見圖 3）：

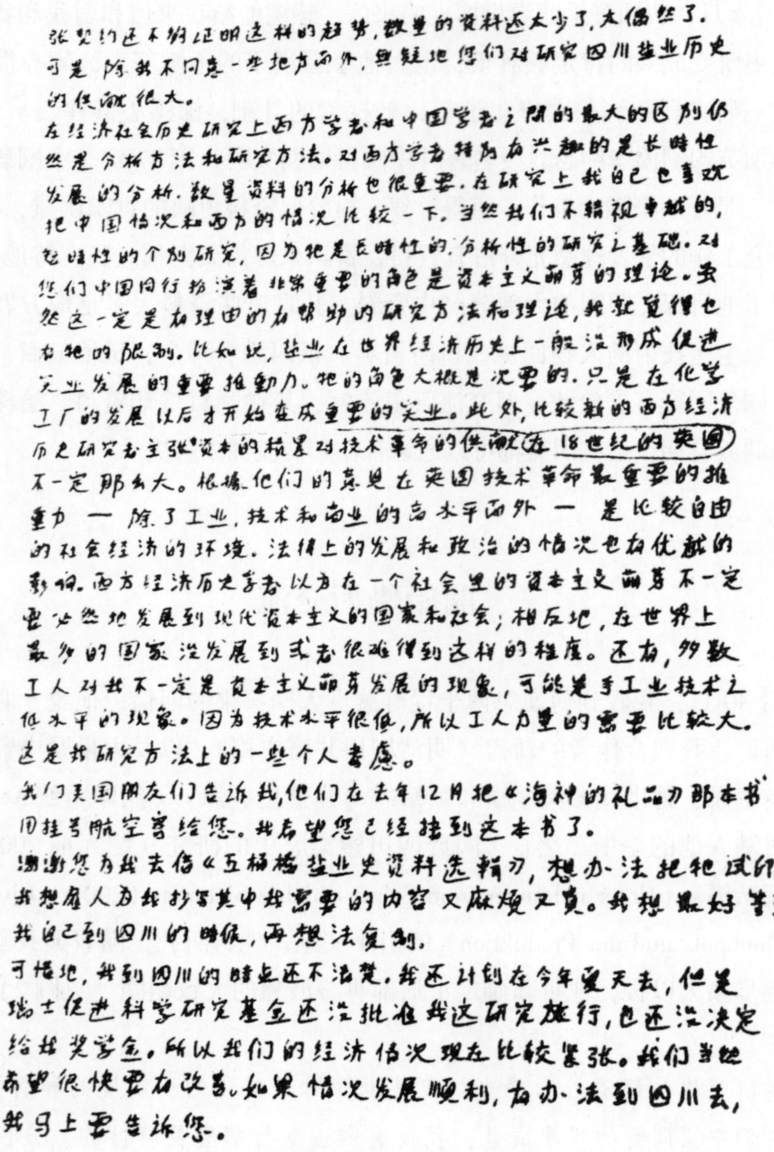

张契约还不够证明这样的趋势，数量的资料还太少了，太偶然了。
可是除我不同意一些地方而外，无疑地您们对研究四川盐业历史
的贡献很大。
在经济社会历史研究上西方学者和中国学者之间的最大的区别仍
然是分析方法和研究方法。对西方学者特别有兴趣的是长时性
发展的分析。数量资料的分析也很重要。在研究上我自己也喜欢
把中国情况和西方的情况比较一下。当然我们不藐视卓越的，
短时性的个别研究，因为他是长时性的，分析性的研究之基础。对
您们中国同行扮演着非常重要的角色是资本主义萌芽的理论。虽
然这一定是有理由的有帮助的研究方法和理论，我就觉得也
有他的限制。比如说，盐业在世界经济历史上一般没形成促进
实业发展的重要推动力。他的角色大概是次要的。只是在化学
工厂的发展以后才开始变成重要的实业。此外，比较新的西方经济
历史研究者主张资本的积累对技术革命的贡献在18世纪的英国
不一定那么大。根据他们的意见在英国技术革命最重要的推
动力——除了工业，技术和商业的高水平而外——是比较自由
的社会经济的环境。法律上的发展和政治的情况也有优越的
影响。西方经济历史学者以为在一个社会里的资本主义萌芽不一定
要必然地发展到现代资本主义的国家和社会；相反地，在世界上
最多的国家没发展到或者很难得到这样的程度。还有，多数
工人对我不一定是资本主义萌芽发展的现象，可能是手工业技术之
低水平的现象。因为技术水平很低，所以工人力量的需要比较大。
这是我研究方法上的一些个人考虑。
我们美国朋友们告诉我，他们在去年12月把《海神的礼品》那本书
用挂号航空寄给您。我希望您已经接到这本书了。
谢谢您为我去信《五桶桥盐业史资料选辑》，想办法把他试印。
我想雇人为我抄写其中我需要的内容又麻烦又贵。我想最好等到
我自己到四川的时候，再想法复制。
可惜地，我到四川的时点还不清楚。我还计划在今年夏天去，但是
瑞士促进科学研究基金还没批准我这研究旅行，也还没决定
给我奖学金。所以我们的经济情况现在比较紧张。我们当然
希望很快要有改善。如果情况发展顺利，有办法到四川去，
我马上要告诉您。

圖3　傅漢思博士回信内頁2

看你們的文章和書本的時候，我崇拜了你們的歷史知識高水準，也覺得你們的分析能力和（對）史實的描寫都很好，你們引用的史料（是）很廣泛的、多方面的。在史實的方面，我懷疑的地方少極了。

接着他對《明清四川井鹽史稿》第192頁第九章第二節“鹽場土地性質的變化”提出了值得關注的商榷意見：他結合湯明檖對北京石景山門頭溝煤礦租佃契約的研究，對富榮

鹽場隨着鹽井開鑿的成功，地主和客夥實現預期經營收益後，"土地逐漸開始向鹽業資本轉化"一說，表示懷疑：

> 我覺得不一定是這樣。當研究（北京石景山）門頭溝煤礦業的跟富榮（鹽場）類似的契約的時候，湯明檖等已經重（強）調了地主與投資者之間的習慣法上的區別。地主不屬於投資者之組（列），他投資性的供（貢）獻很（受）限制。如果企業發展不利，吃虧的大部分是投資者，不是地主。您在（《明清四川井鹽史稿》）194頁說，富榮（鹽場）地主的權力（利）不斷地受到削弱。我覺得您可能對，但是我想您的證明不一定確鑿。您證明的基礎是你們發表的52張（件）契約，我想這幾十張（件）契約還不夠證明這樣的趨勢，數量的資料還太少了，太偶然了。可是，除我不同意一些地方而外，無疑地你們對研究四川鹽業歷史的供（貢）獻很大。（見圖3）

他認為，在經濟社會歷史的研究上，西方學者和中國學者之間的最大區別仍然是分析方法、研究方法。西方學者特別有興趣的是長時性發展的分析，數字資料的分析也很重要。在研究上他自己也喜歡把中國的情況和西方的情況比較一下。當然他們不輕視卓越的、短時性的箇別研究，因為它是長時性的、分析性的研究之基礎。

他認為，在資本主義萌芽的理論方面，中國同行扮演着非常重要的角色。雖然關於資本主義萌芽一定是有理由的、有幫助的研究方法和理論，但他覺得也有它的限制。比如說，鹽業在世界經濟歷史上一般沒（有）形成促進實業發展的重要推動力。它的角色大概也是次要的。祇是在化學工廠發展以後，纔開始變成重要的實業。此外，比較新的西方經濟歷史研究者主張，在18世紀的英國，資本的積累對技術革命的貢獻不一定那麼大。根據他們的意見，在英國技術革命最重要的推動力，除了工業、技術和商業的高水準而外，是比較自由的社會經濟環境、法律上的發展和有優越的政治形勢。西方經濟歷史學者以為，在一箇社會裏的資本主義萌芽不一定要必然地發展出現代資本主義的國家和社會；相反地，世界上的很多國家沒（有）發展到或者很難得（達）到這樣的程度。還有，雇傭工人不一定是資本主義萌芽發展的現象，可能是手工業技術之低水準的表現。因為技術水準很低，所以勞動力的需要比較大。這是他研究方法上的一些箇人考慮。

他告訴我，他計劃儘快到四川進行學術訪問，希望在當年夏天成行。但是瑞士促進科學基金會還沒有批准他這趟研究旅行的經費。如果情況進展順利，有辦法到四川去，他就會馬上告訴我，希望儘快跟我面談。他從郵寄資料中看到我最近發表在《大自然探索》和《西南師範學院學報》上的兩篇論文《古代四川井鹽生產中的化學成就》《關於〈石油工業發展史〉第一卷若干問題的商榷》，覺得有意思，希望得到影印本。他還提到，隨信寄來他和他太太合著的論文:《銅礦開采和貿易的中國與歐洲比較研究,1200—1850》(Copper production Trade in Europe and China, ca 1200—1850: a comparison),希望多加指正。他還提到,當時他正在修訂李約瑟和羅榮邦(Lo Jung-pang)教授留下的舊稿,大約需要一年的時間。一旦修訂完成,他會去英國劍橋會見李約瑟教授,一定會把我的研究成果告訴他。李約瑟教授年事已高(86歲),可是他的精神和思維能力仍然十分好。最後他希望,"我們有可能永遠地繼續我們的友好交流"。我感受到他對我研究成就的肯定和對我們長期合作的期待。

這期間,我收到了他的朋友從美國寄來的一部新書。傅漢思告訴我,為答謝我對他的幫助,他委托美國朋友代購這本《海神的禮物:尋常食鹽的歷史》(Neptune's Gift: A History of Common Salt, Robert P. Malthauf),并特意從美國郵寄給我的(圖4)。

圖4 《海神的禮物:尋常食鹽的歷史》書影

我在給他的回信中主要回答兩箇他質疑的學術問題:一箇是富榮鹽場經營契約中地主股份(地脈日份或開鍋水份)的性質與經營變化問題;另一箇是中國學術界對中國傳統社會中資本主義萌芽的熱點討論。我從他提出這樣的問題當中看出,他認真閱讀了大陸學者的研究成果,并經過了深思熟慮。

有關富榮鹽場經營契約的研究中,地主占有的股份(地脈日份或開鍋水份)的性質及其變化,我在《明清四川井鹽史稿》第192頁"鹽場土地性質的變化"一節中,依據自貢市鹽業歷史博物館收藏的52件涉及鹽場土地性質問題的清代契約作了分門別類的歸納和分析。我告訴他,開鑿鹽井的投資者向地主租佃土地,在形式上一如租佃農田一般,需要簽約,議定"押山銀"(押金、押頭)和租佃收益。決定鹽場所佃井基租金的主要因素是開鑿鹽井獲得的鹽鹵和天然氣收益。鹽礦資源深藏地下岩層數百到數千米，鑿井耗費資金數額不菲，少則花費白銀數千兩，多則數萬兩；耗費時間長，至短也要兩三年，長則五六年，甚至十餘年尚不得"見功"，客夥簽約開鑿鹽井的收益和風險高於投資煤礦。一旦"見功"，就會有鹽鹵、天然氣湧溢而出，客夥和地主利益均霑；一旦數年不"見功"，投資失敗，血本無歸，最悲慘的是客夥。四川井鹽的開發還存在一些有別於門頭溝煤礦的特殊狀況。

四川盆地是一個巨大的內海沉積鹽湖，自秦以來各州縣都有開鑿鹽井的記載。清代"湖廣填四川"的大移民浪潮長達百年，使四川人口從清初的 16000 人飆升至 38338000 人，成為前所未有的人口大省。① 加之靠近四川產鹽區的雲南、貴州、湖北諸省人口納入川鹽銷區後，食鹽的消費量因之猛增，遍及歷代產鹽地區的井灶紛紛恢復生產，新開鹽井數量成倍增長。擁有實力的山陝商業、金融資本找到了最有實效的投資渠道。他們先從收買"引商"② 口岸入手，再對極富投資前景的犍為、富順等地鹽鹵資源投放巨額資金，雇請經驗豐富的山匠開鑿鹽井，③ 多多益善。乾隆三十八年（1773）全川產鹽廳州縣衛共計 38 箇，鹽井總數 8336 井，年銷水引 18424 張、陸引 71373 張，折合食鹽 162903420 斤，④ 來自山、陝商人的投資占據首位。

特別是在咸豐三年（1853）以後，太平天國占領南京，淮鹽失去兩湖銷區，長江南北鹽價高昂，致使楚民淡食，走私食鹽成為暴利行業。清廷明令"川鹽濟楚"，兩湖食鹽需求量激增，有舟楫之便的富順、榮縣所轄的自流井、貢井，樂山縣所轄五通橋、牛華溪等盛產鹽鹵、天然氣的地區成為山陝商人的重點投資區域。原本聚集在川茶、川絲和票號、錢莊的山陝商人，將資金大規模轉向富榮、犍樂等鹽場，不惜重金，采用創新技術，開鑿深井。一時之間，鹽場井基地價高昂，寸土寸金，許多廢舊鹽井也成投資熱點。

在富榮鹽場的經營契約中，地主收取的"押山銀"、租佃收益"地脈日份""鍋口水份"收益比例較前猛增。在新一輪鹽井投資中，土地收益更是隨鹽井收益而變化，經濟效益高的鹽井，地主收益也水漲船高；經濟效益低的鹽井，不僅客戶投資受到挫折，甚至血本無歸，地主的土地收益也隨之減少，有時連押金亦不能贖回。但一般來說，能維持正常生產、無論是客夥投資或轉化為鹽場資產的地脈日份，都能得到一定的股份收益，這部分土地已經與客夥的投資共同組成鹽場合資股份，分享鹽井的利潤收益，也承擔井灶虧本的意外風險。因此，富榮鹽場地主擁有的地脈日份（鍋口、水份）在鹽場投資中一如客夥股

---

① 柯建中、胡昭曦、唐光沛、劉琳、蒙默：《四川古代史稿》，成都：四川人民出版社，1988 年，第 444 頁。
② 清初開始實行"計口售鹽"，每縣指定殷實鋪户領取額定鹽引，去指定井灶購買食鹽，再運到指定銷售區發賣，稱為"引商"，子孫可世襲。山陝商人首先看中引商銷售利潤，收購其執照；然後再投資井灶，將商業資本轉化為產業資本。
③ 張學君、冉光榮：《清代富榮鹽場經營契約研究》，《中國歷史博物館館刊》1981 年第 3 期。
④ ［清］丁寶楨總纂：《四川鹽法志》卷十七《引票二·歷年增引》。

份，其與北京門頭溝煤礦地主與投資者簽訂的租佃合約，合作的性質不一樣，前者是土地資本，後者是地租收益。誠如傅漢思所説，我與合作者的論著列舉的富榮鹽場 52 件鹽井租佃契約的確還不够多，需要發掘更多的契約，進行長時性、多角度研究，使之更具説服力。1990 年秋，我依據數百件新編契約又撰寫了文章，深入論證富榮鹽場地主權益的若干變化。①

我告訴他，他對中國學術界有關資本主義萌芽問題的關注與深入討論所提出的異議，國内同行并不持反對意見，有不少學者持類似觀點。中國學者的主要興趣，集中在中國古代小農經濟在長期發展的某些時期出現的商品經濟及其活躍程度；他們對社會經濟的各箇領域進行觀察和研究，考察其對封建社會的發展變化産生的歷史作用。他們也都明白，没有工業革命，没有更大的國内外市場，没有政治改良和法治的完善，微弱的資本主義萌芽不可能促成現代資本主義社會的産生，迄今的中國歷史也證實了這箇論斷。

## 三、我們切磋幾箇重要的學術問題

在此後的時段裏，傅漢思都在等待來華學術考察的基金，在與我和我的内地同行的密切交流之中，他的研究視野不斷拓寬，文獻資料不斷增多。他是一位聰明而勤奮的漢學博士，一面與我討論更多鹽業歷史問題，一面努力加工增補他的學術專著：《關於四川鹽業歷史的研究（公元前 200 年—公元 1911 年）：專賣制度與生産的結構》（*Untersuchungen zum Salzgeschichte Sichuans* (200 v. Chr. —1911)：*Strukturen des Monopols und der Produktion*）；同時着手修訂和重寫李約瑟與已故羅榮邦教授合作撰寫、并將用於《中國科學與文明》第 37 章的底稿。好在這兩項研究屬於同一領域又互相關聯的鹽業歷史問題。在進行兩項研究的過程中，他更多地參閲我和合作者的論著，這些論述對他有直接幫助，發現有創意或有疑義的文稿他都批注無遺。歸納起來，我與他進行的學術交流，以他提出問題帶動我的解析，主要集中在以下幾端。

### （一）有關井鹽鑽鑿技術發展的分期問題

古代井鹽鑽鑿技術因戰國時代冶鐵業的出現，鐵取代銅用於開鑿鹽井，鑽鑿工具得到强化，鑽鑿技術也隨之創新，鹽井井腔由人工 "貓身作業" 演化為由機械牽引力帶動 "圜刃"（鐵製鑿具）進行的 "衝擊式、頓挫法" 鑿井。鹽井井徑由大變小，井腔由淺入深，機械、滑輪和聯動牽引裝置的發明，使人類對地下資源的開發能力發生了歷史性進步。20

---

① 此文載彭澤益、王遠主編：《中國鹽業史國際學術討論會論文集》，成都：四川人民出版社，1991 年。

世紀後半葉,成都近郊不斷發現的漢畫像磚,就有三種井鹽生產圖像,反映了古代井鹽生產實況。有一位哲人曾經指出:工具是人手的延長。人類通過機械及其傳動裝置,奇妙地進入地層深處,增强了開采地下岩層鹽鹵、天然氣和石油的能力。

自秦漢以來,四川井鹽經歷了大口淺井到小口深井的演進過程。其間的關鍵技術是"卓筒井"。"卓筒井"是北宋慶曆、皇祐年間(1041—1054)蜀中井鹽生產者發明的,它開創了人類深井鑽探技術的先河,為現代油、氣、礦井開采技術奠定了基礎。有關"卓筒井"問題,前輩學者也曾涉及,但尚未做精深論述。1976年,由我執筆撰寫的《宋代井鹽鑽鑿工藝的劃時代革新》首發於1976年我參與創刊的《井鹽史通訊》第1期上;次年,文物出版社主辦的《文物》雜志到自貢組稿,此文又被推薦,經我修訂後以《我國宋代井鹽鑽鑿工藝的重要革新——四川卓筒井》為題發表於《文物》雜志1977年第12期。此文深受傅漢思重視,我發現他在閱讀中圈點批注甚多。

(二) 有關臨邛火井的爭議

大量歷史文獻表明,中國是世界上較早發現和開采天然氣的國家之一。20世紀50年代前後,即有學者對中國火井史料進行探索。[①] 20世紀70—90年代,學者們對中國火井開發歷史的研究進一步深入,對中國火井產生年代、基本史實、前人認識和開發天然氣概況及其相關問題,均作了有益的探討。[②] 同時,對一些有爭議的問題進行了深入討論。

1. 鴻門火井與臨邛火井孰先孰後

謝忠梁先生從漢代文獻中發現,公元前69年到公元前61年在上郡開鑿的鴻門火井早於蜀郡臨邛火井,是人類最早開創的天然氣井。[③] 隨後,有學者以漢代揚雄《蜀都賦》和《蜀王本紀》為依據,斷定臨邛火井開鑿的時間至遲不晚於公元前1世紀中期(漢宣帝地節三年),早於鴻門火井;又將《華陽國志》卷三《蜀志》中"井有貳水"釋讀為"井有鹹水",認為該井為"生產天然氣為主兼產鹵水的氣水共見井";并列舉歷代有關臨邛火井的記載,肯定"臨邛火井是一箇自漢迄明史不絕書的著名的天然氣井群"。[④]

我從文獻學的角度,考察了臨邛火井的歷史記載及其相關資料,對該說提出全面商榷,肯定臨邛火井不產生於公元前1世紀中葉的西漢宣帝年間,而在公元2、3世紀的東漢末年

---

[①] 杜明達:《我國史料中有關石油與天然氣的記載》,《自然科學》1952年第4期;燕羽:《中國人民對燃料的發現和使用》,見李光璧等編:《中國科學技術人物論集》,北京:生活·讀書·新知三聯書店,1955年;胡礪善:《祖國石油與天然氣史話》,北京:石油工業出版社,1957年;白光美:《中國古代井鹽生產技術史的初步探討》,《清華大學學報》1962年第6期;張子高:《中國化學史稿》,北京:科學出版社,1964年。

[②] 戴金星:《我國古代發現天然氣的地理分布》,《石油勘探與開發》1979年第2期;劉德仁:《我國古代開發天然氣年代考》,《社會科學研究》1981年第3期;劉德仁、劉佳壽:《四川天然氣開發史略》,《中國科技史雜志》1982年第4期;戴裔煊:《中國歷史上對石油和天然氣的認識利用及其與西方的關係》,《學術研究》1983年第4、5期。

[③] 謝忠梁:《鴻門火井是人類最早創建的天然氣井》,《西北大學學報》1976年第2期。

[④] 彭久松:《試說臨邛火井——我國古代天然氣開發史探索之一》,《井鹽史通訊》1977年第1期。

到蜀漢時期，大約晚於鴻門火井兩箇世紀。臨邛火井存在的時間也很短，到西晉時期已經"不復燃"。"井有貳水"不能解讀為"井有鹹水"，似應依從明人顧祖禹《讀史方輿紀要》卷七十七的考訂，校正為"井有貳，一鹹一燥"為妥。臨邛火井的數量不多，最多可能有兩口。後世有關臨邛火井的文獻記述，大多是轉述漢晉火井史料。① 我的觀點也得到傅漢思的關注，他在閱讀這篇論文時作了很多批注。

2. 漢代畫像磚三種井鹽生產圖像是否天然氣煮鹽實況

20世紀50年代前後，成都地區出土了多種漢代磚室墓的繪圖方磚，其中有三方為井鹽生產圖像。② 學者們對畫像磚圖像所反映的煮鹽生產實況有不同看法：一種意見認為是柴火煮鹽，③ 另一種意見認為是天然氣煮鹽。④ 此後，在不少科技史出版物中，將漢畫像磚反映了井火煮鹽的説法作為結論，廣為引用。⑤ 1980年，申力生主編的《中國石油工業發展史》第一卷《古代的石油與天然氣》第二章采用了上述漢畫像磚的井鹽圖像。⑥ 該書不僅將這些圖像直接標注為"漢代火井畫像磚"，而且認定鹽灶下面"排列着三四根天然氣管綫，用以煮鹵熬鹽"，既無嚴謹的考證，又不尊重歷史學者的意見。

1983年，我針對漢代火井煮鹽畫像磚一説發表批評意見，剖析漢晉時期文獻描繪的煮鹽史實，并將漢畫像磚反映的實況及其背景資料加以分析對照，認為漢畫像磚描繪的煮鹽過程不是天然氣煮鹽，而是柴火煮鹽。⑦ 隨後，白光美教授從引證史料到使用插圖的岐誤入手，對漢代井鹽生產畫像磚被誤解為井火煮鹽的原因作了進一步探討，⑧ 從而澄清了在這一問題上形成的岐誤，為《中國科學與文明》製鹽部分的修訂提供了正確選擇。傅漢思在我們的相關論著中有詳盡的批注和點贊。

### （三）對於明清四川深井的探索我們有學術共識

明清時期，井鹽鑽鑿技術在宋代"卓筒井"的基礎上有了進一步技術革新。這次技術

---

① 張學君：《有關臨邛火井問題的幾點商榷》，《井鹽史通訊》1981年第8期。
② 邛崍縣花牌坊和成都市老西門出土的兩方井鹽生產畫像磚，分別收入聞宥：《四川漢代畫像選集》第73、74圖，上海：群聯出版社，1955年；劉志遠編：《四川漢代畫像磚藝術》第3、4圖，北京：中國古典藝術出版社，1958年。成都羊子山出土一方井鹽生產畫像磚，收入劉志遠等：《四川漢代畫像磚與漢代社會》，北京：文物出版社，1983年，第47頁第48圖。
③ 鄭振鐸：《全國基本建設工程中出土文物展覽圖錄代序》，重慶博物館編：《重慶市博物館藏四川漢代畫像磚選集》，1957年；白光美：《中國古代井鹽生產技術史的初步探討》，《清華大學學報》1962年第6期。謝忠梁：《漢代四川井鹽生產勞動畫像磚新探》，《井鹽史通訊》1976年第1期。
④ 聞宥：《四川漢代畫像選集》第74圖煮鹽圖像説明；劉志遠編：《四川漢代畫像磚藝術》第3、4圖説明。
⑤ 北京大學物理系編寫小組：《中國古代科學技術大事記》，北京：人民教育出版社，1978年；葉永烈：《石油漫談》，合肥：安徽人民出版社，1978年。
⑥ 轉引自劉志遠編：《四川漢代畫像磚藝術》第3、4圖像。
⑦ 張學君：《關於〈中國石油工業發展史〉第一卷若干問題的商榷》，《西南師範學院學報》1983年第4期。
⑧ 白光美：《關於漢畫像磚〈井火煮鹽圖〉的商榷》，陳然等編：《中國鹽業史論叢》，北京：中國社會科學出版社，1987年。

革新開始於明代後期,發端於當時最為興盛的井鹽產地射洪、蓬溪一帶。這裏地下富含淺層鹽鹵,井深數十丈即可"見功"。與《蜀中廣記》的作者曹學佺差不多同時的射洪人馬驥對這一井鹽技術創新表現出極大興趣,進行實地考察并囑人繪撰了《鹽井圖説》(原書已佚)。從《蜀中廣記》轉錄的《圖説》部分看,經過初步改良的井鹽鑽鑿工序比"卓筒井"更為細密。鑽鑿工具造型和重量不一,能夠適用於不同岩層、不同井腔要求;解決井下故障,并對鑒別岩層性狀、鹽鹵儲藏位置具備了科學認識(圖5)。

在初步成功的基礎上,在清代乾嘉時期,生産技術條件相對優越的富榮鹽場,繼起完成了這一重大革新。清人嚴如熤撰寫的《三省邊防備覽》卷九和稍後問世的吳鼎立《自流井風物名實説》、李榕《自流井記》① 從不同的角度,記述了富榮鹽場深井鑽鑿技術革新的重大成就。光緒年間(1876—1886)署理四川總督的丁寶楨主持完成了《四川鹽法志》,對這一成就作了全面總結,并繪製了極為精美的圖版。這些著述將鹽井的鑽鑿過程歸納為七箇工藝環節:初開井口、鑿石、下石圈、鑿大口、下木柱、搯泥、鑿小口。《四川鹽法志》卷二對每一工序證以圖説。為適應不同岩層、不同井段的技術要求,鑽鑿工具多達數種,如魚尾鑿、銀錠鑿、財神鑿、單馬蹄鑿、雙馬蹄鑿等。李榕在《自流井記》中記述了鑿井工藝要著:"石臼以下用大鑿曰魚尾鑿,長丈二尺,重二百斤;木柱以下用小鑿曰銀錠鑿,鑿長九尺,重百斤。凡鑿及百丈以下者,鑿力愈重,不敢用大鑿,懼竹篾斷也。"②

圖5　鹽井

---

① 前者見同治《富順縣志》卷三十,後者見李榕《十三峰書屋文稿》卷一。
② [清] 李榕:《自流井記》,見《十三峰書屋文稿》卷一。

與此同時，處理井下事故的器械多達數十種，其構造之精巧，功用之奇妙，在當時的生產條件下堪稱絕技。"凡已、未成之井均不能無病，有病必停工，謂之掛井。"對於鑽鑿中誤落物件於井腔者，采用不同的器具撈取或搗碎，名之曰"取難"："如落大鑿者用掃鐮，落小鑿者用偏肩，落筒者用木龍，落索者用穿魚刀，落篾者用獨角棒。"① 對於井腔中發生的"走岩""崩腔""流沙""冒白"等事故，則有一整套處理辦法。以"崩腔"為例："井有岩石初鑿，第空其中。久之，旁岩往往墜出，陷為穴。所謂麻枯石、拳石岩、綠豆岩、黃泥石尤易陷，宜亟以油灰補之。然穴率口小中大，灰不易入，法宜先拓口令寬，以鐵梗末銳中置二鈎（曰獨角棒），剖竹四片，反縛鈎際而繃其中，反張若雨傘然。又以麻約竹端內斂，較井口稍縮，再以片竹略加長同縛其端，與麻拒則懸梗下，至底其一竹上觸，麻褪而四竹張，因掣梗徐上，計至穴，竹端必發入，試按抑令下，竹為穴抵牾不得下，知其為穴所在，數下撞，即可令穴口漸寬……如是則穴必外闊於中，然後以油灰下補之。"②

　　在近代機器工業尚未傳入的時代，四川井鹽業將傳統技術發揮到精妙絕倫、淋漓盡致的地步，的確是中國科學技術史上的奇葩。道光十五年（1835）富榮鹽場鑽鑿出人類第一口超千米深井——燊海井。傅漢思在與我對上述問題的交流中達成共識，也形成了他自己的科學思維和英文表述方式。他在為《中國科學與文明》（S–CC）撰寫的《鹽業》部分的簡要介紹中寫道：

　　　　眾所周知，11世紀，深鑽井（鑽鑿）技術發明於四川。四川這種傳統技術就是衝擊式鑽鑿法。該方法主要用一塊硬金屬鑽頭（圓刃），懸在竹索一端，經人力槓桿提升鑽頭，衝擊鑽（鑿）井（腔）底部岩層。鑽井初期，井深祇能達到100—200米，最後達到更深的岩層。經考定，該技術發展時期尤其在18—19世紀。1835年，世界上（誕生了）第一口超千米深井——燊海井。（圖6）

　　這篇文章的注釋②說明：中文資料除參見張學君《古代中國的井鹽生產工藝》（原稿，1983年）和幾位研究者的著作外，英文詳細資料見李約瑟（Joseph Needham）、傅漢思（Hans Ulrich Vogel）、羅榮邦（Lo Jung – pang）和張學君（Zhangxuejun）《鹽業》（The SaltIndustry）之內容，收在《中國科學與文明》（S—CC）第37章。

---

① ［清］李榕：《自流井記》，見《十三峰書屋文稿》卷一。
② ［清］丁寶楨總纂：《四川鹽法志》卷二《井廠二》。

## 四川深钻井技术传播到西方的
## 真 相 和 争 议[①]

〔德〕汉斯·乌尔利希·福格尔

众所周知，11世纪中叶，深钻井技术发明于四川。四川这种传统技术就是冲击式钻凿法。该方法主要用一块硬金属钻头，悬挂在竹索一端，经人力杠杆提升钻头，冲击钻井底部岩层。钻井初期，井深只能达到100～200m。最后达到更深的岩层。经考定，该技术发展时期尤其在18世纪和19世纪。1835年，世界上第一口超千米深井——燊海井在自流井（自贡市）钻成。

关于四川深钻井技术的历史阶段和技术发展情况，许多中国学者已在很多专题论著和论文中进行了详细的论述[②]，本文就不

---

① 本文为约瑟夫·尼达姆（Joseph Needham）编的《中国科学与文明》（SCC）第三十七章《盐业》（The Salt Industry）一文，本文部份参考约瑟夫·尼达姆和已故Lo Jung-pang早些时候著的一篇文章，此处采用SCC中经修改的书德—贾尔斯（Wade-Giles）译文。
② 参见张学君《古代中国的井盐生产工艺》（原稿，1983年）、林元雄等《中国井盐科技史》（成都，1987年）、《盐业史研究》、彭久松、陈然（编）《四川井盐史论丛》（成都，1985年）、陈然等（编）《中国盐业史论丛》（北京，1987年）中的各种有关的文章。英文详细资料见约瑟夫·尼达姆、汉斯·乌尔里克·沃格尔、Lo Jung-pang和张学君《盐业》（The Salt Industry），收在SCC第三十七章。

圖6　傅漢思文章片段

## 四、傅漢思來到成都，我們首次見面

大約是在1986年冬天，傅漢思來信告訴我，他得到了來中國學術旅行的基金。那時中國雖然已經進入改革開放時期，但與歐美國家尚未接軌，不知如何辦理學術旅行手續。他希望我替他諮詢一下。我得知，國內箇人還不能接待外國朋友，但可以通過四川省對外文化交流協會（屬於省政府外事辦）這樣的準政府機構接待他。他通過這箇機構提出訪問要求，這箇機構則負責為他聯絡訪問單位、人士，并為他提供收費服務。徵得他同意後，我將這箇機構的聯繫方式告訴他，他按照自己的意願向這箇機構提出了到四川進行學術旅行的申請，除了去自貢市考察古鹽井和西秦會館、鹽業歷史博物館和名勝古迹等活動以外，就再沒有麻煩四川省對外文化交流協會，在成都市的活動主要就是與我交流（圖7）。

图7 傅汉思与我

　　他完成对自贡的考察以后，按预定行程，我们有一周时间进行面对面的交流。他有很强的方向感和识别能力，住在锦江宾馆，很快就在地图上熟悉了成都道路交通、名胜古迹、南北东西的城市布局，也略知我家的方位。

　　我第一次应约去锦江宾馆见他，是在省对外文化交流协会的办公室，由外办负责人安排我们见面。傅汉思一副英俊潇洒的瑞士青年模样，身着红色T恤，围着一条深红色围巾，生气蓬勃、才气纵横。我们一见如故，互道问候以后，我造访了他的房间。这是一间双人房，他说与日本旅行者合租。稍停片刻，我们选择逛街，一路交谈，我给他介绍成都的历史和现状。随后，我们进了人民公园，坐在一条长椅上说话，立即有几个女生来与他打招呼、说外语。他告诉我："这是我的母语。她们在川大学德语，昨天就来找过我，我请她们吃了名小吃。"改革开放之初，我曾目睹春熙路追看老外的人潮。高校学生学习外语成为时尚，锦江宾馆外面常有男女学生寻找老外对话。

　　几个女生走后，我们顺着西干道一直走到通惠门。然后我邀请他到我们家，他睁大眼睛反问我："真的吗？这是你的决定吗？"我说："是的，这是我的决定！你有七天时间与我交流，我们家是最适合交流的地方！"他感到异常兴奋。我们从西安路步行到当时还比较冷僻的青羊小区，那时我们住在出租房里。这里有农家直接交易的菜市场，蔬菜、肉类应有尽有。我事先并未告诉家人会带傅汉思回家，我的爱人莉红意外见到陌生外国人的到来，开始感到有些不知所措。但因有一年多的通信，傅汉思与我的家人很快就熟悉起来，下午五點莉紅去幼兒園接孩子，他希望一起去，順便參觀孩子（張繆斯）的幼兒園。我們考慮到那裏尚無外國人活動，衹好作罷。

傅漢思在我們溫馨的家裏拍下了我們工作的書房、書桌、圖書和稿本。他在客廳裏發現冰箱，還驚嘆説："冰箱！"不一會兒小女回家，他立即轉向她，拍下許多精彩照片。他説很快會發給他的太太伊莎貝爾，讓她看看中國學者是在怎樣的生活環境裏寫出那麽多出色的學術論著。

此後，他每天下午在錦江賓館旁邊租車店租一輛自行車騎到我們家，下午到晚11點，我們在一起喝茶或咖啡，晚餐後繼續交談。他主要談到自己的學習經歷、興趣愛好、研究方向，和德國太太伊莎貝爾在中國臺灣相識的經過；談了與我們建立長期學術交流關係、共同完成李約瑟《中國科學與文明》第37章《鹽業》的希望。他談到自己的興趣是社會經濟史和科技史。選擇四川井鹽歷史，是看中了它的獨特性，四川地理環境封閉，地下蘊藏着豐富的鹽鹵和天然氣資源，古代先民創造"鑽孔"（我為他訂正為"鑽井"）技術，開鑿了那麽多鹽井和天然氣井，成為世界奇觀，所以他選擇四川鹽業作為自己的研究方向。我問他：歐洲和中國都幅員遼闊，各地食鹽的生產方式多種多樣，你認為四川井鹽與其他國家和地區的生產方式有何不同？

他回答：除阿爾卑斯山脈的鹽礦深藏地下，需要開鑿礦井采鹽，其他如海鹽、湖鹽、池鹽都無須開鑿深井，與井鹽生產不同之處主要在於開采方式。四川井鹽必須勘查地形地貌，找到最佳井位；然後需要開鑿數十到數百丈的深井，纔能開采到鹽鹵和天然氣，是充滿創造性、冒險性和艱巨性的生產方式。井鹽生產過程是智慧和勞動的結晶，非常獨特，是其他地方製鹽業所没有的。我對此懷有極大興趣，願意探索極富科技奧秘的課題。

他説："完成了李約瑟的這部書，我們還可以繼續確定共同感興趣的社會經濟歷史選題，可以在德國申報更大的專題，包括争取你們去國外進行學術研究的機會。"交談中，他不時翻看一本英漢詞典，尋找一些詞目。我將問答要點記下來，也把他不明白的詞語搭配、同義詞、反義詞隨手寫下來，作出相應的解釋；其中的關鍵詞語，我也寫下來。他會認真聽我解釋四川井鹽歷史掌故。他離開時會將所有我寫過的紙片帶走，我想他回到賓館後會復習剛纔交談的內容，琢磨不懂的詞語。一位勤奮的學者，無時無刻不在用功。

我們一家都喜歡他的到來，女兒當時兩歲，他送了她許多瑞士巧克力，給她拍了不少照片，這些照片也都傳給了他的太太伊莎貝爾。女兒吃厭了瑞士巧克力，用它在墻壁上作畫。我深信女兒的繪畫天分，指着她在墻壁上畫的一組綫條對傅漢思説："神來之筆！"傅漢思也會心一笑。一次，傅漢思去衛生間，女兒一時不見他，就問我們："傅漢思喃！傅漢思喃！"我們不便説出他的去處，兩歲的孩子會去衛生間找他。一會兒，傅漢思回到書房，主動招呼她："張繆斯，你在叫我嗎？你是張繆斯，我是傅繆斯！"我們帶他去過人民公園、青羊宫、杜甫草堂、王建墓遊玩，他特別喜歡有人文掌故的園林和山石。他說他喜歡成都這樣充滿古典韻味的城市，一有閑暇，他就穿街過巷，在老成都的陳舊市區溜達，拍攝了不少古老街巷的照片。他的運氣好，當時的成都市還未開始大拆大建，他拍的古城風貌如今已蕩然無存。

臨別的晚上，他來到我們家，告訴我們，他與太太伊莎貝爾通了昂貴的電話，伊莎貝爾告訴他：他申請美國王安電腦公司的學術研究基金已經中標，資助他壹萬美金，用於他的漢學研究。他告訴我，雖然錢不多，但會在全美科學基金得主名單上公之於衆，榜上有名，有利於他在美國大學求得教職，我們也會有更多交流機會。我祝賀他申請王安電腦基金成功，用五糧液為他慶祝，因酒杯太大（是喝啤酒的大杯），其實他不大會飲酒，又誤以為是低度清酒，猛喝一大口，很快就有醉意，說不好漢語了，我深感歉意。

他告訴伊莎貝爾，這次在成都和自貢豐富多彩的旅行收穫太大，特別是與我們一家度過愉快的一周，見到我們的書房、藏書、期刊、稿本，面對面地愉快交流，還見到我們非常可愛的女兒繆斯，令他難忘。此外，他還去四川大學和四川省社科院會見了幾位教授。按照預定的旅行日程，他時間很緊，還要到北京、中國香港還有日本，一攬子預定了要訪問的學者和圖書館。他是珍惜旅行機會的人，總能精打細算，滿載而歸。

## 五、李約瑟研究所邀請我參加《中國科學與文明》（S–CC）《鹽業》（The SaltIndustry）的修訂和撰稿工作

1987年3月22日，我收到傅漢思在從北京飛往香港的CX331航班上寫來的信。他說剛在北京接到他妻子伊莎貝爾的電話，英國劍橋李約瑟研究所已經正式批准我先生參加《中國科學與文明》（S—CC）第37章《鹽業》（The SaltIndustry）的修訂和撰稿工作，這部書正式出版時，我將與李約瑟（Joseph Needham）、傅漢思（Hans Ulrich Vogel）、羅榮邦（Lo Jung–pang）作為共同作者，署名於封面（圖版七）。此後不久，我收到了李約瑟贈送的三部書，在Joseph Needham（The Grand titration）扉頁上，李約瑟親筆題寫了"張學君惠存，李約瑟敬贈，劍橋一九八六年八月"，同時還有英文題簽，後來又贈送了剛出版的《中國科學與文明》（S–CC）英文本。（圖8）

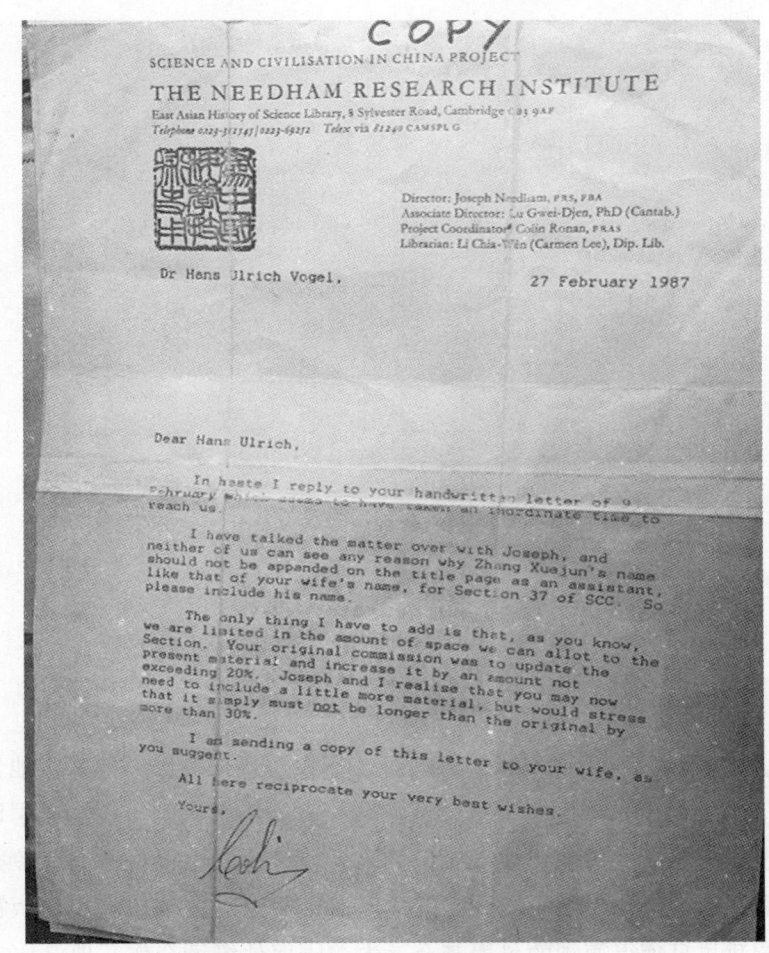

圖 8　李約瑟研究所的來函

此後，我與他不斷切磋在閱讀中國鹽業史料和中國鹽業歷史論著中所遇到的問題，包括中國製鹽技術的演進、產區和銷區的變化、歷代王朝鹽業政策的變化、鹽商的身份等。我撰寫的未刊稿本《中國古代的井鹽生產工藝》（大約十萬字）是我在自貢數年間刻苦鑽研完成的，是李約瑟要撰寫的井鹽部分的基礎研究工作。傅漢思初訪成都，我即將此書的複寫本贈與他，他十分高興。後來他告訴我，此稿本已作為李約瑟《中國科學與文明》（S－CC）第 37 章《鹽業》（The SaltIndustry）的原著稿本予以珍藏，也是該書的徵引書目之一（圖 9）。

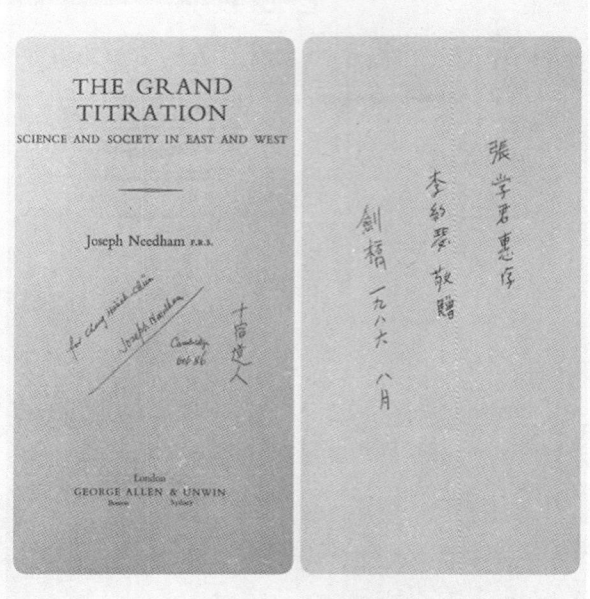

圖9 李約瑟贈書及題字

1988年4月5日,我收到傅漢思從德國海德堡大學寄來的信,他興奮地告訴我,他在全球數十名競爭者(博士)中勝出,獲聘德國名校海德堡大學副教授。應聘以後,他與太太伊莎貝爾已遷居海德堡。目前,他工作量甚大,教學時間也很長,他還參與圖書館的擴建,忙得不可開交。他得知我們的新著《近代四川工業史》在四川人民出版社出版的消息十分高興,盼望我早日獲得德國的科學基金,去德國與他繼續合作。他已向有關基金會提出正式申請,説有希望得到專項基金。

1989年2月19日,我收到傅漢思來信,他準備申請兩箇大學的教授職位:柏林大學和圖賓根大學都有漢學教職空缺。他感覺自己在學術上有競爭優勢,成功的可能性很大;還需要準備兩門試講課程,他正在努力,希望能夠成功。他需要對一些古籍中的史料作出確切解釋。例如:文同《乞差京朝官知井研縣事》①的奏摺中一些深奧詞語的解釋,《太平廣記》中有關"石油"記載的理解。我查閱了相關文獻,為他作了書面解釋,與他深入討論。我還告訴他,我們正在翻譯他寄來的一些論文,準備陸續發表在國內的學術期刊上。他回信説,這些論文在中國發表,對他申請教授職位可能有幫助,并表示感謝。

1990年秋,由自貢市人民政府主辦的四川鹽業歷史國際學術討論會在自貢召開,傅漢思博士應邀出席會議,并代表李約瑟教授在大會上宣讀賀信。會前會後,他都在成都逗留,

---

① 見[宋]文同:《丹淵集》卷三十四。

有時間與我交流。我在這次會上發表了《四川鹽業的商品化程度與自貢井基租佃關係的變化》① 一文，對他過去提出的自貢鹽井投資中地主權益的變化問題進行了深入剖析。在這篇論文中，我引用了最新出版的《自貢鹽業契約檔案選輯》② 中八百餘件契約中涉及地主權益變化的清代契約，進行了補充論證。我們在成都、自貢有機會交換學術意見。

在成都期間，我陪他去文物商店選購了唐三彩駱駝精品，又去署襪北街選購了有收藏價值的古錢幣，還去青石橋選購了鳥籠。傅漢思特別喜歡中國傳統文化和藝術品，想用傳統中國器物裝飾自己在德國的居室。在采購過程中，他十分尊重我的意見。在采購古錢幣時，我替他選擇了稀有年代的錢幣，解釋這些錢幣稀少、珍貴，他如獲至寶。在選擇鳥籠時，他看中的是六角形的時新鳥籠，我說圓形的更富有傳統氣息。他說：你的說法一定有道理，於是買下圓形的鳥籠。路上我告訴他，古代中國人相信"天圓地方"的道理。

我們翻譯出傅漢思的一篇清代財政史論文：《清朝中央政府的貨幣政策與物價波動》，因刊期排隊時間長，最終發表在《中國錢幣》1995 年第 3 期上。因譯文太長，不刪節文字就要壓縮圖版，最後祇好同意刪去幾幅他辛苦製作的不同年代的錢幣、物價波動圖表，我們深以為憾，但也無可奈何，祇好加注說明。同時，我們還翻譯了美國學者羅伯特·墨爾索夫的《海神的禮物：尋常食鹽的歷史》（［Neptune's Gift］Multhauf）的幾箇章節，以及國內外其他鹽業史論著，也陸續發表在《鹽業史研究》20 世紀 90 年代各期上。

傅漢思告訴我，李約瑟研究所給了有限的經費，購買珍貴的善本書和原著本。1992 年，他得悉南部縣檔案館開放了一批歷史檔案，其中有《南閬鹽務圖說》，我們通過朋友訂購了這部圖說的複印本，給他郵寄到海德堡。他告訴我們，在複製的明清時期大陸、臺灣檔案、學者筆記和地方志中，他發現了幾種火井新資料，都是至今學者尚未發現和使用的史料，希望與我認真切磋，寫出有分量的論著，這就需要我們在一起研究的機會。他為我們的共同研究專著申請過"蔣經國基金"和德國大眾汽車的科學基金，都沒有成功。他說不用氣餒，一定有機會，我們的合作與交流一定會結出碩果。

## 六、我與傅漢思的學生們

此後，凡他指導的研究生和與他有聯繫的學者到成都，大多會來拜訪我，求得幫助和指導。其中，他指導的碩士研究生米沙約（Michael Schön）20 世紀 90 年代初到成都來見

---

① 此文載彭澤益、王遠主編：《中國鹽業史國際學術討論會論文集》，1991 年。
② 自貢市檔案館、北京經濟學院、四川大學合編：《自貢鹽業契約檔案選輯》，北京：中國社會科學出版社，1985 年。

我，他第一次敲開門，站在我面前的竟然是一位高出我20多釐米的德國小夥子，面帶微笑而略顯拘謹。此後他常寫信也常來我家，傅漢思請我關照他。他到成都時我陪他訂下四川賓館，我約他常來我家晚餐，隨便談談他的碩士論文。他家住在德國Rottenburg，父親是中學校長，母親是中學教師。他曾經在聯邦德國國防軍服過兵役，退役後就讀於海德堡大學。他選擇了漢學專業，傅漢思是他的導師。當時聯邦德國與中國學術文化交流密切，急需中文和漢學人才。與德國高校選擇漢學的碩士生必先有兩年來華進行中文培訓一樣，米沙約也事先聯繫南開大學學習兩年中文；在此期間，常到檔案館、圖書館收集碩士論文資料。初次見面，米沙約就告訴我，他選擇四川保路運動作為碩士論文，已去過北京中國第一歷史檔案館查閱過這段歷史的資料，因為資料太多，尚未看完。該館對米沙約態度極好，主動為他指點路徑，開具到成都和自貢檔案館的兩封介紹信，為米沙約提供閱讀相關資料的方便。我帶他去拜訪過四川大學隗瀛濤教授和他的弟子何一民先生，他們是研究保路運動的主力。我們一起去四川省檔案館查找和複印過一些保路運動資料。米沙約的書面中文和口語表達能力都不錯，衹是性格有點迂闊、孤僻，與同學不太合群。但他在與我的交往中無話不談，也不失幽默。比如，張莉紅給他沏茶時，他說："不要太辣的茶！"我們都笑了。張莉紅為此還寫了一篇小品《請給我一杯不辣的茶》，發表在《成都商報》雜文欄。他不依不饒地要求看此文，莉紅最終未答應。一次他在寫給我的信中說："我的學習生活依舊，學校也沒有什麼變化，衹是南開大學的伙食越變越壞了。"在我家喝啤酒時，他也說笑話："科爾（當時的德國總理）喜歡吃豬的胃，我爸爸喜歡吃豬的腳！"後來在與傅漢思閒談中，張莉紅說："米沙約的漢語說得比你好！"傅漢思神情略顯愧色。我說米沙約現代漢語流暢，古代漢語還需要努力。其實，傅漢思的語言優勢是米沙約無法企及的，他出生在巴塞爾，是德、法雙語區，又習英語，再學中文和日文，起碼通曉五種語言文字。他曾告訴我，必須研習拉丁文，纔能破解古文字。

隨着米沙約接觸保路運動的資料越來越多，他感到難度越來越大。他對我說：早知漢學這麼困難，我就不會選擇漢學。我鼓勵他："山窮水盡疑無路，柳暗花明又一村。"漢學入門困難，但入門後其樂無窮，有世界上最多的文獻讓你陶醉其間。希望他"大題小作"，從收集的資料中切入一箇具體問題，能把握又有意義。後來，他向傅漢思談了他的想法，傅漢思也感到，"四川保路運動"對於一箇德國學生的碩士論文來說，確實過於複雜。傅漢思向他建議改換題目，師生商定，改做一篇清代社會經濟的論文：《乾隆時期疏浚金沙江的嘗試》（1747—1749）。米沙約對這箇題目比較滿意，論題具體、單純，又有可尋的檔案資料。但前期收集了那麼多保路運動的資料，中途改換題目，實在有點可惜。米沙約說，以後四川保路運動可以作為他的博士論文。既然師生都同意改變碩士論文題目，那就變通一下也好。

米沙約話語不多，對我和家人友善、誠懇，樂於助人。他去中國臺灣時，買回四川大學戴執禮先生主編的三巨冊《四川保路運動史料彙纂》贈送我，來我家時，總不忘給我提來一瓶威士忌或白蘭地。每年圣誕節前，我女兒也總會收到來自德國 Rottenburg 的一包禮物，內裝甜食和一些文具。

　　另一位博士研究生名叫雅各布（Jacob Eyferth），就讀於荷蘭萊頓大學，專攻中國經濟史和傳統技藝。他博士論文選題是《歷史上四川夾江的造紙業》。他從傅漢思處得知我們的新著《四川近代工業史》已經問世，專程到四川拜訪我們，就他的博士論文選題進行過交談，并獲得我們贈送的新書；隨後，雅各布到夾江縣的造紙村投入生產實踐活動，與工人同吃、同住、同勞動，為時月餘。他回到成都住處後，立即給我打來電話，當時我不在，正在讀小學三年級的女兒接到電話，向我們繪聲繪色地摹仿雅各布的聲調說："我是雅各布，我回來了！"次日，他果然登門拜謝，談他在夾江縣造紙村鑽研造紙技藝的體驗，實際操作給他補充了許多知識。當晚，他與我們共進晚餐後作別。

　　時隔二十餘年，讓人拍案驚奇的巧遇在 2017 年春天的賓夕法尼亞州立大學歷史系發生了。張繆斯驚訝地發現，她在課堂上要主持討論的一本書：《以竹為生：一箇四川手工造紙村的 20 世紀社會史》，在後記中居然發現有父親張學君的名字，此書正是與她幼年時通過電話的荷蘭小夥子雅各布撰寫的。如今雅各布年屆五旬，是美國芝加哥大學的教授。她把這椿奇遇告訴教授和同學們，他們無不感到驚奇。在雅各布到賓夕法尼亞州立大學學術交流期間，如今也在攻讀博士学位的小女繆斯又與雅各布先生不期而遇。雖然韶華已逝，兩鬢斑白，雅各布先生依然不失追求真理的學者風度。保羅·奧斯特在《紅色筆記本》中説："這是一箇真實的故事。"我也用保羅的語氣説：如果有誰懷疑這箇故事的真實性，我敢挑戰他們親自去賓州大學看看這件事有沒有胡編亂造。繆斯還為他拍攝了學術交流的現場照片。

## 七、千禧年，我們一家應邀去了德國

　　在傅漢思博士堅持不懈的努力下，我去聯邦德國高校工作一年的申請終於有了希望。1998 年深秋，他的學生米沙約來信告訴我：德國科學交流與服務基金給了我去德國高校工作一年的優厚待遇，享受教授薪金，而且薪資收入免稅。我講學的高校是傅漢思主持的圖賓根大學漢學系和漢學與韓學研究所，他在 1994 年已榮任所長和系主任。這是德國最優厚的學術基金之一，國內學術界稱之為"鑽石基金"，體現出德國政府高度重視專業科技人才的政策，在一些專業研究領域領先的外國學者有望得到。但獲取這種基金也有特別條件：

必須是與德國教授有長期合作經歷的學者。基金會還基於人道原則,為旅德學者創造"家庭團聚"的條件,家屬可享受國民待遇(包括德國居民生活補貼和來回旅行機票)。我的妻女適逢其惠,得以前往德國。學校考慮周到,在圖賓根大學城南的國家森林公園旁邊為我們預定了一所公寓,月租金1200馬克;繆斯也在公寓附近一所著名中學上了高中,這年她剛好14歲,享受了聯邦德國政府每月150馬克的兒童補貼(數月後增加到175馬克)。剛到時,我們還接受了由基金支付的3800馬克、在語言學院為期8周的德語培訓,以解決我們在圖賓根生活可能遇到的語言障礙問題(圖10)。

圖10　傅漢思與我在德國的合影

1999年5月30日到6月3日,我與傅漢思去波恩出席德國科學交流與服務基金客座教授年度會議時,見到該屆百人左右的各國客座教授裏大多是歐美各國教授,美國教授比例最高。中國學者得此殊遇的不多,祇見到北京大學教授王錦民,是一位研究經學史的青年才俊,20世紀90年代即著有《古學經子》。① 由此可見,因為改革開放時間不長,中國內地學者與德國教授長期合作的機會還不夠多。我與傅漢思的合作較早,從20世紀80年代中期到90年代末,交流已有了十五年,就偶然碰上了這麼一箇好機會,纔有了那時的德國之行。波恩會議間歇有咖啡小聚,學者們隨意尋找小空間聊天,我與傅漢思恰好遇到王錦民與他的波恩大學合作者顧彬(Wolfgang Kubin)教授。顧彬教授是一位醉心於中國文化史

---

① 王錦民:《古學經子——十一朝學術史新證》,北京:華夏出版社,1996年。

研究的學者，在中國讀者中有很高的知名度。我們談古論今，顧彬教授神情凝重，很欣賞我的快人快語。

我雖然辦理了公派赴德簽證，但主動放棄了單位工資和各種補貼甚至社保基金。因為我有了高薪，把這一年視為自主創業的時光，也心安理得，不留歉疚。赴德前，我要提前準備教學資料，購置了大量教學參考書，還有中國戲曲史需要的視聽資料，京劇、昆曲、川劇、越劇等戲曲的音像盒帶。待遇既然豐厚，工作也不會輕鬆。按聘任協議要求，我在兩箇學期要開設八門課程。預定 1999 年春夏學期，我要開設《中國古代經濟史》（講演課）、《當代中國經濟與經濟體制改革》《中國戲曲史》和《中國方志與新方志編纂》，後三門是討論課；1999—2000 年秋冬季學期我要開設《中國近代經濟史》（講演課）、《中國鄉鎮企業與農村體制改革》《傳統女性文化與當代婦女問題》《中國城市歷史與現代化前景》，後三門是討論課。講演課由我主講，備有完整的教案；討論課由我主持碩士生和選修學者討論，確定討論主題，啟發學生議論，課堂氣氛活躍，學者和學生與我切磋，我會逐一回答。

此外，我還要與傅漢思合作，在春夏學期與博士生米沙約持續討論《成都通覽》作為博士生課程，每次二至三小時。米沙約在 1996 年完成碩士論文後，已轉入博士論文的撰寫。他最後選擇《〈成都通覽〉研究》作為他的博士論文題目。20 世紀初期成都報人傅崇矩（字樵村）編撰的《成都通覽》，看似直白簡易，實際上也有相當難度：一是内容駁雜，舉凡成都事物無所不包；二是成都掌故、方言土語、三教九流、袍哥話語甚多；三是官場黑幕、社會陋習、欺詐奸盜、愚昧迷信、賭博淫邪，難以理喻。我們對這些内容進行討論，由米沙約自己圈定需要討論的段落。難解和有爭議的問題，先由我這個成都人釋疑，傅漢思加以補充。後來，米沙約的博士論文定稿并在德國出版問世（德文版）。

此外，傅漢思在漢學研究所創建了中文電子資料庫，首批進入資料庫的《中國歷代度量衡研究論著資料索引》是他多年收集的半成品，需要系統化整理，這箇任務由我承擔，但大量的數據輸入工作，則是成都市社科院歷史研究所張莉紅副研究員完成的，米沙約對輸入的數據進行了核實訂正。

在漢學系授課，受邀的内地學者可使用漢語，來上課的學生都有在中國學習兩年漢語的資歷，所以中國教師與歐洲學生交流并不困難。授課教師按學校規定，預先要在校際網上公布自己的研究專長、本期要開設的課目簡介、指定的參考書目。網上公示以後，學生自由選課。德國大學沒有圍牆，外系甚至外校的學生、學者也可以來聽課。我開設的中國經濟史和當代中國經濟與經濟體制改革，就一直有經濟系的碩士生選課，也有來自斯圖加特等高校的學者聽課，可容 30 人的教室往往座無虛席。學生和學者思想活躍，發言踴躍，氣氛熱烈。從學生和學者的國別看，他們當中不僅有歐洲籍學生，還有亞洲籍學生，例如越南、泰國的學生。討論課則主要是有較強的專業基礎又很用功的學生選課。不管人數多少，衹要來聽課，就有大量的深入對話。上完課後，如果他們滿意，就會集體敲擊桌沿表示贊賞。課後我有每周的接待時間，恭候學生交流。一位來自斯洛文尼亞的女生來與我閑聊。她説她來自小國，國家雖小，外交事務可不少。斯洛文尼亞與中國建交後急需外交官，她選我的課是爲了以後去斯洛文尼亞駐北京大使館工作打下基礎，首先是熟悉中文，特别是漢語的口語。

　　在教學之外，我還有與傅漢思合作的學術研究課題。在我們去德國之前，傅漢思已經在浩繁的中國地方文獻中發現了幾種火井資料：一是明末徐應秋的《玉芝堂談薈》卷二十三①所引明隆慶二年（1568）進士朱孟震的《遊宦餘談》中記述的潼川府雲臺山附近的火井資料；還有晚明仁和（杭州）人張瀚所著《松窗夢語》對潼川府雲臺山火井與朱孟震不太相同的記述。二是雲南浪穹縣人李崇階撰寫的《遊火井記》，後來收錄在清嘉慶十三年（1808）師範修纂的雲南省《滇系》中。② 李崇階參加過康熙癸卯科（1663）雲南鄉試，并中省元（舉人），時人評他和與他同榜的士人"皆負文名"。③ 三是《雍乾之際井鹽產銷畫卷》，這箇畫卷的底片現藏英國劍橋李約瑟研究所，但原畫的來源已無從查考。④ 首次將這些畫卷介紹給中國史學界的，是北京經濟學院的吴天穎教授。⑤ 他從這箇畫卷上記載的銷鹽數據和行業術語得出的結論是，這箇畫卷反映了乾隆前期川北鹽場的生產情况，因此將畫卷定名爲《雍乾之際井鹽產銷畫卷》。四是清代徐德清撰寫的《聽雨軒筆記》，卷首有乾隆五十六年（1791）的序。其在卷四中有對四川火井的記述：當時四川火井不僅用於篾盤煮鹽，還由人家輪流用於煮飯，井口扣以有小孔的注水石盤，用以控制氣流，預防火井氣流過猛，出現"焚舍燒林"的後果。最後，是徐德清對火井現象所做的哲理性解釋。傅漢思博士陸續收集的這些火井新資料和他撰寫的背景分析，使我們有興趣進行更全面深入的討論，并結合當時火井研究的各種觀點和問題擬定出我們撰寫的論文題目《中國火井歷史新證》，内容包括了三箇方面：1. 半箇世紀以來中國火井研究的成果與爭議；2. 新發現的五種火井史料的學術價值；3. 我們對火井新史料的認識。

　　這篇長達兩萬字的論文將過去側重於漢晉時期火井研究的已有成果和問題總結與明清火井的新資料梳理與背景資料相結合，勾畫出比較完整的展示中國火井發現和開發的歷史脈絡。最後，我們從中西方對火井現象的傳統觀點切入，着重表達了對火井新史料的理性

---

① 見《筆記小説大觀》，揚州：江蘇廣陵古籍刻印社，1983年，第11册，第282頁。
② 《滇系》八之十四《藝文》第59—61頁，《中國方志叢書》，臺北成文出版社據清光緒十三年重刊本影印，第3册，第1168—1169頁。
③ 《滇系》六之一《人物》，《中國方志叢書》第1册，第311頁。在同書第1138頁《藝文》目録也有明確記載："李崇階，浪穹縣人，康熙癸卯舉人，官知縣，《遊火井記》。"
④ 這些照片是長期在中國工作的路易·艾黎（Rewi Ailey）先生贈送給李約瑟教授的。
⑤ 吴天穎教授的論文《兩種清代井鹽圖籍述評》，見彭澤益、王遠主編：《中國鹽業史國際學術討論會論文集》。

认识。2000年，正值阳春三月，在我即将结束在德国的学术活动之际，这篇论文也杀青了。当年盛夏，该论文发表在中国科学院主办的《自然科学史研究》2000年第4期（第383—397页）上，代表着我与傅汉思的长期合作结下的又一硕果。临行时他告诉我，我们的合作还将继续下去，我还有到德国交流的机会，他也有到中国交流的计划。

在德国度过了令人难忘的千禧年，除了正常的教学与研究，我们利用暑期和一些宗教长假在欧洲旅游，去过奥地利的维也纳、法国的巴黎和荷兰的阿姆斯特丹，也去过德国柏林，感受到诸多的欧洲人文历史和风土人情。特别是参观维也纳自然博物馆、巴黎卢浮宫让我们眼界大开，感受到从未领略到的异国历史文物陈列之宏富与灿烂。

我们还感受到傅汉思教授一家和一些德国朋友无微不至的关心和帮助。德国的宗教文化活动甚多，我们曾多次受傅汉思一家的邀请去他们的社区参加庆祝和狂欢活动，也曾参观图宾根附近几处名胜古迹。米沙约博士和来自中国台湾的同事吴淑雄（汉语教师）、杨凤玲（微生物学博士）、来自大陆的同事张棠（汉语教师）主动帮助我们解决生活中的困难，给了我们诸多帮助和关心，参加过各种聚会宴饮。我们还接受女儿的笔友凯若琳父母邀请，去他们家欢聚。2000年新年前夕，米沙约受他父母委托，将我们一家接至Rottenburg，在他们家度过了愉快的千禧年元旦，品尝了米沙约的妈妈精心制作的意大利烤小羊肉、浓汤和甜品。同时，米沙约还带我们参观了海德堡大学古老而美丽的校园。

2000年3月底，我们回国以后，我与傅汉思的学术交游活动又持续了好几年。这期间，傅汉思教授与慕尼黑大学东方医药研究院院长文树德教授夫妇①应邀出席了在成都举办的国际川菜文化讨论会，傅汉思主动将他们夫妇介绍给我们。文树德夫妇对传统中医药理论②和古代四川井盐生产技术怀有浓厚兴趣。我曾数次带他们和一些对中国古老技术感兴趣的德国老年朋友去自贡参观古盐井遗址和一些仍在生产的传统井灶。他们告诉我和自贡市盐业历史博物馆馆长黄建，他们准备筹集资金，请自贡市代为复制一套古老盐业生产流程、器物和与现场相匹配的生产环境，作为慕尼黑自然科学博物馆的永久性陈列品。此事因知识产权问题争议，最终未能成功。我深感遗憾。

2006年6—7月，我应邀出席了在德国图宾根大学举办的盐业史国际学术讨论会，与缪斯合作撰写了《关于临邛、蒲江的盐业历史——汉代蜀郡井盐开发的历史背景与工艺特色》，并在大会上发言。这篇论文发表在《盐业史研究》2007年第3期，后来收入此次德国会议论文集出版。

会后，我随与会代表20余人去了奥地利的哈尔施塔特小镇（Hallstatt）的史前盐矿Salzwelten参观访问。这个盐矿位于阿尔卑斯山腹地，盐矿深入地下8千米，隧道密集，盛

---

① 文树德教授的夫人中文名字叫文淑德，她是医学博士，在德国慕尼黑天鹅国际医学谘询公司工作。
② 他们曾在中国城乡市场购买大量药王孙思邈的泥、木、陶雕塑和画像，在研究院设立了孙思邈博物馆。

夏温度低至8℃，令人寒冷頭痛。我們身着桔紅色的礦工服，頭戴夜行頭盔，在隧道裏我與傅漢思互相拍攝了工作照片。此外，我們參觀了史前鹽礦博物館和沿山礦工墓地構成的靈魂之路，在這裏參觀、拍照，逗留了很長時間。午餐時，我點了極富特色的原味牛雜。

　　我們乘坐的包車原定經過慕尼黑，以便我在那裏下車，繼續進行我預定的學術訪問。來德國前，我得到文樹德院長的邀請，將在東方傳統醫學研究院做一周的學術交流。但司機抱怨時間太晚，不願繞道去慕尼黑，臨時決定在奧地利與德國邊境名城薩爾兹堡（Salzburg）① 停下，讓我在薩爾兹堡轉乘火車去慕尼黑。這列歐洲特快列車十分空曠，祇有一位年輕女士和我占據這箇車廂。乘車時間不長，火車剛進慕尼黑站，我就看見文樹德夫婦向我揮手。他們陪我吃過晚餐，將我安置在東方醫藥研究院有臥室、廚房和衛生間的單人公寓後離去。我要在這裏度過一周，然後我將在慕尼黑國際機場登機返回中國。他們替我安排了免費公寓和在慕尼黑訪問一周的學術交流活動，要參觀王宫、市容，與他們的朋友郊外餐飲。時逢2006年世界杯足球賽，慕尼黑是主賽場之一，各國球迷蜂擁而至，觀者如潮，我有幸親臨盛會，目睹成千上萬的球迷對神秘足球的忘我迷戀。

　　2007年初，傅漢思申請的清代財政與貨幣研究的專題得到科學基金資助，正式開題。他的合作者、德國海德堡大學副教授金蘭中女士（韓裔德國人）來成都時，傅漢思囑咐我關照她，我為她預定酒店和陪同她去省檔案館查閱資料。她離開成都前與我討論成都到雲南的傳統水陸道路，又委托正在攻讀四川大學歷史系先秦史碩士的我女兒張繆斯替她翻閱尚未看完的巴縣檔案，複印有關雲南鉛、銅水上運輸的相關案卷。此後我與傅漢思教授20年的學術交遊遂告圓滿結束。

作者單位：四川省人民政府文史研究館

---

① 薩爾兹堡是奧地利與德國邊境毗鄰的名城，好萊塢大片《音樂之聲》主要場景就是在那裏拍攝的。

# 謝桃坊先生學術成就概論

湯 君

謝桃坊先生在青年時代，自覺接受了現代歷史學家、文學理論家對中國歷史、中國思想史、中國文學的嶄新闡述，也對西方特別是蘇聯的哲學、文學理論發生興趣，兼收并蓄，逐漸形成學術箇性。其早年最受影響的是德國現代經濟史學家偉·桑巴特的"理論的歷史的"學術方法，從此以史學家的態度考察學術問題；又受到新文化運動以來科學考證方法的影響，重視資料的收集與文獻的考證，使經驗的事實逐步上升到理論的高度，并始終保持獨立的判斷。他一度成為馬克思主義和共產主義的崇奉者，而特定的20年政治磨難，使他形成堅忍、獨立和自由的複雜人格，對人性、道德、社會、人生有着某些獨特的認識，故有着鮮明的反封建傳統的氣質，尤其憎惡學術的庸俗和虛偽。他對學術與政治之糾葛關係似乎特別敏感，堅定地走純粹學術信仰的道路。其從詞學到市民文學，從敦煌學到蜀學，乃至晚年對國學的獨特學術路程，宛若溪出險巇，百折千迴，時或顯隱，終滙洪波，奔騰向海。茲試以其創作歷程為經，以學術方法為緯，來嘗試介紹先生的學術成就，以饗讀者。

## 一、青蘋之末，小荷纔露

先生出生在成都市牛市口一家小商人家庭，父親文化程度不高，開有一家點心店。母親不識字，幫助料理家務，基本無暇管束孩子。1947年底，先生讀至小學畢業，渾渾噩噩，最愛玩耍或是畫武俠武將。每一學期放榜，平均成績八十分以上屬於甲等，七十至七十九分屬於乙等，六十至六十九分為丙等，六十分以下算不及格叫丁等，丁等就要補考。先生每學期放榜都在乙等。畢業那一學期，終於上了甲等最後一名，八十分，已經很高興了。該考中學了，考還是不考，考什麼，父親并不管他。先生自己報考了成都縣中學，作文考題是"大禹治水論"，先生雖曉得"大禹治水"，但居然不懂得什麼是"論"，自然寫不好。數學題更令先生奇怪，有道題是"有童以繩繞樹，繞若干圈"，問："繩有好長？剩好多？"先生不會，也是考得一塌糊塗。所以，先生沒考上中學。回到家，父親問考得怎樣，他祇回答："名落孫山。"其實自己并不知道這箇詞是怎麼來的。幸好父親并沒有追問下去，仍然不管，不責備，不數落。那年先生十四歲，父親讓他做小生意，先賣紙煙。先生一箇人到成都東門香巷子或者城內安樂寺去進貨，回來擺箇小攤賣。賣了半年的紙煙，生意還不錯。但父親改了主意，把他送到牛市口場口一帶劉家院子劉呆新先生處去讀私塾。

呆新先生字少龍，老百姓就稱他劉少龍。他曾經是軍閥劉成厚的幕僚，即師爺。劉成厚垮臺，呆新先生回青龍場鄉下教書，居住在成都外東牛市口（德勝場）場外劉家大院。他雖有八畝田和兒子，但其實一家人都不太會勞動，全靠請人做農活，家境艱難，所以呆新先生就收幾名學童補貼生活。謝先生的父親因為跟呆新先生有過交情，故而就送先生過來。父親領着他拜見呆新先生，又向至聖先師孔子行禮，然後就入學了。早有四五名學生去了，學習《三字經》《增廣賢文》《百家姓》《五字經》等。和先生同去的還有一名同學葉兆臨，也是小學畢業生，所以他們兩箇倒被呆新先生看重了。另外幾位學童都還很小。

呆新先生本是老派文人，六十多歲，留幾根鬍鬚。經常戴一頂平頂很舊的瓜皮帽，穿着又舊又髒深藍色或深灰色長袍，而沒有馬褂。腳上一雙棉鞋，底子很厚，很重，仿佛一年四季都在穿。先生走路不是跨步走，而是拖起走，總是埋頭，不看前方，左手或者右手老是摸着顴骨，陷入沉思的狀態；或者拈弄着稀疏的鬍鬚，似在吟詠。他接觸過維新思想，讀過梁啓超的著作，思想不很守舊。在當時他的學問算是很好了，字也寫得極好。他會要求其他的孩子們背書，但對先生卻不要求這箇，祇吩咐先生去讀《四書》。通常在上午的時間，呆新先生布置先生看朱熹注，經常講一兩段。下午去就命先生練書法，包括大字和小字。有時會出箇作文題，練習寫古文。或者出箇對聯，就離開了。有一次，呆新先生在先生的大字本上寫下"千鍾粟"然後離開了，先生就對了"一品官"在底下。呆新先生回來一看，很高興。還有一次，他寫下："勸君更盡一杯酒"，走前跟先生説："這是絕對，你試一下，對不起就算了。"誰知當時先生剛買到商務印書館出的《李白詩》，恰好《將進酒》那一篇正翻到放在桌子上。先生靈機一動，就對了"與爾同銷萬古愁"。呆新先生回來，拍案叫絶，連聲叫："你咋箇對起的？這箇是絕對呀！"後來先生看了張恨水的小説，結局裏早就有這箇了。可是先生當時沒有看到這篇小説，心裏自然是很得意。有時呆新先生命先生把一首五言律詩改成三字句的詩，比如"秋風吹，天氣涼，菊花黃"，"愛菊花，臥陶前。征鴻怨，天氣冷，燕子歸。留舊巢，明年補"之類，或者命先生注出《唐詩三百首》裏律詩的韻部。先生開始不熟，就去翻自己買到的一本江都玉聲亭的《詩韻輯存》。做了幾十首過後，不看那箇《詩韻》，先生就已經弄懂一東二冬三江這些韻部以及四聲平仄了。半年後，《四書》讀完了，先生就把家裏的一部《古文觀止》拿來，請呆新先生指點圈讀。沒有讀完，先生又買《莊子》讀，接着又去廣韻書局買了《左傳》《戰國策》《周易》，都是沒有讀幾篇就換了。呆新先生訓誡："你把一本書讀通了就不得了。不管《莊子》也好，《周易》也好，你讀通了就不得了。"但那時的先生聽不進去，還是胡亂讀了很多雜書。於是先生讀到哪一本，呆新先生就隨機講一下。後來先生買到一本素石齋精印的詞集《對編草堂詩餘》，讀得很久，呆新先生就拿一箇竹子的細椏枝，杵到印泥裏頭給先生斷句。所以《草堂詩餘》先生基本上是讀完了的。

劉家院子很大，大門進去是一排敞廳，院子左邊有一箇很大的糧倉。正廳為堂屋，門上貼有"神荼"和"鬱壘"的紅紙大字。右正房和東廂房是呆新先生一大家子居住的地方，修繕一新。左正房帶過廳數間屋是呆新先生一家居住。院前是一片田野，一條小路通往下水巷。院後是茂密的竹林，環境清幽。呆新先生的教室就是自己的家，家門口貼着一副對聯："自知性僻難諧俗，且喜身閑不屬人。"他家寢室是自家祠堂的一箇正房，鋪有地板。靠窗子那邊有張很好的楠木方桌，他讓謝先生坐在書架前面，葉兆臨同學就坐在對面。先生背後是呆新先生的書架，祇有三部書：《香豔叢書》《古今說部叢書》和珂羅版印原稿留真的《八賢手劄》。八賢就是清代的曾國藩、曾國荃、左宗棠、胡林翼、彭玉麟、李鴻章、沈葆楨、駱秉章，就是打太平天國的那一批湘軍和淮軍。謝先生慢慢地讀，開始擴大了眼界。書房的隔壁是祠堂。呆新先生的本家侄子劉璧身高體健，是一位大學生，畢業以後務農，管理家業。劉璧英語極好，翻譯過一篇中篇外文小說，講述一戰時期一名普通士兵的故事，讓先生謄抄。每天上午大約十點鐘的樣子農活完畢，劉璧就在祠堂裏面高聲吟誦詩句和古文。他吟誦得很好，先生聽久了，就學會了詩文吟誦。

呆新先生不大監督學生，簡直就是無為而治。比如上午十點半過後，他去牛市口水巷子鴻春茶舍，獨自一箇人吃茶，然後慢慢回家，下午三點過又吃茶去了。他家離街有一里左右，所以學生們就偷跑到田壩裏玩耍，或者寫字，或者胡鬧，或者打板球啊什麼的。先生每每談到這些有趣的往事，就發現自己後來在小學和中學裏教語文、歷史的時候，不自覺地也是從不布置作業。一箇班四十幾本作文，先生教兩箇班，一節課就改完，也不細看，大概給箇印象分就完了。因為先生發現，細緻批改其實沒有用。他更願意出箇合適的題目，把思路給學生打開，讓他們把文章寫長一點，就好辦了。先生笑着說："照現在看起來，我完全是一箇不合格的老師。但當時的同事和學生們都說我教得好。我主要是啟發學生對歷史、對語文的興趣。"先生深感現在的應試教育，往往把一篇很好的文學作品，分成主題思想，段落大意，難字、詞彙，就把文章割裂得一塊一塊的，肢解了，給學生灌進去。學生很疲勞，感覺不到文章的美，也就喪失了學習的興趣。

大半箇世紀過去了，謝先生回憶起對他影響最大的杲新先生，一切依然如在昨日。杲新先生使得先生對讀書產生了真正的興趣，從此主動渴求知識，以至於不管懂還是不懂，凡是古書都想讀。杲新先生善於因材施教，對其他學生要求天天背書，但對先生則不做特別要求，然而先生卻能感受到他對自己寄予的巨大期望。先生曾在春熙路舊書攤上買了本《二程研究》，那時他根本不曉得二程是誰，但把它讀完了。還有一本《張太極生明珠》，記載明清青樓的故事，也讀完了。先生回憶杲新先生使他產生了讀書興趣以及渴求知識的欲望，每每感嘆："作為老師，杲新先生做到這一點，足夠了。"從此以後，先生改變了以前想當商人挣點錢的人生觀念，再也不考慮這些了。他總想學習，想讀一切書。但跟着杲新先生大約學習了三箇學期，全國解放了。杲新先生的家很快被拆遷了，先生從此再沒有見到過他。

先生少年的時候祗懵懵懂懂讀過小學，有大約一年半時間的私塾，連中學都沒讀過，就開始謀生了。然而奇特的是，杲新先生指導先生閱讀的《草堂詩餘》卻成了日後先生從事詞學研究的奠基石；杲新先生書架上的《香艷叢書》《古今說部叢書》《張太極生明珠》類也成了先生日後研究中國市民文學史的一箇誘因；杲新先生指點先生閱讀的《四書》《莊子》《左傳》《戰國策》《周易》《二程研究》《八賢手劄》等成了先生日後研究國學的基礎。這大概正是差不多七十年以後的今天，謝先生還能記憶猶新、如數家珍的原因吧！

## 二、貧賤憂慽，是用大諫

中華人民共和國成立後，先生參加了清匪反霸、減租退押的土地改革。由於得到過杲新先生的指點，先生的字寫得很好，年紀又小，所以主要是布置會場、寫大字等等。當時的新中國，有意培養新文化的年輕人。先生出身貧寒，家庭成分好，無形當中好像也成了培養對象。他當上了青年組長，當選為文教委員，非常積極地投入到時代的洪流中。

先生在當文教委員的時候，住在一箇蘇姓地主的院子裏頭，那裏堆了一屋子新書、舊書，其中還有全套的《四部備要》，都成了廢書。先生拿了一本《離騷》、一本《花間集》，還有一部《論衡》回去讀，但印象最深的是另外三部新文化的書：《高爾基傳》、趙樹理的《李家莊的變遷》和無名氏的《塔里的女人》。從此，先生接觸到了新文學。在農協會辦公室，先生閱讀到了如《川西農民報》《說說唱唱》等各種新文化的報紙。1952年9月，先生十七歲，參加了成都市工農業餘教育工作，以後又轉到小學教書。看到同事們馬列水準非常高，先生羨慕得很，於是開始系統閱讀馬列主義著作，儘管讀不大懂。范文瀾的《中國通史簡編》和《中國近代史稿》被先生放在床頭，讀得很認真，也最為有用，影響很大，因為從此先生比較系統地懂得了中國的整箇傳統文化和歷史。

　　1954年，先生轉入成都市郊區第三中心小學任教，教歷史和語文。學校分配先生當班主任，但因為呆新先生的影響，先生不太管教學生，而是交給班長代理。晚上放了學，其他老師都去駟馬橋吃酒、吃面，先生一箇人如饑似渴地拼命閱讀，寫筆記，記要點。每到周末，先生都會去春熙路看新書，買新書，沒錢買，就坐到邊兒上讀。由於屬於雜亂的閱讀，他還喜歡上了俄羅斯的小說，有些地方至今還能一段一段背出來，甚至萌生出寫新詩和新小說的願望。蘇聯雪格諾夫的《歐洲哲學簡史》，使他的視野更加開闊，并對西方哲學有了整體的概念，因此深受影響。尚鉞的《中國歷史綱要》理論性更強，先生讀得很細。蘇聯弗里契的《歐洲文學發展史》由於沒有讀過原著，先生覺得不大好懂。蘇聯斯特洛夫維奇的《邏輯學》、傅雷翻譯的黑格爾《小邏輯》讀了幾遍，還是不大懂。能讓他反復讀了若干遍的是列寧的《唯物論》與《經驗批判論》以及列寧的哲學、藝術論著，梁啓超的《清代學術概論》等，先生開始喜歡文藝理論和西方哲學了。

　　機會屬於有準備的人。1955年，先生迎來了自由報考大學的機會。他報考了西南師範大學，成績自然比較好，所以被錄取了。先生常常感嘆，呆新先生的私塾開啓了他的智慧，參加工作使他獲得了一定的社會實踐經驗和教學經驗，如饑似渴的自學使他獲得多學科的知識。正是因為這些，他纔終於有機會走到寶貴的大學課堂。他立志，不完成學業，絕不回家。

　　大一年級時，先生的理想是成為文學理論批評家。他為自己制定了一箇更加龐大的閱讀計劃，想要熟悉外國歷史、西方哲學史，以及中國的思想史、哲學史乃至整箇學術史。第一步，先學中國思想史：以侯外廬的《中國思想通史》和李振宇的《中國政治思想史》為綱，每讀一節比如《老子》，就對照看原典以及各種注釋本。然後是《莊子》，也是對看幾種注本。先生跟圖書館綫裝書的管理員關係很好，能借很多綫裝書出來。所以第一學年，他從《周易》《老子》一直到《宋元學案》、王夫之著作，以及近代廖平的《六譯館叢書》，都拉通閱讀。俞樾編的《諸子集成》、孫詒讓的《墨子閒詁》《史記》《漢書》《三國志》《後漢書》《資治通鑑》都完成遍讀。"十三經"太多，看不完，幸好講文獻學的賴一壯老師說："'十三經'，你祇要通一經就可以了。"先生覺得有道理，就想着學文學的該把《詩經》弄清楚，於是找來聞一多關於《詩經》的著述和《詩經》的各種注本看。黃侃點校的《白文十三經》沒有注釋，先生就通讀這箇本子，然後獲得了一箇印象：中國的傳統文化内容、儒家經典，基本懂了。先生又發現高校的教師閱覽室有那麼多書，簡直是狂喜。先生已經懂得重視目錄，遂把《四部備要》的書目抄完，《四庫全書總目提要》的摘要挑選着看。那時候，《中國叢書綜錄》已經出版，先生抄了足足一本子。先生形容當時自己簡直是狼吞虎嚥，想博覽一切書籍。第一學期完畢時，先生已是躍躍欲試了。他嘗試寫了篇題為《古希臘美學初探》的兩萬字的論文，寄給當時中國科學院的一箇雜志，當然不可能被采用，"那箇太幼稚了，但是同學之間總覺得我是一箇很奇特的人"。先生說。但由於自學得比較深入，先生還寫了題為《中國思想史綱》的劄記，一直保留到現在。

　　風雲變幻，世事無常。1957年，剛剛讀完大一的先生，在一次被鼓勵大辯論的班級會議後，被打為右派之一。沉重的政治打擊，使他不能也不敢接近所有的老師，怕給他們帶來無妄之災。老師和同學們也必須與右派同學劃清界限。好在因為先生"情節"較輕，態度較好，處理的結果是留校學習，接受監管，徹底没有了言論和行動的自由。由於政治運動很多，又經常被安排參加勞動，所以他的大學課程變得時斷時續，很不正規。他那時已經不想再搞文藝批評了，而想嘗試去搞偏冷的地方文史研究。後來，他覺得没什麼興趣，也没有多大的意義。他想找一箇專業，既能滿足自己的理性需要，又能滿足感性需要，并且可以讓自己走一條純學術道路。在很長一段時間裏，年輕的謝先生陷入到無可派遣的苦惱和彷徨中。因為在此之前，他仿佛是新中國着重培養的年輕人，十七歲就參加革命工作，在此之前參與過土地改革工作。他信仰馬克思主義，準備從事文學批評來捍衛馬克思主義的文藝路綫。但1957年之後，這一切不可能了。一箇右派再來談捍衛馬克思主義文藝路綫，別人會認為荒唐可笑。1958年，先生重讀了梁啓超《清代學術概論》，發現梁啓超自己一生總是牽連政治，他檢討自己如果專門治一種學問，也許成就會很大。這對謝先生來講，簡直是醍醐灌頂。他確信祇有純學術研究的生命力纔會更加長久，凡是跟政治和現實靠得太近的東西，當時代背景一變化，它相應的理論就會失去價值。比如搞現實經濟學的，一旦經濟形勢發生變化，其理論就會很陳舊；搞科技理論的，當新的科技出來之後，舊的科技理論就會被淘汰。但如果搞純粹理論和學術，祇要認真做出了成果，它就會有較長久的學術生命。由此，先生自己從一箇充滿强烈情緒的人，轉變為以理性指導自己的人。因為學術研究是客觀的思考，需要嚴謹的理性思維。他當即决定，堅决走純學術的道路。

　　1958年以後，先生在宋詞中找到了安慰，决定開始宋詞研究。先生意識到，要想從事詞學研究，還必須建立一箇合理的知識結構。比如應該有哪些相關的知識，他為自己擬了一箇閱讀表，如同搭建一座知識的金字塔，底下的基礎很廣博，然後塔尖上就是詞學。他開始搜集能夠見到的詞學書籍。基本上大學裏能夠見到的詞學相關典籍，先生全部閱讀、分類，并做了筆記，直到現在先生還保存了其中的一本。毛晉編的《六十名家詞》，部頭很大，先生把它讀完了。萬樹的《詞律》、張相編的《詩詞曲詞語彙釋》都很枯燥，先生也讀完了。那時吳則虞先生剛剛調到中國科學院。吳先生是研究中國先秦哲學的，但詞學成就也非常高，為西南師範大學買了很多詞學書籍。他買的書，先生都一一看完。先生發現一本《四部備要》本的《清真詞》上還有吳先生的批點。吳先生編撰的《詞的知識》，先生也摘録了很多。從此，先生完全掌握了詩詞格律。

學校發生的滄桑巨變，先生絲毫没有跟家裹面透露。他連續三年没有回家，直到1959的暑假。先生的父親那時在家鄉的人民公社伙食團做管理工作，結果政府派人到人民公社，通告了先生作為右派，遣還家鄉接受勞動改造和監管的事情。父親回來過問，先生承認了。父親没有責備他，反而認為他成熟了。父親告誡道："社會就是有各種暗藏的機關，你弄不好就遭。"這句話，先生記得真是刻骨銘心。

## 三、以夢為馬，轉益多師

1960年上半年，是先生大學生涯的最後一學期。先生知道，一旦離開高校出去，是不容易再有機會閲讀大量的好書的，他迫切地想要儘快地泛讀。那時，較為新鮮的學科是敦煌學，先生流覽和閲讀了當時西師所收藏的所有敦煌學書籍如斯坦因《西域考古記》、姜亮夫的《莫高窟年表》等等。其他諸如語言學、義理學、西方哲學、美學、經濟學、心理學、精神分析學甚至催眠術都在泛讀之列。先生印象較深的是一本《大衆心理學》，講怎樣對群衆宣傳的學問。還有達爾文的《人類與動物的表情》，使先生獲得了很多知識。此外，羅素的《心理分析》很難，讀得不太懂。牛頓的《自然哲學之數學原理》，完全是用高等數學演算，根本看不懂。董同龢的《華陽凉水井客家話藉由》比較奇特，其他同學都表示無法看懂的，但對先生以後搞客家調查很起作用。雖然是泛讀，先生還是記了很多筆記，它們基本上都被先生珍藏到現在。直到今天，先生還是感嘆，年輕時泛觀博覽相當好。

大學的四年中，先生自1957年後就不再接觸老師了。所以他常稱自己學無師承，意思是没有固定的業師指導，完全靠自學，走杜甫的"轉益多師是吾師"的道路。先生每讀一部學術著作，就要揣摩作者的思想是如何表達的，基本學術觀點是哪些，有什麽特別的思想，怎樣研究問題，采用了什麽方法，哪些可以接受，哪些不可接受。就這樣，先生認為凡是能夠讓自己獲得系統的知識，或者受到啟發，或者接受了某些思想的書，都是自己的老師。但自學學習的結果是没法系統地掌握知識，許多基礎概念不清楚，很多知識學得不夠扎實。而課堂學習經過反復的練習，可以掌握很多的技能，知識也掌握得扎實很多。因此，雖然不得已主要是以書為師，但所有的課堂學習的機會，先生非常認真和珍惜。所幸當時西師的師資力量是相當雄厚的，先生自入學時就決心認真對待課堂的學習。直到現在，他口中的西師教學情況還如昨日重現：李静柏先生講先秦文學，非常透徹。像《詩經》裹的《七月》《生民》等等，都是按照朱熹注的古音逐字逐句地講；《離騷》更是一字一句，講了幾周；《尚書》的選段也是如此。先生認為，整箇中國古代文學，先秦文學最重要。但它古奧，不容易懂。李靜柏先生語音清晰，實在具體，逐字講解，為同學們打下了學習古代文學的基礎，大家學得都很好。此外，漢魏六朝文學段由徐運昌先生講授。徐先生是研究生，那時已經是講師了。他是陝北鎬京人，口齒不是很清晰，但講得一樣地很實在。他對同學們説："你們祇要認真地學習了，去中學上課沒得問題，你們會講得很好。"大家都仔細聽他講課。徐無聞老師是川大的研究生，當時也是講師，負責講授唐代文學。先生認為他是西師最有才氣的一位，當時已在《光明日報》的《文學遺産》欄目上發表過《我對變文的幾點認識》一文，將近一萬字。他還寫了一篇有關魯迅的文章，也受學術界的重視。但徐無聞先生講課則是天馬行空，幾乎學不到具體的知識。他還是書法家，板書非常好。講宋元文學的是林昭德先生，曾經參加過川劇的改良以及喜劇改革工作。他懂藝術表演，還改編過幾箇劇本。他講宋詞、元雜劇和散曲，都非常能引起學生的興趣。日後先生對研究市民文學産生了興趣，就跟這箇課程有點關係。由於喜歡這門課程，先生課後閱讀了很多宋元文學作品，比如《元曲選》的幾種集子都是讀完了的。還有《永樂大典戲文三種》、著名的"荊劉拜殺"曲本、《桃花扇》《牡丹亭》《琵琶記》、明清時調小曲等都讀過。講馬列主義的教授是朱曉峰的舅舅朱一清，是一位老革命，馬列主義理論基礎相當深厚，理論水準也很高。但先生覺得自己自學的馬列主義著作似乎更起作用。教授心理學的劉兆吉先生是聞一多先生的學生，西南聯大畢業的。他講巴普洛夫的高級神經活動很細緻，現在先生都還覺得很實用。教文學概論的潘仁齋先生，聲音大，概念清晰，把文學理論駕馭得住，講得很好。有一次上輔導課的時候，談到文學的黨性，先生提出了不同的意見，同學們感到震驚，但潘先生後來特別鼓勵了他，所以他的文學概論也學得好。吳宓先生講外國文學，從國家的概況、語言、典籍，再説到重要作家、作品，分析得很具體，把外國文學作品的意義等談得很好。比如吳先生講《巴黎聖母院》的意義時説："他就表現為對人性的追求，發掘人性當中最好的東西。""那箇李斯主教太壞了，雖然是神父，但代表邪惡。他那箇禁衛軍軍官阿波羅，是俊美的男子，但心裏面是惡毒的，很壞，很殘酷。加西莫多形象是最醜陋的，但是心靈最善良，很好。""埃斯梅卡納達，這箇女子很可愛，她喜歡加西莫多，但加西莫多的形象令她無法接受，所以她幻想喜歡俊美的禁衛軍軍官，在這兩者之間選擇，很痛苦。最後那些乞丐攻打教堂，加西莫多為了救愛埃斯梅卡納達犧牲了。"吳宓先生講得很好，先生一下子懂得了什麽是文學作品的意義。1957年後，學校裏的調幹助學金停了。先生沒要告知家裏自己的真實境遇，更沒有要求家裏供應讀書的費用，當時窮得連剃頭髮的錢都沒有了，祇好去撿廢紙賣幾角錢。那時候的日子，是靠成都一箇朋友每箇月在信封裏夾一元錢寄來度過的。所以他沒錢買吳先生的講義，但後來一位老同學帶給他一份，先生寶貴得很。在吳先生的啓發下，先生幾乎把西方的主要的古典小説，從希臘的三大悲劇一直到20世紀前的那些重要著作都讀完了。

西南師大的艱難歲月，堅定了先生的學術信念，奠定了先生的學術基礎。更為重要的是，先生在困頓危難之中，摸索出了自己要走的學術道路，也選擇了自己的學術方法。比如，潘仁齋先生的西方文藝理論課，基本上采用的都是蘇聯的文藝理論。先生為此認真閱讀、抄錄了蘇聯畢達可夫的《文藝學引論》、維諾格拉洛夫的《新文學教程》、季莫菲耶夫的《文學原理》等。先生最為受益的是季莫菲耶夫的《文學原理》，認為其在理論方面比任何一家學術都有價值，或者說更適合自己。此外，在讀大學之前，他很喜歡讀杜勃羅留波夫的選集，認為他是箇天才的文學批評家，而辛未艾的翻譯也很好。此後，法國泰納的《藝術哲學》、周揚譯的車爾尼雪夫斯基的《生活與美學》，以及20世紀50年代起譯文出版社編的西方古典文藝理論譯叢，都奠定了先生的文藝理論基礎。此外，先生通過對歷史、邏輯學以及其他學問的自學之後，發現自己更喜歡哲學。其中對先生影響較大并使得他獲得了真正比較系統的西方哲學知識的，是蘇聯雪格諾夫的《歐洲哲學史簡編》和何兆清先生的《科學思想概論》。以後先生閱讀的亞里斯多德、柏拉圖、黑格爾、費希特、康得、休謨等的古典哲學著作，都處於似懂非懂的狀態。直到閱讀完馬克思的博士論文以及他的《哲學經濟學手稿》，還有列寧的哲學筆記等，纔感覺收穫更多。這些哲學書，體系都很奇特，不容易全部弄懂，但先生注意接受其中的箇別對自己來說有用的論點，把它們抄成卡片。比如馬克思的"本質就是對事物的假設"，列寧的"常識等於一箇時代的偏見"，科學家貝弗里奇的"科學家絕對不相信實驗的結果"等等驚世駭俗的論斷，先生細思之後，認為確實是真理，而後這些理論就成為其研究中國古代文學的一箇哲學基礎。先生在中國古代文學研究中印證這些理論，或以之指導研究。這種理論修養對於他們那一代學者而言，是從事學術研究的一種優勢。先生說，當他對比我國臺灣、香港地區和日本的一些學者的同類著作後，發現他們更加偏重實證研究，在理論深度上就不如50年代成長起來的大陸知識分子。不惟如此，先生認為現在很多年輕人的同類著作，哲學修養和理論素養也很不夠，因此在學術研究當中，祇是簡單引用或采用東西方某一種學說、某一種理論，結果顯得很平庸，不管是采用結構主義、接受美學、心理分析或者意識流、存在主義，還是系統論、資訊理論等等，均容易走向片面。因為每箇研究物件都有其自身特殊的學理，這不是一般的理論能夠解決的，學者需要足夠的哲學和藝術理論修養去發掘研究物件的自身學理，并使其達到專業理論水準的高度。否則，任何學術研究，如果缺乏這種學理的高度，就會始終沒有靈魂，結論就會缺乏一種令人感動的文學情懷和歷史經驗。

　　就這樣，在那樣特別的年代裏，短暫而又艱辛的大學階段裏，先生如饑似渴地學習和閱讀，自覺接受了中國思想史、中國古典文獻學、文藝學、文化學、西方哲學、史學、美學、詞學、敦煌學等等，建立了廣泛的知識結構，堅定清晰地為研究宋詞的夢想而努力。畢業以後，先生被安排回家鄉接受勞動改造，從此當了十五年農民。其間生活的艱辛和精神上的苦難，先生常常堅決地揮揮手道"不用提了"。1980年，隨著偉大的新時期的到來，先生參加了中國社科院的考試，纔真正走出苦難。他報考的是副研究員，最後以助理研究員被四川省社會科學院文學所錄取，自此找到了人生的歸宿，走上正規的治學道路。

## 四、大鵬展翅，扶搖而上

先生初到四川省社科院，就準備着手實現研究詞學的夢想，堅決保持學術的獨立和精神的自由。他不參加任何集體專案，不申請任何課題，也不參加任何的人事糾紛和派系鬥爭，除了中央新聞節目和體育節目，他刻意與現實保持着很大的距離。他所關注的是國家整體發展趨勢和民族復興的大勢，尤其是學術界的現實。他要按照自己的路子走，準備在詞學的天地裏從西蜀逐鹿中原。他跟雜志社打交道，跟出版社打交道，與許多編輯交朋友。要寫什麼書，或者先跟出版社商量，納入他們的計劃，然後按時交稿；或者自己先寫好了，再跟出版社聯繫。這家不行，就聯繫那家。由於他的每一部著作或每一篇文章都有五四新文化運動精神影響下的歷史唯物主義的學術觀點，以及理論的、歷史的、科學考證的學術方法，同時能預見到本學科的下一步發展方向，故而在選題和研究上往往得風氣之先，迅速取得成功，形成影響。

先生的第一篇詞學論文，是到四川社科院來之前就早已經寫好了的《宋代民間詞論略》。當時學術界宋詞方面的文章發表了很多。先生初入學術界，對一切都很陌生。宋代民間詞是宋詞研究界很忽略的部分。先生把民間詞從《全宋詞》裏全部挑出來，並作注釋，占有了大量的資料，所以文章寫成後有一萬字左右，寄給了《貴州社會科學》，沒有幾箇月就發表出來了。而且幸運的是，文章馬上就被人大複印資料《中國古代、近代文學研究》全文轉載了。再比如1983年的時候，先生在《光明日報》的《文學遺產》欄目上發表了《略談夢窗詞與我國傳統創作方法》一文，實際上是批評葉嘉瑩認為夢窗詞是意識流派的，共三千多字，引起了學術界的注意；接着又在《文學遺產》發表了《張炎詞論略》，一万二千多字，基本上是對張炎詞的重新評價，在當時很有影響，不僅馬上就被人大複印資料轉載，以後還榮獲"夏承燾詞學獎"一等獎。同時，先生又在《中華文史論叢》發表了《宋代歌妓考略》，一万多字。這三篇很重要，基本奠定了先生在宋詞研究領域的地位。當時他還寫有《南宋婉約詞的愛國主義思想》，是四川省社科院裏《社會科學研究》編輯約的稿。因為當時正在宣傳愛國主義思想，而一般人認為婉約詞有什麼思想意義。先生發現南宋婉約詞裏就有愛國主義思想，所以就寫了，馬上又被人大複印資料轉載。其他還有兩篇文章，所以當年的先生可謂一舉成名。

先生回憶自己在 20 世紀 80 年代迅速在學術界站穩腳跟的歷程時，首先強調的是學術預判。他在 80 年代初，花了很多功夫研究柳永和張炎，實質上就是預見到撥亂反正的社會趨勢，於是在文學意義上為他們平反。1983 年以後，很多編輯約先生寫宋詞賞析方面的文章。如他的《柳永》的小冊子，在上海古籍出版社出版。《唐宋詞鑒賞辭典》裏 40 篇宋詞賞析，先生就寫了 32 篇。這些都是順時而動。但當先生準備把大學時寫的《宋詞發展史略》擴大修改成 30 萬字左右的專著時，卻瞭解到詞學界已經有人在着手寫《宋詞史》了，遂決定避開全面研究，轉向深度挖掘，於是確定了寫《宋名家詞研究》，就是進行一箇箇詞人的箇案研究。當時先生遇到的第一箇難題就是確定哪些是名家詞。因為歷代選本很多，如毛晉編的《宋六十名家詞》、馮旭的《宋六十一家詞選》、周濟的《宋四家詞選》、戈載的《宋七家詞選》，1927 年陳匪石的《宋詞舉》選了十二家詞，後來龍榆生先生的《唐宋名家詞選》光是宋名家詞就有幾十家。於是先生確定了兩箇原則：一是它有没有獨創性，二是它在宋詞發展史中是不是有着重大意義，根據這樣的原則，先生選定了十二家：北宋六家，南宋六家。北宋有柳永、晏殊、歐陽修、蘇軾、周邦彦、李清照，南宋有辛棄疾、姜夔、劉克莊、吳文英、王沂孫、張炎。每家詞計劃兩萬字，這就比一般詞史中相應的篇幅多得多。此外，為給讀者一箇比較完整的印象，先生把研究分成兩步：1. 作者的生平事迹、整體著作、詞學成就、詞集版本等基本情況；2. 詞作的思想性、藝術性分析以及在詞史上的地位。後來四川文藝出版社建議加些概述性的東西，先生考慮讀者一定會有這箇需求，於是又撰寫《宋詞的時代文學意義》《詞與宋代文化生活》兩章，對宋詞的演唱、歌妓與詞的傳播、詞的社會化過程、宋人的詞體觀念形成、宋詞的發展趨勢、宋詞整體狀況等予以宏觀論述。由於這部著作堅持了選題原則的客觀性，所以作者不惜捨去自己或學術界喜愛的秦觀、史達祖、張孝祥、陸游詞，而是把以前人們評價不高的柳永、周邦彥、姜夔、王沂孫、張炎納入研究視野，重新做出評價，所以這部書體現了當時撥亂反正的社會風氣，至今看來還有一定的新意，出版後也是一再重版。1987 年底，先生花了前後七年的時間完成了 40 萬字的《宋詞概論》修訂版，又用兩年的時間（1989、1990 年）完成了《中國詞學史》的撰寫。《宋詞概論》共分三編。上編從宏觀的角度，把握宋詞發展的外部主要條件和内部發展的基本規律來論述宋詞發展過程。關於外部主要條件，着重探討宋詞與宋代文化生活、宋人詞體觀念的形成和宋詞的發展趨勢。對於宋詞發展諸因素均作了宏觀描述，其中對宋詞演唱情況、宋代歌妓狀況的研究探賾索隱，另闢蹊徑。中篇和下篇，分別論述了北宋和南宋十二名家詞，在前人研究的基礎上，多有新的探討與成果。此著認為宋詞發展的外部條件有多種重要因素，而最為重要的是，宋詞的内部發展因素固然有多種，該著卻着眼於詞體與宋人文化生活的密切關係，着眼於藝術發展的主要趨勢，故雖不算很全面和系統，卻是先生的精雕細刻之作。《中國詞學史》屬於開拓性的學術研究，以詞學生成過程為研究物件通過對歷代詞學家及詞學論著的探討，真實地描述詞學發展的全部歷史過程，尋求詞學生成的外部條件與內部規律，總結其美學的、方法論的和學術的價值。它屬於詞學中較高層次的理論研究。此著首先對詞學史研究的對象作了探討，繼而分別論述詞學的創始時期（宋代）、詞學的建立（宋末元初）、詞學的中衰（元明）、詞學的復興（清代）、詞學的極盛（近代）和現代詞學，最後對新時期的詞學研究作了概括的述評。該著作適應了當代詞學發展的趨勢，也投合了先生好尚新奇的箇性，尤能發揮他知識結構的優長。著述采取了較嚴格的歷史敘述結構，卻又時時有主觀性的學術評價，以期體現箇人與時代的特色。其中雖免不了有一些章節屬於一般性的敘述與必要的敷衍，而有約一半的章節則是頗有創獲的。這部史稿能夠簡明地概括出詞學發展的歷史綫索，真實地描述詞學的發展過程，展示詞學史的豐富內容并予以初步構架，同時展現出先生勇於探索的精神與富於箇性的見解，因而獲得了豐富而長足的學術生命。

1997年，先生《宋詞辨》的論文集由上海古籍出版社出版，代表了他對宋詞的實證研究走向成熟。先生注重文學研究的預判和理論高度，同時也信奉清代學者的"義理、考據、辭章"兼顧。他認為，從事中國傳統文化研究，如果沒有實證研究的功夫發掘新資料，就會缺少新證據；完全借用別人的成果來建立自己的研究框架，使用人家的資料，其研究的建築基礎不牢固，始終是不踏實的。比如說研究某位詞人，如果在他生平事迹、作品真偽或其他某箇事迹上有所發現，能夠糾正前人的錯誤，那就有了新的研究基礎和依據。再進入藝術分析和理論探討時，就會有一箇獨特的思路，可能取得較好的成果。反之，如果完全借用人家的，顯然很難有新創獲。考證類的文章有些很枯燥，寫得很惱火，比如《魏了翁詞編年考》之類；有些很有趣，比如北宋歌姬《李師師行迹考》《宋詞演唱考》之類。由於宋代的詞人逸事、宋代歌妓與宋詞的寫作很有關係，所以關於柳永、吳文英、張炎、姜夔等人的逸事，大多數牽涉到詞人跟歌妓的戀情關係。這樣的研究，更能幫助讀者理解歌詞創作的背景。對某位詞人的私生活、他的戀情關係有了真正的比較可靠的見解後，然後再來讀他的詞，得出的結論就會完全不同，詞人的情感就會變得很美，其中很多就有反抗封建道德的意義。因此，研究某一學術問題或者某位學者、作家，必須對他的生平事迹、集子真偽、版本等有真正的考證和發現，然後研究纔可能深刻和新穎。至此，其在大學時期想要做宋詞研究的理想，可謂全面實現了。

大約從2000年以後，先生開始把研究領域從宋詞研究推向整箇詞學研究。他最早關注的是詞學界普遍感覺複雜和困難的詞體和詞的格律的研究。這箇問題比較困難、枯燥和繁瑣，純粹屬於實證方法的研究。詞體包括的是詞樂、詞律、詞韻。先生考慮到詞的音樂研究不是自己的長處所在，但可以從文獻上研究詞體格律。自明代起，很多《詞譜》開始問世，清康熙十八年萬樹編的《詞律》更是集大成之作。康熙晚年又令陳廷敬、王奕清等新編《詞譜》，即《康熙詞譜》，選調更加齊備，方法更科學，更系統，從此學填詞者基本上是以這兩種詞譜為標準。但這兩種詞譜的問題也相當多，第一是誤收了很多聲詩和大曲，第二是誤收了很多元曲。關於第一箇問題，先生認為，祇有具有豐富和嚴格的律詞觀念纔能解決。所謂律詞，就是詞肯定是以詞調為單位，自成格律。它是長短句，它的字、句、韻、自身的平仄，都有特殊的規定，每一箇詞調都是自成格律。而聲詩都是七言詩，沒有自成格律，比如《竹枝詞》不是詞。有了這箇觀念，先生就能確定哪些是詞調，哪些不是詞調。關於第二箇問題，先生認為，詞調的分類必須按照小令、中調、長調來分。元代陶宗儀的《韻集》保存有朱敦儒的《詞韻》，有人認為是偽造。先生經過考察，認為是真實的。《詞韻》把詞韻分為十六部，先生於是對朱敦儒《樵歌》三百多首的用韻進行歸納，恰為十六部。這就糾正了戈載《詞林正韻》中的曲律和入派三聲的問題。先生就這些詞學上沒有解決的難題發表了系列的文章，2006年先生把其中最為核心的繁瑣的考證文章彙集成《詞學辨》，交給上海古籍出版社出版。最終，2011年，他的《唐宋詞譜萃編》出版，次年他的《唐宋詞譜校正》一著也得以付梓。這些著述既是對先生詞學研究的總結和升華，又代表了中國詞學界研究的嶄新學術高度。

從1980年到2012年，在漫長的三十二年期間，先生堅定地踐行着自己的初心，在宋詞研究上成就了自己想要走的人生道路。然而蘇軾《文說》云："吾文如萬斛泉源，不擇地而出，在平地滔滔汩汩，雖一日千里無難。及其與山石曲折，隨物賦形而不可知也。所可知者，常行於所當行，常止於不可不止，如是而已矣！"謝桃坊先生在詞學道路上的"三部插曲"，恰好也是其"與山石曲折，隨物賦形"的結果。

第一部"插曲"，是其1987年出版的《蘇軾詩研究》。中華人民共和國成立以來，因為蘇軾反對王安石新法，學術界把他作為大地主階級的代表，基本上是否定的。新時期撥亂反正的時候，在各種學會當中，四川成立了蘇軾研究學會，謝先生也參加了。先生發現，關於蘇軾的詩，還沒有一部研究專著。那時孔凡禮先生整理的《蘇軾詩集》已經出版，先生買到後，下決心馬上研究蘇軾詩。蘇詩一共45卷，2700多首，僅僅是通讀完就很艱難。而且蘇軾詩注，從宋代起就有王十朋的《百家注蘇詩》，之後歷代注家均很重視。要把這些都讀完，工作量是相當大的。即使讀完了，把蘇軾這二千七百多首詩做一箇整體來研究，也難以駕馭。當然，最難的是藝術分析，很難掌握。先生發現，紀昀評點的《蘇文忠公詩》對他最具指導意義，於是他確定了七章的結構：首先，談《蘇詩是北宋詩文革新運動的勝利成果》，在北宋詩文革新的文化大背景下理解蘇詩的意義；其次，用八萬字的篇幅來談《蘇軾詩歌的創作道路》，縱觀他四十年的創作道路，分成若干階段，考察每箇階段的藝術風格的變化；然後，談蘇詩的藝術特色、藝術成就、藝術淵源受了哪幾家詩的影響；最後，談蘇詩的思想意義、影響以及評價問題。其實，先生的這箇理論框架還吸收了季莫菲耶夫的文學理論。後來意猶未盡，先生又完成了一篇《蘇軾詩學思想的意義》的論文來彌補。

第二部"插曲"，是1997年出版的《中國市民文學史》。早在20世紀80年代末，先生在將要完成《中國詞學史》時，觀察到當時中國的通俗文學很泛濫，舊的鴛鴦蝴蝶派文學復活了，武俠小説也很盛行，跟中國二三十年代的背景有某些相似。他馬上決定要轉入市民文學研究，思考怎樣來認識這箇文化現象，怎樣從思想意識上來理解它。這其實相當困難，比如胡適梳理過白話小説史，鄭振鐸寫過《中國俗文學史》，周作人有本《平民文學》。"市民文學"與這些成果的區别是什麼？最麻煩的是"市民"這箇概念，基本上是外國引進來的。我國雖然有市民，但是没有這箇概念，更難確定中國市民階層是何興起的，什麼是市民文學，市民文學何時興起，大概在1945年，茅盾先生在延安魯迅藝術學院講過中國市民文學，寫了部《市民文學概論》，但很快在戰爭中遺失了。先生於是花了很多時間閱讀關於國外經濟史的著作，如日本加藤繁的《中國經濟史考證》《中國社會經濟史概説》，以及美國學者關於中國經濟史的著作，很是受益。先生基本上確定了北宋真宗天熙三年，全國從農村户口中劃出坊郭户，將農村户口定為五等，坊郭户按照經濟地位分為十等，這應該是中國市民階層興起的標志。市民文學的興起，應該是在宋仁宗至和年間的汴京，以京瓦伎藝的出現為標志。京瓦伎藝有各種小唱，還有影戲、商謎、雜耍、説唱諸宫調、講話本等等，其中書會先生編寫的表達市民的情感和思想的文藝作品是市民文學興起的標志。其後，先生又遍讀元散曲、元雜劇，從中找出能反映市民思想的東西。先生先通讀幾十部明清豔情小説，然後是時調小曲。除了上海古籍出版社出版的《明清民歌時調集》外，先生還到圖書館辛辛苦苦收集了民國大量的時調小曲。此外，鳳陽花鼓詞以前少有人注意，先生請鳳陽的朋友寄來資料。最後，通讀幾十部白話青樓小説。每一箇專題面臨的材料都幾乎是浩若煙海，所以先生斷斷續續做了七年，寫了三十餘萬字，發表了系列文章，最終確定，市民文學想要表達的，是中國傳統文化中最富活力的一種文化啓蒙精神，它產生的時間和歐洲文藝復興產生時間差不多。先生認為這本書最能表達他的西方人文思想以及五四以來反對傳統文化、反舊禮教的文化精神，因此非常滿意。

先生雖然重視中國古典文學研究中的理論素養，但卻從來不致力於建立某種系統的理論。他説："我所面對的是一箇一箇具體的問題，我祇探討具體問題。把每一箇具體的問題，通過事實的研究、分析，對其文學意義或者價值做出判斷，并力求這箇判斷在理論上站得住腳，整體上給讀者一箇觀念，可能就夠了。"他在1984年寫《蘇軾詩研究》的時候，想表達一箇觀念：蘇軾的詩歌傳達出一種對人生的信念。他在《中國市民文學史》裏，想表達一種以儒家價值觀念為核心的統治思想之外的中國傳統文化精神，那就是市民思想。雖然市民文化當中有很多亂糟糟的成分，但它更接近西方啓蒙思想的人文精神，更合乎人性。

如果説，從宋詞到詞學，從蘇詩到市民文學，先生的學術活動還基本上在傳統的文學苑囿裏耕耘的話，那麼其第三部"插曲"《敦煌文化尋繹》和其對蜀學、國學的研究則可謂汪洋恣肆，浩蕩無涯，再次把其純粹學術的夢想帶到了更高的境界。

## 五、層見波瀾，境界疊出

　　早在西南師範大學讀書的時候，先生就閱讀過很多能够看到的敦煌典籍。2006年的一天，先生偶然到四川人民出版社找好朋友王華光編輯閑聊，結果碰巧王編輯正在策劃和編輯一套"失落文明"的叢書。先生與他一起聊到敦煌文化也是失落的文明，結果很快他就接到邀約，希望請他寫一部敦煌文明的通俗著作，并要求六箇月之内交稿，二十萬字左右。先生一來對這箇題目感興趣，二來考慮到剛好社科院基藏書庫有些唐耿如編的《敦煌社會經濟文獻》，於是就答應了下來。先生把重點放在介紹敦煌的世俗文書和文獻上，從漢武帝對河西走廊的開發，然後絲綢之路的開通，再到唐代絲綢之苦的盛况，以及佛教在敦煌的繁榮興盛，末尾關於敦煌藝術的價值，所有的要點均圍繞着"隱没的中國古代文明"入手，把它們的來歷和文獻意義原原本本地為讀者説清楚：第一是儒學在邊陲的傳播，亦即很多儒家典籍怎麼會在西北保存下來；第二是佛家教義的世俗化，比如敦煌的佛曲、敦煌的變文、敦煌俗講等等；第三是開放的文化態度，其中有佛教、道教以及景教、摩尼教以及其他各種西域和西夏的文字；第四是通俗文化的搖籃，那裏保留了有很多早期的通俗文學作品；第五是大樂的頌歌，保存了中國很重要的失傳了的中國古代的性學文獻《天地陰陽大樂賦》；第六是各種民間文書、契約，還有賬籍等等，可以看到敦煌社會下層的生活狀况；第七是中原王朝跟敦煌的行政聯繫，歸義軍政權遠離中原，但卻一直跟中原王朝保持聯繫。先生認為，這些應該是敦煌文獻裏很有文化價值的部分。然後再談到這些文化怎麼斷裂的，敦煌藏經洞是怎麼封閉的，這些敦煌文獻藏在莫高窟第16窟，是誰藏的、什麼性質，等等，先生都儘量做出自己的判斷和推測。其中他的一箇鮮明的結論是莫高窟的這些敦煌文獻是歸義軍政府藏的。這在當時是一種新的説法。然後再談敦煌學在中國的命運等等，以及現在我國敦煌學的成就。這麼一來，讀者獲得了對敦煌文明和敦煌學的一箇整體、清晰的印象。由於該書文字比較通俗，且引用文獻、解説歷史頗具趣味性，因此出版後也頗受普通讀者群的歡迎。

　　先生特别重視學術表述的平易明瞭，善於選擇視角，機智靈活地解决問題。即便是艱深枯燥的考證，先生也能使之充滿歷史趣味。如敦煌藏經洞所發現的四萬餘件古代寫本文書，引起中外學者百餘年來的種種猜測，其中藏經洞封閉的時間和原因最為神秘，也最難定論。先生於其中保存的浩瀚而複雜的佛教文獻、政府檔案資料、儒家典籍、史書地志、文學作品、通俗讀物、民間契約等史料中,特別重視其中的政府行政和財政事務檔案,以及非常重大的外交和軍事情報的存在,故而推斷它們不可能是民間私家文獻,而是沙州都督府的文獻檔案。對於其中何以有着近百分之九十的佛教經卷的問題,先生考察了這些經卷題記留下的大致三類綫索後,認為這是因為當時的地方行政長官及家屬為争取佛教徒以推行地方政權而寫造大量佛經,當地寺院僧侣將所造佛經呈送都督府官員以求行政支持,朝廷官本佛經以行政方式傳到邊疆政府等原因所致。對於何以敦煌佛教文獻往往一面為佛經,一面為其他文書,先生認為這當是因節約用紙經費而將廢棄的佛經卷子用以抄錄書籍或作為公文、契約的草稿紙使用,沙州都督府曾收集這些廢棄經卷作為用紙以節約購買紙張之經費。先生并不專治敦煌學,然其此説的提出,誠為提綱挈領,擒賊擒王之法,故已經為敦煌學界所重視。此外,在這部"插曲"裏,先生還特別突出了中國學者研究敦煌學的歷史使命感,以便能夠讓年輕學子感受到學術的使命和責任。筆者近年來給川師大研究生講敦煌學的選修課時,每次都要介紹先生的這部書,也轉贈先生的這部書,以為可以引起學子們對敦煌學的興趣。

先生治學,重視方法的科學性,不惟善於發現問題、發現難題,更善於選擇視角,機智靈動地解決問題。伴隨着新的證據和新的解讀,讀者仿佛進入層見疊出新境界。先生戲稱自己在治學上"七年一變",每一次變化都是向鄰近的學科轉移,所以學術的路子也就越走越寬闊。這種轉變有利於適應學術潮流,有利於在原始的、生僻的或者前人易為忽略的材料裏,以堅實的科學考證之法,引領學問的新境界、新領域。比如出於對家鄉文化的熱愛和責任,也由於先生本身就是客家人,先生接受同仁的邀請,於2004年出版了《成都東山客家人》一著,次年又出版了《成都沙河客家的變遷》一著。而伴隨着兩著的誕生,先生對蜀學的熱情也被點燃,不僅連續發表了系列關於蜀學的論文,2006年他還接受了主編《蜀學》集刊的委托。蜀學之於先生的國學研究,異體同源,密不可分。20世紀80年代以後,四川一些地方學者因為新出土的三星堆文明和金沙文明遺址的鼓舞,逐漸將"巴蜀文化"這箇概念擴展與誇張,在缺乏真實史料依據的基礎上,把神話傳説當成歷史,由此產生種種僞説。然先生對古蜀史料進行疑古的考辨與證僞,指出所謂古蜀國之肇自人皇、為黃帝之後世、禹出生於汶山等説,皆出自後世僞造之種種典籍;所謂蜀王世系,在揚雄之前更無任何記載,亦屬僞造。後人因從漢代以後各種古籍所述和地理關係去證實褚少孫之説,或以唐宋以後方志附會而求他們與中原王朝的相應關係,此皆緣於信僞而信古,難以見到歷史的真實。先生對蜀學的性質與文化淵源及其與巴蜀文化的關係進行考證,認為蜀學即是蜀中學術,與巴蜀文化這箇考古學概念毫無關係,古代巴蜀的遺迹和遺物也非蜀學研究的物件。先生指出,秦國滅蜀後引進接受中原文化,使四川進入文明社會,并於西漢初年接受中原儒學而興起了蜀學。蜀學即以四川自西漢迄今的學術為研究核心，包括蜀學理論、蜀學史、蜀中學者、蜀學文獻等方面的研究，是四川文化中高層次的理論研究。蜀學的主要成就在文學、史學、哲學和經學方面，既體現了中原的學術傳統，又有相異之處；既有時影響着主流文化，又往往遭到正統學者的批評；既有地方學術的滯後性，又比時尚文化更富於傳統精神；蜀學的文化淵源絕非來自蔽塞蒙昧的古代巴蜀，它是中國學術文化史的一箇分支學科，直至今日仍具某些地域的學術特色。若從中國文明的起源來看，以及它對中國整箇文化史的影響來看，無論如何它都不可能與中原文化、齊魯文化和楚文化的意義相比擬。關於蜀學的特徵，先生於衆多蜀中學者裏，選擇了頗具箇性和代表性的司馬相如、揚雄、譙周、常璩、陳子昂、趙蕤、李白、龍昌期、蘇洵、蘇軾、吳鎮、任淵、魏了翁、楊慎、唐甄、廖平、吳虞、劉咸炘、李宗吾、郭沫若、賀昌群等二十一位學者進行分類考察，從而見出蜀學固守傳統又時居前沿、以雜學見長又時有異端、崇尚務實又富於思辨的基本而突出的特徵。先生是蜀中學者，然若非持有獨立自由之純粹學術信仰和求真務實的學術勇氣，要堅守上述學術觀點是難以想象的。

　　2007年，中央文史館舉辦了一箇國學論壇。四川省文史館派先生參加，先生提交了《論國學》一文，由《學術界》刊出時題目改為《國學辯證》，這成了先生研究國學的直接契機。但先生轉移到這一領域的另一大原因是，當時社會上一擁而上的"國學教育""國學普及""《弟子規》現象"令他深感愚昧和倒退。先生認為，必須從歷史入手瞭解國學，也就是說必須釐清從章太炎起一直到民國時期的國學運動歷史，纔可能給國學下箇合理的定義。包括哪些高等院校辦過國學研究所，出版過哪些國學刊物，章太炎學派和國粹學派理解的國學是什麼，胡適的國學概念是什麼，顧頡剛、傅斯年等人的國學立場又是什麼，這些歷史不搞清楚，就没法看清今天以"國學"為由掀起的傳統經典熱背後的浮躁和荒謬。先生在爬梳國學歷程上下了細密而艱苦的功夫，然後確定了章太炎及國粹學派主張的國學，其實是以儒家的倫理道德改良國運，保存中華，改變世道民風，屬於文化保守主義，跟新文化實質上是對抗的；胡適則站在新文化的立場上提出用科學的方法整理國故，實際上是認為凡研究中國過去的一切文化的，都是國學；顧頡剛認為國學就是研究中國的歷史，其實是把國學等同於史料學，遂形成國學運動的一箇主要的流派古史辨派；傅斯年代表了中國的歷史語言學派，同樣是以科學的考證方法來研究中國歷史上的小問題，但它是學院派，其研究整箇中國歷史上的問題，與古史辨派主要是研究漢以前的古史不同，學院派是把中國古代一直到清代很多細小問題都做了研究。所以從國學運動的歷史來看，基本上是國粹派跟新思潮派兩箇學派。新思潮派是主流，包括胡適、顧頡剛、傅斯年等代表，是純學術的研究，不涉及政治，不負擔社會倫理道德的任務，他們的研究祇給少數人看。先生認為，現在有人以儒家價值為傳統文化的核心，鼓勵學生讀經，讀《弟子規》，這其實是把國學基礎知識與國學研究混淆起來。還有人把國學搞成繪畫、彈琴、書法等，那就完全是商業炒作了。2009年，先生出版了其《四川國學小史》，2011年出版了《國學論集》，之後又主編《國學》集刊至今，都是堅持國學研究的純粹學術考證的路綫。2017年，先生的《國學史研究》一著，應臺灣學者的邀請，在花木蘭出版社出版。

　　回顧謝桃坊先生的學術道路，一直穩中求變，而且愈變愈寬，愈變愈廣，在每一箇學術的制高點，都取得了不俗的成就。先生具備準確的學科意識和崇高的學術使命感，同時具有廣博的知識結構，因此總能發現新的課題、新的視角，往往能發現某箇學術領域中最為緊要的學術難題。先生有着非常明確而強烈的方法意識，深知學理探究的重要性。他認為學理的獲得纔是學術的靈魂和學者的最高追求。因此哪怕是考證的文章，他也能達到一種很高的智慧層次。先生強調對具體的學術問題的重視，而不追求建立理論系統。讀先生之文簡單明瞭，樸素而深刻，少有歧義。這一方面是由於先生對自己的學術見解充分自信，另一方面實得力於先生對明晰流暢文風的刻意追求。先生自謂他的文風源自大學時期閱讀中國學者翻譯的西方哲學著作和文藝理論著作水準很高，既能體現原著犀利優美的文風、縝密的文法和清晰完整的複雜的長句，又具有典雅、明净、準確、豐富的特點。先生從中體悟到為文在達意之外，還應該追求一種樸素之美和邏輯結構的嚴密，并蘊含着思想的光輝。先生青年時期經歷了政治壓頂的屈辱和苦難，但他并沒有沉淪和屈服，而選擇了一條通向高尚和理想的純粹學術道路。他以對傳統文化獨立自由之懷疑精神和卓有成效的科學方法，取得了在詞學、詩學、敦煌學、蜀學和國學研究中的卓越成就，但卻一直保持着淡泊名利、安貧樂道的生活態度，而始終讓學術生命不停地運轉，仿佛有永不衰減的學術活力和學術鋒芒。我謹祝先生在遥遠的追日途中，不斷迎來更加輝煌的學術成就。

作者單位：四川師範大學文學院

# 稿　　約

一、本刊由四川師範大學中華傳統文化學院與四川省人民政府文史研究館聯合主辦。

二、本刊為國學研究之大型學術集刊，刊載有關中國傳統文化學術問題考證、文史公案評議、歷史文獻研究、國學運動史及國學家研究等研究論文，亦刊載國學運動重要史料及國學新著評論，由巴蜀書社出版。

三、本刊倡導以歷史唯物主義為指導的探求真知的學術態度、科學嚴謹的研究方法、遠大廣博的學術視野。鼓勵學術創新，要求來稿務必以審慎的態度對待持論及觀點，做到持之有故，言之有據。

四、來稿請嚴格遵守學術規範，杜絕抄襲與敷衍。文章篇幅長短不限，以不超過兩萬字為宜；行文風格亦不拘泥，文言與白話均可；文章標題要求平實準確地概括正文內容，一般不要另加副標題；引文除較為珍稀的資料外，力避二手轉引。注釋引文請作者在投稿前逐條核對明確。稿件中涉及版權部分（如圖片及較長之引文），請事先徵得原作者或出版者同意，本刊不負版權責任。

五、本刊注釋采用頁下注形式，每頁重新編號。具體參考格式如下：①×××（作者）：《×××》（書名），×××（出版社）××××（年份）×××（版次），第×頁。②×××（作者）：《×××》（文章名），《×××》（期刊名）××年第×期。③×××（作者）：《×××》（文章名），《×××》（報紙名）×年×月×日第×版。④（國籍）×××（作者）：《×××》（書名），×××譯，×××（出版社）×××（年份）×××（版次），第×頁。⑤×××（作者）：《×××》（書名）卷×（漢字），×××版。（徵引綫裝書）⑥×××（作者）：

《×××》(文章名),《×××》(書、刊名),×××出版社××××(年份)×××(版次)。徵引文獻,首次引用時標明版權即可。調查、訪談之類資料,可采取夾注、隨文注、圖表來源注等方式處理。

六、本刊為繁體橫排本。請將稿件的繁體電子文本(尤請注意繁簡轉換之間容易產生的誤字)發往指定電子郵箱,并請注明作者姓名、單位、電話、電子郵箱、通訊地址等資料,以便聯絡;同時提供該稿件的紙質繁體文檔,并將電腦無法打印出來的文字在紙質文檔上標明,寄往我處。如來稿為手寫稿,請提供規範的繁體文本,以稿紙繕寫清楚,寄往我處,同時提供該稿件的繁體電子文本。

七、本刊對來稿有删改權,如不願删改,請於來稿中注明。

八、來稿刊出後,一律贈送樣刊兩本,并參照國家新稿酬標準,酌付稿酬(含相關網絡著作權使用費)。

九、歡迎海内外同仁賜稿。

**投稿郵箱:** guoxuejikan@126.com
**聯 繫 人:** 張芷萱
**電　　話:** 13438324674
**通訊地址:** 成都市静安路5號四川師範大學文學院

圖書在版編目（CIP）數據

國學．第九集/四川師範大學中華傳統文化學院，四川省人民政府文史研究館主辦．—成都：巴蜀書社，2021.7
ISBN 978-7-5531-1502-3

Ⅰ.①國⋯　Ⅱ.①四⋯②四⋯　Ⅲ.①社會科學–中國–叢刊　Ⅳ.①C55

中國版本圖書館 CIP 數據核字（2021）第 131599 號

| GUOXUE | 四川師範大學中華傳統文化學院 | 主辦 |
| 國　學（第九集） | 四川省人民政府文史研究館 | |

責任編輯　王　雷
封面設計　張迪茗
出　　版　巴蜀書社
　　　　　成都市槐樹街 2 號　郵編 610031
　　　　　總編室電話：（028）86259397
網　　址　www.bsbook.com
發　　行　巴蜀書社
　　　　　發行科電話：（028）86259422　86259423
經　　銷　新華書店
印　　刷　成都蜀通印務有限責任公司
　　　　　（電話：028 – 64715762）
版　　次　2021 年 8 月第 1 版
印　　次　2021 年 8 月第 1 次印刷
成品尺寸　260mm×185mm
插　　頁　1
印　　張　30
字　　數　650 千字
印　　數　1400 冊
書　　號　ISBN 978-7-5531-1502-3
定　　價　76.00 圓

本書如有印裝質量問題，請與發行科調換